Ökonomische Theorie des Rechts

ÖKONOMISCHE ANALYSE DES RECHTS

SCHRIFTENREIHE

LAW AND ECONOMICS

Herausgegeben von Michael Adams

Band 1

PETER LANG
Frankfurt am Main · Berlin · Bern · Bruxelles · New York · Oxford · Wien

Michael Adams

Ökonomische Theorie des Rechts

Konzepte und Anwendungen

2., korrigierte und ergänzte Auflage

PETER LANG
Europäischer Verlag der Wissenschaften

Bibliografische Information Der Deutschen Bibliothek
Die Deutsche Bibliothek verzeichnet diese Publikation in der Deutschen Nationalbibliografie; detaillierte bibliografische Daten sind im Internet über <http://dnb.ddb.de> abrufbar.

ISSN 1619-053X
ISBN 3-631-52347-5

www.peterlang.de

Für Livia und David

Vorwort zur zweiten Auflage

Da die erste Auflage des Buches schon binnen zweier Jahre vergriffen war, wurde eine Neuauflage notwendig. Auch das vorliegende Buch stellt in einzelnen Aufsätzen praxisnahe Anwendungen der ökonomischen Theorie des Rechts dar. Die Aufsätze wurden so gewählt, dass die Fülle der möglichen Anwendungen und zugleich ihr unmittelbarer rechtspolitischer Nutzen deutlich werden. So haben zunächst verwundert oder widerwillig aufgenommene Vorschläge, wie etwa zur Zerstörung der Rauschgiftmärkte, der Kontrolle der Unternehmensverwaltung oder der Versicherungsregulierung inzwischen ihren Weg in die Gesetzgebung und die Rechtspraxis gemacht.

Die in den folgenden Aufsätzen häufig vorgestellten Arbeiten der großen Autoren des Fachgebietes wie Coase, Becker, Stigler, Akerlof, North, Kahneman sind in der Zwischenzeit mit dem Nobelpreis ausgezeichnet worden und beweisen die innovative Kraft und die Zukunftsfestigkeit der dargelegten Konzepte.

Die einzelnen Arbeiten des vorliegenden Buches wurden gegenüber der Originalfassung gekürzt und sprachlich überarbeitet und so aufeinander abgestimmt, dass sie eine fortlaufende und verständliche Lektüre ermöglichen. Im Vergleich zur ersten Auflage wurden einige Aufsätze entfernt, die aufgrund der wirtschaftlichen Entwicklung nicht mehr im Vordergrund des Interesses stehen. Sie wurden durch neuere Aufsätze wie etwa zur Vorstandsvergütung ersetzt.

Für ihre hervorragende Hilfe bei der Vorbereitung des Manuskriptes und der immer strengeren Analyse des aufzunehmenden Stoffes schulde ich meinen Mitarbeitern Herrn Dr. H. Curti und Herrn Dipl.-Volkswirt C. Eilinghoff wieder einmal meinen größten Dank. Ich bedanke mich auch bei Herrn Ass. iur. C. Merten für die sorgfältige Mithilfe bei der Überarbeitung.

Hamburg, im Februar 2004
Professor Dr. M. Adams

Inhaltsverzeichnis

TEIL 7: VERSICHERUNGEN

TEIL 8: GLÜCKSSPIELE

TEIL 9: STRAFRECHT

Teil 1: Einleitung

Vom Sinn der ökonomischen Theorie des Rechts

„Justice is not a consistently applied principle, however arbitrary its choice; justice is for them a suitcase full of bottled ethics from which one freely chooses his own type of justice."

George J. Stigler

„Wie bei der Fabrikation, so auch in der Wissenschaft - ein Wechsel der Ausrüstung ist eine Extravaganz, die auf die unbedingt notwendigen Fälle beschränkt werden soll. Die Bedeutung der Krisen in der Wissenschaft liegt in dem von ihnen gegebenen Hinweis darauf, dass der Zeitpunkt für einen solchen Wechsel gekommen ist."

Thomas S. Kuhn
Die Struktur wissenschaftlicher Revolutionen

Paradigmenwechsel in der Jurisprudenz

Es ist sicher richtig, dass eine moderne, in unablässiger Änderung begriffene Industriegesellschaft einen stetigen Bedarf an neuen Rechtsregeln aufweist, die auf die ständig neu entstehenden, noch ungeklärten Lebenssachverhalte sinnvolle Antworten geben sollen. Nicht jede rechtliche Regelung eines neuen Problems kann unmittelbar die beste aller möglichen darstellen. Dies zu erhoffen hieße, die Schwierigkeiten zu verkennen, die einer richtigen Erkenntnis und Vorhersage aller Anpassungsvorgänge der Individuen und Institutionen auf eine neue Rechtslage entgegenstehen. [...] Es soll die Frage untersucht werden, ob die Jurisprudenz mit ihren herkömmlichen Methoden der Erkenntnisgewinnung an ihre Grenzen gestoßen ist und möglicherweise nur noch mit Hilfe eines Paradigmenwechsels[1] und einer Hinwendung zu den vielfach in den Wirtschaftswissenschaften eingesetzten mathematisch-naturwissenschaftlichen Methoden ein besseres Verständnis des Rechts zu erreichen vermag.

Erstveröffentlichung: *M. Adams*, Ist die Ökonomie eine imperialistische Wissenschaft? - Über Nutz und Frommen der Ökonomischen Analyse des Rechts -, JURA, Heft 7, 1984, S. 337-349. Der Aufsatz wurde gekürzt und sprachlich geglättet.

[1] *Kuhn*, Die Struktur wissenschaftlicher Revolutionen, 1978, S. 37 ff. und S. 79 f.

Methodisches Vakuum

Obwohl es eine beachtliche Literatur zu Methodenfragen[2] der Jurisprudenz und der juristischen Logik[3] gibt, enthalten diese Beiträge keine eindeutigen Lösungsverfahren zu Rechtsfragen, die es einem Rechtsuchenden erlauben würden, nur mit ihrer Hilfe ein Rechtsproblem richtig zu beurteilen. Es handelt sich hierbei vielmehr entweder um eine Wiedergabe logischer Regeln und Sätze ohne unmittelbaren Bezug zur Beantwortung einzelner Rechtsfragen oder um eine Darstellung der verschiedenen möglichen juristischen Argumentations- und Auslegungstechniken, die es dem Rechtsanwender freistellen, durch die Wahl der jeweiligen Rechtstechnik, etwa mittels einer einschränkenden oder einer ausdehnenden Gesetzesauslegung zu einem bestimmten Ergebnis, aber auch zu dessen Gegenteil zu gelangen. Da die Methodenlehren keine Antwort auf die Frage geben, wann die jeweiligen methodischen Instrumente einzusetzen sind, bewirken sie keine Einschränkung des Freiheitsgrades des Rechtsanwenders und keine Hilfe bei der Suche nach einer eindeutigen Lösung einer Rechtsfrage. So ist in der Rechtspraxis, aber auch in der juristischen Forschung kein relevanter Einfluss der Methodenlehren auf die jeweils erzielten Lösungen und die verwendeten Argumente bei der Beurteilung von Rechtsproblemen nachzuweisen. Es lässt sich vielmehr bei der Entscheidung von Fällen ein theoretisches Vakuum beobachten. Die von Praktikern und Rechtswissenschaftlern gegebene Beschreibung ihrer Rechtsfindungsmethode, nach der jeder Einzelfall „je nach den Umständen“ aufgrund einer umfassenden Interessenabwägung entschieden werde, stellt angesichts der nicht beantworteten Frage nach den Gewichten auf den Waagschalen und der im Dunkeln bleibenden Bedeutung, welche Interessen und welche Umstände zu welchen Entscheidungen führen, eine Leerformel ohne Aussagegehalt dar. Das beliebte Kriterium der Entscheidung aufgrund einer Interessenabwägung gibt daher keinen zu einer richtigen Vorhersage einer Entscheidung verwertbaren Hinweis auf die tatsächlichen Entscheidungsgründe und wird daher nicht den Ehrentitel einer wissenschaftlichen Theorie oder gar einer wissenschaftlichen Methode beanspruchen. Es ist dieses methodische Vakuum, das *Stigler*[4] in seinem Eröffnungsartikel zur Erstausgabe des Journal of Legal Studies im Jahre 1972 zu dem vorangestellten Zitat bewegte, in dem er der Jurisprudenz vorwirft, sie benütze den Begriff der Gerechtigkeit je nach Belieben, um das im Einzelfall erwünschte Ergebnis rechtfertigen zu können. Auch wenn die Rechtswissenschaft bei ihren Entscheidungen häufig gute Antworten auf die gestellten Fragen gebe, beruhten diese jedoch nicht auf überzeugenden Analy-

---

[2] Vgl. etwa das Buch von *Larenz*, Methodenlehre der Rechtswissenschaft, 5. Auflage 1983.

[3] *Klug*, Juristische Logik, 1983.

[4] *Stigler*, The Law and Economics of Public Policy: A Plea to the Scholars, Journal of Legal Studies, 1972, S. 1.

sen, da die Entscheidungsgründe im Dunkeln der juristischen Fabulierkünste verblieben[5].

Fehlerhafte Partialanalysen

Die mangelhaften wissenschaftlichen Verfahren in der Jurisprudenz bedeuten auch, dass die Kontrolle des juristischen Denkens ungenügend ist und es dadurch möglich wurde, dass verschiedene falsche Vorstellungen und sogar fehlerhafte Denkmethoden zu unrichtigen Schlüssen über die tatsächlichen Wirkungen von Rechtsvorschriften die wissenschaftlichen Diskussionen bestimmen. Eine der häufigsten Fehlerquellen im juristischen Denken besteht in der allgemein verbreiteten Methode, rechtliche Lösungen durch die Verallgemeinerung von Einzelfällen zu suchen. Der mit dieser Fallmethode schleichend eingebaute Fehler besteht darin, von einer Wirkung, die in einer Partialanalyse (Einzelfall) auftritt, auf die gleiche Wirkung im Gesamtsystem zu schließen. Dieser in der Jurisprudenz nicht selten anzutreffende Fehlschluss des „pars pro toto" sei an einem Beispiel dargestellt: Wenn *ein* Bauer fleißig ist und viel arbeitet, wird *sein* Einkommen steigen. Wenn *alle* Bauern fleißig sind und mehr arbeiten, wird das Einkommen *eines jeden* Bauern sinken. Der Grund hierfür ist in der unelastischen Nachfrage nach Nahrungsmitteln zu sehen. Die gleiche fehlerhafte Denkmethode mag etwa der Vorstellung zugrunde liegen, eine Miethöhenbegrenzung oder eine Rechtsprechung, die aus „sozialen Gründen" stets eine möglichst große Begünstigung der Mieter anstrebt, müsse den Nutzen der Mieter in dem Umfang, wie es der Spruch der Gerichte vorsieht, erhöhen. Mit Ausnahme des jeweiligen, konkret entschiedenen Falles verbleiben den Vermietern eine Fülle von Anpassungsmöglichkeiten, die im Gleichgewicht nach der Einstellung

---

[5] Die Frage, wie Jurisprudenz und Rechtsprechung zu ihren häufig durchaus vernünftigen und guten Antworten auf Rechtsprobleme gelange, wurde daher zu einem Gegenstand intensiver Forschung. So wird insbesondere von *Posner*, Economic Analysis of Law, 1972, Kapitel 8, die Ansicht vertreten, die Tätigkeit der Rechtsprechung und der Jurisprudenz lasse sich am besten verstehen, wen man annehme, dass diese durch ihre Entscheidungen die Verantwortlichkeiten unter den Bürgern so regele, dass der gemeinsame Nutzen aller maximiert werde, so dass das „Common Law" durch eine deutliche Tendenz hin zu einer größeren Effizienz gekennzeichnet sei. Vgl. hierzu auch die Aufsätze von *Priest,* The Common Law Process and the Selection of Efficient Rules, Journal of Legal Studies, 1977, S. 65 sowie *Goodman*, An Economic Theory of the Evolution of the Common Law, Journal of Legal Studies, 1978, S. 393 und *Rubin*, Why is the Common Law Efficient, Journal of Legal Studies, 1977, S. 51 sowie *Cooter/Kornhauser*, Can Litigation Improve the Law without the Help of Judges?, Journal of Legal Studies, 1980, S. 139, die mit Hilfe eines Markovprozesses die verschiedenen Evolutionstheorien des Rechts untersuchen.

auf die neuen rechtlichen Bedingungen sogar zu einer deutlichen Verschlechterung der Stellung der Mieter führen[6].

Wirkungen von Rechtsregeln in einem Allgemeinen Gleichgewichtssystem
Unverständnis der Wirkungen von Rechtsregelungen in einem Allgemeinen Gleichgewichtssystem, wie es insbesondere eine moderne Industriegesellschaft darstellt, mag eine Rolle bei der Befürwortung der sogenannten Arbeitnehmerschutzgesetze spielen. So glauben viele juristisch gebildete Anhänger des Mutterschutzgesetzes, es handle sich hier unzweifelhaft um ein in allen Regelungen den Frauen reale Vorteile verschaffendes Gesetz, da etwa der sehr weitgehende Kündigungsschutz in § 9 Mutterschutzgesetz oder die Vorschrift des § 2 Abs. 4, der Liegeräume vorsieht, oder die Regelung der §§ 3 Abs. 1 und 11 Abs. 1, die der werdenden Mutter unter bestimmten Bedingungen die Möglichkeit geben, Arbeitslohn ohne Gegenleistung zu beziehen, den Frauen im Vergleich zu Männern eine bessere Rechtsposition gegenüber dem Arbeitgeber gewähren. Es wird hier übersehen, dass diese Regelungen den Schönheitsfehler aufweisen, dass sie bei den leistungsverpflichteten Unternehmen zusätzliche Kosten darstellen. Jedes im Wettbewerb stehende Unternehmen ist jedoch gezwungen, diese gesetzlich auferlegten Kostenerhöhungen der weiblichen Arbeitskraft bei der Einstellung und Lohnfestsetzung zu berücksichtigen, da es andernfalls von Wettbewerbern, die diese zusätzlichen Kosten in ihre Überlegungen einbeziehen, vom Markt verdrängt werden würde. Ein dem Wettbewerb ausgesetztes Unternehmen wird bei der Berechnung der Lohnkosten einer Frau diese rechtlich bedingten Zusatzkosten einbeziehen und eine Frau bei dem Vergleich mit einem ansonsten völlig gleich produktiven Mann nur dann einstellen können, wenn der monetäre Lohn der Frau genau um den Betrag der gesetzlich bedingten Zusatzkosten geringer ist, so dass bei gleicher Produktivität beider Personen keine unterschiedlichen Gesamtlohnkosten mehr bestehen. Es ergibt sich dann jedoch, dass die Frauen, die sie anscheinend begünstigenden Regelungen in Höhe der hiervon verursachten Kosten durch eine ausgleichende Lohnsenkung selbst bezahlen müssen, so dass die wesentliche Wirkung der genannten Vorschriften ein von den Betroffenen selbst zu zahlender, staatlich angeordneter Zwangskonsum darstellt[7].

---

[6] Vgl. hierzu das „Gutachten des Wissenschaftlichen Beirats beim Bundesministerium für Wirtschaft zu den Problemen der Wohnungswirtschaft", März 1982, Studienreihe 35.

[7] Eine wirksamere Hilfe hätte in der Übernahme der versuchsweise den Unternehmen aufgebürdeten Leistungen in das staatliche Transfersystem bestanden. Es braucht nur erwähnt zu werden, dass ein etwa von einem Antidiskriminierungsgesetz oder gewerkschaftlichem Druck ausgehender Zwang zu gleichem monetären Lohn bei unterschiedlichen Lohnkosten infolge unterschiedlicher gesetzlicher Lasten die Frauen in die Arbeitslosigkeit treiben müsste.

Rechtsordnung als Anreizsystem

Das Recht ist eine Sammlung von mit autoritativer Gewalt ausgestatteten Anweisungen, die durch die Änderung der monetären und nichtmonetären Nutzen und Kosten, die mit bestimmten Handlungen verbunden sind, den Bürgern bei diesen Handlungen Anreize vermitteln. Der Umfang und die Voraussetzungen, unter denen das Gesetz mit diesen Anreizen die Handlungen der Bürger lenken kann, sind jedoch keineswegs unmittelbar und ohne weitere Überlegungen einsichtig.

Einflusslosigkeit von Haftungsregeln im Vertragsrecht

So ist es im Vertragsrecht angesichts des sogenannten *Coase*-Theorems[8] außerordentlich schwierig abzuschätzen, in welchem Umfang etwa die Änderung einer Haftungsregel eine langfristige Wirkung besitzen kann, da dieses auch empirisch[9] bereits mehrfach überprüfte Theorem - bei Geltung seiner Voraussetzungen - immerhin feststellt, dass die jeweilige gesetzliche Ausgestaltung der Haftungsregeln ohne jeden Einfluss auf die zwischen den Parteien *vertraglich* vereinbarte Nutzung der Güter ist. Zudem ist nach diesem Theorem die sich ergebende Nutzung der Ressourcen identisch und zugleich auch (pareto-)effizient.

***Coase*-Theorem**

Verfolgt man nun jedoch die juristische Literatur etwa zur Reform des Schuldrechts[10], so ist dort wenig von einer Auseinandersetzung mit diesem die Wirksamkeit verschiedener schuldrechtlicher Neuordnungsvorschläge doch recht grundsätzlich in Frage stellenden Theorem zu lesen, noch weniger aber von einer empirischen Abschätzung des Wirkungsumfangs schuldrechtlicher Vorschriften für diejenigen Fälle, in denen die Voraussetzungen des *Coase*-Theorems nicht zutreffen, in denen also das Zivilrecht allokative und vielleicht auch distributive Gestaltungsmöglichkeiten besitzt[11].

---

[8] Vgl. hierzu *Coase,* The Problem of Social Cost, Journal of Law and Economics, 1960 , S. 1 ff. Eine Kurzdarstellung findet sich in: *Posner*, Economic Analysis of Law, 1972, § 3.4 oder in *Layard/Walters*, Microeconomic Theory, Kapitel 6-3, S. 189 ff.

[9] *Cheung*, The Fable of the Bees: An Economic Investigation, Journal of Law and Economics, 1973, S. 11-34 und *Hoffmann/Spitzer*, The Coase Theorem: Some Experimental Tests, Journal of Law and Economics, 1982, S. 73.

[10] Vgl. etwa die „Gutachten und Vorschläge zur Überarbeitung des Schuldrechts", herausgegeben vom Bundesminister der Justiz, 1981.

[11] Vgl. hierzu etwa die grundlegenden Arbeiten von *Calabresi*, The Costs of Accidents: A Legal and Economic Analysis, 1970; *McKean*, Products Liability: Trends and Implications, University of Chicago Law Review, Fall 1970, S. 3 ff.; *Arrow*, Uncertainty and the Welfare Economics of Medical Care, American Economic Review, Dec. 1963, S. 941 ff.; *Oi,* The Economics of Products Safety, The Bell Journal of Economics, 1973, S. 3 ff; *Brown*, Toward

Umverteilungsversuche im Zivilrecht

Auch bei der Konsumentenschutzgesetzgebung oder bei anderen Versuchen, im Zivilrecht Umverteilungsziele zu verwirklichen, muss der Gesetzgeber bei einer ungenügenden theoretischen und empirischen Analyse verblüffende und der geplanten Wirkung entgegengesetzte Effekte erwarten. Umverteilungsversuche im Zivilrecht haben es nicht nur mit der individualvertraglichen Aufhebung durch die Parteien oder bei zwingender gesetzlicher Regelung mit der Unterlassung der mindestens aus der Sicht einer Vertragspartei unattraktiv gewordenen Verträge zu tun, sondern auch mit allen Verzerrungsproblemen, die aus der Theorie der Besteuerung bekannt sind[12]. Zwar mögen glückliche Umstände es zuweilen fügen, dass ein so wichtiger Eingriff wie etwa das Gesetz zur Regelung des Rechts der Allgemeinen Geschäftsbedingungen, das mit der erklärten Absicht[13] erlassen wurde, Umverteilungswirkungen herbeizuführen, Wohlfahrtsgewinne dadurch erzielt, dass es Abhilfe gegen ein informationsbedingtes Marktversagen schafft[14]. Eine Garantie, dass eine unsichtbare Hand aus fehlerhaften gesetzgeberischen Absichten gute Ergebnisse zaubert, gibt es jedoch nicht.

Ökonomische Theorie des Verbrechens

Aber nicht nur im Zivilrecht, sondern auch auf anderen Rechtsgebieten, wie etwa im Strafrecht fehlen widerspruchsfreie, falsifizierbare Theorien. Auch eine empirische Überprüfung der Wirkungen gesetzlicher Maßnahmen lässt sich nicht beobachten. So finden sich in den bekannten Lehrbüchern von *Jescheck*[15] und *Kaiser*[16] zwar eine Fülle von Einzelbetrachtungen sowie unverbunden ne-

---

an Economic Theory of Liability, Journal of Legal Studies, 1973, S. 323 ff; *Spence*, Consumer Misperceptions, Product Failure and Producer Liability, Review of Economic Studies, Oct. 1977, S. 561 ff.; *Shavell*, Strict Liability vs. Negligence, Journal of Legal Studies, 1980, S. 1 ff; *Diamond*, Single Activity Accidents, Journal of Legal Studies, 1974, S. 107. Als erste einführende Lektüre ist der Aufsatz von *McKean* zu empfehlen, da *McKean* besondere Mühe auf die Darstellung der im Haftungsrecht bedeutsamen ökonomischen Grundbegriffe verwendet.

[12] Vgl. hierzu *Shavell*, A Note on Efficiency versus Distributional Equity in Legal Rulemaking: Should Distributional Equity Matter Given Optimal Income Taxation?, American Economic Review, Papers and Proceedings, 1981, S. 414.

[13] Vgl. hierzu die Begründung zum Regierungsentwurf eines Gesetzes zur Regelung des Rechts der Allgemeinen Geschäftsbedingungen, Bundestagsdrucksache 7/3919, S. 9. Dort werden als die tragenden rechtspolitischen Ziele die Wiederherstellung der „gestörten Vertragsfreiheit" und des „angemessenen Ausgleichs der beiderseitigen Interessen" genannt.

[14] Vgl. *Adams*, Ökonomische Analyse des Gesetzes zur Regelung des Rechts der Allgemeinen Geschäftsbedingungen, erschienen in: Abhandlungen des Vereins für Socialpolitik, Arbeitstagung Basel 1983, 1984.

[15] *Jescheck*, Lehrbuch des Strafrechts: Allgemeiner Teil, 3. Auflage 1978, § 1-6.

[16] *Kaiser*, Kriminologie, 1980, § 5, 7, S. 163 ff.

beneinander stehende Theorien zur Verbrechenserklärung. Es fehlt jedoch eine klare Modellbildung, die beobachtbare Kriterien angibt, aufgrund derer sich eine Person für oder gegen die Begehung einer strafbaren Handlung entscheidet. Ebensowenig werden empirisch überprüfte, quantitative Angaben etwa über die verbrechensverhindernde Wirkung einer Straferhöhung oder einer Erhöhung der Aufklärungswahrscheinlichkeiten mitgeteilt. Auch eine auf Wohlfahrtskriterien begründete Bewertung der einzelnen Bestrafungs- und Maßregelungsmöglichkeiten ist nicht anzutreffen, obwohl zu all diesen Frage eine inzwischen umfangreiche theoretische und an empirischen Messungen reiche Literatur in der Ökonomischen Analyse des Rechtes besteht[17].

Berufsfreiheit und tarifvertraglich verursachte Mindestlohnarbeitslosigkeit
Aber auch im Verfassungsrecht vermag die Verwendung wirtschaftswissenschaftlicher Erkenntnisse zur Entdeckung oder Verbesserung der Ergebnisse von Interessen- und Rechtsgüterabwägungen bei der Auslegung von Grundrechten führen. So kann sich etwa zwischen dem in Artikel 9 Grundgesetz gewährleisteten Recht, zur Wahrung und Förderung der Arbeits- und Wirtschaftsbedingungen Vereinigungen zu bilden, und dem durch das Tarifvertragsgesetz an die Tarifvertragsparteien verliehenen Recht, gegebenenfalls branchenweite Mindestlöhne und Mindestarbeitsbedingungen festzulegen auf der einen Seite und dem Schutz der Berufsfreiheit in Artikel 12 Grundgesetz auf der anderen Seite eine Kollision ergeben. Setzen etwa die Tarifvertragsparteien längerfristig einen über dem Gleichgewichtspreis liegenden Lohnsatz fest, bedeutet dies für einen Teil der Beschäftigten Mindestlohnarbeitslosigkeit[18]. Dies heißt jedoch, dass ein Teil der Bürger in ihrem verfassungsmäßigen Recht eingeschränkt wird, ihrem jewei-

---

[17] Vgl. hierzu etwa die Pionierarbeit von *Becker*, Crime and Punishment: An Economic Approach, Journal of Political Economy, 1968, S. 217; *Ehrlich*, On the Usefulness of Controlling Individuals: An Economic Analysis of Rehabilitation, Incapacitation, and Deterrence, American Economic Review, 1981, S. 307; *Ozenne*, The Economics of Bank Robbery, Journal of Legal Studies, 1974, S. 19; *Passell*, Homicide and Robbery in New York City: An Economic Model, Journal of Legal Studies, 1976, S. 83; *Polinsky/Shavell*, The Optimal Tradeoff between Probability and Magnitude of Fines, American Economic Review, 1979, S. 880; *Landes*, An Economic Model of US-Aircraft Hijacking 1961-1976, Journal of Law and Economics, 1978, S. 1; *Ehrlich*, The Deterrent Effect of Criminal Law Enforcement, Journal of Legal Studies, 1972, S. 259. Vgl. jedoch zu Glanz und Elend der Ökonometrie *Hendry*, Econometrics - Alchemy or Science?, Economica, November 1980, S. 387 ff. sowie *Leamer*, Let's Take the Con out of Econometrics, American Economic Review, 1983, S. 31, der insbesondere die Fragwürdigkeit der bisherigen Messungen der Abschreckungswirkung der Todesstrafe aufzeigt (S. 40 ff.).

[18] Vgl. hierzu *Baumol/Blinder*, Economics - Principles and Policy -, The Labor Market and Wages, 1979, S. 509 ff.

ligen Beruf nachgehen zu können, obwohl sie lediglich den Marktpreis und weniger für ihre Tätigkeit verlangen wollen.

„Offene Gesellschaft“ und Interessenverbände

Eine solche tarifvertraglich verursachte Mindestlohnarbeitslosigkeit entspricht damit in ihrer Wirkung einem wohl kaum mit Artikel 12 Grundgesetz zu vereinbarendem zunftmäßigen Berufsaufnahmeverbot. Ist es doch für die betroffenen Arbeitslosen gleichgültig, ob sie aufgrund irgendeines speziellen Verbotes an der Aufnahme ihres Berufes gehindert werden oder ob sie[19] zwangsweise einen bestimmten Mindestlohn beziehen müssen, zu dem sie jedoch keinen Nachfrager mehr finden, der sie bei dieser Bezahlung noch einstellen will. [...]

Olson[20] hat nun nachgewiesen, dass Interessenverbände, Kartelle, Zünfte und Gewerkschaften die Kräfte des wohlstandschaffenden Wettbewerbs zum Erlahmen bringen wollen, um den von ihm ausgehenden Druck der Anpassung an veränderte Bedingungen, an neue Ideen und neue Probleme, neue Knappheiten auszuschalten. *Olson* und - bereits 40 Jahre vor ihm - *Hayek*[21] zeigten weiterhin, dass die wirksame Einschränkung des Wettbewerbs nur in einem dichten Netz von rechtlichen und - wichtiger noch - informellen Kontroll- und Sanktionsmechanismen gelingen kann, wie sie beispielsweise das indische Kastensystem[22] oder das mittelalterliche Zunftwesen erzeugten. Dies bedeutet jedoch, dass eine (fehlerhafte) Interpretation des Artikel 9 Grundgesetz, die den Interessenverbänden schrankenlose Entfaltungsfreiheit bei der Gestaltung der Arbeits- und Wirtschaftsbedingungen und bei der Einflussnahme auf den Staat einräumt, eine Tendenz weg von der „offenen Gesellschaft“ und hin zu einer Gesellschaft auslöst, in der jeder seinen vorgeschriebenen, wohldefinierten Platz hat, in welchem dem Einzelnen jedoch seine grundrechtlichen Freiheiten in ihrem Wesensgehalt entzogen sind.

Informationsökonomie und Unsicherheit

Der Mangel der Jurisprudenz an angemessenen Analyseinstrumenten wird besonders bei Problemen deutlich, die mit Fragen der Unsicherheit zu tun haben. Unsicherheit über die Zukunft ist jedoch eine der grundlegendsten Lebensbedingungen des Menschen. Die Versuche der Menschen, eine Lösung auf diese von

---

[19] Es ist für die Wirkung der Mindestlohnfestsetzung gleichgültig, ob der Anbieter oder der Nachfrager Adressat der Verpflichtung ist, da der Zwang zur Zahlung der festgesetzten Vergütung auf beiden Wegen gleichermaßen durchgesetzt werden kann.

[20] *Olson*, The Rise and Decline of Nations, 1982.

[21] *Hayek*, Der Weg in die Knechtschaft, 1943.

[22] *Akerlof*, The Economics of Caste and of the Rat Race and other woeful Tales, Quarterly Journal of Economics, 1976, S. 599 ff.

der Unsicherheit hervorgerufenen Schwierigkeiten zu finden, haben eine Fülle gesellschaftlicher und rechtlicher Institutionen und Vertragstypen hervorgebracht[23], deren Verständnis jedoch Grundkenntnisse der Wahrscheinlichkeitstheorie voraussetzt, die aber in der herkömmlichen Juristenausbildung nicht vermittelt werden. So ist es verständlich, dass erst von der Informationsökonomie theoretisch klare Erklärungen zu Existenz und Wirkung dieser als Antwort auf Unsicherheitsprobleme erdachten Institutionen und Vertragstypen vorgelegt wurden[24].

Rechtsdurchsetzung durch Beeinflussung von Erwartungen

Das Verständnis der Wirkung von Informationen auf das Verhalten der Menschen ist auch deshalb von entscheidender Bedeutung, weil die Durchsetzung der Rechtsordnung auf der Beeinflussung der Erwartungen der Bürger über die jeweiligen Vor- und Nachteile rechtmäßigen oder rechtswidrigen Verhaltens beruht[25]. Die Funktionsweise des Straf- oder Ordnungswidrigkeitenrechts, der Zusammenhang zwischen der Wirksamkeit des materiellen Rechts und der Arbeitsweise der Zivilgerichtsbarkeit, der vernünftige Sinn des verfassungsrechtlichen Grundsatzes des Vertrauensschutzes lassen sich nur mit Hilfe richtiger

---

[23] Da die Jurisprudenz die wahre Struktur des Problems nicht zu formulieren vermag, besteht ein üblicher Erklärungsversuch für das Verhalten von Menschen unter der Bedingung von Unsicherheit darin, einen Teil dieses Verhaltens einfach als „irrational" zu bezeichnen. Fragt man etwa einen Rechtsanwalt nach dem Grund, der Menschen dazu bringt, das für sie insgesamt doch offensichtlich recht unvorteilhafte Spiel eines Zivilprozesses auf sich zu nehmen, wird man als Erklärung im allgemeinen die These von der „Irrationalität" des Menschen zu hören bekommen. Es gehört nicht zu den geringsten Leistungen der Wirtschaftswissenschaften, dem Begriff der Rationalität einen klaren empirisch testbaren Inhalt gegeben zu haben, so dass sie auf das ad-hoc-Konzept von der Irrationalität des Menschen zu verzichten vermag. Vgl. zum Begriff der Rationalität *Luce/Raiffa*, Games and Decisions, 1957, Chapter 1.3 sowie *Akerlof/Dickens*, The Economic Consequences of Cognitive Dissonance, American Economic Review, 1982, S. 307 ff. und *Becker*, Irrational Behavior and Economic Theory, Journal of Political Economy, 1962, S. 1 ff.

[24] Aus der Fülle der Literatur nur einige Angaben: *Posner*, Economic Analysis of Law, 1972, Chapter 14, „Corporations", Chapter 15, „Financial Markets"; *Ordover/Weiss*, Information and the Law: Evaluating Legal Restrictions on Competitive Contracts, American Economic Review, Papers and Proceedings, 1981, S. 399 ff.; *Beales/Craswell*, Salop, Information Remedies for Consumer Protection, American Economic Review, Papers and Proceedings, 1981, S. 410 ff.; *Arrow*, Essays in the Theory of Risk-Bearing-Insurance, Risk and Resource-Allocation, S. 134 ff.; *Posner*, The Economics of Privacy, American Economic Review, Papers and Proceedings, 1981, S. 405 ff.; *Shavell*, Damage Measures for Breach of Contract, The Bell Journal of Economics, 1980, S. 466 ff.; *Cheung*, Transaction Costs, Risk Aversion, and the Choice of Contractual Arrangements, Journal of Law and Economics, 1972, S. 23 ff.; *Adams*, Ökonomische Analyse der Sicherungsrechte, 1980.

[25] Vgl. hierzu *Adams*, Ökonomische Analyse des Zivilprozesses, 1981, S. 75 ff.

Theorien über das Verhalten der Menschen unter den Bedingungen der Unsicherheit verstehen.

Ein Rechtswesen erfüllt seine Lenkungsaufgabe durch die Zuweisung sinnvoll festgelegter subjektiver Rechte sowie der erklärten Bereitschaft, jedem Bürger bei der Durchsetzung seiner Rechte mit staatlicher Gewalt beizustehen, ohne dass diese Bereitschaft jemals in die Tat umgesetzt werden müsste, da die Drohung der zwangsweisen Durchsetzung jedem Bürger eine hinreichend ungünstigere Alternative zum rechtmäßigen Verhalten eröffnet. Der Zwang der Rechtsordnung, ihre Sanktionsdrohung auch in die Wirklichkeit umsetzen zu müssen, stellt vor dem Hintergrund eines optimal arbeitend gedachten Rechtssystems bereits ein Versagen der Anreizordnung des Rechts dar. Übersieht man beispielsweise die positiven externen Effekte, die von gerichtlichen Entscheidungen oder anderen Streitschlichtungsinstanzen infolge ihrer Informationswirkung ausgehen, kann man zu einer fehlerhaften Beurteilung der dabei aufgewandten Kosten kommen. So beklagt *von Hippel*[26] die sehr hohen Gerichts-, Verwaltungs- und Regresskosten im Bereich der Unfallschadensregulierungen und empfiehlt auch aus diesen Gründen die Einführung einer zwangsweisen Volksunfallversicherung. Neben der extremen Ansicht, dass der von einer solchen Versicherung ausgehende Anreiz zu verringerter Sorgfalt nicht zu erhöhten Unfällen führen werde[27], werden die Wirkungen der Gerichtsentscheidungen oder anderer Streitschlichtungssysteme als auf den jeweils entschiedenen Einzelfall beschränkt angesehen und die Beeinflussung des Verhaltens aller anderen Bürger durch die Informationswirkung und die damit verbundene Erwartungsveränderung außer Betracht gelassen[28].

Theorie der Gerechtigkeit

Nicht nur für einzelne Probleme der Rechtsordnung, sondern auch für die Grundfrage der Rechtswissenschaft, was unter *Gerechtigkeit* zu verstehen ist und welche Handlungsprinzipien aus ihr abgeleitet werden können, sind von

---

[26] *Von Hippel*, Haftungsersetzung durch Versicherungsschutz, 1980, S. 62 f. sowie S. 67 f.

[27] *Von Hippel*, a.a.O. (Fn. 26), S. 66 f. Anderer Ansicht etwa *Shavell,* On Liability and Insurance, The Bell Journal of Economics, 1982, S. 120 ff. mit weiteren Nachweisen. Die deutliche Veränderung des Verhaltens der amerikanischen Ärzte in Diagnose- und Therapieverfahren auf eine Änderung ihrer zivilrechtlichen Haftung weist auf die erheblichen Gefahren hin, die mit falschen Anreizen ausübenden Haftungssystemen verbunden sind, vgl. hierzu *Simon*, Diagnoses and Medical Malpractice: A Comparison of Negligence and Strict Liability System, The Bell Journal of Economics, 1981, S. 170 m.w.N.

[28] Vgl. zum gesellschaftlichen Bedarf an Gerichtsverfahren, *Adams*, Ökonomische Analyse des Zivilprozesses, 1981, S. 76 sowie *Shavell,* The Social Versus the Private Incentive to Bring Suit in a Costly Legal System, Journal of Legal Studies, 1982, S. 333.

Ökonomen Theorien vorgelegt worden. So weisen *Arrow*[29] und *Buchanan/Tullock*[30] darauf hin, dass progressive Einkommensbesteuerung, Sozialversicherung, private Wohlfahrtsorganisationen und viele andere Umverteilungsmaßnahmen am besten verstanden werden können, wenn man sie als Erfüllung eines allgemeinen Wunsches nach Versicherung betrachtet. Der Philosoph *Rawls*[31] hat dann auf diesem Gedanken aufbauend eine normative Theorie der Gerechtigkeit vorgelegt.

Abschied von alltagstheoretischen Daumenregeln

Es soll daher die These aufgestellt werden, dass die bisherige juristische Methode der Erkenntnisgewinnung an ihre Grenzen gestoßen ist. Bessere Einsicht in die Wirkungsweise des Rechts sind nicht mehr mit Hilfe alltagstheoretischer Daumenregeln oder der Verallgemeinerung durch Introspektion gewonnener Partialanalysen zu erzielen. Die verwickelten Anpassungsreaktionen der Individuen und Institutionen an die Änderung von Rechtsregeln machen es vielmehr erforderlich, dass auch die Jurisprudenz die allgemeinen wissenschaftlichen Methoden in Gebrauch nimmt, wie sie in den Naturwissenschaften und den Wirtschaftswissenschaften üblich sind und die zum Aufstieg dieser Wissenschaften geführt haben.

Übergang zur axiomatischen Theorienbildung

Nun stellt die dargestellte Kritik der Jurisprudenz sicherlich für viele der in Wissenschaft oder Praxis tätigen Juristen keine grundsätzliche Neuigkeit dar. Wenn hier zudem betont wurde, dass viele Antworten, die die Rechtswissenschaft gibt, gute Antworten darstellen und manche der auf dem Gebiet der Ökonomischen Analyse des Rechts forschenden Autoren wie etwa *Posner* die Ansicht vertreten, dass große Teile des Common Law bereits effiziente Lösungen enthalten, fragt es sich, welche Gründe denn nun eine Übernahme der in der Ökonomie mit so großem Erfolg verwendeten Methode der axiomatischen Theorienbildung in die Jurisprudenz, also die „Extravaganz eines Paradigmenwechsels" zu rechtfertigen vermögen. Es gilt somit darzutun, welche Vorteile die auf den modernen ökonomischen Methoden beruhende Analyse des Rechts gegenüber der herkömmlichen juristischen Theorienbildung aufzuweisen hat.

---

[29] *Arrow*, Essays in the Theory of Risk-Bearing, Uncertainty and Medical Care, 1976, S. 177 (S. 185).

[30] *Buchanan/Tullock*, The Calculus of Consent, 1962, Chapter 13.

[31] *Rawls*, A Theory of Justice, 1971. Vgl. hierzu auch *C.C. von Weizsäcker*, Über Effizienz und Gerechtigkeit, Abhandlungen des Vereins für Socialpolitik, Arbeitstagung Basel 1983, 1984.

Mathematische Modellbildung

Um die Darstellung deutlich und anschaulich zu halten, soll nun in aller Kürze der typische Aufbau eines sehr einfachen mathematischen Modells am Beispiel des „Prozessparadoxons" erklärt werden. Unter „Prozessparadoxon" wird hier die Frage verstanden, wieso vernunftbegabte Wesen kostspielige Zivilprozesse gegeneinander anstrengen, obwohl ihr offensichtliches gemeinsames Interesse infolge der materiellen und immateriellen Kosten eines jeden Prozesses in einer außergerichtlichen Lösung ihrer Streitfrage gelegen hätte[32]. Der Aufbau eines mathematischen Modells beginnt zunächst damit, dass man eine Liste der zu untersuchenden Gegenstände und ihrer Einflussgrößen in die Analyse einführt, sie mit Symbolen kennzeichnet und über die Verhaltensziele der Beteiligten mathematisch wohldefinierte, etwa in Gleichungsform niedergeschriebene Annahmen angibt. Will man weiterhin die jeweiligen, sich aus den angenommenen Handlungszielen der Beteiligten und die sich aus den ihnen offen stehenden Handlungsmöglichkeiten ergebenden gesellschaftlichen Zustände einer Bewertung zuführen, müssen zusätzlich noch Wohlfahrtskriterien[33], wie etwa der „soziale Überschuss" oder die „Konsumentenrente" in die Analyse eingeführt werden. Hat man diese Arbeit geleistet, lassen sich die Ergebnisse der Handlungen aller Beteiligten mit Hilfe der Mathematik herleiten. [...] Die *Vorteile der mathematischen Modellbildung* sind nun vielfältig.

Tieferes Verständnis durch mathematische Sprache

Die soziale Wirklichkeit und die dort anzutreffenden Zusammenhänge sind keineswegs von einfacherer Art als dies in der Physik der Fall ist. Wenn auch ein elementares Verständnis der physikalischen Zusammenhänge ohne jede mathematische Formulierung zuweilen erreicht werden kann, ist der hierbei erzielte Erkenntnisgewinn im allgemeinen gering. So war auch den Menschen vor *Newton* klar, dass die Äpfel vom Baum fielen. Dennoch stellt die mathematisch präzise und experimentell nachprüfbare Beschreibung der Fallgesetze und der Gravitationsregeln eine tiefere Einsicht als die vor *Newton* bestehende dar. So kommt in der Naturwissenschaft auch niemand mehr auf die Idee, physikalische Zusammenhänge rein verbal ausdrücken zu wollen, da für viele physikalische Erscheinungen die sprachlichen Darstellungsmöglichkeiten nicht hinreichend klar und verständlich sind. Das Gleiche gilt auch für die Sozialwissenschaften, deren Untersuchungsgegenstände ähnlich verwickelt und ohne mathematische Hilfe kaum mehr unverfälscht darstellbar sind. Es ist zudem eine offensichtliche

---

[32] Vgl. hierzu ausführlich *Adams*, Ökonomische Analyse des Zivilprozesses, 1981, S. 2 ff sowie *Adams*, Ökonomische Analyse des Zivilprozesses und der Rechtsschutzversicherungen, Zeitschrift für Schweizerisches Recht, 1983, S. 187 ff.

[33] Vgl. die Erläuterung dieser Begriffe bei *Varian*, Mikroökonomie, 1981, S. 211 ff.

Erfahrungstatsache, dass bei langen Gedankenketten die mathematische Sprache der verbalen Sprache weit überlegen ist[34].

Die Verwendung der mit der axiomatischen Methode verbundenen Übersetzung der Handlungsweisen der Beteiligten in die Mathematik[35] eröffnet auch die dringend benötigte Möglichkeit, Probleme zu verstehen, die keine rekursive Struktur besitzen. So stellen insbesondere soziale Erscheinungen ein System dar, in dem jede Größe von einer anderen Größe abhängt, so dass die einzelnen Größen des Systems nur gleichzeitig, nicht aber nacheinander bestimmt werden können. Es ist nun jedoch sehr schwer, wenn nicht unmöglich, nichtrekursive Systeme verbal zu lösen. Man denke nur an den einfachen Fall eines Gleichungssystems mit zwei Gleichungen und zwei Unbekannten. Vielleicht mag ein wortstarker Formulierer dieses Problem noch verbal zu lösen vermögen, es erscheint jedoch ausgeschlossen, dass ihm noch eine verständliche verbale Darstellung eines Systems von 200 Variablen gelingen kann. Die axiomatische Methode öffnet daher dem menschlichen Verständnis ganz neue Erkenntnisbereiche. Ein berühmtes Beispiel für den fehlgeschlagenen Versuch, ein einfaches lineares Zweisektorenmodell rein verbal zu lösen, ist die Theorie von *Karl Marx* über Löhne und Gewinne. Aber es brauchte immerhin 90 Jahre, bis die Wirtschaftswissenschaft seinen Irrtum entdeckte, und *Samuelson*[36] das *Marx'sche* Modell in algebraische Gleichungen übersetzte und damit den logischen Fehler in der Theorie von *Karl Marx* offensichtlich machte.

Die Verwendung der Mathematik ist nun aber auch eine hoch arbeitssparende Technik. Hierbei ist nicht nur an ihre Klarheit und an den großen Vorteil zu denken, den sie dadurch verschafft, dass Denkfehler bedeutend rascher als bei einer rein verbalen Darstellung erkannt werden können, sondern auch an die durch sie eröffnete Möglichkeit unmittelbar auf das gesamte gesammelte Wissen, das über die Eigenschaft einer bestimmen formalen Struktur bekannt ist,

---

[34] So hört man bei einem Vergleich der deutschen und französischen Sprache oftmals, dass Französisch eine sehr klare Sprache sei, während Deutsch als verschwommen angesehen wird. Dies wird dann durch die Geschichte illustriert, dass *Hegel* seine eigene Philosophie erst verstand, nachdem er sie in der französischen Übersetzung gelesen hatte. So könnte es sein, dass auch die Jurisprudenz aus einer Übersetzung ihrer Probleme in die mathematische Sprache ähnliche Vorteile zu ziehen vermag.

[35] Vgl. zum Nutzen der Mathematik in der Ökonomie die Grundsatzdiskussion, die in „The Review of Economics and Statistics", 1954, S. 357 ff. stattgefunden hat. Vielleicht ist zu dieser Diskussion der anekdotische Hinweis interessant, dass alle Teilnehmer der Diskussion, die sich für eine Verwendung der Mathematik in der Ökonomie ausgesprochen haben, Jahre später den Nobelpreis erhielten oder sich zu Recht darüber ärgern können, ihn bisher noch nicht erhalten zu haben.

[36] *Samuelson*, Wages and Interest: A Modern Discussion of Marxian Economic Models, American Economic Review, 1957, S. 884.

zurückzugreifen[37]. So wird es unnötig, jedes Mal, wenn man etwa das Verhalten eines gewinnmaximierenden Unternehmens beschreiben will, die Infinitesimalrechnung neu zu erfinden. Es genügt stattdessen, die Absatz- und Kostenfunktion in Gleichungsform niederzuschreiben und ihre Ableitungen zu bilden. Die Übersetzung der Verhaltensweisen in die mathematische Darstellung gewährt damit eine Fülle weiterer für diese Struktur bereits erarbeiteter Einsichten, die häufig nicht unmittelbar evident sind und daher entweder unbekannt geblieben wären oder zusätzliche, unnötige Arbeit erfordert hätten.

Empirische Verhaltensmessungen

Ebenso wichtig wie die durch die Übersetzung in die mathematische Sprache gewonnene Klarheit und Sicherheit des Denkens und die zusätzlich aus dem bereits akkumulierten Wissen stammenden Einsichten ist die Möglichkeit, die jeweiligen Ansichten, die man über die Wirklichkeit ausgedrückt durch die im Modell verwandten Axiome vertritt, einer empirischen Überprüfung zu unterziehen. Hat man einmal die Übersetzung in ein konsistentes mathematisches Modell geleistet, ist es nicht mehr nur eine Glaubenssache, ob beispielsweise eine Erhöhung der Aufklärungswahrscheinlichkeit eines bestimmten Verbrechens zu einem Rückgang der betreffenden Straftat führt. Eine ökonometrische Messung vermag die jeweiligen Zusammenhänge präzise offen zu legen und damit weltanschauliches Streiten überflüssig zu machen[38].

Wenn mit diesem Aufsatz auch der Versuch unternommen wurde, eine Vorstellung von den Vorteilen der Ökonomischen Theorie beim Verständnis des Rechts zu vermitteln, kann sich der Wert der dargestellten Analyseverfahren jedoch erst bei der vergleichsweisen Gegenüberstellung der mit den herkömmlichen juristischen Methoden gewonnenen Erkenntnisse erweisen. Es ist nach einem Wort von *Coase*[39], der *Wettbewerb auf dem Marktplatz der Ideen*, der letztlich entscheiden wird, wo die Grenzen zwischen den einzelnen Wissenschaftsdisziplinen verlaufen werden. Dennoch bin ich sicher, dass die Ökonomische Analyse des Rechts herkömmliche juristische Theorienschmieden ebenso verändern wird wie die Erfindung des Mikroskops die Ansichten der Mediziner über die Ursachen der Infektionskrankheiten.

---

[37] Vgl. hierzu *Dorfmann*, A Catechism: Mathematics in Social Science, The Review of Economics and Statistics, 1954, S. 374 f.

[38] Vgl. hierzu etwa die von *Landes*, An Economic Study of US-Aircraft Hijacking 1961-1976, Journal of Law and Economics, 1978, S. 1 (S. 16) ermittelten Abschreckungskoeffizienten bei einer Erhöhung der Aufklärungsziffern von Flugzeugentführungen. Vgl. hierzu auch *Myers*, Estimating the Economic Model of Crime: Employment versus Punishment Effects, Quarterly Journal of Economics, 1983, S. 157 ff. und die Entgegnung von *Witte*, Quarterly Journal of Economics, 1983, S. 167 ff.

[39] *Coase*, Economics and Contiguous Disciplines, Journal of Legal Studies, 1978, S. 201.

Teil 2: Grundfragen

Normen, Standards, Rechte

A. Einleitung

Europa schafft sich gegenwärtig für viele Rechtsgebiete neues einheitliches Recht. Die neue europäische Rechtssetzung ist für vielerlei Rechtsgebiete Europas systembildend. Durch die Schaffung des europäischen Binnenmarktes wird es eine weiter gesteigerte soziale Interaktion der Europäer untereinander geben. Hierbei werden diese Interaktionen nicht nur von Rechtsnormen, sondern auch von ihren jeweiligen kulturellen Normensystemen[1] beeinflusst. Da die jeweiligen Rechts- und Sozialnormen mit unterschiedlichen anderen Normen in den einzelnen europäischen Bundesländern zusammenarbeiten müssen, ergeben sich grundsätzliche Fragen ihrer Kompatibilität, Stabilität und Bewertung. Diese Arbeit will den Versuch unternehmen, die bisher in der Soziologie und der Jurisprudenz anzutreffende Erklärung von Sozial- und Rechtsnormen mit den geistigen Ordnungsmustern der Wirtschaftswissenschaften zu analysieren, um auf bisher in der Literatur nicht behandelte selbstverstärkende Eigenschaften von Normen und deren weitreichende Folgen auch für die Tätigkeit des Staates und die Geschwindigkeit der europäischen Rechtsvereinheitlichung hinzuweisen. Hierfür ist es zunächst erforderlich, kurz auf die in der Literatur anzutreffenden unterschiedlichen Sichtweisen der Wirkung von Rechts- und Sozialnormen einzugehen.

B. Theorie der Normen in Soziologie, Wirtschaftswissenschaften und Jurisprudenz

I. Die theoretischen Verhaltensparadigma in Soziologie, Wirtschaftswissenschaften und Jurisprudenz

In der Literatur wird der Gegensatz zwischen den Denkrichtungen der Soziologie und den Wirtschaftswissenschaften über die Wirkung und Aufgabe von

---

Erstveröffentlichung: *Michael Adams*, Normen, Standards, Rechte, Juristenzeitung, 1991, S. 941-955. Der Aufsatz wurde für die vorliegende Neuveröffentlichung sprachlich geringfügig geglättet.

[1] Wie das Seminar zum deutschen Nationalcharakter und zur Deutschlandpolitik der englischen Premierministerin nach dem Fall der Berliner Mauer zeigte, wird selbst auf Regierungsebene sozialen Normen als Quelle möglicher Konflikte zwischen Staaten hohe Beachtung zuteil. Auf dem genannten Seminar stand insbesondere die Stabilität verschiedener sozialer Normen und Einstellungen der deutschen Bevölkerung im Mittelpunkt des Interesses.

Normen mit der stilisierten Figur des „homo oeconomicus“ und des „homo sociologicus“ beschrieben.

Während der erstere geleitet wird von klarsichtiger widerspruchsfreier Zielverfolgung unter Berücksichtigung der von Normen und Rechtsregelungen ausgehenden Anreize und nur zuweilen behindert wird von Informationskosten, wird der „homo sociologicus“ getrieben von sozialen Normen, denen er ohne weiteres Nachdenken unbewusst folgt, ohne für sich ihre jeweiligen Vor- und Nachteile abzuwägen[2]. Während der „homo oeconomicus“ sich an ändernde Umstände und Rechts- und Sozialregelungen anpasst und zugleich stets auf der Suche nach Verbesserungen ist, hängt der „homo sociologicus“ unbeweglich an vorgegebenen Verhaltensvorschriften selbst dann, wenn sich ihm neue und bessere Möglichkeiten der Lebensgestaltung eröffnen[3].

Die Jurisprudenz hat sich in ihrer theoretischen und praktischen Arbeit nicht auf eine präzise theoretische Beschreibung[4] des menschlichen Entscheidungsverhaltens gegenüber Normen eingelassen. Da auch für das unwahrscheinlichste und

---

[2] Vgl. hierzu *J. Elster,* Social Norms and Economic Theory, 3(4) Journal of Economic Perspectives, 1989, S. 99 ff. Diese Sicht von *J. Elster* ist nicht ohne Kritik geblieben. Insbesondere *K.-D. Opp* hat nachgewiesen, dass es sich bei dem von *J. Elster* vertretenem „homo sociologicus“ um Konzepte handelt, die sich auf außergewöhnlich einschränkende Annahmen stützen und deshalb aufgegeben werden sollten, *K.-D. Opp,* Das Modell des Homo Sociologicus - Eine Explikation und eine Konfrontierung mit dem utilitaristischen Verhaltensmodell -, Analyse & Kritik, Zeitschrift für Sozialwissenschaften, 1986, S. 1 ff. sowie *K.-D. Opp,* Sociology and Economic Man, 141 Zeitschrift für die gesamte Staatswissenschaft (Journal of Institutional and Theoretical Economics), 1985, S. 213 ff. mit weiteren Nachweisen.

[3] Den holistischen Vorstellungsweisen von *N. Luhmann,* Rechtssoziologie, 2 Bde., 1972 sind *T. Eger* und *P. Weise,* Normen als gesellschaftliche Ordner, *P. Weise* (Hrsg.), Ökonomie und Gesellschaft Jahrbuch 8: Individuelles Verhalten und kollektive Phänomene, 1990, S. 65 ff. (94 f.) entgegengetreten. *T. Eger* und *P. Weise* zeigen, dass *N. Luhmann* seine Vorstellung von der Wirkungsweise von Normen von den individuellen Entscheidungen einzelner Menschen loslöst und er daher Opfer einer zirkulären „autopoietischen“ Argumentation der Normenselbstorganisation wird, die keinerlei Erklärung für ihren behaupteten Mechanismus enthält. Nach einem Vergleich mit dem präzisen individualistischen Ansatz in den Wirtschaftswissenschaften am Beispiel der Arbeiten von *G. S. Becker,* The Economic Approach to Human Behavior, 1976, kommen *T. Eger* und *P. Weise* zu dem Urteil, es handele sich bei den Arbeiten von *N. Luhmann* um eine Transformierung von Begriffen in handelnde Systeme, bei der *N. Luhmann* keinerlei Begründung für seine Normenselbstorganisationsvorstellungen vorlege, die sich auf die tatsächlichen menschlichen Entscheidungsträger in der Wirklichkeit stützen könnten. Die Argumentation von *N. Luhmann* sei daher auf der Mikroebene theoretisch unfundiert und nichtssagend zirkulär. Dieser Ansicht wird gefolgt. Auf die Arbeit von *N. Luhmann* soll daher hier nicht mehr eingegangen werden.

[4] Während eine empirisch testbare Vorstellung des menschlichen Entscheidungsverhaltens nicht entwickelt wurde, fehlt es allerdings nicht an zahlreichen normativen Postulaten in Form von „Menschenbildern“, die wünschenswertes, nicht jedoch tatsächliches Verhalten beschreiben.

widersprüchlichste Verhalten der Menschen Regeln bereitgehalten werden müssen, erscheint vielen praktisch denkenden Wissenschaftlern der Aufbau eines konsistenten theoretischen „Menschenbildes“ als wenig sinnvoll, da ein solches Verfahren die Gefahr heraufbeschwören könnte, zu unvollständigen, einseitig vom jeweiligen Modell deduzierten und damit fehlerhaften Rechtsregelungen zu gelangen[5].

II. Soziologische und ökonomische Theorien sozialer Normen

Der Einfluss sozialer Normen auf die Ordnung des wirtschaftlichen und gesellschaftlichen Lebens ist den Wirtschaftswissenschaften nicht verborgen geblieben. Mit jedem neuen gedanklichen Instrument, das sich in den Wirtschaftswissenschaften bewährt hatte, wurden kurze Zeit später nicht nur Rechtsregelungen traktiert, sondern auch die verschiedensten Sozialnormen daraufhin überprüft, ob sie sich im Lichte der neuen Ideen besser verstehen ließen. Diese Erklärungsversuche sind jedoch in der Soziologie nicht ohne Kritik geblieben. Insbesondere wurde darauf hingewiesen, dass die vorgelegten wirtschaftswissenschaftlichen Theorien unvollständig seien und den Eindruck beliebig ad-hoc zusammengestellter Geschichtchen erweckten. Der nun folgende Abschnitt soll diesen Streitgegenstand darstellen und die vorgetragenen Argumente untersuchen.

1. Definition sozialer Normen

J. Elster sieht die Eigenschaft von sozialen Normen darin, dass sie nicht auf ein bestimmtes zukünftiges Ziel festgelegt, also „ergebnisorientiert“ sind, sondern unbedingte, nicht „hinterfragte“ Geltung beanspruchen[6]. Damit es sich um so-

---

[5] Das unter vielen Rechtswissenschaftlern verbreitete Gefühl einer zutiefst „irrationalen Natur“ des Menschen hat für die Gedankenklarheit der Jurisprudenz als Wissenschaft die betrübliche Konsequenz, dass hierdurch Analysen der Wirkungen rechtlicher Regelungen auf der Grundlage genau definierter Verhaltensannahmen unmöglich werden. Aus einer derartigen Annahme eines häufig widersprüchlichen „irrationalen“ Verhaltens der Menschen folgt notwendigerweise, dass die Wirkung einer rechtlichen Regelung nicht mehr vorhergesagt werden kann, da aufgrund der angenommenen Irrationalität der Menschen eben alles möglich ist. Das von der Jurisprudenz geübte Verfahren, jeweils unausgesprochen und von Fall zu Fall ad-hoc bestimmte menschliche Verhaltensweisen zu unterstellen, ist für ihre Entwicklung hin zu einer klaren und modernen Sozialwissenschaft ausgesprochen hinderlich. Auch wenn viele Fälle mit praktischer Vernunft gelöst werden, gewährleistet ein derartiges „intuitives“ Lösungsverfahren keine richtigen Ergebnisse auf einer empirisch gesicherten theoretischen Grundlage und kann damit zu gespenstischen Argumentationsmustern und beliebiger Verdrehbarkeit der Einschätzung rechtlicher Normenwirkungen führen.

[6] *J. Elster*, Social Norms and Economic Theory, 3(4) Journal of Economic Perspectives, 1989, S. 99 ff. Die Wirtschaftswissenschaften gehen üblicherweise davon aus, dass sich die Menschen von den mit ihren Handlungen herbeiführbaren *Ergebnissen* leiten lassen und von den

ziale Normen handele, müssten sie von anderen Menschen geteilt werden und zumindest teilweise durch deren Billigung oder Missbilligung auch durchgesetzt werden.

Mittel der Missbilligung bei Verletzung sozialer Normen sind insbesondere Gefühle der Angst, der Schuld oder der Scham auf Seiten der Normbrecher oder der Rache, Gerechtigkeit und Missachtung bei anderen Mitgliedern der sozialen Gruppe. Das besondere an der Verletzung sozialer Normen sind die starken Gefühlsregungen, die sie auszulösen vermögen. Soziale Normen bauen somit entscheidend auf emotionalen Einstellungen und Verhaltenspräferenzen ohne unmittelbaren Bezug zu angestrebten Ergebnissen auf[7].

In ihrer Durchsetzung unterscheiden sich soziale Normen deutlich von rechtlichen Normen. Während rechtliche Normen durch bürokratische Systeme, d.h. emotionslos und unabhängig vom Inhalt der Rechtsnormen von hierzu angestellten Personen durchgesetzt werden, die zu diesem Zwecke einem anderweitig aufgerichteteten Anreizsystem ausgesetzt sind und diesem eigennützig motiviert folgen, werden viele soziale Normen durch nicht auf Normendurchsetzung spezialisierte Mitglieder der jeweiligen Gruppe und nicht stets aufgrund deren Eigeninteresses durchgesetzt.

Als Beispiel solcher sozialer Normen nennt *J. Elster* Vorschriften, die Gegenstand und Art des Konsums verschiedener Güter regeln, wie Tischsitten, Kleidervorschriften, Filmbesuche, Sportarten, Möbeleinrichtungen. Auch diejenigen Normen, die kulturelles Verhalten wie Sprachstruktur, Sprechakzente und Wortschatzwahl regeln, sind unter die Konsumnormen zu zählen. Weitere soziale Normensysteme sind Vergeltungsnormen, die regeln, unter welchen Bedingungen man erlittene Übel in welcher Weise zu vergelten hat. Reziprozitätsnormen regeln demgegenüber die Verpflichtung, in welcher Weise auf eine gute Tat, wie etwa ein Geschenk, seitens anderer Menschen zu antworten ist[8]. Verteilungs-

---

jeweilig verwendeten *Verfahren* nicht beeinflusst werden, wenn diese zu denselben Ergebnissen führen, *R.D. Luce/H. Raiffa,* Games and Decisions, 1967, S. 19 ff. Vgl. jedoch dazu, dass die tatsächliche Geltung dieses Axioms der sog. „Verfahrensinvarianz" insbesondere bei Entscheidungen unter Unsicherheit nicht stets gewährleistet ist, insbesondere *A. Tversky/P. Slovic/D. Kahneman,* The Causes of Preference Reversal, 80(1) American Economic Review, 1990, S. 204 ff., *A. Tversky/D. Kahneman,* Rational Choice and the Framing of Decisions, 59(4) The Journal of Business, 1986, S. 251 ff. Derartige Fehlwahrnehmungen können zur Senkung der sozialen Kosten des Bestrafungssystems ausgenutzt werden, vgl. hierzu *M. Adams/S. Shavell,* Zur Strafbarkeit des Versuchs, 137 Goltdammer's Archiv für Strafrecht, 1990, S. 337 ff.(357 f.).

[7] *J. Elster,* Social Norms and Economic Theory, 3(4) Journal of Economic Perspectives, 1989, S. 99 ff.

[8] Eine Erklärung des insbesondere in schriftlosen Gesellschaften häufig anzutreffenden „gegenseitigen Schenkens" findet sich bei *R. Posner,* The Economics of Justice, 1981, S. 146 ff.(160 ff.), der die verschiedensten romantisierenden Vorstellungen über dieses weitverbrei-

normen geben an, welche Verteilung von Gütern oder Einkommen als „gerecht“ anzusehen ist.

2. Ökonomische Erklärung sozialer Normen

a. Soziale Normen als bloßes Mittel der Verschleierung und Rationalisierung von Interessen

Nicht selten ist zu beobachten, dass Menschen und Institutionen soziale Normen lediglich deshalb geltend machen, um hinter diesen ihr jeweiliges Eigeninteresse zu verbergen[9]. Empirische Untersuchungen zu Verhandlungen über Lohntarife zeigen, dass die Menschen dabei diejenigen sozialen Normen als „gerechte Verteilungsregeln“ bevorzugen, die für sie von größerem Vorteil sind[10]. Derartige Beobachtungen haben bei manchem Betrachter zu der Ansicht geführt, dass soziale Normen lediglich Mittel der Manipulation sind, um der Verfolgung von blankem Eigennutz eine Widerstand vermindernde Verhüllung zu gewähren[11].

Einer derartigen Sicht wird jedoch entgegengehalten, dass sie nicht erklären könne, wie eine solche Norm auf Dauer noch allgemeine Beachtung finden könne, da aufgrund ihrer Beliebigkeit niemand mehr an ihrer Befolgung ein Interesse haben könnte, es sei denn, er gehörte gerade zu den jeweils Bevorzugten[12]. Normen müssten eine gewisse Widerspruchsfreiheit aufweisen, weil eine offen

---

tete soziale System dadurch überzeugend beiseite räumen kann, dass er argumentiert, es handele sich hierbei um Aufbau und Betrieb einer anders nicht organisierbaren Versicherung auf Gegenseitigkeit.

[9] Für den Bereich der öffentlichen Begründung von Verteilungszielen bei Interessengruppen vgl. *C. C. von Weizsäcker*, - Effizienz und Gerechtigkeit - , Was leistet die Property Rights Theorie für aktuelle wirtschaftspolitische Fragen?, erschienen in: *M. Neumann* (Hrsg.) Ansprüche, Eigentums- und Verfügungsrechte, Schriften des Vereins für Socialpolitik, Band 140, 1984, S. 123 ff.

[10] *M. Deutsch*, Distributive Justice, 1985, Kapitel 11. Dies entspreche nach *J. Elster*, Social Norms and Economic Theory, 3(4) Journal of Economic Perspectives, 1989, S. 99 ff. (103) der häufig zu beobachtenden Regel, dass die Personen mit einem niedrigen Einkommen sich auf die Regel der Gleichheit berufen, während die Personen mit höheren Einkommen die Verteilung nach der Produktivität empfehlen.

[11] In dem viel gelesenen Handbuch zur Verhandlungskunst von *R. Fisher/W. Ury*, Das Harvardkonzept: sachgerecht verhandeln - erfolgreich verhandeln, 1984, S. 128 ff., wird beispielsweise eindringlich empfohlen, jede Verhandlungssituation in eine gemeinsame Suche nach allgemeinen Prinzipien umzuwandeln. Sieger solcher Auseinandersetzungen wird dann derjenige sein, der über einen reichhaltigen Prinzipienvorrat verfügt, der ihm in jeder Lage ein ihm nutzendes Prinzip bereit hält.

[12] *R. Edgerton*, Rules, Exceptions and the Social Order, 1985, S. 3.

willkürliches Verhalten erlaubende Regel keine Grundlage für ein allgemein anerkanntes System bilden könne[13].

Dieser Ansicht einer Konsistenz- und allgemeiner Anerkennungsnotwendigkeit sozialer Normensysteme kann allerdings entgegengehalten werden, dass durch gegebenenfalls ad-hoc erfundene Fallunterscheidungen und ein durch Umfang und unscharfe Begriffsbildung unübersichtliches Normensystem mit heimlichen Widersprüchen insbesondere bei geringem Bildungsstand der Bevölkerung durchaus langen Bestand haben kann und ihren Interpreten bedeutende Macht zu verleihen vermag[14].

b. Beachtung sozialer Normen aus Angst vor Sanktionen und als Ausdruck individuell- rationalen Verhaltens

Von *Akerlof*[15] wurde gezeigt, dass es soziale Normen gibt, die selbst bei innerer Ablehnung aller Beteiligten lediglich deshalb befolgt werden, weil die Normadressaten und die zur Durchsetzung der Norm Aufgerufenen bei einer Missachtung persönliche Nachteile zu erwarten haben.

Demgegenüber macht *Elster*[16] geltend, dass einige Normen dergestalt internalisiert werden, dass sich die Menschen auch bei einer mit Sicherheit ausbleibenden Sanktion im Falle einer Normenübertretung dennoch an die Norm halten. Zudem mache die *Akerlof*sche Theorie der privaten Erzwingung etwa von Kastenregeln nicht klar, aus welchem Grund einzelne Personen eine soziale Norm mittels ihrer Missbilligung und anderer Handlungen durchsetzen sollten, da sie sich hierdurch ihrerseits dem Gegendruck des Normbrechers aussetzten. Auch der mögliche Gegeneinwand, dass diejenigen, die nicht zur Sanktion des Normbrechers antreten, dann ihrerseits als Normbrecher sanktioniert würden, verlage-

---

[13] *J. Elster,* Social Norms and Economic Theory, 3(4) Journal of Economic Perspectives, 1989, S. 99 ff.(103 f.).

[14] Die Erfindung und Einführung eines „Statussystems“, wie etwa „König,“ „Adel“, „Geistlichkeit“ und anderer Titel kann dazu dienen, ein für diese Gruppen dauerhaft günstigeres Prinzipiensystem und hierbei insbesondere die Außerkraftsetzung des Gleichheitsgrundsatzes und seiner Verteilungssymmetrie zu bewerkstelligen. Wie die Geschichte lehrt, sind solche Konzepte langfristig nicht stabil, da die Konsequenzen den Benachteiligten auf Dauer nicht verborgen bleiben und durch Rechtfertigungslehren nicht hinreichend übertüncht werden können. Die Hoffnung, widersprüchliche Normensysteme seien auf Dauer selbstzerstörerisch instabil, setzt allerdings in gewissem Umfang informierte Menschen voraus. Lediglich einfache und offensichtliche Manipulationen oder Übertölpelungsversuche der Bevölkerung mit Hilfe sozialer Normen werden rasch verschwinden, während ausgefeilte soziale Normensysteme als Mittel der Manipulation für Jahrhunderte fortzudauern vermögen.

[15] *G. Akerlof,* The Economics of Caste and of the Rat Race and Other Woeful Tales, 90 Quarterly Journal of Economics, 1976, S. 599 ff.

[16] *J. Elster,* Social Norms and Economic Theory, 3(4) Journal of Economic Perspectives, 1989, S. 99 ff. (105).

re das Problem nur auf eine Ebene höher, da sie nicht beantworte, warum nunmehr die Dritten sich der für sie ebenfalls kostspieligen Gegenreaktion der untätigen, zur Sanktion Aufgerufenen aussetzen sollten. *J. Elster*[17] endet daher mit der Feststellung, dass es über die Erwartung von Sanktionen hinaus noch andere Gründe für die Bereitschaft geben müsse, anderen Menschen bei der Verletzung sozialer Normen Nachteile zuzufügen und damit eigene in Kauf zu nehmen.

So kritisiert *J. Elster*[18] grundsätzlich die Vermutung mancher Ökonomen und Juristen[19], dass viele soziale Normen lediglich Regelungen seien, die bei genauerer Betrachtung dem Nutzen der Normadressaten dienten. Sicherlich seien einige Normen wie Trink- und Essensregelungen sozial nützlich, jedoch sei dies bei Regelungen wie etwa der Blutrache der „Vendetta" nicht der Fall.

Zwar sieht auch *J. Elster*[20] durchaus, dass der von den sozialen Normen ausgehende Verwirklichungszwang der zur Abschreckung Aufgerufenen der Rachedrohung erst Glaubwürdigkeit verleiht und damit insgesamt zum Schutz der anderenfalls Geschädigten beiträgt. Wenn *J. Elster* seine Ansichten von der sozial destruktiven Wirkung sozialer Normen jedoch darauf abstützt, dass man nicht rational entscheiden könne, sich irrational zu verhalten, übersieht er, dass genau dieses „Nicht-mehr-Zurückholenkönnen", d.h. die durch die Emotionen bedingte Zwangsläufigkeit die Grundlage der Wirksamkeit und Glaubwürdigkeit von Drohungen bildet. Ist nämlich eine Tat trotz Drohung dennoch durchgeführt worden, legt die an eigenen Interessen ausgerichtete Rationalität angesichts der zu erwartenden Gegenwehr des zu Bestrafenden dem zur Rache Aufgerufenen die Nichtdurchführung der Drohung nahe. Da der mögliche Täter diese Interessenlage des möglichen Rächers jedoch bereits vor der Tat versteht und berücksichtigt, ist eine solche Rachedrohung keine glaubwürdige Drohung und kann damit auch keine abschreckende Wirkung ausüben[21].

---

[17] *J. Elster,* Social Norms and Economic Theory, 3(4) Journal of Economic Perspectives, 1989, S. 99 ff. (105).

[18] *J. Elster,* Social Norms and Economic Theory, 3(4) Journal of Economic Perspectives, 1989, S. 99 ff. (105 f.).

[19] Vgl. hierzu etwa *R. Posner,* The Economics of Justice, 1981, S. 146 ff.

[20] *J. Elster,* Social Norms and Economic Theory, 3(4) Journal of Economic Perspectives, 1989, S. 99 ff. (106 f.).

[21] Vgl. hierzu grundlegend *T. C. Schelling,* The Strategy of Conflict, 1960, Kapitel 1 bis 3. Die Bedeutung der Irrationalität zur Herstellung von Kooperation hat *R. Frank,* If Homo Economicus Could Choose His Own Utility Function, Would He Want One with a Conscience?, 77(4) American Economic Review, 1987, S. 593 ff. am Beispiel der Erklärung vordergründig anscheinend destruktiver Gefühlsstrukturen, wie etwa der genetisch fixierten Rachelust der Menschen dargelegt. So diene dieses Gefühl als *Schelling*'sche Selbstbindung und erzeuge über die glaubwürdige Abschreckung von Konflikten Kooperation unter sonst unmöglichen Umständen. Rachelust kann damit gerade aufgrund der rational schwer beherrschbaren Gefühlswallungen eine List der evolutorischen Vernunft sein, die aus „Bösem" „Gutes" schafft.

Der Umstand, dass die gesamte soziale Gemeinschaft einem zur Rachehandlung Aufgerufenen durch die Drohung eines Gesichtsverlustes und anderer Verachtungshandlungen zur Durchführung der Drohung anhält, erhöht die Glaubwürdigkeit der Strafandrohung und damit die Wirksamkeit der Abschreckung des Täters und kann bei nicht vorhandenem staatlichen Schutz der Bürger die wirksamste Vorkehrung gegen Tötungshandlungen und Körperverletzungen sein, so dass die Gesamtheit aller Mitbürger ein Interesse an der zur Abschreckung dienlichen Rache besitzt und es daher für jeden in einem gewissen Umfang lohnend ist, sozialen Druck auf den zur Rache Berufenen auszuüben. Das Argument von *J. Elster*, aufgrund des dann einsetzenden Gegendruckes des zur Racheausübung Unwilligen werde sich jeder klugerweise bei der Ausübung von sozialem Druck zurückhalten, übersieht, dass vielfach die üblichen Druckmittel in einer Verminderung oder einem völligem Abbruch von Kooperationsbeziehungen mit dem zu Sanktionierenden bestehen. Für jeden Einzelnen entstehen durch den Abbruch seiner Kooperation zwar gewisse Kosten je nach der Intensität der vorherigen Kooperation. Diese sind infolge der üblicherweise größeren Anzahl von Kooperationsverhältnissen und der Ersetzbarkeit der Leistungen des zu Sanktionierenden nicht sehr hoch. Demgegenüber sind die Kosten für den Abbruch der sozialen Kooperation für den Betroffenen ungleich höher, da bei ihm die Folgen des Abbruchs gebündelt auftreten, verliert er doch die Kooperation mit vielen anderen Mitbürgern. Sind die Kosten des sozialen Drucks dermaßen asymmetrisch zwischen den Beteiligten verteilt, kann das zu entrichtende Opfer für die vielen Wächter der Sozialnormen durchaus kleiner sein als der ihnen aus der durchgesetzten sozialen Norm entstehende persönliche Nutzen, so dass sie sich auch rationalerweise zur Erzwingung der sozialen Norm bereit finden werden[22].

c. Soziale Normen als Mittel der Erzeugung „öffentlicher Güter"

Viele Wirtschaftswissenschaftler sehen die Aufgabe sozialer Normen insbesondere bei Abwesenheit staatlicher Sanktionsmöglichkeiten darin, das bei einem Versuch der Erzeugung „öffentlicher Güter" auftretende Marktversagen zu lindern und zu heilen. So sei insbesondere eine soziale Norm, die die Verlässlichkeit von Abreden bei Fehlen einer staatlichen Zivilgerichtsbarkeit gewährleiste, von höchstem Wert für den Aufbau von Kooperationsbeziehungen und der Nut-

---

Vgl. hierzu auch den Kommentar von *J. E. Harrington,* 79(3) American Economic Review, 1989, S. 588 ff. und die Antwort von *R. Frank* daselbst.

[22] Da rationale Individuen auch geringe Kosten zu vermeiden trachten, muss es bei fehlenden oder nicht hinreichenden eigenen privaten Vorteilen zusätzliche Anreiz- und Kontrollmechanismen geben, die die Aufwendung selbst geringer Kosten gegen die „Schwarzfahrerwünsche" der Gruppenmitglieder sicherstellen. Zu den verschiedensten Mechanismen der Erzeugung von gewünschtem Gruppenmitgliederverhalten und damit der Überwindung des Schwarzfahrerverhaltens vgl. *M. Hechter,* Principles of Group Solidarity, 1987.

zung der Arbeitsteilung. Fehlende Verlässlichkeit von Verträgen sei bekanntlich ein erstrangiges Hindernis bei der Befreiung aus Unterentwicklung[23].

J. Elster kritisiert diese Sicht von Sozialnormen als Mittel der Erhöhung der Effizienz beim Aufbau von Kooperationsverhältnissen damit, dass er betont, dass diese Eigenschaft zwar durchaus für viele soziale Normen zuträfe, aber auch eine große Zahl sozialer Normen beobachtet werden könne, die deutliche Effizienzverschlechterungen mit sich brächten. So seien insbesondere viele Benimm- und Konsumnormen ohne inhaltlichen Nutzen, zwängen aber die Individuen zu aufwendigen, keineswegs freudig getätigten Ausgaben. Obwohl der Inhalt dieser Normen üblicherweise nichts von besonderer Bedeutung regele, könne ihre Beachtung von entscheidender Bedeutung für die Lebenschancen der Betroffenen sein. Ihre Aufgabe, die Zugehörigkeit zu einer Gruppe zu signalisieren, erkläre nicht ihre zuweilen außerordentlichen Kosten. Ihre weitere Funktion, Außenseiter von der Gruppe fernzuhalten, erkläre nicht, warum auch diejenigen, die durchaus Grund hätten, ihre Gruppe verlassen zu wollen, wie Arbeiter in einer Klassengesellschaft, ihr Leben ebenfalls durch tausende von Regeln einengen und ordnen ließen. Zudem sei die emotionale Tönung dieser Regeln und ihre Anreize zu selbstzerstörerischem Verhalten nicht mit der These ihrer Effizienz vereinbar[24].

Während die Behauptung *J. Elsters*, bereits die emotionale Tönung der sozialen Normendurchsetzung sei generell nicht mit deren Effizienz vereinbar, durch die Arbeit von *R. Frank*[25] als widerlegt erscheint, ist es deutlich schwieriger, seine verwunderte Kritik zurückzuweisen, wie es möglich sei, dass wirtschaftswissenschaftliche Autoren die bei einem Kultur- oder Rechtsvergleich zu Tage tretenden teilweise offensichtlich völlig entgegengesetzten, miteinander in Widerspruch stehenden Sozial- und Rechtsnormen jeweils als „effizient" bezeichnen könnten. So kritisiert *J. Elster* zu Recht, dass jeder Ökonom, der nur etwas von seinem Fach verstehe, eine in schöne formale Modelle gegossene Geschichte zu

---

[23] *E. G. Banfield,* The Moral Basis of a Backward Society, 1958; *K. Arrow,* Political and Economic Evaluation of Social Effects and Externalities, in: *M. Intriligator,* (Ed.), Frontiers of Quantitative Economics, 1971, S. 3 ff. Vgl. hierzu auch *D. S. Landes,* Why Are We So Rich and They So Poor?, 80(2) American Economic Review, Papers and Proceedings, 1990, S. 1 ff.

[24] Des weiteren kritisiert *J. Elster* die Annahme, dass Sozialnormen der Erzeugung öffentlicher Güter dienten, indem er darauf hinweist, dass viele soziale Normen, die eine große Effizienzverbesserung mit sich bringen würden, nicht existieren. Diese Kritik übersieht, dass es keinen Grund für die Annahme gibt, dass derjenige Prozess, der zuweilen „effiziente" soziale Normen hervorbringt, vollständig oder makellos arbeiten müsse und durch Interessengruppen nicht behindert werden könne, und er damit im höheren Maße denjenigen Fehlerquellen entgehen könne wie derjenige, der Gesetzesnormen hervorbringt.

[25] *R. Frank,* If Homo Economicus Could Choose His Own Utility Function, Would He Want One with a Conscience?, 77(4) American Economic Review, 1987, S. 593 ff.

fabrizieren vermag, die nahezu jeder beliebigen sozialen Norm einen individuellen oder kollektiven Nutzen nachweist. Die Leichtigkeit, mit der derartige „just-so stories“ erzeugt werden könnten, solle misstrauisch machen, da nicht der Mechanismus der sozialen Normen miterklärt werde, der diese Vorteile erzeuge. Schließlich stehe auch das evolutionäre Argument auf schwachen Füßen.

Am Ende seiner Liste für die Gründe sozialer Normen bekennt *J. Elster*, dass er persönlich keinen allgemeinen Erklärungsvorschlag dafür hat, welche Wirkung sozialen Normen zukommt und aus welchen Gründen sie entstehen und vergehen. In dieser Arbeit soll daher der Versuch unternommen werden, einen Vorschlag vorzulegen, der die von *J. Elster* beobachteten Widersprüche in der Effizienzhypothese von Sozial- und Rechtsnormen überwinden soll und teilweise den Mechanismus der Stabilität und der Entstehung völlig gegensätzlicher Normensysteme erklärt und zudem auf einige bisher so nicht gesehene Aufgaben des Staates unter diesen Bedingungen hinweist. Hierzu muss zuvor noch auf die Theorien zur Aufgabe und Wirkung von Rechtsnormen eingegangen werden.

III. Ökonomische Theorien rechtlicher Normen

Hervorzuheben bei dem Versuch, eine Vielzahl sozialer und rechtlicher Normen auf der Grundlage zu erklären, es handele sich hierbei um eine rationale, „effiziente“ Antwort auf die jeweiligen Lebensbedingungen der Menschen, sind die Arbeiten von *R. Posner*. In seinem Lehrbuch zur „Ökonomischen Analyse des Rechts“[26] stellt er die These auf, die überwiegende Zahl der Regeln des „Common Law“ sei am besten damit zu erklären, dass sie dazu dienten, das Vermögen der Bürger zu maximieren, während das Gesetzesrecht mehr für andere, insbesondere Umverteilungszwecke eingesetzt werde. Die Common Law Regelungen seien somit weitgehend „effizient“[27].

[26] *R. A. Posner,* Economic Analysis of Law, 1986, S. 21; 23-24; 229-233; 240 f.; 527 f.

[27] Als Effizienzkriterium benutzt *R. Posner* das *Kaldor-Hicks*-Kriterium einer potentiellen *Pareto*-Verbesserung, *R. A. Posner,* Economic Analysis of Law, 1986, S. 13 ff.: „Effizient“ ist ein rechtlicher Vorgang dann, wenn die Gewinner die Verlierer für den erlittenen Schaden kompensieren könnten. Ob eine solche Kompensation auch tatsächlich stattfindet, ist nicht entscheidend, da die bloße Möglichkeit genügt, dass die eine Seite mehr aus der Transaktion gewinnt als sie eine die andere Partei nicht schlechter stellende Zahlung kosten würde. Dies unterscheidet das *Kaldor-Hicks*-Kriterium von einer *Pareto*-Verbesserung, die nur dann vorliegt, wenn zumindest eine Partei sich tatsächlich verbessert und die andere zumindest nicht schlechter gestellt wird. Die Verwendung des *Kaldor-Hicks*-Kriteriums ist notwendig, da anderenfalls aufgrund der in der Wirklichkeit nur äußerst selten anzutreffenden Voraussetzungen einer *Pareto*-Verbesserung kein für praktische Referenzzwecke brauchbares Wohlfahrtskriterium vorhanden wäre. Insbesondere im Nichtvertragsfall, bei dem der untersuchte Vorgang, wie etwa ein „Unfall unter Fremden“, nicht aufgrund des Vetos einer Partei verhindert werden kann und damit nicht Gewähr dafür gegeben ist, dass die gesamte Transaktion zu einer Verbesserung der Lage der Beteiligten führt, bleibt nur das Verfahren, danach zu fragen,

Diese These von *R. Posner* lässt jedoch verschiedene Erscheinungen unerklärt: Auf der einen Seite stimmen Common Law und deutsches Bürgerliches Gesetzesrecht in vielen Dingen überein, obwohl *R. Posner* aufgrund der unterschiedlichen Rechtsquellen andere Ergebnisse erwarten würde. So heben Rechtsvergleicher wie *H. Kötz* hervor, dass sich in verschiedenen Rechtsordnungen über alle nationalen Dogmatiken und Rechtsquellen hinweg gleiche Lösungen abzeichneten[28]. Der von *R. Posner* vorhergesagte Gegensatz zwischen Common Law und Gesetzesrecht existiert danach somit bei einem internationalen Vergleich weitgehend nicht.

Auf der anderen Seite weist das Common Law zuweilen deutliche ökonomische Effizienznachteile gegenüber den gesetzlichen Regelungen anderer Länder und hier beispielsweise gegenüber der Bundesrepublik Deutschland auf[29]. Etwa im Bereich der Immobiliarsachenrechte verursacht das deutsche Grundbuchsystem vergleichsweise deutlich niedrigere Kosten bei Kreditierung und Übertragung von Rechten an Grundstücken[30]. Hieraus lässt sich die grundsätzliche Einschränkung von Richterrecht entnehmen, dass es ihm nicht möglich ist, ein auch weitgehend auf Verwaltungsmithilfe angewiesenes System von Rechten zu entwerfen. Richterrecht ist insofern viel einzelfallbezogener und unsystematischer, damit aber zuweilen deutlich weniger effizient als ein Gesetzgeber, der weitreichende Systementwürfe und Kombinationen mehrerer Instrumente frei entwickeln kann.

Auf der anderen Seite zeigt *H. Kötz*[31] anhand einiger, insbesondere den deutschen Studenten im Übermaß bekannter Beispiele, dass viele Fälle, die im Common Law einfach, klar und vernünftig gelöst werden, in Deutschland unter wahren Tintenströmen ins gedanklich Unbrauchbare verwandelt werden, in eine Wolke „parfümierten Qualms, in dem es blitzt". So empfiehlt *H. Kötz* der Rechtsprechung, sich nicht von dem Überangebot der in der Jurisprudenz kursieren-

---

ob dieser Vorgang, wäre er freiwillig gewesen, auf der Grundlage der Zustimmung beider Seiten stattgefunden hätte. Vgl. hierzu auch *G. Kirchgässner,* Führt der homo oeconomicus das Recht in die Irre?, 46 Juristenzeitung 1991, S. 104 ff.

[28] *H. Kötz,* Rechtsvergleichung und Rechtsdogmatik, in: *K. Schmidt*, Rechtsdogmatik und Rechtspolitik, Band 78, Hamburger Rechtsstudien, 1990, S. 75 ff. (84).

[29] *E. Cohn,* The German Attorney, 9 Int. & Comp. L. Q. (1960) S. 580 ff. (586). Zur Kritik des von *R. Posner* angebotenen Effizienzsteigerungsprozesses des Common Law vgl. insbesondere *R. Cooter/ L. Kornhauser,* Can Litigation Improve the Law without the Help of Judges, IX(1) Journal of Legal Studies, 1980, S. 129 ff.

[30] Vgl. zu den erheblichen Ineffizienzen des Grundstücksverkehrsrechts in vielen amerikanischen Bundesstaaten *S. Jancyzk,* Land Title Systems, Scale of Operations, and Operating and Conversion Costs, 8 Journal of Legal Studies, 1979, S. 569 ff.; *R. Cooter/T. Ulen,* Law and Economics, 1988, S. 149 ff. (150 Fn. 13).

[31] *H. Kötz,* Rechtsvergleichung und Rechtsdogmatik, in: *K. Schmidt*, Rechtsdogmatik und Rechtspolitik, Band 78, Hamburger Rechtsstudien, 1990, S. 75 ff. (85).

den, sich gegenseitig ausschließenden dogmatisch-theoretischen Konzepte die „natürliche Unbefangenheit" nehmen zu lassen, sondern statt dessen im Durchgriff auf die „maßgeblichen Wertungen" zu handeln, damit es den Richtern nicht ergehe wie jenem Tausendfüßler, der sich nicht mehr vom Fleck rühren konnte, nachdem eine missgünstige Kröte ihn gefragt hatte, wie er es denn mache, alle seine Füße gleichzeitig zu bewegen[32]. Sicher ist *H. Kötz* in seiner Meinung Recht zu geben für die von ihm genannten Fälle der ungerechtfertigten Bereicherung in Form einer Dreiecksgeschichte, der entgangenen Nutzungsmöglichkeiten und ihren verschiedenen Frustrationstheorien und in seiner Betonung, dass sich in diesen Fällen die praktischen Ergebnisse international ähnlich seien und bei der Prüfung ihrer praktischen Vernunft sehen lassen könnten. Dennoch bleibt die Frage bestehen, was denn die von ihm als vernünftig erachteten Ergebnisse rechtfertigt, und auf welches Fundament die benutzten Kriterien gebaut sind, und wann es sinnvoller wäre, wenn sich die international gleichen Ergebnisse unterscheiden würden.

Weder *R. Posner* und *H. Kötz* für Rechtsnormen, noch *J. Elster* für soziale Normensysteme vermögen somit eine Theorie anzubieten, die erklärt, warum soziale oder rechtliche Normen in verschiedenen Ländern häufig zu ähnlichen, zuweilen aber zu völlig unterschiedlichen, untereinander nicht verträglichen Lösungen gekommen sind, obwohl mancher (Partial-)Analytiker die miteinander unvereinbaren Lösungen jeweils mit theoretisch richtigen Gründen als „effizient" zu bezeichnen vermag. Die Kritik von *J. Elster* wiederum, bei derartigen theoretischen Ergebnissen handele es sich nur um „just-so stories", unterlässt es zu erklären, wie sich die auch von ihm anerkannte richtige Logik in diesen Stories und die gleichzeitige Beobachtung gegensätzlich, anderer, Normensysteme miteinander vertragen.

So bleibt für diesen Abschnitt festzuhalten, dass in einem bestimmten Zusammenhang aus technologischen, sozialen und wirtschaftlichen Nebenbedingungen die von *R. Posner* untersuchten Rechts- und Sozialnormen durchaus eine rationale oder gar „effiziente" Antwort der sich ihrer Verstandeskräfte bedienenden Menschen darstellen[33]. In dieser Arbeit soll daher weder der Ansicht von *R. Posner* entgegengetreten werden, dass bestimmte von ihm untersuchte Rechtsregelungen effizienzverbessernde Eigenschaften aufweisen, noch soll *J. Elster* widersprochen werden, der bei einem interkulturellen Vergleich verschiedener Normen zu teilweise gegenteiligen Ergebnissen gelangt. Die hier vertretene Vereinbarkeit beider vorgetragener Positionen verlangt jedoch, dass man zeigen

---

[32] *H. Kötz,* Rechtsvergleichung und Rechtsdogmatik, in: *K. Schmidt*, Rechtsdogmatik und Rechtspolitik, Band 78, Hamburger Rechtsstudien, 1990, S. 75 ff. (85).

[33] Vgl. hier insbesondere die überzeugende Analyse traditioneller Gesellschaften und die Erklärung ihrer Normen und Rechtsinstitutionen als eine Antwort auf ihr geringes Wissen bei *R. Posner,* The Economics of Justice, 1981, S. 146 ff.

kann, dass miteinander unverträgliche Normen- oder Rechtssysteme dann gleichzeitig nebeneinander existieren können, wenn sie Teile eines intern effizienten Normensystems sind und nur bei einem Einzelvergleich einzelner Normen in Form ihrer hypothetischen oder tatsächlichen Einpassung in andere Normenordnungen Verschwendung und fehlerhafte Anreize produzieren, kurz ineffizient sind.

C. Rechts- und Sozialnormen als Netzwerk

I. Kontextabhängige versus hierarchische Normenwirkungen

Bei dem Versuch, das zu beobachtende Nebeneinander widersprüchlicher, dennoch teils als effizient erkannter Regelungen zu erklären, wäre es verfehlt, Gleichheiten und Unterschiede in den einzelnen Rechts- oder Normensystemen einzelner Länder oder Kulturen in einem Einzelvergleich der Normen auf ihre jeweilige Effizienz hin zu erörtern, da dies zu den ungelösten Widersprüchen in den Analysen von *R. Posner* und *J. Elster* und mancher Anthropologen führte und vor dem *H. Kötz* für den Bereich der Jurisprudenz warnte, indem er ausführte, dass die wirklich bewegenden Kräfte des Rechtslebens nicht in der juristischen Dogmatik zu suchen seien[34]. So ist ein rechtsdogmatischer Vergleich oder die vergleichende Untersuchung einer einzelnen Sozialnorm nur in bereits recht „ähnlichen" Rechts- und Kultursystemen von Wert, da ein solcher Vergleich erfordert, dass die jeweils zu vergleichende einzelne Norm nicht in zu starkem Kontext mit anderen unterschiedlichen Normen der beiden Systeme steht, da man ansonsten nicht mehr weiß, was eigentlich miteinander verglichen wird. An stark untereinander verknüpften Rechtsregelungen, d.h. einen Kontext bildenden Normenzusammenhang, wie etwa dem Familienrecht, wird die Fragwürdigkeit der Analyse einzelner Regeln, wie beispielsweise bei einem Vergleich zwischen dem Recht der Kindessorge im europäischen und islamischen Rechtskreis deutlich. Eine Fall- oder Normenanalyse, die sich lediglich auf die Frage der Kindessorge beschränkte, würde erhebliche Unterschiede in den Lebenskonsequenzen aller Beteiligten verdecken und damit die Wirkung der Regel nicht richtig erfassen[35].

Die herkömmlichen als „just-so"- kritisierten Theorien etwa von *R. Posner* zur Effizienz vieler Fallentscheidungen im Common Law oder von Sozialnormen in

---

[34] *H. Kötz,* Rechtsvergleichung und Rechtsdogmatik, in: *K. Schmidt*, Rechtsdogmatik und Rechtspolitik, Band 78, Hamburger Rechtsstudien, 1990, S. 75 ff. (84).

[35] Die Aussage von *H. Kötz,* Rechtsvergleichung und Rechtsdogmatik, in: *K. Schmidt*, Rechtsdogmatik und Rechtspolitik, Band 78, Hamburger Rechtsstudien, 1990, S. 75 ff. (84) von der Konvergenz der rechtlichen Lösungen wird daher in ihrer Wirkungsgleichheit nur in ähnlichen Gesellschaftsordnungen richtig sein.

traditionellen Gesellschaften[36] beruhen somit auf der implizit gemachten Annahme, dass der Zusammenhang der jeweils betrachteten „effizienten" Regelungssysteme mit anderen Normen nur schwach ausgeprägt ist, so dass diese eine in sich abgeschlossene „effiziente" Lösung darstellen können. Ein Einzelvergleich von Normen setzt somit voraus, dass diese in ihren Wirkungen weitgehend kontextfrei sind. Viele Normen sind nun sicherlich ohne Schwierigkeiten für das System, in dem sie sich befinden, austauschbar und haben keinen wesentlichen Einfluss auf die Wirkungsweise anderer Rechtsnormen[37]. Dennoch sind gleichfalls viele soziale Normen oder Rechtsregelungen zu finden, die ihren Inhalt erst durch ihre Verbindung mit bestimmten anderen Regelungen erhalten.

II. Einige vergessene Externalitäten bei Verträgen

Grundlegend für den das Zivilrecht beherrschenden Grundsatz der Privatautonomie oder das „Erste Optimalitätstheorem der Wohlfahrtstheorie" ist die Annahme, dass Verträge ihre wesentlichen Wirkungen ausschließlich unter den Beteiligten entfalten, nicht jedoch Dritte außerhalb des Preissystems berühren. So kann eine wohlfahrtstheoretische Effizienzanalyse von Verträgen dann zu einer verkürzten Sicht der Vertragswirkungen führen, wenn wichtige Auswirkungen der einzelnen Verträge nicht mehr über das Preissystem vermittelt werden, son-

---

[36] Vgl. hierzu etwa *R. Posner,* The Economics of Justice, 1981, S. 146 ff.

[37] *H. A. Simon* hat in seinem berühmten Aufsatz The Architecture of Complexity, 106 Proceedings of the American Philosophical Society, 1962, S. 467 ff., überzeugend dargelegt, dass viele komplexe soziale, biologische und physikalische Systeme aus hierarchischen, lokal stabilen Untereinheiten bestehen. Entscheidend für ihre Existenz sei es, dass derartige komplexe Systeme „fast zerlegbar" („nearly decomposable") seien, indem die meisten ihrer Untereinheiten nur sehr schwach mit allen anderen Untereinheiten verbunden seien. Die wesentlichen Vorgänge und Zusammenhänge spielten sich hauptsächlich in der jeweiligen Untereinheit ab und nicht dergestalt, dass jede Untereinheit mit jeder anderen zusammenarbeite. Eine Kenntnis der Zusammenhänge auf der Untereinheit und deren Wiederholung in allen anderen Untereinheiten, d.h. ihre Redundanz, erlaube erst, die Komplexität des Gesamtsystems zu verstehen. Aufgabe und Chance der Wissenschaft sei es, diese Wiederholungen in der Struktur komplexer hierarchischer Systeme aufzudecken. Als ein Beispiel hierarchischer Systeme führt *H. A. Simon* „Bücher" an. So sei ein Buch in dem Sinne hierarchisch, dass es in Kapitel eingeteilt sei, die Kapitel wiederum in Abschnitte, die Abschnitte wieder in Absätze, die Absätze in Sätze, die Sätze in Worte. Der hierarchische Aufbau eines Buches besteht nun darin, dass die Zusammenhänge jeder Einheit untereinander erheblich größer sind als mit anderen Einheiten desselben Buches. So ist der Zusammenhang der Gedanken innerhalb eines Kapitels größer als mit den Gedanken eines anderen Kapitels, derjenige eines Satzes mit seinem Abschnitt größer als mit irgendeinem Satz aus einem Abschnitt aus einem anderen Kapitel, wenn der Autor des Buches als klar, d.h. „hierarchisch" denkend angesehen werden will. Ein Buch, in dem alles mit allem zusammenhanglos, d.h. ohne „hierarchische" Struktur zusammengeschrieben wurde, wird seinen Lesern erhebliche Verständnisschwierigkeiten verursachen und dem Autor wenige Komplimente ob seiner Gedankenführung bescheren.

dern als Externalitäten in Erscheinung treten und damit ihr wohlfahrtstheoretisches Fundament verlieren[38].

So hat bereits *T. C. Schelling*[39] überzeugend dargelegt, dass bereits allzu vielen der üblichen, den „Markt" bildenden Verträgen unberechtigterweise die Erzeugung übermäßiger wohlfahrtstheoretischer Harmonie zugeschrieben wird und wichtige Konsequenzen aus den einzelnen Verträgen für Dritte nicht berücksichtigt werden. So erscheine der Markt gut bei der Herstellung und Zuteilung von Wohnungen zu arbeiten, jedoch nicht bei derjenigen von Nachbarn. Die demographische, ethnische und kulturelle Umgebung werde jedoch in einem interaktiven Prozess der Wohnungsauswahl und zugleich derjenigen von Nachbarn erzeugt, während die vertragliche Markttransaktion nur Vermieter und Mieter, nicht jedoch die ebenfalls betroffene Nachbarschaft erfasse. Auch der Markt für die Erzeugung und Verteilung von Deodorants und tragbaren Radios arbeite zufriedenstellend, jedoch gebe es keinen Markt für deren Anwendung bei den jeweils lokal interessierten Parteien. Der Markt für Katzen spiegele nicht die Interessen der Vogelliebhaber wieder, und derjenige für Hunde nicht diejenigen der Katzenfreunde oder der Personen, die gern über saubere Gehsteige spazieren möchten. So sei in der Tat die interaktive Erscheinung der Haltung von Haustieren und ihrer gelungenen oder missglückten Erziehung eine umfassende soziale Aktivität, von der sich nur ein kleiner Teil im Markt für Tiere, Tiernahrung, Veterinärleistungen und gelegentlich auch Gift zeige.

Während *T. C. Schelling* zu Recht die häufig als zu umfassend internalisiert angenommenen Wirkungen von Verträgen kritisiert[40] und er beispielsweise die

---

[38] Das „erste Optimalitätstheorem der Wohlfahrtstheorie" lautet wie folgt: Bei vollkommenem Wettbewerb, Abwesenheit von Externalitäten und Ausschluß eines Marktversagens aufgrund von Unsicherheit ist die sich aus freien Märkten ergebende Ressourcenallokation *Pareto*-optimal. *Pareto*-Optimalität liegt dann vor, wenn es nicht mehr möglich ist, dass sich durch eine Transaktion zumindest eine Partei verbessert, ohne dass eine andere schlechter gestellt wird. Vgl. hierzu auch die Erläuterungen bei *G. Kirchgässner,* Führt der homo oeconomicus das Recht in die Irre?, 46 Juristenzeitung 1991, S. 104 ff.

[39] *T. C. Schelling,* Micromotives and Macrobehavior, 1978, S. 34 ff.

[40] Als weiteres, besonders bedeutsames Beispiel einer zu engen, harmonisierenden Teilerklärung wird von *T. C. Schelling*, Micromotives and Macrobehavior, 1978, S. 34 ff., des weiteren die theoretische Behandlung einer Ehe als eines lediglich privaten langfristigen gegenseitigen Vertrages über exklusiv erbrachte Dienstleistungen angeführt. So sei die Ehe zwar privat motiviert, habe insgesamt jedoch großen Einfluss auf die genetische, religiöse, sprachliche, sozial-ökonomische und geographische Erscheinung der nächsten Generation. Auch wenn man den Einfluss auf die Kinder beiseite lasse, beeinflusse die Ehe als solche Sprache, Religion, soziale Mobilität und die Verteilung von Einstellungen und sozialen Normen. Aus dieser Kritik von *T. C. Schelling* kann nicht abgleitet werden, dass insbesondere die Arbeiten von *G. S. Becker,* The Economic Approach to Human Behavior, 1976, S. 169 ff. und anderer nicht von Bedeutung dafür sind, die Analyse dieser menschlichen Handlungsweisen und Interaktionen auf eine von vielerlei Wort- und Ideologiequalm bereinigte Grundlage zu stellen. *T. C. Schel-*

nicht über Märkte laufenden Verfahren der Auswahl von Nachbarn erklärt, wird die Herkunft des in den einzelnen Gruppen häufigen Wunsches nach ähnlichen Nachbarn und damit zuweilen nach einer Ghettobildung mit Gleichartigen in seiner Analyse nicht erörtert. Eine derartige Erklärung, wie auch etwa des Wunsches nach Trennung kulturell verschiedener Gruppen voneinander, soll im folgenden Absatz mit der Theorie der Standardisierung der Verhaltensweisen versucht werden, die mit solch trennenden Gleichgewichten verbunden sein kann. Es geht somit um die Frage, wann Verträge neben ihrer Wirkung für die Vertragsparteien unbeteiligte Dritte behelligen.

III. Theorie der Netzwerkexternalitäten

1. Definition: Netzwerkexternalitäten, Kompatibilitäten, Standards

Eine über die beteiligten Vertragsparteien hinausgehende Wirkung können Verträge sowie soziale oder rechtliche Normen dann entfalten, wenn sie einen Verhaltensstandard schaffen, der gegenüber anderen Verhaltensweisen keinerlei besonderen Vorteil aufweisen muss, sondern lediglich das Verhalten der Beteiligten besser aufeinander abstimmt, „**standardisiert**". Ein Beispiel für eine solche standardisierende Koordinationsleistung von Normen sind viele Regelungen des Straßenverkehrsrechts. Obwohl die Regelung des Rechtsfahrgebots völlig beliebig und ebenso gut ist wie diejenige des Linksfahrgebotes, das zum Beispiel in Großbritannien gilt, gewährleistet die Standardisierung des Verhaltens in den jeweiligen Verkehrsgebieten Kompatibilitätsvorteile bei der Abwicklung des Straßenverkehrs[41].

Den aufgrund bestimmter Sozial- und Rechtsnormen erreichbaren Vorteil von Standards stellen somit die von diesen erzeugten Kompatibilitäten dar[42]. **Kom-**

---

ling verlangt vielmehr nach einer zusätzlichen, auch die Eheexternalitäten umfassenden Analyse.

41 Es versteht sich, dass die Gebiete der jeweiligen Standardisierung voneinander zu trennen sind, damit es nicht zum Verlust der Kompatibilitätsvorteile kommt. Der Verlust der Kompatibilitätsvorteile bei einer rechtlichen Zulassung beider Möglichkeiten braucht nur vorübergehend zu sein, da sich eines der beiden Systeme aus irgendwelchen historischen Zufällen schließlich allein aufgrund der mit der mehrheitlichen Nutzung verbundenen Kompatibilitätsvorteile auch in einem vom Staat nicht beEinflusstem Wettbewerb der Verkehrsregeln durchsetzen wird. Solange bis sich entweder das Rechts- oder das Linksfahrgebot durchgesetzt hat, wird es allerdings zu erheblichen Inkompatibilitäten kommen. Zu den Kompatibilitätsvorteilen sind auch die vermiedenen Verluste zu rechnen, die bei einem Unfall der Beteiligten bei nicht kompatiblem Verhalten ansonsten auftreten würden.

42 Die in diesem Abschnitt vorgetragene Theorie der Standards stützt sich wesentlich auf die Arbeiten von *J. Farrell/G. Saloner,* Competition, Compatibility, and Standards: The Economics of Horses, Penguins and Lemmings, in: *H.L. Gabel* (Ed.), Product Compatibility as a Competitive Strategy, 1987, S. 1 ff. sowie *J. Farrell/G. Saloner,* Installed Base and Compati-

patibilität heißt allgemein, dass unterschiedliche Teile eines Systems mehr oder minder gut zusammenarbeiten. Kompatibilität ist eine Sache des Grades und nicht des Prinzips[43].

Kompatibilitätsvorteile entstehen dadurch, dass Menschen miteinander verbunden sind in technisch-physischen oder wie im Falle von Sozial- oder Rechtsnormen regelungsverursachten **„Netzen"** dergestalt, dass der Vorteil[44], den sie aus der Teilnahme an diesem Netz ziehen, davon abhängt, wie viele andere Personen ebenfalls sich an diesem Netz beteiligen. So wird mein Telefon immer wertvoller, je mehr andere Menschen sich an dem von mir benutzten Telefonnetz beteiligen[45]. Eine **Standardisierung** der Telefonapparate oder der Verhaltensweisen der Verkehrsteilnehmer fördert nun entscheidend die Größe des Netzes und erhöht damit die aus ihm insgesamt erzielbaren Kompatibilitätsvorteile aller Beteiligten. Auch die Regelung des Rechtsfahrgebotes wird immer nützlicher, je mehr Verkehrsteilnehmer sich an diese Regel halten.

Kompatibilitätsvorteile entstehen somit dann, wenn es vorteilhaft ist das zu tun, was auch andere tun. Ein solches Netzwerk weist dann eine positive Rückkoppelung auf. Treten in einem System derartige **Selbstverstärkungen** auf, gelten viele juristische oder ökonomische Lehrbuchweisheiten nicht mehr, die häufig ausgesprochen oder unausgesprochen Konvexitäten und nicht zunehmende Skalenerträge unterstellen, wie dies für viele soziale und wirtschaftliche Erscheinungen ja auch zutreffend ist. Eine positive Rückkoppelung verhilft einer Norm jedoch zu Lawineneffekten mit selbstverstärkenden, kaum noch rückholbaren Wirkungen.

Ein sozialer oder rechtlicher Zwang in Richtung vereinheitlichender Standardisierung menschlicher Verhaltensweisen kann in dem Wunsch nach einer Vergrößerung des Netzes und damit nach Erzielung seiner positiven Netzwerkexternalitäten seinen Grund finden.

---

bility: Innovation, Product Preannouncement, and Predation, 76(5) American Economic Review, 1986, S. 940 ff.; *M. L. Katz/ C. Shapiro,* Network Externalities, Competition and Compatibility, 75(3) American Economic Review, 1985, S. 424 ff.

43 Beispiele für Kompatibilitäten sind etwa verschiedene Komponenten einer Stereoanlage, Software mit Hardware bei Computern, Kameras und ihre Objektive, Kameras und Filme, Eisenbahnschienen mit dem Radstand der Züge, Autos und ihre Ersatzteile, Schrauben mit ihren Muttern, Zündkerzen mit dem Motorgewinde.

44 Es genügt hier, lediglich beispielhaft die positiven Netzwerkexternalitäten zu behandeln. Negative Netzwerkexternalitäten treten auf, wenn jeder neue Nutzer des Netzes anderen höhere Kosten verursacht, wie dies etwa bei einem infolge Überlastung mit Staus bedrohtem Straßennetz der Fall ist. Für eine Lehrbuchdarstellung vgl. *J. Finsinger*, Wettbewerb und Regulierung, 1991, S. 127 ff. sowie S. 257 ff.

45 Der Begriff „Netzwerkexternalität" hat in der Telekommunikation seinen Ursprung.

Positive **Netzwerkexternalitäten** können jedoch nicht nur auf diese direkte Weise der Netzverknüpfung, sondern auch dadurch entstehen, dass Größenvorteile in Produktion, Vertrieb oder Nutzung der betroffenen Güter, Handlungen oder Regelungssysteme entstehen. Je mehr Personen beispielsweise ein bestimmtes Computer-Betriebssystem, wie etwa DOS oder UNIX nutzen, desto geringer sind die von jedem Nutzer im Preis zu zahlenden Softwareentwicklungskosten. Jeder DOS-Nutzer verbilligt damit die Benutzung dieses Betriebssystems für andere Nutzer.

Netzwerkexternalitäten können begrenzt sein, etwa auf Unternehmen oder einzelne Gruppen, aber auch weitgehend unbegrenzt, wie beispielsweise auf die ganze Industrie oder die gesamte Bevölkerung. Ein Beispiel für einen unbegrenzten Netzwerkeffekt für bestimmte Handlungen ist die Nutzung einer bestimmten Sprache. So hängt die Höhe der Vorteilhaftigkeit der Produktion einer Vielzahl von Gütern und Dienstleistungen von der jeweiligen Zahl der Nutzer einer bestimmten Sprache ab. Die Kosten der zur Arbeitsteilung notwendigen Kommunikation sinken mit der Zahl der jeweils Sprachkundigen. Ein Beispiel der Vorteilhaftigkeit einer großen Zahl von Nutzern einer bestimmten Sprache sind etwa die hierdurch sinkenden Kosten der Herstellung und Qualität von Büchern und Zeitschriften.

Die **Externalität** besteht darin, dass die jeweiligen aufeinander ausgeübten Vor- und Nachteile nicht über Preise unter den jeweils Beteiligten ausgeglichen werden. So erhält ein neuer Telefonkunde keine Prämie von den alten Telefonnutzern dafür, dass er sich an das bestehende Telefonnetz anschließen lässt und damit den Nutzen des Telefons auch für die bisherigen Telefonbesitzer erhöht. Ebenso wird eine Person, die das Netz verlässt, nicht mit einer Gebühr für den Schaden belastet, den sie damit den übrigen, nunmehr ohne sie sitzenbleibenden Netzteilnehmern zufügt. Wenn ich beispielsweise eine neue Mausefalle entwickle und der Leser entscheidet sich dafür, diese nicht zu kaufen, da er schon eine Falle besitzt, dann wird der Leser nicht durch meine Entwicklung geschädigt. Sein mögliches Veto beim Kauf verhindert seine Schädigung. Auf diese Vorstellung wird üblicherweise die positive Wohlfahrtsbeurteilung der Prinzipien der Privatautonomie zurück geführt. Wenn ich jedoch ein neues Computerbetriebssystem entwerfe, das nicht mit dem vom Leser benutzten kompatibel ist und der Leser auch in diesem Falle den Kauf verweigert, während dies für viele andere Personen nicht zutrifft, dann wird der Leser seine Netzwerkvorteile, etwa in Form verfügbarer Arbeitsprogramme, als Folge meiner Entwicklung stark vermindert finden und sich zu Recht geschädigt fühlen[46]. Verträge, bei denen Netzwerkeigenschaften eine Rolle spielen, stehen somit wegen ihrer Externalitä-

---

[46] *J. Farrell*, Standardization and Intellectual Property, Working Paper 89/7, School of Law, University of California, Berkeley, 1989.

ten im Gegensatz zu den üblichen Verträgen. Die bedenkenlose Annahme einer „Richtigkeitsgewähr“ ihrer Wirkungen ist bei ihnen fehl am Platze.

Die Vorteile aus der Kompatibilität ermutigen bei positiven Externalitäten jeden das zu tun, was die anderen tun. Der Vorteil, mit der Menge zu laufen, führt damit zu sich selbstverstärkenden Größenvorteilen des jeweiligen Netzes oder Systems. So wird die Einhaltung des Rechtsfahrgebotes weniger über die Polizei als über die Kompatibilitätsvorteile[47], die mit dieser Regelung verbunden sind, erzwungen. Je mehr Verkehrsteilnehmer sich an diese Regel halten, desto vorteilhafter wird es auch für die übrigen Bürger, sich dieser Regelung anzuschließen.

Die Möglichkeit einer Selbstverstärkung des Normensystems über seine von ihm bewirkten Kompatibilitätsvorteile bedeutet nun auch, dass ursprünglich fast identische oder gleichwertige Normensysteme nicht den gleichen **Entwicklungspfad** nehmen, sondern sich statt dessen weit auseinander entwickeln. So hat eine zufällige Festlegung des Rechtsfahrgebotes einen Folgeeinfluss auf die Regelungen der Straßenzuführungen, die Konstruktion der Fahrzeuge (wie z.B. die Anordnung des Lenkrades) und anderes mehr. Ist eine Selbstverstärkung in mehreren Systemen gleichzeitig möglich, kommt es zu **getrennten**, schwerpunktartig auf die jeweiligen Standards konzentrierten **Gleichgewichten** der einzelnen Systeme. Die auf der Welt zu beobachtenden, voneinander abgegrenzten Gebiete mit Rechts- oder Linksfahrgeboten und jeweils daraus folgenden Systemanpassungen aufgrund der jeweiligen Kompatibilitätsvorteile sind hierfür ein Beispiel[48].

---

[47] Zu den Kompatibilitätsvorteilen zählen auch die durch eine Beachtung des Rechtsfahrgebotes vermiedenen Inkompatibilitätsnachteile in Form eines Unfalls.

[48] Das englische Maßsystem mit Inches und Feet sowie das kontinentale metrische System mit Zentimeter und Meter sind ein Beispiel, wie durch Standards mögliche Märkte getrennt werden. So ist einem Automobilhersteller nicht anzuraten, bei der Herstellung des Wagens beide Maßsysteme gleichzeitig einzusetzen, da er hierdurch die Kosten für seine Werkzeuge und die seiner Händler stark erhöht. Ein wichtiger Grund dafür, dass in den fünfziger und sechziger Jahren englische Motorräder sich auf dem kontinentalen Markt nicht durchsetzen konnten, obwohl sie qualitativ wettbewerbsfähig gewesen waren, bestand darin, dass das Motorrad und seine Ersatzteile auf das englische Maßsystem standardisiert waren und durch das Erfordernis zusätzlicher passender Werkzeuge mit englischen Maßeinheiten bei möglichen Werkstätten und Kunden den Gesamtpreis der Motorradnutzung zu hoch werden ließen.

2. Wohlfahrtswirkungen bei Netzwerkexternalitäten aufgrund verzögerter, überhasteter oder falscher Normenwahl[49]

Der aus Kompatibilitäten gespeiste Selbstverstärkungsprozess muss jedoch keineswegs zu einem sozial optimalen Ergebnis führen.

Der selbstverstärkende Effekt bestimmter Normen kann sowohl bewirken, dass sich von verschiedenen Normensystemen diejenigen Normensysteme nicht durchsetzen, die von den Betroffenen gerade gewünscht wurden, **Exzessträgheit**. Ebenso kann es jedoch auch geschehen, dass sich das von allen Betroffenen nicht gewünschte Normensystem durchsetzt, **Exzessbeschleunigung**[50].

a. Exzessträgheit

Hat ein selbstverstärkendes Normensystem aus irgendeinem Zufall heraus erst einmal einen bestimmten Pfad eingeschlagen, ist es möglich, dass dieser nicht mehr verlassen werden kann, selbst wenn sich später herausstellt, dass ein anderer Weg nunmehr vorteilhafter wäre[51]. Es besteht damit stets die Gefahr von

---

[49] Vgl. hierzu *J. Farrell/G. Saloner,* Competition, Compatibility, and Standards: The Economics of Horses, Penguins and Lemmings, in: *H.L. Gabel* (Ed.), Product Compatibility as a Competitive Strategy, 1987, S. 1 ff. sowie *J. Farrell/G. Saloner,* Installed Base and Compatibility: Innovation, Product Preannouncement, and Predation, 76(5) American Economic Review, 1986, S. 940 ff. Vgl. hierzu auch die Darstellung bei *J. Tirole,* The Theory of Industrial Organisation, 1988, S. 404 ff. *M. L. Katz/ C. Shapiro,* Network Externalities, Competition and Compatibility, 75(3) American Economic Review, 1985, S. 424 ff.

[50] Der Ausdruck „Exzessbeschleunigung" soll auf die Selbstverstärkung, die von den Vorteilen der Kompatibilität herrühren, hinweisen, die auch dann eintritt, wenn die jeweilige Norm nicht die beste war.

[51] So hat *P. David,* Clio and the Economics of QWERTY, 75(2) American Economic Review, 1985, S. 332 ff. in seiner Analyse der Geschichte der gegenwärtigen, nach ihrer (amerikanischen) Buchstabenfolge QWERTY genannten Schreibmaschinentastatur gezeigt, dass diese ursprünglich bewußt daraufhin entworfen wurde, die Schreibgeschwindigkeit herabzusetzen, damit sich bei den damaligen ersten Schreibmaschinen nicht die Buchstabenträger ineinander verhaken konnten, wenn schnell geschrieben wurde. Unwissentlich lediglich auf Arbeiten von *Dvorak* gestützt, vertrat *P. David* die Ansicht, dass nach dem Verschwinden dieses technischen Problems eine bessere Anordnung der Buchstabenfolge nach dem Vorschlag von *Dvorak* eine rund 30-prozentige Verbesserung der Schreibproduktivität ermöglichen würde. In ihrer gründlichen Überprüfung dieses Falles haben *S.J. Liebowitz/S.E. Margolis,* The Fable of the Keys, XXXIII(1) Journal of Law and Economics, 1990, S. 1 ff. nachgewiesen, dass das Festhalten an einem alten Standard in der Gegenwart eines neuen und besseren Standards stets einen Verlust darstellt, der wiederum für jemanden eine Gewinnmöglichkeit bei der Beseitigung dieser verlustbringenden Externalität eröffnet, so dass Fälle, bei denen ein erheblich schlechterer Standard vorherrscht, nur für kurze Zeit zu beobachten seien oder aber auf staatliche Vorschriften zurückgeführt werden könnten. Wenn jedoch eine Änderung einer veralteten sozialen oder rechtlichen Norm keine für einen Innovator aneignenbare Gewinnmöglich-

Gleichgewichten in technischen oder rechtlichen Sackgassen aufgrund kurzsichtiger, anfänglich mehr oder minder zufällig getroffener, jedoch mit selbstverstärkender Wirkung verbundener Normierungsentscheidungen.

Der Fall einer **Exzessträgheit** ist somit dann gegeben, wenn zwar alle wollen, dass das jeweilige System geändert wird, die betroffenen Teilnehmer dies jedoch nicht zuwege bringen[52]. Aufgrund der Netzwerkexternalitäten oder anderer Standardisierungsvorteile will jeder, dass der andere dieselbe Wahl wie man selbst trifft. Wenn sich somit alle durch die neuen Normen verbessern können, werden alle Betroffenen aufgrund der damit verbundenen Netzwerkvorteile zur gleichen Zeit wechseln wollen. Hierzu muss es ihnen gelingen, sich auf den gemeinsamen Zeitpunkt des Wechsels zu verständigen. Kommt es zu keiner Verständigung und sind die Präferenzen der anderen über den Zeitpunkt des Wechsels nicht gegenseitig bekannt, kann es zu Exzessträgheit kommen, da keiner wissen kann, ob die anderen ihm folgen werden, wenn er zu einem neuen Standard übergeht. So verharren lieber alle im ungeliebten status quo, als das Risiko einzugehen, dass die anderen nicht oder erst viel später folgen und somit die Vorangehenden ohne Netzwerkvorteile verwaisen lassen. Es werden daher in einer solchen Lage nur Nutzer mit einer starken Präferenz, etwa aufgrund besonderer Vorteile aus dem neuen Standard, frühe Nutzer sein, da sie den möglichen vorübergehenden Verlust der Kompatibilität leichter verschmerzen können. Gibt es solche Nutzer nicht, dann wird der neue Standard niemals übernommen.

Exzessträgheit kommt somit dann auf, wenn sich nicht genügend Nutzer aus den bestehenden Kompatibilitäten hervorwagen und die neue Technologie übernehmen. Dies ist am wahrscheinlichsten dann der Fall, wenn die Netzwerkexternalitäten groß sind und es erhebliche Unsicherheit über die Zahl der Nachfolger gibt und die Kommunikationsschwierigkeiten unter den Beteiligten über den Zeitpunkt des gewünschten Wechsels sich als unüberwindbar erweisen.

Während bisher angenommen wurde, dass alle Beteiligten auf den neuen Standard einschwenken wollen, ihnen lediglich die Netzwerkvorteile erhaltende Koordination fehlte, ergeben sich ganz andere Schwierigkeiten, wenn die **Interes-**

---

keiten aufweist, ist eine dauerhafte Existenz minderwertiger Normen möglich. Eine solche Lage kann sich bei vielen rechtlichen und sozialen Normen ergeben.

[52] *J. Farrell/G. Saloner,* Installed Base and Compatibility: Innovation, Product Preannouncement, and Predation, 76(5) American Economic Review, 1986, S. 940 ff. bringen das Beispiel von einsam in der Wüste sich zur Nachtruhe betten wollender Cowboys, die keinen Baum finden, um an diesen ihre Pferde zu binden. Stattdessen knüpfen sie des Nachts lediglich die Zügel ihrer Pferde zusammen. Obwohl die Pferde als Gruppe völlig frei sind, sich weit zu entfernen und dorthin zu gehen, wo es ihnen gefällt, führt ihr Weg sie nicht weit vom Lager weg, während ein einzelnes Pferd sich weit entfernt hätte. Die zusammengebundenen Pferde haben somit Schwierigkeiten sich in ihren Zielen zu koordinieren und verharren daher ungewollt an derselben Stelle, leiden also aus ihrer Sicht unter Exzessträgheit.

sen und Wünsche der Beteiligten unterschiedlich sind. Der Grund für unterschiedliche Interessen an einem Standard können insbesondere unterschiedlich hohe getätigte Investitionen der Betroffenen in die jeweilige Norm und damit unterschiedlich hohe Kosten bei einem Übergang darstellen[53].

Sind die Interessen aufgrund derartiger Investitionen unterschiedlich, üben diejenigen, die zufälligerweise erstmals die Wahl zwischen einer neuen und der alten Norm haben, entscheidenden Einfluss darüber aus, ob die alte Norm beibehalten oder zur neuen Norm gewechselt wird.

Hierzu betrachte man das Beispiel, dass die Altnutzer, etwa aufgrund ihrer Investitionen in die alte Regelung, kein Interesse daran haben, auf den neuen Standard überzugehen und das neue Netzwerk mit seinen neuen inkompatiblen Normen daher von noch nicht durch Investitionen festgelegten Nutzern, etwa jungen Menschen oder Geräteneukäufern, neu aufgebaut werden muss, die nur mit einer beschränkten Zahl pro Periode auf den Markt kommen und damit entsprechende Verzögerungen beim Netzwerkaufbau mit seinen Kompatibilitätsvorteilen hinnehmen müssen[54]. In einem solchen Fall werden die Kosten der Inkompatibilitäten überproportional von den ersten Nutzern des neuen Standards getragen. Diese mögen daher auf dessen Übernahme verzichten, selbst wenn für sie und die späteren Nutzer der Übergang aufgrund der zukünftigen Vorteile des neuen Standards besser gewesen wäre und auch die Altnutzer für ihre verlorenen Investitionen hätten entschädigt werden können. Wenn nun die ersten neuen möglichen Nutzer sich etwa aus den genannten Gründen dafür entscheiden sollten, die alten Normen weiterzunutzen und damit die Netzvorteile der alten Normen noch weiter erhöhen, werden erst recht spätere Nutzer nicht auf die neuen Normen übergehen. Nur dann, wenn spätere auf den Markt kommende Nutzer aus irgendeinem Grunde einen erheblich dringlicheren Wunsch nach der neuen Norm aufweisen als die bisherigen zur alten Norm sich bekannt habenden Personen, und sie daher bereit sind, die durch die Entscheidung der Vorgänger nochmals erhöhten (Opportunitäts-) Kosten der vorübergehenden Inkompatibilität auf sich zu nehmen, hat die neue Regelung nochmals eine Chance, sich durchzusetzen. Anderenfalls tritt dauerhaft Exzessträgheit auf. Die ersten mögli-

---

[53] So haben diejenigen, die schon einen neueren Fernseher mit herkömmlicher Bildauflösung besitzen, ein erhöhtes Interesse daran, dass geplante Fernsehsendungen in der neuen Norm des Hochauflösungsfernsehens mit ihren alten Geräten empfangen werden können, während diese Kosten verursachende Eigenschaft für die Neukäufer nicht von Interesse ist und von diesen finanziell daher nicht honoriert werden würde. Im Bereich von Sozialnormen vgl. hierzu weiter unten das Beispiel des Aufeinandertreffens traditioneller Gesellschaften und ihrer Altersversorgung mit westlichen Systemen.

[54] Im Beispiel des Fersehgerätemarktes im Falle des neuen, mit den alten Geräten inkompatiblen Hochauflösungsfernsehens wäre dies die zunächst geringe Zahl der Sendungen für diese Norm.

chen Nutzer einer neuen Norm sind daher entscheidend: ihre Präferenzen, Erwartungen und Wahl bestimmen aufgrund des Selbstverstärkungsprozesses der Kompatibilitätsvorteile weitgehend das endgültige Ergebnis über die Einführung oder Ablehnung der neuen Normen[55].

Das Ergebnis der Entscheidung der jeweiligen möglichen neuen Nutzer ist nun abhängig von der Höhe der relativen Vorteile aus der neuen Regelung im Verhältnis zur alten, von den Kosten des Ersatzes der alten Regelung, der Probleme auf dem Markt der komplementären Güter, wie etwa Umschulungskosten der betroffenen Regelanwender und schließlich von der Frage, wann eine noch bessere Norm vorhanden sein wird. Da für die Wahl des jeweiligen Standards auch die Größe der zukünftigen Netzwerkvorteile entscheidend ist, kann bereits die bloße **Erwartung** über deren Entwicklung die Entscheidung **selbsterfüllend** beeinflussen. Die Möglichkeit, auf diese Erwartungen Einfluss zu nehmen, ist damit weitgehend die Möglichkeit, den zukünftigen Standard festzulegen. Je nach den Umständen und **lediglich** aufgrund von Erwartungen[56] kann es aufgrund der Netzwerkexternalitäten somit sowohl zu Exzessträgheit als auch zu Exzessbeschleunigung kommen.

b. Exzessbeschleunigung

Die Externalität bei der Exzessbeschleunigung liegt darin, dass die frühen Nutzer auf ihren Investitionen sitzen gelassen werden von Nutzern, die später kommen und keinen Anlass haben, die Präferenzen und Investitionen ihrer Vorgänger zu berücksichtigen. Eingesperrt in eine alte Norm ist man dann, wenn man im Vertrauen auf deren Fortgeltung Leistungen erbracht hat, die ihren Wert verlieren, wenn die alten Regeln nicht mehr fortgelten oder nicht wie erwartet eine wachsende Zahl von neuen Netzwerkvorteile erzeugenden Teilnehmern findet. Auch das Humankapital in Form des Wissens um die Wirkungsweise des alten Normensystems gehört zu den bei einem Wechsel bedrohten Investitionen. So ist es möglich, dass die möglichen Erstnutzer die neue Norm aus ihrer Sicht zu Recht, aus der Sicht der nicht berücksichtigten Altnutzer jedoch überhastet übernehmen, und damit die alten Nutzer mit einer Technik allein gelassen werden, die nun zunehmend ihre Netzwerkvorteile verliert. Wenn somit die alten Nutzer bei der Entscheidung über die von ihnen in die alten Normen getätigten Investitionen nicht berücksichtigt werden, kann es eine wohlfahrtstheoretisch

---

[55] Gibt es organisierte private Interessenten an einem der möglichen Standards, werden sie schwerpunktartig diese entscheidende Gruppe der Nutzer zu beeinflussen suchen, vgl. hierzu *M. L. Katz/ C. Shapiro,* Network Externalities, Competition and Compatibility, 75 American Economic Review, 1985, S. 424 ff.

[56] Vgl. hierzu auch die Analyse bei *T. C. Schelling,* Micromotives and Macrobehavior, 1978, S. 211 ff.

überhastete Übernahme geben. Da die neuen Nutzer lediglich die Vorteile der beiden Regelungssysteme für sich berücksichtigen und den Verlust der Netzwerkvorteile der bereits auf die alte Norm festgelegten Personen nicht verspüren, werden sie nur einen Teil der Nutzen und Kosten des gesamten Vorganges richtig berücksichtigen.

Die irgendwie vorhandene oder von interessierter Seite erzeugte Angst vor einem solchen späteren Verwaisen mag zudem frühe Nutzer davon abbringen, die ersteren Normen überhaupt zu übernehmen, obwohl diese zu jenem Zeitpunkt die besseren gewesen wären[57].

Die Möglichkeit einer Selbstverstärkung eines Normensystems eröffnet zudem auch besonderen Raum für Strategien der Beteiligten, deren Wirkung auf den **Wettbewerb der Normensysteme** von großer Bedeutung ist und nicht stets als positiv beurteilt werden kann. Gehören die getätigten irreversiblen Investitionen einer Privatperson oder einer politischen oder sonstigen Unternehmergruppe, kann diese Maßnahmen ergreifen, den Verlust ihrer Investitionen zu verhindern. Allein die geschickte Erzeugung von Erwartungen, dass die neue Norm wenig Aussichten hat, sich durchzusetzen, kann verhindern, dass eine neue Regelung einen Netzwerkvorteil zu gewinnen vermag, da mögliche Kunden die Entwicklung unter Beibehaltung der alten Regel abwarten und damit den Netzwerkvorteil der neuen Regel nicht erzeugen, sondern vielmehr denjenigen des alten Netzes verstärken. Da die getätigten Investitionen einen Wert darstellen, kann ein solches Ergebnis durchaus erwünscht sein. Es kann jedoch auch sein, dass die Vorteile der neuen Regel auch bei Berücksichtigung der getätigten Investitionen einen Übergang gerechtfertigt hätten, so dass die Erzeugung der blockierenden Erwartungen zu unerwünschter Exzessträgheit führt.

Netzwerkeffekte können es zudem für einen an einer veralteten Regelung Interessierten lohnend machen, dass dieser die Vorteile aus der alten Regelung zeitweise unter Hinnahme von Verlusten durch Subventionen erhöht, bis die alte Regelung durch die neu hinzugekommene Netzwerkbasis unverwundbar gegen einen Wechsel zu einer neuen Regel geworden ist. Wenn es auf der anderen Seite jedoch unvorteilhaft ist, auf der alten Regelung sitzen zu bleiben und diese auch nicht gegen einen Wechsel geschützt werden kann, kann die Exzessträgheit verschwinden und die Nutzer veranlassen, überhastet zu einer neuen Technik überzugehen in der Furcht, dass dies ein anderer als Erster tut. *M. Katz* und *C. Shapiro* haben insbesondere für Fälle einer internen Subvention zwischen Erst-

[57] Vgl. zur Frage räuberischer Produktankündigungen *J. Farrell/G. Saloner*, Installed Base and Compatibility: Innovation, Product Preannouncement, and Predation, 76(5) American Economic Review, 1986, S. 940 ff. sowie *F. M. Fisher/J.J. McGowan/J. Greenwood*, Der Anti-Trust-Fall US gegen IBM, 1985, S. 297 ff.

nutzern und Spätnutzern gezeigt, dass hierdurch die neue, jedoch falsche Regelung von den Betroffenen gewählt werden kann[58].

Der folgende Abschnitt versucht nun mit Hilfe dieser dargelegten Theorie der Standards, eine Analyse der Wirkungen bestimmter Sozial- und Rechtsnormen vorzunehmen und einige ansonsten nicht verständliche Maßnahmen des Staates sowie verschiedener Verhaltensweisen der Menschen zu erklären.

IV. Rechts- und Sozialnormen als Standards mit Netzwerkexternalitäten

1. Wettbewerb verschiedener Normen

In einer offenen Gesellschaft stehen viele soziale und auch rechtliche Normen miteinander im Wettbewerb. So haben die Bürger das Recht ihre Einstellungen, Lebensstile, Umgebung und Kulturnormen zu ändern. Diejenigen Institutionen, die die Menschen bei ihren jeweiligen kulturellen Leisten halten wollen, haben keine allumfassende Macht, ihren Willen auch vollständig durchzusetzen und sind in einer offenen Gesellschaft ebenfalls dem Wettbewerb ausgesetzt. Es wäre daher denkbar, dass die Menschen sich aus den verschiedensten kulturellen Einstellungen diejenige Mischung zusammenstellen, die ihnen persönlich am besten behagt. Dennoch scheint es richtig zu sein, dass dieser Vorgang für viele grundlegende Sozialnormen selbst bei täglichem Kontakt mit einer anderen Kultur nur sehr langsam verläuft. Kulturen als ein System von Sozialnormen weisen somit die Eigenschaft auf, dass sie die Träger dazu anhalten können, sich entweder für die eine oder die andere Kultur zu entscheiden und nicht für ein Mittelding zwischen beiden. **Kulturen** sind somit **getrennte, lokal stabile Gleichgewichte von Verhaltensnormen**. Der Grund, dass keine Mittellösungen zu beobachten sind, ist darin zu sehen, dass die jeweiligen Personen, die eine solche Lösung versuchen, die Kompatibilitätsvorteile verlieren, die die Normenzusammenhänge der jeweiligen Kultur erzeugen[59].

---

58 *M. L. Katz/ C. Shapiro,* Network Externalities, Competition and Compatibility, 75(3) American Economic Review, 1985, S. 424 ff.

59 Unvereinbarkeiten aufgrund des Systemcharakters einzelner Normen treten insbesondere bei Modernisierungsrevolutionen in Entwicklungsländern auf. Dort ist zuweilen eine erhebliche Feindschaft gegenüber der „Verwestlichung" ihrer jeweiligen Lebensformen zu beobachten. Die modernen Rechtsregeln werden als System empfunden, dem mit einem traditionellen Rechtssystem, wie etwa der Scharia, fundamental entgegengetreten werde müsse. Es ist sicherlich richtig, dass ein Teil der Ablehnung gegen das Vordringen der westlichen Lebensart und ihres Rechtssystems darauf zurückgeführt werden kann, dass die etablierten Kräfte in politischen und religiösen Unternehmen sich in ihren Interessen von einer Änderung der Haltungen und des Denkens ihrer Mitbürger bedroht sehen und sie daher einen ideologischen Überbau zur Begründung ihrer Ablehnung suchen müssen, da sie für eine schlichte, offen ausgewiesene Interessenpolitik wenig Unterstützung fänden. Dennoch ist dies nicht die ge-

Die weitverbreitete Ablehnung von „Fremden" aus anderen Kulturkreisen könnte somit ihren Grund darin finden, dass die einzelnen Menschen bei einer Interaktion mit den „Fremden" sich nicht auf standardisierte Verhaltensmuster des Gegenübers verlassen können und damit die Kompatibilitätsvorteile der Vereinheitlichung verlieren. So liegt ein Standardisierungsvorteil für die Bürger Europas in ihrer Anerkennung der „westlichen demokratischen Werte", da hierdurch Auseinandersetzungen über schwer lösbare Grundprinzipien aus dem normalen Alltagsgeschäft herausgehalten werden und damit je nach Wertgeladenheit schwierig zu lösender „Prinzipienstreit" vermieden wird[60]. **Standardisierung**

---

samte Erklärung. Ein Teil der Abwehr gegen den Wettbewerb westlicher Normen lässt sich vielmehr aus den gegenseitigen Systeminkompatibilitäten der Normen der traditionellen und der modernen Welt begründen, die bei einem Wettbewerb der Systeme zu wenig begrüßenswerten Wirkungen für diejenigen führt, die sich auf die Fortgeltung der alten Normen verlassen hatten. Hierbei ist insbesondere an die Möglichkeit zu denken, dass eine Person das eine Normensystem verlässt und in ein anderes System unter Hinterlassung impliziter, vom Versprechensempfänger nicht mehr durchsetzbarer Schulden abwandert und hierdurch das verlassene System zerstört wird. Ein Beispiel hierfür kann etwa in der Flucht junger, produktiver Mitglieder aus traditionellen Großfamilien in die Großstadt zu sehen sein, die sich hierdurch der familiär organisierten Altersversorgungsverpflichtung zu entledigen gedenken und sich gleichzeitig der dörflich-familiären Sanktion auf diesen Bruch des impliziten Generationenvertrages entziehen. Werden somit bei einer Einführung der westlichen Familienrechtsnormen die bisherigen Regelungen der traditionellen Gesellschaft insbesondere mit ihren Versicherungsaspekten nicht mehr durchsetzbar, sehen sich diejenigen, die im Vertrauen auf die Weitergeltung traditioneller impliziter Verträge erhebliche Vorleistungen erbracht haben, um ihre vielleicht lebensentscheidende Gegenleistung geprellt. Es ist nicht verwunderlich, dass derart Bedrohte Anhänger traditionalistischer, auf Abwehr enteignender „westlicher" Regelungen drängender Politiker werden, die wiederum erst in dieser Aufgabe ihren politischen Markt finden. Das Auftreten derartiger „fundamentalistischer" Politiker und ihr Auftrag, das mit neuen Normen in Wettbewerb stehende tradierte Normen- und Gesellschaftssystem mit Hilfe des Staates zu bewahren, erscheint auch auf dem nicht miteinander abgestimmten Aufeinandertreffen bisheriger und neuer Normen- und Rechtssysteme erklärbar, die aufgrund des Systembruchs der jeweiligen Normen mit erheblichen Verteilungskonflikten für vergangene Leistungen und zukünftige Lebenschancen verbunden sind. Das Zusammentreffen „impliziter Vertragssysteme" und moderner Verträge sowie die gleichzeitige Veränderung ihrer jeweiligen Durchsetzbarkeit lassen dann für das System der impliziten Verträge traditioneller Gesellschaften nur noch geringen Raum. „Implizite Verträge" sind jedoch auch noch in der modernen Industriegesellschaft insbesondere bei Arbeitsmärkten von großer Bedeutung, vgl. hierzu *M. Adams,* Höchststimmrechte, Mehrfachstimmrechte und sonstige wundersame Hindernisse auf dem Markt für Unternehmenskontrolle, Die Aktiengesellschaft, 1990, S. 63 ff. (73 f.) mit weiteren Nachweisen. Vgl. allgemein zu diesem Absatz den Übersichtsartikel von *D. S. Landes,* Why Are We So Rich and They So Poor?, 80(2) American Economic Review, Papers and Proceedings, 1990, S. 1 ff.

[60] Ein derartiges Prinzip kann auch darin bestehen, dass man für bestimmte Gebiete gerade kein verbindliches Prinzip anerkennt. Der „Marktplatz für Ideen", der seine Kraft gerade in der „schöpferischen Zerstörung" anderer Ideen erweist, kann nur arbeiten, wenn auf ihm ein

durch Kulturen bedeutet dann, dass sich die Ausdrucksformen im Wettbewerb um die Lebenschancen und die Konfliktmuster auf bestimmte Parameter vermindern und nicht jeweils das ganze System erfassen. Hierdurch werden insbesondere Konfliktlösungen leichter erreichbar, da aufgrund der durch die jeweilige Kultur standardisierten Verhaltensweisen nicht jede Streitfrage durch die ansteigende Dimension der vergleichbar zu machenden Aktionen der Teilnehmer immer teurer und schwieriger wird. Das „Finden des kleinsten gemeinsamen Nenners" ist unter den Standards einer gleichen Kultur leichter. Dies gilt insbesondere dann, wenn es sich um Sozialbräuche handelt, die lediglich durch Versuch und Irrtum von den Mitmenschen in Erfahrung zu bringen sind.

Sind die Menschen bei ihren Transaktionen zudem risikoscheu, verstärkt dies den Wunsch nach kultureller Standardisierung der Sozial- und Rechtsnormen um ein weiteres.

Bloße Kompatibilitätsvorteile können dann auch dazu führen, dass sich eine verschwindende kulturelle Minderheit bildet, deren keineswegs minderwertigeren Normen lediglich aufgrund der selbstverstärkenden Standardisierungsvorteile der konkurrierenden Kultur rasch aufgegeben werden. Dieser Vorgang wird vor allem von jungen Menschen getragen werden, die noch nicht aufgrund von Humankapitalinvestitionen weitgehend in den alten Verhaltensstandards eingesperrt sind. Es versteht sich, dass ein solcher Vorgang auch für ganze Rechtsordnungen gelten kann, wenn Standardisierung bei internationalen Transaktionen erhebliche Vorteile mit sich bringt. Das zu beobachtende weltweite Vordringen des amerikanischen Rechtssystems mag auch hierauf zurückzuführen sein.

Die hier vorgetragene Ansicht vermag auch zu erklären, aus welchem Grund Eltern große Aufmerksamkeit nicht nur den von ihren eigenen Kindern in Schule und Elternhaus zu lernenden Gegenständen und Regeln widmen, sondern auch den Lehrplan und die zu lernenden Verhaltensnormen anderer Kinder daraufhin überprüfen, ob sie ihnen zusagen. Die Bildung junger Menschen ist für alle Bürger deshalb von Interesse, weil durch sie das **kulturelle Netzwerk** erzeugt wird, das auch den Wert der eigenen bereits erworbenen Verhaltensweisen mitbestimmt. In der Sprache des Telefonnetzes sorgen somit die alten Nutzer dafür, dass gegebenenfalls eine Konvention der Weiternutzung der bisherigen Telefontechnik auch gegenüber den möglichen Nutzern neuerer Techniken durchgesetzt wird, die die alten Nutzer davor schützen soll, nicht auf ihrer einge-

---

verbindliches, unangreifbares Prinzip ausgeschlossen ist, vgl. hierzu *M. Adams*, Warum kein Ersatz von Nichtvermögensschäden?, in: *C. Ott/H.B. Schäfer* (Hrsg.), Allokationseffizienz in der Rechtsordnung: Beiträge zum Travemünder Symposium zur Ökonomischen Analyse des Zivilrechts, 1989, S. 210 ff.

führten Technik sitzen zu bleiben und den Anschluss an andere Bürger zu verlieren.

2. Die von Weizsäcker'sche „Zeit und Geld" Dichotomie

Auch innerhalb von Kulturen kann es lokal stabile, getrennte Normensysteme geben, in denen bestimmte Verhaltensweisen verboten sind, die in anderen Zusammenhängen gefördert werden. So gelten, wie *C. C. von Weizsäcker* in seinem Aufsatz über die Zeit und Geldtauschgemeinschaft[61] dargelegt hat, in Familien, Ehen, Freundschaften **Bewertungstabus**, die an anderer Stelle in der Gesellschaft, wie etwa in Unternehmen, nicht vorhanden sind. Dabei sei insbesondere der Gegensatz und die gegenseitige Beeinflussung zwischen zwei als grundsätzlich unterschiedlich empfundenen Organisationsformen des Leistungsaustauschs von großem Interesse: Das System der über als eigennützig eingeschätzten Märkte laufenden Kooperationen unter Nutzung des Geldes und der Leistungsaustausch, der in der Familie und anderen als „altruistisch" angesehenen Gruppen erfolgt. Beide Systeme besitzen jeweils besondere Vorzüge und Nachteile, können jedoch nur unter bestimmten Voraussetzungen nebeneinander existieren. So hat *C.C. von Weizsäcker* in seinem Aufsatz[62] die These aufgestellt, dass sich ein durch die gesamte Geistesgeschichte des Abendlandes hinziehender grundlegender Gegensatz zwischen der „Geldtauschgemeinschaft" und der von ihm so genannten „Zeittauschgemeinschaft" beobachten lässt. Zwischen beiden Systemen gebe es keine Mischung: „Tertium non datur", obwohl Grundschema der ökonomischen Erklärung beider sozialer Interaktionen der **Tausch** sei. Indem sich Personen gegenseitig in der Bedürfnisbefriedigung ergänzten, indem jeder dem anderen etwas gibt, stünden sie zueinander in einer sozialen Beziehung und diese soziale Beziehung sei der Tausch. Tauschbeziehungen seien nun keinesfalls auf mit Geld abwickelbare Transaktionen beschränkt.

Geldtauschbeziehung wiesen durch die Möglichkeit, eine ungeheure Zahl von Personen in die gegenseitige Arbeitsteilung einbeziehen zu können, sehr große Produktivitätsvorteile auf. Durch das allgemeine weltumspannende Tauschmittel Geld entstehe zugleich ein allgemeiner Wertmaßstab, in dem alle ausgetauschten Leistungen mittels ihres Marktpreises für Tauschzwecke bewertet würden. Dieser Wertmaßstab eröffne nun auch die Möglichkeit, feststellen zu können, ob die zwischen zwei Personen ausgetauschten Leistungen wertmäßig einander entsprechen. Wenn dies nicht der Fall sei, werde der Saldo durch Geldzahlungen ausgeglichen. Die Geldwirtschaft habe damit folgende allgemeine Struktur: in einem ausbalancierten Zustand ist die Leistungsbilanz eines jeden Mitgliedes dieser Wirtschaft gegenüber der Summe aller anderen Mitglieder ausgeglichen,

---

[61] *C. C. von Weizsäcker,* Zeit und Geld, unveröffentlichtes Manuskript, Bern 1985.
[62] *C. C. von Weizsäcker,* Zeit und Geld, unveröffentlichtes Manuskript, Bern 1985.

aber gegenüber fast jedem einzelnen anderen Mitglied nicht ausgeglichen. Denke man sich die Geldzahlungen weg, so sei die Geldwirtschaft ein komplexes System unilateraler Leistungsbeziehungen. Der Ausgleich zwischen Leistung und Gegenleistung vollziehe sich nicht in jedem Augenblick, sondern in der Zeit. Das Geheimnis des Tauschmittels Geld ermögliche es, ein strukturell altruistisches Leistungsgeflecht durch ein egoistisch motiviertes Handeln der Tauschpartner aufzubauen.

Neben diesen „**Geldtauschgemeinschaften**" gebe es jedoch auch „**Zeittauschgemeinschaften**", bei denen der Austausch der Leistungen ohne den Geldschleier koordiniert werde. Beispiel hierfür seien Ehen, Freundschaften, Familien, Kollegialbeziehungen, Karriereseilschaften, Geschäftsfreundschaften, Bergsteigerkameradschaften. Auch in diesen Fällen handele es sich um eine Tauschgemeinschaft, in dem nicht in jedem Augenblick, sondern nur bei zeitüberbrückender Betrachtung der eine dem anderen unter dem impliziten Versprechen hilft, dass ihm zu einem anderen Zeitpunkt geholfen werde. Entscheidend sei nun, dass in der „Zeittauschgemeinschaft" der Prozess fehle, der in der Geldtauschgemeinschaft zu objektiven Tauschwerten für die jeweiligen Leistungen führe, da er aus zu wenigen Personen bestehe, um den Wettbewerb als Objektivierungsverfahren möglich zu machen. Stattdessen sei man bei dem Versuch, die Leistungen quantitativ miteinander zu verrechnen, in einer dem bilateralen Monopol vergleichbaren Lage, das keine eindeutigen Austauschrelationen der Leistungen festlege und daher zu endlosem Streit führen müsse. Jede Bewertung von Leistungen müsse jedoch aufgrund der psychologischen Grundbedingung des Strebens nach zumindest gleich guter Behandlung dazu führen, dass alle Beteiligten den **Bilanzausgleich** ihrer Leistungen mit Macht anstrebten. Um dem zerstörerischen Streit beim Versuch einer allgemeinen Leistungsbewertung zwecks Bilanzausgleichs abzuwenden, müsse daher eine „Zeittauschgemeinschaft" als Grundlage ihrer dauerhaften Existenz auf einem **Verbot der quantitativen Leistungsbewertung** bestehen. Jeder Versuch einer quantitativen Leistungsbewertung innerhalb einer „Zeittauschgemeinschaft" wäre damit notwendigerweise mit ihrer Auflösung oder ihrem Übergang in die „Geldtauschgemeinschaft" verbunden, da nur diese Bewertungen ohne Selbstzerstörung ermögliche. Seien somit im Wege einer „Zeittauschgemeinschaft" wichtige Vorteile für ihre Mitglieder erreichbar, müsse sie zu ihrer Sicherung ein Bewertungsverbot der in ihr erbrachten Leistungen durchsetzen. Der Widerstand vieler Menschen dagegen, Werte wie Leben, Freiheit, Liebe, Gesundheit in konkreten Zusammenhängen, wie etwa einer Nutzung des Automobils, quantitativ zu bewerten, obwohl in der Praxis staatlicher Politik ständig zwischen diesen Werten und finanziell quantifizierten Werten entschieden werde, versteht *C. C. von Weizsäcker* als Schutz des systemerhaltenden Bewertungstabus im Rahmen von Zeittauschgesellschaften. Nach *C. C. von Weizsäcker* müsse sich daher der Ökonom mit dem insbesondere in der Jurisprudenz anzutreffenden Widerstand gegen die quantifizierende Bewertung vieler Werte abfinden, bis er nachweisen könne, dass die Vorteile der Quantifizierung aufgrund einer rationaleren Politik die möglichen Nachteile aufwiegen, die darin bestehen mögen, dass die besonders mit Zeittauschgemeinschaften verbundene Menge an Altruismus in der Gesellschaft vermindert werden könne. *C. C. von Weizsäcker* schlägt in seiner Arbeit desweiteren einen Bogen zur Geschichte des sozialphilosophischen Denkens des Abendlandes und weist nach, dass sich diese Dichotomie im Denken vieler Sozialphilosophen, wie *Plato, Adam Smith, Marx, Freud, Fromm, Popper, Maine, Spencer, Weber, Tönnies, Durkheim, Parson, Smelser, Polanyi, Becker* wiederfindet, wobei seiner Ansicht nach viele von ihnen sehr dezidiert jeweils zugunsten einer der beiden Tauschgemeinschaftssysteme Stellung bezogen hätten, indem sie sich in ihren Bewertungen auf jeweils einen bestimmten Einfluss der beiden Tauschformen, einerseits auf die Freiheit des Individuums und andererseits auf die Menge des Altruismus in den jeweiligen Gesellschaft, festgelegt hätten.

Die hier vorgelegte Arbeit zeigt nun, dass einerseits der Aufsatz von *C. C. von Weizsäcker* als ein Beispiel dafür verstanden werden kann, dass aufgrund des Systemgedankens trennende Gleichgewichte in „Geld-" und „Zeittauschgemeinschaften" möglich sind und auch tatsächlich beobachtet werden können. Auf der anderen Seite wird deutlich, dass die Kompatibilität innerhalb einer Gruppe schaffenden Systemnormen nicht einfach ohne Schaden als isolierte Normen dem Wettbewerb ausgesetzt werden können, da anderenfalls einige der Personen mit ihren im Vertrauen in die zukünftige Kooperation getätigten Investitionen unerwartet auf das Austauschsystem des Geldes und des zivilrechtlichen Vertrages verwiesen werden und damit das Ausbleiben ihrer lediglich implizit erhofften Gegenleistung beklagen müssen. *C. C. von Weizsäcker* weist daraufhin, dass es ungeklärt sei, ob es in dem von den Bürgern gewünschtem Umfang gelingt, die jeweiligen in der „offenen Gesellschaft" im Wettbewerb miteinander stehenden Normensysteme so voneinander zu trennen, dass ihre innere Stabilität gewahrt bleibt und „Zeittauschgemeinschaften" dort weiterbestehen können, wo sie von größerem Nutzen sind als „Geldtauschgemeinschaften". Erweisen sich daher bestimmte, sozial wünschenswerte „Zeittauschgemeinschaften" im Wettbewerb mit der „Geldtauschgemeinschaft" als unerwünscht instabil, kann sich eine Rechtfertigung für unterstützende Maßnahmen des Staates ergeben. Steuerliche Familienförderung mag in der hier vorgetragenen Argumentation daher eine Stütze finden.

3. Rechts- und Sozialnormenvereinheitlichung und Vielfalt

Eine Rechts- oder Sozialnormenvereinheitlichung, wie die europäische Rechtsvereinheitlichung oder die Herausbildung einer „westlichen Wertegemeinschaft", kann bewirken, dass die Möglichkeit einer kostengünstigeren Kooperation der Menschen vergrößert wird und damit die **Vielfalt** der miteinander kombinierbaren menschlichen Eigenschaften oder Unternehmensleistungen zunimmt, obwohl ein Teil der Vielfalt der möglichen Normen durch die Vereinheitlichung der Normensysteme verloren geht. Wie *C. Matutes/P. Rigibeau*[63] für Industrieprodukte betonen, kann sich auch bei einer vereinheitlichenden Standardisierung aufgrund der standardisierungsbedingten neuen zahlreicheren Mischungsmöglichkeiten unterschiedlicher Produkte dennoch die Vielfalt der nutzbaren Produkte erhöhen. Obwohl somit bei Normenstandardisierungen wie der europäischen Rechtsvereinheitlichung zunächst durch das Verschwinden einiger Normensysteme weniger Vielfalt eintritt, kann sich die Vielzahl der menschlichen Kooperationsmöglichkeiten dennoch dann erhöhen, wenn die individuellen Eigenschaften der Menschen oder der Unternehmen die Bewertungsgrundlage der Vielfalt sind und nicht diejenigen des Rechtssystems. Ein Beispiel hierfür mag der Heiratsmarkt sein. Wenn durch die Schaffung eines einheitlichen europäischen Eherechts rechtliche oder kulturelle Barrieren entfallen, wird trotz der Standardisierung in den Normen der mögliche Ehemarkt für die einzelnen Personen größer und damit auch die Chance, denjenigen zu finden, der zu den eigenen spezifischen Charakteristika und Präferenzen am besten passt.

V. Theorie der Normentstehung und Erklärung einander widersprechender *effizienter* Normen

Die aufgeführten Beispiele erlauben für den Vergleich mehrerer Rechtsordnungen den Schluss, dass die von *R. Posner* für die Rechtsordnung und die von Ökonomen für Sozialnormen erhobene Behauptung ihrer Effizienz nicht lediglich durch die Aufzählung von Normen erschüttert werden kann, die in dem von *R. Posner* oder anderen Ökonomen, Juristen oder Soziologen dargelegtem Zusammenhang offensichtlich ineffizient sind. Es ist vielmehr möglich, dass ein- und dieselbe Regelung an einer Stelle „effizient" und in einem anderen System „ineffizient" ist. Die Widersprüche zwischen den jeweiligen Effizienzbewertungen von Normen können jedoch mit der Annahme aufgehoben werden, dass die jeweilige Norm in ein bestimmtes besonderes System eingebettet ist, das effizienzsteigernde Netzwerkeffekte aufgrund von Kompatibilitätsvorteilen aufweist. Die Kritik von *J. Elster*, die Effizienz vieler Normen werde von Wirtschaftswissenschaftlern lediglich mittels beliebig ad-hoc zusammengestellter „just-so stories" behauptet, seien dieselben Normen in anderen Umständen doch offensichtlich ineffizient, kann daher dann zurückgewiesen werden, wenn die betreffenden Normen aufgrund des Zusammenwirkens mit bestimmten anderen

---

[63] *C. Matutes/P. Rigibeau,* Mix and Match: Product Compatibility Without Network Externalities, 19(2) Rand Journal of Economics, 1988, S. 221 ff.

Normen Netzwerkkompatibilitäten erzeugen und damit jeweils nur auf **ihr System beschränkte** Effizienzeigenschaften aufweisen, die in anderen Lagen keineswegs vorhanden sein müssen.

Lässt man nun die zuvor geäußerten Argumente zur *Posner*'schen Effizienzfrage des Common Law noch einmal Revue passieren, ergibt sich, dass selbst völlig beliebige Festlegungen von Rechtsnormen, wenn sie einen Systemzusammenhang aufweisen und damit aufgrund ihrer Netzwerkvorteile relativ kostengünstig Transaktionen zwischen den Bürgern ermöglichen, die Kraft aufweisen können, sich durchzusetzen und damit „effizient“ zu werden. Es ist somit nicht der von *R. Posner* behauptete Selektionsmechanismus, nach dem das Erreichen der Effizienz der Common Law Regelungen auf eine erhöhte Rate gerichtlicher Überprüfungen oder bei Ineffizienz vermehrt drohender gesetzlicher Eingriffe zurückgeführt werden kann[64], sondern die Netzwerkeigenschaften der betreffenden Rechtsregelungen[65].

Damit ist auch geklärt, warum sich völlig verschiedene, weitgehend beliebige Rechtssysteme jeweils dann nebeneinander halten können, wenn sie starke in-

---

[64] Vgl. hierzu *R. A. Posner,* Economic Analysis of Law, 1986, S. 506. Zur Kritik vgl. auch *R. Cooter/L. Kornhauser,* Can Litigation Improve the Law without the Help of Judges, IX(1) Journal of Legal Studies, 1980, S. 129 ff.

[65] *R. Sugden*, Spontaneous Order, 3(4) Journal of Economic Perspectives, 1989, S. 85 ff. versucht das Auftreten sozialer Normen ohne bewussten Plan und ohne „formale Durchsetzungsmaschinerie“ als „evolutionär stabile“ Übereinkünfte zu erklären, die nicht von den jeweiligen Menschen aufgrund ihrer Effizienz ausgewählt würden, sondern durch eine Evolution aufgrund ihrer Analogiefähigkeit in einem Koordinationsspiel. Die Verwendung des Begriffs des „evolutionär stabilen Gleichgewichts“ an Stelle des *Nash*-Gleichgewichts ermöglicht *R. Sugden* lediglich zu erklären, dass ein Gleichgewicht auch dann erhalten bleibt, wenn sich kleine Abweichungen von ihm einstellen, da sich in einem solchen Fall Individuen und selbst noch kleinere Gruppen dann schlechter stellen, wenn sie auf sich allein gestellt versuchen, sich vom Gleichgewichtspunkt zu entfernen. Gegenüber kleineren Abweichungen ist ein evolutionär stabiles Gleichgewicht mit einer höheren Stabilität begabt. Damit hat *R. Sugden* zum Teil den Systemgedanken der positiven Rückkoppelung erfaßt, jedoch nicht erläutert, worauf diese beruhen könnte. Seine Sicht, es handele sich bei Sozialnormen um Koordinationsspiele, ist zudem erheblich verengter als die hier vorgetragene Begründung der Kompatibilitätsvorteile aus Standardisierungen aufgrund von Sozialnormen. Seine Vorstellung, dass soziale oder gar rechtliche Regeln sich lediglich aufgrund ihrer Analogiefähigkeit durchsetzen, erscheint zudem als nicht zutreffend. So gibt es vielfache rationale Anstrengungen der Menschen, die von ihnen benutzten Regeln nicht nur der Einfachheit halber nach ihrer Analogie auszusuchen, sondern dem jeweiligen Problem angepasste Regelungen zu finden. Zudem ist auch die Feststellung einer Analogie mit erheblichen Freiheitsgraden behaftet, da ja auch die Basis der Ähnlichkeit gewählt werden muss. Dem Juristen ist zudem aus seinem Methodenkasten seit altersher die Möglichkeit eines Analogieschlusses ebenso bekannt wie die Möglichkeit des „e contrario“ - Schlusses, der zum entgegengesetzten Ergebnis führt. Diese Technik ist auch anderen Normeninterpreten sozialer Regelungssysteme bis hin zu unmündigen Familienmitgliedern geläufig.

terne Kompatibilitätsvorteile aufweisen und der Bruch von internen Verpflichtungen durch die Möglichkeit einer Flucht aus dem System ausgeschlossen ist. Der Widerspruch in der gleichzeitigen Beurteilung von Rechts- und Sozialnormen als effizient und ineffizient löst sich durch die mögliche Eigenschaft von Normen auf, Netzwerkvorteile erzeugen zu können.

VI. Die Aufgabe des Marktes, des Staates sowie der europäischen Rechtsvereinheitlichung bei Netzwerkeffekten von Normen

Da Netzwerkexternalitäten die einzelnen, unverbunden miteinander abgeschlossenen Verträge der Bürger voneinander abhängig machen, entstehen neuartige Interessenkonflikte und soziale Koordinationsprobleme in Form von Exzessträgheit, völliger Verhinderung der eigentlich gewünschten Normen, aber auch die Möglichkeit einer überhasteten Übernahme oder der Zerstörung gewünschter Normensysteme im Wettbewerb miteinander aufgrund von Zufälligkeiten.

Der Vorteil von **Rechtsvereinheitlichungen**, wie etwa derjenigen durch die Europäische Gemeinschaft, besteht nun darin, dass sie Exzessträgheiten vermeiden helfen und Such- und Koordinationskosten vermindern. Die Ineffizienzen von Exzessträgheit oder Exzessbeschleunigung, die lediglich auf den Problemen einer richtigen Koordinierung beruhen, können durch eine einfache Verbesserung der Kommunikation und der Erwartungen überwunden werden, so dass bedeutsame Ineffizienzen nur dann auftreten können, wenn diese Kommunikation erschwert oder verzögert ist, oder wenn die Nutzer jeweils unterschiedliche Präferenzen für die einzelnen Normensysteme haben, sich aber durchaus noch an ihren gegenseitigen Netzwerkvorteilen erfreuen möchten[66].

Im Falle der Wünschbarkeit eines Übergangs einer großen Zahl von Personen zu einem neuen Verhalten kann eine verlässliche Kommunikation oder der Abschluss verbindlicher Verträge an der Vielzahl der Personen und ihren möglichen zur Blockade führenden Winkelzügen bei den Vertragsverhandlungen scheitern, so dass hier nur noch der Staat durch verbindliche koordinierende Regelungen weiterhelfen kann.

So kam es in der Bundesrepublik im Jahre 1985 zu einer ineffizienten Verzögerung des Einsatzes von Katalysatoren in Personenwagen, da die Mineralölgesellschaften mit dem Aufbau eines Vertriebsnetzes für bleifreies Benzin solange warten wollten, bis es hierfür genügend Nachfrage gab, während die Automobilhersteller wiederum Wagen mit Katalysator erst dann anbieten wollten, wenn die Käufer sicher sein konnten, überall bleifreies Benzin zu finden[67]. Zur Lösung

---

[66] Vgl. *J. Farrell/G. Saloner,* Standardization, Compatibility, and Innovation, 16(1) Rand Journal of Economics, 1985, S. 70 ff.

[67] Bei vielen Fällen des Umweltschutzes, die einen Übergang eines arbeitsteilig auf viele Unternehmen verteilten Herstellungsvorganges erfordern würden, sind derartige Netzwerkprob-

derartiger Exzessträgheit muss staatlicher Zwang die gegenseitige Kompatibilität der neuen Produkte und Verhaltensweisen sichern, da sie sich anderenfalls trotz allgemeinen Wunsches nicht durchzusetzen vermöchten. Allein die Existenz einer staatlichen Regelung mag genügend sein, da diese die zur Selbsterfüllung hinreichenden **Erwartungen** der Beteiligten zu erzeugen vermag.

1. Einschränkung der Geltung des Coase-Theorems bei Verträgen mit Netzwerkeffekten

In der Theorie der ökonomischen Analyse des Rechts Einflussreich und für viele praktische Fälle von großer Bedeutung ist das sog. *Coase*-Theorem, das abgekürzt besagt, dass im Rahmen kostengünstig zustandebringbarer vertraglicher Beziehungen unter wohlinformierten Vertragspartnern die juristische Zuordnung von Rechten keinerlei Einfluss auf das sich nach vertraglicher Anpassung einstellende Ergebnis besitzt[68]. Weisen Rechtsnormen oder individuelle Verträge jedoch Netzwerkeigenschaften auf und wirken damit auf andere Verträge oder Verhaltensweisen ein, erfährt das *Coase*-Theorem dadurch eine wichtige Ein-

---

leme Ursache für Verzögerungen, obwohl der Übergang von allen gewollt würde. Hier besteht eine wichtige koordinierende Staatsaufgabe mit großen Vorteilen für alle Beteiligten. Allerdings kann der Staat auch eine überhastete, infolge der Standardisierungsvorteile später nicht mehr änderbare Übernahme neuer Normen oder Technologien veranlassen. Als ein solches Beispiel einer überhasteten Übernahme einer inferioren Technologie gilt der Leichtwasserreaktor, vgl. hierzu *R. Cowan*, Nuclear Power Reactors: A Study in Technological Lock-in, 50(3) Journal of Economic History, 1990, S. 541 ff.

[68] Eine hilfreiche Lehrbuchformulierung des „*Coase*-Theorems" findet sich beispielsweise bei *P. R. G. Layard/A .A. Walters,* Microeconomic Theory, 1978, S. 189 ff. und lautet wie folgt:

„Wenn Verhandlungen ohne jegliche Kosten möglich sind, alle Rechte wohldefiniert sind, und eine Umverteilung nicht die relative Bewertung der Güter verändert, gilt: 1. Die Allokation der Ressourcen ist identisch, wie auch immer die Rechte durch das Gesetz zugeteilt werden. 2. Die Allokation der Ressourcen ist effizient, so dass es kein Externalitätenproblem gibt. Die Einführung einer Steuer führt zum Verlust der Effizienz." (Eigene Übersetzung)

Vgl. zur umfangreichen Literatur zum Geltungsbereich des *Coase*-Theorems etwa *J. Farrell,* Information and the *Coase*-Theorem, 1(2) Journal of Economic Perspectives, 1987, S. 113; *M. Adams,* Ökonomische Analyse der Produkthaftung, Betriebsberater, Beilage 20, 1987, S. 3 ff. m.w.N. Praktisch wichtiger Anwendungsbereich des *Coase*-Theorems sind die Fälle, in denen die Betroffenen miteinander Verträge abschließen. So führen beispielsweise arbeitsrechtliche Schutznormen für Arbeitnehmer über Gleichgewichtsanpassungen vermittels Marktzutritt oder Marktverlassen der Arbeitgeber zu ausgleichenden Lohnsenkungen oder verringerten Arbeitsmöglichkeiten; Einschränkungen der Vertragsfreiheit für Vermieter zu höheren Mietpreisen; eine verschärfte Produkthaftung zu höheren Preisen. Vgl. hierzu für das Arbeitsrecht etwa *M. Adams,* Zum Bürgerlich-rechtlichen Benachteiligungsverbot nach § 612 III BGB, 46 Juristenzeitung, 1991, S. 534 ff. Für ein Beispiel aus dem Bereich des Umweltschutzes vgl. *M. Adams,* Das Verursacherprinzip als leere Worthülse, 44 Juristenzeitung, 1989, S. 787 ff.

schränkung, dass die Abwesenheit von unkompensierten Wirkungen auf Dritte („externe Effekte"), die das *Coase*-Theorem bei den als Internalisierungsverfahren genutzten Verträgen unterstellt, nicht mehr gegeben ist. Der Vertrag als das Mittel der Internalisierung und Beseitigung verwandelt sich bei Netzwerken zum Mittel der Schaffung externer Effekte.

Netzwerkvorteile oder -nachteile sind somit dann ein Argument gegen die Geltung des *Coase*-Theorems, wenn es nicht möglich ist, alle von der Festlegung des Gesamtsystems betroffenen Personen in den Vertrag einzubeziehen. Nicht nur infolge der großen Zahl von Teilnehmern bei Netzwerken muss eine solche Vereinbarung realistischerweise scheitern. Entscheidend sind auch die nicht vorhersehbaren Netzwerkeinflüsse auf viele mögliche Betroffene und der **Pfad**, den ein solches sich selbstverstärkendes System durch den Aufbau immer weiterer Kompatibilitäten letztlich nimmt. Insofern haben selbstverstärkende Normensysteme „chaotische", nicht vorhersehbare und damit vertraglich nicht erfassbare Eigenschaften[69].

Der Markt hat zwar bei der Zusammenfassung der Wünsche der Menschen gewisse Vorzüge, wie sie insbesondere von *F. A. Hayek* in seiner Nobelpreisrede[70] von 1974 so eindringlich geschildert wurden. Bei zunehmenden Erträgen aufgrund von Kompatibilitätsvorteilen wird die Leistung des marktmäßigen Aggreggationsverfahrens jedoch deutlich fragwürdiger: So kann die Entscheidung der Standardisierung in die Hände einiger weniger früher oder großer Unternehmen fallen, die nicht unbedingt sehr gut informiert sein müssen oder an dem für alle besten Standard sogar höchst desinteressiert sind. Wenn zudem die jeweils Entscheidenden größere Erträge aus einer schnellen Entscheidung ziehen können, werden sie zu früh standardisieren. Obwohl der Markt immer irgendein Ergebnis produziert, ist dies nicht immer das beste. Lemminge sollten daher schauen, wenn sie einem Standard hinterherspringen[71].

Zusammenfassend lässt sich somit festhalten, dass das *Coase*-Theorem durch die aus Kompatibilitätsvorteilen gespeiste Selbstverstärkung bestimmter privater Regelungen oder Normen in seiner praktischen Bedeutung wesentlich eingeschränkt ist und damit bei Netzwerkexternalitäten erzeugenden Verträgen oder Normen dies berücksichtigende zusätzliche Eingriffe des Staates erforderlich sein können.

---

[69] Eine einfache Darstellung solcher Systeme ist bei *W. J. Baumol/J. Benhabib,* Chaos: Significance, Mechanism, and Economic Applications, 3(1) Journal of Economic Perspectives, 1989, S. 77 ff. zu finden.

[70] *F.A. Hayek,* The Pretence of Knowledge, 79(6) American Economic Review, 1989, S. 3 ff.

[71] *J. Farrell/G. Saloner,* Competition, Compatibility, and Standards: The Economics of Horses, Penguins and Lemmings, in: *H.L. Gabel* (Ed.), Product Compatibility as a Competitive Strategy, 1987, S. 1 ff.(17).

2. Die Aufgaben des Staates bei der europäischen Rechtsvereinheitlichung im Falle von rechtlichen Netzwerkeffekten

Europa schafft sich gegenwärtig für viele Rechtsgebiete neues einheitliches Recht. Manche derartiger Sozial- und Rechtsnormen haben nun Netzwerkeigenschaften. Kommission und Ministerrat haben somit die Macht der Standardsetzung. Auf der anderen Seite hat eine frühe oder - wie gezeigt wurde - sogar weitgehend beliebige Standardisierung von Rechtsregelungen den Vorteil, einen längeren Fluss von Kompatibilitätsvorteilen unter den europäischen Bürgern und Unternehmen zu erzeugen. Das Abwarten auf einen zukünftigen Rechtsstandard erzeugt Nachteile aufgrund von Verzögerungen bei der Entstehung des gemeinsamen europäischen Marktes.

So hat bereits eine einfache Rechtsvereinheitlichung den Vorteil, dass sie die Kosten der Übergänge zwischen Rechtssystemen und den Aufwand für die Kenntnis mehrerer Systeme vermindert. Standardisierung der Rechtsnormen lässt die Kosten des Lernens sinken, da jeder Nutzer nunmehr sein Wissen über das Recht und den sozialen Umgang auch beim Umgang mit Menschen aus bisher anderem Rechtskreis oder Kulturkreis nutzen kann. Es versteht sich, dass diese Kostenersparnisse groß sein können.

Zudem kann eine Rechtsvereinheitlichung dazu führen, dass komplementäre Produkte kostengünstiger zur Verfügung stehen, wenn das originale Produkt standardisiert wurde. So setzt etwa das Rechtssystem einer komplexen Industriegesellschaft eine große Zahl von spezialisierten Fachleuten an den verschiedensten Institutionen voraus[72]. Da Information (Wissen) die Eigenschaft besitzt, keine „Rivalität im Konsum" aufzuweisen, also ohne zusätzliche Kosten von wenigen oder beliebig vielen genutzt werden kann, kommt die europäische Produktion von Rechtswissen in den Genuss erheblicher Größenvorteile. Qualitätssteigerung und Kostenersparnisse bei der Verwendung der Normensysteme ist damit ein weiterer Vorteil von Vereinheitlichung durch Standardisierung. Eine derartige Gesetzgebung für das europäische Wirtschafts- und Rechtssystem kann somit rasch Kompatibilitätsvorteile unter den Staaten erzeugen, die unabhängig von der Wahl der jeweiligen Regelungen sehr groß sein können und dann selbst mögliche Fehler bei ihrer Auswahl im Vergleich zu einer Verzögerung ihrer Einführung weniger bedeutsam erscheinen lassen[73].

---

[72] Der Umstand, dass viele amerikanische Unternehmen im US-Bundesstaat Delaware ihren Sitz haben, beruht nicht zuletzt auf der besonderen gesellschaftsrechtlichen Sachkunde und Qualität der dortigen Behörden und Gerichte.

[73] Es gibt auf der anderen Seite jedoch auch gute Gründe, mit der Festlegung von Systemnormen zu warten, da man durch frühe Standardisierung den Informationsfluss verliert, der einem sagt, welcher Standard auch später der bessere sein wird. Insbesondere bei Unwiderruflichkeiten des Standards aufgrund großen Netzumfanges oder sehr hoher Lernkosten im Falle eines Wechsels ist ein gewisses Abwarten auf bessere Informationen von Nutzen. Ob dies der

So kann der Staat nicht nur als „großer Koordinator" bei Kommunikationsproblemen helfen, sondern auch durch die Organisation von **Ausgleichszahlungen** in Erscheinung treten. Diese Zahlungen können über ihn laufen oder durch Gesetze angeordnet werden. Die Organisation von Ausgleichszahlungen über den Staat kann insbesondere deshalb gefordert sein, weil der Übergang zu neuen Verhaltensstandards möglicherweise die alten Nutzer erheblich schädigt, die durch den Übergang zum neuen Normensystem ihre Netzwerkvorteile verlieren und auf ihren wertgeminderten Investitionen im alten Normensystem sitzen bleiben. Der Staat kann in solchen Fällen durch Ermittlung der Vorteile des neuen Systems und der von den betroffenen Nutzern des alten Systems zu tragenden Verlusten einen die positiven wie negativen Externalitäten berücksichtigenden Ausgleich zustande bringen. Soziale Unruhen in Ländern der Dritten Welt beruhen auch auf dem dortigen Versagen des Staates bei dieser schwierigen Aufgabe, da die dortigen Modernisierungsrevolutionen einen besonderen Bedarf nach kompensierenden Ausgleichszahlungen hervorrufen. Das gleiche gilt auch für die Staaten der ehemaligen Zentralverwaltungswirtschaften, die den Sprung in die Marktwirtschaft zu organisieren haben - wie nun (1991) die neue, größere Bundesrepublik die Erfahrung zu machen hat.

Fall ist, oder ob die rasche Erzielung von Kompatibilitätsvorteilen größeren Nutzen verspricht, muss von Norm zu Norm einzeln beantwortet werden. Hier kann lediglich auf die zu beachtenden Fragen hingewiesen werden. Vgl. hierzu den erwähnten Fall der überhasteten Einführung des Leichtwasserreaktors bei *R. Cowan*, Nuclear Power Reactors: A Study in Technological Lock-in, 50(3) Journal of Economic History 1990, S. 541 ff.

Das Verursacherprinzip als Leerformel

A. Einleitung

Das „Verursacherprinzip" hat politische Karriere gemacht. Eine Regel, nach der derjenige, der einen Schaden verursacht, diesen den Geschädigten zu ersetzen habe, erscheint einfach in der Anwendung, klar für alle Beteiligten und unmittelbar dem Anstandsgefühl aller billig und gerecht Denkenden entsprungen. Nicht das Opfer, sondern der Schädiger sei mit der Last der Umweltschädigungen zu behelligen. In den Lehrbüchern für die Verwaltungspraxis wird es als „ordnungsrechtliches Prinzip" gewürdigt, durch welches „die materielle Verantwortlichkeit für Vermeidung, Verminderung und Beseitigung von Umweltbelastungen festgesetzt werde"[1]. Leider zeigt eine genauere Analyse des „Verursacherprinzips", dass dieses weder „klar" noch „gerecht" ist, sondern eine leere Worthülse darstellt.

Diese Ansicht sei mit Hilfe der nun folgenden Beispiele dargelegt: So schildert *Demsetz*[2] einen Fall, der sich 1969 in Illinois zugetragen hatte. Dort hatte eine Firma Weintrauben angepflanzt, die durch ein Unkrautvernichtungsmittel vernichtet wurden, das der Wind von den umliegenden Maisfeldern herbeigeweht hatte. Es sei nun - wie es auch der Wirklichkeit entsprach - angenommen, dass der Boden in der betreffenden Gegend bis zum Auftauchen des Weinanpflanzers lediglich zum Maisanbau benutzt worden war und daher der Gebrauch des Unkrautvernichtungsmittels bisher keinen Schaden anrichten konnte. So gilt es nun zu entscheiden, wer als „Verursacher"[3] und damit nach dem „Verursacherprinzip" als Schadenslastträger anzusehen ist: Die Maisbauern durch die Verwendung des Unkrautvernichtungsmittels oder der Weinanpflanzer durch den Neuanbau von Wein in einer bislang vom Maisanbau geprägten Gegend.

Erstveröffentlichung: *M. Adams*, Das Verursacherprinzip als Leerformel, Juristenzeitung (JZ), 1989, S. 787-790. Der Aufsatz wurde für die vorliegende Neuveröffentlichung sprachlich geringfügig geglättet.

[1] Vgl. hierzu etwa *G. Kettler/K. Kippels*, Umweltrecht, 1988, S. 79 ff. mit weiteren Nachweisen.

[2] *H. Demsetz*, Wealth Distribution and the Ownership of Rights, Journal of Legal Studies, 1972, S. 227.

[3] Dieser Aufsatz geht nicht der Frage nach, nach welchen Beweislastverteilungsgrundsätzen beispielsweise bestimmte chemisch-physikalische Einwirkungen in einem Zivilprozess als „kausal" für einen Schaden anerkannt werden sollten, sondern untersucht das dieser Frage vorhergehende grundsätzlichere Problem, nach welchen Grundsätzen die Schadenstragungslast unabhängig von den zivilprozessual als „kausal" anzuerkennenden Schädigungen auf die Parteien verteilt werden sollte. Zum Kausalitätsnachweis **nach** der Festlegung des Haftungslastaddressaten vgl. insbesondere *H.D. Assmann*, Rechtsfragen des Kausalitätsnachweises bei Umweltschäden, in: F. Nicklisch (Hrsg.), Prävention im Umweltrecht, 1988, S. 155 ff. mit vielen weiteren Nachweisen.

Ein anderes Beispiel aus der frühen Bodenpolitik Spaniens und seine kurzsichtige Lösung durch die Spanische Krone ist dem Buch von *North/Thomas*, „The Rise of the Western World“[4] zu entnehmen: Die Spanische Krone vergab gegen eine Gebühr, die so genannte „Mesta“, den Eigentümern von Schafherden das Recht, ihre Herden ungehindert über Land zu treiben. Es ist leicht einsehbar, dass dieses Weiderecht den Ackerbau gefährdete, da jeder Landbesitzer stets damit rechnen musste, dass die von ihm angebauten Pflanzen von den umherziehenden Herden aufgrund des Weiderechts entschädigungslos gefressen oder zertrampelt werden würden.

Aus der Neuzeit werden uns folgende Schadenslastverteilungsfragen vorgelegt: Wer verursacht den Schaden, den ein Flughafen durch den Lärm der Flugzeuge bei Anwohnern hervorruft: die in der Nähe wohnenden Personen, weil sie ihren Standort so ungünstig gewählt haben oder der Flughafen, der die physikalische Quelle des Lärms darstellt. Macht es einen Unterschied, ob der Flughafen zuerst da war und die Anwohner sich erst später in der Nähe des Lärmkegels niedergelassen haben, oder ob die Anwohner vom Neubau des Flughafens überrascht wurden. Sind die Gifte versprühenden, das Grundwasser verseuchenden Landwirte oder die Wasserwerke, die dieses Wasser als Trinkwasser verteilen möchten, diejenigen, die den Schaden „verursachen“? Wer hat die Umweltbelastung mit PET-Flaschen als „Verursacher“ zu verantworten, das Coca-Cola Management oder der Erwerber dieses Getränkes oder die städtischen Müllbeseitigungsunternehmen, die sich zur umweltverträglichen Entsorgung der Coca-Cola Produkte nicht imstande sehen?

B. Der grundlegende Irrtum im „Verursacherprinzip“: Die vergessene Symmetrie in der Verursachung

Die angeführten Beispiele sollten dazu dienen, auf die dem „Verursacherprinzip“ zugrunde liegende verfehlte Vorstellung hinzuweisen, die „Verursachung“ sei ein Vorgang, der **einseitig** von einem „Verletzer“ in Richtung auf ein „Opfer“ wirke. In einer Graphik würde man eine solche Vorstellung durch einen vom Verletzer auf den Geschädigten hin gezielten Pfeil veranschaulichen.

Verletzer ⇨ Opfer

Der entscheidende Fehler einer solchen Haftungslastverteilungskonzeption besteht jedoch darin, dass sie übersieht, dass bei einem mit Schäden verbunden Ereignis stets **beide** Seiten, Verletzer **und** Opfer, vorhanden sein müssen, da das schädigende Ereignis nicht hätte stattfinden können, wenn entweder der Verletzer oder das Opfer abwesend gewesen wäre:

Verletzer ⇔ Opfer

---

[4] *North/Thomas,* The Rise of the Western World - A New Economic History -, 1973, S. 4 f.

Verursachung ist somit symmetrisch, nicht asymmetrisch von einer Partei auf die andere einwirkend.

So konnte im Weinfall ein Schaden bei der Weinfirma nur durch den Neuanbau von herbizidanfälligen Weinpflanzen in einem Maisanbaugebiet auftreten, im spanischen Weiderechtsstreit ein Schaden nur durch die gleichzeitige Anwesenheit von Ackerbauern und Viehweidewirtschaftlern. Ein Straßenunfall zwischen Kindern und Automobilisten setzt den gleichzeitigen Gebrauch der Straße durch beide Personengruppen voraus, während ein Lärmschaden durch startende und landende Flugzeuge notwendigerweise auch in der Nähe wohnende Anlieger erfordert, da ohne deren Anwesenheit der Lärm keinen Schaden hervorrufen könnte. Ein Schaden kann durch die Gifte versprühenden Landwirte im Grundwasser nur dann entstehen, wenn dieses noch zu anderen Zwecken genutzt werden soll und hierbei die Gifte von Übel sind.

Es lässt sich somit **festhalten**, dass beide Parteien, Verletzer und Geschädigter gleichermaßen zum Entstehen eines Schadens notwendig sind. Opfer und Schädiger sind somit beide „ursächlich", da der Schaden ohne die Anwesenheit beider Beteiligten nicht hätte entstehen können[5].

Eine trotz dieser Symmetrie bei der Schadensentstehung - üblicherweise ohne Erläuterungen - aufgestellte Behauptung, nur eine der beiden Parteien sei der „Verursacher" und müsse daher nach dem „Verursacherprinzip" haften, stellt daher lediglich eine wertende, ohne Begründung vorgetragene Ansicht über die relativen Vorzüge der einander störenden und daher bei den Parteien Schäden hervorrufenden Handlungen dar. Die implizit im „Verursacherprinzip" enthaltene Behauptung einer einseitigen Schädigung durch lediglich eine Partei vernebelt die Notwendigkeit, durch eine richtige Schadenslastverteilung die Beteiligten zu einem Verhalten zu veranlassen, das einen möglichst großen Gesamtnutzen aus der Vornahme beider Handlungen bei Berücksichtigung der gegenseitigen Handlungsinkompatibilitäten gewährleistet[6]. Die mit derartigen gegenseiti-

---

[5] Diese Einsicht in die **Symmetrie** miteinander unverträglicher schadensverursachender Handlungen verdanken wir der Arbeit von *R. Coase,* The Problem of Social Costs, Journal of Law and Economics, 1960, S. 1 ff. Eine wichtige Vertiefung des Kausalitätsbegriffes enthält *S. Shavell,* An Analysis of Causation and the Scope of Liability in the Law of Torts, Journal of Legal Studies, 1980, S. 463 ff.; *S. Shavell,* Economic Analysis of Accident Law, 1987, S. 105 ff.; vgl. hierzu auch *M. Adams,* Ökonomische Analyse der Verschuldens- und Gefährdungshaftung, 1985, S. 146 ff.

[6] Es gibt jedoch Fälle, in denen sich die Rechtsordnung einer haftungsrechtlichen Bewertung der Handlungen der Beteiligten enthalten sollte und stattdessen die gegenseitige Schädigung der Parteien zulassen sollte. Diese Fälle sind eng mit dem „Marktplatz der Ideen und Weltanschauungen" verknüpft, *M. Adams,* Warum kein Ersatz von Nichtvermögensschäden?, in: C. Ott/H.B. Schäfer (Hrsg.), Allokationseffizienz in der Rechtsordnung: Beiträge zum Travemünder Symposium zur Ökonomischen Analyse des Zivilrechts 1988, 1989, S. 210 ff.

gen Unverträglichkeiten verbundenen Verletzer-Opfer-Tätigkeiten stellen in der ökonomischen Fachsprache **„externe Effekte"** dar und beinhalten für **beide** Seiten einen Anreiz zu falschem Verhalten[7].

C. Die „integrierte Person" als sinnvolle Alternative zum analytisch leeren „Verursacherprinzip"

Die auf verschiedene Personen verteilt anfallenden Vor- und Nachteile von Handlungen, die mit externen Effekten verbunden sind, müssen durch das Schadensrecht wieder so zusammengefügt werden, dass alle diejenigen, die über Ausmaß und Anwendungsweise der schädigenden Handlungen zu entscheiden haben, nicht nur den Nutzen, sondern auch die Kosten ihrer Handlungen in ihren privaten Bilanzen wieder finden. Eine solche Nutzen und Kosten für beide Seiten, Verletzer wie Opfer, wieder richtig zusammenführende staatliche Festlegung der Haftungslasten ist dadurch gekennzeichnet, dass man die jeweiligen Personen, Verletzer und Opfer, insoweit für die entstehenden Schäden verantwortlich macht, als sie von demjenigen Handlungsmuster abweichen, das eine Person gewählt hätte, die **Verletzer und Opfer in einer Person** gewesen wäre, also beiden Handlungen gleichzeitig nachgegangen wäre und hierbei einen Nutzen und Kosten ausbalancierenden Kompromiss bei der richtigen Mischung der beiden Handlungen gesucht hätte[8]. Die Vorstellung einer Integration der einander störenden Handlungen in einer Person liefert dann die richtigen, die gemeinsamen Nettovorteile beider Aktivitäten[9] maximierenden Verhaltensanweisungen. Von der historisch häufig zufälligen, entgegengerichtete Interessen erzeugenden Aufspaltung der beiden Handlungen auf verschiedene Personen wird hierdurch wieder abgesehen und damit der Fehler vermieden, dass aufgrund beliebiger Werturteile eine der beiden Verhaltensweisen diskriminiert wird.

Der Nutzen dieser Argumentation mit dem „integrierten Gesamteigentümer" soll sich nun an der Lösung der oben angeführten Beispiele erweisen:

Ein Gesamteigentümer der Wein- und Maisanpflanzungen hätte bemerkt, dass bei gemischtem Anbau beider Pflanzenarten sein Gesamterlös durch den Ver-

---

[7] In Analogie zum - unzulässigen - „Vertrag zu Lasten Dritter" handelt es sich hier um „Handlungen zu Lasten Dritter".

[8] Vgl. hierzu *M. Adams,* Zur Aufgabe des Haftungsrechts im Umweltschutz, Zeitschrift für Zivilprozess, 1986, S. 129 ff.; *M. Adams,* Ökonomische Analyse der Verschuldens- und Gefährdungshaftung, 1985, S. 165 ff. jeweils mit weiteren Nachweisen.

[9] Da es sich bei Haftungsregeln um langfristig bestehende Anreizsysteme handelt, die auf die Dauer allen Beteiligten die Möglichkeit des Marktzutritts und Marktverlassens zu geringen Kosten offen lassen, sind lediglich die relativen Vorteile der jeweiligen **Handlungen**, nicht aber **personenbezogene Verteilungsgesichtspunkte** das richtige Entscheidungskriterium, vgl. hierzu *M. Adams,* Zur Aufgabe des Haftungsrechts im Umweltschutz, Zeitschrift für Zivilprozess, 1986, S. 129 ff. (S. 138 f.).

zicht auf Wein vernichtende Herbizide im Bereich der Maispflanzen Einbußen erleidet. Er würde daher den Gewinn aus der gleichzeitigen Weinanpflanzung mit demjenigen Gewinn verglichen, den er erzielt hätte, hätte er ausschließlich Wein oder Mais angebaut[10]. Erweist sich der gemischte Anbau infolge der Ertragsverluste aufgrund der Notwendigkeit, auf das Herbizid verzichten zu müssen, als weniger gewinnbringend, sollte daher auch das Haftungsrecht den Weinanbauer als „Verursacher" des Schadens ansehen und ihm keinen Schadensersatzanspruch zugestehen.

In dem von *North/Thomas* angeführten Beispiel aus der Bodenpolitik Spaniens wäre angesichts der wachsenden Bevölkerung Spaniens ein Übergang von der Weidewirtschaft zum ertragreicheren Ackerbau die richtige, von einem Gesamteigentümer des gesamten Landes gewählte Lösung gewesen. Dem damaligen - nach heutiger Anschauung unvollständigem - Grundeigentum der Ackerbauern hätte daher das weitere Recht hinzugefügt werden müssen, eine umherziehende Herde an der Nutzung des eigenen Bodens hindern zu können. Zur kostengerechten Anpassung hätte man zunächst, wie auch in der späteren US-amerikanischen Rechtsentwicklung nachzuweisen ist[11], in der Anfangsphase der Besiedlung den Ackerbauern das kostspielige Einzäunen ihrer Felder („Fencing-out") zum Schutz gegen die umherziehenden Herden als Voraussetzung des Schadensersatzanspruchs auferlegen sollen, während bei zunehmender Bevölkerungsverdichtung und Ausbreitung des Ackerbaus schließlich den Viehzüchtern das Einzäunen ihrer Herden („Fencing-in") hätte zur Pflicht gemacht werden müssen. Obwohl der wachsende Ernährungsbedarf der Bevölkerung Spaniens einen Übergang zum ertragreicheren Ackerbau erfordert hätte, unterließ die Spanische Krone aus kurzsichtigen fiskalischen Überlegungen diese Neufestlegung der Eigentumsrechte an Grund und Boden, oder in der Sprache des „Verursacherprinzips", eine Neubestimmung des haftenden „Schadensverursachers", sowie eine auf Dauer infolge der höheren Produktivität die zunächst auftretenden Gebührenausfälle weitaus kompensierende Neuordnung des Steuersystems.

Auch im Falle des Flughafens handelt sich um eine nicht miteinander verträgliche Nutzung von Ressourcen. Bei der Festlegung der gegenseitigen Verhaltenspflichten über das Haftungsrecht sind ebenfalls diejenigen Maßnahmen zu verlangen, die ein Gesamteigentümer von Flughafen und Wohnungen in der Abwä-

---

[10] Da Wein und Korn auf einer Vielzahl von Bodenarten gedeihen, handelt es sich im Beispielsfall nicht um eine für Kornanbau oder Wein besonders geeignete spezialisierte Ressource. Es sind daher lediglich die erheblichen Kosten eines Anbauwechsels in der Region entscheidend und erfordern eine Nutzungsbevorzugung nach dem „Prioritätsprinzip", das implizit im Begriff der „Ortsüblichkeit" bei nachbarrechtlichen Entschädigungsvoraussetzugen enthalten ist. Zum vernünftigen Sinn des „Prioritätsprinzips" vgl. *M. Adams,* Ökonomische Analyse der Verschuldens- und Gefährdungshaftung, 1985, S. 169 f.

[11] *W.P. Webb,* The Great Plains, 1931, S. 282 ff.

gung der jeweiligen Nutzen und Kosten der einzelnen Maßnahmen vorgenommen hätte. Dies können bauliche Mindestabstandsregeln sein, aber auch Flugverbote, bestimmte Anflugverfahren, bauliche Maßnahmen bei den betroffenen Wohnungen oder Lärmvorkehrungen an den Flugzeugtriebwerken bis hin zur Verlegung der jeweiligen inkompatiblen Tätigkeiten in andere Gebiete.

Die Frage, wer zuerst der jeweiligen Tätigkeit nachging, ob also der Flughafen schadenserzeugend zu den Anwohnern kam oder die Anwohner ebenso schadenserzeugend zum Flughafen, ist lediglich für die Entscheidung von Bedeutung, wer die durch neue Handlungen entstehenden „Anpassungslasten" tragen sollte. Damit ein ineffizienter Marktzutritt in Form der Aufnahme einer mit einer anderen Handlung inkompatiblen Tätigkeit infolge fehlender Berücksichtigung der damit bei der anderen Handlung notwendig werdenden Anpassungskosten verhindert wird, sollte bei der Festlegung der Haftungslast oder der Feststellung des „Verursachens" grundsätzlich nach dem „Prioritätsprinzip" verfahren werden. Der neu an den Flughafen hinzuziehende Anwohner sollte somit dem Flughafenbetreiber die diesem aufgrund der nun aus Gesamtkostenminimierungsgründen erforderlichen Anpassungsmaßnahmen (Flugverbote etc.) entstehenden Kosten zu ersetzen haben[12]. In gleicher Weise sollte ein neu angelegter oder erweiterter Flughafen den bisherigen Anwohnern die hierdurch entstehenden Anpassungslasten erstatten, damit auch der Flughafenbetreiber die von seinen Aktivitäten zusätzlich hervorgerufenen Kosten in seiner privaten Bilanz wieder findet und er hierdurch in die Lage versetzt wird, die bei ihm wieder vollständig zusammengefügt anfallenden Nutzen und Kosten seiner neuen Tätigkeiten richtig auszubalancieren.

Auch der Fall der das Grundwasser verseuchenden Landwirte ist nach dem gleichen Prinzip der „integrierten Person" zu lösen, der Abwägung eines Rückganges der Nahrungsmittelerzeugung durch verminderte Giftausbringung versus monetäre und nichtmonetäre Folgen der Verseuchung des Grundwassers. Diese Abwägung ist entsprechend der Ausdehnung der Verseuchung erforderlich. Wenn das Grundwasser weiträumig miteinander in Verbindung steht, sind die Folgen ebenso weiträumig zu erfassen. Eine einfachere regional begrenzte Entscheidung zwischen den Aktivitäten des betroffenen Wasserwerks und der angrenzenden Landwirte ist dann möglich, wenn die Verseuchung nur begrenzten Charakter hat[13]. Erst wenn man sich über die Bewertung der konkurrierenden

---

[12] Vgl. hierzu *M. Adams*, New Activities and the Efficient Liability Rules, in: M. Faure/R. van den Bergh (Eds.), Essays in Law and Economics, 1989 mit einem Kommentar von P. von Randow/K. Werth.

[13] Vgl. hierzu und zum analogen Problem der Mülldeponien *C.B. Blankart*, Umweltschutzorientierte Sonderabgaben und ihre Alternativen: A. Der Wasserpfennig aus ökonomischer Sicht; B. Besteuerung und Haftung im Sondermüllbereich, in: K. Schmidt, Öffentliche Finan-

Nutzungswünsche - vollzogen in der Brust des „hypothetischen Gesamteigentümers" - klar geworden ist, kann man dann mit Hilfe des ansonsten analytisch leeren „Verursacherprinzips" die Haftungslast verteilen.

Auch bei der Frage, ob die Verbraucher oder die Coca-Cola Company als „Verursacher" einer mit externen Effekten verbundenen Mülllawine anzusehen sind, muss zunächst der Vorteil dieses Verpackungssystems mit den an anderen Stellen anfallenden Kosten verglichen werden. Hat man diese Frage mit Hilfe der „integrierten Person" beantwortet und ist beispielsweise zu einer grundsätzlichen Zulassung einer derartigen Flasche gelangt, ist nun zu entscheiden, welche der beiden genannten Parteien die zurückzuwälzenden zusätzlichen Müllbeseitigungskosten zu tragen hat. Es fragt sich somit, welche Stelle bei Herstellung und Konsum eines arbeitsteilig genutzten, mit externen Kosten verbundenen Gutes zur den externen Effekt aufhebenden („internalisierenden") Schadenstragung („Haftung") herangezogen werden sollte. Infolge des Lastenausgleichs über das Preissystem ist es grundsätzlich gleichgültig, ob der Verbraucher oder der Hersteller mit diesen Kosten belastet wird, da der Endabnehmer bei richtiger Kenntnis des Gesamtpreises[14] diesen zur Grundlage seiner Entscheidungen machen wird[15]. Haben etwa die Verbraucher infolge der neuen PET Coca-Cola Flaschen entsprechend erhöhte Müllabfuhrgebühren[16] zu tragen, werden sie diese zum

---

zen und Umweltpolitik I, Schriften des Vereins für Socialpolitik, Neue Folge 176/I, 1988, S. 51 ff. mit weiteren Nachweisen.

[14] Der Gesamtpreis eines Gutes ist der - etwa im Laden zu zahlende - Marktpreis zuzüglich anderer vom Käufer zu tragender Kosten und zu erwartender Schäden, vgl. zu diesem Begriff *M. Adams*, Ökonomische Analyse der Produkthaftung, Beilage 20, Betriebsberater, November 1987, S. 3 ff.

[15] Zum Beweis der Irrelevanz von Belastungen bei miteinander in vertraglichen Beziehungen stehenden Parteien vgl. *K. Hamada*, Liability Rules and Income Distribution in Product Liability, American Economic Review, 1976, S. 228 ff. oder zusammengefasst bei *M. Adams*, Ökonomische Analyse der Produkthaftung, Beilage 20, Betriebsberater, November 1987, S. 9 f.

[16] Es gilt allerdings zu beachten, dass Hausmüll kein homogenes Gut darstellt. Bestimmte Bestandteile sind vielmehr nur unter erheblich höheren Kosten zu entsorgen. Die von der Coca-Cola Company beabsichtigte Einführung von Kunststofflaschen hätte zu einer Erhöhung des Anteils des nur unter höheren Kosten zu entsorgenden Hausmülls geführt. Wäre es möglich, die Müllabfuhrgebühren nach den von den einzelnen Müllbestandteilen hervorgerufenen Kosten zu staffeln, hätten Coca-Cola-Trinker aus Plastikflaschen eine entsprechend höhere Müllbeseitigungsgebühr zu tragen und wären damit in die Lage versetzt, Nutzen und Kosten ihrer Trinkbehälter beim Getränkeeinkauf richtig auszubalancieren. Da sich jedoch eine Unterscheidung der Hausmüllanteile nach ihren Entsorgungskosten infolge der hiermit verbunden Kosten wiederum als nicht sinnvoll erweist, ist die Einführung der Plastikflasche durch die Coca-Cola Verteiler der Versuch, sich die Vorteile dieses Verpackungsmittels wesentlich durch diejenigen Verbraucher bezahlen zu lassen, die diese schwer zu beseitigenden Gefäße im Durchschnitt weniger nutzen, jedoch die zusätzliche Kostenbelastung der Müllbeseitigung infolge der neuen Plastikflaschen in Form unterschiedslos allgemein erhöhter Müllabfuhrge-

Preis des Getränkes hinzurechnen und auf dieser Basis dessen Nutzen und Kosten ausbalancieren. Bei einer Belastung der Coca-Cola Company mit den Müllbeseitigungskosten wird deren Betrag im Verkaufspreis erscheinen und somit dem Käufer unmittelbar den Gesamtpreis der Verwendung dieser Chemikalie vor Augen führen. Bei wohl informierten Käufern und wachsamen Müllabfuhrunternehmen, die Externalisierungen überdurchschnittlich hoher Entsorgungskosten zu verhindern imstande sind, wäre die jeweilige Verteilung der Haftungslast bei miteinander durch Verträge verbundenen Personen somit bedeutungslos[17].

Nun erweisen sich jedoch die Hersteller eines Produktes über dessen Eigenschaften im allgemeinen erheblich besser informiert, da sie auf die Herstellung dieses Gutes spezialisiert sind, während die Erwerber üblicherweise weitaus mehr Güter nutzen und daher bei ihren Käufen diversifiziert sind. Es ist daher sinnvoll, mit der Last der Informationsgewinnung und Informationsverarbeitung nicht noch andere zusätzliche Personen als den Hersteller zu behelligen, da dies mit unnützen Zusatzkosten sowie mit auf Wahrnehmungsverzerrungen beruhenden Fehlentscheidungen der Käufer verbunden wäre[18]. Im Verhältnis Hersteller und Verbraucher sollte daher grundsätzlich der Hersteller als Haftungslastaddressat in Form des „Verursachers“ angesehen werden.

D. Das „Verursacherprinzip“ als Begriffsmüll

Welcher Nutzen ist nun letztendlich mit der Erfindung des Begriffs des „Verursacherprinzips“ verbunden? Folgt man der obigen Argumentation, nach der das Verursacherprinzip ein inhaltliches Entscheidungskriterium für Haftungslastverteilungen bei miteinander unverträglichen Aktivitäten nicht zu bieten vermag, sondern lediglich eine neue Bezeichnung für die aus anderen Gründen mit einer Haftung zu belastende Person darstellt, wird der Schluss unvermeidlich, dass das „Verursacherprinzip“ lediglich ein nutzloses Etikett ist, das allerdings vorgibt, es sei mit weiterreichenden analytischen Fähigkeiten begabt und so die Gefahr schwer abbaubarer Irrtümer hervorruft. Das „Verursacherprinzip“ sollte daher nicht nur wegen seiner inhaltlichen Leere, sondern auch aufgrund seiner hoch-

bühren zu tragen haben. Wenn somit den Müllabfuhrunternehmen keine richtige Kostenzurechnung gelingt, sollte stets der **Hersteller** überdurchschnittlich kostenträchtig zu entsorgender Güter mit diesen zusätzlichen Kosten belastet werden, da nur der hierdurch entsprechend erhöhte Verkaufspreis für Plastikflaschengetränke den Verbrauchern den richtigen Gesamtpreis ihres Gutes vermittelt und sie zu richtigem Verhalten bewegt.

17 Vgl. hierzu für den Bereich der Produkthaftung *M. Adams,* Ökonomische Analyse der Produkthaftung, Beilage 20, Betriebsberater, November 1987, S. 3 ff. mit weiteren Nachweisen.

18 Vgl. hierzu ausführlich *M. Adams,* Ökonomische Analyse der Produkthaftung, Beilage 20, Betriebsberater, November 1987, S. 3 ff. mit weiteren Nachweisen.

staplerischen Namensgebung von feinsinnigen Juristen in ihren Ausführungen zu Haftungsfragen im Umweltschutz gemieden werden.

Teil 3: Vertragsrecht

Irrtümer und Offenbarungspflichten im Vertragsrecht

Die „Information": Von der Bruchbude zur Bel Etage
In seinem berühmten Artikel aus dem Jahre 1961 „The Economics of Information"[1] bemerkt *Stigler*, dass man es wohl kaum für nötig halten sollte, gegenüber Akademikern zu betonen, dass „Information" eine wertvolle Ressource, Wissen in der Tat Macht darstelle. Dennoch - so fährt *Stigler* fort - sei die Rolle der Information bisher lediglich auf eine Bruchbude im Lehrgebäude der ökonomischen Wissenschaft verwiesen und von ihr üblicherweise nicht zur Kenntnis genommen worden. Es ist der sicherlich auch aus diesem Grunde mit dem Nobelpreis[2] ausgezeichneten Pionierarbeit von *Stigler* zu verdanken, dass die Behandlung der Rolle der Information nunmehr ganze Zimmerfluchten in der Bel Etage der ökonomischen Theorie in Anspruch nimmt. Durch die „Economics of Information" hat nicht nur die Markt- und Wettbewerbstheorie, sondern auch die Wettbewerbspolitik ein anderes Gesicht bekommen. Sie liefert wichtiges Analyseinstrumentarium für die Theorie der Versicherungen, der Finanzmärkte, der Geldtheorie, der ökonomischen Analyse der Politik und der ökonomischen Analyse des Rechts[3].

Zwar haben Jurisprudenz und Ökonomie trotz ihrer Verselbständigung in eigene Ausbildungs- und Studiengänge eine vollständige Vernachlässigung der Kenntnisnahme der Grundgedanken der jeweils anderen Disziplin zu vermeiden verstanden, in Kernbereichen des Vertrags- und Haftungsrechts, der Sicherungsrechte, des Strafrechts und der Staatstheorie, des Verfahrensrechts und des Arbeitsrechts wurden und werden dennoch in ihren Auswirkungen immer noch wirtschaftlich bedeutsame Entscheidungen weitgehend lediglich aufgrund der eigenen juristischen Denktraditionen getroffen, ohne dass man sich systematischerweise der Konsistenz dieser Überlegungen mit den Erkenntnissen der Wirtschaftswissenschaften versichert. Wenn die Ökonomie somit zwar nicht auf eine Bruchbude im Reich der Jurisprudenz verwiesen ist, so muss sie sich dennoch auch heute noch mit einem mehr oder weniger ansehnlichen Nebengebäu-

---

Erstveröffentlichung: *Michael Adams*, Zur Behandlung von Irrtümern und Offenbarungspflichten im Vertragsrecht, Archiv für civilistische Praxis, 1986, S. 453-489. Der Aufsatz wurde für die vorliegende Neuveröffentlichung sprachlich geringfügig geglättet.

[1] *Stigler*, The Economics of Information, Journal of Political Economy, 1961, S. 213 ff.

[2] Vgl. hierzu *von Weizsäcker*, „Über allem der Wettbewerb" - Zur Vergabe des Nobelpreises *an George J. Stigler*, Neue Zürcher Zeitung, 28.10.1982, S. 23.

[3] Eine einführende Darstellung dieses Wissenschaftsgebietes findet sich bei *Adams*, Ist die Ökonomie eine imperialistische Wissenschaft? JURA, 1984, S. 337 ff.

de zufrieden geben. Die Ursache dieser unbefriedigenden Wohnverhältnisse der Wirtschaftswissenschaften ist jedoch nicht nur einer der relativen Verdienste nicht achtenden Jurisprudenz zuzuschreiben, sondern auch dem Umstand, dass die theoretische Ergiebigkeit des Anwohners über lange Zeit hinweg vielfach auf Grundsätzliches beschränkt war und er keine besseren Antworten anzubieten hatte als diejenigen, die die Jurisprudenz im Laufe ihrer Geschichte selbst ersonnen hatte, um mit den Fragen fertig zu werden, die sich aus dem die gesamte Existenz des Menschen grundlegend prägenden Problem der *Unsicherheit* all seiner Unternehmungen ergaben. Erst das mit dem Aufstieg der Informationsökonomie erlangte bessere Verständnis der Unsicherheit und ihres Gegengiftes, der Information, hat der ökonomischen Theorie nun die Möglichkeit eröffnet, in den vielfach mit Unsicherheitsproblemen befassten Kerngebieten der Rechtswissenschaften mit Hilfe ihrer Methoden Beiträge zu leisten, die lichtende Vereinfachungen in so manchen juristischen Theoriendschungel bringen können.

Auch diese Arbeit soll mit Hilfe einiger informationstheoretischer Erkenntnisse einen solchen ersten Vereinfachungsversuch auf dem traditionsreichen Gebiet der juristischen Irrtumslehren unternehmen.

Zum Nutzen von Verträgen: Der „vollständige Vertrag“ als Bewertungsmaßstab des Vertragsrechts

Die Wertschätzung, deren sich die Institution des Vertrages erfreut, wird von der ökonomischen Theorie[4] damit begründet, dass wohl informierte Parteien mit Hilfe eines Vertrages ihren Nutzen[5] zu steigern vermögen, hätte der Vertrag doch ansonsten nicht die Zustimmung beider Seiten erfahren. Verträge gestatten die Nutzung der Wohlstand ermöglichenden Vorteile der Arbeitsteilung und stellen denjenigen Prozess dar, durch den die Güter in ihre bessere Verwendung gelangen, da ein jeder Vertrag auf dem Willen der Vertragsparteien beruht, durch den Leistungsaustausch den Wert ihrer jeweiligen Güter zu steigern. Wenn es somit das Ziel des Vertragsrechts ist, den Wünschen der Parteien zu dienen, ist die richtige Regel bei der Gesetzesauslegung und Gestaltung der typischen Verträge diejenige der ökonomischen Effizienz, da das gemeinsame Interesse der Parteien auf effiziente Vertragsbedingungen gerichtet ist, die den Wert des Austausches maximieren. Auch wenn jede Seite nur die Mehrung ihres eigenen Vorteils im Auge hat, sind sich die Parteien dennoch in dem Wunsche einig, den Vertrag so effizient wie möglich auszugestalten, da sich hierdurch die

---

[4] *Posner*, Economic Analysis of Law, 2. Auflage, 1977, S. 9 f.; *Posner/Rosenfield*, Impossibility and Related Doctrines in Contract Law: An Economic Analysis, Journal of Legal Studies, 1977, S. 83; *Schelling*, Micromotives and Macrobehavior, 1978, S. 20 ff.

[5] Eine kurze Erläuterung dieses Begriffes mit weiteren Nachweisen findet sich bei *Adams*, Ökonomische Analyse des Zivilprozesses, 1981, S. 3.

Summe der Vorteile aus dem Vertrag und damit auch der Verteilungsspielraum der Parteien erhöht[6]. Es befindet sich also lediglich die Verteilung des Vertragsgewinnes im Widerstreit der Interessen der Parteien, nicht jedoch die möglichst große Erhöhung des Verteilbaren[7]. Ein Vertragsrecht, das den auf effiziente, d.

---

[6] Dieser Gedanke soll anhand der Gestaltung des Erfüllungsanspruches aus einem Werkvertrag über ein bestimmtes Bauwerk veranschaulicht werden: Hierzu sei angenommen, dass dem Besteller das vom Werkunternehmen zu errichtende Bauwerk 100000 DM wert sei, während der Werklohn mit 80000 DM vereinbart worden ist. Weiterhin sei unterstellt, dass der Werkunternehmer die Höhe der Baukosten erst unmittelbar vor Beginn der Bauarbeiten, also erst nach Vertragsschluss in Erfahrung bringen kann. Es soll nun gezeigt werden, dass *das gemeinsame Interesse der Parteien auf eine effiziente, verschwendungsfreie Gestaltung des Erfüllungsanspruchs gerichtet ist:* Wenn beispielsweise die Produktionskosten des Bauunternehmers mit einer Wahrscheinlichkeit von 99 % 50000 DM, jedoch mit 1 % 500000 DM betragen, ergeben sich die erwarteten Baukosten des Unternehmers als: 0,99 · 50000 + 0,01 · 500000 = 49 500 + 5 000 und damit als 54 500 DM. Der erwartete Gewinn des Bauunternehmers aus diesem Vertrag ergibt sich als vereinbarter Werklohn (80000) abzüglich erwarteter Baukosten (54500) und beträgt somit 25 500 DM. Der erwartete Gewinn des Bestellers des Bauwerkes beträgt demgegenüber 100000 - 80000 DM Werklohn, also 20000 DM. Es lässt sich jedoch nicht übersehen, dass ein Werkvertrag, der bei einer solchen Kostensteigerungsmöglichkeit einen unbedingten Erfüllungsanspruch vorsieht, nicht den Interessen der Parteien entspricht, da er im Fall eines Kostenanstiegs auf 500000 DM die Errichtung eines Bauwerkes erzwingt, das seinem Besteller nur 100000 DM wert ist. Die Parteien werden daher eine Vereinbarung abschließen, die vorsieht, dass das Bauwerk im Fall der Kostensteigerung auf 500000 DM nicht errichtet wird, der Erfüllungsanspruch in Folge einer auflösenden Bedingung also erlischt. Durch diese Abrede wird der Bauunternehmer von erwarteten Kosten in Höhe von 0,01 · 500000, also von 5000 DM entlastet. Der erwartete Gewinn aus dem Vertrag beläuft sich daher für ihn nun auf 80000 - 49500 = 30500, während der Gewinn des Bestellers in Folge der durch die auflösenden Bedingung um 1 % gesunkenen Erfüllungswahrscheinlichkeit auf 0,99 · (100000 - 80000) = 19 800 DM absinkt. Durch die Vereinbarung einer auflösenden Bedingung bei extremer Kostensteigerung fällt somit bei den Parteien insgesamt ein Gewinn aufgrund ersparter erwarteter Kosten in Höhe von 5000 DM an, von dem lediglich der Verlust aus dem entgangenen Gewinn in Folge des nicht errichteten Bauwerks in Höhe von 200 DM abzuziehen ist. Der Gesamtwert des Vertrages wird für die Parteien durch einen bedingten Erfüllungsanspruch somit um 4800 DM gesteigert. Lassen es die Parteien im Kampf um die Verteilung dieser 4800 DM nicht so weit kommen, dass sie diese Gewinn erzeugende Vereinbarung erst gar nicht zustande bringen, ergibt sich, dass die Vertragsbeteiligten die Vertragsbedingungen so lange umgestalten, bis jede Verschwendung ausgeschlossen ist. Vgl. hierzu *Shavell*, Damage Measures for Breach of Contract, Bell Journal of Economics, 1980, S. 466 ff., der einen ausführlichen Beweis dafür enthält, dass vollständige Verträge paretoeffizient sind.

[7] Der gegenseitige Vertrag stellt damit ein *Produktionsspiel* dar, bei dem der *Gewinn* aus dem Spiel zwingend davon abhängt, dass zugleich auch eine Einigung über seine *Verteilung* erzielt wird. Verschiedene, auf einen möglichst großen Anteil am Vertragsgewinn abzielende Verhandlungsstrategien können jedoch dazu führen, dass vorteilhafte Verträge aufgrund des Verteilungskampfes gar nicht erst zustande kommen, vgl. hierzu *Schelling*, The Strategy of Conflict, 1960; *Cooter/Marks/Mnookin*, Bargainng in the Shadow of the Law, Journal of Le-

h. verschwendungsfreie Gestaltung des Vertrages ausgerichteten Wünschen der Parteien widerspricht, wird daher durch Vertragsklauseln aufgehoben werden - es sei denn der Abänderungsaufwand wäre größer als die Gewinne aus der besseren Vertragsgestaltung[8].

In einer *Arrow/Debreu*-Modellwelt[9], bevölkert von voll informierten rationalen Bürgern, die jedes zukünftig mögliche, das Ergebnis des Vertrages berührende Ereignis in ihrem Vertrag berücksichtigen und hierfür in vollständiger Weise Regelungen vorsehen, würde sich die Rolle des Zivilrechts auf die ausnahmslose Durchsetzung dieser Verträge[10] beschränken können, da sie keine bessere Vertragsgestaltung als die von den Parteien vereinbarte zu bewerkstelligen in der Lage wäre. Es ist dies jedoch nicht die reale Welt, mit der es die Rechtswissenschaft zu tun hat. In dieser besitzen die Vertragsparteien nur begrenzte und zudem nicht gleichmäßig auf beide Seiten verteilte Informationen über die möglichen zukünftigen Zustände der Welt. Zudem sind beide Seiten bei der Ermittlung der relevanten zukünftigen Umstände erheblichen Kosten ausgesetzt[11]. Der Abschluss eines (paretoeffizienten) *„vollständigen Vertrages"*[12], in dem alle

---

gal Studies 1982, S. 225 ff.; *Adams*, Der Zivilprozess als Folge strategischen Verhaltens, Zeitschrift für Rechtssoziologie, 1986, S. 212 ff. Dieses das Zustandekommen eines Vertrages belastende Verteilungsproblem vermag zwar zuweilen Ursache dafür sein, dass es den Parteien in der Realität nicht stets gelingt, sich auf die für sie günstigsten (paretoeffizienten) Vertragsbedingungen zu einigen, das gemeinsame Interesse der Parteien an einem verschwendungsfreien Vertrag wird durch diese Fehlschläge jedoch nicht berührt.

[8] Im Recht der unerlaubten Handlungen ist es den Parteien vielfach unmöglich, ihre jeweilige gegenseitige deliktische Haftung durch Vertrag auf ihre individuellen Wünsche abzustimmen. Dies führt zu einer gesteigerten Verantwortung des Deliktrechts für die Lebensumstände der Bürger, vgl. hierzu *Adams*, Ökonomische Analyse der Gefährdungs- und Verschuldenshaftung, 1985, S. 164 f.

[9] Vgl. hierzu *Arrow*, The Role of Securities in the Optimal Allocation of Risk-Bearing, Review of Economic Studies, Vol. 31, S. 91 ff.; *Debreu*, Theory of Value, 1959, Kapitel 7. Eine Übersicht über das *Arrow/Debreu*-Modell enthält der Aufsatz von *Radner*, Problems in the Theory of Markets under Uncertainty, American Economic Review, 1970, S. 454 ff.

[10] Es sei hierbei stets angenommen, dass es sich nicht um Externalitäten schaffende „Verträge zu Lasten Dritter", etwa Verträge zur Ausschaltung des Wettbewerbs handelt, sondern um Verträge über den Austausch von Gütern und Leistungen, deren Effekte auf Dritte ausschließlich über ein unverzerrtes Preissystem übertragen werden. Vgl. hierzu *Schelling*, Micromotives and Macrobehavior, 1978, S. 27 ff.; *Adams*, Ökonomische Analyse der Gefährdungs- und Verschuldenshaftung, 1985, S. 155 ff. sowie S. 185 ff.

[11] Vgl. zur entscheidenden Rolle der Kosten der Formulierung eines vollständigen Vertrages bei der Rechtfertigung eines AGB-Gesetzes: *Adams*, Ökonomische Analyse des Gesetzes zur Regelung des Rechts der Allgemeinen Geschäftsbedingungen, Schriften des Vereins für Socialpolitik, 1984, S. 655 ff.

[12] Der alle denkbaren Ereignisse vollständig berücksichtigende Vertrag („complete contingent contract") ist „paretoeffizient", kann also aus der Sicht der Parteien ex ante nicht mehr durch beiderseitig vorteilhafte Änderungen verbessert werden. Vgl. hierzu *Shavell*, Damage Meas-

möglichen zukünftigen Umstände von den Parteien umfassend berücksichtigt und geregelt wurden, wäre daher mit so hohen Informations- und Verhandlungskosten belastet, dass er für die Parteien aufgrund dieser Kosten im Ergebnis keinen Nutzen mehr erbringen könnte und daher unterbleiben würde. Es ist die Aufgabe der Rechtsordnung, den Bürgern diese Kostenbürde abzunehmen und ihnen einen effizienten verschwendungsfreien Güteraustausch auf der Grundlage „unvollständiger Verträge" zu ermöglichen, indem sie für die im Vertrag nicht geregelten Ereignisse rechtliche Regelungen bereithält, die den Absichten der Parteien entsprechen. Will das *Vertragsrecht* somit den auf verschwendungsfreie Vertragsgestaltung gerichteten Wünschen der Parteien dienen, muss es für die im unvollständigen einzelnen Vertrag nicht behandelten Fragen diejenige Regelung vorsehen, die die Parteien vereinbart hätten, hätten sie die Möglichkeit des vertragsbeeinträchtigenden Ereignisses vorhergesehen.

Mit Hilfe dieses Grundsatzes soll nun die Behandlung unzutreffender Erwartungen in Rechtsprechung und Literatur zum Irrtum[13] über den „Wert" einer Sache und zum „Kalkulationsirrtum" untersucht werden. Die hierbei auftretenden Fra-

---

ures for Breach of Contract, Bell Journal of Economics, 1980, S. 466 ff., sowie *Barton*, The Economic Basis of Demages for Breach of Contract, Journal of Legal Studies, 1972, S. 277 ff.

[13] Die Rechtsgeschäftslehre versteht unter einem *Irrtum* das unbewusste Auseinanderfallen von Wirklichkeit und Vorstellung des Erklärenden. Die auf dem völligen unbewussten Fehlen der entscheidenden Vorstellungen beruhende Unwissenheit soll dem Irrtum gleich stehen (RGZ 62, 203), während andererseits dann kein Irrtum vorliegen soll, wenn sich der Erklärende überhaupt keine Gedanken gemacht habe (JW 1912, 26; Planck, BGB, § 119 I, 3) oder der Erklärende bereits Zweifel am Fehlen einer Eigenschaft gehegt habe (RG BayZ 1910, 77). Da diese Arbeit eine Theorie zur Abgrenzung zwischen beachtlichen und unbeachtlichen Irrtümern vorlegen will, sollen nicht bereits in der Begriffsbildung des „Irrtums" schwierige Fragen beiseite geschoben werden. Stattdessen wird hier unter „Irrtum" jedes Auseinanderfallen von Vorstellung und Wirklichkeit verstanden. Hierzu zählt auch der Fall, dass die Vorstellungskraft des Erklärenden begrenzt war oder erst gar nicht bemüht wurde.
Bei Verträgen, die zukünftige und daher ungewisse Umstände oder Gegenstände behandeln, deren Auftreten bei Vertragsschluss also nur mit einer gewissen *Wahrscheinlichkeit* angenommen werden kann, kann ein Irrtum nur darin bestehen, dass die vom Erklärenden bei Vertragsschluss angenommene *Wahrscheinlichkeitsverteilung* unzutreffend war. Wenn sich nun eines der im Vertrag als möglich angesehenen Ereignisse einstellt, lässt sich im Hinblick auf den Nichteintritt der anderen möglichen Ereignisse nicht von einem Irrtum sprechen, da bekannt war, dass es sich lediglich um mögliche, nicht jedoch sichere Ereignisse handelte und daher von den Beteiligten in ihren Abreden und Anpassungsreaktionen ihr mögliches Nichteintreten berücksichtigt worden ist. Es handelt sich hierbei weitgehend um die in die Sprache der Wahrscheinlichkeitstheorie übersetzte auch in § 779 BGB anzutreffende Unterscheidung zwischen „caput controversum" und „caput non controversum". Ein Irrtum liegt jedoch dann vor, wenn ein nicht in der Wahrscheinlichkeitsverteilung erfasstes und berücksichtigtes Ereignis eintritt, da hier die Vorstellung über die möglichen Ereignisse und die Wirklichkeit auseinander fiel. Vgl. hierzu die weiter unten folgende Erläuterung der Baulandfälle sowie des Ölverteuerungsfalles.

gen werden im deutschen Recht im Rahmen des Eigenschaftsirrtums nach § 119 II BGB, des Wegfalls der Geschäftsgrundlage[14], des Inhalts- und Erklärungsirrtums nach § 119 I BGB und des Gewährleistungsrechts nach §§ 459 ff. BGB erörtert.

Zur Abgrenzung der beachtlichen von den unbeachtlichen Irrtümern im Vertragsrecht

Der Motivirrtum

Jede menschliche Entscheidung und jeder Vertrag ist mit einer Fülle von Erwartungen an die Zukunft mit einer Vielzahl von Vorstellungen über die Gegenwart verknüpft. Viele dieser Erwartungen und Annahmen sind auf beiden Seiten vorhanden, manche jedoch nicht. Nun ist es jedoch stets möglich, dass ein Teil dieser Annahmen und Erwartungen sich als unrichtig erweist. Verändert sich durch das Auftreten eines solchen nicht richtig vorhergesehenen Umstands bei einer der beteiligten Vertragsparteien die Interessenlage gegenüber derjenigen bei Abschluss des Vertrages, ist diese Partei bestrebt, sich vom Vertrag zu lösen. Ließe die Rechtsordnung in jedem dieser Irrtumsfälle eine einseitige Auflösung des Vertrages zu, wäre eine große Zahl von Leistungsaustauschverträgen infolge der hierdurch hervorgerufenen Unsicherheit über die Vertragsbeständigkeit in ihrer Vorteilhaftigkeit für die Parteien gefährdet und würde daher unterbleiben. Denn auch bei größter Anstrengung der Parteien, die Erfüllung[15] ihrer Vereinbarungen

---

[14] In der Literatur wird der Wegfall der Geschäftsgrundlage vornehmlich als ein Rechtsinstitut zur Behandlung des *beiderseitigen* Irrtums verstanden (herrschende Meinung, vgl. *Larenz,* Allgemeiner Teil § 20 III; *Medicus,* Bürgerliches Recht § 7 III; *Staudinger/Coing* § 119 Rdnr. 58; hierzu auch *Köhler*, JA 1979; 498; *Lehmann/Hübner* § 34 III 1 f. Anderer Ansicht jedoch *Flume,* Allgemeiner Teil des BGB, II. Band, Das Rechtsgeschäft § 24, 4.), während die Anfechtung nach § 119 II BGB nur den *einseitigen* Irrtum über *gegenwärtige*, nicht aber zukünftige Eigenschaften erfassen soll, RGZ 112, 329; 123, 89; BGH WM 1971, 1300; NJW 1979, 1118. Nach dieser Rechtsprechung ist die *zukünftige* Bebaubarkeit daher keine Eigenschaft im Sinne der Vorschriften der § 119 II BGB, §§ 459 ff. BGB, vgl. hierzu auch *Köhler,* JA, 1979, 501. Zur Definition der Geschäftsgrundlage dient vielfach folgende Formel, vgl. hierzu *Medicus* § 7 III 1 mit weiteren Nachweisen: Geschäftsgrundlage ist ein Umstand, den mindestens eine Partei beim Vertragsschluss vorausgesetzt hat und der für diese Partei so wichtig war, dass sie den Vertrag nicht oder anders abgeschlossen hätte, wenn sie die Richtigkeit ihrer Voraussetzung als fraglich erkannt hätte und auf dessen Berücksichtigung die andere Partei sich redlicherweise hätte einlassen müssen. Ein Wegfall der Geschäftsgrundlage wird jedoch nur dann angenommen, wenn der den Vertrag gefährdende Umstand nach der Absicht der Parteien nicht im Risikobereich einer Partei liegen sollte. Der Irrtum über die Geschäftsgrundlage lässt sich daher als gemeinschaftlicher Irrtum über (auch) zukünftige Umstände auffassen, die außerhalb des Risikobereichs einer der Parteien liegen.

[15] Haben sich die Parteien auf einen „vollständigen Vertrag" geeinigt, in dem sie alle möglichen zukünftigen vertragsbeeinträchtigenden Ereignisse bedacht haben, ist es *bei Vertrag-*

dadurch zu sichern, dass sie sich gegenseitig Sanktionsmöglichkeiten[16] einräumen oder ihre Verträge in Richtung dauerhafter Interessenparallelität gestalten, kann die Vereinbarung eines solchen genannten „selbsterzwingenden Vertrages“[17] in vielen Fällen nicht gelingen, weil beispielsweise die Ungewissheit über das Ende der jeweiligen Leistungsbeziehungen nicht im Dunkeln gehalten werden kann.

Der Gefahr, dass das Rechtssystem des Vertrages einen wesentlichen Teil seiner Leistungsfähigkeit einbüßen würde, ließe man jeden beliebigen Irrtum zur einseitigen Vertragsauflösungs- oder Anpassungsmöglichkeit nach den Regeln über den Wegfall der Geschäftsgrundlage ausreichen, versucht die Rechtsordnung dadurch zu begegnen, dass sie zunächst den „Irrtum in den Beweggründen“ oder „Motivirrtum“ für „grundsätzlich“ unbeachtlich erklärt. Als Motivirrtum werden hierbei alle diejenigen Irrtümer über die zum Rechtsgeschäft führenden Beweggründe bezeichnet, die nicht zum Inhalt des Rechtsgeschäfts selbst geworden sind[18]. Nach einer Faustformel fallen beim Motivirrtum nicht Wille und Erklärung, sondern Vorstellung der Erklärenden und Wirklichkeit auseinander. Literatur und Rechtsprechung[19] verstehen sich aus Gründen der Verkehrssicherheit zu der grundsätzlichen Regelung, dass jede Partei selbst das Risiko trägt, ob ihre Vorstellungen über die Gründe, die zum Abschluss des Rechtsgeschäfts geführt haben, der Wirklichkeit entsprechen oder nicht. Die sitzengelassene Braut sei somit nicht zur Anfechtung des Kaufvertrages über das Brautkleid berechtigt.

Die Vorschrift des § 119 II BGB, die Behandlung des Preis-, Umsatz- und Kalkulationsirrtums, insbesondere aber die Schaffung des Rechtsinstituts des Wegfalls der Geschäftsgrundlage sowie die verschiedensten Offenbarungspflichten nach § 123 I BGB zeigen jedoch, dass der Grundsatz der Unbeachtlichkeit des Motivirrtums in der Rechtspraxis so wichtige Durchbrechungen erleidet, dass er kaum noch als „Grundsatz“ angesprochen werden kann. Der Grund hierfür ist

---

sabschluß auch ihr Wunsch, dass der *Vertrag ausnahmslos eingehalten* wird. Dies bedeutet jedoch *nicht*, dass die Parteien stets einen unbedingten *Erfüllungsanspruch* vereinbaren. Für bestimmte Ereignisse, wie etwa Streik oder höhere Gewalt, werden die Beteiligten andere Lösungen vorsehen und von einem Erfüllungsanspruch absehen. Siehe hierzu das Bespiel in Fn. 6. Die Einhaltung der für diese Fälle vereinbarten Rechte und Pflichten entspricht dann jedoch ihrem gemeinsamen Willen bei Vertragsschluss.

[16] Vgl. hierzu *Williamson*, Credible Commitments: Using Hostages to Support Exchange, American Economic Review, 1983, S. 519 ff.

[17] Vgl. hierzu *Telser*, A Theory of Self-enforcing, Agreements, Journal of Business 1980, S. 27 ff.; *Axelrod*, The Evolution of Cooperation, 1984, S. 10 f.; *Adams*, Ökonomische Analyse des Gesetzes zur Regelung des Rechts der Allgemeinen Geschäftsbedingungen, Schriften des Vereins für Socialpolitik 1984, S. 655 ff. mit weiteren Nachweisen.

[18] Vgl. hierzu *Flume*, Das Rechtsgeschäft, Band II, § 21 8 und 11 sowie § 25; *Larenz*, Allgemeiner Teil des deutschen Bürgerlichen Rechts § 20 II b; BGH WM 1972, 241.

[19] Vgl. hierzu *Flume*, a.a.O. § 21 8; BGH WM 1972, 241; *Planck*, BGB, 4. Aufl., S. 280.

darin zu sehen, dass der „Motivirrtum" im analytischen Sinne lediglich eine beschreibende Bezeichnung für eine bestimmte Fallgruppe von Irrtümern darstellt, eine sinnvolle Begründung für die Unterscheidung zwischen beachtlichen und unbeachtlichen Motivirrtümern jedoch nicht anzugeben vermag.

Es soll zur Begründung dieser Ansicht im nun folgenden Abschnitt zunächst kurz dargestellt werden, mit welcher Begründung Rechtsprechung und Literatur die einzelnen Irrtümer in beachtliche und unbeachtliche einteilen. Erst daran anschließend soll versucht werden, die bekannten, aber inhaltsleeren ad-hoc-Konzepte wie „mittelbare und unmittelbare" oder „gegenwärtige und zukünftige" Eigenschaften durch eine mit den Wirtschaftswissenschaften zu vereinbarender Theorie zu ersetzen, die mit weniger Widersprüchen verbunden ist als die gegenwärtigen Lehren zum Irrtum oder Wegfall der Geschäftsgrundlage.

Da der „Irrtum über solche Eigenschaften der Person oder der Sache, die im Verkehr als wesentlich angesehen werden", § 119 II BGB, aufgrund seiner weitgehenden Formulierung in entscheidendem Maße auf eine sinnvolle Theorie zur Abgrenzung der relevanten von den irrelevanten Irrtümern angewiesen ist, soll im folgenden zunächst der Eigenschaftsirrtum nach § 119 II BGB erörtert werden. Soweit die Gewährleistungsvorschriften der §§ 459 ff. BGB Anwendung finden, ist zwar nach allgemeiner Meinung eine Anfechtung nach § 119 BGB ausgeschlossen[20]. Es versteht sich jedoch, dass diejenigen Gründe, die zur Ablehnung eines Umstandes als einer „wesentlichen Eigenschaft" im Sinne des § 119 II BGB führen, zugleich auch die Ablehnung der Fehlerhaftigkeit der Kaufsache gemäß § 459 BGB bewirken, da es anderenfalls zu einem Widerspruch käme. Die bei der Erörterung des Eigenschaftsirrtums nach § 119 II BGB dargestellten Argumente sind daher auch bei der Frage des Vorliegens eines Fehlers gemäß § 459 BGB gültig[21].

Der Eigenschaftsirrtum nach § 119 II BGB

Eine Willenserklärung kann nach § 119 II BGB dann angefochten werden, wenn sich der Erklärende im Irrtum über solche Eigenschaften der Person oder der Sache befand, die im Verkehr als wesentlich angesehen werden. Eine Anfechtung wegen Eigenschaftsirrtums nach § 119 II BGB kommt bei fehlerhaften Vorstellungen über die *Person* „je nach Lage des Falles"[22] aus folgenden Gründen in Betracht: Geschlecht, Alter, Konfession, Sachkunde, Vertrauenswürdigkeit, Vorstrafen, Kreditwürdigkeit, Schwerbeschädigteneigenschaft, Schwangerschaft[23], Vermögensbesitz eines Bräutigams[24].

---

[20] BGHZ 34, 34, ständige Rechtsprechung.
[21] Vgl. hierzu auch *Flume,* Rechtsgeschäft, § 24, 3, a.
[22] *Palandt/Heinrichs*, § 119, 4, a.
[23] Vgl. hierzu im einzelnen die Nachweise bei *Palandt/Heinrichs*, § 119, 4.

Der Irrtum über Eigenschaften der *Sache* erfasst alle rechtlichen und tatsächlichen Verhältnisse, die nach der Verkehrsanschauung für die Wertschätzung von Bedeutung sind, in Kurzform: „alle wertbildenden Faktoren“[25]. Hierzu werden gezählt: Stoff, Bestand und Größe der Sache[26] , Echtheit eines Kunstwerks[27], Herstellungsjahr[28], Lage und Bebaubarkeit eines Grundstücks[29]. Nicht zu den verkehrswesentlichen Eigenschaften einer Sache gehört nach der Rechtsprechung der Umsatz[30], der Anschaffungspreis und der „Wert“ der Sache oder ihr *Marktpreis*[31]. Ebenso gehört hierzu nicht die Kaufkraft des Geldes[32] und die wirtschaftliche Verwertungsmöglichkeit beim Kauf einer Sache[33]. Eine Anfechtung nach § 119 II BGB soll bei einem Irrtum über den Preis oder Wert der Sache nach dieser Ansicht also ausgeschlossen sein.

Der Eigenschaftsirrtum nach § 119 II BGB sollte nach dem ersten Entwurf zum Bürgerlichen Gesetzbuch unbeachtlich bleiben[34]. Erst die zweite Kommission[35] merkte an, dass die moderne Rechtsentwicklung, wie sie sich im gemeinen Rechte, im ALR, im Code oder Schweizerischen Obligationenrecht zeige, den Irrtum über Eigenschaften für beachtlich erkläre, wenn dieser nach den im Verkehr herrschenden Anschauungen als wesentlich anzuschauen sei[36]. Die von den Protokollen in Bezug genommene schweizerische Regelung des Artikels 19 Obligationenrecht bestimmte im Sinne einer auch vom Reichsgericht bei der Auslegung des gemeinen Rechts benutzten Formel *Savignys*[37], der Irrtum sei ein wesentlicher, wenn die irrig vorausgesetzten Eigenschaften der Sache so erheblich sind, dass dieselbe je nachdem, ob diese Eigenschaften vorhanden sind oder fehlen, im Verkehr zu einer ganz verschiedenen Gattung oder Art von Gütern gerechnet wird. Dieser auf die römisch-rechtlichen Quellen zum „error in substantia“ und auf den von den römischen Klassikern vertretenen Grundsatz des „aliud pro alio venisse videtur“ zurückgehenden Formel *Savignys*[38] wurde von der Rechtsprechung und Literatur nach dem Inkrafttreten des BGB nicht mehr ge-

---

[24] RGZ 61, 86.
[25] *Enneccerus/Nipperdey* § 168 II 1 a; RGZ 61, 86
[26] RGZ 62, 285; *Planck*, BGB, 4. Aufl., § 119 IV, 5 c, S. 286.
[27] BGHZ 63, 371.
[28] BGH NJW 79, 160
[29] RGZ 61, 86.
[30] BGH NJW 70, 655.
[31] RG HRR 32, 224; BGHZ 16, 57 ständige Rechtsprechung.
[32] RGZ 111, 259.
[33] BGHZ 16, 57.
[34] Vgl. Motive I, 199.
[35] Vgl. Protokolle I, 238 ff.
[36] Vgl. hierzu auch die Denkschrift zum BGB, *Mugdan* I, 833.
[37] *Savigny*, System des heutigen Römischen Rechts (1840) III S. 305.
[38] Vgl. hierzu ausführlich *Flume*, a.a.O. § 22, 1.

folgt. So hat das RG[39] und ihm folgend der BGH[40] entschieden, dass unter den Begriff der „Eigenschaften" im Sinne des § 119 II BGB zwar nicht nur körperliche Eigenschaften der Sache fielen, sondern auch solche tatsächlichen und rechtlichen Verhältnisse einer Sache, die infolge ihrer Beschaffenheit und Dauer nach den Verkehrsanschauungen einen Einfluss auf die Wertschätzung der Sache auszuüben pflegen. Der mit dieser Begriffsbestimmung verbundenen Gefahr uferloser Anfechtungsmöglichkeiten versuchten RG und BGH[41] zunächst dadurch begegnen, dass „Eigenschaften" der Sache im Sinne des § 119 II BGB grundsätzlich nur dann beachtlich seien, wenn sie für den anderen Teil erkennbar dem Vertragsschluss zugrunde gelegt wurden. In einer RG-Entscheidung[42] heißt es dazu: „Will man den Begriff der verkehrswesentlichen Eigenschaft nach § 119 II BGB nicht ins Ungewisse zerfließen lassen und damit die Anfechtbarkeit eines an sich gültig abgeschlossenen Rechtsgeschäfts unangemessen ausdehnen, so muss man daran festhalten, dass unter diesem Begriff nur solche tatsächlichen und rechtlichen Verhältnisse fallen, die den Gegenstand selbst kennzeichnen, nicht Umstände, die nur mittelbar einen Einfluss auf seine Bewertung auszuüben vermögen". Eine präzise Beschreibung dessen, war unter „mittelbaren" Umständen zu verstehen sein sollte, wurde jedoch ebenso wenig gegeben, wie eine Begründung, warum lediglich „unmittelbare" Umstände ein Anfechtungsrecht begründen sollten. Den Versuch einer weitgehenden Begründung für die Zulassung oder Ablehnung von Anfechtungsrechten bei einem Irrtum über den „Wert" einer Sache, soll der nun folgende Abschnitt unternehmen.

Der Preis als „unwesentliche" Eigenschaft

Die Ansicht der Rechtsprechung

Der BGH[43] hat ebenso wie das RG[44] in ständiger Rechtsprechung entschieden, dass nur „wertbildende Faktoren" einer Sache eine wesentliche Eigenschaft im Sinne des § 119 II BGB sein können, nicht aber ihr „Wert" oder „Preis".

Die Ansicht von Flume

Dieser Ansicht wird zunächst von *Flume*[45] entgegenhalten, dass ein Irrtum über die wertbildenden Faktoren in der Regel zugleich auch ein Irrtum über den Wert

---

[39] RGZ 64, 269.
[40] BGHZ 16, 54; 34, 32; BGH JR 1984, 322 mit Anmerkung von *Köhler*.
[41] RGZ 64, 266; BGHZ 16, 54; BGH JR 1984, 322.
[42] RGZ 149, 283.
[43] BGHZ 16, 57; LM § 779 Nr. 2; BB 63, 285.
[44] RGZ 61, 86; HRR 32, 224.
[45] *Flume*, a.a.O. S. 24 2 d.

des Gegenstandes selbst sei. *Flume*[46] will der Gefahr einer Ausuferung des Anfechtungsrechts nach § 119 II BGB jedoch damit wehren, dass er - anders als die Rechtsprechung und ein Teil der Literatur - nicht den Begriff der „verkehrswesentlichen Eigenschaft" einengend auslegt oder in so wenig erhellende Kategorien wie „mittelbare" und „unmittelbare" Eigenschaften zerlegt, sondern dadurch, dass er als „verkehrswesentliche Eigenschaft" im Sinne des § 119 II BGB nur solche Umstände ansieht, auf welche sich das Rechtsgeschäft kraft Vereinbarung oder nach Art des Geschäftstypus bezieht. Der Grund für die Ablehnung der Anfechtbarkeit wegen des Irrtums über den Wert oder Durchschnittspreis einer Sache sei daher seiner Ansicht nach darin zu sehen, dass „das Rechtsgeschäft sich in aller Regel nicht auf den Wert bezieht". „Es sollte nicht geleugnet werden, dass es sich beim „Irrtum über den Wert" um einen Irrtum über eine Eigenschaft handelt". „Wenn ein Gegenstand zu einem bestimmten Preis verkauft wird, so betrifft der Kaufvertrag den Gegenstand nicht als einen solchen von dem Werte des Kaufpreises, sondern die Bestimmung des Kaufpreises ist nichts anderes als die Festlegung des Entgeltes, welches für den Kaufgegenstand zu zahlen ist"[47]. Damit vertritt *Flume* wohl die Ansicht, dass erst der jeweilige Kaufvertrag den Kaufpreis originär festlegt und hierbei nicht den in anderen Verträgen (etwa durchschnittlich) vereinbarten Preis in irgendeiner Form Bezug nimmt und zum Gegenstand des Rechtsgeschäfts macht.

Kritik an den Ansichten von *Flume* und Rechtsprechung

Der Ansicht von *Flume* ist zunächst darin Recht zu geben, dass sie betont, dass erst der vereinbarte Preis den „Wert" einer Sache widerspiegelt, die Vorstellung eines einer Sache „objektiv" und unabhängig von den preisbestimmenden Faktoren anhaftenden Wertes somit abzulehnen ist. Der Preis gibt an, wie viel die vertragsschließenden Personen bereit sind, jeweils von ihren Gütern aufzugeben, stellt also ein Verhältnis zwischen zwei Gütern dar[48] und ist gleichbedeutend mit ihrem jeweiligen relativen „Wert".

Gibt es nun mehrere Verträge über das gleiche Gut, ist es aus einer Vielzahl von Gründen möglich, dass die in den einzelnen Verträgen zwischen Käufer und Verkäufer vereinbarten Preise nicht überall gleich sind. So seien nur unterschiedliche Kosten bei den Anbietern oder ein bestimmtes Suchverhalten bei

---

46 *Flume*, a.a.O. S. 24 2 d.

47 *Flume*, a.a.O. S. 24 2 d.; vgl. hierzu auch die Formulierung bei *Planck*, BGB, 4. Auflage § 119 IV, 6, a, S. 286: „Der Verkehrswert (Marktpreis, Einkaufspreis) stellt grundsätzlich lediglich das Ergebnis der Schätzung aller für die Wertbildung maßgebenden Eigenschaften der Sache, also ein Urteil über diese Eigenschaft dar. Der Irrtum über den Wert des Kaufgegenstandes ist der Regel nach ein Irrtum im Beweggrund".

48 Vgl. hierzu *Layard/Walters*, Microeconomic Theory, 1978, S. 8.

den Käufern als Gründe für die unterschiedlichen Preise erwähnt. Es wird somit in der Realität beim Verkauf gleichartiger Güter üblicherweise eine Mehrzahl von Preisen also eine *Preisverteilung*, nicht aber ein Einheitspreis zu beobachten sein. Es ist jedoch möglich, dass sich eine Person über die Eigenschaften des erworbenen Gutes, etwa über die Lebensdauer eines Automobils, zwar im Klaren ist, sich jedoch im Irrtum über den Durchschnittspreis des Wagens oder die Streuung des Preises um den durchschnittlichen Preis befindet, sie also mit den Worten der Rechtsprechung die „wertbildenden Faktoren" (Lebensdauer) richtig beurteilt, jedoch über das Verhältnis des von ihr vereinbarten Preises zum Durchschnittspreis im Irrtum befangen ist. Der Rechtsprechung kann daher nicht vorgeworfen werden, sie versuche etwas zu trennen, was sinnvollerweise nicht getrennt werden könne.

Auch wenn es somit möglich ist, zwischen „wertbildenden Faktoren" und dem „Wert" (Preis) eines Gegenstandes zu unterscheiden, besagt dies noch nicht, dass damit irgend etwas in der Argumentation über die Zulassung oder Ablehnung einer Anfechtung nach § 119 II BGB geleistet worden ist. *Flume* geht in seinen Ausführungen weiterhin nicht auf die Frage ein, wieso er es als gesichert annehmen darf, dass die Vertragsparteien den in ihrem Vertrag verabredeten Preis nicht in irgendeiner Form zum Marktpreis in Beziehung setzen, obwohl in der Realität durchaus solch ausdrücklich vereinbarte Bezugnahmen beobachtet werden können. Sobald etwa der Umfang einer Transaktion den Parteien eine genaue Ausformulierung einer Vielzahl von Vertragsbedingungen die Mühe Wert erscheinen lässt, ist beispielsweise bei wichtigen längerfristig angelegten Lieferbeziehungen nicht selten eine „Meistbegünstigungsklausel" zu finden. Durch sie soll sichergestellt werden, dass eine Vertragspartei nicht durch einen lediglich an einen Konkurrenten ihres Vertragspartners gewährten Preisnachnachlass diesem einen möglicherweise existenzgefährdenden Kostennachteil beschert. Die Ansicht von *Flume*[49], das Rechtsgeschäft beziehe sich „in aller Regel" nicht auf den „Wert", die Bezugnahme auf die in anderen Rechtsgeschäften vereinbarten Preise sei also üblicherweise als ausgeschlossen anzunehmen, ist daher in solchen Fällen unbegründet und würde dort zu unhaltbaren Ergebnissen führen, denen *Flume* allerdings wiederum durch eine wohl eher fiktive Vertragsauslegung von Einzelfall zu Einzelfall aus dem Weg zu gehen sucht.

Die bekannten Rubel-[50] und Börsenkursfälle[51] machen dies deutlich. Im so genannten „Rubelfall" hatte der Kläger dem Beklagten, der in Moskau Kriegsgefangener war, für die Bezahlung seiner Heimreise 30.000 Rubel vorgestreckt und sich hierfür vom Beklagten Schuldscheine im Wert von 7.500 RM ausstel-

[49] A.a.O. § 24 d.
[50] Vgl. RGZ 105, 406 ff.
[51] RGZ 94, 65 ff; 97, 138 ff.; 116, 15 ff.

len lassen. Die Parteien waren im Darlehenszeitpunkt davon ausgegangen, dass sich der Wert eines Rubels auf 25 Pfennig belief, während er jedoch zu diesem Zeitpunkt lediglich einen Pfennig betrug. Während das RG[52] eine Anfechtung wegen Inhaltsirrtums über die Grundlagen des Geschäfts nach § 119 I BGB zuließ, löst *Flume*[53] den Fall mit der Argumentation, dass es „evident" sei, „dass durch die Abrede nur die Rückzahlung des Darlehens, nicht aber die Zahlung eines Vielfachen des Darlehensbetrages vereinbart werden sollte". „Die Abrede der Rückzahlung des Darlehens" habe „nach dem Sinn des Geschäfts den selbstverständlichen Vorrang vor der durch die unrichtige Bezugnahme auf das Kursverhältnis entstandenen Formulierung, dass 7.500 RM zurückzuzahlen seien"[54] . In entsprechender Weise löst *Flume* diejenigen Fälle, in denen in einem Kaufvertrag über Wertpapiere ein unrichtiger Börsenkurs zugrunde gelegt wurde, indem er ausführt, dass „jedermann weiß, dass Börsenpapiere, wenn nichts anderes ausgemacht wird, „auf der Grundlage" des Börsenkurses gehandelt werden. Das ist der Inhalt des Börsenpapierkaufs als Geschäftstyp". Es wird von *Flume* jedoch nicht erläutert, was den Wertpapierkauf von anderen Verträgen unterscheidet und welche Gründe seine Annahme rechtfertigen sollen, dass die Parteien den Marktpreis zwar in jedem Wertpapierkaufvertrag zur Grundlage des Geschäfts machen, während sie in anderen Verträgen laut *Flume*[55] typischerweise keinen Bezug zum Marktpreis herstellen.

Insgesamt kann scheint die Einbeziehung oder Ausschließung des Marktpreises in die individuellen Vertragsvereinbarungen oder die „Grundlage des Rechtsgeschäfts" von der Rechsprechung und *Flume* je nach Lage des Einzelfalles ad hoc gehandhabt zu werden, um die jeweils für vernünftig erachtete Falllösung rechtfertigen zu können. Eine verlässliche Entscheidungsgrundlage stellt ein solches allgemeiner Kriterien ermangelndes Verfahren jedoch nicht dar.

Die Ansicht von *Larenz*

Larenz[56] bemerkt, dass zwar der Preis durchaus im Verkehr eine höchst bedeutsame Eigenschaft der Sache sei, wenn dennoch der Irrtum über den „objektiven Wert" oder den gewöhnlich erzielbaren Preis der Sache nicht als ein zur Anfechtung berechtigender Eigenschaftsirrtum angesehen werde, „liege der Grund letztlich in dem vom BGB vorausgesetzten System der freien Preisbildung, in der Marktwirtschaft".

---

[52] RGZ 105, 406 ff.

[53] *Flume*, a.a.O. § 26 4 a. Es wird hier beispielhaft nur seine Lösung für den Fall dargestellt, dass es sich bei den Schuldscheinen nicht um abstrakte Schuldversprechen handelte.

[54] Flume, a.a.O. § 26 4 b.

[55] Flume, a.a.O. § 26 4 b.

[56] *Larenz*, Allgemeiner Teil des Bürgerlchen Rechts, Bd. 2, Das Rechtsgeschäft, §20 II b.

Auch die von *Larenz* vertretene Ansicht erscheint zu stark vereinfachend, wenn sie die Anerkennung des „Preises“ als einer „verkehrswesentlichen Eigenschaft“ mit der Begründung ablehnt, der Grund hierfür liege „letztlich in dem vom BGB vorausgesetzten System der freien Preisbildung, also in der Marktwirtschaft“. So macht *Larenz* nicht deutlich, wieso die Vereinbarung eines Zusammenhanges zwischen dem Marktpreis und dem im einzelnen Vertrag verabredeten Preis im Widerspruch zur freien Preisbildung oder zur freien Marktwirtschaft stehen soll, obwohl vielfach solche Verknüpfungen sich - etwa in Form der Meistbegünstigungsklausel - bei wichtigen Verträgen auf den verschiedensten Wettbewerbsmärkten beobachten lassen. Während *Flume*[57] durch Vertragsauslegung den zur angestrebten Lösung der Rubel- und Börsenkursfälle erforderlichen vorrangigen Bezug des Vertrages zum Marktpreis (Wechsel-/Börsenkurs) herstellt, nimmt Larenz zum gleichen Zwecke einen Wegfall der subjektiven Geschäftsgrundlage[58] an, so dass auch er - wenn auch in anderem rechtstechnischen Gewande - im Widerspruch zu seiner grundsätzlichen Ablehnung den Irrtum über den „richtigen“ Preis in bestimmten Fällen über den Wegfall der Geschäftsgrundlage doch noch berücksichtigt, ohne allerdings eine Begründung für die jeweils von ihm gewählte Vorgehensweise anzugeben.

Der nun folgende Abschnitt soll dem Versuch gewidmet sein, eine Begründung für die Abgrenzung zwischen beachtlichen und unbeachtlichen Preisirrtümern vorzulegen.

Wer sät, der soll auch ernten: „Eigentumsrechte“ an Informationen im Vertragsrecht

Für die Erörterung der Frage, unter welchen Umständen Verträge sozial sinnvoll sein können, die auf unzutreffenden oder ungleichen Erwartungen der Vertragsparteien aufbauen, muss man sich zunächst vor Augen halten, dass eine ausschließliche Zulassung irrtumsfreier Verträge nicht mit einer Gesellschaft vereinbar ist, die ihren Bürgern Anreize vermitteln will, neue Ideen, bessere Produktionsverfahren oder günstigere Nutzungsmöglichkeiten von Gütern zu entwickeln oder einzusetzen. Der von identischen Erwartungen getragene, überraschungsfreie und irrtumslose Vertrag ist der idealtypische Vertrag einer statischen Gesellschaft ohne Fortentwicklung ihrer Produktivkräfte oder Konsummöglichkeiten.

Da die Entdeckung und Durchsetzung neuer Ideen und Verfahren mit zusätzlichen Kosten verbunden ist, kann angenommen werden, dass diese Anstrengungen nur unternommen werden, wenn die neuentwickelten Güter und Leistungen einen zusätzlichen Ertrag erwarten lassen, der ihre gegenüber einer einfachen

---

[57] *Flume*, a.a.O. § 26 4 a und b.

[58] *Larenz*, Geschäftsgrundlage und Vertragserfüllung, S. 24 ff.

Weiterentwicklung bekannter Ideen höheren Kosten decken wird. Dieser Ertrag erfolgreicher neuer Ideen ist jedoch durch Imitationswettbewerb gefährdet. Für bestimmte Ideen im technischen, künstlerischen oder gestalterischen Bereich werden daher durch das Patentgesetz, das Urheberrechtsgesetz und das Geschmacksmustergesetz „Eigentumsrechte“[59] an neuen Informationen geschaffen, die eine beliebige gegenleistungslose Benutzung dieser neugeschaffenen Informationen durch Dritte verhindern sollen. Hierdurch soll der individuelle Ertrag der Erzeugung neuen Wissens gegen eine Erosion durch Imitatoren geschützt werden, damit sichergestellt ist, dass die Wirtschaftlichkeit der Erzeugung neuer Ideen nicht leidet und damit zurückgeht[60]. Der Abwehr der Gefahr, dass Ernten und Säen bei neuen Ideen auseinander fallen könnte und es daher zum allgemeinen Verzicht auf kostspieliges Säen und hierdurch wiederum zum Wegfall der Ernte kommen würde, dienen somit die von den genannten Gesetzen geschaffenen „Eigentumsrechte an künstlerischen Ideen und technischen Verfahren. Entscheidend für das Verhältnis einer sich ständig an neue Knappheiten und neue Bedürfnisse anpassenden dynamischen Gesellschaft ist nun die Tatsache, dass sozial nützliche Ideen und Innovationen nicht nur ausschließlich von der Art sind wie sie etwa das Patentgesetz, das Urheberrechtsgesetz oder das Geschmacksmustergesetz zu schützen vermag. Auch die Entdeckung, dass die Eröffnung eines bestimmten Geschäfts in einer bestimmten Lage mit einem besonderen Gewinn verbunden ist, stellt die Schaffung sozial nützlichen Wissens dar, da dieses eine bessere Bedürfnisbefriedigung der Bürger ermöglicht. Auch lediglich nur kurzfristig nutzbare Marktinformationen sind üblicherweise nicht Zufallsereignisse, sondern das Ergebnis einer kostspieligen Suche und Verarbeitung von Informationen. Zu diesen Informationsverarbeitungskosten gehört auch die Bildung von Expertenwissen oder die aufmerksame Beobachtung bestimmter Marktgeschehnisse. Expertenwissen und Marktbeobachtung sind somit die Voraussetzung für bessere Allokationen der Ressourcen der Gesellschaft und damit für ein höheres Maß an Wohlstand.

Entscheidend ist nun, dass diese im nicht-technischen Bereich häufig nur mit kurzlebigen Informationen arbeitenden Innovatoren einen kostendeckenden Ertrag ihrer Informationssuche und -verarbeitung nur dadurch zu erzielen vermö-

---

[59] Der Begriff „Eigentumsrechte“ ist hier nicht im juristisch-technischen Sinne des Sachenrechts zu verstehen, sondern umfassender im Sinne der Theorie der „Property Rights“: „Eigentumsrechte“ sind danach alle Rechte, die bestimmte Handlungsmöglichkeiten, aber auch Unterlassungsansprüche gewähren.

[60] Vgl. zum sozialen Ertrag und den sozialen Kosten von Entdeckungen *von Weizsäcker*, Barriers to Entry, 1980, Kapitel 9 sowie *von Weizsäcker*, Rechte und Verhältnisse in der modernen Wirtschaftslehre, Kyklos, 1981, S. 345 ff.; *Hayek*, The Use of Knowledge in Society, American Economic Review, 1945, S. 519 ff.

gen, dass sie mit anderen Personen einen Vertrag[61] abschließen können, indem sie beispielsweise ein für die entdeckten Geschäftsmöglichkeiten besonders geeignetes Grundstück erwerben. Müsste der Innovator bei jedem Vertrag die von ihm entdeckten Gewinnmöglichkeiten unbefragt[62] offenbaren oder sähe er sich der Gefahr einer Anfechtung des Vertrages ausgesetzt, hätte er zu befürchten, dass ihm die Ertragsmöglichkeiten seiner kostspieligen Suche entzogen würde. Da sein Vertragspartner im Falle einer Offenbarungsobliegenheit von den neuentdeckten günstigen Möglichkeiten seines Gegenstandes Kenntnis erlangen würde, wäre zu erwarten, dass er versuchen würde, an dem möglichen Gewinn aus den neuen, jedoch nicht von ihm geschaffenen Informationen zu partizipieren. Üblicherweise würde ein solcher Versuch in dem Begehren eines höheren Preises für die von ihm benötigten Güter bestehen. Er könnte sich aber auch in einer kostenfreien Mitteilung der vom Innovator neu entdeckten Nutzungsmöglichkeiten an beliebige Dritte ausdrücken, um diese zu einem vermehrten Kauf seiner Güter zu bewegen. In jedem dieser Fälle würde eine Offenbarungsobliegenheit den Informationserzeuger entweder zu einer gegenleistungslosen Übertragung seines wertvollen, unter Kosten geschaffenen Gutes „Information" zwingen oder ihm die kostendeckende Verwertung seiner neu geschaffenen Kenntnisse im Wege des Abschlusses von Verträgen unmöglich machen. In beiden Fällen wäre das Ergebnis eine Schwächung der Ertragsmöglichkeiten aus der Suche und Verarbeitung von Informationen und damit eine Verminderung dieser Aktivitäten.

Da eine verbesserte Anpassung der Gesellschaft an Knappheiten oder Bedürfnisse den Bürgern eine Nutzensteigerung erlaubt, wären bei Geltung einer umfassenden, etwa durch Anfechtungsrechte der Gegenseite sanktionierten Offenbarungspflicht alle Bürger schlechter, aber niemand besser gestellt. So würde auch der auf den ersten Blick von einem Anfechtungsrecht oder einer Offenbarungspflicht seines Vertragspartners begünstigte Verkäufer im Ergebnis (Gleichgewicht) keinen Gewinn aus einer solchen Regelung ziehen, da sein Vertragspartner auf die unwirtschaftlich gewordene Suche nach besseren Möglich-

---

[61] Vgl. hierzu grundlegend *Kronman*, Mistake, Disclosure, Information and the Law of Contracts, Journal of Legal Studies, 1978, S. 1 ff.; *Hirshleifer*, The Private and Social Value of Information and the Reward to Inventive Activity, American Economic Review, 1977, S. 561 ff.; *von Weizsäcker*, Rechte und Verhältnisse in der modernen Wirtschaftslehre, Kyklos, 1981, S. 345 ff.; *Barzel*, Some Fallacies in the Interpretation of Information Costs, Journal of Law and Economics, 1977 S. 291 ff.

[62] Hat die irrende Partei ihren Vertragspartner nach diesen Umständen befragt und hat diese wahrheitswidrig geantwortet, besteht ein Anfechtungsrecht nach § 123 I BGB aufgrund arglistiger Täuschung. Es geht hier somit nur um Fälle, in denen eine Seite besser informiert ist und nicht durch bewusst falsche Angaben den Irrtum der anderen Seite hervorruft oder unterhält.

keiten verzichten würde. Da infolge der unentdeckt bleibenden Innovationen kein (zusätzliches) Interesse an seinem Gegenstand mehr entstehen würde, gehört somit auch der durch die Offenbarungspflicht oder das Anfechtungsrecht Bevorteilte zu den Verlierern, da er eine zusätzliche Vertragsabschlussmöglichkeit verliert, die ihm infolge der Freiwilligkeit der Transaktionen auch bei unterbliebener Aufklärung über günstigere Möglichkeiten als die ihm bekannten nur hätte nützen, nicht aber hätte schaden können. Der Wunsch nach Offenbarung nicht selbst ermittelter Ertragsmöglichkeiten stellt somit einen diese Ertragsmöglichkeiten gefährdenden Versuch der Aneignung der aus fremden Investitionen in Informationsverschaffung stammenden Erträge dar.

Diese Überlegungen erlauben es nun zu erklären, wieso der „Preis" keine zur Anfechtung berechtigende „verkehrswesentliche Eigenschaft" im Sinne des § 119 II BGB sein kann: Ist die Suche nach einer besseren Nutzung der Güter erfolgreich, steigt aufgrund der zusätzlichen neuen Möglichkeiten die Nachfrage und damit der Gleichgewichtspreis der vermehrt nutzbaren Güter, in der juristischen Terminologie ihr „Wert". Eine Anfechtungsmöglichkeit wegen Irrtums über den gestiegenen „Wert" der verkauften Sache muss jedoch ausgeschlossen sein, da der „Wert"anstieg ja auf den nur unter Kosten entdeckbaren besseren Nutzungsmöglichkeiten des Gegenstandes beruhte. Würde man eine Anfechtung wegen Irrtums über den „Wert" der verkauften Sache zulassen, wäre damit ein Anreiz zu dem niemanden nützenden Versuch verbunden, ohne eigene Kosten an den sich durch Wertsteigerungen realisierenden Gewinnen aus fremden Investitionen in die Suche nach besseren Anwendungsmöglichkeiten der Güter teilhaben zu wollen. Es kann nicht Aufgabe eines das Gemeinwohl im Auge behaltenden Vertragsrechts sein, solch kurzsichtigen Wünschen nachzukommen.

Es lässt sich daher *festhalten*, dass die Rechtsgeschäftslehre eine Vertragsanpassung wegen Wegfalls der Geschäftsgrundlage oder eine Anfechtung nach § 119 II BGB dann nicht zulassen sollte, wenn der Informationsvorsprung der einen Seite das Ergebnis einer mit Kosten verbundenen Suche darstellte oder auf der Bildung von Expertenwissen beruhte, da ansonsten die erforderlichen Anreize für diese im Gleichgewicht alle Parteien besser stellenden Tätigkeiten nicht mehr gegeben wären[63].

Es bedarf nur kurzer Erörterung dass diese Überlegungen auch für die Auslegung des § 123 I BGB zur arglistigen Täuschung maßgeblich sind. Nach § 123 I BGB kann derjenige, der arglistig getäuscht wurde, seine Willenserklärung anfechten. Eine arglistige Täuschung liegt zwar unzweifelhaft dann vor, wenn die

---

[63] *Titze*, Vom sogenannten Motivirrtum, Festschrift *Heyman* (1940) II, S. 107 ff. hat vorgeschlagen, auf die Unterscheidung zwischen Erklärungs- und Motivirrtum zu verzichten und jedweden Irrtum u.a. dann beachtlich sein zu lassen, wenn er dem Erklärungsgegner erkennbar war. Dieser Abschnitt hat gezeigt, dass ein solches Kriterium ungeeignet ist.

besser informierte Partei auf Fragen ihres Vertragspartners eine bewusst falsche Antwort erteilt. Zu erörtern bleibt jedoch, ob die besser informierte Partei dadurch eine arglistige Täuschung begeht, dass sie es unterlässt, den Vertragspartner über seine unzutreffenden Erwartungen aufzuklären und ihm ihr besseres Wissen nicht mitteilt. Wie die vorangegangenen Ausführungen zu den Eigentumsrechten an Informationen gezeigt haben, muss eine solche Offenbarungsobliegenheit für die auf Suche oder Bildung von Expertenwissen beruhenden Informationen abgelehnt werden, so dass eine arglistige Täuschung aufgrund Verschweigens bei dieser Art von Kenntnissen nicht vorliegt.

Aus diesen Erwägungen folgte auch, dass fehlgeschlagene, von Verlusten begleitete Innovationsversuche ebenfalls kein Gewährleistungs- oder Anfechtungsrecht wegen Fehlerhaftigkeit oder Irrtums des Innovators über den nun zu *geringen „Wert"* der erworbenen Sache begründen können. Die Beständigkeit des Vertrages für den Fall einer erfolgreichen Suche ist erforderlich, um dem Suchenden eine die Suchkosten deckende Gewinnmöglichkeit an seinen neugeschaffenen Informationen zu gewährleisten, während die Beständigkeit des Vertrages bei *Fehlschlägen* des Innovators dazu dient, nun den *Verkäufer* davor zu schützen, dass er lediglich an den Fehlschlägen der Suche beteiligt wird, der Innovator also daran gehindert wird, die Kosten einer erfolglosen Suche auf den Vertragspartner zu verlagern. Eine asymmetrische Behandlung der Gewinn- und Verlustmöglichkeiten würde die suchende Partei nicht mit den vollen Kosten der in Anspruch genommenen Güter belasten und damit zu Verschwendung bei der Nutzung der von anderen Bürgern zu erwerbender Gegenstände anreizen.

Aus den voranstehenden Überlegungen lässt sich weiterhin ableiten, dass die Rechtsordnung immer dann, wenn sie bestimmte Aktivitäten für nicht wünschenswert hält, diese dadurch in ihrem Ausübungsumfang wirksam zurückdrängen kann, dass sie ihnen die Benutzung rechtsverbindlicher Vereinbarungen durch die Gewährung von Anfechtungs- oder Gewährleistungsrechten an die Vertragsgegenseite erschwert. Wenn somit bestimmte Suchvorgänge - wie etwa Industriespionage oder Insider-Transaktionen im Wertpapier- oder Grundstückshandel -, vornehmlich einen Verteilungsgewinn zur Folge haben oder eine gegenleistungslose Aneignung rechtlich schwer schützbarer „Eigentumsrechte" anderer Bürger darstellen, ist es sinnvoll, diese Art sozial schädlicher Informationsverschaffung beispielsweise durch die Gewährung von Anfechtungsrechten an die Vertragsgegenseite unwirtschaftlicher zu machen. So wäre eine Anfechtungsmöglichkeit nach den §§ 119 II, 123 I BGB wegen Irrtums über den Wert eines Grundstücks dann geboten, wenn die Vertragsgegenseite ihren Informationsvorsprung - etwa das Wissen um eine drohende öffentlich-rechtliche Baubeschränkung - aufgrund einer kommunalen Amtsstellung oder aus einer anderen Quelle von Insider-Wissen erlangt hatte.

Es lässt sich somit festhalten, dass der Irrtum über den „Preis“ oder den „Wert“ einer Sache dann eine zur Anfechtung berechtigende „verkehrswesentliche Eigenschaft“ im Sinne des §119 II BGB darstellen sollte, wenn der Informationsvorsprung des Vertragspartners über den Wert der Sache auf einer offensichtlich sozial schädlichen, die Allokation der Güter nicht verbessernden Informationsverschaffung beruhte.

Ein Blick auf einen Beispielsfall vermag zu bestätigen, dass eine solche Regelung keinen „Betrugs“-Anreiz darstellt, wenn man sich stets an dem hypothetischen, auf verschwendungsfreie Vertragsgestaltung gerichteten Willen der Parteien ausrichtet und nicht dadurch das Opfer einer verengten Sicht wird, dass man lediglich die sich erst nach Vertragsschluss ergebenden Interessen der Parteien zum Angelpunkt der Entscheidung macht: So sei angenommen, dass ein Automobilhändler aufgrund seines Fachwissens und einer vorherigen Inspektion die zutreffende Erwartung gebildet habe, dass der an den hierüber nicht informierten Käufer verkaufte Gebrauchtwagen innerhalb der nächsten 10000 km einen kostspieligen Motorschaden aufweisen wird. Es ist nun keinesfalls sinnvoll, den Käufer lediglich deshalb ein Anfechtungs- oder Gewährleistungsrecht nach §§ 459 ff. BGB einzuräumen, weil der Verkäufer aufgrund seiner Inspektion eine genauere Kenntnis des technischen Zustandes des Wagens erlangt hat, da dies dazu führen würde, dass der Verkäufer angehalten würde, nicht in den Besitz von möglicherweise negativen Informationen über das von ihm angebotene Gut zu gelangen, da ihn dies zu einer Offenlegung und damit zu einer ansonsten nicht erforderlich werdenden Preisreduktion zwingen würde. Es ist somit nicht vernünftig, den Verkäufer lediglich deshalb für den Motorschaden haften zu lassen, weil er sich besondere Fachkenntnisse über das Fahrzeug verschafft hat. Die richtige Fragestellung lautet vielmehr, ob der Händler für einen solchen Motorschaden einstehen soll und zwar unabhängig davon, ob er die geringe Qualität es Motors aufgrund der Inspektion kannte oder nicht kannte, da ihm bei Nichtkenntnis der Vorwurf zu machen ist, dass er sich bei einem solchen Vertrag die hierfür notwendige Kenntnis hätte verschaffen müssen. Wenn somit die Rechtsordnung zur Qualitätsunterrichtung des Käufers eine gewisse Fachkenntnis beim Verkäufer erzwingen will, muss sie eine durchgehende Haftung des Verkäufers bei unterlassener Aufklärung vorsehen und zwar unabhängig davon, ob dem Verkäufer diese Kenntnisse zur Verfügung standen oder nicht, da erst hierdurch die Privilegierung fehlenden Wissens vermieden wird und der widerspruchsfreie Anreiz zur Kenntnisverschaffung und Offenbarung der gewünschten Tatsachen beim Verkäufer ausgelöst wird.

Das Gewährleistungsrecht gemäß §§ 459 ff. BGB hat sich im Ergebnis für eine solche Lösung entschieden. So haftet nach § 459 I BGB der Verkäufer unabhängig davon, ob er die nun als Sachmangel angenommene verkürzte Lebensdauer des Motors kannte oder nicht. Erst wenn der Verkäufer den Käufer über den

Sachmangel so aufklärt, dass dieser diesen Mangel „kannte“, ist er von seiner Gewährleistungspflicht befreit, § 460 BGB. Hierdurch wird vermieden, dass der Verkäufer durch mangelhafte Kenntnisse oder Qualifikation eine Haftungserleichterung erzielen kann und damit eine unerwünschte Sanktion auf Besitz und Erwerb erhöhten Fachwissens ausgeübt wird. Eine Partei, die aufgrund ihres Fachwissens einen Sachmangel erkannt hat, darf von der Rechtsordnung nicht schlechter gestellt werden als eine Partei, die aufgrund unterlassener Nachforschungen oder schlechteren Fachwissens diesen Fehler nicht wahrgenommen hat. Es geht somit im Beispielsfall lediglich darum, ob der gelieferte Gegenstand die vertraglich geschuldete Qualität aufwies. Wenn eine Motorlebensdauer von nur noch 10 000 km eine Abweichung von der vertraglich geschuldeten Motorqualität darstellt, sollte eine Haftung nach § 459 I BGB unabhängig davon eintreten, ob der Verkäufer de Motorlebensdauer aufgrund seiner Inspektion und seines Fachwissens richtig oder unrichtig vorhergesehen hat.

Keine Bedrohung für das auf besonderen Anstrengungen beruhende Fachwissen stellen jedoch Haftungsregeln dar, die eine Sanktion an ein ohnehin vorhandenes oder üblicherweise als vorhanden zu vermutendes Wissen anknüpfen. Solche Kenntnisse können bei einem Vertragspartner etwa aufgrund der Benutzung des verkauften Gegenstandes oder als Kuppelprodukt anderer Aktivitäten anfallen. In diesen Fällen besteht auch bei Anknüpfung der Haftung an diese Kenntnisse nicht die Gefahr, dass ein unerwünschter Anreiz zur Nichterzeugung dieser Informationen ausgeübt wird, da die sanktionsbegründenden Informationen ja unabhängig von besonderen Anstrengungen zu ihrer Erlangung entstehen. Nur wenn diese Voraussetzungen vorliegen, kann eine Offenbarungspflicht den Leistungsaustausch der Parteien ohne Gefährdung der Anreize zur Schaffung sozial sinnvollen Wissens durch die verbesserte Information der Vertragsseite verbessern und wäre daher von ihnen im Rahmen eines „vollständigen Vertrages“ vereinbart worden. Ein Beispiel hierfür stellen etwa „Gebrauchsanweisungen“ des aufgrund seines Produktionswissens über das Gut besser als die Käufer informierten Hersteller dar.

Wie die Produktion falscher[64], stellt allerdings auch die Nichtweitergabe wichtiger anstrengungslos erworbener Produktinformationen eine Beeinträchtigung der Effizienz des Vertragssystems dar und sollte daher durch rechtliche Anreize bekämpft werden. Eine solche im Interesse aller Parteien liegende Förderung der Effizienz des Vertragssystems wird dadurch erreicht, dass der Verkäufer die ihm ohne zusätzlichen Aufwand oder Bildung besonderen Expertenwissens ohnehin zur Verfügung stehenden Informationen ungefragt dann an den Käufer weiter-

---

[64] Vgl. grundlegend zum Problem des Betruges aus ökonomischer Sicht *Darby/Karni*, Free Competition and the Optimal Amount of Fraud, Journal of Law and Economics, 1973, S. 67 ff.

reichen muss, wenn diese für den Käufer von Wichtigkeit sind. Weiß daher ein Hausverkäufer aufgrund der Benutzung des Hauses, dass dieses vom Hausschwamm befallen ist, hat er diesen Umstand ungefragt zu offenbaren, widrigenfalls er einer Anfechtung nach § 119 II BGB oder nach Gefahrübergang einer Gewährleistungspflicht nach den §§ 459 ff. BGB ausgesetzt ist. Hätte er diese Erkenntnis jedoch erst aufgrund eines gesonderten, seiner eigenen Willensbildung dienenden Wertgutachtens erlangt und wäre ihm dieser Sachverhalt ansonsten verborgen geblieben, wäre eine lediglich auf die Gutachtenkenntnisse gestützte Haftung mit dem wenig vernünftigen Anreiz verbunden, die Erstellung möglicherweise verborgene Mängel enthüllender Gutachten und damit die bessere Kenntnis des Gebrauchswertes der Güter tunlichst zu vermeiden. Die unterlassene Offenlegung der aufgrund besonderer Anstrengungen erlangten Kenntnisse über den zu verkaufenden Gegenstand kann somit weder ein Anfechtungsrecht des Käufers nach § 119 II BGB noch eine Sachmängelgewährleistung gemäß §§ 459 ff. BGB begründen.

Effizienz und Gerechtigkeit

Auch wenn diese Regelungen zuweilen in *einzelnen* Verträgen zu „unausgewogen“ erscheinenden Verteilungsvorteilen oder -nachteilen einer Seite führen würden, sollte man sich bei der Suche nach einer anderen Lösung vor Augen halten, dass die Vielzahl aller allokationsverbessernden Verträge mit Hilfe des Gesetzes der Grossen Zahl eine diesen einzelnen Verlust mehr als ausgleichende „*Generalkompensation*“ erzeugt, so dass ein solches an der Effizienz ausgerichtetes Vertragsrecht die einzelnen Bürger im Gleichgewicht besser stellt als ein nicht effizienz-, sondern verteilungspolitisch ausgerichteter Eingriff in jeden einzelnen Vertrag zwecks Herstellung „eines gerechten Interessenausgleichs im Einzelfall“[65]. Dies gilt auch dann, wenn man sich vor Augen hält, dass aus der stochastischen Natur der Generalkompensation die Gefahr erwachsen kann, dass bestimmte Bürger überdurchschnittlich mit Anpassungslasten beschwert werden, deren vollständiger Ausgleich auch das Gesetz der Großen Zahl infolge der beschränkten Lebenszeit eines jeden Menschen nicht garantieren kann. Werden jedoch die ausnahmsweise von der Generalkompensation nicht erfassten Sonderopfer einzelner Bürger im Steuer- und Transfersystem ausgeglichen, kann ein von vielfach untauglichen[66] Verteilungsversuchen nicht behindertes Vertragsrecht auch die besonders Benachteiligten besser stellen als ein interventionisti-

---

[65] Vgl. hierzu ausführlich *von Weizsäcker*, Effizienz und Gerechtigkeit - Was leistet die Property Rights Theorie zu aktuellen wirtschaftspolitischen Fragen?, Schriften des Vereins für Socialpolitik, 1984, S. 123 ff. sowie *Adams*, Ökonomische Analyse der Gefährdungs- und Verschuldenshaftung, 1985, S. 105 ff.

[66] Vgl. hierzu *Adams*, Ökonomische Analyse der Gefährdungs- und Verschuldenshaftung, 1985, S. 88 ff.

sches Einzelfallkontrollsystem, da das Regime der stochastischen Generalkompensation aufgrund seiner höheren Effizienz auch im Steuer- und Transfersystem mehr als jenes zu verteilen hat.

Dieser Gedanke sei an einem Beispiel verdeutlicht. Hierzu sei angenommen, dass die von einem im Wettbewerb stehenden Automobilmotorenwerk bei modernstem Stand der Technik hergestellten Motoren im Durchschnitt eine Lebensdauer von 100 000 km aufweisen. Infolge unvermeidbarer Fertigungstoleranzen besitzen 20 Prozent der Motoren lediglich eine Fahrleistung von 80 000 km, weitere 20 Prozent jedoch eine Lebensdauer von 120 000 km. Der Motorenhersteller habe nun die Möglichkeit, durch eine kostspielige Untersuchung feststellen zu können, welche der von ihm hergestellten Motoren eine Lebenserwartung von 100 000, 80 000 oder 120 000 km aufweisen. Eine solche Untersuchung gäbe dem Unternehmen die Möglichkeit, anstelle des bisherigen, für alle Motoren einheitlichen Durchschnittspreises einen nach der erwarteten Lebensdauer der Motoren abgestuften Preis festsetzen zu können. Da eine Verminderung der Streuung der Lebensdauer der Motoren produktionstechnisch als ausgeschlossen angenommen wurde, würde eine dergestalt abgestufte Preisgestaltung eine „gerechtere“ *Verteilung* der Preise auf die Käufer bewirken. So würden die Käufer des 100 000 km durchhaltenden Motors den dieser Leistung entsprechenden Wettbewerbspreis zu bezahlen haben, während die Käufer des 80 000 km Motors in den Genuss eines 20prozentigen Preisnachlasses kämen, die Käufer des 120 000 km Motors jedoch ausgleichend mit einem 20prozentigen Aufschlag bedacht würden. Es ist jedoch anzunehmen, dass in der Realität alle Beteiligten auf diesen Zuwachs an „Gerechtigkeit“ verzichten würden. Der Grund hiefür besteht darin, dass die erhöhte Preisgerechtigkeit mit den höheren Kosten der Untersuchung erkauft wird, die von allen Beteiligten durch eine Preiserhöhung bezahlt werden müsste. Die Untersuchungskosten spiegeln einen Ressourcenverbrauch wider, der lediglich einen Verteilungseffekt unter den Automobilmotorkäufern bewirken soll. Die Beteiligten werden es daher vorziehen, die Gewinn- und Verlustrisiken aus der streuenden Lebensdauer der Motoren einfach hinzunehmen, da sie hierdurch insgesamt einen um die hohen Untersuchungskosten verringerten Preis für ihre Motoren zu zahlen haben. Die zu vermutende Ablehnung einer kostspieligen Inspektion seitens der Käufer beruht darauf, dass die Beteiligten wissen, dass sie beim Kauf eines Motors einmal Verlierer, ein anderes Mal aber Gewinner sein werden, da keinem der Beteiligten die individuelle Motordauer bekannt ist und es dadurch zu keiner systematischen Benachteiligung eines bestimmten Käufers durch den Verkäufer kommen kann. Die Wahrscheinlichkeit, dass eine Person bei einem stochastisch unabhängigen Ereignis (hier die Fertigungstoleranzen) überdurchschnittlich häufig Gewinner oder Verlierer sein wird, sinkt jedoch überproportional ab. Mit zunehmender Zahl getätigter Motorkäufe wird daher die Wahrscheinlichkeit für einen jeden Käufer klein, dass er aufgrund der zufallsbedingten Fertigungstoleranzen eine geringere oder höhere Motorenqualität als die durchschnittliche erhalten wird. Der Verlust aus dem Kauf eines unterdurchschnittlichen Motors wird aufgrund des Gesetzes der Großen Zahl durch den Gewinn aus dem Kauf eines überdurchschnittlichen Motors ausgeglichen, so dass die Käufer im Ergebnis mit einer Motorleistung in der Nähe von 100 000 km zu rechnen haben.

Man mag nun einwenden, trotz der rasch einsetzenden ausgleichenden Wirkung des Gesetzes der Großen Zahl sei die Zahl der Motorkäufe pro Person zu gering, um eine erhebliche Verteilungswirkung unter den Motorkäufern aufgrund der unterschiedlichen Lebenserwartung der Motoren bei gleichem Preis auszuschließen, so dass ein verteilungspolitisch motivierter Eingriff in diese Kaufverträge erforderlich erscheint. Das Argument der „Generalkompensation" hält nun diesem Einwand entgegen, dass es eine verengte Sichtweise wäre, würde man die Verteilungsposition der Käufer als auf den Markt für Motoren beschränkt betrachten. Fertigungstoleranzen mit Verteilungswirkungen unter den Verkäufern treten bei einer großen Zahl von Gütern und Leistungen auf. Der aus einer solchen zufallsbedingten Qualitätsabweichung bei einem Automobilmotorkauf resultierende Gewinn kann durch einen Verlust bei der Lebensdauer des Getriebes oder bei der Karosserie des gleichen Fahrzeugs ausgeglichen werden. Es wäre nun wenig vernünftig, für einen jeden Bestandteil des Wagens eine kostspielige Untersuchung seiner erwarteten Lebensdauer vorzusehen, da der *Gesamtwert* des Wagens durch die sich stochastisch ausgleichenden Gewinne und Verluste bei den *Einzelteilen* bereits erheblich weniger schwankt als der Wert eines jeden Einzelteils. Durch einen wirklichkeitsgerechteren Übergang auf einen aus einer noch größeren Zahl von Einzelkäufen zusammengesetzten Güterkorb vermindert sich die Streuung der Verteilung der Gewinne und Verluste aus zufallsbedingten Qualitätsschwankungen noch weiter. Zwar vermag auch das Gesetz der Großen Zahl es nicht vollständig auszuschließen, dass einige wenige Personen überdurchschnittlich von Pech oder Glück verfolgt werden. Ein Ausgleich dieser seltenen Fälle sollte jedoch erst auf der Ebene der Summe aller Vor- und Nachteile aus allen Käufen stattfinden, nicht aber bei jedem Einzelteil eines Wagens oder bei jedem einzelnen Automobilkaufvertrag. Es gilt sich zudem vor Augen zu halten, dass aus „Good-will"-Gründen[67] viele Unternehmen durch Garantien und Kulanzmaßnahmen eine „Versicherung" gegen extreme zufallsbedingte Streuungen in der Qualität des Herstellungsprozesses gewähren, indem sie die Kosten der Garantien gegen diese Ausfälle über den Preis auf alle Kunden umlegen. Auch das Gewährleistungsrecht nach §§ 459 ff. BGB vermag

---

[67] Vgl. zur Voraussetzung und Wirkungsweise des „Good-will"-Mechanismus *Adams*, Ökonomische Analyse des AGB-Gesetzes, Schriften des Vereins für Socialpolitik, 1984, S. 655 f. mit vielen weiteren Nachweisen.

einen solchen „Versicherungs“schutz zu leisten. Je nach der Strenge der Fehlerdefinition in § 459 BGB kann das Gewährleistungsrecht jedoch zu teuren und infolge des stochastischen Ausgleichs auch zu verschwenderischen Maßnahmen gegen Qualitätsschwankungen führen, die nur bei einer verengten partialanalytischen Sicht den Käufern Vorteile zu gewähren scheinen.

„Gegenwärtige“ und „zukünftige“ Eigenschaften

Eine weitere Einengung der Anfechtungsmöglichkeiten nach § 119 II BGB ergibt sich aufgrund der RG-Entscheidungen[68], dass Eigenschaften nur *gegenwärtige*, nicht aber zukünftige Umstände darstellen können. So begründet die irrige Annahme, das gekaufte Grundstück werde *künftig* Bauland werden, im allgemeinen weder einen Eigenschaftsirrtum[69] noch einen Gewährleistungsanspruch nach §§ 459 ff. BGB[70], während die irrige Vorstellung, das Grundstück sei im Augenblick des Vertragsabschlusses Bauland, eine Anfechtungsmöglichkeit nach § 119 II BGB eröffnet[71].

Für das schweizerische Recht vertritt *Bucher*[72] die Ansicht, es sei von Fall zu Fall zu prüfen, ob die Parteien eine künftige Entwicklung zur Grundlage ihrer vertraglichen Vereinbarung machen wollten. Dies sei bei punktuell aufzufassenden Leistungsaustauschverträgen (wie Kauf-, Werkverträge) meist abzulehnen, während bei Dauerschuldverhältnissen ein zur Anfechtung berechtigender Irrtum oft dann anzunehmen sei, wenn die wirtschaftliche Rechtfertigung einer periodisch fälligen Leistung infolge eines nachträglichen Ereignisses entfalle. Dieser Ansicht von *Bucher* ist im Ergebnis zuzustimmen. Sie berücksichtigt zunächst die alltägliche Erfahrungstatsache, dass die Bildung falscher Erwartungen über zukünftige Ereignisse besonders leicht ist und daher auch häufig angetroffen werden kann. Erhebt man ebenso wie *Bucher* den Vertrag zum Entscheidungskriterium der Zulassung oder Ablehnung künftiger Umstände als anfechtungsbegründender Sachverhalte, ist es auch möglich, die hinter der Ablehnung künftiger Ereignisse in das Anfechtungsrecht stehende Befürchtung zu zerstreuen, es könne angesichts der großen Zahl von Irrtümern über zukünftige Ereignisse zu einer unangemessenen Ausdehnung von Anfechtungsmöglichkeiten und damit zu einer Gefährdung der Verlässlichkeit von Verträgen kommen. So wur-

---

[68] RGZ 112, 332; 123, 89.

[69] Vgl. hierzu auch *Staudinger/Coing*, Kommentar zum Bürgerlichen Gesetzbuch, 11. Aufl., § 119 Rdnr. 52; BGH WM 1977, 118; 1978, 555; *Köhler*, Grundprobleme der Lehre von der Geschäftsgrundlage, JA 1979, 501.

[70] BGH WM 1978, 555; *Johlen*, NJW 1970, 1533; *Köhler*, JA 1979, 501.

[71] RGZ 61, 84. Bei einem Kaufvertrag über Bauland stellt die beeinträchtigte Bebaubarkeit nach ständiger Rechtsprechung einen „Fehler“ im Sinne des § 459 I BGB dar; *Johlen*, NJW, 1979, 1531.

[72] *Bucher*, Schweizerisches Obligationenrecht, Allgemeiner Teil, § 13 III, S. 177 f.

de bereits oben gezeigt, dass die Parteien (ex ante) bei Vertragsschluss ein gemeinsames Interesse an einem Vertrag haben, der gerade auch in denjenigen Fällen wirksam und verlässlich ist, wenn sich die Interessen der Parteien nach Vertragsschluss auseinander entwickeln sollten. Wie oben allerdings auch gezeigt worden ist, haben die Parteien in bestimmten Fällen *bei* Vertragsschluss ein gemeinsames Interesse daran, dass der Vertrag bei Eintritt bestimmter Ereignisse nicht durchgeführt wird. Es sind darunter diejenigen „künftigen Eigenschaften", die zu einer Anfechtung nach § 119 II BGB führen sollten. Theoretische Grundlage der Gewährung eines Anfechtungs- oder Gewährleistungsrechts müssen somit die *im Vertrag* ausdrücklich getroffenen Vereinbarungen sein oder diejenigen Vereinbarungen, die die Parteien im Augenblick des Vertragsschlusses abgeschlossen hätten, hätten sie die Möglichkeit des zukünftigen Ereignisses vorhergesehen.

Die Unterscheidung zwischen „gegenwärtigen" und „zukünftigen" Eigenschaften hat sich zudem weder in der Theorie noch in der Praxis als durchhaltbar erwiesen. Zwar ist es möglich, sich vorzustellen, dass jedes Gut in jedem Augenblick eine feste genau bestimmbare Anzahl von Eigenschaften aufweist, die nicht in irgendeiner Form mit der Zukunft verknüpft sind. Eine solche Begriffsbildung erfasst jedoch nicht diejenigen Eigenschaften der Güter, die üblicherweise erst den Sinn von Verträgen begründen. So ist die Verwendbarkeit und damit der Nutzen vieler Güter entscheidend davon abhängig, wie der Erwerber in der *Zukunft* mit diesen Gütern verfahren kann und welche Einschränkungen ihm hierbei entgegenstehen. Es erscheinen schwerlich Verträge denkbar, bei denen die Parteien keinerlei den Vertrag wesentlich bestimmende Erwartungen über die Eigenschaften des Gutes in der Zukunft gebildet haben. Nicht die in einem bestimmten Zeitpunkt vorhandenen Nutzungsmöglichkeiten sind von besonderem Interesse für den Käufer eines Gutes, sondern die Summe aller seiner nützlichen Eigenschaften, aufaddiert über die gesamte erwartete zukünftige Lebensdauer des Gutes. Der aufaddierte Gesamtnutzen bestimmt somit den Gegenstand und Inhalt des Vertrages, da erst diese Größe die Eigenschaften des Gutes sinnvoll beschreibt und nicht eine beliebige Momentaufnahme darstellt. Für die Beurteilung der Vorteilhaftigkeit eines Vertrages über ein bestimmtes Gut werden daher in der Realität von den Parteien der zukünftige Nutzen und die zukünftigen Risiken aus einem Gut im Wege abdiskontierter Erwartungswerte erfasst und dann im Preis berücksichtigt[73].

Es lässt sich somit festhalten, dass die Parteien einen Vertrag ohne die Einbeziehung der erwarteten abdiskontierten *zukünftigen* Nutzungsmöglichkeiten der

---

[73] Vgl. hierzu *Schneider*, Investition und Finanzierung, 5. Auflage, 1980, A, III „Entscheidung unter Ungewissheit" sowie C, II, „Die Beurteilung der Vorteilhaftigkeit einer Investition".

ausgetauschten Güter[74] als sinnloses Fragment betrachten würden. Da das Vertragsrecht bei Vernachlässigung dieser wesentlichen Vertragsziele keine sinnvollen Lösungen anzubieten gehabt hätte, musste die Rechtswissenschaft ihre Unterscheidung in beachtliche gegenwärtige und unbeachtliche zukünftige Eigenschaften wenn auch in verschleierter Form wieder aufgeben. So hat die Ausklammerung zukünftiger Ereignisse aus dem Anfechtungs- und Gewährleistungsrecht in Deutschland lediglich zu einer einfachen Verschiebung dieser Problematik in das Institut des Billigkeitsrechts des Wegfalls der Geschäftsgrundlage geführt und harrt nun dort der Lösung, die jedoch bisher trotz großer Anstrengungen[75] ausgeblieben ist und lediglich zu Fallgruppenbildungen, nicht aber zu einem geschlossenen, theoretisch wohl fundierten Gedankengebäude geführt hat[76].

Die Unterscheidung in beachtliche gegenwärtige und unbeachtliche zukünftige Eigenschaften wird beispielsweise in den so genannten Bauerwartungslandfällen dadurch wieder beseitigt, dass ein Wegfall der Geschäftsgrundlage dann angenommen wird, wenn die Parteien davon ausgehen, dass das verkaufte Grundstück in Kürze bebaubar wird und sie deshalb einen entsprechend höheren Preis festgesetzt haben[77]. Es muss somit entweder im Anfechtungs- oder Gewährleistungsrecht oder bei der Erörterung des Wegfalls der Geschäftsgrundlage die Frage beantwortet werden, nach welchem theoretischen Konzept entschieden werden soll, ob die fehlerhafte Erwartung zukünftiger Ereignisse die Wirksamkeit des Vertrages berührt oder welche Ereignisse eine Anfechtung oder Anpassung des Vertrages begründen. In welch rechtstechnisches Gewand die jeweilige Lösung gekleidet wird, ist dabei von untergeordnetem Interesse. Die den Wünschen der Beteiligten und dem Wohlfahrtskriterium der Paretoeffizienz[78] entsprechende Abgrenzung zwischen beachtlichen und unbeachtlichen „zukünftigen" oder „gegenwärtigen" auf den Vertragsgegenstand einwirkenden Umständen hat - wie zu Beginn gezeigt wurde - nach derjenigen Regelung zu erfolgen, *die die Vertragsparteien im Rahmen eines vollständigen Vertrages vereinbart hätten, hätten sie die Möglichkeit des zukünftigen Ereignisses vorhergesehen.*

In vielen Verträgen bewirkt der Austausch von Gütern auch dadurch eine Nutzensteigerung der Parteien, dass er eine bessere Allokation der Güter an die bei

---

[74] Dies gilt auch für die Eigenschaften von *Geld*. Bei erheblicher von den Parteien vorhergesehener Inflation lassen sich Anpassungsreaktionen beobachten, die zeigen, dass auch die zukünftige Verwendbarkeit des erworbenen Geldes beim Vertragsschluss eine entscheidende Rolle spielt.

[75] Vgl. hierzu umfassend *Köhler*, Unmöglichkeit und Geschäftsgrundlage bei Zweckstörungen im Schuldverhältnis, 1971.

[76] Vgl. hierzu Köhler, JA, 1979, 498 mit weiteren Nachweisen.

[77] BGH WM 1977, 118, 1978, 555; *Köhler*; JA 1979, 498 (501); *Johlen*, NJW 1979, 1533.

[78] Vgl. hierzu *Layard/Walters*, Microeconomic Theory, 1978, S. 29 ff.

den einzelnen Menschen anzutreffenden unterschiedlichen Einstellungen oder Anpassungsmöglichkeiten an *Risiken* herbeiführt. So ist ein Vertrag, der vorsieht, dass trotz gleich hohen mathematischen Erwartungswertes eine Partei gegen Zahlung von 1000 DM das Recht erwirbt mit 50 %-iger Wahrscheinlichkeit 2000 DM zu erhalten, dann mit einer Nutzensteigerung der Parteien verbunden, wenn die veräußernde Partei risikoscheu und die erwerbende risikoneutral oder risikofreudig ist. Selbst ohne jede physische Einwirkung auf die ausgetauschten Güter vermag somit eine neue Zuordnung der Eigentumsrechte dadurch den Nutzen der Bürger zu steigern, dass sie ihren Risikopräferenzen[79] besser entspricht. Nicht nur unterschiedliche Risikoeinstellungen, auch die unterschiedliche Abdiskontierung zukünftiger Ereignisse kann lediglich Eigentumsrechte umordnende Verträge aus der Sicht der Parteien wünschenswert erscheinen lassen.

Das Vertragsrecht muss somit bei der Auslegung und Gestaltung von Verträgen und der Gewährung von Anfechtungs- und Gewährleistungsrechten auch diese Absichten bei der Feststellung des hypothetischen Willens der Parteien berücksichtigen. Wie dies zu geschehen hat, soll nun an Hand der Lösung von „*Baulandfällen*“ dargelegt werden: Gehen die Parteien bei einem Grundstückskaufvertrag davon aus, dass es sich um Bauland handelt, setzen sie bei Vertragsabschluss die Wahrscheinlichkeit der Zulässigkeit eines zu errichtenden Bauwerks mit 100 Prozent an. Im Hinblick auf diesen Umstand hat keine Partei Such- oder Informationskosten auf sich genommen, deren Abgeltung von ihnen im Vertrag berücksichtigt worden wäre, noch dient der Vertrag einer der jeweiligen Risikoeinstellung der Parteien besser angepassten Zuordnung der Eigentumsrechte, da nach dem Vertragsinhalt ja kein Risiko für die Bebaubarkeit bestehen sollte. Befindet sich eine Partei über diese Frage im Irrtum, muss ihr ein Anfechtungsrecht nach § 119 II BGB oder ein Gewährleistungsanspruch nach den §§ 459 ff. BGB zugestanden werden, da eine solche Möglichkeit dem gemeinsamen Willen der Parteien bei Abschluss eines vollständigen Vertrages entsprochen hätte.

Handelt es sich jedoch um Bauerwartungsland, wird die zukünftige Bebaubarkeit von den Parteien nicht mit einer Wahrscheinlichkeit von 100 Prozent, sondern mit einem geringeren Wert zwischen 0 und 100 Prozent angenommen. Es ist daher offensichtlich, dass der Vertrag im Hinblick auf diesen Umstand ein Risiko zum Gegenstand hat. Es versteht sich nun, dass die Parteien einen hohen Grundstückskaufpreis vereinbaren werden, wenn sie eine hohe Wahrscheinlichkeit für die zukünftige Bebaubarkeit unterstellen, und einen niedrigen Preis bei Annahme einer geringen Wahrscheinlichkeit. Daraus ergibt sich, dass aus der Höhe des Kaufpreises allein kein Argument für oder gegen die Wirksamkeit des

---

[79] Vgl. zur Erläuterung dieser Begriffe *Layard/Walters*, Microeconomic Theory, 1978, S. 351 ff., sowie *Adams*, Ökonomische Analyse des Zivilprozesses, 1981, S. 66 ff.

Vertrages hergeleitet werden kann, da dieser lediglich die Wahrscheinlichkeitsbewertung des Ereignisses „Bebaubarkeit“ im Augenblick des Vertragsschlusses widerspiegelt, nicht jedoch die von den Parteien gewünschten Gewinn- und Verlustmöglichkeiten. Waren sich die Parteien des Risikos bewusst und haben sie trotzdem einen Vertrag mit einem eine bestimmte Risikoeinschätzung widerspiegelnden Preis abgeschlossen und ist im Vertrag keine besondere Behandlung der Gewinne und Verluste bei Eintritt des Risikos vorgesehen, ist die weder durch Gewährleistungs-, Anfechtungs- oder Anpassungsrechte beeinträchtigte Wirksamkeit des Vertrages die dem hypothetischen Willen der Parteien entsprechende Lösung. Jedes andere Ergebnis würde den Abschluss unvollständiger Verträge, die Risiken zum Gegenstand haben, beeinträchtigen. So würde im Fall eines beispielsweise genau zwischen Ackerland und Bauland liegenden Kaufpreises bei Eintritt der Bebaubarkeit der Verkäufer eine Änderung des Vertrages anstreben, während im Fall des Nichteintritts der Bebaubarkeit der Käufer das Argument des (ex post) „ungerechten“ Preises in Feld führen würde. Da sich somit bei jedem Risiken umordnenden Vertrag nach ihrem Eintritt (ex post) eine der Parteien in ihren Erwartungen je nach Höhe ihrer subjektiven Wahrscheinlichkeit mehr oder minder getäuscht sehen wird, würde eine Berücksichtigung dieser Art enttäuschter Erwartungen im Ergebnis eine durchgängige Unwirksamkeit von Risiken behandelnder Verträge bedeuten, die jedoch den ex ante Interessen derselben vertragsschließenden Parteien widersprechen würde.

Mit Hilfe des Rückgriffs auf den hypothetischen Parteiwillen bei Vertragsabschluss lässt sich auch die Ablehnung eines Anfechtungsgrundes oder des Wegfalls der Geschäftsgrundlage für diejenigen Fälle begründen, in denen der Irrtum auf unzutreffenden Beurteilungen und *Erwartungen über das Marktgeschehen*, etwa über die *Preisentwicklung* wichtiger Kostenbestandteile, etwa von anderen Unternehmen zu beziehender Vorleistungen, beruhte. Die Vorteile des auf Austauschverträgen beruhenden Systems der Arbeitsteilung würden vermindert, wenn das Vertragsrecht im Falle „unvollständiger Verträge“ die Arbeitsteilung bei der Informationsbeschaffung und -verarbeitung nicht ebenso wie bei der Erstellung von anderen Gütern nach dem Grundsatz der gemeinsamen Kostenminimierung ordnen würde. So würde bei den Parteien ein erheblich größerer Informationsaufwand anfallen, wenn sich aufgrund möglicher Anfechtungsrechte oder anderer Rechtsinstitute eine Partei einseitig dann vom Vertrag lösen könnte, wenn sich die Kosten- und Herstellungsbedingungen ihrer Leistungen änderten, da dies die Vertragsgegenseite dazu anhalten würde, sich Kenntnisse über die Herstellungsbedingungen ihres Vertragspartners zu verschaffen, um die Verlässlichkeit und Vorteilhaftigkeit des Vertrages besser einschätzen zu können. Um diese verschwenderische Mehrbeschaffung und -verarbeitung von Informationen zu vermeiden, würden sich die Parteien bei einem „vollständigen Vertrag“ auf eine mit der entsprechenden Risikotragungspflicht verbundene Spezialisierung bei der Informationsverarbeitung einigen, die jede Seite für die Richtigkeit und Vorteilhaftigkeit der Erstellung ihres Leistungsangebotes haften lässt und damit die Vertragsgegenseite von der mit ihrer Leistungserstellung nicht in unmittelbarem Zusammenhang stehenden Informationsverarbeitungskosten befreit. Jede Partei muss somit die mit ihren fehlerhaften Erwartungen über die von ihr zu erbringenden Leistungen verbundenen Gewinne und Verluste selbst tragen. Wenn daher eine Partei beispielsweise einen langfristigen Liefervertrag abschließt und hier unzutreffende Erwartungen über die Preisentwicklung ihrer von anderen Personen zu beziehender Vorleistungen bildet, müssen die hierbei auftretenden Marktlagengewinne („windfall profits") und -verluste von ihr voll getragen werden, ohne dass sie die Möglichkeit hat, mit Hilfe des Anfechtungsrechts oder des Wegfalls der Geschäftsgrundlage, ihre Verluste auf den Vertragspartner zu verlagern. Die Entscheidung des BGH[80], im „Ölverteuerungsfall" keine Preisanpassung eines Heizöllieferverträges an die von den OPEC-Ländern im Jahre 1973 ausgelöste Rohölverteuerung aufgrund des Wegfalls der Geschäftsgrundlage zuzulassen, entspricht somit einer solchen den gemeinsamen Interessen der Parteien dienenden Arbeitsteilung bei der Anpassung an veränderte Marktgeschehnisse. Für die Beurteilung der „Gerechtigkeit" dieser Regelung gilt es, sich zudem vor Augen zu halten, dass die an die Gerichte im „Ölverteuerungs"- oder „Uranmarktfall" herangetragenen Klagen die Verlagerung von Verlusten auf die Vertragspartner zum Ziele hatten. Unvorhergesehene Preisänderungen können jedoch bei derselben zunächst Klage führenden Partei auch zu Marktlagengewinnen, etwa aufgrund einer Neubewertung der Lagervorräte führen, so dass bei symmetrischer, „gerechter"[81] Betrachtungsweise in diesen Fällen nun der Vertragsgegenseite ein Anfechtungsrecht oder eine Anpassung nach den Regeln über den Wegfall der Geschäftsgrundlage zuzugestehen wäre. Würde man daher bei einer unvorhergesehenen Ölpreisverteuerung einen Eingriff in den Vertrag gutheißen, müsste das gleiche auch bei einer Ölpreissenkung gelten. Es ist leicht einsehbar, dass ein solches Vertragsrecht in einer Welt sich ständig ändernder Preise die Verlässlichkeit von Verträgen stark beschädigen würde und damit unnötige Informationsverarbeitungskosten und zusätzliche Unsicherheit hervorriefe und damit im Ergebnis niemandem nützen, aber allen schaden würde.

---

[80] BGH, WM 1978, 22. Vgl. hierzu auch die Analyse des Uranmarktfalles bei *Joskow*, Commercial Impossibility, The Uranium Market and the Westinghouse Case, Journal of Legal Studies 1976, S. 119 ff.

[81] Man kann zeigen, dass die Idee der Gerechtigkeit in den meisten ethischen Systemen auf einer Symmetrievorstellung beruht. Vgl. hierzu *Layard/Walters*, Microeconomic Theory, S. 44 ff.

Es lässt sich somit festhalten, dass der Wille der Parteien bei Abschluss eines vollständigen, Risiken behandelnden Vertrages auch seine Wirksamkeit bei Eintritt der betreffenden Risiken umfasst[82].

Der Kalkulationsirrtum

Es war zuvor gezeigt worden, dass - bis auf diejenigen Ausnahmefälle, bei denen der Erwerb eines bestimmten Expertenwissens offensichtlich unerwünscht ist - das Verschweigen auf Expertenwissen oder Suche zurückgehender Informationen einen notwendigen Anreiz für Wohlstandsverbesserungen darstellt, und damit ein von den Vertragsparteien gewolltes Anreizsystem und Vertragsrecht ist. Es ist jedoch auch schon darauf hingewiesen worden, dass die Parteien bei „vollständigen Verträgen" dann eine Vertragsauflösungsmöglichkeit, etwa durch eine Anfechtung vereinbaren würden, wenn die Aufrechterhaltung des Vertrages für die Parteien keine Nutzensteigerung mit sich bringen würde, sondern beispielsweise lediglich einen nur unter *Kosten verhinderbaren Umverteilungsgewinn* der einen Partei zu Ungunsten der anderen zur Folge hätte. Ein Beispiel für einen solchen lediglich die unproduktive Streuung der Vertragsvorteile erhöhenden Irrtum stellen bestimmte Fälle des „Kalkulationsirrtums" dar.

Als „Kalkulationsirrtum" wird diejenige Fallgruppe von Irrtümern bezeichnet, bei der die von der Gegenseite zu erbringende Leistung, etwa die Höhe des Werklohns, mit Wissen der Gegenseite unter Verwertung bestimmter Berechnungsgrundlagen ermittelt worden ist[83]. Ein Beispiel hierfür wäre das von einer Partei abgegebene und von der anderen Seite angenommene Angebot der Errichtung eines Bauwerks, dessen Kosten auf Grund einer fehlerhaften Multiplikation

---

[82] Grundlage der Beurteilung vertragsrechtlicher Regelungen muss der „Wille der Vertragsparteien" sein, (vgl. hierzu *Posner*, The Economics of Justice, 1981, S. 13 ff.) stets vorausgesetzt, dass es sich nicht um externe Effekte erzeugende Verträge handelt. Bei Anreizen, die über Informationsdifferenzen in Verträgen geschaffen werden, ist für die Rechtsordnung derjenige hypothetische Wille der Vertragsparteien entscheidend, der gebildet wurde, *bevor* die Parteien wussten, wer im einzelnen Vertrag Gewinner oder Benachteiligter der Informationsdifferenzen sein würde. Ohne diesen *„Schleier des Nichtwissen"* (vgl. hierzu *Rawls*, Eine Theorie der Gerechtigkeit, 1975, S. 14 ff.) hätte jede Partei ein Vetorecht bei denjenigen Verträgen, die sich für sie im nachhinein als ungünstig herausstellen. Da dann jede Person gegebenenfalls mit Hilfe von Interessengruppen die ihr ungünstig erscheinenden Verträge oder Rechtsinstitutionen verhindern könnte, würde das gesamte System der allokationsverbessernden, ihren „gerechten" Vorteilsausgleich (weitgehend) bereits im Wege der Generalkompensation findender Verträge und Rechtsinstitutionen vollständig lahmgelegt. Grundlage der Beurteilung ist somit der (hypothetische) Wille von Vertragsparteien, die nur wissen, dass sie mal auf der einen, mal auf der anderen Seite des Vertrages beteiligt sein könnten.

[83] Vgl. hierzu *Flume*, a.a.O. § 23 4 e; *Larenz*, Allgemeiner Teil des deutschen bürgerlichen Rechts, § 20 II a; *Brox*, Allgemeiner Teil, Rdnr. 378.

der Arbeitsstunden mit dem Stundensatz um 10 % zu gering angesetzt worden sind.

Das RG hat in ständiger Rechtsprechung[84] entschieden, dass ein nach § 119 I BGB zur Anfechtung berechtigender Inhaltsirrtum dann vorliegt, wenn die Kalkulation „zum Gegenstand der Vertragsverhandlungen" gemacht wurde und das geforderte Entgelt als Ergebnis der Kalkulation dargestellt worden ist. Der vom RG rechtstechnisch gewählte Weg über § 119 I BGB ist auf vielfältige Kritik gestoßen[85]. Der BGH hat diese Rechtsprechung mehrfach erwähnt, sich in ihrer Anerkennung jedoch nicht festgelegt[86]. Stattdessen hat er die Regeln vom Wegfall der Geschäftsgrundlage in einem Fall angewandt, in dem in einer Ausschreibung statt richtigerweise 18,5 m^2 185 m^2 angegeben worden waren und auf dieser Grundlage der Preis berechnet und vereinbart worden war. Er hat in seinem Urteil den Werklohn auf 10 % gekürzt. In einem weiteren vom BGH[87] entschiedenen Fall hatte ein Student einen Wagen mit einer Anzahlung von 3600 DM gekauft, konnte jedoch später die Ratenzahlungen nicht leisten. In diesen Vertrag trat ein Dritter mit der Vereinbarung ein, dass die von dem Studenten aufgebrachte Anzahlung vom Kaufpreis abgezogen werden sollte. Aufgrund eines Rechenfehlers des Verkäufers wurde die Anzahlung zweimal vom Kaufpreis abgezogen. Nach Ansicht des BGH war der Vertrag mit dem unrichtig berechneten Kaufpreis zustande gekommen, ein Festhalten des Dritten an dem Vertrage wurde jedoch als unzulässige, im Widerspruch zu Treu und Glauben nach § 242 BGB stehende Rechtsausübung gewertet.

Die schwammige theoretische Grundlage wird allein durch die im Verlauf dieser Entscheidung verwendeten oder vorgeschlagenen rechtstechnischen Verfahren deutlich: Das OLG ließ auf der Grundlage der Rechtsprechung des RG eine Anfechtung nach § 119 I BGB zu, der BGH arbeitete mit der Generalklausel von Treu und Glauben gemäß § 242 BGB, während Flume[88] durch Auslegung zu dem Ergebnis kommt, dass zwei einander widersprechende Erklärungen vorlägen, die „gleichrangig waren, so dass keiner der Vertragspartner den andren an der für diesen ungünstigen Abrede festhalten durfte. Der Vertrag war also hinfällig".

Lässt man zunächst die rechtstechnische Art und Weise der Herbeiführung des gewünschten Ergebnisses - nämlich die Nichtdurchführung des Vertrages - bei-

---

[84] RGZ 64, 268; 94, 67; 97, 140; 162, 201.

[85] Vgl. hierzu *Flume*, § 24 4 e; *Larenz*, Allgemeiner Teil § 20 II a; *Medicus*, Bürgerliches Recht § 6 III 2 b.

[86] Vgl. hierzu BGH LM § 119 Nr. 8; *Wieser*, NJW 1972, 708.

[87] BGH LM § 119 Nr. 8. Vgl. hierzu auch die Erörterung dieses Falles bei *Flume*, Das Rechtsgeschäft, Bd. II, § 26 4 b.

[88] *Flume*, a.a.O., § 26 4 b. Vgl. hierzu auch *Larenz*, Allgemeiner Teil § 20 II a; *Wieser* NJW 1972, 708; *Medicus*, Bürgerliches Recht, § 7 II.

seite und bemüht sich um eine theoretische Begründung, ergibt sich auch diese durch einen Rückgriff auf den Parteiwillen bei der Formulierung eines *„vollständigen Vertrages"*. So ist jede Partei bei der Formulierung ihrer Vertragsbedingungen der Gefahr ausgesetzt, einen möglicherweise verhängnisvollen Fehler bei der Zusammenstellung und Berechnung ihrer Vertragsbedingungen zu begehen. Jede Partei ist nun allerdings auch in der Lage, durch mit vielerlei Kosten verbundene Vorbeugemaßnahmen diesen Fehler zu verhindern. Ist nun die Vertragsgegenseite, etwa aufgrund einer von ihr ohnehin unternommenen vergleichenden Prüfung der Angebote ohne weiteres in der Lage zu erkennen, dass ein bestimmtes Angebot nicht innerhalb der üblichen Streuung der Preise liegt, sondern auf einem Irrtum ihres Vertragspartners beruhen muss, werden die gemeinsamen Vertragsabschlußkosten *beider* Parteien dadurch minimiert, dass der dies erkennenden Vertragspartei nicht die Erzielung eines Vorteils aus diesem Irrtum gestattet wird, sondern ihr statt dessen Anreize zur Korrektur des Irrtums der Gegenseite vermittelt werden, da diese ihren Irrtum ja nur unter zusätzlichen Kosten, nicht aber aufgrund ohnehin („grenzkostenfrei") anfallender Informationen entdecken und verhindern kann. Wenn jedoch eine Partei ohne zusätzliche Kosten diesen Fehler zu korrigieren imstande ist, würden die an einer die gesamten Kosten minimierenden Vereinbarung interessierten Parteien eine solche gegenseitige Korrekturpflicht für auf diese Art *erkennbare* Kalkulationsirrtümer vereinbaren. Desgleichen würde eine Verpflichtung zum Ersatz des Vertrauensschadens (§ 122 BGB) ausgeschlossen, da die Gegenseite ja gerade keinem Anreiz ausgesetzt sein soll, diesem für sie grenzkostenfrei erkennbaren Irrtum zu vertrauen, sondern vielmehr eine den gesamten Nutzen des Vertrages maximierenden Aufklärungspflicht nachkommen sollte. Wenn somit der Irrtum einer Partei ihrer Gegenseite offensichtlich ist, besteht eine dem gemeinsamen Nutzen der Parteien besser dienende Regelung darin, der irrenden Partei das Recht zu geben, sich vom Vertrage lösen zu können und der Gegenseite ein Recht auf Ersatz ihres negativen Interesses nur insoweit zuzusprechen, als sie den Irrtum nicht kannte aber trotz Kostengerechtfertigter[89] Anstrengungen nicht hätte erkennen können[90].

Es ist leicht einsehbar, dass nur dem Vertragspartner *erkennbare* Kalkulationsirrtümer zur Anfechtung des Vertrages führen dürfen. Würde man auf diese Einschränkung verzichten, wäre die Verlässlichkeit des Vertragssystems gefährdet,

---

[89] Eine „kostengerechtfertigte Vorbeugemaßnahme" liegt bis zu dem Punkt vor, an dem der Grenzertrag aus den vermiedenen Nachteilen kleiner oder gleich ist den erforderlichen Grenzkosten zur Irrtumsentdeckung und Aufklärung, vgl. hierzu ausführlich *Adams*, Ökonomische Analyse der Gefährdungs- und Verschuldenshaftung, S. 36 ff. mit weiteren Nachweisen.

[90] Vgl. zur ökonomischen Theorie des Verschuldens *Adams*, Ökonomische Analyse der Gefährdungs- und Verschuldenshaftung, 1985, S. 36 ff. sowie S. 120 ff. mit weiteren Nachweisen.

da dann jede Partei in die Lage versetzt würde, mit der Behauptung, ihr sei ein Rechenfehler unterlaufen, den Vertrag dann zu Fall bringen zu können, wenn er ihren Interessen nicht mehr entspräche. Die Nachteile, die sich aus einer solchen Möglichkeit ergäben, erscheinen insgesamt erheblich größer als die bei allen Parteien nun statt dessen erforderlich werdenden Vorbeugekosten für die nicht erkennbaren Kalkulationsirrtümer.

Eine weitere Erhöhung ihres Nutzens ergibt sich für die Parteien aus einer solchen Regelung dann, wenn sie *risikoscheu* sind. Für sie stellt eine derartige Vertragsklausel in einem „vollständigen Vertrag" zusätzlich noch eine Versicherung dar, da durch den gegenseitigen Verzicht auf zufallsbedingte Umverteilungsgewinne die Streuung der möglichen Vertragsergebnisse vermindert wird[91].

Da die theoretische Begründung einer vertragsrechtlichen Regelung stets auf den „hypothetischen Parteiwillen bei Vereinbarung eines vollständigen Vertrages" zurückgeführt werden sollte, könnte anstelle des hier diskutierten Anfechtungsrechtes auch die von *Flume* vorgeschlagene Auslegung des Vertrages der näherliegende Weg sein, dem Willen der Parteien zu dienen, allerdings vorausgesetzt, der Widerspruch zwischen dem ausgelegten wirklichen Willen und der irrtümlich vereinbarten Vertragsbedingung ist auch im jeweiligen Vertrag zum Ausdruck gekommen. Ist dies jedoch nicht der Fall, gewänne eine Vertragsauslegung einen weitgehend fiktiven Charakter und könnte dann nicht mehr als solche bezeichnet werden, sondern würde die Schaffung eines die Rechtssicherheit nicht fördernden Freiheitsraumes bei der richterlichen Vertragsgestaltung darstellen. Aus diesem Grunde erscheint bei nicht mehr auslegungsfähigen Verträgen eine die Institute des Billigkeitsrechts vermeidende, wohl auch in der Tradition der Rechtsprechung des Reichsgerichts liegende[92] analoge Anwendung des § 119 I BGB wegen Erklärungsirrtums die angemessene Lösung der Fälle des erkennbaren Kalkulationsirrtums.

Schlussbemerkungen

Es sind zwei grundsätzliche Aufgaben, denen sich die Jurisprudenz gegenübersieht: Zum einen ist sie gehalten, richtige Vorstellungen über diejenigen Wirkungen zu entwickeln, die sie in der Realität mit den verschiedensten Rechtsre-

---

[91] Vgl. hierzu *Perloff*, Breach of Contract and the Forseeability Doctrine of Hadley v. Baxendale, Journal of Legal Studies, 1981, S. 39 ff.; *Kronman*, Mistake, Disclosure, Information, and the Law of Contracts, Journal of Legal Studies, 1978, S. 1 ff.; *Posner/Rosenfield*, Impossibility and Related Doctrines in Contract Law: An Economic Analysis, Journal of Legal Studies, 1977, S. 83 ff.; *Barzel*, Measurement Cost and the Organization of Markets, Journal of Law and Economics, 1982, 27ff. jeweils mit weiteren Nachweisen.

[92] Manche Formulierungen des RG deuten darauf hin, dass dieses nicht eine unmittelbare Anwendung des § 119 I BGB, sondern eine analoge Anwendung im Auge hatte, vgl. hierzu RGZ 97, 140; 116, 17; 149, 139; 162, 201.

gelungen herbeizuführt. Es ist dies der Versuch einer „positiven Theorie“ des Rechts, ein Bemühen, dass sie mit allen Sozialwissenschaften gemein hat. Zum anderen obliegt der Rechtswissenschaft die Aufgabe, „normative Theorie“ zu betreiben, da erst die Erörterung und Aufstellung von Werturteilen und deren Anordnung in ein widerspruchsfreies Wertesystem die Möglichkeit gewährt, aus der Vielzahl der durch ein Rechtssystem herbeiführbarer Lebensumstände der Menschen diejenigen auszuwählen, die den Wünschen der Bürger am meisten entsprechen. In der herkömmlichen juristischen Theorie wird die Wahrnehmung dieser beiden Aufgaben nicht selten dergestalt miteinander verwoben, dass unklar bleibt, ob der jeweilige Autor eine Beschreibung der Wirklichkeit oder eine wertende Aussage beabsichtigt. Als Bewertungsmaßstab der Rechtsinstitutionen des Vertrags- und Anfechtungsrechts werden diejenigen Regelungen vorgeschlagen, die die Vertragsparteien *bei* Abschluss eines „vollständigen Vertrages“ vereinbart hätten. Da die Parteien bei Abschluss eines Vertrages *stets ein gemeinsames* Interesse an einer verschwendungsfreien („effizienten“) Vertragsgestaltung besitzen, ist die Effizienz der vertragsrechtlichen Regelungen die dem Willen der Bürger entsprechende Aufgabe des Vertragsrechts. Es wurde gezeigt, dass ein in jedem Einzelvertrag aus „Gerechtigkeitsgründen“ um fallweise differenzierte Umverteilung bemühtes Vertragsrecht nicht dem Willen der Bürger, auch nicht derjenigen, die anscheinend hierdurch begünstigt werden, entspricht. Der vielfach behauptete Interessengegensatz zwischen „Effizienz und Gerechtigkeit“ besteht im Vertragsrecht bei wohlinformierten rationalen Vertragsparteien nicht und gestattet durchgehend einen Rückgriff auf den Willen der Vertragsparteien bei Vereinbarung eines „vollständigen Vertrages“ als den von den Parteien stets gewünschten Bewertungsmaßstab vertragsrechtlicher Regelungen.

Nachdem jeweils die einzelnen Theorien von Rechtsprechung und Literatur zum Irrtum über „gegenwärtige“ und „künftige“ Eigenschaften, zum Kalkulationsirrtum und zum Irrtum über den „Wert“ einer Sache dargestellt und kritisiert worden sind, wurde anhand einer Wirkungsanalyse der einzelnen Regelungsmöglichkeiten dargelegt, in welchen Fällen die Parteien bei Vereinbarung eines „vollständigen Vertrages“ trotz fehlerhafter Vorstellungen eine Durchführung des Vertrages wünschen würden, und in welchen Fällen sie eine Anfechtungs- oder Anpassungsmöglichkeit vereinbart hätten.

Das bürgerlich-rechtliche Benachteiligungsverbot gemäß § 612 Abs. III BGB

„Kein Brotkäufer weiß, ob der verwendete Weizen von einem Kommunisten oder Republikaner, Konstitutionalisten oder Faschisten, von einem Farbigen oder einem Weißen angebaut wurde. Das macht deutlich: Ein unpersönlicher Markt trennt wirtschaftliche Aktivitäten von politischen Ansichten und schützt zugleich den Einzelnen vor Diskriminierung infolge von Gründen, die mit seiner individuellen Produktivität nichts zu tun haben."

Milton Friedman, Kapitalismus und Freiheit

A. Einleitung

Es gehört zum Allgemeinwissen, dass der Durchschnittslohn von Frauen auch in der Bundesrepublik deutlich geringer ist als der Durchschnittslohn von Männern[1]. Es wird üblicherweise auch gesehen, dass aufgrund ihrer unterschiedlichen Lebenswege und der Spezialisierung der Frauen auf die Produktion von Gütern, die unmittelbar im Haushalt verbraucht werden, Männer und Frauen unterschiedliche Leistungen am Arbeitsmarkt anbieten, die auch zu unterschiedlichen Entlohnungen führen müssen[2]. Ob in dieser zu einem unterschiedlichen Arbeitsangebot von Frauen führenden Rollenverteilung im Haushalt eine Diskriminierung ihren Ausdruck findet, soll nicht Gegenstand dieses Aufsatzes sein. Auch wenn es keinen Zweifel daran gibt, dass Frauen seit altersher von sozialen Normen, religiösen Systemen und bis in die Neuzeit hinein auch von staatlichen Gesetzen unterdrückt und benachteiligt wurden, soll hier ausschließlich geprüft werden, ob die **zusätzliche** Befürchtung zutrifft, selbst bei gleicher Arbeit drohe den Frauen am Arbeitsmarkt eine Benachteiligung durch schlechtere Bezahlung oder geringere Aufstiegschancen, der durch das Bürgerliche Recht in Form des 612 Abs. III BGB entgegengetreten werden müsse. Es ist daher von Interesse, ob diese Vorschrift dem vorgesehenen Ziel, einer Beseitigung von Diskriminierung am Arbeitsmarkt, überhaupt zu dienen vermag oder aber - von

---

Erstveröffentlichung: *M. Adams*, Das bürgerlich-rechtliche Benachteiligungsverbot gemäß § 612 III BGB, Juristenzeitung (JZ), 1991, S. 534-539. Der Aufsatz wurde für die vorliegende Neuveröffentlichung sprachlich geringfügig geglättet.

[1] Der Unterschied in den Bruttoverdiensten beläuft sich für viele Branchen auf einen Minderverdienst der Frauen um rund ein Drittel. Vgl. hierzu Statistisches Bundesamt (Hrsg.), Frauen in Familie, Beruf und Gesellschaft, Stuttgart, 1987, S. 80 sowie die ausführlichen Angaben bei *H. Pfarr/K. Bertelsmann*, Diskriminierung im Erwerbsleben: Ungleichbehandlung von Frauen und Männern in der Bundesrepublik Deutschland, 1989, S. 26 f.

[2] Vgl. hierzu *V.R. Fuchs*, Women's Quest for Economic Equality, Journal of Economic Perspectives, Winter 1989, S. 25 ff.

tiefem Unverständnis über das Walten des Wettbewerbs am Arbeitsmarkt getragen - möglicherweise Gegenteiliges bewirkt.

Hierzu soll zunächst erörtert werden, ob und in welcher Weise Benachteiligungen bei Wettbewerb auf einem Arbeitsmarkt Bestand haben können und welche Mechanismen möglichen Diskriminierungsabsichten der Beteiligten entgegenwirken.

B. Benachteiligungen auf Arbeitsmärkten[3]

Um zu klaren Aussagen über die Wirkung des § 612 Abs. III BGB kommen zu können, seien die Umstände, Motive und das Wissen der Beteiligten am Arbeitsmarkt wie folgt aufgegliedert und stilisiert:

I. Diskriminierung durch den Arbeitgeber

1. Alle Arbeitgeber bevorzugen ausnahmslos eine bestimmte Arbeitnehmerklasse

Es sei zunächst angenommen, dass alle Arbeitnehmer völlig identisch im Hinblick auf ihre Leistungen für den Arbeitgeber sind. Frauen und Männer beispielsweise, unterscheiden sich in ihrer Produktivität für den Arbeitgeber somit nicht[4]. Auch Unterschiede in Alter, Ausbildung, Fehlzeiten oder Krankheitskos-

---

[3] Vgl. hierzu bereits grundlegend *G.S. Becker,* The Economics of Discrimination, Chicago 1957. Eine moderne Diskussion enthalten insbesondere die Aufsätze von *V.R. Fuchs,* Women's Quest for Economic Equality, Journal of Economic Perspectives, Winter 1989, S. 25 ff. mit einer Entgegnung von *B.R. Bergmann,* Does the Market for Women's Labour Need Fixing? Journal of Economic Perspectives, Winter 1989, S. 43 ff. jeweils mit vielen weiteren Literaturhinweisen. Einführend vgl. auch *R.A. Posner,* Economic Analysis of Law, 1986, 3. Aufl., Kapitel 27. Dieser Abschnitt stützt sich wesentlich auf Überlegungen von *S. Shavell.*

[4] Der Arbeitgeber wünscht die Arbeitsleistung seiner Mitarbeiter und fragt diese am Arbeitsmarkt nach, nicht weil er die jeweilige Arbeit als solche schätzt, sondern weil er die mit der nachgefragten Arbeit hergestellten Güter und Dienstleistungen wünscht. Aus seiner Sicht ist somit nur dann die **Arbeit** verschiedener Personen **gleich**, wenn sie **pro Mark aufgewandter Kosten zum gleichen Arbeitsergebnis** bei der Herstellung seiner Güter und Dienstleistungen führt. Ist daher beispielsweise die Arbeit einer bestimmten Person mit der Herstellung einer Gütereinheit pro Arbeitsstunde verbunden, während eine andere Person hierfür zwar auch nur eine Stunde benötigt, aber das Unternehmen 30 Prozent höhere Arbeitslöhne zu zahlen hat, ist die Arbeit der jeweiligen Personen weder gleich, noch gleichwertig. Die Unternehmen müssen bei ihrer Geschäftstätigkeit infolge des Wettbewerbs jeglicher Verschwendung entgegentreten, die Kosten der von ihnen jeweils verbrauchten Leistungen daher richtig berücksichtigen. Der Einsatz von Arbeitnehmer mit erhöhten Kosten muss daher unterbleiben, da er eine Verschwendung darstellen würde. Eine Diskriminierung kann daher nur vor dem Hintergrund des Vergleichs der Produktivität pro Arbeitskostenstunde der Beteiligten erörtert werden, da bei Abwesenheit von Diskriminierungen nur gleiche Produktivität pro Arbeitskostenstunde

ten seien somit nicht vorhanden. Auch die Arbeitgeber seien identisch, bevorzugen jedoch aus irgendeinem subjektiven Grund Männer und sind daher bereit, diesen ein um ein Drittel höheres Einkommen zu zahlen. Die Arbeitgeber bieten die von ihnen hergestellten Güter auf einem Wettbewerbsmarkt an, bei dem die Käufer sich nicht darum kümmern, ob die angebotenen Güter durch Frauen oder Männer hergestellt wurden. Die Käufer achten auf den Preis und kaufen umso weniger von dem angebotenen Gut, je höher sein Preis ist.

Auf einem derart stilisierten Markt ergibt sich als Ergebnis des Arbeitseinsatzes der beteiligten Männer und Frauen ein bestimmter Preis des von den beteiligten Menschen hergestellten Gutes. Der Lohn der Männer muss nun gleich ihrem jeweiligen Beitrag zu diesem Gut sein, nicht niedriger, aber auch nicht höher. Dieser Beitrag zum Produkt sei beispielsweise 60 DM pro Tag. Wäre der Arbeitslohn für die Männer höher, würde der Arbeitgeber einen Verlust mit ihrer Anstellung erleiden, wäre er dagegen niedriger, könnte der Arbeitgeber einen Gewinn erzielen, da der jeweilige Arbeitnehmer ihn weniger kosten würde als er ihm durch seine Arbeit an Einnahmen hereinbringt. Durch den Wettbewerb auf dem Arbeitsmarkt hat ein Arbeitnehmer es auf Dauer nicht hinzunehmen, unter seiner Produktivität bezahlt zu werden, da im Falle einer solchen Unterbezahlung ein anderer Arbeitgeber dem Arbeitnehmer ein besseres Angebot machen würde, da er mit dem neu eingestellten Arbeitnehmer bis zum Erreichen des Produktivitätslohnes einen Gewinn erzielen könnte. Damit muss der Lohn der Männer im Ergebnis (Gleichgewicht) ihrer Produktivität entsprechen.

Der Lohn der Frauen wird jedoch um ein Drittel niedriger sein, im Beispiel also pro Tag 40 DM. Da laut Annahme die Arbeitgeber alle ausnahmslos bereit sind, ein Drittel mehr zu zahlen, um zu vermeiden, eine Frau einzustellen, würden sie bei einer geringeren Lohndifferenz als 20 DM pro Tag immer einen Mann bevorzugen, da aus der Sicht der Arbeitgeber auf die Produktivität der Frau, die mit 60 DM ebenso hoch ist wie der Männer, noch das subjektive Missbehagen von einem Drittel, d.h. 20 DM, hinzuzurechnen ist, so dass der an Frauen zu zahlende Lohn aus der Sicht der Arbeitgeber insgesamt also mehr als 60 DM betrüge. Erst wenn der ausgezahlte Lohn der Frauen um ein Drittel auf 40 DM gefallen ist, entspricht er aus der Sicht der Arbeitgeber dem Lohn der Männer

---

auf einem Arbeitsmarkt gleiche Löhne zu erzeugen vermag. Will man sich vom Merkmal der Produktivität lösen und Einkommen und Aufstieg nach anderen Merkmalen als der der Produktivität festlegen, muss man entweder den Arbeitsmarkt völlig aufgeben oder den Wettbewerb auf ihm beseitigen, indem man ihn beispielsweise einem Monopol, wie etwa dem öffentlichen Dienst, überantwortet. Eine andere Möglichkeit besteht darin, im Rahmen der gewünschten Abweichungen von Produktivität und Entlohnung in den Arbeitsmarkt durch Steuern, Abgaben oder Subventionen einzugreifen. Ob eine solche Vorgehensweise, wenn sie in erheblichem Maße erfolgte, verfassungsrechtlich zulässig wäre, soll hier nicht erörtert werden.

von 60 DM. Ist der ausgezahlte Lohn der Frauen jedoch um mehr als ein Drittel geringer als der der Männer, ist der subjektive Unwille der Arbeitgeber überkompensiert, so dass sie in einem solchen Fall Frauen einstellen würden. Der Gleichgewichtslohn der Frauen muss daher ein Drittel weniger als der von Männern betragen.

2. Einige Arbeitgeber bevorzugen Männer, andere Arbeitgeber jedoch nicht

In diesem Fall soll die vorhergehende extreme Annahme, dass *alle* Arbeitgeber ausnahmslos bereit sind, für die Anstellung von Männern ein Drittel mehr zu bezahlen, aufgegeben werden. Nunmehr gebe es auch einige Arbeitgeber, denen es gleichgültig ist, ob sie bei gleicher Produktivität jeweils Männer oder Frauen einstellen.

Auch hier erhalten die Männer aus den im ersten Beispiel dargelegten Gründen ihren Produktivitätslohn von 60 DM pro Tag. Für die Frauen ändert sich jedoch die Lage grundlegend. Treffen sie beispielsweise auf einen Arbeitgeber, der ihnen trotz ihrer Produktivität von 60 DM pro Tag aufgrund seiner persönlichen Abneigung nur einen Lohn von 40 DM zahlen will, werden sie sich einem anderen Arbeitgeber anbieten, dem die Anstellung von Frauen kein Missbehagen in Höhe von 20 DM bereitet und der daher mit ihrer Einstellung gegenüber dem diskriminierenden Arbeitgeber einen hohen Gewinn erzielen will und kann. Die zwischen Männern und Frauen indifferenten Arbeitgeber können diesen Vorteil solange ausnutzen, bis sie im Wettbewerb miteinander den Lohn der Frauen auf den Produktivitätslohn in Höhe von 60 DM pro Tag hinaufgetrieben haben.

3. Ergebnis

Die Beispiele haben gezeigt, dass nur dann Lohnunterschiede zwischen gleich produktiven Männern und Frauen auftreten können, wenn ausnahmslos *alle* Arbeitgeber einen subjektiv empfundenen Nachteil mit der Einstellung von Frauen verbinden, der nichts mit Produktivitätsunterschieden zu tun hat. Gibt es dagegen eine Zahl von Arbeitgebern, die gegenüber der Einstellung von gleich produktiven Männern und Frauen indifferent sind, ist die Diskriminierung der Einkommen nicht durchzuhalten, da die nicht diskriminierenden Arbeitgeber über ihre niedrigeren Kosten oder höheren Gewinne auf Dauer die diskriminierenden Arbeitgeber aus dem Produktmarkt verdrängen werden. Es genügt somit die Anwesenheit einiger nicht diskriminierender Arbeitgeber, um die Einkommen von gleich produktiven Männern und Frauen aneinander anzugleichen und diskriminierende Arbeitgeber auf Dauer vom Markt zu verdrängen.

II. Diskriminierung oder Vorlieben auf Seiten der Arbeitnehmer

1. Die Arbeitgeber sind indifferent, aber ein Teil der Arbeitnehmer möchte lieber nicht mit bestimmten anderen Arbeitnehmern zusammenarbeiten

a. Ausnahmslos alle Männer mögen nicht mit Frauen zusammenarbeiten

Es sei nun der Fall untersucht, in dem es den Arbeitgebern völlig gleichgültig ist, ob sie Männer oder Frauen zu ihrem Produktivitätslohn einstellen. Die Männer möchten jedoch nicht mit Frauen zusammenarbeiten und sind daher bereit, auf einen bestimmten Teil ihres Lohnes zu verzichten, wenn ihnen diese Unlust erspart bleibt.

Auch in einem solchen Fall kann der Lohn von Männern oder Frauen nicht den ihrer Produktivität von 60 DM pro Tag übersteigen, da anderenfalls die Arbeitgeber einen Verlust erleiden würden. Auf der anderen Seite ist die Zahlung eines Lohnes von weniger als 60 DM auf Dauer ebenfalls nicht stabil, da dann ein jeder Arbeitgeber dadurch einen Gewinn erzielen könnte, dass er ausschließlich Männer oder ausschließlich Frauen anstellt. So kann es keinen Arbeitsplatz geben, an dem sowohl Männer als auch Frauen arbeiten, da die Männer ihren Produktivitätslohn von 60 DM erhalten, diesen aber um einen bestimmten Betrag abwerten, da sie mit Frauen zusammenarbeiten müssen. Sie können damit von Arbeitgebern abgeworben werden, die ihnen Arbeitsplätze anbieten, auf denen sie nur unter Männern sind, dafür aber einen etwas geringeren Lohn als 60 DM erhalten, der wiederum diesen Arbeitgebern gegenüber Arbeitgebern mit gemischten Arbeitsplätzen einen Gewinn erlauben würde. Der Wettbewerb der anderen Arbeitgeber wird eine solch einfache zusätzliche Gewinnmöglichkeit nicht zulassen, so dass auch diese separate Männer- und Frauenarbeitsplätze anbieten werden.

b. Einige Männer mögen nicht mit Frauen zusammenarbeiten

Wenn es einigen Männern gleichgültig ist, ob sie mit Frauen zusammenarbeiten, bleiben die Löhne beider Arbeitnehmergruppen mit 60 DM pro Tag ebenfalls unverändert gleich. Lediglich die nicht diskriminierenden Männer werden möglicherweise mit Frauen an einem Arbeitsplatz zusammenarbeiten.

c. Frauen möchten mit Männern zusammenarbeiten, während es diesen gleichgültig ist

Sind die Frauen bereit, auf einen Teil ihres Lohnes zu verzichten, um mit Männern zusammenarbeiten zu können, dann werden sie stets mit Männern zusammenarbeiten, da es dann möglich wäre, dass ein Arbeitgeber ihnen bei einem kleinen Lohnverzicht anbieten würde, mit Männern zusammenzuarbeiten. Da ein derartiger Arbeitgeber hierdurch einen Gewinn machen würde, werden andere Arbeitgeber im Wettbewerb miteinander den Lohn der Frauen auf den Produktivitätslohn von 60 DM hochsteigern, so dass keine Lohndifferenz bestehen bleiben kann. In einem solchen Fall werden die Frauen immer mit Männern zusammenarbeiten und die Löhne beider Gruppen sind gleich. Die Männer erhalten nicht mehr und nicht weniger als 60 DM, da die Arbeitgeber anderenfalls durch eine einfache Veränderung der Arbeitsplatzzusammensetzung ein Gewinn machen könnten, der im Wettbewerb der Arbeitgeber jedoch nicht aufrechterhalten werden kann.

2. Ergebnis

Das Ergebnis dieser Überlegungen ist somit, dass Abneigungen oder Vorlieben der Arbeitnehmer für bestimmte Arten von Mitarbeitnehmern zwar zu einer Trennung oder Zusammenführung der jeweiligen Arbeitnehmer am Arbeitsplatz führen kann, jedoch infolge des Wettbewerbs der Arbeitgeber auf Dauer keinen Lohnunterschied zwischen Männern und Frauen zu bewirken vermag.

III. Lediglich statistisch erkennbare Produktivitätsunterschiede zwischen Arbeitnehmergruppen

1. Durchschnittslöhne statt individueller Löhne

Es sei nun angenommen, dass weder Arbeitgeber noch Arbeitnehmer irgendwelche Abneigungen oder Vorlieben für bestimmte Arbeitnehmergruppen haben. Männer oder Frauen mögen sich jedoch nun um einen bestimmten Prozentsatz in ihrer Produktivität unterscheiden. So sei die Produktivität von 10 Prozent der Männer um 50 Prozent vermindert, während die Anzahl derartig produktivitätsgeminderter Frauen jedoch 20 Prozent betrage, ohne dass es möglich ist, jeweils herauszufinden, welcher der einzelnen Arbeitnehmer weniger produktiv ist. Es kann lediglich festgestellt werden, ob man zur Gruppe der Männer oder Frauen gehört.

Der Lohn der Männer und Frauen kann dann im Wettbewerb der Arbeitgeber nur ihrer **erwarteten** Produktivität entsprechen. Der Lohn der Frauen weicht also im Durchschnitt um das Doppelte vom ursprünglichen Produktivitätslohn von 60 DM ab. Der Lohn der Gruppe der Männer wäre daher

$$0{,}9 \cdot 60 + 0{,}1 \cdot 30 = 57\ DM,$$

während derjenige der Frauen

$$0{,}8 \cdot 60 + 0{,}2 \cdot 30 = 54\ DM$$

pro Tag betrüge.

2. Die Anreize zur Verbesserung der Produktivität

Nimmt man weiter an, dass sowohl die weniger produktiven Männer als auch die weniger produktiven Frauen mit ein klein wenig mehr Anstrengung ebenso produktiv sein könnten wie die anderen Arbeitnehmer, ergibt sich jedoch, dass sie aufgrund der Nichterkennbarkeit ihrer individuellen Produktivität keinen Anlass haben, sich anzustrengen, da sie die Mühen dieser Anstrengung voll zu tragen haben, ihr Lohn als Angehöriger einer großen Gruppe sich jedoch nur infinitesimal, praktisch also nicht erhöht. Die Eigenschaft zu einer bestimmten Produktivitätsgruppe zu gehören, erzeugt bei nicht individuell feststellbarer Produktivität einen Anreiz, insoweit unproduktiv zu bleiben, da es für die nicht feststellbaren Produktivitätsfortschritte keinen persönlichen Anreiz gibt.

3. Produktivitätsmessung

Haben die Arbeitgeber das Recht, die jeweilige individuelle Produktivität der Arbeitnehmer zu messen, werden sie dies tun. Würde beispielsweise ein Mann nicht auf seine Produktivität hin untersucht, bekäme er den statistischen Durchschnittslohn seiner Gruppe, also 57 DM pro Tag. Wenn jedoch ein Arbeitgeber ohne Kosten herausfinden könnte, welcher Arbeitnehmer voll produktiv ist und welcher dies nicht ist, könnte er am Arbeitsmarkt bei einem Durchschnittslohn von 57 DM pro Tag für Männer nur die für 60 DM pro Tag produktiven Männer heraussuchen und damit einen Gewinn erzielen. Im Wettbewerb der Arbeitgeber ist dies jedoch nicht möglich, so dass alle Arbeitnehmer getestet werden und alle ihren individuellen Produktivitätslohn erhalten. Bei den Männern würden damit 90 Prozent einen Lohn von 60 DM beziehen und 10 Prozent lediglich 30 DM, während der Prozentsatz der 30 DM verdienenden Frauen 20 Prozent betrüge. Der Wettbewerb am Arbeitsmarkt sorgt somit dafür, dass Unterschiede in der Produktivität nicht in einem großen Topf zusammengefasst werden und in einem Durchschnittslohn enden, sondern dass durch eine individuelle Zurechnung die jeweilige Produktivität mit dem jeweils bezogenen Lohn zur Deckung gebracht wird[5].

Verursachen die Tests Kosten, wird der Arbeitgeber solange Tests einsetzen, bis diese Kosten die gemessenen Produktivitätsunterschiede übersteigen.

---

[5] Diese Eigenschaft eines Wettbewerbsmarktes, den Handelnden ihre jeweiligen Kosten richtig zuzurechnen und nicht durch eine „Mischkalkulation" zu vernebeln, ist für die Effizienz von Marktwirtschaften von großer Bedeutung und muss gegen jeglichen Versuch, sie abzuschwächen, geschützt werden. Vgl. hierzu und zum rechtswidrigen Versuch der Kreditkartenunternehmen im Wege eines vertraglichen Preisaufschlagverbotes den Kreditkartenkunden die wahren Kosten der Kartennutzung zu verschleiern, *M. Adams,* Zeitschrift für Wirtschaftsrecht (ZIP), 1990, S. 632 ff.

Die Messung der individuellen Produktivitäten hat zudem produktivitätssteigernde Wirkung, wenn die Arbeitnehmer durch Anstrengung ihre Produktivität erhöhen können. Anstrengung wird nun für sie auch individuell wieder lohnend.

C. Zur Wirkung des Benachteiligungsverbotes in § 612 Abs. III BGB

Die Vorschrift des § 612 Abs. III BGB verbietet nun, dass bei einem Arbeitsverhältnis für gleiche oder gleichwertige Arbeit nicht wegen des Geschlechts des Arbeitnehmers eine geringere Vergütung vereinbart wird als bei Arbeitnehmern des anderen Geschlechts. Die Vereinbarung einer geringeren Vergütung werde nicht dadurch gerechtfertigt, dass wegen des Geschlechts des Arbeitnehmers besondere Schutzvorschriften gelten. Es fragt sich angesichts der vorangegangenen Ausführungen, welche Wirkung von einer solchen Regelung ausgeht.

I. Die Wirkung des Benachteiligungsverbotes jedoch noch ohne das Berücksichtigungsverbot von Schutzgesetzen gemäß § 612 Abs. III S. 2 BGB

Versucht man vor dem Hintergrund der Ergebnisse des ersten Teils dieses Aufsatzes die Wirkung des § 612 Abs. III BGB zu würdigen, muss nach der Wettbewerbsintensität der betroffenen Märkte unterschieden werden.

Zunächst kann § 612 Abs. III BGB eine Vorschrift darstellen, die dann eingreift, wenn der in den zuvor genannten Beispielen unterstellte **Wettbewerb** auf dem Arbeitsmarkt unzureichend ist. In einem solchen Fall kann der Versuch von Arbeitgebern, mögliche Unterschiede im Angebotsverhalten von Frauen, etwa aufgrund ihrer Zweitverdienerrolle, auszunutzen, durch § 612 Abs. III BGB erschwert werden. Aufgrund der allgemeinen Mobilität wird eine solche Rolle des Benachteiligungsverbotes jedoch nur für einige wenige Regionalarbeitsmärkte von Bedeutung sein, die von marktmächtigen Arbeitgebern beherrscht werden[6]. Die Vorschrift des § 612 Abs. III BGB ist in einem solchen Falle ein wettbewerbsrechtliches Ausbeutungsverbot, das die Ausnutzung von Marktmacht zu verhindern vermag.

Ebenfalls von Nutzen bei der Korrektur von Marktversagen auf dem Arbeitsmarkt ist das Benachteiligungsverbot nach § 612 Abs. III BGB dann, wenn der Arbeitnehmer aufgrund seines Unwissens einer solchen ihn benachteiligen Vereinbarung zugestimmt hat. Die Vorschrift des § 612 Abs. III BGB enthält dann eine sinnvolle und wünschenswerte Vertragskorrekturmöglichkeit, deren Vorteile aber auch Gefahren von der Möglichkeit einer richtigen Feststellung der „gleichen Arbeit", d.h. der gleichen Produktivität pro Arbeitsstunde, abhängen.

---

[6] Vgl. hierzu *V.R. Fuchs,* Women's Quest for Economic Equality, Journal of Economic Perspectives, Winter 1989, S. 28, der auf statistische Untersuchungen hinweist, die lokalen monopsonistischen Ausbeutungsmissbrauch nicht festzustellen vermochte.

II. Die Wirkung des Benachteiligungsverbotes bei Geltung des Berücksichtigungsverbotes von Schutzgesetzen in § 612 Abs. III S. 2 BGB

Die Vergleichbarkeit von Arbeitslöhnen wird jedoch durch die Existenz nur bestimmten Arbeitnehmergruppen Rechte einräumender Schutzgesetze entscheidend erschwert. Jeder Arbeitgeber muss bei der Entscheidung, welchen Arbeitnehmer er einstellen soll, die erwartete Produktivität pro erwartete Kosten der jeweiligen Arbeitnehmer abschätzen. Will er nicht im Wettbewerb vom Markt verdrängt werden, muss er **alle** bei einem bestimmten Arbeitnehmer auftretenden Kosten berücksichtigen, aus welchem Grund auch immer diese anfallen. Gelten daher nur für bestimmte Arbeitnehmer Schutzrechte, die für den Arbeitgeber mit Kosten verbunden sind, muss er auch diese berücksichtigen und beim ausbezahlten Lohn dieser Arbeitnehmer abziehen. Erst nach dieser Kostenkorrektur sind die Produktivitätslöhne zweier ansonsten identischer Arbeitnehmergruppen wieder gleich.

Das Gesetz sieht jedoch bei der Feststellung, ob eine Benachteiligung eines Arbeitnehmers wegen seines Geschlechtes vorliegt, in § 612 Abs. III S. 2 BGB das Verbot vor, die von anderen Gesetzen zum Schutze bestimmter Arbeitnehmer hervorgerufenen Kosten zu berücksichtigen. Steht ein Arbeitgeber daher vor der Entscheidung, ob er einen Mann oder eine gleich produktive Frau einstellen soll, und hat er etwa aufgrund des Mutterschutzgesetzes für Frauen erhöhte Kosten aufzuwenden, verbietet das Gesetz ihm diese Kosten zu berücksichtigen. Die Wirkung dieser Vorschrift lässt sich nun unmittelbar aus den Überlegungen des ersten Abschnittes ableiten.

Halten sich einige der ansonsten völlig gleichen Arbeitgeber an diese Vorschrift und andere - aus welchem Grund auch immer - jedoch nicht, werden die gesetzestreuen Arbeitgeber aus dem Markt verdrängt, da sie höhere Kosten aufweisen. Ebenso ergeht es Arbeitgebern, die bei Berücksichtigung des § 612 Abs. III S. 2 BGB einen erhöhten Anteil von Frauen an ihrer Arbeitnehmerschaft aufweisen.

Die Schwierigkeiten einer Nachprüfung der jeweiligen Produktivitäten und damit der Feststellung der „gleichen" oder „gleichwertigen" Arbeit werden jedoch dazu führen, dass zumindest einige Arbeitgeber die gesetzlich verlangte falsche Kostenzurechnung nicht durchführen und die jeweiligen (um die Zusatzkosten berichtigten) Produktivitätslöhne zahlen werden. Je stärker der Wettbewerb unter den Arbeitgebern ist, desto stärker ist der Druck auf eine Umgehung des gesetzlichen Versuchs einer Diskriminierung der nicht durch Schutzgesetze begünstigten Arbeitnehmer im Wege einer Nichtberücksichtigung von anfallenden Kosten.

So werden die Arbeitgeber gezwungen, bis zur Höhe der Korrektur der Zusatzkosten die relativen Produktivitäten der Arbeitnehmer falsch darzustellen, um unterschiedliche Löhne zahlen zu können. Oder sie werden beide Gruppen voneinander trennen, um die Messung von Produktivitäten zu erschweren. Oder es werden die zu vergebenden Stellen so mit bestimmten Tätigkeitsanforderungen versehen, dass nur die kostengünstigeren Männer als geeignet erscheinen. Ist es leichter möglich, die verlangte falsche Kostenzurechnungsanordnung des § 612 Abs. III S. 2 BGB im Falle einer Neueinstellung zu unterlaufen, werden bei Neuverträgen mehr Männer als Frauen eingestellt, so dass Frauen von Arbeitslosigkeit stärker betroffenen sein werden als ansonsten völlig vergleichbare Männer.

III. Eine Kritik von Meinungen in der juristischen Literatur

Während die Großkommentare[7] sich zum entscheidenden, Lohnunterschiede bei gleicher Arbeit erst erzeugendem Schutzgesetzberücksichtigungsverbot in § 612 Abs. III S. 2 BGB einer Kommentierung enthalten, sind insbesondere *H. Pfarr/K. Bertelsmann*[8] mit folgender Meinung hervorgetreten:

„Das vorgeblich oder tatsächlich ungünstigere Kosten-Nutzen-Verhältnis der Frauenarbeit im Vergleich zur Männerarbeit ist von Anbeginn an als Rechtfertigung dafür angeführt worden, den Frauen den gleichen Lohn wie den Männern zu versagen. Das Lohngleichheitsgebot aber will, wie das BAG bereits in seiner früheren Rechtsprechung zur Lohngleichheit betonte, ausschließen, dass der Arbeitgeber den möglicherweise geringeren ökonomischen Wert der Frauenarbeit allein den Frauen gegenüber geltend macht ... Dies geschieht aber auch dann, wenn Frauen nur für bestimmte Tätigkeiten eingestellt werden oder Arbeitsplätze ganz auf Frauen zugeschnitten und mit ihnen besetzt werden und die Kosten nur aus diesen heraus berechnet und gegenüber diesen Beschäftigten geltend gemacht würden. Die Bildung von überwiegend geschlechtsspezifischen Gruppen und die Belastung nur einer Gruppe mit den Kosten auch dann, wenn in dieser typischerweise Frauen sind, wäre eine schrankenlose Umgehung des Lohngleichheitsgebotes.

Richtig wäre es, an die Stelle der Austauschäquivalenz im einzelnen Arbeitsverhältnis oder der einzelner Gruppen die ökonomische Äquivalenz der Gesamtlohnsumme des Betriebes mit der Gesamtleistung der Belegschaft des Betriebes

---

[7] Vgl. etwa MünchKomm-*G. Schaub*, § 612 Rdnr. 252-276; Staudinger-*R. Richardi*, § 612.

[8] *H. Pfarr/K. Bertelsmann*, Diskriminierung im Erwerbsleben: Ungleichbehandlung von Frauen und Männern in der Bundesrepublik Deutschland, 1989, S. 266. Vgl. hierzu auch bereits *H. Pfarr/K. Bertelsmann*, Gleichbehandlungsgesetz, Zum Verbot der unmittelbaren und der mittelbaren Diskriminierung von Frauen im Erwerbsleben, 1985, S. 118: *„Der Arbeitgeber verfolgt dann kein objektiv gerechtfertigtes Ziel, wenn er durch die Ausgestaltung einer Vereinbarung oder Maßnahme bzw. Anforderung oder Bedingung, die nachteilig auf Frauen wirkt, erreichen will, eine höhere Kostenbelastung oder einen geringeren Ertrag zu vermeiden, als er regelmäßig bei Beschäftigung eines Mannes erwartet."*

im Ganzen zu setzen. Eventuelle Mehrkosten einzelner Beschäftigter und Gruppen Beschäftigter würden dann auf alle verteilt und von allen getragen ...

Soweit dem entgegengehalten wird, das Abstellen auf die Gesamtlohnsumme widerspreche den Regeln des Arbeitsmarktes, verkennt dieser Einwand, dass wirtschaftliches Handeln stets durch rechtliche Rahmenbedingungen begrenzt ist. Art. 3 II GG verbietet es, Angebot und Nachfrage auf dem Arbeitsmarkt bezogen auf weibliche und männliche Arbeitskräfte zu differenzieren, verlangt also gewissermaßen eine ‚Mischkalkulation' in der Kosten-Nutzen-Rechnung. Gleiches gilt für die Maßstäbe der tariflichen Lohnpolitik. Könnte man wirtschaftliche Erwägungen gegen den Gleichberechtigungsgrundsatz ausspielen, hätte das Gleichberechtigungsgebot keine praktische Bedeutung."

Diese Argumentation verkennt, dass Arbeitgeber im Falle des Wettbewerbs keine Diskriminierungen durchsetzen können. Nur dann, wenn der Wettbewerb - wie etwa aufgrund von Monopolstellungen im öffentlichen Dienst - eingeschränkt ist oder bestimmte Arbeitnehmer nicht die Vorteile besserer Angebote wahrzunehmen vermögen, kann eine gesetzliche Regelung eine Hilfe darstellen, vorausgesetzt „gleicher Lohn für gleiche Arbeit" wird als Produktivitätslohn subsumiert. Die von *H. Pfarr/K. Bertelsmann* an verschiedenen Stellen ihrer Arbeiten ohne weitere Analyse[9] vorgenommene Gleichsetzung von weniger Lohn für Frauen mit einer Diskriminierung derselben verkennt diese Wirkungen des Wettbewerbs. So sind im Wettbewerb stehende Unternehmen stets auf der Suche, wie sie ihre Kosten gegenüber ihren Mitbewerbern um nur wenige Prozentpunkte oder Bruchteile von Prozenten senken können. Es ist daher eine völlig unglaubwürdige Annahme der Autoren, die zu beobachtenden Unterschiede in der Bezahlung von Männern und Frauen in der Höhe von bis zu 30 Prozent und die damit erzielbaren Einsparungen blieben den Unternehmen verborgen und würden von diesen nicht genutzt, wenn diese nutzbar wären und nicht Produktivitätsunterschiede widerspiegelten. Eine allgemeine Diskriminierung in einer solchen Größenordnung kann in einer offenen, im internationalen Wettbewerb stehenden Volkswirtschaft wie der Bundesrepublik keinen Bestand haben.

Auch die Behauptung der Autoren, von Art. 3 Abs. II GG sei angeblich eine „Mischkalkulation" angeordnet, nach der das Gesamtergebnis „des Betriebes" auf alle gleichmäßig verteilt werden müsse, muss als aus der Luft gegriffen angesehen werden. Eine solche Regelung wäre mit einer freiheitlichen Rechts- und Wettbewerbsordnung nicht vereinbar. Es ist nicht möglich, gleichzeitig eine

---

[9] *H. Pfarr/K. Bertelsmann*, Diskriminierung im Erwerbsleben: Ungleichbehandlung von Frauen und Männern in der Bundesrepublik Deutschland, 1989, S. 307 ff. sowie S. 61 ff. Die von den Autoren zusammengetragenen Beispiele *können* durchaus Beispiele von Versagen des Wettbewerbs am Arbeitsmarkt und damit Beispiele einer Diskriminierung sein. Dies hätte jedoch von den Autoren nachgewiesen statt lediglich behauptet werden müssen.

Wettbewerbsordnung und die mit ihr im Widerspruch stehende Regelung des § 612 Abs. III S. 2 BGB durchzusetzen, die die Berücksichtung tatsächlich vorhandener Kosten verbieten will.

Werden damit - wie im Falle des Mutterschutzgesetzes - grundsätzlich notwendige und sinnvolle Schutzgesetze erlassen, muss deren Finanzierung über das allgemeine Steuer- und Transfersystem laufen oder durch ausgleichende Lohnunterschiede von den Geschützten selbst aufgebracht werden. Der humane Wunsch, bestimmte Arbeitnehmer von gewissen Lasten freizuhalten, kann nicht durch eine einfache zivilrechtliche Rechtsanspruchgewährung gegen unter Wettbewerb stehende Marktpartner durchgesetzt werden.

Zudem besteht für die Regelung des § 612 Abs. III S. 2 BGB zum Zwecke der Förderung der Gleichberechtigung kein Bedürfnis. Eine Förderung des Wettbewerbs und eine Übernahme der von Schutzgesetzen beim Arbeitgeber verursachten Kosten in das staatliche **Transfersystem** ist die ökonomisch richtigere und rechtlich systematischere Lösung und würde rasch wesentliche Teile der fälschlicherweise dem Arbeitsmarkt als „Diskriminierung“ angelasteten statistischen Unterschiede in der Bezahlung von Männern und Frauen verschwinden lassen. Diskriminierungen von Frauen haben somit als Ursache nicht den Arbeitsmarkt, sondern treten an diesem nur zutage.

Ihre Ursache finden Diskriminierungen von Frauen somit in all den Bedingungen, die sie daran hindern, eine vergleichbare Produktivität wie Männer am Arbeitsmarkt überhaupt erst anbieten zu können. Dies können Ausbildungshindernisse, überkommene Rollenvorstellungen, fehlende Transferleistungen des Staates und vieles andere mehr sein. Entscheidend für die Jurisprudenz ist jedoch, dass zu diesen Hindernissen auch eine Vorschrift wie § 612 Abs. III S. 2 BGB gehört, für die die Charakterisierung zutreffen mag, dass „gut gemeint“ zuweilen den Gegensatz von Gesetzgebungskunst darstellt.

Ökonomische Begründung des AGB-Gesetzes
– Verträge bei asymmetrischer Information –

Der Austausch von Leistungen zwischen zwei Personen wäre zu verkürzt betrachtet, würde man ihn lediglich als die schlichte Übertragung zweier einfacher Verfügungsrechte an den beiderseitigen Leistungen ansehen. Selbst der einfachste Güteraustausch erfordert die Aufstellung und Ordnung eines umfangreichen Bündels gegenseitiger Rechte und Pflichten zwischen den beteiligten Personen[1]. So ist eine Festlegung der Bedingungen erforderlich, die erfüllt sein müssen, damit ein Vertrag überhaupt eine rechtliche Bindungswirkung entfaltet. Auch die Fragen, zu welchem Leistungszeitpunkt und an welchem Leistungsort erfüllt werden muss sowie welche Eigenschaften die jeweiligen Güter aufzuweisen haben, bedürfen der Beantwortung. Da jede Vertragserfüllung durch eine Vielzahl von vorsätzlich oder fahrlässig herbeiführbaren, aber auch zufälligen Zwischenfällen gefährdet ist, müssen auch Regelungen bestehen, die für jede der denkbaren möglichen Schwierigkeiten eine sinnvolle, die Parteien bindende Festlegung der beiderseitigen Rechte und Pflichten enthalten.

Da sich die Interessen der Beteiligten während der Laufzeit des Vertrages im Hinblick auf die Vertragserfüllung oder den ausgehandelten Preis deutlich ändern können, kann es im allgemeinen nicht der Wunsch der vertragsschließenden Parteien sein, dass bei Vertragsschluss die Regelung der Leistungsstörungen oder anderer Zwischenfälle offen bleibt und lediglich für den Fall ihres Auftretens in Nachverhandlungen gelöst wird, da ein solches Verfahren zu einem zu starken Anstieg von Vertragsbrüchen und Leistungsstörungen jeder Art führen müsste[2], die die Vorteilhaftigkeit solcherart unvollständiger Verträge wesentlich herabsetzen würden. Angesichts der Fülle und Schwierigkeiten bei der für eine Vielzahl von Ereignissen zu verhandelnden und zu vereinbarenden Regelungen, würden viele Verträge aufgrund der hiermit verbundenen Kosten oder infolge der von einem Regelungsverzicht verursachten, stark verminderten Vertragsverlässlichkeit für die Beteiligten nicht mehr vorteilhaft und damit sinnlos sein.

Erstveröffentlichung: *Michael Adams*, Ökonomische Analyse des Gesetzes zur Regelung des Rechts der Allgemeinen Geschäftsbedingungen", Schriften des Vereins für Socialpolitik 1984, Bd. 140, S. 655 ff. Die vorliegende Fassung folgt einer für Juristen umgeschriebenen Fassung aus dem Betriebsberater, Heft 12, 1989, S. 781-788, die sprachlich geringfügig geglättet wurde.

[1] Vgl. hierzu *Coase*, The Federal Communications Commission, Journal of Law and Economics, 1959, S. 26 ff.

[2] Vgl. hierzu *Barton*, The Economic Basis of Damages for Breach of Contract, Journal of Legal Studies, 1972, S. 277 sowie *Birmingham*, Game Theory and Contract Law, in: *Kronman/Posner*, The Economics of Contract Law, S. 16 ff.; *Shavell*, Damage Measures for Breach of Contract, Bell Journal of Economics, 1980, S. 466 ff.; *Adams*, Irrtümer und Offenbarungspflichten im Vertragsrecht, AcP 186 (1986), S. 453, 455 f.

Es ist daher Aufgabe der Rechtsordnung, die in der Realität am häufigsten anzutreffenden Leistungsaustauscharten in bestimmte Vertragstypen einzuteilen und für diese eine umfassende Regelung aller Rechte und Pflichten vorzunehmen. Um den Beteiligten auch wirklich Vertragsabschlusskosten abzunehmen, muss sich der Inhalt dieser Regelungen an dem Willen der Parteien, wie er bei Vertragsschluss bestanden hat oder hätte, ausrichten[3]. Ein solches Angebot von sinnvollen Rechtsregelungen durch die Rechtsordnung ermöglicht es den Bürgern, ihre Verträge unvollständig zu formulieren und die Verhandlungs- und Vereinbarungslast entscheidend zu vermindern. Sie bewirkt hierdurch eine deutliche Erleichterung des Leistungsaustauschs und damit die aus diesen zusätzlichen Verträgen fließenden Wohlfahrtsgewinne.

Die historische Entwicklung seit dem Inkrafttreten des Bürgerlichen Gesetzbuches war jedoch dadurch gekennzeichnet, dass der im Besonderen Teil des Schuldrechts angebotene Katalog der Vertragstypen in zunehmender Weise durch vorformulierte Vertragsbedingungen abgeändert, ersetzt oder vervollständigt wurde. Die vom BGB vorgesehenen Regelungen waren schließlich durch die umfassende Verwendung dieser Allgemeinen Geschäftsbedingungen (AGB) für nahezu alle Bereiche des Wirtschaftslebens zur praktischen Bedeutungslosigkeit herabgesunken[4]. Diese Entwicklung wurde bereits frühzeitig vom rechtswissenschaftlichen Schrifttum[5] und später auch zunehmend durch die Rechtsprechung[6], die im Wege der richterlichen Inhaltskontrolle bestimmte AGB-Klauseln für unwirksam erklärte, bekämpft. Die lediglich auf die Generalklauseln des BGB gestützte einschränkende Rechtsprechung zu den AGB wurde jedoch als nicht hinreichend wirksam genug angesehen, so dass eine Verbesserung der als inhaltlich unangemessen angesehenen AGB durch ein „Gesetz zur Regelung des Rechts der Allgemeinen Geschäftsbedingungen" für notwendig erachtet wurde[7]. Das am 1. April 1977 in Kraft getretene AGB-Gesetz stellte insbesondere durch seine Generalklausel in § 9 und seine einzelnen Klauselverbote in den §§ 10, 11 einen der bedeutendsten Eingriffe in das Zivilrecht seit dem Jahre 1900 dar, da dieses Gesetz eine außerordentlich hohe Zahl von bis dahin durchaus üblichen Vertragsbedingungen für nichtig erklärte. Der Zweck

---

[3] Anderenfalls entstehen den Parteien Transaktionskosten in Höhe der Abbedingung, Umgehung oder Einschränkung, vgl. hierzu *Adams*, a.a.O. (Fn. 2), S. 453, 475 f.

[4] Eine Schätzung des Umfangs der Verbreitung von AGB enthält *Bunte*, Handbuch der AGB, S. 21 f.

[5] Vgl. hierzu insbesondere *Raiser*, Recht der Allgemeinen Geschäftsbedingungen 1935/1961 sowie die Nachweise der Arbeitsgruppe 1 des Bundesjustizministeriums, 1. Teilbericht, 1974.

[6] RGZ 62 S. 264; BGHZ 22, S. 94; 41 S. 154; 60 S. 380.

[7] Vgl. hierzu *Kötz*, Gutachten für den 50. Deutschen Juristentag; *Löwe*, Festschrift für Larenz, 1973, S. 373; *Ulmer*, Referat für den 50. Deutschen Juristentag; *Weber*, Der Betrieb, 1974, S. 1801; *Wolf*, JZ, 1974, S. 466.

dieses Aufsatzes soll es sein, im Lichte der ökonomischen Theorie zu untersuchen, ob das mit vielfach zwingenden Regelungen ausgestattete AGB-Gesetz einen sinnvollen Staatseingriff darstellt[8].

Dem Grundsatz nach wurde ein Bedürfnis nach der Erfindung neuer, gesetzlich noch nicht geregelter Vertragstypen von der Literatur[9] und vom AGB-Gesetzgeber[10] ebenso anerkannt wie die vielfältigen Kostenvorteile allgemein geltender, sich ändernden Umweltbedingungen rasch anpassbarer Einheitsverträge. Der Missstand wurde jedoch darin gesehen, dass die AGB entscheidend von dem Bestreben der Verwender geprägt seien, auf Kosten eines gegenseitigen Interessenausgleichs die eigene Rechtsposition zu stärken und die Rechte der anderen Seite durch Überbürdung von Geschäftsrisiken zu schmälern[11]. Es sei daher das rechtspolitische Ziel, bei der Verwendung von AGB im rechtsgeschäftlichen Wirtschaftsverkehr dem Prinzip des angemessenen Ausgleichs der beiderseitigen Interessen Geltung zu verschaffen und die durch die „ungehemmte Entwicklung der AGB gestörte Vertragsgerechtigkeit in den Beziehungen zwischen AGB-Verwender und Unterworfenen“ wiederherzustellen[12].

---

[8] Eine Lösung dieser Aufgabe könnte darin bestehen, einzelne Klauselverbote aus dem AGB-Gesetz herauszugreifen und diese im Zusammenwirken mit den entsprechenden Vorschriften des BGB und möglicher effizienter Vertragsalternativen zu untersuchen. Ein anderer, hier beschrittener Weg besteht darin, zunächst nach den allgemeinen, mit allen AGB verbundenen Problemen zu fragen, und die Wirksamkeit möglicher, im Marktprozess gegen diese Probleme entstehender Abhilfen zu erörtern, um anhand der dort gefundenen Ergebnisse zu einem Grundsatzurteil über den Sinn eines AGB-Gesetzes zu gelangen. Um diese Arbeit nicht bibliothekenfüllend werden zu lassen, habe ich bei dieser Untersuchung unterstellt, dass die einzelnen Klauselverbote des AGB-Gesetzes einen vernünftigen, nicht aber einen unsinnigen Inhalt aufweisen. Die hier behandelte Fragestellung erscheint mir zudem - unabhängig von der an anderer Stelle zu leistenden Analyse von Einzelvorschriften des AGB - deshalb von Bedeutung, weil jedes AGB-Gesetz nicht nur mit einem enumerativen Verbot einzelner AGB-Klauseln arbeiten kann, sondern insbesondere zum Schutz vor Umgehungen und zur Anpassung an neue AGB-Vertragsformen eine „Generalklausel“ enthalten muss. Damit nun den Gerichten bei der Auslegung dieser Generalklausel eine allgemeine Theorie der AGB als Leitlinie zur Verfügung steht, erscheint mir die Erörterung der allgemein mit AGB verbundenen Probleme daher durchaus gewisse Verdienste zu besitzen.

[9] *Bunte*, Handbuch der Allgemeinen Geschäftsbedingungen, S. 1 ff. mit weiteren Nachweisen.

[10] Vgl. hierzu die Begründung zum Regierungsentwurf des Gesetzes zur Regelung des Rechts der Allgemeinen Geschäftsbedingungen, BT-Drucks. 7/3919.

[11] Begründung zum Regierungsentwurf des AGB-Gesetzes, a.a.O., S. 9. So heißt es dort wörtlich: „Die einseitige Sicherung und Verfolgung der Interessen des Verwenders der AGB äußert sich in einer oft schwer erträglichen Verdrängung, bisweilen sogar elementaren Missachtung der Grundsätze der Vertragsfreiheit und Vertragsgerechtigkeit zu Lasten derjenigen Vertragsteile, die solchen vorformulierten Bedingungswerken unterworfen werden.“

[12] Begründung zum Regierungsentwurf eines Gesetzes zur Regelung des Rechts der AGB, a.a.O., S. 9 f.

Das Gesetz sieht zu diesem Zweck in § 2 AGBG eine gegenüber der bisherigen Rechtsprechung deutliche Erschwerung der wirksamen Einbeziehung von AGB in den Vertrag vor[13] , erklärt in § 3 AGBG „überraschende Klauseln" für unwirksam und stellt in § 4 AGBG einen eindeutigen Vorrang der individuellen Vertragsabreden gegenüber jeder damit im Widerspruch stehenden Regelung in den AGB her. Von umfassender Bedeutung ist die Generalklausel des § 9 AGBG, die alle Bestimmungen in AGB für unwirksam erklärt, die den Vertragspartnern des Verwenders der AGB entgegen den Geboten von Treu und Glauben unangemessen benachteiligen. Eine solche unangemessene Benachteiligung ist nach § 9 Abs. II AGBG im Zweifel dann anzunehmen, wenn eine Bestimmung mit wesentlichen Grundgedanken der gesetzlichen Regelung, von der abgewichen wird, nicht zu vereinbaren ist, oder wenn wesentliche Rechte und Pflichten, die sich aus der Natur des Vertrages ergeben, so eingeschränkt werden, dass die Erreichung des Vertragszweckes gefährdet ist. Die §§ 10 und 11 AGBG enthalten das enumerative Verbot einer großen Zahl von einzelnen, bis zum Erlass des Gesetzes häufig in AGB verwandten Klauseln. Die Vorschriften des AGBG verhelfen damit in großem Umfang den bisher zu einem Schattendasein verurteilten Regelungen des BGB zur erneuten Rechtsgeltung.

Die Gegenmeinung[14] zum AGB-Gesetz machte geltend, dass der Wettbewerb insbesondere bei einer Verstärkung der Verbraucheraufklärung für angemessene AGB sorgen werde, das Gesetz mithin nicht erforderlich sei.

Auch *Posner*[15] betont die Kostenersparnisse, die mit AGB-Standardverträgen zu erzielen sind und die durch den Wettbewerb den Kunden zugute kommen müssen. Die Tatsache, dass die Unternehmen sich weigern, in Verhandlungen über einzelne Klauseln des Standardvertrages einzutreten und Verträge im Hinblick auf die AGB nur auf einer „take-it-or-leave-it"-Basis anbieten, ist seiner Ansicht nach jedoch keinesfalls Ausdruck der Ohnmacht der Vertragsgegenseite oder „gestörter Vertragsgerechtigkeit". Wenn der AGB-Verwender keine Marktmacht besitze, werde die Vertragsgegenseite die Unterschrift verweigern und zu einem Wettbewerber gehen, der in dem Wunsche, das Geschäft für sich zu gewinnen, dem Kunden etwas vorteilhaftere Bedingungen anbieten werde. Die Verbesserung der Bedingungen werde sich dann bis zum wohlfahrtsoptimalen Wettbewerbsgleichgewicht fortsetzen, von dem ab keine weitere Verbesserung

---

[13] So hatte die Rechtsprechung vor Erlass des AGB-Gesetzes angenommen, dass AGB bereits dann rechtsverbindlicher Vertragsbestandteil werden, wenn der Verwender lediglich auf die Möglichkeit ihrer Kenntnisnahme hingewiesen hat, BGHZ 9, S. 1; 12 S. 136; 52 S. 61.

[14] Vgl. hierzu *Grunsky*, Allgemeine Geschäftsbedingungen und Wettbewerbswirtschaft, BB 1971, S. 1113 m.w.N.

[15] *Posner*, Economic Analysis of Law, 2. Aufl., 1977, § 4.8, „Bargaining Power" and Unconcionability, S. 84 f. oder *Posner*, Economic Analysis of Law, 3. Aufl., 1986, § 4.7, Duress, Bargaining Power, and Unconcionability, S. 102 f.

der Lage der Kunden mehr möglich sei. Entscheidend sei also nicht, ob es bei jedem Vertragsabschluss zu ausführlichen Verhandlungen komme, sondern, dass der Wettbewerb den Verwender der AGB zu optimalen Bedingungen für den Kunden zwinge.

Es muss somit der Frage nachgegangen werden, ob der Wettbewerb in der Tat in der Lage ist, optimale AGB durchzusetzen, oder ob nicht doch ein gesetzlicher Eingriff auch bei bestehendem Wettbewerb die Stellung der Kunden verbessern kann[16].

Zunächst ist festzustellen, dass sich so beliebte Konzepte wie „Vertragsgerechtigkeit“ oder „angemessener Ausgleich der beiderseitigen Interessen“[17] als inhaltsleere ad-hoc-Formeln erweisen, da sie infolge ihres fehlenden Bezugs auf ein wohldefiniertes Referenzsystem beliebige Behauptungen, nicht jedoch begründete Aussagen darstellen. Da weder im Gesetz noch in den Schriften der Jurisprudenz eine konsistente Beschreibung dessen zu finden ist, was unter „Vertragsgerechtigkeit“ oder „angemessenem Ausgleich der beiderseitigen Interessen“ in den Wirklichkeit verstanden werden soll, sind diese Begriffe zur Beurteilung realer Vorgänge aufgrund ihrer Inhaltslosigkeit nicht brauchbar[18].

Auch die in der Regierungsbegründung[19] verwendete Vorstellung, nach der AGB nur dann zulässig sein sollen, wenn sie durch „freies Aushandeln“ zustande gekommen sind, stellt kein sinnvolles Kriterium für die Bewertung von AGB dar.

---

[16] Es wird bei der nachfolgenden Untersuchung nicht die Vernunft der einen oder anderen einzelnen Klausel des AGB-Gesetzes geprüft, sondern lediglich die Frage, ob es grundsätzlich möglich ist, mit Hilfe eines AGB-Gesetzes eine Verbesserung der Marktergebnisse auch im Falle von Wettbewerb herbeizuführen. Ebenso soll an dieser Stelle nicht die Vernunft der nun wieder zum „Leitbild“ gelangenden Vorschriften des BGB untersucht werden.

[17] Vgl. hierzu die Darstellung der rechtspolitischen Zielsetzung des AGB-Gesetzes, in der die beiden genannten Formeln die entscheidende Begründung des Gesetzgebers darstellen, in: Begründung zum Gesetzentwurf der Bundesregierung für ein Gesetz zur Regelung des Rechts der AGB, BT-Drucks, 7/3919, S. 9 f.

[18] Vgl. für diese Art juristischer „Begründungen“ aus dem „methodischen Biedermeier“ die Charakterisierung von *Stigler*, The Law and Economics of Public Policy: A Plea to the Scholars, Journal of Legal Studies, 1972, S. 1: „Justice is not a consistently applied principle, however arbitrary its choice; justice is for them a suitcase full of bottled ethics from which one freely chooses to blend his own type of justice“. Eine Kritik der herkömmlichen im 19. Jahrhundert verbliebenen juristischen Erkenntnisgewinnung enthält *Adams,* Ist die Ökonomie eine imperialistische Wissenschaft?, Jura, 1984, S. 337 ff.

[19] Regierungsbegründung, BT-Drucks. 7/3919, S. 9 f. „Die im BGB vorausgesetzte Funktion der Vertragsfreiheit, durch freies Aushandeln der Vertragsbedingungen zwischen Partnern mit annähernd gleichwertiger Ausgangsposition Vertragsgerechtigkeit zu schaffen, ist dort empfindlich gestört, wo die Vertragsfreiheit für das einseitige Diktat unbilliger oder missbräuchlicher AGB in Anspruch genommen wird“.

Entscheidend für die Beurteilung einer Vertragsbedingung oder einer anderen Eigenschaft eines ausgetauschten Gutes ist es, ob die Kunden die jeweilige Eigenschaft in ihre Betrachtung des Gutes einbezogen haben, so dass sie durch Kauf oder Kaufenthaltung dem Anbieter vermitteln können, welchen Eigenschaften des Gutes von ihnen gewünscht werden. Auch bei völligem Fehlen irgendwelcher expliziter Verhandlungen genügt die dem Hersteller bekannte Abwanderungsmöglichkeit der Kunden, um ihn zu veranlassen, ein Gut herzustellen, das den Wünschen seiner Kunden entspricht. So wäre es wenig vernünftig, aus dem Fehlen von Verhandlungen beim morgendlichen Brötchenkauf über die einzuhaltende Länge der Backdauer, die Teigzusammensetzung, das Gewicht der Brötchen den Schluss zu ziehen, auf dem Markt für Brötchen sei die „Vertragsgerechtigkeit“ durch das „einseitige Diktat“ unbilliger Brötchenqualität gestört. Da jeder Bäcker weiß, dass er bei einer von den Käufern wahrnehmbaren Verschlechterung der Frische seiner Brötchen Kunden an seine Wettbewerber verlieren wird, die wohlschmeckendere Brötchen anbieten, wird er seinen Kunden die von diesen gewünschte Qualität[20] auch ohne Notwendigkeit längeren Feilschens verkaufen.

Da Verhandlungen insbesondere infolge des mit ihnen verbundenen Zeitaufwandes kostspielige Vorgänge sind, ist zu erwarten, dass gerade die wettbewerbsintensivsten Märkte in der Absicht diese Verhandlungskosten zu senken, andere Verfahren gefunden haben, das Auftreten von Feilschen möglichst gering zu halten. Die Abwesenheit von Verhandlungsvorgängen ist dann Ausdruck der besonderen Wettbewerbsintensität. Es kann daher festgestellt werden, dass weder von der Existenz noch vom Fehlen ausdrücklicher Verhandlungen beim Vertragsabschluss ein Schluss auf die Qualität der Güter oder Vertragsbedingungen möglich ist.

Auch die durch die Wortwahl „einseitiges Diktat unbilliger oder missbräuchlicher AGB“[21] vermittelte Unterstellung, der Inhalt von AGB sei deshalb fragwürdig, weil er grundsätzlich aufgrund eines Machtmissbrauchs der Verwender

---

[20] Die rechtlichen Leistungsaustauschbedingungen werden hier als „Qualitätsmerkmale“ bezeichnet, um dem Leser eine entsprechende Anwendung der ökonomischen Theorien zur Qualitätsfestlegung auf Märkten auf die durch AGB festgelegten Gutseigenschaften zu erleichtern. Das Wort „Qualität“ hat somit nichts mit der im § 8 AGBG behandelten Frage der Kontrolle von Leistungsangeboten zu tun.

[21] Regierungsbegründung, BT-Drucks. 7/3919, S. 9. Für den Bereich des US-amerikanischen Rechts vgl. *Mueller*, Contracts of Frustration, S. 578: „The Problem with such clauses is not a lack of notice but a lack of consumer power to bargain about them.“ Auch die amerikanische Rechtsprechung im Fall Henningsen v. Bloomfield Motors, Inc., 32 N.J. 358, 161 A. 2d 69 (1960) begründete ihre einschränkende Rechtsprechung zu den AGB ähnlich: „The gross inequality of bargaining position occupied by the consumer in the automobile industry is thus apparent.“

zustande komme, entspricht offensichtlich nicht der Wirklichkeit, da diese Ansicht angesichts des Verbreitungsgrades der AGB auch im Rechts- und Wirtschaftsverkehr zwischen Unternehmen eine so weitgehende Vermachtung der Vertragsbeziehungen infolge von Abwesenheit von Wettbewerb behauptet, dass diese These weder für die Verträge zwischen Unternehmen noch für die Unternehmens-Konsumentenverträge irgendeinen Erklärungswert besitzen kann[22]. Die Formel vom „Schutz des Schwächeren" durch eine AGB-Kontrolle ist somit völlig inhaltslos, da nicht dargelegt wird, worin die Schwäche des Kunden bestehen könnte.

Es ist daher nach anderen Gründen für die Rechtfertigung des AGB-Gesetzes zu suchen.

Auch in dieser Arbeit sollen die Optimalitätstheoreme des Wettbewerbsgleichgewichts[23] als Grundlage für die Beschreibung und Bewertung der mit der Existenz von AGB auf den Märkten verbundenen Vorgänge dienen. Dies bedeutet jedoch keinen Zwang zur Übernahme der Überlegungen und Ergebnisse von *Posner*[24], der infolge des Wettbewerbsdrucks eine Bewegung hin zu den Wünschen der Kunden entsprechender AGB annimmt. Das in den Überlegungen von *Posner* implizit verwendete Verfahren, vor dem Hintergrund hinreichend gut arbeitender Wettbewerbsmärkte einen einzelnen Vertrag zu betrachten, bei dem die Kunden des AGB-Verwenders eine Unterscheidung zwischen den einzelnen Klauseln der AGB der jeweiligen Anbieter vornehmen und nach Abwägung der Vor- und Nachteile den in ihren Augen günstigsten Anbieter anzuwählen wissen, erweist sich als unsinnige Beschreibung der Wirklichkeit. Der grundlegende Mangel der Ausführungen *Posners* besteht darin, das er die Informationszugangs- und Informationsverarbeitungsmöglichkeiten sowie die dabei auftretenden Kosten und Kapazitätsbeschränkungen der Kunden von AGB-Verwendern nicht berücksichtigt. Bei Einbeziehung dieser Informationsprobleme ändern sich jedoch die Marktergebnisse in grundlegender Weise.

So ist ein richtiges Verständnis von Allgemeinen Geschäftsbedingungen auch nach dem Inkrafttreten des AGB-Gesetzes noch mit einem außerordentlichen Aufwand verbunden. Nicht nur der Leseumfang üblicher AGB ist beträchtlich, entscheidend ist vielmehr, dass sich die inhaltliche Bedeutung der einzelnen

---

[22] Es gibt gute Gründe für die Annahme, dass im Falle eines Monopols oder Kartells die AGB noch schlechter sind, als sie es im Falle von Wettbewerb wären. Diese Arbeit soll jedoch zeigen, dass die Frage der Notwendigkeit einer Inhaltskontrolle von AGB nicht bereits dann verschwindet, wenn es sich um die AGB eines im Wettbewerb stehenden Unternehmens handelt, in dem das Unternehmen keinerlei wirtschaftliche Macht über seine Kunden besitzt.

[23] Vgl. hierzu etwa *Arrow/Hahn*, General Competitive Analysis, 1971, oder *Layard/Walters*, Microeconomic Theory, Part. 1, Welfare Economics, S. 3 ff.

[24] *Posner*, a.a.O., S. 84 f. bzw. S. 102 f.

Klauseln einem durchschnittlichen Kunden im Allgemeinen nur unter Zuhilfenahme eines wohl ausgebildeten Juristen erschließt[25].

Dabei beruht im allgemeinen das schwierige Verständnis von AGB nicht auf dem Wunsch des Verwenders nach einer Verschleierung[26] möglicher nachteiliger Bedingungen für den Kunden, sondern vor allem auf dem Willen, für eine große Zahl von möglichen Ereignissen eine zweifelsfreie und umfassende Regelung zu treffen, die infolge ihrer Eindeutigkeit für kostspielige Rechtsstreitigkeiten[27] keinen Raum mehr lässt. Zur kürzeren und für das gegebenenfalls zur Entscheidung angerufene Gericht eindeutigen Darstellung wird daher in AGB die Verwendung der juristischen Fachsprache unvermeidlich.

Dies hat jedoch zur Folge, dass die erforderlichen monetären und nichtmonetären Kosten einer zutreffenden Beurteilung von AGB durch die Kunden eine solche Größenordnung erreichen können, dass sie den Wert der mit dem gesamten Vertrag verbundenen Vorteile übersteigen. Bei der Frage, ob sich für einen Kunden der Aufwand der Prüfung der ihm vorgelegten AGB lohnt, muss er berücksichtigen, dass die AGB in großem Umfang Regelungen für Ereignisse enthalten, deren Eintrittswahrscheinlichkeit pro Vertrag als gering veranschlagt werden muss. Da einer kontinuierlichen Aufwandsteigerung beim Versuch, zu einem Verständnis der AGB zu gelangen, kein kontinuierlicher Ertrag (Verständnis) gegenübersteht, besteht die kostenminimale Lösung des Kontrollproblems von AGB für den Kunden im Allgemeinen darin, keinerlei Kosten aufzuwenden und ein Verständnis der AGB erst gar nicht zu versuchen. Der Grund hierfür besteht darin, dass das Verständnis von AGB-Klauseln Kenntnisse von ihrem Zusammenwirken mit anderen Regelungen voraussetzt und daher ein Systemverständnis des Rechts erfordert. So wie es wenig sinnvoll ist zu erhoffen, mit der Kenntnis von fünf Buchstaben eine Zeitung lesen zu können, ist es wenig vernünftig zu glauben, eine halbwegs richtige Beurteilung der Rechtslage sei durch das einfache Studium von AGB-Klauseln zu erreichen.

---

[25] Der Leser mag diese Aussage dadurch überprüfen, dass er etwa die AGB seiner Luftfahrtgesellschaft, seiner Bank, seines Autoverkäufers oder gar seiner Versicherung einer Verständnisprüfung unterzieht.

[26] Das Versicherungswesen verschleiert ihren Kunden abverlangte oder vorenthaltene Leistungen, vgl. hierzu *Finsinger*, Verbraucherschutz auf Versicherungsmärkten, 1988, passim; *Adams*, Produkthaftung, BB-Beilage 20/1987, S. 19.

[27] Unsicherheit über das Ergebnis von Rechtsstreitigkeiten ist eine notwendige Bedingung für das Entstehen von Zivilprozessen. Vgl. hierzu *Adams*, Ökonomische Analyse des Zivilprozesses, S. 16 f. *Adams*, Der Zivilprozess als Folge strategischen Verhaltens, mit kritischen Anmerkungen von *Roehl, Schmidt, Katzorek* und *Blankenburg*, Zeitschrift für Rechtssoziologie, 1986, S. 212 ff. Eine empirische Untersuchung unternimmt *Roehl*, Richtspruch oder Kompromiss, 1985.

Dies bedeutet im Ergebnis, dass sich die Kunden eines AGB-Verwenders im allgemeinen nicht die Mühe machen, vor Vertragsschluss die AGB der möglichen Vertragspartner einem Vergleich zu unterziehen, um dabei den Versuch zu unternehmen, die jeweils günstigsten AGB zu ermitteln[28].

Der Verzicht der Kunden auf eine Kontrolle der AGB vor Vertragsschluss verwandelt ihre Verträge in den Kauf[29] von Erfahrungsgütern[30]. Auf dem Markt eines solchen Gutes, bei dem der Kunde Teile der Charakteristika des Gutes, in dem hier untersuchten Fall also seine Rechte und Pflichten für die in den AGB geregelten Fälle, nicht zur Kenntnis nimmt und daher bei der Kaufentscheidung auch nicht berücksichtigen kann, gewährleistet der Wettbewerb nicht mehr, dass die Kunden die von ihnen gewünschte rechtliche Qualität der Leistung erhalten. Die von *Posner*[31] aufgrund des Wettbewerbs als optimal angenommene Qualität der AGB wird aufgrund der Informationsprobleme hinsichtlich dieses Produktcharakteristikums nicht erreicht.

In der berühmten Pionierarbeit von *Akerlof*[32] wurde das mit diesem Informationsproblem verbundene Marktversagen untersucht. Sein Gedankengang - auf die AGB übertragen - geht wie folgt: Ein bestimmtes Gut sei in verschiedenen Qualitäten produzierbar. Unter Qualitäten seien in diesem Zusammenhang die in den AGB geregelten Leistungsverpflichtungen des Herstellers verstanden. Diese können mehr oder weniger kundenfreundlich ausgestaltet sein. Eine hohe Qualität entspricht damit einer für den Vertragspartner des AGB-Verwenders besonders günstigen Ausgestaltung der rechtlichen Vertragsbedingungen in den AGB, während eine niedrigere Qualität ungünstigere Vertragsbedingungen für den Kunden widerspiegelt. Nun bedeuten bessere AGB mit einer höheren rechtlichen Qualität zugleich auch einen höheren Aufwand beim Hersteller und AGB-Verwender. Bessere AGB werden daher nur zu höheren Kosten als schlechtere AGB angeboten werden können. Der Hersteller eines Gutes mit kundenfreundlichen AGB muss daher höhere Kosten auf sich nehmen als ein Konkurrent, der ein ansonsten völlig gleiches Produkt, jedoch mit für seine Kunden schlechteren AGB anbietet. Die dargelegten hohen Informationskosten bei Prüfung und Vergleich von AGB schließen es nun jedoch aus, dass die Kunden ihre Kaufent-

---

[28] Vgl. hierzu auch *Kötz*, Gutachten für den 50. Deutschen Juristentag, A 31 ff.

[29] Der Kaufvertrag steht hier aus Gründen der sprachlichen Vereinfachung für jeden Vertrag, der irgendeinen Leistungsaustausch zum Gegenstand hat.

[30] Dieser von *Nelson* in seinem Aufsatz „Information and Consumer Behaviour", Journal of Political Economy, 1970, Vol. 78, S. 311 ff. eingeführte Begriff soll hier alle Güter als Erfahrungsgüter bezeichnen, deren Qualität oder sonstige Charakteristika erst nach dem Kauf (auf Grund der Erfahrung mit dem Gut) festgestellt werden kann.

[31] *Posner*, Economic Analysis of Law, S. 84 f. bzw. S. 102 f.

[32] *Akerlof*, The Market for Lemons: Qualitative Uncertainty and the Market Mechanism, Quarterly Journal of Economics, 1970, Vol. 84, S. 488-500.

scheidung von den nicht zur Kenntnis genommenen AGB abhängig machen. Da die Käufer somit nicht zwischen guter und schlechter rechtlicher Qualität der AGB unterscheiden, ist der Hersteller des Gutes mit der niedrigen AGB Qualität in der Lage, den Preis seines Gutes ebenso hoch festzusetzen wie der Verkäufer guter AGB-Qualität. Da nun beide Anbieter zum gleichen Preis verkaufen, der Hersteller guter AGB-Qualität jedoch mit höheren Kosten belastet ist, kann der Anbieter schlechter Qualität höhere Gewinne einstreichen. Unterstellt man nun auch auf Seiten des Anbieters guter AGB-Qualität gewinnmaximierendes Verhalten, wird auch dieser nach Wahrnehmung seiner geringeren Gewinnspanne die Qualität seiner AGB ebenfalls auf das geringst mögliche (kostenminimierende) Niveau absenken. Die auf dem Markt erhältlichen AGB mögen dann eine so beklagenswerte Härte gegenüber den Kunden erreicht haben, dass es überhaupt keine oder nur noch eine deutlich eingeschränkte Nachfrage für das Gut mit dieser schlechten rechtlichen Qualität gibt. Dennoch ist bei einem solchen durch Informationskostenprobleme verursachten Verhalten der Kunden auch den Herstellern die Verwendung besserer AGB nicht möglich. Denn selbst wenn es einem Anbieter gelingen würde, gute Qualität zu einem Preis zu verkaufen, der gerade seine Kosten deckt, würde er sich auf Dauer nicht auf dem Markt halten können. Der Grund hierfür besteht darin, dass der für den Anbieter guter Qualität kostendeckende Preis für die Anbieter schlechter Qualität einen über ihren Kosten liegenden Preis und damit einen (Überschuss-)Gewinn erlaubt. Es werden daher solange Anbieter schlechter Qualität in den Markt drängen, bis dieser (Überschuss-)Gewinn aufgrund der mit der zusätzlich angebotenen Menge verbundenen Absenkung des Marktpreises verschwunden ist. Bereits lange vor diesem Zeitpunkt produziert jedoch der infolge seiner höheren AGB-Qualität mit höheren Kosten belastete Anbieter mit Verlust und muss daher aus dem Markt ausscheiden oder seine Kosten im Wege einer Verschlechterung der AGB auf das Niveau seiner Konkurrenten senken. Im Wettbewerbsgleichgewicht mit Marktzutritt können sich bei einem solchen Informationsproblem der Kunden somit nur die billigsten, schlechtesten AGB auf dem Markt halten. Es liegt damit ein Marktversagen vor, da es ein Bedürfnis nach besseren AGB gibt, die Hersteller jedoch keine Möglichkeit haben, diesem Bedürfnis nachzukommen.

Es wäre jedoch übereilt, lediglich aufgrund dieser Überlegungen einen Staatseingriff zur Regelung des Rechts der Allgemeinen Geschäftsbedingungen zu befürworten, da es zunächst gilt, die Wirksamkeit und Kosten derjenigen Institutionen zu untersuchen, die Abhilfe gegen das informationsbedingte Marktversagen zu bringen vermögen[33].

---

[33] Vgl. hierzu bereits *Akerlof*, The Market for Lemons, Quarterly Journal of Economics, 1970, Vol. 84, S. 488 f.

So sind die oben dargelegten Überlegungen zum Marktversagen eine Beschreibung von Märkten, auf denen die beteiligten Vertragspartner lediglich einzelne isolierte Verträge miteinander abschließen. Der Anbieter erwartet in diesen Fällen nicht, dass der Kunde nochmals mit ihm als einem von anderen Anbietern unterscheidbaren Geschäftspartner weitere Verträge abschließt. Lediglich für solche Sachverhalte sind die obigen Ableitungen und Ergebnisse richtig. Sobald jedoch die Kunden die Anbieter nach der von ihnen nach Vertragsschluss festgestellten Qualität zu unterscheiden beginnen, erlangen sie Kontrolle über die Anbieter und ermöglichen diesen eine Verbesserung der rechtlichen Qualität ihrer Güter und bewirken hiermit insgesamt eine Korrektur des Marktversagens. In einem solchen Fall erweisen sich die Anreize, denen ein Anbieter, der nicht lediglich für eine Kaufperiode im Markt bleiben will, als unabhängig davon, ob die Kunden vor dem Kauf den Vertragsschluss ablehnen, weil ihnen die AGB nicht zusagen, oder ob sie selbst – oder infolge ihrer Informationsweitergabe andere Kunden - diese sich weigern, aufgrund der erst nach dem Kauf festgestellten schlechten Erfahrungen mit den AGB des Anbieters mit diesem keine weiteren Geschäfte mehr abzuschließen. Je nach Umfang und Schnelligkeit, mit der neue Verträge von denselben oder von unterrichteten anderen Kunden verweigert werden, kann der von diesen „Wiederholungskäufen" ausgehende Anreiz eine Heilung des von *Akerlof* dargestellten Marktversagens bewirken[34].

Im dem einfachen Wettbewerbsmodell wohl informierter Kunden, wie es etwa *Posner*[35] verwendet, erkennen die Kunden vor dem Kauf die Qualitätsdifferenzen und werden daher bei einem identischen Preis für gute und schlechte Qualität bereits beim ersten Kauf zum Anbieter besserer Qualität gehen, so dass in diesem Fall kein Absatz des Anbieters schlechterer Qualität stattfindet. Da in der Realität jedoch die hohen Kosten einer AGB-Qualitätsprüfung eine Kontrolle der Kunden vor dem Kauf ausschließen, kann das von *Akerlof* beschriebene Marktversagen nur durch die von Wiederholungskäufen ausgehenden Anreize verhindert werden, indem der Anbieter schlechter Qualität eine hinreichend gro-

[34] Vgl. hierzu *Butters*, Equilibrium Distributions of Sales and Advertising Prices, Review of Economic Studies, 1977, Vol. 44, S. 465 ff.; *Diamond*, A Model of Price Adjustment, Journal of Economic Theory, 1971, Vol. 3, S. 165; *Schmalensee*, A Model of Advertising and Product Quality, Journal of Political Economy, 1978, Vol. 86, S. 485 ff.; *von Weizsäcker*, A Welfare Analysis of Barriers to Entry, Bell Journal of Economics, 1980, Vol. 11, S. 399 ff., sowie den Übersichtsartikel von *Stiglitz*, The Causes and Consequences of the Dependence of Quality on Price, Journal of Economic Literature, 1987, Vol. 25, S. 1 ff. Die nun folgenden Ausführungen stützen sich wesentlich auf die Arbeit von *von Ungern-Sternberg/von Weizsäcker*, Marktstruktur und Marktverhalten bei Qualitätsunsicherheit, Zeitschrift für Wirtschafts- und Sozialwissenschaften, 1981, S. 609 ff., in der das „Goodwill"-Phänomen eingehend untersucht wird.

[35] *Posner*, Economic Analysis of Law, S. 84 f. bzw. S. 102 f.

ße Absatzeinbuße in den nächsten Kaufperioden erleidet, so dass er in Erwartung[36] eines solchen Absatzrückganges für den Fall schlechter Qualität die nur in der ersten Kaufperiode sanktionsfrei verbundene Qualitätsverschlechterung unterlässt, damit er nicht auf Dauer bei der Stückzahl mehr verliert, als ihm die höhere Gewinnmarge einbringen würde. Auch ohne Kontrolle vor Vertragsschluss kann ein Kunde dann sicher sein, nicht durch schlechte AGB übervorteilt zu werden, da er durch die Drohung, mögliche Wiederholungskäufe zu unterlassen, Kontrolle über den AGB-Verwender erlangt.

Welches sind nun die genauen Bedingungen, unter denen ein gewinnmaximierendes Unternehmen bei Berücksichtigung von Wiederholungskäufen der Versuchung widerstehen kann, seine beim Kaufabschluss ahnungslosen Kunden mit schlechter Qualität zu bedienen.

Geht man davon aus, dass alle beteiligten Unternehmen ihren Gewinn maximieren wollen, wird gute Qualität nur dann angeboten, wenn die durch bessere Qualität zusätzlich erzeugten, zukünftigen abdiskontierten Gewinne höher sind als diejenigen Gewinne, die jetzt durch die Verkäufe an ahnungslose Kunden bei der Produktion minderwertiger Qualität eingestrichen werden könnten.

Da die Kunden in der ersten Periode die AGB-Qualität nicht beobachten können, ist das Verkaufsvolumen des AGB-Verwenders in der ersten Periode unabhängig von der Qualität der AGB. Entscheidend für die Verhaltenskontrolle des Unternehmens durch die Kunden ist jedoch das Verkaufsvolumen, das der Anbieter in den der ersten Kaufperiode nachfolgenden Perioden zu verzeichnen hat. Zwar ist bei jedem Preis die Gewinnmarge (Preis minus Kosten) des Anbieters schlechter Qualität infolge seiner geringeren Kosten stets größer als die Gewinnmarge des Anbieters guter Qualität. Da jedoch die gesamte abgesetzte Menge des Anbieters guter Qualität infolge der sich nur bei ihm einstellenden Wiederholungskäufe größer ist als die gesamte Absatzmenge des Anbieters schlechter Qualität, gibt es für jedes Gut einen bestimmten Preis von dem ab die Gewinne des Anbieters guter Qualität stets größer sind als die Gewinne des Anbieters schlechter Qualität.

Übersteigt der Preis eines Gutes dieses kritische Niveau, verdrängt die gute Qualität die schlechte Qualität vom Markt. Je höher also der Preis, desto höher ist der Vorteil aus dem erhöhten Absatz, so dass ab einem bestimmten Preis der Vorteil der Mengensteigerung die niedrigere Gewinnmarge des Herstellers guter Qualität überwiegt und nur noch das Angebot guter Qualität gewinnmaximie-

---

[36] Vgl. zur Bedeutung des der Erwartungsbildung zugrunde liegenden „Extrapolationsprinzips“ *von Weizsäcker*, Barriers to Entry. A Theoretical Treatment, 1980, Kapitel 5, S. 71 ff.; *Schelling*, Micromotives and Macrobehaviour, 1978.

rend ist. Das von *Akerlof*[37] beschriebene Marktversagen wird dann in einem solchen Fall durch den mit besserer Qualität verbundenen erhöhten Absatz geheilt.

Zur Beantwortung der Frage, ob der dargestellte Goodwill-Mechanismus bei Wiederholungskäufen einen Staatseingriff im Bereich der Allgemeinen Geschäftsbedingungen überflüssig macht, muss nun das Vorliegen der Voraussetzungen dieses Kontrollsystems in der Wirklichkeit sowie seine sozialen Kosten untersucht werden.

Entscheidend für das Entkommen des Marktes aus dem „*Akerlof*-Marktversagen" ist das erhöhte Absatzvolumen für die Anbieter guter Qualität. Eine Käuferreaktion setzt daher voraus, dass die Käufer zu irgendeinem Zeitpunkt nach dem Kauf die jeweilige Qualität des Gutes feststellen und dem richtigen Anbieter zuordnen. Bei Qualitätsmängeln, die ihre nachteiligen Folgen sehr spät entfalten, beispielsweise Spuren krebserzeugender Stoffe in Lebensmitteln, kann die Ursachenbestimmung der Schäden sehr schwierig werden, da die Zuordnung des Schadens zur auslösenden Ursache nicht mehr vorgenommen werden kann. Diese Kausalitätsproblematik ist bei der ex-post-Inhaltskontrolle von AGB nicht zu befürchten, da der Anbieter schlechter AGB-Qualität unmittelbar aus dem AGB-Formular entnommen werden kann.

Fraglich ist jedoch, wie schnell und in welchem Umfang die Kundenwanderung auf die jeweilige Qualität von AGB antwortet.

Es ist sicherlich richtig, dass unter den Konsumenten ein vielfältiger Meinungsaustausch über die Qualität von Produkten stattfindet. Die Energie, die in Kunde, der sich durch schlechte AGB zusätzlich meist noch in seinem Rechtsgefühl getäuscht sieht, zur Mitteilung seiner schlechten Erfahrungen mit einem bestimmten AGB-Verwender aufwendet, kann beträchtlich sein. So muss der Verwender insbesondere dann einen beträchtlichen Absatzrückgang befürchten, wenn sein Kundenkreis durch clubähnliche Strukturen gekennzeichnet ist[38]. Die aus der Solidarität der „Clubmitglieder" erwachsenden Absatzrückgänge bei diesem Gut sowie die in anderen Geschäftsbeziehungen zusätzlich auftretenden Sanktionen können auf bestimmte AGB-Verwender einen so starken Druck ausüben, dass die AGB-Qualität ohne jede Abweichung das bei lückenloser ex-ante Kontrolle durch die Kunden zu erzielende Niveau besitzt.

---

[37] *Akerlof*, The Market for Lemons, Quarterly Journal of Economics, 1970, Vol. 84, S. 488 f.

[38] Vgl. hierzu *Buchanan*, An Economic Theory of Clubs, Economica, 1965, Vol. 32, S. 1 ff.; *Akerlof*, The Economics of Caste and of the Rat Race and other woeful Tales, Quarterly Journal of Economics, 1976, Vol. 90, S. 599 ff.; *Carr/Landa*, The Economics of Symbols, Clan Names and Religion, Journal of Legal Studies, 1983, Vol. 12, S. 135 ff.

Auch die Möglichkeit, dass ein Fall schlechter AGB in einer Testzeitschrift, einem Konsumentenschutzblatt oder bei einem anderen „Informationsvermittler“[39] auftauchen kann und dann bedeutende Umsatz- und Geschäftseinbußen jeglicher Art anzurichten vermag, vermag die Verwender anhalten, von einer Verschlechterung ihrer AGB abzusehen. Dennoch sind bei diesen Kontrollmechanismen wesentliche Nachteile nicht zu übersehen.

Der Verwender schlechter AGB mag in der Lage sein, die Bedeutung eines Kunden für die Schädigung seines zukünftigen Absatzes einzuschätzen. Es wird sich dann seinen Kunden gegenüber qualitätsdiskriminierend verhalten. Dies gilt insbesondere für die nach Vertragsschluss vom Verwender zu treffende Entscheidung, ob er von einem in die AGB eingebauten Recht auch tatsächlich Gebrauch machen soll. Es ist nun jedoch nicht von der Hand zu weisen, dass manche Märkte bei der Möglichkeit rechtlicher Qualitätsdiskriminierung eine systematische Verzerrung zu Lasten einkommensschwacher Konsumentengruppen aufweisen[40] und damit gegebenenfalls eine korrigierende zusätzliche Umverteilungsmaßnahme im staatlichen Steuer- und Transfersystem erforderlich machen.

Eine weitere Einschränkung des dargestellten „Good-will“-Kontrollverfahrens besteht darin, dass es durch hinreichend hohe irreversible („sunk“)[41] Kosten vor einem ständigen Zu- und Abstrom von Anbietern geschützt sein muss, die lediglich für eine einzige Kaufperiode in den Markt eintreten und ihn nach dem Abschöpfen der infolge ihrer schlechteren Qualität höheren Gewinnmarge wieder verlassen, bevor der Abwanderungsverlust der Kunden wirksam wird, um in der nächsten Periode im neuen, den geschröpften Kunden unbekannten Gewande wieder aufzutauchen, um erneut den Überschussgewinn zu kassieren[42]. Bestehen

---

[39] Vgl. hierzu von *Ungern-Sternberg*, Zur Analyse von Märkten mit unvollständiger Nachfrageinformation, 1984, S. 41 ff.

[40] Diese Umverteilung beruht ausschließlich auf den unterschiedlichen Beeinflussungsmöglichkeiten durch zukünftige Käufe. Einkommensschwache, aber etwa aufgrund ethnischer Zusammengehörigkeit in überdurchschnittlich informatorisch vernetzten Gruppen lebende Konsumenten können in dem hier beschriebenen Mechanismus besser als einkommensstarke Konsumenten geschützt sein. Das Diskriminierungsproblem bleibt jedoch allgemein bestehen und es wirkt in wichtigen Märkten zu Lasten der einkommensschwachen Bevölkerungsschichten.

[41] Unter irreversiblen Kosten („sunk costs“) sind alle diejenigen Kosten zu verstehen, die unwiderruflich verloren sind, wenn der Anbieter den Markt wieder verlässt. Vgl. hierzu auch *Klein/Crawford/Alchian*, Vertical integration, appropriable rents, and the competitive contracting process, Journal of Law and Economics, 1978, Vol. 21, S. 297 ff.

[42] Beobachter des Baugewerbes kennen genügend Personen, die durch eine Kette von Konkursen und stets wieder neu gegründeter Gesellschaften mit beschränkter Haftung ein Vermögen auf Kosten ihrer Mitbürger unter erheblicher Schwächung der Effizienz des Marktes für Bauleistungen zu erlangen verstehen.

keine Marktzutrittsschranken in Form irreversibler Kosten, welcher Art auch immer[43], gibt es ein Fließgleichgewicht von ständig ein- und austretenden Anbietern, die lediglich die schlechtest mögliche rechtliche Qualität produzieren. Bei einem derartigen Gleichgewicht ist es keinem Anbieter möglich, gute Qualität herzustellen, es sei denn, es gelänge ihm, etwa durch bestimmte Traditionshinweise, den Kunden ein unverfälschbares Signal zu geben, von denen diese zuverlässig auf den Willen des Anbieters schließen können, längerfristig im Markt bleiben zu wollen.

In der Wirklichkeit ist jedoch die Bedingung der hinreichend hohen irreversiblen Kosten für den Marktzutritt von Anbietern für wichtige Märkte oder Teile von Märkten nicht erfüllt. Nicht nur das Baugewerbe mag hierfür ein Beispiel sein. So wird auch aus der Touristikbranche von Reisebüros berichtet, die lediglich für eine kurze, aber einträgliche Zeit vom Verkauf nicht gedeckter oder ungültiger Flugtickets oder anderer gedruckter Leistungsversprechen leben und rechtzeitig vor der Reklamation der nicht eingelösten Versprechen den Markt verlassen. Auch der graue Kapitalmarkt hat eine Fülle ähnlicher Beispiele zu bieten. Während zudem bei vielen Leistungen die Qualität der AGB nur eine untergeordnete Bedeutung besitzt, ist sie bei Beförderungsverträgen oder Pauschalreisen, aber auch bei Bau- oder Finanzdienstleistungen, nicht zu vernachlässigen, da wesentliche Teile der Leistungsbeschreibung in den AGB enthalten sind.

Weiterhin muss festgehalten werden, dass der dargestellte Goodwill-Mechanismus nicht sozial kostenfrei arbeitet. Der Anreiz zu hoher Qualität durch ein zukünftiges höheres Verkaufsvolumen erfordert, dass der Verkaufspreis der Leistung nicht gleich den Grenzkosten ist, sondern über diesen liegt. Je schwächer sich der Sanktionsdruck erweist, der auf dem schlechte Qualität produzierenden Unternehmen in Form entgangener zukünftiger Gewinne aufgrund von Kundenabwanderungen liegt, desto höher muss die Gewinnspanne pro Stück sein, die ein Unternehmen zum Ausgleich für die geringere Mengenerhöhung bei besserer Qualität benötigt. Dies bedeutet jedoch, dass die Herstellung guter Qualität unter Goodwill-Kontrolle mit einem Verlust an sozialem Überschuss („social surplus") bezahlt werden muss, da die mit dem höheren Preis verbundene geringere Menge zu den bekannten „toten Dreiecken" („deadweight loss") führt. Dieser soziale Verlust kann beträchtlich sein und muss bei einem Vergleich mit alternativen Kontrollverfahren, wie etwa gesetzlichen Regelungen, berücksichtigt werden.

Sehen sich zusätzlich noch die gute Qualität produzierenden Unternehmen veranlasst, unter Aufwendung eigener Kosten einen Schutz ihrer besseren Qualität

---

[43] Der Zwang, eine bestimmte Zeit lang bei einem noch geringen Verkaufsvolumen hohe Fixkosten auf sich nehmen zu müssen, führt ebenso zu irreversiblen Kosten wie andere mit dem Marktzutritt verbundene, bei Marktaustritt nicht wieder zurückholbare Aufwendungen.

dadurch zu bewirken, dass sie durch die Errichtung von Marktschranken neuen Unternehmen irreversible Marktzutrittskosten auferlegen, wird die „Goodwill-Kontrolle" der Qualität mit weiteren sozialen Kosten infolge der Erhöhung der Stückkosten erkauft[44].

Angesichts einer langen Tradition in der Jurisprudenz, soziale Erscheinungen vielfach unter Verteilungsgesichtspunkten („gerechter Interessenausgleich") zu betrachten[45], sei darauf hingewiesen, dass bei der hier untersuchten Frage des Wettbewerbs zwischen Unternehmen mit guten oder schlechten AGB Verteilungsfragen keine tragende Rolle spielen. Infolge der Spezialisierung von Produktionsfaktoren können zwar bei einem Übergang von einer Rechtslage zu einer anderen kurzfristige Verteilungswirkungen auftreten. Der Wunsch, ihren Gewinn zu maximieren, sorgt jedoch dafür, dass im langfristigen Gleichgewicht durch eine sich in Marktein- und -austritten äußernde Umlenkung der Ressourcen ein allgemeiner Ausgleich der Gewinnraten stattfindet, so dass weder der Anbieter schlechter Qualität noch der Anbieter guter Qualität auf Dauer überdurchschnittliche Gewinne verzeichnen kann. So wird auch der kurzfristig erhöhte Gewinn der Anbieter schlechter Qualität durch Marktzutritt neuer oder auf schlechte Qualität umschaltender alter Anbieter wieder auf das Gleichgewichtsniveau herabkonkurrenziert. Auf Dauer hat daher kein Unternehmen durch die Qualitätsverschlechterung etwas gewonnen, sondern durch das Abwandern unzufriedener Kunden haben alle verloren. Kurzfristige Anpassungskosten und möglichen Umverteilungswirkungen bei den wenigen spezialisierten Produktionsfaktoren sind daher eine vernachlässigbare Größe[46].

Es soll nun im Folgenden untersucht werden, ob nicht ein sinnvoll ausgestaltetes AGB-Gesetz für den Bereich der rechtlichen Qualität von Gütern und Leistungen eine sozial kostengünstigere Kontrolle als der „Goodwill-Mechanismus" erlaubt.

---

[44] Werbung, auch suggestiver Art, kann diese, die Anbieter guter Qualität schützende Wirkung aufweisen, jedoch infolge ihres Ressourcenverbrauchs nur unter sozialen Kosten, vgl. hierzu *von Ungern-Sternberg/von Weizsäcker*, a.a.O., S. 618 ff.

[45] Diese Sichtweise wird etwa in einem Aufsatz von *Weitnauer*, Der Schutz des Schwächeren im Zivilrecht, Juristische Studiengesellschaft Karlsruhe, 1975, 123, S. 10 ausgesprochen: „Das Zivilrecht ist die hohe Schule der Gerechtigkeit, weil es niemals irgend jemandem etwas geben kann, ohne einem anderen etwas zu nehmen". Die Tatsache, dass das Zivilrecht durch die effiziente Gestaltung seiner Regelungen auch geben kann, ohne zu nehmen, ist vielen Juristen bei ihrer praktischen Tätigkeit, etwa im Bereich der Kautelarjurisprudenz bewusst. Die traditionelle Rechtswissenschaft verfügt jedoch nicht über die notwendige Theorie, um ihre eigene Vorgehensweise klar und richtig zu beurteilen.

[46] Vgl. hierzu ausführlich *von Weizsäcker*, Effizienz und Gerechtigkeit, Schriften des Vereins für Socialpolitik, 1984, S. 123 ff.; *Adams*, a.a.O. (Fn. 2), S. 453 ff. Zum Versuch der Ausnutzung spezialisierter Produktionsfaktoren durch den Gesetzgeber im Bereich des Wohnungsbaus vgl. *Friedmann*, Microeconomic Policy Analysis, 1985, S. 440 ff.

Ein Gesetz, das schlechte AGB durch ein Verbot verhindert, weist zunächst den Vorteil auf, dass es verzögerungsfrei arbeitet. Da jedoch die vollstreckungsrechtlich wirksame Feststellung des Gesetzes gegebenenfalls erst in langwierigen Zivilprozessen abgeklärt werden muss, kann auch die Durchsetzung einer staatlichen AGB-Qualitätsregelung zuweilen erst mit einer deutlichen Verzögerung im Rechtsleben wirksam werden. So muss die Rechtsprechung auch noch nach Jahrzehnten in wichtigen Wirtschaftsbereichen die Zulässigkeit von AGB-Klauseln überprüfen. Der außerordentliche Umfang der Anpassung von mehreren Formularverträgen auf den Tag des Inkrafttretens des AGB-Gesetzes zeigt jedoch, dass einem Qualitätsregelungsgesetz für den Bereich der AGB erhebliche unmittelbare rechtstatsächliche verzögerungsfreie Durchsetzungskraft zu Eigen ist[47].

Vom Interesse ist auch die Verhinderung diskriminatorischer AGB durch das AGB-Gesetz. Während ein Unternehmen bei der „Goodwill"-Kontrolle sein Eingehen auf die Wünsche des Kunden von dessen jeweiliger Wirkung auf den zukünftigen Absatz abhängig machen kann, ist dies bei der ex-ante wirksamen, unterschiedslos für alle Kunden geltenden gesetzlichen Regelung nicht mehr so einfach der Fall. Ein AGB-Gesetz hat somit im Hinblick auf die von ihm geregelte Mindestqualität anti-diskriminatorische Wirkung und dient damit der „Einzelfallgerechtigkeit".

Ein weiterer wichtiger Vorteil eines AGB-Gesetzes besteht in der Herabsetzung von Suchkosten. Eine vor Vertragsabschluss durchgeführte vergleichsweise Kontrolle des Inhalts von AGB verlangte von den Kunden des Verwenders einen außerordentlichen Aufwand bei der Beschaffung und Verarbeitung von Informationen. Wesentlich für den Vergleich der Wirkungsweise der wettbewerblichen Kontrolle von AGB mit derjenigen durch ein Gesetz ist nun die Tatsache, dass der Kontrollaufwand im Konditionenwettbewerb bei jedem einzelnen Kunden stets neu anfällt. Eine gesetzliche Regelung, die allgemein eine gewisse Mindestqualität der AGB vorschreibt, ermöglicht dann infolge der großen Zahl von Kunden, die sich Kontrolle und Schutzmaßnahmen gegen AGB, die unter dem gesetzlich festgelegten Inhalt liegen, nun ersparen können, eine volkswirtschaftlich ins Gewicht fallende Ressourcenersparnis.

---

[47] Vgl. hierzu allgemein *Adams*, Ökonomische Analyse des Zivilprozesses, 1981; *Shavell*, The Social versus the Private Incentive to Bring Suit in a Costly Legal System, Journal of Legal Studies, Vol. 11, 1982, S. 333. Um die Präventionswirkung zivilgerichtlicher Urteile zu verstärken, sieht das AGBG in den §§ 13-22 wichtige zusätzliche Maßnahmen vor, vgl. hierzu auch *Kötz*, Gutachten zum 50. Deutschen Juristentag, 1974, S. 50 ff. m.w.N.

Die ökonomische Theorie hat weiterhin gezeigt[48], dass die Gleichgewichtspreise auf einem Markt umso höher sind, je höher die Suchkosten[49] der Käufer. Da eine einmal erzeugte Information ohne Beeinträchtigung anderer Benutzer von beliebig vielen anderen Personen verwendet werden kann[50], steht einem Informationsvermittler (Informationsintermediär) die Möglichkeit der Erreichung hoher Skalenerträge (Größenvorteile) offen, indem er zunächst die die Kunden interessierenden Informationen über die am Markt verfügbaren Gütercharakteristika sammelt und diese dann an die mit Suchkosten belasteten Konsumenten verkauft. Ein Beispiel hierfür ist der Vergleich des Benzinverbrauchs von Automobilen in einer Autozeitschrift. Es wurde gezeigt[51], dass durch den Markteintritt des Informationsvermittlers aufgrund der mit den gesunkenen Suchkosten erhöhten Markttransparenz die Preise sinken. Das Auftreten eines privaten Informationsvermittlers setzt jedoch voraus, dass die Kunden die Bereitschaft zeigen, die Herstellungs- und Vertriebskosten der vermittelten Informationen aufzubringen. Der vom einzelnen Kunden hierfür zu zahlende Preis hängt infolge des Charakters der Information als „öffentliches Gut“ jedoch entscheidend von der Zahl der Kunden ab, die die vermittelte Information interessiert. Die Wohltaten geringerer Gleichgewichtspreise aufgrund der von einem Informationsvermittler bewirkten Senkung der Suchkosten sind daher nicht auf Märkten zu erwarten, die dem Informationsvermittler deshalb nicht die Deckung seiner Kosten gestatten, weil die geringe Zahl der Interessenten keine hinreichende Ausnutzung von Größenvorteilen ermöglicht.

Ein verbreitetes Auftreten von Informationsvermittlern für den Vergleich von Qualitätsniveaus von AGB erscheint nun deshalb wenig wahrscheinlich, da auch die vermittelten Informationen immer noch erhebliche Anforderungen an das Verständnis rechtlicher Zusammenhänge bei den Kunden bedingen. Wichtig ist auch, dass jedes Unternehmen seine eigenen AGB aufstellen kann. Da die Zahl der Kunden pro Unternehmen im Allgemeinen nicht sehr groß ist, fehlen dann dem Informationsvermittler die für sein kostendeckendes Auftreten erforderlichen Skalenvorteile. Zudem erreicht der übliche Erwartungswert der Qualitäts-

[48] *Diamond*, A Model of Price Adjustment, Journal of Economic Theory, 1971, Vol. 3, S. 156 ff.; Search and Market Equilibrium, Journal of Political Economy, 1980, Vol. 78, S. 308 ff.; *von Ungern-Sternberg*, Equilibrium Prices in a Model with Differentiated Goods and Search, Zeitschrift für die gesamte Staatswissenschaft, 1982, Vol. 138, S. 22 ff.

[49] Unter Suchkosten sind alle Informationsbeschaffungs- und Informationsverarbeitungskosten zu verstehen, also beispielsweise die Opportunitätskosten der Zeit oder die Kosten der Beschaffung eigenen oder fremden Human-Kapitals zum Verständnis der rechtlichen Qualitätsdifferenzen.

[50] Information ist infolge der „Nicht-Rivalität im Konsum“ ein öffentliches Gut“.

[51] Vgl. *von Ungern-Sternberg*, Zur Analyse von Märkten mit unvollständiger Nachfragerinformation, 1984, S. 41 ff.

abweichung der AGB keine solche Größenordnung, dass die einzelnen Kunden bereit wären, einen infolge der geringen Skalenvorteile recht kostspieligen Informationsvermittler durch ihre Informationskäufe im Markt zu halten.

Ein AGB-Gesetz stellt damit ein besonders wirkungsvolles und kostengünstiges Substitut für einen Informationsvermittler dar. So erspart ein solches Gesetz einer beliebig großen Zahl von Kunden[52] Such- und Kontrollkosten, da die Unwirksamkeit schlechter AGB und damit ihre Verdrängung aus dem Markt ohne jeglichen Kontroll- und Suchaufwand der einzelnen Kunden bewerkstelligt wird. Die Sammlung und Verteilung von Informationen über das Vorliegen der rechtlich für unzulässig erklärten Qualität wird den Kunden vielmehr völlig abgenommen. Infolge der gesetzlichen Kraftloserklärung werden im Gegensatz zur reinen Informationswirkung eines Informationsvermittlers, etwa in Form einer Testzeitschrift, keine Anforderungen mehr an die Informationsaufnahme- und -verarbeitungsmöglichkeiten der Kunden gestellt. Ein AGB-Gesetz vermag somit gesamtwirtschaftlich bedeutende Such- und Kontrollkosten zu ersparen.

Auch die mit den verminderten Suchkosten gesteigerte Effizienz der Märkte muss bei der Bewertung eines solchen Gesetzes ihre Berücksichtigung finden. Wie bereits oben dargestellt worden ist, muss für eine wirksame „Goodwill"-Kontrolle von AGB - auch bei der als zudem wenig wahrscheinlich angenommenen Existenz eines Informationsvermittlers - der Preis des verkauften Gutes über den Grenzkosten liegen und zudem der Anbieter guter Qualität durch irreversible Kosten vor einem Fließgleichgewicht kurzfristig ein- und austretender Anbieter schlechter Qualität geschützt sein. Das Abweichen der Güterpreise von den Grenzkosten führt jedoch zu Wohlfahrtsverlusten. Ein AGB-Gesetz bewirkt in einer solchen Lage eine Verminderung des Abstandes zwischen Preis- und Grenzkosten, da dieser Abstand nun nicht mehr als notwendiger Anreiz zur Herstellung guter rechtlicher Qualität erforderlich ist.

Ebenfalls von Bedeutung ist es, dass die Verwender der nun gesetzlich geforderten AGB-Qualität diejenigen Aufwendungen[53] ersparen, die dazu gedient hatten, den Marktzutretenden irreversible Marktzutrittskosten aufzuerlegen, um mögliche neueintretende Unternehmen an einer Strategie der kurzfristigen Marktausbeutung vor Wirksamwerden der Kundenabwanderung zu hindern. Auch diese ersparten Kosten stellen eine Steigerung der Effizienz der Märkte dar und be-

---

[52] Auch Gesetze sind hinsichtlich ihrer Möglichkeit, Personen Rechte und Pflichten zuzuteilen, „öffentliche Güter". So kann ein Gesetz für tausend oder 100 Millionen Personen gelten und seine Wirkung entfalten. Zur weiteren Erläuterung des Begriffs des „öffentlichen Gutes" vgl. *Friedmann*, a.a.O. (Fn. 46), S. 426 ff.

[53] Hierunter fallen beispielsweise bestimmte Teile der Werbeausgaben, vgl. hierzu *von Ungern-Sternberg/von Weizsäcker*, a.a.O., S. 618 ff. Vgl. hierzu auch *Wenders*, On Perfect Rent Dissipation, American Economic Review, 1987, Vol. 77, S. 456 ff.

wirken über eine Senkung der Gleichgewichtspreise einen Wohlfahrtsgewinn gegenüber einer Situation ohne AGB-Gesetz. Es sei zudem daran erinnert, dass Märkte für gute Qualität, bei denen es irreversible Kosten – welcher Art auch immer - nicht gibt, den Anbietern guter Qualität keine Existenzmöglichkeiten bieten. In solchen Fällen ermöglicht ein AGB-Gesetz überhaupt erst das Entstehen eines Angebots guter AGB.

Jedoch sind alle diese Vorzüge eines sinnvoll ausgestalteten AGB-Gesetzes nicht sozial kostenfrei erhältlich. Es lassen sich auch bei einem solchen Gesetz diejenigen Nachteile beobachten, die mit jeder zwingenden Mindestqualitätsnormierung für die Nachfrager schlechter Qualität verbunden sind[54]. Die Gefahr, dass die Nachteile einer zu hohen rechtlichen Mindestqualität durch ein AGB-Gesetz eine bedeutsame Größenordnung erreichen können, ist jedoch gering. Der Grund hierfür liegt darin, dass das AGB-Gesetz kein die individuelle vertragliche Gestaltungsfreiheit aufhebendes Gesetz darstellt. § 1 Abs. II AGBG stellt vielmehr klar, dass die Freiheit zu jeder beliebigen inhaltlichen Regelung gewahrt bleibt, wenn die von der im AGBG festgelegten Mindestqualität abweichende Vertragsbedingung „im einzelnen ausgehandelt“ wird[55]. Die Höhe der Kosten, die die Parteien für eine solche Individualabrede auf sich nehmen müssen, stellt dann die Obergrenze des Schadens dar, der aus der rechtlichen Qualitätsnormierung erwachsen kann, da den Parteien im Falle eines höheren Nachteils die Möglichkeit der Abbedingung der unerwünschten Vorschrift im Wege einer abweichenden „Einzel“-Vereinbarung offen steht.

Zusammenfassend lässt sich daher festhalten, dass die möglichen Nachteile eines AGB-Gesetzes gering sind, während auf der anderen Seite deutliche Vorteile durch die Senkung der Such- und Informationsverarbeitungskosten der Kunden, geringere Gleichgewichtspreise und verminderte Kosten der Unternehmen erzielt werden. Bedeutsam ist auch, dass dieser soziale Gewinn aus der Einführung eines AGB-Gesetzes nicht auf dem infolge des *Coase*-Theorems[56] langfristig ohnehin erfolglosen Versuch einer Umverteilung im Zivilrecht be-

---

[54] *Oi*, The Economics of Product Safety, Bell Journal of Economics, 1973, Vol. 4, S. 3 ff.; *Adams*, Produkthaftung, BB-Beilage 20, 1987, S. 5 ff.

[55] Eine sinnvolle Interpretation des § 1 Abs. II AGBG stützt eine Freistellung von den Regelungen des AGBG nicht – wie oben in der Kritik an der „Bazartheorie“ des Gesetzgebers ausgeführt - auf den Vorgang des Feilschens, sondern auf die unzweideutige und für die Gegenseite klar verständliche Offenlegung des Inhalts der Vertragsbedingungen durch die Parteien. Es ist die Beeinflussung der Informationsverhältnisse, durch die das AGBG den Nutzen der Bürger mehrt.

[56] *Coase*, The Problem of Social Cost, Journal of Law and Economics, Vol. 3, 1960, S. 1 ff. Vgl. zur Wirkungslosigkeit von Haftungsveränderungen *Adams*, Produkthaftung, BB-Beilage 20, 1987, C III; vgl. hierzu auch *Vogel*, The Coase Theorem and California Animal Trespass Law, Journal of Legal Studies, 1987, Vol. 16, S. 149 ff.

ruht, sondern sich aus der Vermeidung von Verschwendung in einem weniger vorteilhaften sozialen Arrangement ergibt.

Teil 4: Haftungsrecht

Ökonomische Analyse der Verschuldens- und Gefährdungshaftung

Einleitung

Die Welt der gesetzlichen Haftungsregeln für Unfälle ist in Bewegung geraten. Nachdem generationenlang der Grundsatz gegolten hat, dass erst ein Verschulden des Schädigers diesen zum Ersatzpflichtigen machte[1], lässt sich nun weltweit eine teilweise Abkehr vom Verschuldenserfordernis beobachten[2]. Auch in der Bundesrepublik gibt es keine Stimmen in der Literatur[3], die eine grundsätzliche Ausdehnung der Gefährdungshaftung für sinnvoll halten. Ziel dieser Arbeit soll es daher sein, mit Hilfe der wirtschaftswissenschaftlichen Methoden und Erkenntnisse der Frage nachzugehen, welche Wirkungen von einer Gefährdungs- und Verschuldenshaftung für Unfälle ausgehen und wie ihre jeweiligen Vor- und Nachteile zu bewerten sind. [..]

Gegenstand dieser Arbeit soll die Wirkung des Haftungsrechts auf alle unerlaubten Handlungen zwischen Personen sein, die *nicht* miteinander in vertraglichen Beziehungen stehen. Es sollen also hier nicht Probleme behandelt werden, die im Geltungsbereich des Coase-Theorems[4] liegen. Es wird also für die folgende Analyse der Verschuldens- und Gefährdungshaftungssysteme stets angenom-

---

Erstveröffentlichung: *Michael Adams*, Ökonomische Analyse der Gefährdungs- und Verschuldenshaftung, R. v. Decker's/C.F. Müller, 1985. Es handelt sich um einen sprachlich geglätteten und gekürzten Auszug.

[1] Vgl. hierzu etwa *Jhering*, Schuldmoment im römischen Privatrecht, S. 199: „Nicht der Schaden verpflichtet zum Schadenersatz, sondern die Schuld"; *Brodmann*, JJ 58, 215; *Planck*, AcP 75; *Larenz*, JUS, 65, S. 373; Motive II, S. 811.

[2] Vgl. hierzu die Darstellung der deutschen und internationalen Entwicklung bei *v. Bar*, Deliktsrecht, in: Gutachten und Vorschläge zur Überarbeitung des Schuldrechts, herausgegeben vom Bundesminister der Justiz, Bd. II, S. 1681 ff.; *Kötz*, Deliktsrecht, S. 121 ff.; *v. Caemmerer*, RabelsZ, 1978, 42, 5, S. 11-17.

[3] *Kötz*, Gefährdungshaftung, in: Gutachten und Vorschläge zur Überarbeitung des Schuldrechts, herausgegeben vom Bundesminister der Justiz, Bd. II, S. 1783 ff.; *Deutsch*, Haftungsrecht, S. 382 ff.; *Weitnauer*, Haftung für gefährliche Anlagen, S. 158; *v. Caemmerer*, Reform der Gefährdungshaftung, S. 18 ff.; *Widmer*, ZBernJuRV 70, 320 ff.; *Zweigert-Kötz*, Die Haftung für gefährliche Anlagen in den EWG-Ländern sowie in England und den Vereinigten Staaten von Amerika, S. 63 f.; *Kötz* AcP 170, 19 ff.; *Deutsch*, VersR, 1971, S. 1 ff.; *Will*, Quellen erhöhter Gefahr, Rechtsvergleichende Untersuchungen zur Weiterentwicklung der deutschen Gefährdungshaftung durch richterliche Analogie oder durch gesetzliche Generalklausel.

[4] Vgl. hierzu *Coase*, The Problem of Social Coast, Journal of Law and Economics, 1960, Vol. 3, S. 1 ff.

men, dass infolge prohibitiv hoher Transaktionskosten vertragliche Vereinbarungen zwischen den Beteiligten *vor* dem Schadensfall ausgeschlossen sind[5]. Es geht hier somit um die Frage, mit welchen Haftungsregeln die Rechtsordnung auf Unfälle zwischen „Fremden" einwirken soll. [..]

1. Kapitel: Aufgabe und Wirkungsweise der Verschuldens- und Gefährdungshaftung in der juristischen Literatur

Der Gesetzgeber des BGB war der Überzeugung, dass nur das Prinzip der **Verschuldenshaftung** als Grundlage der Schadenszurechnung dienen könne[6], das Verschuldensprinzip sei als „Axiom der Haftung"[7] anzusehen. Als Begründung wird von *Planck*[8] das Werturteil höherer Gerechtigkeit bemüht, während *Rümelin*[9] ausführt, der schuldhaft Handelnde könne sich nicht beschweren, wenn ihm die nachteiligen Folgen seines Handelns auferlegt würden, ohne allerdings zu begründen, wieso er für das Opfer keinen Grund zur Beschwerde sieht, wenn es seinen Schaden selber tragen muss, wenn der Täter ohne Verschulden handelte. *Larenz*[10] ist der Ansicht, dass es dem Rechtsbewusstsein ohne weiteres einleuchte, dass man als schuldhaft handelnde Person „personalverantwortlich" und damit schadensersatzpflichtig sei. Er zeigt jedoch nicht, wieso erst das Verschuldenserfordernis eine Verantwortlichkeit begründen soll. Eine weiter unten zu untersuchende, von zahlreichen Autoren[11] und vom Gesetzgeber[12] geteilte Ansicht glaubt weiterhin, dass die Festsetzung einer Schadensersatzpflicht für unverschuldetes Unrecht die Handlungsfreiheit in Beruf und Privatleben zu weitgehend einenge. Sozialförderliches Tun soll infolge der Schadensersatzpflicht nicht unterbleiben oder mit zu weitgehender Vorsicht belastet werden[13]. Da auch das Opfer über den gleichen haftungsfreien Handlungsspielraum verfüge, entstehe zudem keine ungerechte Belastung[14].

Auch die Befürworter der **Gefährdungshaftung** streben keine grundsätzliche Verdrängung der Verschuldenshaftung an, sondern wollen die Gefährdungshaf-

---

[5] Das Problem der sog. Produzenten- oder Produktehaftung wird hier somit nicht behandelt. [..] Infolge der dort gegebenen Möglichkeit, durch Verträge zwischen den Beteiligten die Haftungslast umzuordnen und in den Preisen zu berücksichtigen, sind die verschiedenen Haftungsregelungen mit anderen wirtschaftlichen Wirkungen verbunden.

[6] Vgl. die Literaturangaben in Fussnote 1.

[7] *Brodmann*, JJ, 58, S. 215.

[8] *Planck*, AcP, 75, S. 390.

[9] *Rümelin*, Schadenszurechnung, S. 5.

[10] *Larenz*, JuS, 65, S. 373.

[11] *V. Caemmerer*, Kausalzusammenhang, S. 6; *Deutsch*, Fahrlässigkeit und erforderliche Sorgfalt, S. 67 ff.; *Kramer*, AcP, 171, S. 429; *Rümelin*, Schadenszurechnung, S. 25, 55, 63.

[12] Protokolle II, S. 569, 585; Bericht der RT-Kommission, S. 98.

[13] *Deutsch*, Haftungsrecht, S. 27.

[14] *Deutsch*, Fahrlässigkeit und erforderliche Sorgfalt, S. 76 ff.

tung lediglich als ein der Verschuldenshaftung gleichrangiges Prinzip der Schadenszurechnung anerkannt sehen und nur ihren Anwendungsbereich im Vergleich zur bisherigen Rechtslage ausdehnen[15].

Der als Ausnahme empfundene Verzicht auf ein Verschulden des Schädigers für seine Haftung wird von zahlreichen Autoren damit begründet und zum Namensbestandteil dieser Haftungsregelung gemacht, dass derjenige, der zur Erreichung eigener Zwecke eine *besondere Gefahr* schaffe, hierfür einstehen müsse, wenn jene besondere Gefahr zu einem Schaden führe[16]. Zudem sei die Gefährdungshaftung notwendige Voraussetzung der Zulassung der besonders gefahrenträchtigen Aktivität[17].

Zur Erläuterung seiner Ansicht, dass lediglich für eine besondere, nicht aber für eine durchschnittliche Gefahr auch ohne Verschulden gehaftet werden solle, führt *Kötz*[18] an, die moderne Technik habe dem Menschen Anlagen, Betriebsmittel und Energie zur Verfügung gestellt, von denen es sich vorhersehen ließe, dass sie ihrem Besitzer einmal außer Kontrolle gerieten und dann zu einem Unfall führten. Wenn hingegen jemand „mit bloßer Hand", ohne die Benutzung technischer Anlagen tätig werde, sei man es „im allgemeinen gewöhnt", den Schädiger nur bei Verschulden ersatzpflichtig zu machen. *Kötz* weist nicht nach, wieso nur eine „besondere Gefahr" in ihren Folgen vorhersehbar ist, noch welch tieferer Sinn diese Vorhersehbarkeit oder die Gewöhnung an ein bestimmtes Haftungssystem zukommt.

Während *Deutsch*[19] die Gefährdungshaftung an die Voraussetzung der Schaffung einer „besonderen Gefahr" knüpft und diese dann als gegeben ansieht, „wenn entweder die Gefahr selbst unausweichlich, ungewöhnlich, schwer beherrschbar oder sonst so groß ist, oder der aus ihr zu erwartende Schaden so außergewöhnlich hoch oder häufig ist, dass die Gefahr im Verkehr nur durch Schadloshaltung zulässig erscheint", will *Kötz*[20] die Gefährdungshaftung auf Fälle beschränken, in denen es sich um Anlagen, Sachen oder Stoffe handelt, die zu betreiben oder im Besitz zu haben mit einer besonderen Gefahr verbunden ist. *Kötz* gibt zu bedenken, dass es der Rechtsprechung bei den von Deutsch vorgeschlagenen Formulierungen schwer fallen dürfte festzuhalten, welches menschliche Tun denn nun als besonders gefährlich anzusehen sei und welches

[15] *Kötz*, Gefährdungshaftung, a.a.O., S. 1792; *Deutsch*, Haftungsrecht, S. 383 f.; *Weitnauer*, Haftung für gefährliche Anlagen, S. 158; *v. Caemmerer*, Reform der Gefährdungshaftung, S. 18 f.

[16] *Kötz*, Gefährdungshaftung, a.a.O. S. 1792; *Larenz*, Schuldrecht II, § 77 I; *Esser*, Schuldrecht II, § 114; *Guhl-Merz-Kummer*, Das Schweizerische Obligationenrecht, § 23 III.

[17] *Deutsch*, Haftungsrecht, S. 365; *Guhl/Merz/Kummer*, Obligationenrecht, § 23.

[18] *Kötz*, Gefährdungshaftung, a.a.O., S. 1798.

[19] *Deutsch*, Haftungsrecht, S. 285.

[20] *Kötz*, Gefährdungshaftung, S. 1797 f.

nicht. Auch die Tätigkeit von Ärzten, Apothekern, Statikern, Radfahrern sei zumindest zeitweilig gefährlich, so dass notwendigerweise aus der Formulierung von *Deutsch* Rechtsunsicherheit folgen müsse. *Kötz* schlägt daher vor, dass nur „gegenständlich fixierte Gefahrenquellen" im Gesetzestext genannt werden sollen, um dadurch der Rechtsprechung eine leichtere Analogiebildung zu ermöglichen[21].

Eine theoretische Begründung, wieso lediglich die Schaffung einer „besonderen Gefahr" den Schädiger ohne Rücksicht auf sein Verschulden haftpflichtig mache, während das Opfer für den gleichen Schaden, der nur als Ergebnis einer „einfachen Gefahr" auftritt, einen Ersatz vom Täter nur bei dessen Verschulden erhalten soll, wird nicht gegeben[22]. Auch die von *Deutsch*[23] enumerierten Argumente erlauben es nicht, anhand klarer Kriterien eine Trennungslinie zwischen „einfacher" und „besonderer Gefahr" und damit zwischen den Anwendungsgebieten zweier Haftungsregime zu ziehen.

Es soll daher Aufgabe dieser Arbeit sein, mit Hilfe der Wohlfahrtstheorie die jeweiligen Vor- und Nachteile der Haftungssysteme zu untersuchen und Vorschläge für ihre Anwendungsgebiete vorzulegen.

2. Kapitel: Zur Aufgabe von Haftungsregeln

Bevor man sich über den Nutzen einzelner Haftungsregelungen äußern will, ist es notwendig, sich darüber klar zu werden, welche Wirkungen mit einer Haftungsregel verbunden sind.

A. Zur Aufgabe von Haftungsregeln aus der Sicht der juristischen Literatur

Zahlreiche Autoren[24] sehen die entscheidende Hauptaufgabe des Haftungsrechts in der einfachen *Schadensüberwälzung* vom Opfer auf den Täter.

Neben der Meinung, die wesentliche Aufgabe eines Haftungssystems sei es, den Schaden in irgendeiner Form zwischen Täter und Opfer aufzuteilen, wird in der juristischen Literatur[25] auch vertreten, dass die Furcht vor einer Ersatzpflicht Schadensfälle verhindern kann (sog. Präventionsfunktion der Haftung). Die

---

[21] *Kötz*, Gefährdungshaftung, a.a.O., S. 1798.

[22] Der Hinweis von *Kötz*, Gefährdungshaftung, a.a.O., S. 1798, wir seien hieran „im allgemeinen gewöhnt", ist argumentativ wenig ergiebig.

[23] *Deutsch*, Haftungsrecht, § 22 I, 1-3.

[24] *Esser*, Schuldrecht I, § 40 I; *Mertens*, Vermögensschaden, S. 93 ff.; *Wieacker*, JZ, 1957, S. 536; *Koziol*, Oesterr. Haftungsrecht I, Einleitung II; *Tunc*, Fondements et fonctions de la responsabilité en droit francais, S. 26 ff.; *Stoll*, JntEncCompL, XI 8-8.

[25] *Mertens*, Vermögensschaden, S. 109 ff., *Weyers*, Unfallschäden, S. 479; *Hanau*, Kausalität, S. 112, *Bötticher*, AcP, 158, S. 385; *Esser*, Schuldrecht I, § 40 II, 2.

Wirksamkeit der Verhinderung von Schadenfällen durch Haftungsregeln wird jedoch als gering eingeschätzt und ihr zudem ein niedrigerer Rang als der „Schadensabnahme“ eingeräumt. So ist *Deutsch*[26] der Ansicht, die Verhinderung von Schäden durch Haftungsregeln erscheine als ein idealistisches Ziel, dem „die statistische Erfahrung entgegenstehe“. Der Schaden solle stets „abgenommen“, „nach Möglichkeit“ solle auch auf die Vermeidung künftiger Schäden eingewirkt werden[27].

Die niedrige Einschätzung, die der Anreizwirkung von Haftungsregeln für die Vermeidung von Schadensfällen zuteil wird, lässt sich insbesondere bei Autoren beobachten, die sich mit der Wirkung von Versicherungen aller Art im Zusammenhang mit Unfällen befasst haben. So vertritt *Kötz*[28] die Ansicht, die historische Entwicklung habe die Aufgabe des Haftungsrechts verändert. Ursprünglich habe das Haftungsrecht dem gerechten Ausgleich zwischen Individuen gedient, während er sich nun frage, ob es noch gerechtfertigt sei, dass die hoch differenzierten Zurechnungsregeln des Haftungsrechts auch über die Schadensallokation zwischen Risikogemeinschaften[29] (=Versicherungen) entscheiden. Für Kötz sind gesetzliche Krankenversicherungen und Haftpflichtversicherung lediglich „Verteilungsmechanismen“[30], die nur eine Verteilungsaufgabe wahrzunehmen haben[31].

---

[26] *Deutsch*, Haftungsrecht, S. 72 f.

[27] *Deutsch* zitiert hierzu zustimmend *Esmein*, in *Planiol-Ripert-Esmein*, Droit civil, VI, Nr. 485, der ebenfalls ausführt: „Le droit civil envisage les délits comme faits générateurs des dommages pour assurer la réparation de ceux-ci et parfois pour les prévenir.“

[28] *Kötz*, Sozialer Wandel im Unfallrecht, S. 28.

[29] *Kötz*, Sozialer Wandel im Unfallrecht, S. 29.

[30] *Kötz*, Sozialer Wandel im Unfallrecht, S. 33.

[31] Für den Bereich des Straßenverkehrs zweifelt *Kötz*, Gefährdungshaftung, a.a.O., S. 1821, die verhaltenssteuernde Kraft von Haftungsregeln mit folgender Argumentation an: "Für die Beschränkung wird aber vor allem geltend gemacht, dass eine geringfügige Unaufmerksamkeit, ein vorübergehender Mangel an Konzentration, ein nur Sekundenbruchteile dauerndes Nachlassen der Aufmerksamkeit in den schnell wechselnden Situationen des modernen Verkehrslebens für jeden Menschen schlechterdings unvermeidlich sind und jedermann früher oder später einmal unterlaufen. Solche Irrtümer mögen zwar - für sich allein betrachtet - jedesmal vermeidbar sein und deshalb als Verletzung der im Eigeninteresse erforderlichen Sorgfalt angesehen werden können. Indessen ist mit ihnen als einem typischen und unvermeidlichen Abirren jeder menschlichen Leistung erfahrungsgemäß zu rechnen, zumal im modernen Verkehr eine Gewöhnung an die allgegenwärtigen Unfallrisiken stattgefunden hat und das Empfinden des Bürgers für die Größe der ihm drohenden Gefahren und für die deshalb an sich gebotene Eigensorgfalt abgestumpft ist. Zwar wird behauptet, dass die Minderung von Ersatzansprüchen wegen Eigenverschuldens generalpräventive Wirkungen hat, weil dadurch der einzelne zu Sorgfalt „gegenüber sich selbst“ motiviert werde. Ob diese Behauptung so allgemein zutrifft, ist sehr zweifelhaft. Sicher ist aber, dass solche generalpräventiven Effekte

Auch *D. Schäfer*[32] sieht die Aufgabe des Schadenrechts lediglich in der „Repartition der gesamten gesellschaftlichen Schadenssumme" und fordert in seinen „Prinzipien für die Konzeption einer sozialen Schadensverteilungsordnung" eine Gleichbehandlung aller Geschädigten. Der von einer Versicherung aufgrund ihrer Einstandspflicht bei Unfällen auf die Beteiligten ausgeübte Anreiz, die Unfallvermeidungsvorkehrungen in den verschiedensten Formen zu vermindern (moral hazard)[33], wird von Schäfer als unabhängig von der „Verteilungsleistung" einer Versicherung angesehen und als selbständiges, nebensächliches Op-

---

dort nicht eintreten können, wo es sich - wie hier - um geringfügige, momentane, letztlich nicht zu vermeidende Fehlreaktionen handelt".

Obwohl diese Ansicht auch im internationalen Schrifttum weit verbreitet ist, vgl. etwa *P. Atiyah*, Accidents, Compensation and the Law, 1975, S. 504, *Harper/James*, The Law of Torts, § 12, 4, S. 756; *Rosenberg*, The Causal Connection in Mass Exposure Cases:. A „Public Law" Vision of the Tort System, Harvard Law Review, 1984, Vol. 97, S. 849 (857), beruht sie letztlich auf der Verwechslung von Streuung und Mittelwert einer bestimmten, nur stochastisch kontrollierbaren Größe. So ist es zwar richtig, dass die menschliche Unvollkommenheit ein völlig fehlerfreies Verhalten, etwa von Verkehrsteilnehmern, nicht zulässt, so dass bei der verengten Betrachtung eines einzelnen konkreten Unfalls das Zustandekommen dieses Unfalls als ein nahezu unvermeidliches und „unverschuldetes" Ergebnis angesehen werden könnte. Diese Sichtweise verkennt jedoch, dass jede Person weiß oder wissen muss, dass etwa ihre Aufmerksamkeit Schwankungen unterliegt und sie durch Vorkehrungen dafür Sorge zu tragen hat, dass die Art und Weise ihrer Aktivität an diese allzumenschlichen Abweichungen vom gewünschten Sorgfaltsniveau angepasst ist und hierdurch die Entstehung von Unfällen aufgrund nicht kontrollierbarer Umstände vermieden wird. So hat etwa im Straßenverkehr ein und dieselbe Aufmerksamkeitsverringerung bei einer Geschwindigkeit von 80 km/h einen höheren erwarteten Schaden zur Folge als bei einer Geschwindigkeit von 40 km/h. In entsprechender Weise lässt sich Höhe und Wahrscheinlichkeit eines Unfalls aufgrund einer allzumenschlichen „Nachlässigkeit" durch bessere technische Sicherheitseinrichtungen, etwa durch ein Antiblockiersystem, beeinflussen. Die Anreize des Haftungsrechts entfalten dann ihre Wirkung nicht auf die beeinflussbaren Zufälligkeiten der unfallverursachenden Aktivität, sondern bei der Festlegung der Grundsätze des Verhaltens und der Sicherheitsvorkehrungen gegen menschliche Zufallsfehler. Der Einfluss des Haftungsrechts im Straßenverkehr erstreckt sich dann auf den „Fahrstil" in einer Bevölkerung oder die technische „Sicherheitsphilosophie" der Automobile. Dieses Wirkungsfeld ist jedoch ausreichend, um die These zu entkräften, derzufolge Haftungsregeln aufgrund der unbeeinflussbaren Zufälligkeiten der menschlichen Natur im Verlauf eines konkreten Unfalls keine wesentliche verhaltenssteuernde Kraft besitzen.

[32] *Schäfer*, Soziale Schäden, soziale Kosten und soziale Sicherung, Argumente für ein Modell zur Integration aller Ausgleichsleistungen für Personenschäden in das soziale Sicherungssystem, S. 160 ff.

[33] Vgl. zum Problem des „moral hazard" *Layard/Walters*, Microeconomic Theory, „The Insurance Market and Moral Hazard", S. 382 ff.; *Shavell*, On Moral Hazard and Insurance, Quarterly Journal of Economics, 1979, Vol. 93, S. 541 ff. m.w.N.

timierungsproblem beiseite geschoben[34] und aus den Gestaltungsüberlegungen möglicher Haftungsregeln einfach ausgeklammert.

Auch *von Hippel*[35] und *Tunc*[36], die die zwangsweise Einführung einer Versicherung für Verkehrsunfallopfer und die gleichzeitige Haftungsfreistellung[37] des Täters empfehlen, erachten die Gefahr einer zunehmenden Zahl von Toten und Verletzten aufgrund der von einer Haftungsfreistellung ausgehenden Anreize zu sorglosem Verhalten und zu weniger sicheren technischen Einrichtungen als vernachlässigenswert, ohne allerdings für diese extreme Ansicht[38] empirische Anhaltspunkte zu liefern. Eine weitere Abschwächung der haftungsbedingten Anreizwirkung zu vorsichtigem Verhalten und der Verwendung sicherer technischer Hilfsmittel wird durch den weiteren Vorschlag der Autoren[39] bewirkt, dass die Opfer bei weitem nicht den Schaden ersetzt erhalten, den sie tatsächlich bei einem Unfall erleiden und der ihnen im geltenden Recht teilweise noch erstattet wird. Die Schädiger werden somit selbst bei einer ihrem Risiko entsprechenden Versicherungsprämie[40] wiederum einem Anreiz zur Leichtfertigkeit ausgesetzt,

---

[34] „Eine Neuordnung der Schadensverteilung müsste demgegenüber davon ausgehen, dass es in jeder Gesellschaft ein bestimmtes Schadenspotential gibt, das teils *naturgegeben* ist, teils von der Gesellschaft produziert wird. Selbstverständlich sollte zunächst *alles* versucht werden, um dieses Potential zu verringern Aber selbst wenn man *alle* präventiven Vorkehrungen in Rechnung stellt, auf die man *realistischerweise* hoffen kann, muss man mit einem bestimmten Gesamtvolumen von Schäden rechnen, die *mehr oder weniger unvermeidlich* anfallen."; *Schäfer*, a.a.O., S. 160. (Unterstreichungen vom Verfasser).

[35] *Von Hippel*, Verkehrsunfälle, S. 80 ff.; *von Hippel*, Schadensausgleich, S. 117 ff.

[36] *Tunc*, La sécurité routière, S. 49 ff. und S. 69 ff.

[37] Nur bei „groben Verstößen des Kraftfahrers oder erheblicher Bestrafung" soll die (Zwangs-) Versicherung Rückgriff nehmen dürfen. Zudem soll nur schweres Mitverschulden auf der Seite des Opfers angerechnet werden, *von Hippel*, Verkehrsunfälle, S. 80 ff., *Tunc*, La sécurité routière, S. 53 ff.

[38] Vgl. hierzu *Shavell*, On Liability and Insurance, Bell Journal of Economics, 1982, Vol. 13, S. 120 m.w.N. Die deutliche Veränderung des Verhaltens der amerikanische Ärzte in Diagnose und Therapieverfahren auf eine Änderung ihrer zivilrechtlichen Haftung, weist auf die Gefahren hin, die mit einem einfachen Beiseiteschieben der Anreizwirkung zivilrechtlicher Haftungsregeln verbunden sind, vgl. hierzu *Simon*, Diagnoses and Medical Malpractice: A Comparison of Negligence and Strict Liability Systems, Bell Journal of Economics, 1981, Vol. 12, S. 170 mit weiteren Nachweisen.

[39] Vgl. hierzu *Tunc*, La sécurité routière, S. 69 ff.; *von Hippel*, Schadensausgleich, S. 117 ff. (§ 13 seines Entwurfs).

[40] Eine dem jeweiligen individuellen Risiko entsprechende Versicherungsprämie kann die gleichen Anreize ausüben wie ein Haftungssystem ohne jede Versicherung, vgl. hierzu das letzte Kapitel dieses Buches.

da die Versicherungsprämie infolge der lediglich teilweisen Schadenserstattung nicht die tatsächlichen sozialen Kosten der Unfälle widerspiegeln[41].

Aber nicht nur die dargestellte Literatur, auch das Gesetz selbst enthält Vorschriften, die sich nur verstehen lassen, wenn man die Aufgabe des Haftungsrechtes lediglich darin sieht, einen Schaden vom Opfer auf den Täter zu übertragen, nicht aber darin, dem Täter die sozialen Kosten seines Tuns aufzuerlegen, um ihm den Anreiz zu richtigem Handeln zu geben. So muss man sich die Rechtslage vergegenwärtigen, dass der Täter von jeglicher zivilrechtlicher Haftung befreit ist, wenn er einen Menschen tötet, der nicht einer anderen Person kraft Gesetzes unterhaltspflichtig war, oder kraft Gesetzes im Haushalt oder im Gewerbe Dienste zu leisten hatte, §§ 844 -846 BGB.

Während für Verletzungen eines Geschädigten das Gesetz eine weitgehende finanzielle Entschädigung des Opfers vorsieht, entfällt jegliche zivilrechtliche Belastung für den Täter für die in der Praxis erheblichen Zahl von Fällen, in denen er ein Kind, einen unverheirateten Jugendlichen, eine Witwe mit erwachsenen Kindern oder sonst einen nicht zu *gesetzlichen* Unterhaltsleistungen verpflichteten Menschen tötet[42]. Es lässt sich daher festhalten, dass für eine große, wenn nicht gar für die überwiegende Zahl von Tötungen dem Täter zivilrechtliche[43] Haftung auferlegt wird. Die für diese Haftungsfreistellung angeführte Begründung[44], grundsätzlich sei nur der Geschädigte *selbst* ersatzberechtigt, und dieser

[41] Für die zu erwartenden Anreize und Ungerechtigkeiten, die mit einer solchen Zwangsunfallversicherung verbunden wären, gibt *von Hippel*, Haftungsersetzung durch Versicherungsschutz- Rechtsvergleichendes Generalreferat, S. 53, Fußnote 84, ein Beispiel, indem er aufweist, dass in der Neuseeländischen Unfallversicherung, die seinen Vorstellungen nahe kommt, lediglich nicht mehr die Schäden zu ersetzen, die der Täter selbst bei Begehung eines Gewaltverbrechens erleidet, *von Hippel*, a.a.O., S. 67. Der Vorschlag von *Hippel* wird allerdings einsehbar, wenn man ihn vor dem Hintergrund der auch im internationalen Vergleich beachtlichen Missstände im deutschen Versicherungswesen betrachtet, vgl. hierzu *Finsinger*, Versicherungsmärkte; *Finsinger*, Kritische Anmerkungen zum Entwurf des 14. Gesetzes zur Änderung des Versicherungsaufsichtsgesetzes, Wirtschaft und Wettbewerb, 1983, S. 19 ff. sowie das Kapitel 6 der vorliegenden Arbeit: „Haftungsrecht und Versicherungen“.

[42] Vgl. hierzu etwa den Fall, in dem der Bundesgerichtshof, NJW, 1969, S. 2007 den Anspruch zweier Mädchen gegen den Täter ablehnen musste, der ihren Stiefvater getötet hatte. Dieser hatte die Mädchen über Jahre hinweg unterhalten und ihr Studium finanziert.

[43] Es muss darauf hingewiesen werden, dass das Strafrecht insbesondere wegen seiner Beweisanforderungen und der bei seiner Anwendung entstehenden hohen Kosten nicht die zivilrechtlich verursachten fehlerhaften Anreize auszugleichen vermag. Besonders offensichtlich ist das Versagen der strafrechtlich vermittelten Anreize für die Verbesserung der Sicherheitstechnik der Automobile oder anderer technischer Hilfsmittel. Ein rechtsstaatliches Strafrecht kann zudem keine wirksamen Anreize für *neue Ideen* der Unfallverhütung vermitteln.

[44] Vgl. hierzu RG 117, S. 102; BGH 7, S. 30. Vgl. hierzu die Ausführungen bei *Planck*, BGB, § 844, 2: „Der Getötete selbst hat wegen der Tötung keinen Ersatzanspruch gegen den Täter, denn ein Toter kann keinen Anspruch haben, und seine Erben können als solche nur einen

sei ja wegen seines Todes nicht mehr als „rechtsfähige" Person vorhanden, kann nicht befriedigen. So existierte während des Verletzungsvorganges bis beliebig nahe zum Todeszeitpunkt eine geschädigte Person, und damit war auch ein Schadensersatzanspruch entstanden, der nach den allgemeinen Grundsätzen des Erbrechts vererblich sein müsste. Eine solche Vererblichkeit wird jedoch nicht anerkannt und für den Bereich des Schmerzensgeldes noch dadurch eingeschränkt, dass der Anspruch auf Schmerzensgeld nur dann auf die Erben übergeht, wenn er im Zeitpunkt des Todes durch Vertrag anerkannt oder rechtsabhängig geworden ist, § 847 Abs. I BGB.

Zusammenfassend lässt sich daher feststellen, dass die Jurisprudenz in Theorie, in Gesetzgebung und in den rechtspolitischen Vorschlägen die Wirkung der zivilrechtlichen Haftung bei Unfällen als eine einfache Schadensaufteilungsmaßnahme zwischen Täter und Opfer ansieht. Die von den jeweiligen Haftungsregeln ausgehenden Anreize für die Zahl und Schwere der Unfälle werden nicht erörtert und berücksichtigt. In den Vorschlägen für eine zwangsweise Volksunfallversicherung sowie in den Vorschriften der §§ 844-847 BGB werden eindeutige zivilrechtliche Haftungsfreiräume mit den entsprechenden Anreizen zu verminderten Unfallvermeidungsvorkehrungen für den Schädiger erzeugt. So ist es nicht verwunderlich, dass unter dem Eindruck bedeutender Eingriffe in das bisherige Haftungsrecht amerikanische Ökonomen mit einer grundlegenden Diskussion der Aufgaben des Haftungsrechtes begonnen haben. Der Darstellung und Würdigung der von der ökonomischen Wissenschaft bisher erarbeiteten Erkenntnisse zur Aufgabe des Haftungsrechts soll der nun folgende Abschnitt gewidmet sein.

B. Zur Aufgabe von Haftungsregeln aus der Sicht der ökonomischen Literatur

Der Pionierarbeit von *Calabresi*[45] ist der Abschied von der Vorstellung zu verdanken, dass die entscheidende Aufgabe des Haftungsrechts in der Verteilung eines ansonsten anderweitig außerhalb des Haftungsrechts mehr oder minder zu beeinflussenden Schadensaufkommens liege[46]. Während die Jurisprudenz[47] die mit jeder Schadenszuteilung notwendigerweise[48] aufgerichtete Anreizordnung

---

Anspruch haben, der in der Person des Erblassers bereits entstanden ist; *durch die Tötung ist aber in der Person des Getöteten kein Anspruch entstanden*" (kursiv vom Verfasser).

[45] *Calabresi*, The Costs of Accidents, 1970.

[46] Vgl. hierzu die Ausführungen von *Schäfer*, a.a.O., S. 160, in der das Schadensaufkommen als „teils als naturgegeben, teils als von der Gesellschaft produziert" angesehen wird.

[47] Vgl. hierzu den vorhergehenden Abschnitt: A. Zur Aufgabe von Haftungsregeln aus der Sicht der juristischen Literatur.

[48] Jede Gewährung oder Versagung von Ausgleichs-(Schadensersatz-)Zahlungen bedeutet auch die Festlegung von Gewinn- und Verlustmöglichkeiten und stellt damit notwendigerwei-

nicht, oder ohne praktische Schlussfolgerungen zu ziehen, zur Kenntnis nimmt, oder die Zahl und Schwere der Unfälle mit Hilfe von wenig gehaltvollen Postulaten aus der Analyse ausklammert[49] und diese inhaltsleer macht, betont *Calabresi* in seiner Arbeit[50] die Sicht der Unfallbeeinflussung („Generalprävention", „General Deterrence") durch Haftungsregeln. So zeigt er zunächst, dass die Vorstellung, unsere Gesellschaften seien bemüht, das Leben ihrer Bürger um jeden Preis zu erhalten, ein frommer Glaube ist, der wenig mit der Wirklichkeit zu tun habe[51]. *Calabresi* weist vielmehr richtigerweise nach, dass die Zahl der in einer Gesellschaft auftretenden Unfälle, d.h. konkret auch die Zahl der Toten und Verletzten auf willentliche Entscheidungen zurückzuführen ist. Die in Kauf genommene Zahl der Toten und Verletzten ist das Ergebnis von Nutzen-Kosten-Abwägungen, die wiederum mit Hilfe der in der Ökonomie bekannten Optimierungsgedanken beschrieben und verbessert werden können[52].

---

se einen Anreiz dar. Lediglich die Antwort der Individuen mag stark oder schwach auf diese Anreize hin ausfallen. Die Existenz der anreizschaffenden Kraft von Haftungsregeln kann auch durch eine möglicherweise schwache Reaktion der Individuen nicht in Frage gestellt werden.

49 Vgl. hierzu *Schäfer*, a.a.O., S. 160.

50 *Calabresi*, The Costs of Accidents.

51 „Our Society is not committed to preserving life at any cost. In its broadest sense, the rather unpleasent notion that we are willing to destroy lives should be obvious. Wars are fought... Ventures are undertaken that, statistically at least, are certain to cost lives... We take planes and cars rather than safer, slower means of travel. And perhaps most telling, we use relatively safe equipment rather then the safest imaginable, because - and it is not a bad reason - the safest cost too much."; *Calabresi*, a.a.O. Chapter 2, Some Common Areas of Confusion, S. 17 f.

52 Der von *Calabresi*, siehe Zitat in der vorangegangenen Fußnote, erschütterte Mythos, nach der Menschenleben „keinen Preis", d.h. einen unendlich hohen Wert haben, hätte das Optimierungsproblem verdeckt, da bei einem Wert von Unendlich für das menschliche Leben nur Randlösungen auftreten, die *dann* eine Diskussion der Haftungsregeln ausschließlich unter „Verteilungsgesichtspunkten" erlauben würde, da sowohl der Ressourceneinsatz bis zum Grenzertrag (gerechnet in geretteten Menschenleben) von null gesteigert worden wäre als auch eine Fülle von nützlichen wenn auch mit Gefahren für das menschliche Leben verbundenen Tätigkeiten vollständig verboten worden wäre. Die Tatsache, dass die Gesellschaft die Benutzung von Autos zulässt, ihnen innerhalb von Ortschaften sogar das Recht auf eine Fortbewegung mit einer Geschwindigkeit von 50 km/h gewährt und hierbei noch nicht einmal den Einbau hochwirksamer Antiblockiersysteme vorschreibt, zeigt bereits, dass ein Menschenleben in unserer Gesellschaft sehr weit davon entfernt ist, einen „unendlich hohen Preis" zu besitzen.

Calabresi hat durch seine Arbeiten[53] eine Fülle wichtiger Literatur auf dem Gebiet der Produzenten-Produkte-Haftung[54] und des Deliktrechts[55] ausgelöst und beeinflusst. Dennoch sind in der Arbeit von *Calabresi* wichtige Mängel nicht zu übersehen, die eine unmittelbare rechts- und wirtschaftspolitische Anwendung seiner Arbeiten nicht erlauben. So behandelt *Calabresi*[56] häufig Fragen der Produkthaftung, bei der zwischen den Parteien (gegebenenfalls mehrstufige oder vermittelte) Vertragsbeziehungen bestehen, mit denselben Prinzipien wie Unfälle zwischen „Fremden", bei denen keine Verträge möglich sind. Die entscheidende Verkürzung der Analyse *Calabresis* ist darin zu sehen, dass er ein von mehreren Größen abhängiges System mit der Minimierung lediglich einer Größe optimieren will. So besteht die Herbeiführung eines Wohlfahrtsmaximums darin, den Abstand zwischen sozialem Nutzen und sozialen Kosten zu maximieren. *Calabresi* beschäftigt sich aber lediglich eingehend mit der Frage, welche Kosten[57] mit einem Haftungssystem welchen Personen[58] zugeordnet werden sollen, und lässt die entsprechende Frage für die aus einer Handlung fließenden Nutzen unbeantwortet[59]. So ist der analytische Ausgangspunkt von *Calabresi* die Existenz von Unfällen, deren Kosten er durch geeignete Haftungssysteme minimie-

---

[53] *Calabresi*, The Costs of Accidents; Calabresi, Optimal deterrence and accidents, Yale Law Journal, 1975, Vol. 84, S. 656 f.; *Calabresi/Melamed*, Property Rules, Liability Rules and Inalienability: One View of the Cathedral, Harvard Law Review, 1972, Vol. 85, S. 1089 ff.; Calabresi, Some Thoughts on Risk Distribution and the Law of Torts, Yale Law Journal, 1961, Vol. 70, S. 499.

[54] Vgl. hierzu das Symposium: Products Liability: Economic Analysis and the Law, University of Chicago Law Review, Vol. 38, 1970, S. 1 ff.: *Epple/Raviv*, Product Safety: Liability Rules, Market Structure and imperfect Information, American Economic Review, 1978, Vol. 68, S. 80 ff.; *Shapiro*, Consumer Information, Product Quality and Seller Reputation, Bell Journal of Economics, 1982, Vol. 13, S. 20; *Spence*, Consumer Misperceptions, Product Failure and Producer Liability, Review of Economic Studies, 1977, Vol. 44, S. 561 ff.; *Hamada*, Liability Rules and Income Distribution in Product Liability, American Economic Review, 1976, Vol. 66, S. 228 ff.

[55] *Brown*, Toward an Economic Theory of Liability, Journal of Legal Studies, 1973, Vol. 2, S. 323 ff.; *Shavell*, Strict Liability versus Negligence, Journal of Legal Studies, 1980, Vol. 9, S. 1 ff.; *Posner*, Strict Liability: A Comment, Journal of Legal Studies, 1973, Vol. 2, S. 205 ff.; *Diamond*, Single Activity Accidents, Journal of Legal Studies, 1974, Vol. 3, S. 107 ff.; *Green*, On the optimal Structure of Liability Rules, Bell Journal of Economics, 1976, Vol. 7, S. 553; *Diamond/Mirrlees*, On the Assignment of Liability: The Uniform Case, Bell Journal of Economics, 1975, Vol. 6, S. 487.

[56] Vgl. hierzu *Calabresi*, The Costs of Accidents, chapter 5, „Primary Accident Cost Avoidance: The General Deterrence Approach", S. 68 ff.

[57] *Calabresi*, The Costs of Accidents, Chapter 9, „What is the Cost?", S. 198 ff.

[58] *Calabresi*, The Costs of Accidents, Part IV, The Fault System and Accident Cost Reduction, S. 237 ff.

[59] Vgl. hierzu jedoch *Shavell*, Strict Liability versus Negligence, Journal of Legal Studies, 1980, Vol. 9, S. 1 ff.

ren will. Hierzu benutzt er den von ihm geschaffenen Begriff des „cheapest cost avoider", also derjenigen Person, die zu den geringsten Kosten des Unfalls vermeiden könne, als das entscheidende Kriterium für die Zuweisung der Haftungslast[60]. Nun erweist sich, dass die richtige Beantwortung der Frage, nach dem „cheapest cost avoider" abhängig vom Verhalten *aller* Beteiligten ist. Lediglich für den extremen Fall, dass eine der Parteien nicht den geringsten Einfluss auf die Unfallwahrscheinlichkeit besitzt, größere Sorgfalts- und Sicherheitsvorkehrungen dieser Partei somit die Unfallwahrscheinlichkeit weder positiv noch negativ beeinflussen, kann die Wahl einer Haftungsregel auf der Grundlage eines „cheapest cost avoider" ein sinnvolles Ergebnis zeitigen. Da aber auch in diesem Fall die partialanalytische Beschränktheit der lediglich auf die Kosten beschränkten Minimierung als Einwand weiter bestehen bleibt, erweist sich diese Regel infolge der geringen Reichweite ihres Anwendungsumfangs nicht zur Beurteilung allgemeiner Haftungsgrundsätze geeignet.

[...]

Ein weiterer Fortschritt der ökonomischen Theorie des Deliktrechts stellt die Arbeit von *Posner*[61] über die Haftung für „Negligence"[62] dar. Zunächst greift *Posner*[63] die berühmte Formulierung des „negligence standard" von Judge *Learned Hand*[64] auf, die von dem zur Entscheidung berufenen Gericht die Messung dreier Dinge verlangte: die Höhe des Schadens im Falle eines Unfalls, die Wahrscheinlichkeit eines Unfalls und die Kosten der Vorkehrungen, die den Unfall vermieden hätten. Wenn das Produkt von Schadenshöhe und Eintrittswahrscheinlichkeit größer sei als die Unfallvermeidungskosten, führe die Unterlassung von Vorsichtsmaßnahmen zur Haftung des Schädigers wegen „negligence". *Posner* vertritt die Ansicht, dass dieses Verfahren „in Annäherung das effiziente - nämlich kostengerechtfertigte - Niveau an Unfällen und Vorbeugemaßnahmen herbeiführe"[65]. Wenn die Kosten der Sicherheitsmaßnahmen den Nutzen in Höhe der dadurch vermiedenen (erwarteten) Unfallschäden übersteige, sei

---

[60] Vgl. hierzu auch *Demsetz*, When does the Rule of Liability matter?, Journal of Legal Studies, 1973, Vol. 1, S. 28: „It is difficult to suggest any criterion for deciding liability other than placing it on the party able to avoid the costly interaction most easily".

[61] *Posner*, A Theory of Negligence, Journal of Legal Studies, 1972, Vol. 1, S. 29 ff.; vgl. hierzu auch *Posner*, Economic Analysis of Law, S. 137-142.

[62] Einen Überblick über die einzelnen Anspruchsvoraussetzungen einschließlich einer Rechtsprechungsanalyse gibt *Posner*, A Theory of Negligence, Journal of Legal Studies, 1972, Vol. 1, S. 36-73. Vgl. hierzu auch *Epstein*, Defenses and Subsequent Pleas in a System of Strict Liability, Journal of Legal Studies, 1974, Vol. 3, S. 165 f.

[63] *Posner*, A Theory of Negligence, a.a.O., S. 32

[64] United States v. Carrol Towing Co., 159 F.2d 169 (2d Cir. 1947); Conway v. O'Brien, 111 F.2d 611 (2d Cir. 1940).

[65] *Posner*, A Theory of Negligence, a.a.O., S. 33: „,... will bring about, at best approximately, the efficient -the cost- justified- level of accidents and safety".

der Gesellschaft besser damit gedient, wenn auf die Unfallvermeidungsmaßnahmen verzichtet würde, während im umgekehrten Fall die Gesellschaft dann besser gestellt sei, wenn die Vorbeugemaßnahme ergriffen würden, um die größeren (erwarteten) Kosten im Falles eines Unfalles zu vermeiden[66]. Obwohl *Posner* bereits selbst darauf hinweist, dass diese Regelung keinen Hinweis auf die Unfallvermeidungsmöglichkeiten des Opfers enthält, ist er der Ansicht, dass bei der praktischen Anwendung dieser Regel in der Rechtsprechung die Unfallbeeinflussungsmöglichkeiten des Opfers impliziert bei der Abwägung der Nutzen und Kosten und der letztlichen Auferlegung der Haftung berücksichtigt worden seien[67]. Der überwiegende Teil seines Aufsatzes geht dann mittels einer Stichprobenuntersuchung von Rechtsprechungsfällen der Frage nach, ob die Rechtspraxis die Auferlegung der Haftung für „negligence" dazu benutzt hat, das „effiziente Niveau von Unfällen und Sicherheitsmaßnahmen herbeizuführen[68].

Eine weitere entscheidende Vertiefung der Fragestellung und eine Beseitigung wichtiger alter und neu aufgekommener Irrtümer sowie eine bedeutend größere Klarheit in den Überlegungen wird mit den Arbeiten von *Brown*[69], *Diamond*[70] und *Shavell*[71] erreicht. Während *Calabresi*[72] Unfälle als Ausgangspunkt nimmt und dann fragt, welche Haftungsregelung am billigsten bestimmte Kosten vermeidet und *Posner*[73] von einer bestimmten Haftungsregel ausgeht und ihre Implikationen erörtert, stellen die Arbeiten von *Brown*[74], *Diamond*[75] und *Shavell*[76] die individuelle Entscheidung und die auf diese Entscheidungen Einfluss ausübenden Anreize in den Mittelpunkt ihrer modelltheoretischen Betrachtungen und untersuchen dann, welche Gleichgewichte die von einander abhängigen Entscheidungen der Individuen herbeiführen und wie diese wohlfahrtstheoretisch zu beurteilen sind.

Brown[77] zeigt im ersten formalen Modell des Haftungsrechts, dass die allgemeine Theorie der Produktion eines Gutes mit zwei Produktionsfaktoren auch die

---

66 *Posner*, A Theory of Negligence, a.a.O., S. 32 f.
67 *Posner*, A Theory of Negligence, a.a.O., S. 33.
68 *Posner*, A Theory of Negligence, a.a.O., S. 34.
69 *Brown*, Toward an Economic Theory of Liability, Journal of Legal Studies, 1973, Vol. 2, S. 323 ff.
70 *Diamond*, Single Activity Accidents, Journal of Legal Studies, 1974, Vol. 3, S. 107 ff.
71 *Shavell*, Strict Liability versus Negligence, Journal of Legal Studies, 1980, Vol. 9, S. 1 ff.
72 *Calabresi*, The Costs of Accidents.
73 *Posner*, A Theory of Negligence, a.a.O.
74 Siehe oben Fußnote.
75 Siehe oben Fußnote.
76 Siehe oben Fußnote.
77 *Brown*, Toward an Economic Theory of Liability, Journal of Legal Studies, 1973, Vol. 2, S. 323.

Bedingungen für die sozial optimalen Unfallvorkehrungen angibt, wenn sie auf den Fall zweier Personen, Verletzer und Opfer, angewandt wird, die beide die Wahrscheinlichkeit eines Unfall beeinflussen können, wobei die Verminderung der Unfallwahrscheinlichkeit bei beiden Parteien mit Kosten verbunden ist. Da Vertragsbeziehungen zwischen den Beteiligten ausgeschlossen sind, untersucht *Brown*[78], welche Haftungsregel im Modell eines nicht-kooperativen Zweipersonenspiels ein eindeutiges Gleichgewicht herbeiführt, das mit der sozial optimalen Lösung übereinstimmt. Er kommt insbesondere zu dem Ergebnis, dass weder die völlige Haftungsfreistellung noch die Gefährdungshaftung zu einem sozial optimalen Gleichgewicht führt, während die Effizienz der anderen im „Common Law" verwendeten Haftungsregeln entscheidend von der Art der Feststellung des Verschuldens abhängt[79]. *Brown* zeigt zudem, dass die wörtlich genommene Regel von Judge *Learned Hand*, wie sich noch *Posner*[80] verwendet, zu ineffizienten Lösungen bei den Unfallverhütungsmaßnahmen führen muss, da nicht die Gesamtkosten, sondern die Grenzkosten das richtige Kriterium für die Festlegung des sozial optimalen Niveaus der aufzuwendenden Sorgfalt darstellen[81]. Da zudem *beide* Parteien, Verletzer und Opfer, durch ihr Verhalten auf die Unfallwahrscheinlichkeit Einfluss besitzen, muss die optimale Lösung der Minimierung der gesamten durch die Möglichkeit von Unfällen verursachten Kosten darin bestehen, dass sowohl Verletzer als auch Opfer ihre Unfallvorsorgemaßnahmen soweit ausdehnen, bis ihre Grenzkosten gleich dem Rückgang der erwarteten Unfallverluste sind[82]. Da beide Beteiligten durch mit Kosten verbundene Maßnahmen die Unfallwahrscheinlichkeit und damit die erwarteten Unfallverluste zu beeinflussen vermögen, kann *Brown*[83] auch die Unbestimmtheit der „cheapest cost avoider"-Regel *Calabresis*[84] zeigen, da die geringstmögliche Höhe der für die Vermeidung eines Unfalls aufzuwendenden Kosten auch eine Funktion der von der *anderen* Partei aufgewendeten Kosten darstellt. Zudem gewährleistet eine Haftungsregelung nach dem Prinzip des „cheapest cost avoider" nicht, dass beide Beteiligten den richtigen Anreiz zur Minimierung der sozialen Kosten im Zusammenhang mit Unfällen erhalten.

[...]

Eine weitere wichtige Erweiterung der wohlfahrtstheoretischen Analyse von mit Unfällen verbundenen Aktivitäten brachte die Arbeit von *Shavell*[85]. So verstehen

---

[78] *Brown*, a.a.O., S. 335 ff.

[79] *Brown*, a.a.O., S. 341 ff.

[80] *Posner*, A Theory of Negligence, Journal of Legal Studies, 1972, Vol. 1, S 29 ff.

[81] *Brown*, a.a.O., S. 332.

[82] Zu den Voraussetzungen des Modells, vgl. *Brown*, a.a.O., S. 324.

[83] *Brown*, a.a.O., S. 327.

[84] Siehe oben, Fußnote.

[85] *Shavell*, Strict Liability versus Negligence, Journal of Legal Studies, 1980, Vol. 9, S. 1 ff.

Brown[86] und *Diamond*[87] das sich aus der Möglichkeit von Unfällen ergebende Wohlfahrtsproblem als ein Kostenminimierungsproblem. [...] *Shavell*[88] zeigte nun, dass sich die wohlfahrtstheoretische Beurteilung der Haftungsregeln dann entscheidend ändert, wenn die Gerichte bei der Beurteilung der Sorgfaltsvorkehrungen nicht den *Umfang* der Tätigkeiten (Aktivitäten) der Beteiligten in ihre Überlegungen miteinbeziehen. Wird etwa von den Gerichten bei einem Verkehrsunfall lediglich die Sorgfalt der Parteien im Augenblick des Unfalls, nicht aber die Zahl der pro Jahr gefahrenen Kilometer berücksichtigt, hat der Unfallverursacher bei Geltung einer Verschuldenshaftung lediglich das *beim* Autofahren erforderliche Sorgfaltsniveau zu beobachten, um jede Haftung zu vermeiden, während er keinen Anlass hat, die Zahl der von ihm gefahrenen Kilometer zu beschränken, da er die mit dieser Aktivität verbundenen Kosten in Form der hierbei auftretenden Unfälle auf seine Mitmenschen abwälzen kann, da er hierzu lediglich *bei* der Ausübung der Aktivität das erforderliche Sorgfaltsniveau zu beachten hat. Da jede Kausalität symmetrisch ist[89], kommt *Shavell*[90] zu dem Ergebnis, dass keine der üblichen Haftungsregeln den Beteiligten den sozial richtigen Anreiz zu effizientem, wohlfahrtsmaximierendem Verhalten vermittelt.

3. Kapitel: Eine wohlfahrtstheoretische Analyse von Haftungsregeln

Aufgabe dieses Kapitels soll es sein, verschiedene Haftungsregeln daraufhin zu untersuchen, welche Anreize sie auf die Beteiligten bei unfallverursachenden Tätigkeiten ausüben.

A. Das Modell

Es sei angenommen, dass es im Zusammenhang mit Unfällen nur zwei Arten von Personengruppen gibt, die „Verletzer" und „Opfer", wobei lediglich die Opfer einen Schaden erleiden. Sowohl der Nutzen aus den Tätigkeiten der Beteiligten als auch die Schäden aus einem Unfall sollen ein monetäres Einkommensäquivalent besitzen. Nutzen und Kosten aus Unfällen werden also vollständig von den Beteiligten als „Einkommen" erfasst. Es wird zudem zunächst angenommen, dass die Parteien risikoneutral sind und daher der erwartete Nutzen der Parteien gleich ihrem erwarteten Einkommen ist. Da die soziale Wohlfahrt sich

---

[86] *Brown*, Toward an Economic Theory of Liability, Journal of Legal Studies, 1973, Vol. 2, S. 326.

[87] *Diamond*, Single Activity Accidents, Journal of Legal Studies, 1974, Vol. 3, S. 114. Eine kurze Betrachtung des Aktivitätsniveaus und der damit verbundenen Messprobleme beim optimalen Fahrlässigkeitsmaßstab findet sich bereits auf S. 109 und S. 146.

[88] *Shavell*, Strict Liability versus Negligence, a.a.O., S. 1 ff.

[89] Vgl. hierzu *Coase*, The Problem of Social Costs, Journal of Law and Economics, 1960, Vol. 3, S. 1 ff.

[90] *Shavell*, Strict Liability versus Negligence, a.a.O., S. 19.

als die Summe der Nutzen aller Beteiligten ergibt, diese aber als äquivalent dem jeweiligen Einkommen angesetzt wurden, ergibt sich als Maßstab für die Hohe der sozialen Wohlfahrt die Summe der erwarteten Einkommen aller Beteiligten. Wie bereits in der Einleitung betont, verhindern hohe „Transaktionskosten" vertragliche Abänderungen der im folgenden dargestellten Haftungsregeln durch die Beteiligten. Zudem sollen die Parteien bei ihren Erwartungen über das Verhalten ihrer Mitbürger davon ausgehen, dass eine eigene Verhaltensänderung keine Verhaltensänderung bei den Mitbeteiligten auslöst (Cournot-Nash-Annahme).

Man betrachte nun einen Unfall, in den als **Verletzer *X*avier (X)** und als **Opfer *Y*vonne (Y)** verwickelt sind. Wir definieren nun die (Opportunitäts-)Kosten aller Unfallvorbeugemaßnahmen x von Xavier als c(x) und von Yvonne y als c(y)[91]. Zur Vereinfachung der Darstellung der Gedankengänge soll zudem angenommen werden, dass die Kosten eine lineare Funktion von x und y sind.

Da die Sorgfaltskosten der Parteien im allgemeinen abhängig von dem Umfang sind, in dem X und Y unfallträchtigen Tätigkeiten nachgehen, handelt es sich bei c(x) und c(y) um die Sorgfalts- und Unfallvorbeugemaßnahmen pro Einheit der von X und Y ausgeübten Tätigkeiten. Die entscheidende Eigenschaft der Unfallvermeidungsaufwendungen x und y besteht nun darin, dass sie die Eintrittswahrscheinlichkeit eines Unfalls (p) oder die Höhe des eingetretenen Schadens A zu beeinflussen vermögen. Da sowohl Xavier als auch Yvonne durch mit (Opportunitäts-) Kosten verbundenen Maßnahmen den erwarteten Schaden (p∗A) senken können, ist p∗A eine Funktion von x *und* y, d.h. p∗A = f(x,y). Für den erwarteten Schaden p∗A soll aus Vereinfachungsgründen die Notation **S** stehen.

Während etwa *Brown*[92] annimmt, die Vorbeugemaßnahmen beeinflussten lediglich die Eintrittswahrscheinlichkeit eines Unfalls, während der jeweils auftretende Schaden hiervon unabhängig und konstant sei, wird hier der erwartete Schaden (S) als Funktion von x und y angenommen. [...] So hängt der Schadenumfang bei einem Autounfall davon ab, ob das Opfer (Y) seinen Sicherheitsgurt angelegt hatte oder nicht. [...]

Zwischen dem Zusammenhang von erhöhter Sorgfalt von X und Y und der Höhe des erwarteten Schadens soll folgendes gelten: S(x,y) sei kontinuierlich und zweimal nach x und y differenzierbar, das Grenzprodukt der Sorgfalt bewirke

---

91 Um die gedächtnisbeschwerende Notationslast gering zu halten, wurde auch die Kostenfunktion von Yvonne mit c(y) bezeichnet. Eine Einschränkung der Allgemeinheit der Aussagen ist damit nicht verbunden. Puristen sollten an die Stelle von c(y) die Notation d(y) einsetzen.

92 *Brown*, Toward and Economic Theory of Liability, Journal of Legal Studies, 1973, Vol. 2, S. 326.

also einen Rückgang des erwarteten Schadens sei also stets negativ, jedoch steigend[93]:

$S_x < 0; \quad S_y < 0$

$S_{xx} > 0; \quad S_{yy} > 0$

Nun hat in der Wirklichkeit die erhöhte Sorgfalt einer der Parteien - etwa von X- eine Wirkung auf die Wirkung der Sorgfalt der anderen Partei, Y, und auf die Höhe des erwarteten Schadens. Es ist sinnvoll anzunehmen, dass die jeweilige Sorgfalt der anderen Partei ein Substitut für die eigene Sorgfalt ist. Der Rückgang der Sorgfalt des Opfers erhöht somit den Grenzertrag der Vorbeugemaßnahmen beim Täter:

$S_{xy} < 0$

$S_{yx} < 0$

Zur Sicherstellung der Konvexität gelte noch, dass die Substitutionsbeziehung nicht extrem sei:

$S_{xy}^2 > S_{xx} \cdot S_{yy}$

Die Höhe des erwarteten Schadens ist jedoch nicht nur abhängig von der Sorgfalt oder den verwendeten Gegenständen, sondern ebenso auch davon, ob und auf welchem Niveau die mit der Möglichkeit von Unfällen verbundene Tätigkeit ausgeübt wird. Im Falle eines denkbaren Unfalls zwischen einem Auto (Verletzer) und einem Fußgänger (Opfer) hängt die Wahrscheinlichkeit und die Schadenhöhe von der von den Beteiligten bei ihren Tätigkeiten ausgeübten Sorgfalt und den technischen Unfallvorkehrungen ab: Beim Autofahrer zählen hierzu die Geschwindigkeit und das verwendete Bremssystem des Wagens, während beim Fußgänger die Wahl des Ortes und die gesamten Vorkehrungen bei einer Straßenüberquerung als Beispiel für die mit x und y bezeichneten Sorgfalts- und Unfallvorkehrungsniveaus genannt werden können.

Eine bei der Festlegung der „im Verkehr erforderlichen Sorgfalt" nicht selten übersehene Möglichkeit, das zu erwartende Schadenniveau in einer Gesellschaft zu beeinflussen, besteht in der Berücksichtigung des Umfangs der unfallträchtigen Tätigkeiten. So kann etwa die erwartete Zahl der Toten und Verletzten im Straßenverkehr nicht nur durch die Sorgfalt der Verkehrsteilnehmer, sondern ebenso durch die Zahl der gefahrenen Kilometer beeinflusst werden. So steigt - zunächst - die Zahl der Unfälle - bei konstant gehaltener Sorgfalt - mit der Zahl der gefahrenen Kilometer, der Zahl der Arbeitsstunden eines Kraftwerks an. [...]

Das Tätigkeitsniveau des Verletzers X, etwa die Zahl der gefahrenen Kilometer, sei daher im folgenden mit **t** bezeichnet, während der Umfang der Tätigkeit des

[93] Die Subskripte bezeichnen die Ableitungen.

Opfers Y, beispielsweise die Zahl der Straßenüberquerungen, durch **g** ausgedrückt wird.

Die Höhe des erwarteten Schadens aus Unfällen (S) ist nun eine Funktion auch von t und g mit den Eigenschaften

$S_t > 0,\ S_g > 0.$

Insgesamt ist S nun abhängig von x, y, t, g;

$S = f(x, y, t, g)$

Bezeichnet man nun den in Einkommen umgerechneten Nutzen, den Xavier (X) aus seiner Tätigkeit t bezieht, als **z**, und unterstellt man zugleich, dass der Nutzen für X eine Funktion ist mit den Eigenschaften:

$z = f(t)$, wobei

$z_t > 0$ *und* $z_{tt} < 0$, dann gilt für den *erwarteten Nutzen* von X bei Abwesenheit einer den Schaden auf X übertragenen Haftungsregel:

(1) $u^x = z(t) - c(x)t$

Bezeichnet man den Nutzen, den das Opfer Y aus seiner Tätigkeit (g) erzielt als **w**, stellt sich der erwartete Nutzen des Opfers bei Abwesenheit einer den Schaden auf X übertragenden Haftungsregel wie folgt dar:

(2) $u^y = w(g) - c(y)g - S(x,y,t,g)$.

Die **soziale Wohlfahrt (W)** ergibt sich als die Summe der erwarteten Nutzen der Beteiligten ergibt:

(3) $W = u^x + u^y = z(t) - c(x)t + w(g) - c(y)g - S(x,y,t,g)$.

Das zu lösende **soziale Problem**, dem sich eine Gesellschaft bei mit Unfällen verbundenen Tätigkeiten gegenübersieht, besteht somit darin, den Nutzen aus den Tätigkeiten von Verletzer *und* Opfer abzüglich der Sorgfalts- und erwarteten Unfallkosten zu maximieren.

Die *notwendigen Bedingungen des Wohlfahrtsmaximums* ergeben sich wie folgt:

(4) $W_t = z_t - c(x) - S_t = 0.$

Der Grenznutzen der *Aktivität* t des Verletzers muss im Wohlfahrtsmaximum gleich dem erwarteten Grenzschaden und den Sorgfaltskosten pro Tätigkeitseinheit sein:

(5) $z_t = S_t + c(x)$.

(6) $W_x = c_x t - S_x = 0.$

Das Grenzprodukt der *Sorgfalt* in Form der Reduzierung des erwarteten Schadens pro Tätigkeitseinheit des Verletzers muss gleich den Grenzkosten der Sorgfalt sein:

(7) $c_x = \frac{S_x}{t}$

Nicht nur der Verletzer, auch das Opfer hat im Hinblick auf sein Sorgfalts- und sein Tätigkeitsniveau bestimmten Bedingungen zu genügen, damit ein effizientes Wohlfahrtsniveau erreicht werden kann:

(8) $W_g = w_g - c(y) - S_g = 0.$

Der Grenznutzen aus der Tätigkeit des Opfers muss also gleich sein dem sich ergebenden erwarteten Grenzschaden und den damit verbundenen Sorgfaltskosten.

(9) $w_g = S_g + c(y).$

Für die Höhe des Sorgfaltsniveaus des Opfers gilt, dass der Grenznutzen der Sorgfalt durch die Verminderung des erwarteten Schadens (pro Einheit der Tätigkeit von Y) gleich den Grenzkosten der Sorgfalt bei Y sein muss. Die obigen Annahmen über die abnehmenden Grenzprodukte der Sorgfaltsvorkehrungen und Aktivitätsniveaus stellen sicher, dass diejenigen Werte der Sorgfaltsaufwendungen und Aktivitätsniveaus von Verletzer und Opfer, die die notwendigen Bedingungen der Gleichungen (4) - (9) erfüllen, die soziale Wohlfahrt maximieren und nicht minimieren.

Die sich aus der Auflösung der Gleichungen (4) - (9) ergebenden *wohlfahrtsmaximierenden Werte* von x, y, t, g seien mit **x*, y*, t*, g*** gekennzeichnet.

Damit lässt sich als wichtiges **Ergebnis** bereits hier festhalten, dass eine Gesellschaft zur Erreichung des Wohlfahrtsmaximums einen effizienten Anreiz für die von Verletzer *und* Opfer aufzubringenden Sorgfaltsvorkehrungen einschließlich ihres Aktivitätsumfang vorzugeben hat.

Der folgende Teil der Arbeit geht nun der Frage nach, ob es möglich ist, mit Hilfe von Haftungsregeln die Parteien zu veranlassen, ein wohlfahrtsmaximierendes Sorgfaltsniveau x*, y* einzuhalten.

Die Frage der effizienten Aktivitätshöhe t*, g* wird aus Darstellungsgründen implizit behandelt. Zu diesem Zwecke sei in den folgenden Überlegungen unterstellt, dass in den Kosten der Unfallvorbeugemaßnahmen auch die (Opportunitäts-)Kosten der Aktivitätseinschränkungen enthalten sind.

B. Zur Theorie wohlfahrtsoptimaler Haftungsregeln

Da die Kosten der Unfallvorbeugemaßnahmen auch die Opportunitätskosten einer Einschränkung des Aktivitätsniveaus von Opfer und Verletzer enthalten, wird die soziale **Wohlfahrt** nunmehr dann maximiert, wenn die Summe aus den erwarteten Unfallschäden und den Unfallvorbeugekosten minimiert wird. Diese **sozialen Kosten** (SC) lassen sich aus Gleichung (3) ableiten, indem man einfach die im Minimierungskalkül bei den Kosten erfassten Aktivitätsvariablen unterdrückt:

(10) $SC = c(x) + c(y) + S(x,y)$.

Die vom Verletzer und vom Opfer aufzubringenden Unfallvorbeugekosten minimieren dann die sozialen Kosten von Unfällen, wenn die Grenzkosten bei Verletzer (c_x) und Opfer (c_y) gleich dem Grenzertrag in Form des Rückgangs des erwarteten Schadens $(-S_x, bzw. -S_y)$ sind:

(11) $c_x = -S_x$

(12) $c_y = -S_y$

Die sich aus diesen Gleichungen ergebenden, die sozialen Kosten minimierenden Unfallvorkehrungen bei Verletzer und Opfer werden mit **x*** und **y*** gekennzeichnet.

Der Verletzer sollte also solange zusätzliche Einheiten von Sorgfaltsmaßnahmen aufbringen, bis der von der letzten Einheit verursachte Rückgang des erwarteten Schadens $(-S_x)$ genau gleich den Kosten der letzten Sorgfaltseinheit ist. Das gleiche gilt für die Sorgfaltsaufwendungen des Opfers. Damit ergibt sich nun die entscheidende Frage, auf welche Weise es möglich ist, durch eine Haftungsregel beide Parteien zu den sozial optimalen Vorsorgemaßnahmen (x* und y*) zu bewegen.

I. Definition und Eigenschaften von Haftungsregeln

Bevor die Frage nach der die Sozialkosten von unfallträchtigen Tätigkeiten minimierenden Haftungsregel beantwortet werden kann, muss klargestellt werden, was unter einer Haftungsregel zu verstehen ist.

Unter einer Haftungsregel wird im folgenden jedes Verfahren verstanden, das den bei einem Unfall tatsächlichen entstehenden Schaden (A) in irgendeiner Form auf die beteiligten Personen aufteilt. Eine Haftungsregel ist somit ein Verfahren, das den Anteil festlegt, den jede Partei am Gesamtschaden A zu tragen hat. Da das deutsche Recht die Haftung des Täters stets auf die Höhe des tatsächlich entstandenen Schadens begrenzt, einen darüber hinaus gehenden mehrfachen Schadenersatz („punitive damages") also nicht kennt, ergibt sich für die Eigenschaft der Haftungsregel, dass der Anteil einer jeden Person nicht negativ ist und sich die Haftungsanteile zu 1 addieren. Der Betrag, den etwa der Verletzer Xavier zu bezahlen hat, wenn ein Unfall mit einem Schaden in Höhe von A auftritt, ist, wenn für den Haftungsanteil von X die Bezeichnung H^X eingeführt wird, somit $H^X A$. Er ist dann gleich dem Betrag, den das Opfer erhält: Der vom Opfer Y zu tragende Schadensanteil sei mit H^Y gekennzeichnet. Für die einzelnen Haftungsmöglichkeiten gilt dann:

$H^X \geq 0; H^Y \geq 0$

und: $H^X + H^Y = 1$.

II. Wohlfahrtsanalyse von Haftungsregeln

Wie zuvor dargestellt, erfordert die Minimierung der sozialen Kosten aus Unfallmöglichkeiten, dass jede Partei die ihr entstehenden Kosten aus der Unfallvorsorge mit der sich daraus ergebenden Verminderung der erwarteten Unfallschäden abzuwägen hat. Verletzer und Opfer haben jedoch nur dann den Anreiz, diese Kosten richtig in ihren Überlegungen zu berücksichtigen, wenn sie diese auch voll tragen müssen. Da Haftungsregeln eine Aufteilung der Unfallschäden bewirken, muss überprüft werden, ob die Belastung der Parteien lediglich mit einem Anteil des Gesamtschadens ihnen nicht deshalb einen falschen Anreiz gibt, weil sie im Falle eines Unfalls nur einen Teil der gesamten sozialen Kosten zu tragen haben. Es soll daher im folgenden die von den verschiedenen Haftungsregeln erzeugte Belastung bei den einzelnen Parteien untersucht werden.

Die Höhe der Haftung (=Anteil am entstandenen Schaden) einer Partei H^X oder H^Y wird von der Rechtsordnung im allgemeinen nicht auf einen festen und unveränderlichen Anteil am Schaden festgeschrieben, sondern ist eine Funktion der Höhe der Sorgfalts- und Unfallvorkehrungen, (d.h.: von x, y) von Verletzer und Opfer:

$H = H(x,y)$

Je nach der Abhängigkeit der Haftungsanteile von den Sorgfaltsniveaus von Verletzer X und Opfer Y lassen sich folgende Haftungsregeln unterscheiden:

1. Casum sentit dominus: Reine Opferhaltung

Bei dieser Haftungsregel muss das Opfer den Schaden in voller Höhe *immer* selbst tragen:

$H^X(x,y) = 0;\ H^Y(x,y) = 1$ für *alle* Werte von x und y.

Die von dieser Haftungsregel ausgehenden Anreize stellen sich wie folgt dar:

Da $H^X = 0$ für alle Werte von x und y, bestehen die X persönlich treffenden Kosten, (PC^X), aus seinem mit Unfällen verbundenen Verhalten lediglich aus seinen eigenen Sorgfaltskosten:

(13) $PC^X = c(x) + 0 \cdot S(x,y) = c(x)$

Der Verletzer X wird daher bei Annahme kostenminimierenden Verhaltens sein Sorgfaltsniveau auf null vermindern, da bei diesem Wert seine Kosten ihr Minimum erreichen. Bei $H^X(x,y) = 0$ für alle Werte von x und y, ergibt sich somit, dass x = 0 gewählt wird.

Da das Opfer immer den vollen Schaden zu tragen hat, ergeben sich seine *persönlichen Kosten* (PC^Y) *als*:

(14) $PC^Y = c(y) + 1 \cdot S(x,y)$

Da vom Verletzter x = 0 gewählt wird, ergeben sich die *kostenminimierenden Vorsichtsmaßnahmen* des Opfers als Ergebnis der Gleichung:

(15) $c_y = -S_y(0,y)$

Die Regel des „casum sentit dominus" ist somit durch *zwei Abweichungen* vom sozialen Optimum gekennzeichnet:

Der Verletzer X reduziert infolge der Haftungsfreistellung seine Unfallvorsorge auf null, obwohl er nach Gleichung (11) zur wohlfahrtsoptimalen Vorsorge (x*) die Obliegenheit gehabt hätte, seine Vorsichtsmaßnahmen so lange zu steigern, bis ihre Grenzkosten gleich ihrem Ertrag in Form der Reduzierung der Unfallkosten gewesen wären (gegeben, dass das Opfer der gleichen Bedingung genügt hätte, d.h. y = y*). Da das Opfer nun davon ausgehen muss, dass es stets den vollen Schaden tragen muss und zudem der Verletzer nicht die geringste Sorgfalt aufwendet (da ja x = 0), weicht die vom Opfer aufgewendete Vorsorge ebenfalls vom sozial optimalen Wert y* ab, da es die ineffizienten Vorsorgemaßnahmen des Verletzers auszugleichen versucht. Da in dieser Arbeit zwischen den Vorsorgemaßnahmen von X und Y eine Substitutionsbeziehung unterstellt worden war, ergibt sich in einem solchen Fall eine Erhöhung der Vorsorgemaßnahmen des Opfers über y* hinaus[94].

2. Gefährdungshaftung ohne Berücksichtigung des Mitverschuldens

Bei diesem Haftungssystem muss der Verletzer den Schaden des Opfers *immer* übernehmen:

$H^X(x,y) = 1; H^Y(x,y) = 0$ für *alle* Werte von x,y.

Die Gefährdungshaftung entspricht in ihrer Wirkung der „casum-sentit-dominus"-Haftungsregel. Die Stelle des Opfers wird nun vom Verletzer eingenommen.

Da $H^X = 1$, ergeben sich die privaten Kosten des Verletzers X:

(16) $PC^X = c(x) + 1 \cdot S(x,y)$

Da nun $H^Y = 0$, belaufen sich die privaten Kosten des Opfers aus seiner mit Unfallmöglichkeiten verbundenen Tätigkeit auf

(17) $PC^Y = c(y) + 0 \cdot S(x,y) = c(y)$

---

[94] Hätte man Komplementarität der Unfallvorbeugemaßnahmen unterstellt, würde das Opfer seine Maßnahmen *unter* das effiziente Niveau von y* aus Gleichung (12) absinken lassen. Dies ist eine wenig realitätsgerechte Annahme.

Die privaten Kosten minimierenden Vorbeugemaßnahmen des Opfers sind somit Y = 0, während sich die kostenminimierenden Vorsorgemaßnahmen des Verletzers als Ergebnis der folgenden Gleichung darstellen:

(18) $c_x = S_x(x,o)$

Auch hier treten die im vorigen Abschnitt besprochenen doppelten Abweichungen vom sozialen Optimum in Symmetrie auf. Bei der ausnahmslosen Gefährdungshaftung ergeben sich unzureichende Unfallvorkehrungen beim Opfer, und hierdurch verursacht entweder zu hohe (bei der in der Wirklichkeit üblicherweise bestehenden Substituierbarkeit der Vorbeugemaßnahmen) oder zu niedrige (bei Komplementarität), jedenfalls nicht effiziente Vorsorgemaßnahmen beim Verletzer.

3. Verschuldenshaftung

Bei dieser Haftungsregel muss stets das Opfer den Schaden tragen, es sei denn, der Verletzer handelt schuldhaft.

Während bei den bisherigen Haftungsregeln der zu tragende Anteil jeweils für *alle* Werte der Vorbeugemaßnahmen von x und y galt, wird nun die *Höhe* der Sorgfaltsaufwendungen für die Haftungsverteilung entscheidend. Die Feststellung der in einem konkreten Fall zu beobachtenden Sorgfaltsvorkehrungen von Verletzter und Opfer wird im Streitfalle letztlich von den Gerichten getroffen werden müssen. Bei der hier diskutierten Frage der Wirkung von Haftungsregeln sei zunächst angenommen, den Gerichten gelänge die richtige Abwägung der Nutzen und Kosten der Sorgfaltsmaßnahmen aller Beteiligten, so dass sie die erforderliche Sorgfalt beim Verletzer und Opfer auf den sozial effizienten Wert x* und y* festsetzen.

Bei der hier untersuchten Verschuldenshaftung I ist der Haftungsanteil des Verletzers demnach:

$H^X = 0$, wenn $x \geq x^*$

jeweils für *alle* Werte von y

$H^X = 1$, wenn $x < x^*$

Der vom Opfer zu tragende Schaden oder in der hier verwendeten Terminologie die Haftungslast des Opfers ist dementsprechend:

$H^Y = 1$, wenn $x \geq x^*$

für *alle* Werte von y

$H^Y = 0$, wenn $x < x^*$

Es ist nun der Frage nachzugehen, welche Anreize eine dergestalt definierte Verschuldenshaftung auf das Verhalten der Parteien ausübt. Hierzu sind wiederum die bei Verletzer und Opfer entstehenden privaten Kosten zu ermitteln.

Bei der Untersuchung der privaten Kosten sind zwei Fälle zu unterscheiden. So der Fall, dass der Verletzer die rechtlich gebotene Sorgfalt (x*) aufbringt oder der andere Fall, dass er ein geringeres Maß an Unfallvorkehrungen als x* zeigt. Die jeweiligen privaten Kosten des Verletzers stellen sich dann wie folgt dar:

(19) $PC^X = c(x) + 0 \cdot S(x,y) = c(x)$, *wenn* $x \geq x^*$.

Da der Verletzer versucht, seine Kosten zu minimieren, wird er keinen höheren Wert als x* wählen, da er ansonsten sein Kostenminimum verfehlen würde. Entscheidet X sich dafür, überhaupt Sorgfaltsmaßnahmen zu ergreifen, wird er das kostenminimierende Niveau von x* wählen, so dass seine privaten Kosten sich in diesem Fall ergeben als:

(20) $PC^X = c(x^*)$.

Bleibt X unter dem rechtlich gebotenen Maß an Sorgfaltsvorkehrungen, dh. x < x*, sind seine privaten Kosten:

(20) $PC^X = c(x) + 1 \cdot S(x,y)$, *wenn* $x < x^*$.

Die privaten Kosten von X als Funktion seiner Sorgfalt lassen sich in einer graphischen Darstellung wie folgt abbilden[95]:

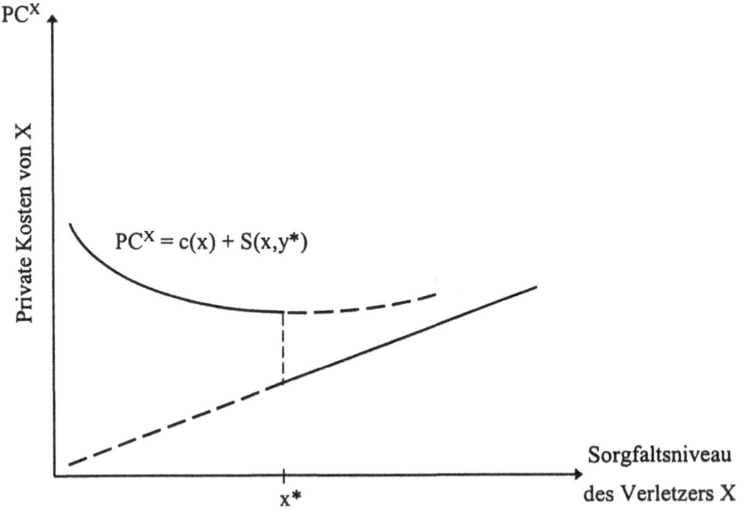

Abbildung 1: Private Kosten des Verletzers X

[95] Es sei daran erinnert, dass eine lineare Kostenfunktion und $S_x > 0$ sowie $S_{xx} < 0$ angenommen wurde, so dass die Kurve der privaten Kosten von X eine konvexe Gestalt besitzen muss.

Wie dargestellt, bezeichnet der Wert von x* dasjenige Niveau an Sorgfaltsvorkehrungen, das die *sozialen* Kosten aus seiner unfallverursachenden Tätigkeit minimiert. Es wurde hier auch angenommen, dass es der Rechtsprechung gelingt, diese Sorgfaltshöhe als die rechtliche Anforderung an das Sorgfaltsniveau des Verletzers festzulegen. Die privaten Kosten des Verletzers erreichen bei x* ihr Minimum, da an diesem Punkt die Kurve, die die Sorgfaltskosten *und* die Höhe des erwarteten Schadens widerspiegelt, auf die Gerade der Kosten der Sorgfaltsvorkehrungen von c(x) herab springt. Es ist somit offensichtlich, dass der Verletzer X das sozial effiziente Sorgfaltsniveau x* wählen wird, da er mit keinem anderen Sorgfaltsniveau eine geringere private Kostenbelastung erzielen kann.

Es fragt sich jedoch nun, welches Sorgfaltsniveau das *Opfer* wählen wird. Die privaten Kosten des Opfers stellen sich wie folgt dar:

(22) $PC^Y = c(y) + 0 \cdot S(x,y)$ *wenn* $x < x^*$

und

(23) $PC^Y = c(y) + 1 \cdot S(x^*,y)$, *wenn* $x = x^*$

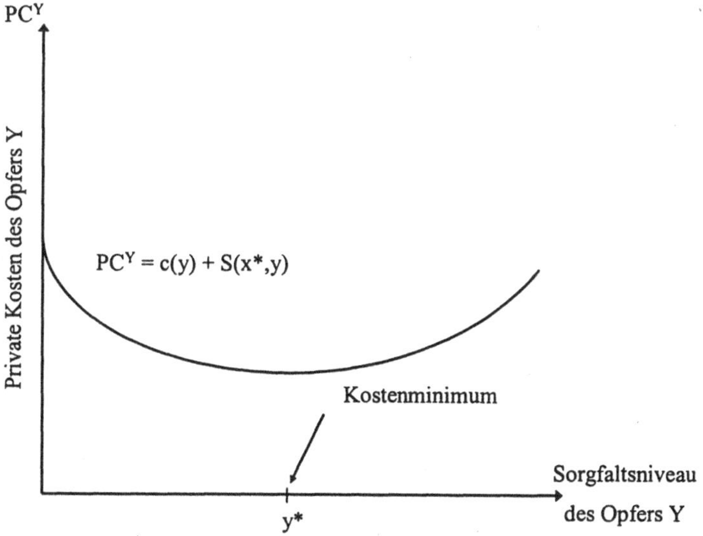

Abbildung 2: Private Kosten des Opfers Y

Da der Verletzer stets, nämlich für alle Werte von y, durch die Einhaltung der rechtlich gebotenen und sozial effizienten Sorgfalt (x*) seine Kosten minimiert, bleibt für das Opfer lediglich die Möglichkeit, Gleichung (23) zu minimieren, deren Lösung infolge des effizienten Sorgfaltsniveaus von X völlig mit der Lösung des sozialen Kostenminimierungsproblems (12) $c_y = - S_y$ identisch ist.

Es lässt sich somit als **Ergebnis** festhalten, dass eine Verschuldenshaftung, bei der das Opfer den Schaden tragen muss, es sei denn der Täter handelt schuldhaft, sowohl Verletzer wie Opfer dazu anhält, die sozialen Kosten ihrer Handlungen im richtigen Umfang zu berücksichtigen und zu minimieren. Im Gegensatz zu reinen „casum-sentit-dominus"-Regel und zur reinen Gefährdungshaftung bewirkt die Verschuldenshaftung bei richtiger Festsetzung der rechtlich gebotenen Sorgfalt der Beteiligten durch die Gerichte die sozial effiziente Höhe der Unfallvermeidungsvorkehrungen.

4. Gefährdungshaftung bei Berücksichtigung von Mitverschulden

Auch in den Fällen der Gefährdungshaftung hat die Rechtsprechung durch eine analoge Anwendung des § 254 BGB ein mitwirkendes Verschulden des Opfers zur Minderung oder zum Ausschluss des Ersatzanspruches des Opfers genügen lassen[96]. Es soll daher die Frage untersucht werden, welche Anreize ein System der Gefährdungshaftung bei Berücksichtigung des Mitverschuldens des Opfers auf das Verhalten der Beteiligten ausübt. Zunächst soll das Haftungssystem unter der Annahme untersucht werden, dass bereits das kleinste Mitverschulden des Opfers zu seiner vollen Schadenslasttragung führt, der Schädiger damit voll entlastet wird.

Das hier untersuchte Haftungssystem sei wie folgt definiert: Der Verletzer haftet stets, es sei denn, das Opfer handelt schuldhaft.

Die Haftungsanteile von X ergeben sich dann als:

$H^X = 1,$ wenn $y \geq y^*$,

für *alle* Werte von x

$H^X = 0,$ wenn $y < y^*$,

und entsprechend für das Opfer:

$H^Y = 0,$ wenn $y \geq y^*$,

für *alle* Werte von x

$H^Y = 1,$ wenn $y < y^*$,

Die Übersicht über die *privaten Kosten beim Verletzer* X ergibt:

(24) $PC^X = c(x) + 1 \cdot S(x,y),$ wenn $y \geq y^*$.

(25) $PC^X = c(x) + 0 \cdot S(x,y) = c(x),$ wenn $y < Y^*$,

und entsprechend *beim Opfer Y*:

[96] Vgl. hierzu RGZ 51, S. 276; 53, S. 75; BGHZ 2, S. 355; 20, S. 259.

(26) $PC^Y = c(y) + 0 \cdot S(x,y),$ wenn $y \geq y^*$.

(27) $PC^Y = c(y) + 1 \cdot S(x,y,$ wenn $y < y^*$.

Ein Blick auf die Gleichungen (20) bis (23) zeigt die Wirkungssymmetrie der Gefährdungshaftung mit Berücksichtigung des Mitverschuldens auf der einen Seite und der Verschuldenshaftung auf der anderen Seite. Lediglich x und y wurden vertauscht. Die Rolle des Opfers bei der Verschuldenshaftung wird nun vom Verletzer gespielt und die des Verletzers nun vom Opfer. Wird von der Rechtsordnung das Niveau der vom Opfer zu beobachtenden Sorgfalt auf den effizienten Punkt y* festgelegt, sieht sich nun das Opfer der analogen Sprungfunktion seiner privaten Kosten gegenüber. Wie bei der oben besprochenen Verschuldenshaftung, wird nun das Opfer y* den kostenminimierenden Sorgfaltsaufwand einhalten, während der Verletzer seine konvexe Kostenkurve minimiert.

Damit lässt sich auch für die Regel der Gefährdungshaftung bei Berücksichtigung des Mitverschuldens des Opfers das Ergebnis **festhalten**, dass dieses Haftungsverfahren bei richtiger Festlegung der Höhe der vom Opfer zu beachtenden Sorgfalt durch die Gerichte allen Beteiligten den Anreiz gibt, die sozialen Kosten ihrer Handlungen zu minimieren. Verschuldenshaftung und Gefährdungshaftung bei Berücksichtigung von Mitverschulden sind damit in ihrer effizienten Anreizwirkung gleich. Es unterscheiden sich die Haftungssysteme nur in der Verteilungsfrage, wer von den beiden die auch bei effizienten Vorsorgemaßnahmen beider Beteiligten noch auftretenden erwarteten Schäden zu tragen hat. Die Höhe der erwarteten Schäden ist unter jedem Haftungsregime gleich und zudem effizient.

[...]

5. Verschuldenshaftung mit Haftungsausschluss bei Mitverschulden des Opfers

Nach diesem Haftungssystem muss der Verletzer dann und nur dann den entstandenen Schaden ersetzen, wenn er schuldhaft gehandelt hat *und* zugleich das Opfer die erforderliche Sorgfalt beobachtete. Sobald also dem Opfer auch nur die geringste Fahrlässigkeit ($y < y^*$) vorgeworfen werden kann, verliert es seinen Ersatzanspruch, unabhängig von der Höhe der Sorgfaltsvorkehrungen des Verletzers.

Dieses Haftungssystem ist deshalb von besonderem Interesse, weil es das in manchen US-Bundesstaaten immer noch vorherrschende Haftungsverfahren seit Mitte des 19. Jahrhunderts ist[97]. Als Begründung des völligen Ausschlusses ei-

[97] Vgl. hierzu Brown v. Kendall, 60 Mass. (6 cush.) 292 (1850), *Posner*, Economic Analysis of Law, S. 124. Vgl. für das gemeine Recht, *Windscheid-Kipp*, Pandekten, 9. Auflage, § 258

nes jeden Ersatzanspruchs gilt der Satz: „He who comes to court has to come with clean hands."[98]

Die vom Verletzer zu tragende Haftung stellt sich bei diesem System somit wie folgt dar:

$H^X = 1$, wenn $x < x^*$ *und* $y \geq y^*$

$H^X = 0$, wenn $x \gtrless x^*$ *und* $y < y^*$

und entsprechend die Haftungsanteile des Opfers:

$H^Y = 0$, wenn $x < x^*$ *und* $y \geq y^*$

$H^Y = 1$, wenn $x \gtrless x^*$ *und* $y < y^*$

Um beurteilen zu können, welche Anreize auf die Beteiligten von diesem Haftungssystem ausgehen, müssen für Verletzer und Opfer wie stets die sie persönlich treffenden Kosten je nach den möglichen Verhaltensalternativen geordnet untersucht werden.

Da die Höhe der privaten Kosten des Verletzers auch eine Funktion des Verhaltens des Opfers ist, ergeben sich nun vier verschiedene Möglichkeiten für die Höhe der Kosten, die den **Verletzer X** treffen können:

Wenn das Opfer nicht die rechtlich geforderten Unfallvorkehrungen trifft, d.h. $y < y^*$, ergeben sich die privaten Kosten von X als:

wenn $y < y^*$, dann gilt:

(28) $PC^X = c(x) + 0 \cdot S(x,y) = c(x).$

Wenn $y=y^*$, ergeben sich die Kosten von X als:

(29) $PC^X = c(x^*) + 0 \cdot S(x^*,y^*) = c(x^*),$ *wenn* $x = x^*$

oder als:

(30) $PC^X = c(x) + 1 \cdot S(x,y^*),$ *wenn* $x < x^*$.

In einer Matrix zusammengestellt, stellen sich die Kostenalternativen des Verletzers X wie folgt dar:

Nr. 22 FN. 17, 18; und für das englische Common Law Butterfield v. Forrester (1809) 11 East 60.

[98] Der Gesetzgeber des BGB ist bewusst von diesem Prinzip abgegangen und ordnete stattdessen -französischem und schweizerischem Vorbild folgend (Motive II, S. 23) - eine Abwägung an, § 254 BGB. Diese Haftungssystem wird weiter unten erörtert werden.

Sorgfaltsvorkehrungen des Opfers Y	*Sorgfaltsvorkehrungen des Verletzers X*	
	x < x*	x = x*
y < y*	c(x)	c(x*)
y = y*	C(x) + S(x,y*)	c(x*)

Übersicht 1: Die erwarteten privaten Kosten des Verletzers X

Auch die Höhe der **privaten Kosten**, die das **Opfer Y** treffen, ist eine Funktion des Verhaltens von X. Die entsprechenden Gleichungen für die Opferbelastung stellen sich wie folgt dar:

Unabhängig davon, ob x ≥ x* oder x < x* ist, gilt:

(31) $PC^{Y} = c(y) + 1 \cdot S(x, y),$ *wenn* $y < y^*$.

Wenn jedoch y ≥ y* *und* x < x*, verringern sich die privaten Kosten von Y auf:

(32) $PC^{Y} = c(y^*) + 0 \cdot S(x, y^*) = c(y^*).$

Es kommen daher zusammengefasst auf das Opfer die folgenden Kosten:

Sorgfaltsvorkehrungen von X	*Sorgfaltsvorkehrungen von Y*	
	y < y*	y = y*
X < x*	c(y) + S(x,y)	c(y*)
X = x*	c(y) + S(x*,y)	c(y*) + S(x*,y*)

Übersicht 2: Die erwarteten Kosten des Opfers Y

Nachdem nun die jeweiligen Auszahlungsmatrizen ermittelt worden sind, gilt es festzustellen, welche der möglichen Strategien Verletzer und Opfer verfolgen werden.

Hierzu sei daran erinnert, dass in dieser Arbeit Unfälle untersucht werden sollen, bei denen die Beteiligten aufgrund hoher „Transaktionskosten" keine effizienten Haftungsregeln vereinbaren können. Sie versuchen daher stattdessen in nicht kooperativer Weise ihre privaten Kosten zu minimieren, bei jeweils als gegeben angenommenem Verhalten ihres Gegenübers. Es fragt sich daher, welche Gleichgewichtsstrategien die Beteiligten verfolgen werden. Ein Cournot-Gleichgewicht in reinen Strategien ist nun durch einen Strategienvektor gekennzeichnet, von dem kein Spieler einseitig abweichen kann, ohne sich damit gleichzeitig zu verschlechtern[99]. In dem hier untersuchten Problem geht es somit darum, diejenigen Sorgfaltsverletzungsniveaus von X und Y zu finden, von dem abzuweichen weder X noch Y als lohnend empfinden, da sich bei einer solchen Abweichung ihre privaten Kosten erhöhen würden.

Betrachten wir zunächst noch einmal die Sorgfaltsmaßnahmen des Verletzers in *Übersicht 1*.

Es ist unmittelbar aus der Tabelle ersichtlich, dass der Verletzer das Strategienpaar (x < x*, y < y*) allen anderen vorziehen würde, da ihn hierbei keinerlei Haftung träfe und er zugleich seine Sorgfalt auf null vermindern könnte, so dass er nur noch Kosten in Höhe von c(0) aufzuwenden hätte. Nun erweist es sich jedoch, dass für das Opfer Y *immer* ein Anreiz besteht, die rechtlich geforderten Unfallvorkehrungen einzuhalten, d.h. y = y* ist die richtige Sorgfalt für das Opfer, gleichgültig was der Verletzter tut. Der Grund hierfür lässt sich mit einem Blick auf die *Übersicht 2* ermitteln, die die erwarteten Kosten des Opfers darstellt.

Verhielte sich der Verletzer fahrlässig, d.h. x < x*, könnte das Opfer Y seine privaten Kosten durch die Aufwendung der rechtlich erforderlichen Sorgfalt minimieren, d.h. y=y*, da er dann nur noch Kosten in Höhe von c(y*) zu tragen hätte.

Würde der Verletzer jedoch ebenfalls die notwendige Sorgfalt aufbringen, d.h. x = x*, hat das Opfer die Wahl zwischen zwei Kostenbelastungen: Bei eigener Fahrlässigkeit müsste es Kosten in Höhe von c(y) + S(x*,y) tragen, während es bei Sorgfalt noch mit privaten Kosten von c(y*) + S(x*,y*) zu rechnen hätte. Nun war jedoch bereits oben bei der Behandlung der Verschuldenshaftung gezeigt worden, dass y* definitionsgemäß die Kosten von c(y) + S(x*,y) minimiert, (vgl. hierzu auch Abbildung 2). Da somit immer gilt, dass

(33) $c(y^*) + S(x^*, y^*) < c(y) + S(x^*, y)$

ist, wird das Opfer Y stets das geforderte Sorgfaltsniveau y* beachten, und zwar unabhängig davon, welche Unfallvorkehrungen der Verletzer X trifft.

Dies bedeutet jedoch, dass der Verletzer X das für ihn beste Ergebnis c(x=0) nicht erzielen kann, da das Opfer die hierfür erforderliche Strategie y < y* als niemals in seinem Interesse liegend ansieht. Der Verletzer hat daher nun nur noch die Wahl zwischen privaten Kosten in Höhe von c(x) + S(x,y*) oder c(x*). Wir wissen jedoch, dass in dieser Situation c(x*) < c(x) + S(x,y*) ist.

Daraus folgt dann jedoch, dass auch der Verletzer ebenso wie das Opfer die rechtlich gebotene und effiziente Sorgfalt (x*) aufbringen wird.

---

[99] Eine ausführliche Darstellung dieses Gleichgewichtkonzepts findet sich in *Friedman*, Oligopoly and the Theory of Games, S. 22 ff.

Da somit weder X noch Y durch eine einseitige Abweichung von (x*,y*) einen Vorteil zu erreichen vermögen, erweist sich die Beachtung der rechtlich verlangten und effizienten Sorgfalt durch beide Parteien als stabiles Cournot-Nash-Gleichgewicht.

Da x*,y* zugleich die wohlfahrtsmaximierenden Sorgfaltsvorkehrungen darstellen, gilt als weiteres wichtiges **Ergebnis** festzuhalten, dass auch die hier untersuchte Verschuldenshaftung mit Haftungsausschluss bei Mitverschulden allen Beteiligten den effizienten Anreiz gibt, die sozialen Kosten ihrer unfallverursachenden Tätigkeiten zu minimieren.

6. Verschuldenshaftung mit Haftungsminderung je nach der relativen Verschuldenshöhe

In den vorhergehenden Abschnitten dieser Arbeit war gezeigt worden, dass bis auf den Fall der unbedingten reinen Täter- oder Opferhaftung die verschiedenen Haftungssysteme bei richtiger Festlegung der Verschuldensmaßstäbe zu wohlfahrtsmaximierenden Anreizen für Täter wie Opfer führen. In allen untersuchten Fällen wurde die effiziente Lösung dadurch erreicht, dass jeweils einer der am Unfall Beteiligten die *gesamten* Kosten des Unfalls zu tragen hatte. Die mit den vollen Kosten belastete Partei hatte wegen ihrer Belastung einen unmittelbaren Grund, Grenznutzen und Grenzkosten ihrer Unfallvorkehrungen auszugleichen, während diese Wirkung bei der von jeder Kostenlast befreiten Partei dadurch erreicht wird, dass sie sich der Drohung gegenübersieht, bei einer Abweichung vom effizienten Sorgfaltsniveau aufgrund der Haftungsverlagerung alle Kosten tragen zu müssen, so dass sie als die für sie günstigste Alternative ebenfalls die Beachtung der erforderlichen Sorgfalt ansieht.

In diesem Abschnitt soll nun der Frage nachgegangen werden, ob die Beteiligten auch dann zu effizientem Verhalten angehalten werden, wenn die Kostenlast des Unfalls zwischen den Parteien *aufgeteilt* wird und zwar als Funktion der relativen Höhe ihrer Verschuldens. Die Abkehr der Untersuchung von den „Alles oder Nichts"-Kostentragungsregeln zu aufteilenden Haftungssystemen ist notwendig, um die weltweit vorherrschende, auch im englischen[100] und deutschen Recht vorherrschende Haftungsordnung beurteilen zu können. So führt im deutschen Recht in unmittelbarer oder entsprechender Anwendung des § 254 BGB das Mitverschulden des Geschädigten zu einer Anspruchsminderung, deren Hö-

[100] Ursprünglich wurde auch im englischen Recht dem Opfer jeder Schadensersatzanspruch versagt, wenn ihm Mitverschulden zur Last gelegt werden konnte. Die große Härte einer vollständigen Verweigerung eines Ersatzanspruchs bei geringstem Mitverschulden wurde zunächst durch die Gerichte und seit 1945 durch die „Contributory Negligence Act" abgemildert und ist nunmehr eine Funktion der Höhe der Abweichung von den geforderten Sorgfaltsvorkehrungen, vgl. hierzu *Atiyah,* Accidents, Compensation and the Law, 1980, S. 140 ff.

he vom *Grad des Verschuldens* bei Verletzer und Opfer abhängt[101]. Das deutsche Recht vermeidet damit für die große Zahl der praktischen Fälle, in denen *beiden* Parteien ein Sorgfaltsverstoß vorzuwerfen ist, eine für das Rechtsgefühl und die möglichen Prozessführungsstrategien nachteilig anzusehende Asymmetrie bei der Verhaltensbeurteilung der Parteien mit einer Unstetigkeitsstelle, bei der die volle Haftungslast von null auf 100% springt, obwohl beide Parteien sorgfaltswidrig gehandelt haben[102]. Es ist daher nun zu untersuchen, ob auch ein solche Unstetigkeiten vermeidendes Haftungssystem allen Beteiligten effiziente Anreize zu geben vermag.

Die nun im einzelnen zu untersuchende *Haftungsregel des relativen Verschuldens*, die der *geltenden Rechtslage* nachgebildet wurde, sei wie folgt definiert:

„Das Opfer trägt den vollen Schaden, wenn der Verletzer sorgfältig gehandelt hat. Haben Verletzer *und* Opfer fahrlässig gehandelt, trägt das Opfer den Schaden entsprechend der relativen Höhe seines Verschuldens im Vergleich zur Höhe des Verletzerverschuldens".

Entscheidend für die Höhe der zu tragenden Haftungslast wird damit die (prozentuale) Abweichung der aufgewendeten Sorgfalt (x) von der rechtlich geforderten: $\frac{x^*-x}{x^*}$ beim Verletzer und $\frac{y^*-y}{y^*}$ beim Opfer.

Der Haftungsanteil, den der Verletzer am Gesamtschaden übernehmen muss H^x, ergibt sich als Funktion des *Verhältnisses*, mit dem die Beteiligten von ihrer rechtlich geforderten Sorgfalt abweichen[103]:

---

[101] Vgl. hierzu RGZ 71, S. 191; 105, S. 119; 138, S. 329; 94, S. 141; BGHZ 50, S. 112; 57, S. 144; 38, S. 278; 61, S. 144; 3, S. 49; 9, S. 318.

[102] Es ist zwar richtig, dass auch die hier untersuchte Haftungsregel eine Unstetigkeitsstelle bei x^*, y^* aufweist, da bei sorgfältigem Verhalten des Opfers (y^*) die geringste Nachlässigkeit des Verletzers ($x < x^*$) zu einer Verlagerung der vollen Haftungslast auf ihn führt. Eine dem Umfang der Fahrlässigkeit proportionaler Haftungsanstieg des Verletzers bei gleichzeitig sorgfältigem Verhalten des Opfers wäre jedoch nur dann möglich, wenn das Opfer am Schaden beteiligt würde, obwohl dieses sich völlig sorgfaltsgemäß verhalten hat, ein Ergebnis das zu fehlerhaften Verhaltensanreizen (nämlich $y > y^*$) führen würde und wohl auch nicht von den allgemeinen Gerechtigkeitsvorstellungen getragen wäre. Haben jedoch beide Parteien die gebotene Sorgfalt außer Acht gelassen, käme es zu einer asymmetrischen Behandlung, wenn man die Verteilung der vollen Haftungslast lediglich von einer noch so kleinen Nachlässigkeit des Opfers abhängig machte, den Umfang der Sorgfaltswidrigkeit der anderen Partei jedoch völlig aus dem Blickfeld ließe. Da im Bereich der Unstetigkeitsstelle die Rechtsordnung an kleine Verhaltensdifferenzen große Rechtsfolgen knüpft, würde ein solches Haftungssystem als unverhältnismäßig und willkürlich empfunden werden.

[103] Da sich keiner der Beteiligten durch eine „überobligationsmäßige" Sorgfalt verbessern kann, wird hier zu Vereinfachung der Darstellung eingenommen, dass stets gilt $x \leq x^*$ und ebenso $y \leq y^*$. Es wird somit keiner der Beteiligten eine größere als die gesetzlich geforder-

(34) $$\frac{H^X}{H^Y} = \frac{\frac{x^*-x}{x^*}}{\frac{y^*-y}{y^*}}$$

Beachtet das *Opfer* die erforderliche Sorgfalt, der Verletzer jedoch nicht, d.h. $\frac{x^*-x}{x^*} > 0$ und $\frac{y^*-y}{y^*} = 0$, soll gelten $H^X = 1$. Sind beide Parteien sorgfältig, soll die Haftung für den Schaden beim Opfer verbleiben, d.h. für:

$\frac{x^*-x}{x^*} = 0$ und $\frac{y^*-y}{y^*} = 0$ sei $H^X = 0$.

Für alle anderen Sorgfaltsniveaus von x und y errechnet sich der Haftungsanteil für den Verletzer X wie folgt: Da $H^Y = 1 - H^X$ gilt:

(35) $$\frac{H^X}{1-H^X} = \frac{\frac{x^*-x}{x^*}}{\frac{y^*-y}{y^*}}$$

Gleichung (35) aufgelöst nach H^X und für das Verhältnis der Abweichungen vom erforderlichen Sorgfaltsniveau, d.h. für die rechte Seite der Gleichung (35) die übersichtlichere Notation **V** eingeführt ergibt:

(36) $$H^X = \frac{V}{1+V}$$

Beträgt also die prozentuale Abweichung vom rechtlich gebotenen Sorgfaltsniveau beim Verletzer X 20 Prozent, während sie beim Opfer etwa 30 Prozent ausmacht, ergibt sich das Verhältnis V als $\frac{20}{30}$ und damit der Haftungsanteil des *Verletzers* X als:

(37) $$H^X = \frac{\frac{2}{3}}{1+\frac{2}{3}} = \frac{2}{5} = 0{,}4$$

während der Haftungsanteil des *Opfers* damit 60 Prozent des entstandenen Schadens ausmacht:

$H^Y = 0{,}6$.

Wie man aus einer einfachen Monotoniebetrachtung ableiten kann, sinkt der Haftungsanteil eines jeden Beteiligten, wenn die von ihm aufgewendete Sorgfalt ansteigt.

Um festzustellen, welche Anreize ein solches Haftungssystem auf die Parteien ausübt, müssen nun ihre jeweiligen privaten Kosten ermittelt werden.

Die erwarteten privaten Kosten des Verletzers stellen sich wie folgt dar:

(38) $$PC^X = c(x) + H(x,y) \cdot S(x,y)$$

---

te, haftungsauslösende Sorgfalt aufwenden, da eine solche „überhöhte" Sorgfalt einen geringeren privaten Ertrag aufweist als sie an privaten Kosten verursacht.

Da $H^X(x,y)=0$, für x = x* und $H^X(x,y)=1$, für x < x* *und* y = y* ergibt sich folgende Übersicht:

Sorgfaltsvorkehrungen des Opfers Y	*Sorgfaltsvorkehrungen des Verletzers X*	
	x < x*	x = x*
y < y*	c(x) + $H^X(x,y) \cdot S(x,y)$	c(x*)
y = y*	c(x) + S(x,y*)	c(x*)

Übersicht 3: Die erwarteten Kosten des Verletzers X

Die Höhe der erwarteten privaten Kosten des *Opfers Y* stellt sich wie folgt dar:

(39) $PC^Y = c(y) + H^Y(x,y) \cdot S(x,y)$,

da $H^Y = 1 - H^X = 1$ für x = x* und alle Werte von y,

gilt für die erwarteten Kosten des Opfers Y:

Sorgfaltsvorkehrungen des Opfers Y	*Sorgfaltsvorkehrungen des Verletzers X*	
	x < x*	x = x*
y < y*	c(y) + $(1 - H^X(x,y)) \cdot S(x,y)$	c(y) + S(y,x*)
y = y*	c(y*)	c(y*) + S(x*,y*)

Übersicht 4: Die erwarteten Kosten des Opfers Y

Nachdem nun die jeweilige Lage der Parteien in Abhängigkeit ihrer eigenen Sorgfalt und der Sorgfalt ihres Gegenüber dargestellt wurde, muss nun ermittelt werden, welches Verhalten die Parteien bei ihrem Wunsch nach Minimierung ihrer privaten Kosten zeigen werden. Es geht daher um die Frage, ob ein Cournot-Gleichgewicht in reinen Strategien für die untersuchte Haftungsregel existiert. Dies ist dann der Fall, wenn ein Strategienvektor in Sorgfaltsvorkehrungen von x und y existiert, von dem abzuweichen weder X noch Y als lohnend empfinden.

Aus der *Übersicht 3* kann unmittelbar entnommen werden, dass der Verletzer X als Strategienpaar (x < x*, y < y*) nur dann als das für ihn günstigste ansehen kann, wenn auch das Opfer im Verhältnis zu seiner Nachlässigkeit ebenfalls in hinreichend großem Umfang fahrlässig ist. Versucht der Verletzer somit durch fahrlässiges Verhalten Sorgfaltskosten einzusparen, hängt die Höhe seiner Ersparnisse vom Umfang des fahrlässigen Verhaltens beim Opfer ab. Verhält sich das Opfer jedoch sorgfältig (d.h.: y = y*), ist die beste Strategie des Verletzers X ebenfalls sorgfältig zu sein (x = x*), da er damit die ganze Schadenslast S auf das Opfer verlagert.

Aus der *Übersicht 4* ist nun zu entnehmen, dass das Opfer Y seine privaten Kosten für den Fall sorgfältigen Verhaltens des Verletzers (x = x*) dadurch minimiert, dass es ebenfalls sorgfältig (y = y*) ist, da y* per definitionem die Funktion c(y) + S(y,x*)minimiert. Das Strategienpaar (x*,y*), bei dem somit beide Parteien sorgfältig handeln, ist damit ein Gleichgewichtsvektor, da keine Partei ihre Lage durch ein anderes als das rechtlich geforderte Sorgfaltsniveau einseitig verbessern kann.

Fraglich bleibt jedoch, ob es sich bei diesem Strategienpaar um den *einzigen* Gleichgewichts-Strategienverkehr handelt. So könnte jede Partei versucht sein, fahrlässig zu handeln, in der Annahme, die andere Partei sei in so hinreichend großem Umfang ebenfalls fahrlässig, dass der hierdurch auf sie selbst entfallende zusätzliche Haftungsanteil so klein ist, dass er die durch das fahrlässige Verhalten ersparten Sorgfaltskosten nicht aufwiegt. Es muss daher gezeigt werden, dass der Strategienvektor (x < x*, y < y*) deshalb kein Gleichgewichtsvektor sein kann, weil jede Partei sich durch sorgfältiges Verhalten verbessern kann.

Hierzu sei angenommen, es gebe ein *anderes* Gleichgewichtspaar von Strategien $(\bar{x}, \bar{y})$, bei dem die Parteien fahrlässig handeln. Dann muss gelten:

(40) $c(\bar{x}) + H^X(\overline{x,y} \cdot S(\bar{x},\bar{y}) < c(x^*)$

sowie:

(41) $c(\bar{y}) + (1 - H^X(\bar{x},\bar{y}) \cdot S(\bar{x},\bar{y}) < c(y^*)$

da anderenfalls entweder der Verletzer X oder Opfer Y sich zu sorgfältigem Verhalten (x* oder y*) entschließen würde, vgl. die *Übersicht 3* und *4*. Addiert man nun die beiden Gleichungen (40) und (41) ergibt sich:

(42) $c(\bar{x}) + c(\bar{y}) + S(\bar{x}, \bar{y}) < c(x^*) + c\,(y^*)$

Nun sind jedoch x* und y* dadurch definiert, dass sie die Funktion C(x) + c(y) + S(x,y) minimieren. Es muss daher für alle Werte von x und y und damit auch für $\bar{x}, \bar{y})$ gelten:

(43) $c(x^*) + c(y^*) + S(x^*,y^*) < c(x) + c(y) + S(x,y).$

Da der erwartete Schaden bei sorgfältigem Verhalten bestenfalls null, niemals jedoch negativ werden kann, kommt es zu einem Widerspruch mit der Behauptung von Gleichung (42), die besagt, es gäbe andere Sorgfaltsniveaus $(\bar{x}, \bar{y})$, die eine weitergehende Kostenverminderung ermöglichen als die definitionsgemäß kostenminimierenden Sorgfaltsaufwendungen. Die in Gleichung (40) und (41) gemachte Annahme, durch irgendein Sorgfaltsniveau kleiner als das rechtlich geforderte, sei es den Parteien möglich, ihre privaten Kosten unter c(x*) und c(y*) zu senken, muss daher falsch sein. Damit ist jedoch gezeigt, dass ausschließlich sorgfältiges Verhalten beider Parteien ein Gleichgewicht darstellt.

Auch die Verschuldenshaftung mit Haftungsminderung je nach der relativen Verschuldenshöhe gibt somit allen Beteiligten den effizienten Anreiz, die sozialen Kosten ihrer Handlungen zu minimieren.

Die Grundidee der Arbeitsweise dieses Haftungsverfahrens besteht darin, dass jede Partei unterhalb des rechtlich gebotenen Sorgfaltsniveaus durch die Aufwendung von etwas mehr Sorgfalt einen externen Effekt auf die andere Partei ausüben kann, indem sie deren Haftungslast durch die eigene vermehrte Sorgfalt vergrößert. Dieser auf die Parteien ausgeübte Anreiz, gegeneinander mit Veränderungen der Sorgfaltsvorkehrungen zu spielen, soll nochmals anhand eines Zahlenbeispiels verdeutlicht werden. Hierzu sei angenommen, der erwartete Schaden eines Unfalls bei sorgfältigem Verhalten beider Parteien betrage 1000 DM. Handelt auch nur eine Partei fahrlässig, steige der erwartete Schaden auf über 1000 DM. Die kostenminimierende Mischung der Vorsorgeaufwendungen betrage beim Verletzer 400 DM und beim Opfer 200 DM, d.h. c(x*) = 400 und c(y*) = 200. Der Verletzer X weiß nun, dass er den gesamten erwarteten Schaden S in Höhe von mindestens 1000 DM tragen muss, wenn er nicht diese 400 DM aufwendet und Y nicht ebenfalls fahrlässig ist. Das Opfer wird seinerseits seine Vorbeugemaßnahmen bis zur effizienten Kostenhöhe von 200 DM ausdehnen, da es hierdurch entweder einen Verlust von mindestens 1000 DM durch eine Haftungsverlagerung auf X abwenden kann, oder aber den Verlust in jedem Falle auf 1000 DM begrenzt und damit minimiert. Der Verletzer wird daher seine Vorsorgeaufwendungen auf die geforderte Höhe von 400 DM ausdehnen, da er hierdurch den ansonsten durch die Strategie des Opfers, stets sorgfältig zu sein, eintretenden Schaden von 1000 DM von sich abwenden kann.

7. Gefährdungshaftung mit Haftungsminderung je nach der relativen Verschuldenshöhe

Das im vorhergehenden Abschnitt besprochene System der Verschuldenshaftung war dadurch gekennzeichnet, dass der volle Schaden immer dann vom Opfer getragen werden musste, wenn der Verletzer sorgfältig gehandelt hatte. Nur bei beiderseitiger Fahrlässigkeit kam es zu einer Schadensteilung, wobei die zu tragende Belastung der Parteien von ihrer relativen Verschuldenshöhe abhing. Ein System der Gefährdungshaftung mit Haftungsminderung je nach der relativen Fahrlässigkeit unterscheidet sich von dem vorgenannten Haftungsverfahren lediglich dadurch, dass nicht das *Opfer*, sondern der *Verletzer* den vollen Schaden tragen muss, wenn das Opfer nicht fahrlässig gehandelt hat. Der Leser kann sich durch einfaches Vertauschen der Bezeichnungen „Verletzer X“ und „Opfer Y“ im vorhergehenden Abschnitt leicht davon überzeugen, dass auch eine Gefährdungshaftung mit Haftungsminderung je nach der relativen Mitverschuldenshöhe allen Beteiligten den **effizienten Anreiz** liefert, die sozialen Kosten ihrer Handlungen zu minimieren.

8. Gefährdungshaftung mit Berücksichtigung des Mitverschuldens und Ausgleich der „Betriebsgefahr"

In der juristischen Literatur wird von verschieden Autoren[104] der Vorschlag unterbreitet, eine Herabsetzung des Ersatzanspruchs des Geschädigten solle nur dann vorgenommen werden, wenn dem geschädigten Opfer zumindest grobe Fahrlässigkeit vorgeworfen werden kann. Auch die Rechtsprechung mindert den Ersatzanspruch des Geschädigten mit der Begründung der Anrechnung der „Betriebsgefahr" des Gefährdungshaftenden nicht in voller Höhe des Verschuldens des Geschädigten, sondern belässt dem Opfer einen erhöhten Teil seines Anspruchs, um ihn für die Summe der Gefahren, die der Täter mit seiner Aktivität herbeigeführt hat, zu entschädigen[105].

Es soll daher untersucht werden, ob auch ein solches System noch allen Beteiligten den Anreiz gibt, die sozialen Kosten ihrer unfallverursachenden Tätigkeit zu minimieren. Das hier untersuchte Haftungsverfahren sei im einzelnen wie folgt definiert:

„Der Verletzer trägt den vollen Schaden, wenn das Opfer nicht fahrlässig gehandelt hat. Auch wenn das Opfer fahrlässig gehandelt hat, muss der Verletzer stets einen bestimmten Anteil λ vom Schaden S als Anrechnung der von ihm geschaffenen „Betriebsgefahr" tragen. Lediglich der über den stets vom Schädiger zu tragenden Schadensanteil (λS) hinausgehende Betrag $(1-\lambda)$S wird entsprechend der relativen Höhe des Verschuldens auf die beiden Parteien aufgeteilt.

Die privaten Kosten des Verletzers X ergeben sich damit wie folgt:

(44) $PC^X = c(x) + \lambda(x,y) + (1-\lambda)\, H(x,y) \cdot S(x,y)$

Da $H^X(x,y) = 1$ für $y = y^*$ und

$H^X(x,y) = \lambda S(x^*,y)$ für $x = x^*$ und $y < y^*$, ergibt sich folgende Übersicht:

---

[104] *Von Caemmerer*, Reform der Gefährdungshaftung, S. 20; *Kötz*, Gefährdungshaftung, a.a.O., S. 1822.

[105] BGH, LM, Nr. 5; BGHZ 12, S. 128; BGH, VersR, 69, S. 539; BGH, VRS, 29, S. 419.

Sorgfaltsvorkehrungen des Opfers Y	*Sorgfaltsvorkehrungen des Verletzers X*	
	$x < x^*$	$x = x^*$
$y < y^*$	$c(x) + \lambda \cdot S(x,y) + (1-\lambda) \cdot H^X(x,y) \cdot S(x,y)$	$c(x^*) + S(x^*,y)$
$y = y^*$	$c(x) + S(x,y^*)$	$c(x^*) + S(x^*,y^*)$

Übersicht 5: Die erwarteten Kosten des Verletzers X

Die Höhe der privaten Kosten des Opfers Y stellt sich entsprechend wie folgt dar:

(45) $PC^Y = c(y) + (1-\lambda) \cdot H(x,y) \cdot S(x,y)$ für $x < x^*$ und $y < y^*$

(45a) $PC^Y = c(y^*)$ für $y = y^*$

und zusammengefasst in

Sorgfaltsvorkehrungen des Opfers Y	*Sorgfaltsvorkehrungen des Verletzers X*	
	$x < x^*$	$x = x^*$
$y < y^*$	$c(y) + (1-\lambda) \cdot H^Y(x,y) \cdot S(x,y)$	$c(y) + (1-\lambda) \cdot S(x^*,y)$
$y = y^*$	$c(y^*)$	$c(y^*)$

Übersicht 6: Die erwarteten Kosten des Opfers Y

Nachdem die jeweilige Lage der Beteiligten in Abhängigkeit der möglichen Sorgfaltsniveaus dargestellt worden ist, muss nun untersucht werden, welches Gleichgewichtsverhalten Verletzer und Opfer aufweisen werden.

Aus der *Übersicht 5* kann unmittelbar entnommen werden, dass der Täter X nur dann *nicht* den Wunsch hat, vom Strategienpaar ($x < x^*$, $y < y^*$) abzuweichen, wenn das Opfer Y in hinreichend großem Verhältnis bei seinen Sorgfaltsvorkehrungen ebenfalls fahrlässig handelt. Hält sich das Opfer jedoch an das rechtlich geforderte (effiziente) Sorgfaltsniveau ($y = y^*$), besteht die beste (= kostenminimierende) Strategie des Täters X darin, ebenfalls sorgfältig zu sein, d.h. $x = x^*$, da x^* per definitionem die privaten Kosten von X minimiert:

(46) $c(x^*) + S(x^*,y^*) < c(x) + S(x,y^*)$

Aus der *Übersicht 6* kann jedoch entnommen werden, dass das Opfer für den Fall sorgfältigen Verhaltens des Täters ($x = x^*$) nur dann ebenfalls sorgfältig (d.h.: $y = y^*$) handeln wird, wenn gilt, dass

(47) $c(y^*) < c(y) + (1-\lambda) \cdot S(x^*,y)$

Aus dieser Ungleichung geht hervor, dass das Verhalten des Opfers und damit die Existenz von (x*,y*) als Gleichgewichtssektor nicht mehr eindeutig gesichert ist, sondern von dem Betrag der einzelnen Größen in der Ungleichung (47) abhängt. Setzt daher die Rechtsordnung den unabhängig vom Mitverschulden des Opfers stets von Täter X zu tragenden Anteil am Unfallschaden (λ) so hoch fest, dass die Summe aus den von Y zu tragenden erwarteten Unfallschäden und Sorgfaltskosten geringer ist als die Höhe der effizienten Sorgfaltskosten, gibt das System der Gefährdungshaftung bei Anrechnung der Betriebsgefahr den Beteiligten nicht mehr den effizienten Anreiz, die sozialen Kosten ihrer Handlungen zu minimieren. Stattdessen wird das Opfer zu fahrlässigem Verhalten angehalten, während der Täter in dem Willen, die durch das fahrlässige Verhalten des Opfers gestiegene Höhe der erwarteten Schäden auszugleichen, seine Sorgfaltsvorkehrungen über das die Sozialkosten minimierende Niveau (x*) hinaus bis zum Punkt $c_x = S_x(x,y < y^*)$ steigern wird.

Dieses Ergebnis ist unmittelbar einsichtig, wenn man sich vor Augen hält, dass λ einen Parameter darstellt, der die Grenze zwischen Gefährdungshaftung *ohne* Einwand des Mitverschuldens und der Gefährdungshaftung *mit* Berücksichtigung des Mitverschuldens des Opfers festlegt. Es war oben[106] gezeigt worden, dass der Ausschluss der Berücksichtigung der Sorgfaltsvorkehrungen des Opfers bei der Schadensverteilung zu fahrlässigem Verhalten des Opfers und zugleich zu sozial ineffizientem Verhalten des Verletzers führen muss, während ein Haftungssystem mit Berücksichtigung der relativen Verschuldenshöhe ein Anreiz zu beiderseitigem sozial effizienten Verhalten vermittelt. Da λ den vom Täter unabhängig vom Verschulden des Opfers zu übernehmenden Schadensanteil festlegt, ist es möglich, durch eine geeignete Wahl von λ bis zu der von Ungleichung (47) gezogenen Grenze die Vorteile eines Pauschalsummentransfers in Form einer anteiligen Schadensersatzleistung durch den Schädiger mit den Vorzügen einer effizienten Anreizordnung für alle Beteiligten zu vereinigen.

Die Tatsache, dass sich die Gefährdungshaftung mit Berücksichtigung des Mitverschuldens in der Vermittlung effizienter Anreize auf die Beteiligten als sehr robust gegen einen „Pauschalsummentransfer" zugunsten des Opfers erweist, gibt der Rechtsordnung mit Hilfe des effizienzneutralen Schadensersatzanteils eine weitere „Instrumentvariable" in die Hand, mit der sie ohne Beeinträchtigung der wohlfahrtsmaximierenden Anreizordnung andere Ziele verfolgen kann, etwa eine Umverteilung zugunsten der Opfer oder auch eine mögliche Korrektur von Messfehlern bei der Festlegung der aufgewendeten Sorgfalt.

---

[106] Abschnitt 2 dieses Kapitels: „Gefährdungshaftung ohne Berücksichtigung des Mitverschuldens".

9. Haftungsabnahme durch Dritte

Nachdem in den vorherigen Abschnitten stets Haftungssysteme untersucht wurden, die entweder dem Schädiger oder dem Opfer oder anteilig beiden Parteien die Last der Kosten eines Unfalls auferlegt haben, soll nun hier der Frage nachgegangen werden, welche Wirkungen mit einer Haftungsregel verbunden sind, bei denen der entstehende Unfallschaden endgültig auf einen außenstehenden „Dritten" überwälzt werden kann[107]. Als solch „Dritter" aus Sicht der beteiligten Unfallverursacher kommt etwa der Staat, ein Rentenversicherungsträger, ein Arbeitgeber oder eine private Versicherung in Frage. Ist etwa eine Haftpflicht- oder eine Unfallversicherung nicht in der Lage, die mit ihr verbundenen „moral-hazard"-Probleme zu lösen, ist es den Unfallbeteiligten möglich, einen Teil des Unfallschadens auf die Versichertengemeinschaft zu überwälzen und hierdurch das zivilrechtliche Haftungssystem entscheidend abzuändern[108].

Wird der Unfallschaden vollständig von dem „Dritten" übernommen, ist es offensichtlich, dass sowohl Täter wie Opfer die geringst möglichen (= kostenminimierenden) Sorgfaltsvorkehrungen aufweisen werden: $c(x = 0)$ und $c(y = 0)$. Die Höhe des erwarteten Schadens, d.h. etwa im Autoverkehr die mit zivilrechtlichen Sanktionen durch Sorgfalts- und Aktivitätsniveauänderungen beeinflussbare Zahl der Toten und Verletzten, erreicht bei einer solchen Regelung ihr Maximum.

Während die Haftungsregeln der reinen Gefährdungs- und der reinen Opferhaltung („casum sentit dominus"), die das Mitverschulden der anderen Partei nicht berücksichtigen, nur *einer* Seite die Verursachung eines externen Effektes in Höhe der privatkostenfrei aufgezwungenen Höhe des erwarteten Schadens gestatten, ermöglicht eine Haftungsübernahme durch einen „Dritten" *beiden* Unfallbeteiligten die Verursachung eines externen Effektes, der nun bei dem die Schadenslast tragenden „Dritten" auftritt[109].

Es lässt sich daher festhalten, dass ein Haftungssystem, das den Schaden nicht bei seinen Verursachern, Täter und Opfer, belässt, sondern ihn auf einen „Dritten" überträgt, das schlechtestmögliche Anreizsystem darstellt, da es beide Parteien davon entlastet, die sozialen Kosten ihrer Handlungen in Form der erwarteten Unfallschäden in ihre privaten Überlegungen einzubeziehen.

Wird der Schaden durch den „Dritten" nicht vollständig, sondern nur *teilweise* übernommen, treten die hier dargestellten Wirkungen entsprechend, d.h. eben-

---

[107] Die Vorschläge von *von Hippel*, Verkehrsunfälle, S. 80 ff., *Tunc*, La sécurité routière, S. 49 ff. erweisen sich im Ergebnis als die Empfehlung eines solchen Haftungssystems.

[108] Das Kapitel 6 „Haftungsrecht und Versicherungen" geht diesen Fragen nach.

[109] Die Finanzierung der Schadensersatzleistungen des Dritte und damit die Frage, wer im Gleichgewicht letztlich den „externalisierten" Schaden tragen muss, wird weiter erörtert werden.

falls nur zum Teil auf. Es kann jedoch dem Leser überlassen werden, sich durch das einfache Einsetzen von γS anstelle von S in den Gleichungen der privaten Kosten der Beteiligten die Wirkungen einer nur teilweisen (d.h.: $\gamma \cdot S$) Schadentragungsnotwendigkeit der beiden Unfallparteien zu überprüfen.

Zusammenfassung der Ergebnisse

In den vorhergehenden Abschnitten wurden die verschiedenen in der Rechtswirklichkeit gebräuchlichen Haftungssysteme auf ihre Wohlfahrtswirkungen hin untersucht. Es wurde gezeigt, dass eine Übernahme des Schadens weg von den Unfallbeteiligten und hin zu einem „*Dritten*" zu übermäßiger Aktivität bei den unfallverursachenden Tätigkeiten und zu minimaler Sorgfalt führt und daher das schlechteste der untersuchten Haftungssysteme darstellt. Auch die in ihrer Wirkung symmetrischen Haftungsarten der *reinen* Gefährdungs- und *reinen* Opferhaltung, die *ohne* Berücksichtigung des Mitverschuldens der anderer Seite einer Partei den vollen Schaden zuweisen, bieten den Beteiligten keinen Anreiz, die sozialen Kosten ihrer Handlungen in ihre privaten Sorgfalts- und Aktivitätsentscheidungen in richtiger Weise einzubeziehen. Während die eine Seite ihre Sorgfaltsvorkehrungen auf den geringst möglichen Stand absinken lässt, steigert die andere Partei (bei Substituierbarkeit der Sorgfaltsaufwendungen) ihre Sorgfalt über das die sozialen Kosten minimierende Niveau hinaus. Die verschiedenen Formen der Verschuldenshaftung und der Gefährdungshaftung *mit* Berücksichtigung des Mitverschuldens erweisen sich bei richtiger Festsetzung der rechtlich gebotenen Sorgfalt allesamt als effizient und geben den Beteiligten den aus Wohlfahrtsgesichtspunkten richtigen Anreiz, die sozialen Kosten ihrer Handlungen zu minimieren. Es besteht daher die Möglichkeit, unter mehreren effizienten Haftungsregeln anhand zusätzlicher Kriterien, etwa nach ihren Verteilungswirkungen oder ihren sozialen Anwendungs- und Durchsetzungskosten auszuwählen. Hierbei gewährt die Gefährdungshaftung mit Berücksichtigung des Mitverschuldens und Ausgleich der „Betriebsgefahr" sogar die Möglichkeit, *innerhalb* ihres Haftungssystems ohne Beeinträchtigung ihrer Effizienz eine Lastenumverteilung vorzunehmen.

Ökonomische Analyse der Produkthaftung

„Rasen, rasen, rasen,
fliegen, fliegen, fliegen,
Gefahr, Gefahr, Gefahr."

Filippo Tommaso Marinetti, Manifesto del Futurismo

A. Einleitung

[...]

Auf der Grundlage einer Richtlinie des Rates der Europäischen Gemeinschaft wird für die Europäische Gemeinschaft eine Gefährdungshaftung für fehlerhafte Produkte eingeführt. Da die Befugnis für eine Weiterentwicklung des angeglichenen Rechts hiernach nicht mehr bei den einzelnen Staaten, sondern allein bei der Gemeinschaft liegt, kommt dieser Richtlinie zur Produkthaftung erhebliche Verantwortung zu. Dieser Aufsatz soll versuchen zu überprüfen, ob die als Verbesserung des Verbraucherschutzes angekündigte Gefährdungshaftung für Industrieprodukte dies vom Standpunkt der Wirtschaftswissenschaften her im Ergebnis auch zu leisten vermag.

B. Die Produkthaftung nach der Richtlinie des Europäischen Rates sowie eine Kritik ihrer Begründung

Da der Inhalt der zukünftigen Produzentenhaftung in der Europäischen Gemeinschaft in der Literatur ausführlich dargestellt und erörtert worden ist[1], soll hier nur eine kurze Übersicht der grundsätzlichen Regelungen gegeben werden.

Durch die Richtlinie[2] wird für die Folgen des Todes, der Körperverletzung und der Beschädigung privat genutzter Sachen eine vertraglich nicht abdingbare Gefährdungshaftung für den Hersteller eines fehlerhaften Produktes eingeführt. Der Hersteller haftet nicht, wenn der Fehler zu dem Zeitpunkt des In-den-Verkehr-

---

Erstveröffentlichung: *M. Adams*, Ökonomische Analyse der Produkthaftung, Beilage 20, Betriebsberater (BB), November 1987. Es handelt sich um einen sprachlich geglätteten und gekürzten Auszug.

[1] Vgl. hierzu *Hollmann*, Die EG Produkthaftungsrichtlinie, DB, 1985, S. 2389 ff. und S. 2439 ff.; *von Hippel*, Verbraucherschutz, 1986, § 2, S. 46 ff.; *Taschner*, Die künftige Produzentenhaftung in Deutschland, NJW, 1986, S. 611; *v. Marshall*, Rechtsvergleichende Überlegungen zur Produkthaftung, AG, 1987, S. 97 ff.; *Schlechtriehm*, Angleichung der Produkthaftung in der EG, VersR, 1986, S. 1033 ff.; *Schmidt-Salzer*, Kommentar EG-Richtlinie Produkthaftung, 1986, mit ausführlichen auch rechtsvergleichenden Nachweisen sowohl zur Entstehungsgeschichte und zur rechtswissenschaftlichen Diskussion vor Erlass der Richtlinie.

[2] ABlEG Nr. L 210/29 v. 7.8.1985.

bringens zwar vorhanden war, aber deshalb nicht erkannt werden konnte, weil der Stand von Wissenschaft und Technik eine solche Erkenntnis nicht zuließ. „Entwicklungsrisiken" werden im Gegensatz zu den Konstruktions-, Instruktions- und Fabrikationsfehlern somit nicht von den Herstellern, sondern von den Kunden getragen. Die Haftung des Herstellers vermindert sich weiterhin insoweit, als der Schaden auf einem Mitverschulden des Geschädigten beruht.

Taschner[3] bewertet die Richtlinie als einen schwer errungenen Kompromiss „zwischen den naturgemäß heftig widerstreitenden Interessen der Industrie und der Verbraucher". So habe die Industrie die Beibehaltung der Verschuldenshaftung[4], im Falle einer Einführung der Gefährdungshaftung die Haftungsbegrenzung global und im Einzelfall auf möglichst niedrigem Niveau, den Ausschluss der „Entwicklungsrisiken", den Ausschluss der Sachschäden sowie die zeitliche Begrenzung der Haftung auf 5 Jahre verlangt, während die „Verbrauchervertreter" eine unbegrenzte Gefährdungshaftung unter Einschluss der „Entwicklungsrisiken", die Haftung für Sachschäden ohne Selbstbeteiligung und eine Umkehr der Beweislast hinsichtlich der Kausalität zwischen Fehler und Schaden zu Lasten des Herstellers gefordert hätten[5].

Gibt man sich nicht dem irrigen Glauben hin, jede eine Berechtigung einräumende Rechtsregel sei bereits hierdurch auch in der Realität, d. h. nach Anpassung aller Beteiligten an diese Rechtsregelung eine tatsächliche Begünstigung der Berechtigten, dann erweist sich die Beurteilung der Einführung der Produkthaftung als nicht so einfach, wie dies der von *Taschner*[6] geschilderte Aufmarsch der Interessengruppen nahe legt. So ist insbesondere die von *Taschner*[7] aufgestellte Behauptung, zwischen den Interessen der Industrie und der Verbraucher bestünde „naturgemäß" ein heftiger Widerstreit, unzutreffend. So sind etwa diejenigen Argumente von Wirtschaftsvertretern, mit deren Hilfe eine zusätzliche Kostenbelastung bei der Herstellung bestimmter Güter abgewehrt werden soll, zugleich auch Argumente gegen die mit Kostensteigerungen im Gleichgewicht verbundenen Preissteigerungen und damit auch Argumente im Interesse der Kunden. Ob die Konsumenten bei von Verbraucherschützern durchgesetzten unter Kosten verbesserten Leistungen der Unternehmen mehr gewinnen, als sie in Form der kostenbedingten Preissteigerungen verlieren, liegt nicht in jedem Fall auf der Hand. So kann die Abwehr einer Kostenbelastung dem Wunsch wohlinformierter Verbraucher durchaus mehr entsprechen als die mit einer kos-

---

3 *Taschner*, a.a.O. (Fn. 1), NJW, 1986, S. 611 (S. 612).

4 Vgl. zur Rechtslage in der Bundesrepublik von *von Hippel*, a.a.O. (Fn. 1), S. 50 ff.; *Will*, Quellen erhöhter Gefahr, 1980, S. 41 ff.

5 *Taschner*, a.a.O. (Fn. 1), NJW, 1986, S. 611 (S. 612).

6 *Taschner*, a.a.O. (Fn. 1), NJW, 1986, S. 611.

7 *Taschner*, a.a.O. (Fn. 1), NJW, 1986, S. 611.

tenträchtigen Wohltat für die Kunden verbundene Verteuerung der verbesserten Leistung. So wird der Wunsch von Verbrauchervertretern nach einer Gefährdungshaftung *ohne* Selbstbehalt der Kunden wegen der erheblichen „Moral Hazard-Probleme“ dieser Regelung *nicht* im Interesse der Kunden liegen[8], so dass sich hier die widerstrebende Industrie als der bessere Verbraucherschützer darstellt. Umgekehrt sind jedoch von der Industrie abgelehnte Wünsche der Verbrauchervertreter, etwa nach einer Verbesserung der Markttransparenz, im Gleichgewicht für die Unternehmen mit verminderten Kosten und damit für die Verbraucher mit geringeren Gleichgewichtspreisen und verminderten Such- und Informationsverarbeitungskosten verbunden[9], so dass sich für den Bereich der Steigerung der Effizienz des Marktes durch mehr Transparenz in diesem Fall die Verbrauchervertreter als die besseren Förderer der Gewinninteressen der Unternehmen erweisen. Eine theoretisch befriedigende Beurteilung der Wirkungsrichtung von Haftungsregeln kann somit nicht einfach durch die Benennung der jeweils argumentierenden Interessengruppe geleistet werden.

C. Ökonomische Analyse der Produkthaftung

I. Wettbewerbspolitik und Haftungsrecht

Obwohl die Wirtschaftstheorie gezeigt hat, dass es möglich wäre, durch eine je nach Marktmacht des Herstellers differenzierende Haftungssystemwahl[10] Anreize zu vermitteln, durch die die sozialen Kosten von Monopolstellungen vermindert werden, soll der Einsatz des Haftungsrechts zur Verfolgung wettbewerbspolitischer Ziele hier verworfen werden. So wird die Aufgabe der Bewahrung des Wettbewerbs besser durch das Wettbewerbsrecht und dort insbesondere durch die Beseitigung von Ausnahmebereichen sowie durch den Abbau von Handelshemmnissen, wie Zöllen oder Selbstbeschränkungsabkommen[11] bewerkstelligt. Anderenfalls würde die im Wettbewerbsrecht so außerordentlich schwierig zu

---

[8] Vgl. hierzu *Adams*, Ökonomische Analyse der Gefährdungs- und Verschuldenshaftung, 1985, S. 232 ff. m.w.N.

[9] Vgl. hierzu die Analyse der durch eine Steigerung der Effizienz der Märkte zu rechtfertigenden Regelungen des Rechts der Allgemeinen Geschäftsbedingungen bei *Adams*, Ökonomische Analyse des Gesetzes zur Regelung des Rechts der Allgemeinen Geschäftsbedingungen Schriften des Vereins für Socialpolitik, 1984, S. 655 ff.

[10] *Hamada*, Liability Rules and Income Distribution in Product Liability, American Economic Review, 1976, S. 228 ff.; *Eppel/Raviv*, Product Safety, Liability Rules, Market Structure, and Imperfect Information, American Economic Review, 1978, S. 80 ff., *Polinsky/Rogerson*, Product Liability, Consumer Misperceptions, and Market Power, Journal of Law and Economics, 1983, S. 581 ff.

[11] Vgl. zur Tücke von Selbstbeschränkungsabkommen *Godeck*, Industry Structure and Redistribution through Trade Restrictions, Journal of Law and Economics, 1985, S. 687 ff.

entscheidende Frage, ob ein Unternehmen Marktmacht[12] besitzt, in das Deliktsrecht als Anspruchsvoraussetzung eingebracht und dort zu einer nicht hinnehmbaren Rechtsunsicherheit führen. Es wird somit im folgenden davon ausgegangen, dass das Haftungsrecht nicht als Ersatz wettbewerbspolitischer Maßnahmen dienen soll, sondern seine Folgen unabhängig von der jeweiligen Marktstellung des Herstellers zu entfalten hat.

II. Die Kritik von *Oi* an der Gefährdungshaftung für Produzenten bei unterschiedlichen Konsumenten

In ihrem Abschlussbericht hatte die amerikanische National Commission on Product Safety[13] im Jahre 1970 die Ansicht vertreten, dass die amerikanische Bevölkerung einer zu großen Zahl unvertretbar gefährlicher Produkte ausgesetzt sei. Zudem seien die haftungsrechtlichen Folgen des Schadensausgleichs unangemessen und ergäben einen Anreiz, unsichere Produkte herzustellen. Durch eine Verlagerung der Schadenstragungslast weg von den Konsumenten und hin auf die Produzenten sei es möglich, den Verkauf gefährlicher Produkte und damit die Zahl und Schwere von Unfällen herabzusetzen.

Oi ist dieser Ansicht der National Commission on Product Safety entgegengetreten und hat schlüssig gezeigt, dass die Einführung einer Gefährdungshaftung unter bestimmten Voraussetzungen nicht zu einem Rückgang, sondern im Gegenteil zu einem Anstieg der Produktion gefährlicher Güter führen kann[14].

1. Die Produktsicherheit bei Verschuldenshaftung

Die Argumentation von *Oi* beruht darauf, dass er zunächst annimmt, dass die Konsumenten bei der Entscheidung über den Kauf eines Gutes nicht nur den zu zahlenden monetären Preis des Gutes, sondern auch den mit diesem Kauf verbundenen, aus möglichen Unfällen sich ergebenden erwarteten Schaden als weiteren Kostenbestandteil des fraglichen Gutes in ihre Überlegungen vollständig und fehlerfrei einbeziehen. Die Konsumenten verstehen und wissen nach der Ansicht von *Oi* somit, dass sich der *„Gesamtpreis"* eines Gutes aus dem monetären *Marktpreis und den erwarteten Kosten* der in Abhängigkeit vom jeweiligen Sicherheitsniveau des Gutes mit einer bestimmten Wahrscheinlichkeit auftretenden *Unfallschäden* zusammensetzt. Der Käufer eines Automobils weiß dieser Ansicht nach somit, dass der Kauf eines 20 000 DM teuren Wagens mit

---

[12] Vgl. hierzu ausführlich *Fisher/McGowati/Greenwood*, Der Antitrust Fall US gegen IBM, 1985, passim.

[13] National Commission on Product Safety, Washington D. C., US Government Printing Office, June 1970.

[14] *Oi*, The Economics of Product Safety, Bell Journal of Economics, 1973, S. 3 ff.; *Oi*, The Economics of Product Safety, A Rejoinder, Bell Journal of Economies, 1974, S. 689 ff.

beispielsweise zusätzlich 400 DM pro Jahr erwarteten („durchschnittlichen") Unfallkosten einhergeht, während ein Auto der 10 000 DM-Klasse infolge geringerer Sicherheitstechnik erwartete Unfallkosten von vielleicht 600 DM pro Jahr für den Käufer mit sich bringen wird. *Oi* nimmt weiterhin an, dass die Konsumenten dasjenige Produkt kaufen werden, das bei gleichem Nutzen den geringsten „Gesamtpreis" (Marktpreis plus erwartete Unfallkosten) aufweist. Wenn die über die Unfallrisiken der jeweiligen Produkte voll informierten Konsumenten den Schaden aus einem Unfall ohne Verlagerungsmöglichkeiten auf den Hersteller selbst zu tragen hätten, dann würden sie die für sie günstigste Mischung aus monetärem Produktpreis und Unfallrisiko wählen. So würden diejenigen Konsumenten, die bei einem Unfall einen besonders hohen Schaden erleiden würden, ein monetär relativ teureres, aber auch sichereres Produkt vorziehen, während Konsumenten mit niedrigem Schadenspotential das monetär billigere, aber unsicherere Produkt bevorzugen würden[15]. So würden im bekannten Literaturbeispiel des fußabhackenden Rasenmähers die Besitzer eines Durchschnittsbeines den billigeren, weil ungesicherten Rasenmäher erwerben, während ein Ballettstar den sichersten, aber auch teuersten Rasenmäher erstünde.

Um diesen Vorgang näher zu erläutern, sei nun beispielhaft angenommen, es gebe zwei Produkte mit unterschiedlichem Sicherheitsniveau, etwa einen Rasenmäher mit einer kostspieligen Sicherheitsvorrichtung, die es unmöglich macht, dass das rotierende Messer vom Fuß oder von der Hand berührt werden kann, und einen billigeren Rasenmäher, der diese Schutzmaßnahmen nicht aufweist. Abgesehen von diesen Sicherheitsvorkehrungen seien die Rasenmäher völlig gleich. Unter den Rasenmäherkäufern gebe es nun aber Kunden, die im Falle einer Fußverletzung ihre berufliche Existenz gefährden, wie etwa Fußballprofis oder Balletttänzer, während der Unfallschaden für die anderen Kunden deutlich niedriger sei. Der zur Vergleichbarmachung in monetäre Einheiten umgerechnete gesamte Schaden einer Fußverletzung betrage beispielsweise für die Ballettstars 100000 DM, während er sich für die gewöhnlichen Kunden auf 30000 DM belaufen soll. Die Wahrscheinlichkeit, dass es zu einem Unfall während der Lebensdauer des Rasenmähers kommt, sei bei dem gesicherten Typ 1 Prozent, während sie bei dem ungesicherten Typ 2 Prozent betragen soll. Der *erwartete Unfallschaden* beträgt somit für die *gesicherten* Rasenmäher und die fußabhängige Kundengruppe 0,01 · 100000 = 1000 DM und für die restlichen Kunden 0,01 · 30000 = 300 DM, während sich für die *ungesicherten* Rasenmäher der erwartete Schaden infolge der doppelt so hohen Unfallwahrscheinlichkeit auf 2000 DM für die Ballettstars und auf 600 DM für die übrigen Kunden beläuft. Beträgt nun der Preis für den gesicherten Rasenmäher 1500 DM und der

[15] *Oi*, a.a.O. (Fn. 14), Bell Journal of Economics, 1973, S. 10.

Preis für den ungesicherten 1300 DM, so ergibt sich für die Kunden ohne Haftungsübernahme der Schäden auf den Hersteller der *Gesamtpreis* der gesicherten Rasenmäher (Marktpreis + erwartete Unfallkosten) als 2500 DM bzw. 1800 DM, während der Gesamtpreis für die ungesicherten Rasenmäher 3300 DM und 1900 beträgt.

Die *Abbildung 1* fasst die dargelegten Möglichkeiten zusammen:

	Gesicherte Rasenmäher		Ungesicherte Rasenmäher	
	Erwarteter Unfall-schaden	Gesamtpreis (Kaufpreis + Unfallschaden	Erwarteter Unfall-schaden	Gesamtpreis (Kaufpreis + Unfallschaden
Kunden mit niedrigem Schadens-potential	300	1500 + 300 = 1800	600	1300 + 600 = 1900
Kunden mit hohem Schadens-potential	1000	1500 + 1000 = 2500	2000	1300 + 2000 = 3300

Abbildung 1

Gelingt es somit den Kunden, die Unfallwahrscheinlichkeit und den ihnen persönlich drohenden Schaden im Falle eines Unfalls richtig abzuschätzen, dann wird es auf diesem Markt keine ungesicherten Rasenmäher geben, da der Gesamtpreis der *ungesicherten* Rasenmäher für *beide* Konsumentengruppen über dem Gesamtpreis der gesicherten Rasenmäher liegt. Unsichere Rasenmäher werden damit von den Kunden einhellig als die stets schlechtere Wahl abgelehnt werden.

Diese Situation ändert sich jedoch, wenn der gesicherte Rasenmäher teurer wird, d.h. wenn sein Preis beispielsweise statt 1500 DM aufgrund der Sicherheitsmaßnahmen 2000 DM beträgt. In diesem Fall beläuft sich sein Gesamtpreis für die fußabhängigen Kunden auf 3000 DM und für die restlichen Käufer auf 2300 DM. Da der Gesamtpreis der ungesicherten Rasenmäher unverändert für die fußabhängigen Kunden 3300 DM und für die normalen Käufer 1900 DM beträgt werden nunmehr am Markt *zwei Arten* von Rasenmähern angeboten werden, und zwar gesicherte für die Kunden mit hohem Schadenspotential und ungesicherte für Kunden mit den geringeren erwarteten Schadensfolgen. *Abbildung 2* fasst die neue Situation zusammen:

	Gesicherte Rasenmäher		Ungesicherte Rasenmäher	
	Erwarteter Unfall-schaden	Gesamtpreis (Kaufpreis + Unfallschaden	Erwarteter Unfall-schaden	Gesamtpreis (Kaufpreis + Unfallschaden
Kunden mit niedrigem Schadens-potential	300	2000 + 300 = 2300	600	1300 + 600 = 1900
Kunden mit hohem Schadens-potential	1000	2000 + 1000 = 3000	2000	1300 + 2000 = 3300

Abbildung 2

Es ist leicht einsehbar, dass bei einem weiteren Anstieg der Sicherungskosten ab einem bestimmten Punkt auch die Kunden mit hohem Schadenspotential auf diese Sicherheitsmaßnahmen verzichten werden, da deren Ertrag in Form ersparter Unfallschäden von den Kosten der Sicherungsvorkehrungen aufgezehrt werden würde. Bei sehr hohen Sicherungskosten werden nur noch ungesicherte Produkte nachgefragt werden.

2. Produktsicherheit und Umverteilung bei Gefährdungshaftung

Von besonderem Interesse für den Verbraucherschutz ist nun die Frage, wie sich das Marktangebot an sicheren und unsicheren Produkten bei Einführung einer Gefährdungshaftung für Produzenten ändert.

Die Einführung einer Produzentenhaftung bedeutet, dass bei - nicht bereits als schuldhaft erfassten - Sicherheitsmängeln oder Konstruktionsfehlern nunmehr die Hersteller die den einzelnen Kunden entstehenden Unfallkosten zu tragen haben und diese in Form entsprechend erhöhter Preise wiederum an die Kunden zurückreichen. Eine Produzentenhaftung stellt somit einen gemischten Vertragstyp dar, bei dem die Hersteller neben ihrem Produkt gleichzeitig auch eine Versicherung für bestimmte Unfallschäden anbieten müssen[16]. Entscheidend ist nun, dass der Hersteller des Produktes vielfach nur geringe Kenntnisse über die möglichen Unfallkosten seiner einzelnen Kunden besitzt und daher nicht in der Lage sein wird, von den Kunden mit hohen Unfallfolgen einen höheren Preis zu verlangen als von denjenigen Kunden, die nur geringe Unfallkosten aufweisen wer-

[16] *Buchanan*, In Defence of Caveat Emptor, University of Chicago Law Review, 1970, S. 64 ff.; *Lehmann*, BGB und HGB - eine juristische und ökonomische Analyse, 1983, S. 122 ff.

den[17]. Der Hersteller eines Produkts wird somit von jedem Kunden den gleichen Preis verlangen müssen, obwohl die Höhe der von ihm infolge der unterschiedlichen Schadenspotentiale zu erbringenden Leistung von Kunde zu Kunde verschieden ist. Wie *Oi* zu Recht betont[18], ist ein solches Gefährdungshaftungssystem mit Umverteilungswirkungen innerhalb der Konsumenten verbunden. So müssen die Käufer mit niedrigem Schadensaufkommen die Kunden mit hohen Unfallkosten subventionieren. Ein Gewinn an Gerechtigkeit scheint mit einem solchen Vorgang nicht verbunden.

Die informationsbedingte Notwendigkeit eines Einheitspreises bei gänzlich unterschiedlicher Leistungsverpflichtung aufgrund des unterschiedlichen Schadenspotentials der einzelnen Kunden kann weiterhin dazu führen, dass ein Gefährdungshaftungssystem das sicherere Produkt vom Markt verdrängt.

Zwar nimmt auch der Rat der Europäischen Gemeinschaften[19] und die juristische Literatur die Rückwälzung der erwarteten Unfallkosten über den Preis zur Kenntnis. Sie begrüßen diese Umlage der Unfallkosten jedoch mit dem Argument, dass die versicherungstechnische Wirkung der Verteilung der Unfallschäden Einzelner auf alle Kunden über den Preis mit höherer „Gerechtigkeit“ verbunden sei. Der Rat der Europäischen Gemeinschaften scheint darüber hinaus irrigerweise davon ausgegangen zu sein, dass die Einführung der Gefährdungshaftung ohne weiteres zugleich auch einen besseren Schutz der Verbraucher durch sicherere Produkte mit sich bringe. Das informationsbedingt notwendige Verlangen eines Einheitspreises trotz unterschiedlicher Kostenbelastung aufgrund unterschiedlicher Kundengruppen infolge der Gefährdungshaftung kann jedoch eine Verminderung des Sicherheitsniveaus der am Markt angebotenen Produkte bewirken. Dies sei nun mit Hilfe einer Fortsetzung des Rasenmäherbeispiels näher dargelegt.

---

[17] Auf den Kreditmärkten verlangen Banken von Kunden, die Sicherungsrechte anzubieten vermögen, einen geringeren Zins, da diese Kunden für die Banken ein geringeres Schadenspotential im Falle eines Konkurses darstellen als Kunden, die einen ungesicherten Kredit erhalten, vgl. *Adams*, Ökonomische Analyse der Sicherungsrechte, 1980, S. 119 ff. Es erscheint wenig wirklichkeitsgerecht anzunehmen, dass der Hersteller eines Rasenmähers oder eines Filmes ähnliche Unterscheidungsmöglichkeiten hinsichtlich des von den einzelnen Kunden zu erwartenden Schadensumfanges zu weniger als prohibitiven Kosten zu erlangen vermag. Eine Preisdifferenzierung, so wie sie den Banken mit Hilfe unterschiedlicher Zinsen bei unterschiedlichen Risiken möglich ist, steht somit den Produzenten vieler Güter nicht offen.

[18] *Oi*, a.a.O. (Fn. 14), Bell Journal of Economics, 1973, S. 15; *Oi* vermutet zudem, dass diese Umverteilung durchaus zugunsten der wohlhabenderen Konsumenten arbeiten könnte, *Oi*, a.a.O., S. 27. Zur Frage, ob das Zivilrecht mit Umverteilungsaufgaben belastet werden sollte, vgl. *Adams*, Irrtümer und Offenbarungspflichten im Vertragsrecht, Archiv für civilistische Praxis, 1986, S. 453 ff. sowie *Shavell*, A Note on Efficiency versus Distributional Equity in Legal Rulemaking, American Economic Review, 1981, S. 418 ff.

[19] Richtlinie des Rates vom 25.7.1985, ABlEG Nr. L 210/29 vom 7. 8. 1985.

Damit die Unternehmen ihre Preise richtig kalkulieren können, müssen sie wissen, in welcher Höhe sie Kosten aus Unfällen mit ihren Produkten zu übernehmen haben. Nehmen wir daher beispielsweise an, es gelänge den Unternehmen aufgrund ihrer Erfahrung nach einiger Zeit die Feststellung zu machen, dass der von ihnen zu leistende Schadensersatz pro Rasenmäher der sicheren Kategorie 370 DM und für die nur halb so sicheren Rasenmäher 740 DM betrage, da die Konsumenten sich zu 90 Prozent aus Kunden mit niedrigem und zu 10 Prozent aus Kunden mit hohem Schadenspotential zusammensetzen, so dass sich das erwartete Schadensaufkommen pro Verkauf eines sicheren Rasenmähers als 0,1 · 1000 + 0,9 · 300 = 370 DM und entsprechend der doppelt so hohen Unfallwahrscheinlichkeit für die ungesicherten Rasenmäher als 740 DM errechnet.

Die Unternehmen haben nun die Möglichkeit, den gesicherten Rasenmäher zum Marktpreis von 1500 DM plus erwartetem Schaden von 370 DM, d. h. zu 1500 + 370 = 1870 DM, oder den ungesicherten Rasenmäher zum Marktpreis von 1300 DM plus erwartetem Schaden von 740 DM, d. h. zu 1300 + 740 = 2040 DM, zu verkaufen. Wie bereits im ersten Beispiel gezeigt, wird es somit auch nach einer haftungsbedingten Übernahme der Unfallkosten auf die Hersteller und ihrer Umlage auf den Preis ausschließlich sichere Rasenmäher im Marktangebot geben, da die unsicheren Geräte durch ihre höheren Unfallkosten teurer als die gesicherten sind.

Es sei nun jedoch wie schon zuvor in Abwandlung des ersten Beispiels wiederum angenommen, dass die Sicherheitsvorkehrungen nun zu einem Preis der sicheren Rasenmäher von 2000 DM führen, zu dem dann bekanntlich noch die durchschnittlich erwarteten Schadenskosten hinzuzurechnen sind, so dass der Gesamtpreis der sicheren Geräte nun 2000 + 370 = 2370 DM beträgt, während die ungesicherten Rasenmäher weiterhin nur 1300 + 740 = 2040 DM kosten. Wären nun die von den Herstellern im Falle eines Unfalls zu leistenden Schadensersatzzahlungen auch in der Rechtswirklichkeit ein vollständiger Ersatz aller - auch psychischen - Unfallfolgen, dann würden die Kunden zwischen den gesicherten und den ungesicherten Rasenmähern keinen Unterschied sehen, da sie ja nunmehr im Fall einer Verletzung annahmegemäß ihren Schaden vollständig ersetzt erhalten und es ihnen daher gleichgültig sein kann, ob sie ein Gerät mit hoher oder niedriger Unfallrate erwerben, da die Folgen eines Unfalls ihnen ja durch die Schadensersatzzahlungen wieder vollständig abgenommen werden. Da auch die übrigen Funktionen der Rasenmäher als gleichwertig angenommen wurden, werden sich die Kunden nunmehr nicht mehr am Sicherheitsniveau, sondern nur noch anhand des Verkaufspreises der Geräte entscheiden. Damit wird aber die Schlussfolgerung unabweislich, dass die Einführung einer Gefährdungshaftung in unserem Beispiel zu einer Verdrängung der sichereren Rasenmäher durch die unsichereren führt, da die Kunden infolge der Schadensersatzzahlungen ja keinen Anlass mehr haben, die sichereren Rasenmäher zu erwerben, wenn diese teurer als die ungesicherten Geräte sind. Während es somit im Fall der von den Kunden zu tragenden Schadensfolgen (Verschuldenshaftung) zwei Arten von Rasenmähern zu einem monetären Marktpreis von 2000 DM und 1300 DM gegeben hat, ergibt sich für den Fall einer Gefährdungshaftung mit Übernahme der Schadensfolgen durch die Hersteller bei gleichzeitig informationsbedingt fehlender Differenzierungsmöglichkeit nach den kundenspezifischen Unfallrisiken die Folge, dass die sichereren Produkte vom Markt verdrängt werden und ausschließlich die unsichereren Geräte zu einem Einheitspreis von 2040 DM angeboten werden.

Die Einführung einer Produkthaftung hat somit unter diesen Bedingungen ein geringeres Sicherheitsniveau, mehr Unfälle und eine Umverteilung zu Lasten der Kunden mit geringem Schadensaufkommen zur Folge.

Es sollte jedoch gesehen werden, dass bei zunehmender Zahl von Kunden mit hohem Schadenspotential die Einführung einer Gefährdungshaftung die entgegengesetzte, in der Literatur herkömmlicherweise vermutete Wirkung entfaltet, nämlich nunmehr die völlige Verdrängung der schlechteren Qualität vom Markt. Würde sich beispielsweise die Zahl der Kunden von Rasenmäherherstellern statt zu 10 Prozent zu 60 Prozent aus Kunden mit hohem Schadenspotential zusammensetzen, dann würde sich der erwartete Schaden pro sicherem Rasenmäher nunmehr als $0{,}6 \cdot 1000 + 0{,}4 \cdot 300 = 720$ DM und pro unsicherem Rasenmäher - wegen der doppelten Unfallwahrscheinlichkeit - als 1440 DM errechnen. Der Preis der teuren Rasenmäher müsste dann $2000 + 720 = 2720$ DM und der Preis der billigen Rasenmäher $1300 + 1440 = 2740$ DM betragen. Der sicherere Rasenmäher wäre bei einer solchen Kundenstruktur zugleich auch der billigere und würde daher das unsicherere Gerät völlig vom Markt verdrängen. Je nach der Verteilung der Schadenspotentiale unter den Kunden wird somit im Falle einer Gefährdungshaftung entweder die sicherere oder die unsicherere Güterqualität aus dem Markt entfernt[20]. Es sollte weiterhin nicht übersehen werden, dass auch die Verdrängung der unsichereren Qualitäten zugunsten der sichereren schwerwiegende Nachteile mit sich bringt.

So erweist sich der Anstieg der Sicherheit für die Kunden mit geringem Sicherheitsbedürfnis als eine aufgezwungene Verschwendung, da deren erwartetes Schadensaufkommen geringer als die im Produkt aufgewendeten Kosten der

---

[20] Für die genauen Voraussetzungen, insbesondere die Grenzkosten der Sicherheitsvorrichtungen, die möglichen Verallgemeinerungen des dargelegten Beispiels sowie die ausführlichen Beweise vgl. *Oi*, Bell Journal of Economics, 1973, S. 11 ff. Dort, insbesondere auf S. 18, wird auch dargelegt, welche Ursachen dem häufig anzutreffenden Irrtum zugrunde zu liegen scheinen, nach dem eine Gefährdungshaftung stets eine Erhöhung der Sicherheit der betroffenen Produkte herbeiführt. Vgl. zum Ganzen auch *Calabresi/Bass*, Right Approach, Wrong Implications: A Critique of McKean on Products Liability, University of Chicago Law Review, 1970, S. 74 ff.

Schadensverhütung ist. Die Abwehr eines erwarteten Unfallschadens von beispielsweise 500 DM mit Hilfe von Sicherheitsvorkehrungen im Werte von 700 DM stellt eine Vergeudung dar, die die Konsumenten bei freier und über die Unfallfolgen und Sicherheitskosten wohlinformierter Wahl stets vermeiden würden.

Selbst wenn somit die Einführung einer Gefährdungshaftung auf Grund einer hinreichend großen Zahl von Kunden mit hohem Schadensaufkommen zu einer Verdrängung der unsichereren Produkte vom Markt und damit zu einer geringeren Zahl von Unfällen führt, ergibt sich eine soziale Verschwendung durch übertriebenen und zu kostspieligen, da den Schadensfolgen einer Teilgruppe nicht angepassten Sicherheitsaufwand. Da die Kunden mit geringem Schadensaufkommen infolge der Marktverdrängung der weniger sicheren Geräte ausschließlich einen Rasenmäher kaufen können, der an die Kunden mit hohem Schadenspotential angepasst ist und da sie trotz ihrer geringeren Kostenverursachung den gleichen Preis zu zahlen haben, sind es auch in diesem Fall die Kunden mit geringem Schadensaufkommen, die die Last der fehlenden Differenzierung und der damit verbundenen Verschwendung zu tragen haben.

Auch im Falle einer Verdrängung der unsichereren Produkte kommt es somit zu einer asymmetrischen und wohl auch ungerechten Verteilung der Vor- und Nachteile aus der Einführung einer Gefährdungshaftung. Bei einem Einheitspreis stehen stets die Kunden mit dem größten Schadensaufkommen am besten da, ohne dass für diese Begünstigung ein sinnvoller Grund erkennbar wäre.

3. Zusammenfassung: Produkthaftung bei unterschiedlichen Kunden

Es lässt sich somit **festhalten**, dass bei wohlinformierten Kunden mit unterschiedlichem Schadensaufkommen die Einführung einer Schadensübernahme auf die Produzenten im Wege einer Gefährdungshaftung eine Wohlfahrtsverschlechterung dadurch herbeiführt, dass entweder ein zu geringes oder ein übersteigertes Sicherheitsniveau und damit Verluste aufgrund fehlerhaft an das jeweilige Schadenspotential angepasster Sicherheitsmaßnahmen, stets aber durch keine Gerechtigkeitsüberlegungen begründbare Schädigungen der Kunden mit geringem Schadensaufkommen eintreten.

Sind die unterschiedlichen Kunden über die jeweiligen Risiken der von ihnen gekauften Güter wohlinformiert, dann ist nur die Verschuldungshaftung das in ihrem Interesse liegende Haftungssystem, da nur diese Haftungsregel dem Schadenspotential angepasste Sicherheitsvorkehrungen erlaubt, während eine Gefährdungshaftung infolge der informationsbedingt fehlenden Preisdifferenzierungsmöglichkeiten der Unternehmen entweder ein zu niedriges oder ein zu hohes Sicherheitsniveau erzeugt. Zudem werden durch eine Gefährdungshaftung die Kunden mit geringem Schadenspotential zu einer willkürlichen Subvention der Kunden mit hohem Schadensaufkommen gezwungen.

Die Einführung einer Gefährdungshaftung erweist sich somit bei Konsumenten mit unterschiedlichem, ihnen besser als den Herstellern bekanntem Schadensaufkommen als nachteilig.

Obwohl auf dem von der Richtlinie der Europäischen Gemeinschaft erfassten ungeheuren Markt an Industrieprodukten für wichtige Güter die zuvor genannten Voraussetzungen der einzelnen Haftungssysteme und damit deren Wohlfahrtswirkungen vorliegen, gilt dies jedoch zugleich für eine Vielzahl von Märkten keineswegs.

Der Erörterung der Frage, welch veränderte Beurteilung die einzelnen Haftungsregeln verdienen, wenn die zuvor genannten Voraussetzungen nicht vorliegen, dient der nun folgende Abschnitt.

III. Die Wirkung von Gefährdungs- und Verschuldenshaftung bei gleichartigen und risikoneutralen Konsumenten

Die im vorangegangenen Abschnitt dargelegte Überlegenheit der Verschuldenshaftung über die Gefährdungshaftung beruhte darauf, dass die Kunden bei Verschuldenshaftung das von ihnen gewünschte und im Preis zu honorierende Sicherheitsniveau an ihr individuelles Schadenspotential anpassen konnten, während dies den Unternehmen infolge ihrer Unkenntnis über die einzelnen Kunden nicht möglich war, so dass sie das Sicherheitsniveau des von ihnen hergestellten Produktes lediglich am Schadensdurchschnitt der unterschiedlichen Konsumenten ausrichten und auch nur einen Durchschnittspreis für ihr Gut verlangen konnten.

Für eine große Zahl von Konsumenten gilt jedoch, dass sie sich im Hinblick auf das bei ihnen vorliegende Schadenspotential nur geringfügig unterscheiden, so dass man sie für die richtige Anpassung des Sicherheitsniveaus an die erwarteten Schäden als gleichartig, also nicht wie im Rasenmäher-Beispiel als heterogen, in Ballettstars und Durchschnittsbürger getrennt anzusehen hat. Der nun folgende Abschnitt geht somit der Frage nach, wie Gefährdungs- und Verschuldenshaftung zu beurteilen sind, wenn die wohlinformierten Konsumenten im Falle eines Unfalls weitgehend den gleichen Schaden zu erwarten haben.

Man denke hierbei an einen Dampfkochtopf, der explodieren kann. Der Preis für einen Kochtopf ohne ein zuverlässiges Sicherheitsventil betrage 50 DM. Wenn die Kunden das Sicherheitsrisiko und den möglichen Schaden richtig wahrnehmen[21], stellt der Kauf eines Dampfkochtopfes ohne Sicherheitsvorrichtung den Kauf eines Gutes dar, bei dem sich der Gesamtpreis des ungesicherten Kochtopfes aus dem Kaufpreis von 50 DM und dem erwarteten Unfallschaden zusammensetzt.

Wenn es den Kunden gleichgültig ist, ob sie bei einem Kochtopfeinkauf beispielsweise mit 0,1% Wahrscheinlichkeit einen Schaden von 10000 DM erleiden oder mit 100% einen Verlust in Form eines um den erwarteten Schaden erhöhten Kaufpreises von 10 DM, sie somit also risikoneutral[22] sind, dann ist die Wirkung von Verschuldens- oder Gefährdungshaftung gleich[23].

So tragen im Fall einer *Verschuldenshaftung* die Kunden das Unfallrisiko in Höhe von durchschnittlich 10 DM, während sie den Kochtopf für 50 DM erwerben können. Im Fall einer durch eine Gefährdungshaftung auf die Unternehmen übergeleiteten Unfallkostentragungspflicht erhöhen die Unternehmen ihren Verkaufspreis von 50 DM um diese erhöhten Kosten von 10 DM auf insgesamt 60 DM. Da die Konsumenten auch zuvor einen Gesamtpreis von 60 DM aufzubringen hatten, wobei sich 10 DM allerdings als Durchschnitt einer Risikoverteilung ergaben, sind sie nun keinem erwarteten („durchschnittlichen") Unfallschaden von 10 DM mehr ausgesetzt, müssen hierfür jedoch die nunmehr im Kaufpreis von 60 DM enthaltene Versicherungsprämie von 10 DM bei jedem Kochtopfkauf an die Unternehmen entrichten, die ihren Kunden im Falle eines Unfalls dann die insgesamt eingezahlten, dem Schadensaufkommen entsprechenden Prämien zurückzahlen. Die Lage der beteiligten Kunden und Unternehmen wird durch diesen Vorgang nicht berührt, und zwar gleichgültig ob Gefährdungs- oder Verschuldenshaftung gilt.

Da die in ihrem Schadenspotential identischen Konsumenten das Sicherheitsproblem annahmegemäß richtig verstehen und richtig zu bewerten wissen, werden sie unabhängig vom Haftungssystem auch das richtige Sicherheitsniveau der Produkte durchsetzen. Schließt etwa ein Sicherheitsventil die Gefahr einer Explosion des Dampfkochtopfs sicher aus, so werden die Kunden dieses Ventil immer dann erwerben wollen, wenn es nicht zu einer Preiserhöhung des Kochtopfes um mehr als 10 DM führt. Da der „durchschnittliche" (erwartete) Schaden 10 DM pro Topf beträgt, wäre der Kauf einer Sicherheitsvorkehrung, die mehr

[21] Die Frage, wie die einzelnen Haftungsregeln bei Fehlwahrnehmungen der Kunden infolge einer Über- oder Unterschätzung des Schadensrisikos zu beurteilen sind, wird weiter unten erörtert werden.

[22] Vgl. zur Definition dieses Begriffs *Layard/Walters*, Microeconomic Theory, 1978, S. 351 ff. m.w.N. Eine einführende Darstellung findet sich auch bei *Adams*, Ökonomische Analyse des Zivilprozesses, 1981, S. 66 ff.

[23] Ein formaler Beweis und eine genaue Darlegung der unterstellten Kosten- und Nachfragekurven findet sich bei *Hamada*, American Economic Review, 1976, S. 228 ff.; *Shavell*, Strict Liability versus Negligence, Journal of Legal Studies, 1980, S. 1 (S. 8).

kostet, als sie an Verlusten verhindert, eine Verschwendung, die wohlinformierten Konsumenten nicht unterliefe. Da die Kunden annahmegemäß risikoneutral sind und damit einen bestimmten Schaden unabhängig davon, ob er sich in Form einer im Preis enthaltenen Versicherungsprämie oder als Ergebnis eines mit einer gewissen Wahrscheinlichkeit eintretenden Unfalls darstellt, gleich bewerten, solange nur der Erwartungswert übereinstimmt, werden sie sowohl bei Verschuldenshaftung als auch bei Gefährdungshaftung keine Töpfe ohne Sicherheitsventil erwerben, da sie im Falle der Verschuldenshaftung feststellen, dass ein Sicherheitsventil ihren erwarteten Unfallschaden um mehr als die hierfür aufgewendeten Kosten senken würde, während im Fall der Gefährdungshaftung die Unternehmen bemerken werden, dass der Einbau eines Sicherheitsventils Haftungskosten in Höhe von 10 DM pro Topf erspart und damit für sie lohnend und bei Wettbewerb zwingend wird. Sollte ein Unternehmen auf den Gedanken kommen, Sicherheitsvorkehrungen einzubauen, die teurer als 10 DM pro Topf und damit größer als der erwartete Schaden sind, dann werden sie keinen wohlinformierten risikoneutralen Käufer finden und daher einen solchen Versuch rasch wieder einstellen oder bei genügender Weitsicht erst gar nicht unternehmen.

Es lässt sich somit **festhalten,** dass bei gleichartigen, wohlinformierten und risikoneutralen Konsumenten die Wirkung von Gefährdungs- und Verschuldenshaftung gleich ist und sich auch aus Wohlfahrtsgesichtspunkten als gleich wünschenswert darstellt[24].

Für manche der zahlreichen Märkte der Europäischen Gemeinschaft mögen die zuvor über die Konsumenten gemachten Annahmen eine vernünftige Widerspiegelung der Wirklichkeit darstellen. Die Einführung einer Gefährdungshaftung auf diesen Märkten nützt dann den Konsumenten genauso wenig wie sie ihnen schadet. Welches Haftungsregime auch gilt: die Lage der Beteiligten bleibt die gleiche[25].

---

[24] Es handelt sich hier somit um einen Beispielsfall des sog. *Coase*-Theorems, nach dem unter bestimmten - je nach betrachtetem Markt mal wirklichkeitsnahen, mal wirklichkeitsfernen - Bedingungen das jeweilige Haftungssystem ohne jeden Einfluss auf das Sicherheitsniveau oder die Vorteilhaftigkeit des Vertrages ist, da die Parteien aufgrund ihrer Einsicht und ihrer Verhandlungsmöglichkeiten die Wirkung der Haftungsregeln in die Vertragsverhandlungen einbeziehen und durch entsprechende Klauseln kompensieren, vgl. hierzu *Coase*, The Problem of Social Cost, Journal of Law and Economics, 1960, S. 1 ff. Vgl. hierzu auch *Landes/Posner*, A Positive Economic Analysis of Product Liability, Journal of Legal Studies, 1985, S. 529 ff.

[25] Es versteht sich, dass diese Aussage dann nicht mehr zutrifft, wenn die Schadensopfer nicht mehr die Käufer des Produktes sind. Die Gleichheit der Wirkung der Haftungsregime wird durch die Möglichkeit der Berücksichtigung der Risiken im Preis zwischen Produzenten und

[...]

IV. Die Wirkung von Haftungsregeln bei fehlerhafter Risikowahrnehmung

Das Recht erlangt seine Wirkungskraft durch die Beeinflussung menschlicher Entscheidungen. Dadurch, dass das Recht die relativen Vor- und Nachteile einzelner Entscheidungen etwa durch Schadensersatzverpflichtungen, Geldbußen oder Freiheitsstrafen zu verändern vermag, greift es in die Wahlvorgänge der Menschen ein und beeinflusst die Nutzen- und Kostengewichte auf der Waagschale des Entscheidenden. Es versteht sich nun, dass eine unzutreffende Wahrnehmung der Entscheidungsgrundlagen oder ihre fehlerhafte gedankliche Einordnung die gewollte Wirkung der rechtlichen Anreize zu gefährden vermag. Das Recht als soziales Steuerungsmittel muss die Art und Weise der Wahrnehmung der von ihm zwecks Entscheidungsbeeinflussung erzeugten Anreize durch die Betroffenen bedenken, will es nicht Gefahr laufen, dass gut gemeinte Regelungen wirkungslos bleiben oder gänzlich andere als die gewünschten Erfolge zeigen[26].

Die Wirkung der einzelnen Haftungsregime hängt nun davon ab, wie Produzenten und Konsumenten die ihnen von einem Produkt drohenden erwarteten Schäden wahrnehmen. Eine richtige Wahrnehmung setzt nicht nur die richtige Abschätzung des im Falle eines Produktversagens auftretenden Schadens (A), sondern zusätzlich auch dessen Eintrittswahrscheinlichkeit (p) voraus.

In der Realität stehen jedoch die für diese Abschätzung benötigten Informationen zum Teil nur unter hohen Kosten[27] und zudem häufig nur in einer lediglich

---

Kunden bewirkt. Sind solche Preisanpassungen infolge fehlender Verhandlungsmöglichkeiten nicht möglich, ergeben sich andere Schlussfolgerungen: vgl. *Adams*, a.a.O. (Fn 8), passim.

[26] Viele rechtliche Institutionen lassen sich als Antworten auf Unsicherheitsprobleme begreifen, *Adams*, a.a.O. (Fn. 18), Archiv für civilistische Praxis, 1986, S. 453 ff.; *Adams*, a.a.O. (Fn. 9), Schriften des Vereins für Socialpolitik, 1984, S. 655 ff.

[27] Als Beispiel für die kostspielige Ermittlung von Unfallschäden sei die Feststellung des Verhaltens eines Automobils in bestimmten Unfallarten und dessen Wahrscheinlichkeit in Abhängigkeit von einem bestimmten Sicherheitssystem, etwa eines Antiblockiersystems, angeführt. Zur Erzeugung solcher Informationen müssen die Automobilproduzenten neben aufwendigen Berechnungen auch kostspielige Experimente durchführen, deren Ergebnisse sie vielfach aus betriebswirtschaftlichen Gründen nicht allgemein zugänglich machen.

für Fachleute verständlichen Form[28] und zuweilen infolge der Unvollkommenheit des menschlichen Wissens überhaupt nicht zur Verfügung[29].

Aber nicht nur bei der Beschaffung der Informationsbasis, der Höhe des möglichen Schadens und seiner Eintrittswahrscheinlichkeit, sondern auch bei der Verarbeitung dieser Informationen sehen sich Konsumenten und Produzenten großen Schwierigkeiten ausgesetzt. So legen Ergebnisse der experimentellen Psychologie und anderer, von Wirtschaftswissenschaftlern angestrengter Untersuchungen den Schluss nahe, dass die Individuen die Eintrittswahrscheinlichkeit schwer vorstellbarer oder außergewöhnlicher Ereignisse, wie etwa diejenige von Todesfällen oder von Verstümmelungen, systematisch als zu gering einschätzen, während sie die Wahrscheinlichkeit häufig eintretender Ereignisse üblicherweise überschätzen[30].

Von Bedeutung für die Frage nach der richtigen Haftungssystemwahl ist zudem die Tatsache, dass die Individuen ihre Wahrscheinlichkeitsabschätzung in fehlerhafter Weise von der Darbietung der zur Risikoabschätzung dienenden Informationen abhängig machen. Je nach der Wortwahl einer etwa vom Hersteller in der Gebrauchsanweisung eingefügten Warnung kann es zu einer Über- oder Unterschätzung des drohenden Risikos kommen[31].

Der nun folgende Abschnitt geht daher der Frage nach, welche Wirkung die einzelnen Haftungssysteme bei Fehlwahrnehmung der Produktrisiken durch die Beteiligten mit sich bringen.

1. Fehlwahrnehmung von Produktrisiken durch die Konsumenten

Je nach Gegenstand, Darbietung und Art der Gefahr werden die Käufer eines Gutes die von diesem zu erwartenden Schäden mal über- und mal unterschätzen. In der gleichen Gefahr mögen auch die Produzenten des Gutes schweben. In diesem Teil der Analyse sei zunächst noch angenommen, dass die Produzenten

---

[28] Da die Zahl möglicher Unfallsituationen sehr groß ist, ist allein der Ereignisraum aller möglichen Unfälle und ihrer Wahrscheinlichkeiten so groß, dass er nur noch von Fachleuten richtig definiert und interpretiert werden kann.

[29] Solange die Funktionsweise der menschlichen Chemie noch nicht vollständig verstanden ist, kann es nicht ausgeschlossen werden, dass beispielsweise ein Medikament Nebenwirkungen auslöst, die nicht vorhersehbar waren.

[30] *Tversky/Kahnemann* (Eds.), Judgement under Uncertainty: Heuristics and Biases, 1982; *Slovic*, The Psychology of Protective Behaviour, Journal of Safety Research, 1978, S. 58 ff.; *Hogarth*, Cognitive Processes and the Assessment of Subjective Probability Distributions, Journal of American Statistical Association, 1975, S. 271 ff.

[31] *Tversky/Kahnemann*, The Framing and the Psychology Of Choice, Science 1981, S. 453 ff.; *Tversky/Kahnemann*, Rational Choice and the Framing of Decisions, Journal of Business, 1986, S. 251 ff. Vgl. hierzu auch *Machina*, Choice under Uncertainty: Problems Solved and Unsolved, Journal of Economic Perspectives, 1987, S. 121 ff.

etwa auf Grund langjähriger Produktbeobachtung die von ihren Gütern durchschnittlich verursachten Schäden richtig abzuschätzen vermögen, so dass die Marktteilnehmer mit asymmetrisch verteilten Informationen über die Produktgefahren ausgestattet sind. Zunächst sei der Fall untersucht, dass die Konsumenten in systematischer Weise die von einem Gut ausgehenden Unfallschäden als geringer ansehen, als dies tatsächlich der Fall ist.

a) Risikounterschätzung durch die Konsumenten

aa) Die Wirkung der Verschuldenshaftung bei Risikounterschätzung durch die Konsumenten

Wenn die Kunden die von einem bestimmten Gut ausgehenden Gefahren nicht oder nicht hoch genug wahrnehmen und sie bei einem Unfall infolge eines Verschuldenshaftungssystems diesen Schaden selbst[32] tragen müssen, begehen sie bei der Berechnung des Gesamtpreises des Gutes den Fehler, die mit ihrem Kauf verbundenen erwarteten Unfallschäden als zu niedrig anzusetzen. Bei dem im folgenden zur sprachlichen Vereinfachung angenommenen Extremfall der vollständigen Vernachlässigung der Möglichkeit eines Unfalls werden die Kunden somit ein gefahrenträchtiges Gut als ein völlig sicheres ansehen. Die Nachfragekurve der Konsumenten nimmt dann diejenige Gestalt an, die sie hätte, wenn das Gut bei gleichem monetären Preis kein Unfallkostenrisiko aufweisen würde. Ein Verhalten, das darauf aufbaut, es gäbe nicht diejenigen Kosten, die mit ihm in der Realität verbunden sind, weist nun für die handelnden Personen eine Fülle unerwünschter Folgen auf: Zunächst werden die Konsumenten zu viele der gefahrenträchtigen Güter erwerben, da sie glauben, die Güter seien sicher. Sie werden daher bei der Abwägung der Nutzen und Kosten aus dem Kauf der Güter nur die monetären Kosten berücksichtigen und daher auch Güter kaufen, die sie bei Einbeziehung ihres Unfallrisikos nicht mehr für erwerbenswert erachtet hätten[33].

Auch die spätere Feststellung, dass das gekaufte Gut den nicht erwarteten Preis zusätzlicher Unfallkosten aufweist, lässt den Käufer die unangenehme Entdeckung machen, dass er es unterlassen hat, hierfür Rücklagen zu bilden und seine Budgetplanung an das Unfallrisiko anzupassen.

---

[32] Der Abschluss einer Unfallversicherung durch die Kunden bedeutet keine finanzielle Entlastung dieser Personen, sondern angesichts der Kosten und des Gewinnanspruchs der Versicherungsunternehmen vielmehr eine (zusätzliche) Belastung der Konsumenten, vgl. hierzu *Adams*, a.a.O. (Fn. 8), 6. Kapitel, Haftungsrecht und Versicherungen, S. 208 ff.

[33] Vgl. hierzu *Shavell*, Strict Liability versus Negligence, Journal of Legal Studies, 1980, S. 1 ff.; *Spence*, Consumer Misperceptions, Product and Producer Liability, Review of Economic Studies, 1977, S. 561 ff.

Die systematische Unterschätzung von Produktgefahren ist nun von großer Bedeutung für die Wirkung der Haftungsregel auf das Sicherheitsniveau der Güter. Wenn die Kunden - aus welchem Grund auch immer - die Sicherheit eines Produktes nicht richtig wahrnehmen, dann besteht auch für die Unternehmen kein Anlass, einem vorhandenen Wunsch der Kunden nach Sicherheit nachzukommen, da das verbesserte Sicherheitsniveau der Güter infolge fehlender Wahrnehmung nicht in die Kaufentscheidung einfließt. Bei Wettbewerb besteht für die Unternehmen infolge der Fehlwahrnehmung der Käufer zudem keine Möglichkeit, die gewünschte, jedoch nicht richtig wahrgenommene zusätzliche Sicherheit in ihre Produkte einzubauen[34]. Die Produktsicherheit wird vielmehr auf das geringste, von der Rechtsprechung gerade noch nicht als fahrlässig und damit haftungsverlagernd angesehene Niveau absinken. Der Grund hierfür besteht darin, dass zusätzliche Sicherheit für die Unternehmen nur über zusätzliche Kosten erreichbar ist. Der Hersteller von Gütern mit höherer Sicherheit muss daher höhere Kosten auf sich nehmen als ein Konkurrent, der ein unsichereres, ansonsten aber völlig gleichwertiges Produkt anbietet. Wenn die Kunden - wie angenommen - ihre Kaufentscheidung nicht von der Höhe der Sicherheit des Produktes abhängig machen, dann ist der Hersteller unsicherer Güter in der Lage, den Preis seines Gutes ebenso hoch festzusetzen wie der Verkäufer der sichereren Produkte. Da dann beide Anbieter zum gleichen Preis verkaufen, der Hersteller sichererer Produkte jedoch mit höheren Kosten belastet ist, kann der Hersteller der unsichereren Qualität höhere Gewinne einstreichen. Will aber auch der Hersteller der sichereren Güter seinen Gewinn maximieren, so wird er feststellen, dass er dies bei der angenommenen Fehlwahrnehmung seiner Kunden nur durch eine entsprechende Senkung des Sicherheitsniveaus auch seiner Güter erreichen kann. Die auf dem Markt erhältlichen Güter mögen dann erhebliche, von den Kunden trotz geringerer Kosten und Preise keinesfalls gewünschte Sicherheitsrisiken aufweisen. Bei einer solchen Fehlwahrnehmung ist den Herstellern jedoch eine Erhöhung des Sicherheitsniveaus der angebotenen Güter nicht möglich. Denn selbst wenn es einem Hersteller zunächst gelänge, sicherere Produkte zu einem Preis zu verkaufen, der gerade seinen Kosten entspricht, würde er sich auf Dauer nicht auf dem Markt halten können. Der Grund hierfür besteht darin, dass der für den Hersteller sichererer Güter gerade noch kostendeckende Preis für die Anbieter unsichererer Produkte, die infolge der Fehlwahrnehmung der Kunden

---

[34] Es handelt sich seiner Struktur nach hier um das berühmte zu Marktversagen aufgrund asymmetrischer Information führende „Zitronenproblem" von *Akerlof*, vgl. hierzu *Akerlof*, The Market for Lemons: Qualitative Uncertainty and the Market Mechanism, Quarterly Journal of Economics, 1970, S. 488 ff. Die theoretische Rechtfertigung des AGB-Gesetzes beruht im Gegensatz zur Regierungsbegründung darauf, dass dieses Gesetz den Versuch einer Korrektur dieser Form des informationsbedingten Marktversagens darstellt, vgl. hierzu ausführlich *Adams*, a.a.O. (Fn. 9), Schriften des Vereins für Socialpolitik, 1984, S. 655 ff.

die Sicherheitsdifferenzen nicht sehen und daher auch nicht bereit sind, einen Preisunterschied zwischen beiden Herstellern hinzunehmen, einen über ihren Kosten liegenden Gewinn erlaubt. Dieser höhere Gewinn für Hersteller unsicherer Qualität wird so lange zu einem Marktzutritt derartiger Produzenten führen, bis dieser Gewinn aufgrund der mit der zusätzlich angebotenen Menge verbundenen Absenkung des Preises verschwunden ist. Bereits lange vor diesem Zeitpunkt produziert jedoch der infolge der höheren Sicherheit seiner Produkte mit höheren Kosten belastete Anbieter mit Verlust und muss, da ihm die Durchsetzung eines höheren Preises infolge der Fehlwahrnehmung der Kunden nicht gelingen kann, aus dem Markt ausscheiden oder seine Kosten im Wege der Absenkung des Sicherheitsniveaus auf dasjenige seiner Konkurrenten vermindern. Im Wettbewerbsgleichgewicht können sich bei dieser Art von Fehlwahrnehmungen der Kunden nur die Produzenten mit den billigsten und unsichersten, gerade noch nicht als fahrlässig angesehenen Produkten auf dem Markt halten. Obwohl es ein Bedürfnis der Kunden nach sichereren Gütern gibt, haben die Hersteller keine Möglichkeit, diesem infolge der Fehlwahrnehmung nicht in der Kaufentscheidung Ausdruck findenden Wunsch nachzukommen[35]. Bei Verschuldenshaftung und Fehlwahrnehmung der Produktrisiken werden somit die Kunden entgegen ihren Wünschen nur die sicherheitsmäßig an der Grenze zur haftungsbegründenden Fahrlässigkeit der Hersteller liegenden Produkte erhalten.

Dies sei am bekannten Beispiel des Dampfkochtopfs erläutert, bei dem ein zusätzliches Sicherheitsventil mit Kosten in Höhe von 5 DM einen erwarteten, Schaden von 10 DM zu verhindern vermag. Bei richtiger Risikowahrnehmung

---

[35] Da der Markt Anreize zur Beseitigung dieses Marktversagens erzeugt, lassen sich in der Wirklichkeit auch Vorgänge beobachten, die dieses Marktversagen ganz oder teilweise berichtigen. So können sich die Kunden nach Einsicht in die Struktur ihrer Fehlentscheidungen durch Wiederholungskäufe, durch die Verwendung von Informationsintermediären (Testzeitschriften, TÜV-Siegeln), und die Unternehmen durch den Aufbau von Marken mit einem bestimmten „Good-Will" vor diesem Marktversagen schützen. Auf vielen Märkten sind jedoch die Funktionsbedingungen dieser Korrekturvorgänge nicht gegeben, so dass Marktversagen aufgrund fehlerhafter Wahrnehmungen ein wichtiges in der Wirklichkeit anzutreffendes Problem darstellt, vgl. hierzu *Butters*, Equilibrium Distribution of Sales and Advertising Prices, Review of Economic Studies, 1977, S. 465 ff.; *Schmalensee*, A Model of Advertising and Product Quality, Journal of Political Economy, 1978, S. 485 ff.; *von Ungern-Sternberg/von Weizsäcker*, Marktstruktur und Marktverhalten bei Qualitätsunsicherheit, Zeitschrift fürWirtschafts- und Sozialwissenschaften, 1981, S. 609 ff. sowie *von Ungern-Sternberg*, Zur Analyse von Märkten mit unvollständiger Nachfragerinformation, 1984. Ein Versagen der aus dem Markt sich ergebenden Korrektursysteme macht auch den Einsatz öffentlich-rechtlicher Anreizsysteme notwendig, vgl. hierzu *Shavell*, Liability for Harm versus Regulation of Safety, Journal of Legal Studies, 1984, S. 357 ff.; *Adams*, Zur Aufgabe des Haftungsrechts im Umweltschutz, ZZP, 1986, S. 129 ff.

werden die Konsumenten den Einbau dieser Sicherheitsvorkehrung unabhängig vom Haftungssystem durch ihre Kaufentscheidungen erzwingen. Nehmen die Kunden jedoch die Höhe der erwarteten Unfallschäden pro Topfkauf in Höhe von 10 DM nicht wahr, dann sehen sie auch keine Veranlassung, Sicherheitsvorrichtungen gegen nicht gesehene Gefahren zu erwerben. Wenn das Unterlassen des Einbaus eines Sicherheitsventils von der Rechtsprechung nicht als fahrlässig angesehen wird und der Schaden somit beim Kunden verbleibt, dann sehen sich die Hersteller gezwungen, vom Einbau eines Sicherheitsventils abzusehen, da es hierfür infolge der Wahrnehmungstrübung bei den Käufern keinen Bedarf und damit keinen Kunden gibt. Da die Konsumenten nicht den vollen Gesamtpreis zur Kenntnis nehmen, verhindern sie hierdurch nicht nur ein höheres Sicherheitsniveau, sondern kaufen auch Dampfkochtöpfe, die sie ohne diese Preisillusion nicht gekauft hätten.

Es lässt sich somit **festhalten**, dass bei Verschuldenshaftung und Risikounterschätzung durch die Konsumenten unerwünscht viele und unerwünscht gefährliche Güter auf dem Markt nachgefragt und angeboten werden.

[...]

bb) Die Wirkung der Gefährdungshaftung bei Risikounterschätzung durch die Konsumenten

Es soll nun der Frage nachgegangen werden, wie sich eine Risikounterschätzung durch die Konsumenten dann auswirkt, wenn der Unfallschaden nunmehr auf Grund einer Gefährdungshaftung von den Produzenten zu tragen ist.

Durch die Übernahme der Unfallkosten auf die Hersteller werden die Käufer des gefahrenbehafteten Gutes bei annahmegemäß vollständigem Schadensersatz so gestellt, als hätten sie ein vollständig sicheres Gut erworben. Da in diesem Abschnitt davon ausgegangen wird, dass die Käufer infolge ihrer fehlerhaften Risikowahrnehmung bereits von der Gefahrlosigkeit des Gutes überzeugt sind, ändert sich durch den Übergang von der Verschuldens- zur Gefährdungshaftung aus ihrer Sicht nichts. Ihr Nachfrageverhalten wird daher von ihrer Unfallkostenentlastung nicht berührt. Der Übergang der Unfallkostenentlastung auf die Unternehmen wird diese jedoch zu einer diese Kosten zurückreichenden Preiserhöhung zwingen, die nun die Konsumenten zu verminderten Käufen des in ihren Augen teurer gewordenen Gutes veranlasst. Der Wegfall der Gefahrillusion infolge der nun im Preis wieder zu findenden Gefahr des Gutes führt zu einer Nutzen und Kosten des Gebrauchs gefahrenträchtiger Güter richtig ausgleichenden Kaufentscheidung und nicht wie zuvor infolge der Fehlwahrnehmung zu einem zu großen Verbrauch der gefahrenbehafteten Produkte. Die Einführung einer Gefährdungshaftung bewirkt somit eine Verbesserung der Kaufentscheidung der Konsumenten und heilt damit das Marktversagen aufgrund zu hohen Verbrauchs gefährlicher Güter.

Von Bedeutung ist weiterhin, dass es durch die Gefährdungshaftung den Unternehmen nunmehr möglich wird, durch eine Erhöhung der Sicherheit der Güter miteinander in Wettbewerb zu treten und den Kunden das von diesen gewünschte Sicherheitsniveau anzubieten. Da geringere Sicherheit zu einer haftungsbedingten Kostenerhöhung und damit zu höheren Preisen führt, werden die Unternehmen stets alle diejenigen Sicherheitsvorkehrungen vorsehen, die ihnen geringere Kosten als die hierdurch ersparte Unfallhaftung verursachen. Da Erfindungen in der Sicherheitstechnologie zu Preissenkungen und damit zu Wettbewerbsvorteilen führen, ergeben sich bei einer Schadensüberleitung auf die Unternehmen auch die bekannten Vorzüge eines dynamischen Wettbewerbsmarktes.

Im Falle einer Risikounterschätzung durch die Konsumenten erweist sich somit eine Übernahme der Unfallkosten auf die Unternehmen im Wege der Gefährdungshaftung und deren Widerspiegelung in den Kosten und Preisen der gefahrenträchtigen Güter als eine gegenüber der Verschuldenshaftung eindeutig bessere Gestaltung des Privatrechts.

b) Risikoüberschätzung durch die Konsumenten

Es wäre wenig wirklichkeitsgerecht, würde man die Konsumenten ausschließlich als der Gefahren nicht achtende Irrende ansehen. Nicht selten mag das Gegenteil zutreffen, so dass sich die Konsumenten von drohenden Gefahren umstellt sehen, die ausschließlich oder in dieser Höhe nur in ihrer Einbildung bestehen. So haben es revolutionäre Fortschritte in der Spurenanalytik möglich gemacht, Stoffe in einer Verdünnung 1 zu einer Billiarde nachzuweisen. Bildhaft entspricht dies einem Nachweis der Auflösung eines Stückes Würfelzucker im Starnberger See[36]. Es versteht sich, dass diese neuen Erkenntnismöglichkeiten die Einsicht vermitteln mussten, dass es Reinheit in dieser Welt nicht gibt, dass der Mensch also an allen Orten, zu jeder Zeit und bei allen Tätigkeiten der Einwirkung einer Vielzahl giftiger, krebserregender oder Erbgut verändernder Stoffe ausgesetzt ist. Eine umfassende Würdigung dieser Tatsache, die den Bürgern eine Beurteilung der damit tatsächlich verbundenen Gefahren ermöglichen würde, ist der Wissenschaft infolge fehlender Einsicht in die Entstehungsursachen vieler Krankheiten bisher noch nicht gelungen. Sieht man von den verhee-

---

[36] Vgl. hierzu *Malle*, Spurenanalytik im Umweltschutz: Möglichkeiten und Grenzen, Spektrum der Wissenschaft, Oktober 1986, S. 62 ff. sowie *Friege*, Spektrum der Wissenschaft, April 1987, S. 3.

renden Folgen des Rauchens ab[37], sehen bisher Fachleute noch Anlass, vor einer Überschätzung der von den neuerdings messbaren Giften drohenden Gefahren zu warnen. So würden insbesondere vollständige Produktionsverbote nicht dem Nutzen vieler Stoffe trotz der mit ihnen verbundenen Gefahr gerecht[38].

So manch säuerlich entbehrender Lebensstil anstelle einer eigentlich bevorzugten hedonistischen Lebensführung mag dann auf einem Missverständnis über die relative Größenordnung der von der Industriegesellschaft und ihren Produktionsverfahren drohenden Gefahren beruhen.

Es soll daher der Frage nachgegangen werden, wie die einzelnen Haftungssysteme bei einem von Gefahrenüberschätzung gekennzeichneten Käuferverhalten wirken.

aa) Die Wirkung der Verschuldenshaftung bei Risikoüberschätzung durch die Konsumenten

Die Verschuldenshaftung belässt die von einem nicht schuldhaft herbeigeführten Produktversagen hervorgerufenen Schäden bei den Käufern des Gutes. Glauben nun die Kunden, die von einem Gut ausgehenden Gefahren seien größer als sie es in Wirklichkeit sind, dann setzen sie den Gesamtpreis des Gutes zu hoch an und werden sich daher in ihren Käufen auf Grund der eingebildeten Gefahren zu sehr zurückhalten und andere Güter bevorzugen, die sie bei richtiger Wahrnehmung der Gefahrenlage nicht gekauft hätten. Risikoüberschätzung durch die Konsumenten führt jedoch nicht nur zu zu geringem Verbrauch der als überhöht gefahrenträchtig angesehenen Güter, sondern verursacht zusätzlich auch den Einbau von Sicherheitsvorkehrungen, die angesichts ihrer Kosten und der mit ihnen abgewendeten Gefahren bei richtiger Wahrnehmung von den Kunden nicht gewollt worden wären und daher eine Verschwendung darstellen. Wird

---

[37] Das Zigarettenrauchen ist zur Zeit bei weitem die wichtigste einzelne Krankheits- und Todesursache überhaupt, vgl. hierzu *Johnson/Goldfinger* (Eds.), Harvard-Gesundheitsbuch, 1984, S. 164-168 sowie S. 85-91 m.w.N. Viele Umweltbelastungen werden erst in Verbindung mit Rauchen zu einem Gesundheitsrisiko. So wird zur Zeit die Industrie durch den Staat gezwungen, bei Produktion und Abfallbeseitigung Milliardenaufwendungen zur Gesundheitsvorsorge aufzubringen, obwohl dieses Ziel durch weitaus kostengünstigere Maßnahmen erreichbar wäre: Es genügte für einen außerordentlichen Anstieg der Lebenserwartung der Bürger, der Zigarettenindustrie die Erzeugung von Sucht insbesondere bei Jugendlichen zu erschweren. Es gibt z. Z. keine Maßnahme der Gesundheitsvorsorge, die billiger und wirksamer wäre. Ein vollständiges Werbeverbot von Tabakwaren und eine zumindest in der Größenordnung einer Verdoppelung liegende Erhöhung der Tabaksteuer sind daher die gesundheitlich vordringlichsten Maßnahmen.

[38] Vgl. hierzu *Heilmann*, Technologischer Fortschritt und Risiko, 1985; *Johnson/Goldfinger* (Eds.), a.a.O. (Fn. 37), S. 300 ff.; *Ames*, Mother Nature is meaner than you think, Science, July/August 1983, S. 98 ff., *Efron*, The Apocalyptic, 1983.

etwa der von einem Sicherheitsventil abzuwendende durchschnittliche Schaden von den Kunden anstelle der wirklichen 10 DM pro Topfkauf mit 20 DM vermutet, dann werden die Unternehmen im Wettbewerb Sicherheitsvorkehrungen bis zur Höhe von 20 DM einbauen, obwohl sie hierdurch lediglich einen Schaden von 10 DM abwehren. Die Verschuldenshaftung bewirkt damit einen zu geringen Verbrauch der als übermäßig risikoreich angesehenen Güter und eine Vergeudung durch zu hohe Sicherheitsvorkehrungen.

bb) Die Wirkung der Gefährdungshaftung bei Risikoüberschätzung durch die Konsumenten

Im Falle einer die Unfallkosten auf die Unternehmen überleitenden Gefährdungshaftung können sich auch die ängstlichsten Konsumenten sagen, dass ihnen infolge der als vollständig angenommenen Schadensersatzleistungen der Unternehmen ein gefahrenloses Gut angeboten wird. Infolge ihrer Risikoüberschätzung beurteilen sie den durch die Unfallkostenübernahme auf die Unternehmen hervorgerufenen Preisanstieg als unterproportional. Sie werden daher ihre Nachfrage nach dem in ihren Augen trotz Preisanstiegs deutlich günstiger gewordenen Gut nunmehr auf die richtige Menge ausdehnen.

Da die Unternehmen das tatsächliche Unfallaufkommen annahmegemäß etwa aus Erfahrung kennen, werden sie die Gefahr der Güter im Preis richtig widerspiegeln und auch die den Unfallgefahren angemessenen Vorkehrungen vorsehen. Ein Gefährdungshaftungssystem vermag somit auch die von der Risikoüberschätzung durch die Konsumenten ausgehende Gefahr des Marktversagens abzuwehren und richtige Entscheidungen bei Konsumenten und Herstellern herbeizuführen.

c) Zusammenfassung: Risikofehlwahrnehmung durch die Konsumenten

Die vorangegangenen Erörterungen legen somit den vielleicht erstaunlichen Schluss nahe, dass die Überleitung der Unfallkosten auf die Unternehmen das von der Fehlwahrnehmung der Konsumenten über die Gefahrenträchtigkeit der Güter verursachte Marktversagen sowohl im Fall der Gefahrenunterschätzung als auch im Fall der Gefahrenüberschätzung wirksam zu verhindern vermag. Dieses Ergebnis beruht nicht auf dem Irrglauben, eine Verlagerung von Kosten weg von den Konsumenten hin auf die Unternehmen bewirke bei diesen keine die zusätzlichen Kosten kompensierende Preissteigerung. Die alle Parteien, Konsumenten und Produzenten, besser stellende Wirkung der Gefährdungshaftung im Falle von Fehlwahrnehmungen auf Seiten der Konsumenten beruht darauf, dass die Berechnung eines Bestandteiles des Gesamtpreises, die Auswirkung der Produktgefahr, im Falle der Gefährdungshaftung derjenigen Marktseite zugewiesen wird, die wohlinformiert und daher zu einer fehlerfreien Beurteilung in der Lage ist. Da die Gefährdungshaftung die Einbeziehung der Unfallkosten in den an das Unternehmen zu zahlenden Kaufpreis bewirkt, verwandelt sie einen von den Konsumenten fehlerhaft ermittelten Kostenbestandteil in einen von den Unternehmen richtig berechneten und offen ausgewiesenen Preisbestandteil um. Durch den Wechsel des zur Berechnung des Gesamtpreises berufenen Marktbeteiligten vom Irrenden zum Wissenden wurde das zu einer richtigen Kaufentscheidung von den Kunden benötigte Entscheidungskriterium des Gesamtpreises um die Fehlwahrnehmung korrigiert und damit wieder zum unverfälscht richtigen Lenkungssignal. Der wohlfahrtssteigernde Kniff bei der Einführung einer Gefährdungshaftung besteht somit darin, denjenigen zur Preisbildung anzuhalten, der hierzu fehlerfreier in der Lage ist.

Die Einsicht, dass eine Erhöhung der Haftungslast auch im Interesse der Unternehmen liegen kann, lässt sich beispielsweise aus dem Verhalten der Unternehmen bei einer freiwilligen Haftungsausdehnung für bestimmte Sachschäden im Wege einer die gesetzlichen Fristen weit übersteigenden vertraglichen Verlängerung der Gewährleistungsfristen ableiten.

Gibt es etwa beim Korrosionsschutz für Automobile einen erheblichen technischen Fortschritt, so kann dessen Durchsetzung am Markt dadurch behindert werden, dass die Automobilkunden die ihrem Automobil bei Anwendung dieser Technik noch vom Rostfraß drohenden Schäden als zu hoch ansetzen und daher nicht bereit sind, die dem Fortschritt entsprechende Preiserhöhung zu zahlen, obwohl sie hierzu bereit wären, wäre ihnen dieser Sachverhalt vertraut. Die Unternehmen haben nun die Möglichkeit, den Kunden die zur Neuberechnung der Rostgefahren dienenden Informationen zu vermitteln. Hierbei stehen sie jedoch häufig vor dem Problem, dass die Kunden etwa aus Verständnisgründen diese Informationen nicht verarbeiten können. Ein anderes, die Wirkung des technischen Fortschritts verdeutlichendes Verfahren besteht nun darin, den Kunden die Vorteilhaftigkeit der neuen Korrosionsschutzmaßnahmen in einfacherer Form dadurch vor Augen zu führen, dass diesen die Übernahme der nur von den Kunden vermuteten, in Wirklichkeit aber aufgrund des technischen Fortschritts nicht mehr eintretenden Rostschäden versprochen wird. Die zum Teil die gesetzlichen Gewährleistungsfristen um ein Vielfaches übertreffenden Garantieversprechen der Automobilhersteller mögen daher Ausdruck der hier dargelegten, alle Beteiligten besser stellenden Wirkung der Gefährdungshaftung bei möglichen Produktfehlbeurteilungen darstellen. Angesichts der Vielfalt möglicher Wahrnehmungsschwierigkeiten lassen sich somit viele Haftungs-/Schadenstragungsvereinbarungen nicht nur aus den jeweiligen komparativen Vorteilen bei der tatsächlich stattfindenden Schadenslastübernahme der Beteiligten verstehen, sondern auch aus der vergleichsweise besseren Wahrnehmung der jeweiligen Risiken.

Die Vielzahl der Märkte in der Europäischen Gemeinschaft macht es leicht davon auszugehen, dass für viele Märkte die der vorangegangenen Analyse zugrunde gelegten Annahmen die Wirklichkeit widerspiegeln, so dass sich die Einführung der europaweiten Gefährdungshaftung für Produktfehler für diese Märkte insoweit als eine Verbesserung erweist.

2. Fehlerhafte Risikowahrnehmung durch die Produzenten

Die Diversifikation der Menschen im Konsum und ihre Spezialisierung in der Produktion legt die Vermutung nahe, dass die Produzenten die Eigenschaften der von ihnen hergestellten Güter einschließlich deren Gefahren erheblich besser beurteilen können als dies den Konsumenten möglich ist, die es mit einer Vielzahl von Gütern zu tun haben, deren Charakteristika sie angesichts der Begrenztheit ihrer persönlichen Informationsverarbeitungsmöglichkeiten nur bruchstückweise zu verstehen vermögen. Fehlwahrnehmungen von Produkteigenschaften dürften daher in der Wirklichkeit deutlich häufiger auf Seiten der Konsumenten anzutreffen sein. Dennoch sind Fehlwahrnehmungen der erwarteten Unfallkosten durch die Hersteller bei gleichzeitig richtiger Beurteilung durch die Konsumenten keineswegs ausgeschlossen und bedürfen daher der nun folgenden analytischen Behandlung.

a) Die Wirkung der Verschuldenshaftung bei Risikofehlwahrnehmung durch die Produzenten

Da ein Hersteller nach Art. 6 der Richtlinie auch dann haftet, wenn sein Produkt nicht die Sicherheit bietet, die man beim Gebrauch des Produktes zu erwarten berechtigt ist, erscheint es bei manchen Gütergruppen möglich, dass die Hersteller über den Gebrauch der Güter bei den einzelnen Konsumenten weniger wissen als diese. So ist es insbesondere bei Beginn einer Produktionsserie, bei der noch keine Erfahrungsdaten aus der Produktbeobachtung zugrunde gelegt werden können, durchaus denkbar, dass die Produzenten das Unfallaufkommen aus dem Gebrauch ihrer Produkte durch die Kunden überschätzen. Aus dem gleichen Grund ist auch eine Unterschätzung der Gefahr möglich.

Für den Fall einer richtigen Sicherheitsbeurteilung der Gefahr durch die Konsumenten und einer die Kunden aufgrund einer Verschuldenshaftung treffenden Unfallkostentragungslast ist die Risikoüberschätzung oder -unterschätzung durch die Produzenten folgenlos, da die Kunden bei gleicher Funktion stets dasjenige Produkt kaufen werden, das den niedrigsten Gesamtpreis aufweist. Über- oder Unterausstattungen eines Produktes in der Sicherheitstechnik aufgrund der fehlerhaften Erkenntnisse der Hersteller werden in den Kaufentscheidungen der nunmehr wieder als wohlinformiert angenommenen Kunden berücksichtigt. Den Kunden erkennbare Fehlentscheidungen der Hersteller können sich am Markt nicht halten. Bei wohlinformierten Kunden und Verschuldenshaftung lässt sich somit trotz fehlerhafter Risikobeurteilung durch die Hersteller kein Marktversagen beobachten.

b) Die Wirkung der Gefährdungshaftung bei Risikofehlwahrnehmungen durch die Produzenten

Bei der Übernahme der erwarteten, jedoch von den Herstellern *überschätzten* Unfallkosten im Wege einer Gefährdungshaftung werden diese für die erwarteten, jedoch nicht eintretenden Kosten einen Preisausgleich verlangen, den die Kunden infolge ihres besseren Wissens als zu hoch einstufen. Gibt es keine Möglichkeit, die Hersteller von ihrem Irrtum abzubringen oder das Haftungssystem vertraglich umzuordnen, so werden die Konsumenten zu wenig von dem zu teuren und sicherheitstechnisch zu aufwendigen Gut erwerben. Im Extremfall ist es möglich, dass infolge eines von den Produzenten irrtümlicherweise zu hoch angesetzten Risikos kein Angebot mehr erfolgt und damit ein ganzer Markt nicht existiert. Die Hersteller werden aufgrund ihres überhöhten Risikozuschlages im Preis einen unerwarteten Gewinn infolge unerwartet geringer Haftungskosten erzielen, wenn sie nicht diesen in Anpassung an die überhöht angenommenen Risiken durch übermäßige Sicherheitsvorkehrungen bereits aufgezehrt haben. Haben die Hersteller die Unfallkosten *unterschätzt,* so stellt der von ihnen verlangte Preis für die Käufer ein besonders günstiges Angebot dar, das diese zu überhöhten, den Kosten des Gutes nicht angepassten Käufen veranlasst. Die Hersteller werden ihre Erwartungen durch ein höheres als das geschätzte Schadensaufkommen enttäuscht sehen und unerwartete Verluste, wenn nicht sogar ihren eigenen Marktaustritt infolge Insolvenz erleben.

Es ergibt sich somit, dass bei fehlerhafter Risikowahrnehmung auf Seiten der Hersteller ein Verschuldenshaftungsregime die alle Parteien besser stellende Haftungsregel darstellt.

c) Selbstkorrektur der Risikofehlwahrnehmungen der Produzenten bei Gefährdungshaftung

Es besteht jedoch Grund dafür anzunehmen, dass in der Wirklichkeit solche informationsbedingten Ungleichgewichtssituationen infolge der den Herstellern bei der Güterproduktion gegebenen gegenüber den Konsumenten erheblich besseren Lernmöglichkeiten nicht von Dauer sind, da das Gefährdungshaftungsregime und die Spezialisierung des Wissens bei der Produktion zu einem den Irrtum des Herstellers berichtigenden Informationsfluss führt.

Da nicht alle von den Konsumenten verbrauchten Güter lediglich in einem Unternehmen produziert werden, sondern da es aufgrund der Produktivitätsgewinne bei der Spezialisierung viele Hersteller gibt, besitzen die Produzenten im Vergleich zu ihren Kunden, die ja im Konsum diversifiziert sind, spezialisierteres Wissen über die Produkte. Ein Hersteller erlangt somit allein aus der Tatsache, dass er sich nur mit einigen vergleichsweise wenigen Produkten zu beschäftigen hat, leichter Erfahrungstatsachen über deren Gütereigenschaften, da er statistisch gewinnbare Informationen aus einer erheblich größeren Grundgesamtheit zu gewinnen vermag. Unterliegt der Hersteller eines Gutes einer Gefährdungshaftung, so wird er bereits allein aufgrund der geltend gemachten Haftungsansprüche im Laufe der Zeit eine zunehmend bessere Kenntnis über die mit seinem Produkt verbundenen Risiken erlangen, als dies einem Konsumenten möglich wäre. Mit jedem neuern Unfall wird aufgrund der ihm von seinen Kunden zentral zufließenden Informationen seine Risikoabschätzung besser. Damit nähern sich auch bei einer anfänglichen Fehlwahrnehmung seine Erwartungen über die Unfallrisiken denjenigen an, die seinen Produkten in der Wirklichkeit entsprechen. Der mit der Gefährdungshaftung der Hersteller verbundene Informationsfluss bewirkt somit, dass auch eine anfänglich bestehende Risikofehlbeurteilung, sei sie eine Über- oder Unterschätzung, unter dem Zustrom der mit dieser Fehlwahrnehmung in Widerspruch stehenden Informationen einer zunehmend wirklichkeitsgerechteren Beurteilung weicht. Eine Gefährdungshaftung für Hersteller erzeugt somit eine Wahrnehmungsanpassung der Produzenten und damit eine dieses Marktversagen beseitigende Selbstkorrektur.

Auf der anderen Seite sind die Konsumenten bei Wahrnehmungsfehlern über Produktgefahren nicht von einer solchen Informationsflussstruktur begünstigt, da sie, etwa wegen Fehlens eines Informationsvermittlers (Testzeitschrift) über Produktrisiken, nicht von den bei anderen Kunden auftretenden oder unterbleibenden Unfällen Kenntnis erlangen und daher nicht die Möglichkeit einer Korrektur ihrer Gefahreneinschätzung besitzen.

Es kann daher **festgehalten** werden, dass die Hersteller auf Grund ihrer Spezialisierung bei der Produktion besser als die Konsumenten in den Besitz von Fehlwahrnehmungen korrigierender Informationen gelangen. Da es in der Realität nicht möglich ist, Haftungsregeln auf die Besonderheiten einzelner Produktmärkte zuzuschneiden, erweist sich eine Gefährdungshaftung infolge des Selbstkorrekturmechanismus dann als der kleinere Fehler, wenn es auf dem einen Markt zu Fehlwahrnehmungen der Konsumenten und auf dem anderen zu Fehlwahrnehmungen der Produzenten kommen sollte.

3. Gefährdungs- und Verschuldenshaftung bei gemeinsamer Unfallverursachung

Die bisherigen Abschnitte dieser Arbeit gingen davon aus, dass die Höhe des Sicherheitsniveaus der Güter ausschließlich von ihren Herstellern, etwa durch bestimmte Konstruktions- oder Produktionsverfahren beeinflusst werden konnte.

Für viele Unfälle, etwa auf Grund verborgener Produktmängel, mag dies bereits eine richtige Widerspiegelung der Wirklichkeit darstellen. Dennoch gibt es eine große Anzahl von Unfällen, deren Eintrittswahrscheinlichkeit nicht nur vom Hersteller, sondern auch vom Benutzer und Käufer wesentlich beeinflusst werden kann. So hängt die Wahrscheinlichkeit, mit einem Automobil zu verunglücken, sowohl von der Sicherheitstechnik des Wagens als auch vom Fahrstil des Benutzers ab. Unfälle infolge der Benutzung von Gütern sind somit häufig ein gemeinsam von Hersteller und Verbraucher herbeigeführtes Ereignis. Damit steht das Haftungsrecht vor der weiteren Aufgabe, mit Hilfe der haftungszuordnenden Tatbestände sowohl Hersteller als auch Konsument zum jeweils richtigen („sorgfältigen") Verhalten anzuhalten.

In der Literatur[39] ist dargelegt worden, wie und unter welchen Bedingungen es möglich ist, mit Hilfe des Haftungsrechts *beiden* Parteien die richtigen Anreize zu vermitteln, das heißt den Abstand zwischen den Nutzen und Kosten aus dem Gebrauch der Güter zu maximieren. Insbesondere ist gezeigt worden, dass ein jedes Haftungssystem, das das Mitverschulden der Gegenseite nicht berücksichtigt zu Verschwendung und zu zu vielen Unfällen führt und daher auch von den haftungsrechtlich anscheinend Begünstigten niemals gewünscht werden würde[40].

So ist es keinesfalls im Interesse der Konsumenten, wenn es diesen durch ein verfehltes Haftungsrecht, das etwa ausnahmslos die Produzenten haften ließe, ermöglicht würde, haftungsrechtlich sanktionsfrei mit ihrem Wagen zu schnell oder ohne ausreichende technische Wartung fahren zu können, da hierdurch der Automobilproduzent genötigt würde, unter Kosten den Wagen an das Fehlverhalten des Kunden anzupassen, obwohl der Kunde mit etwas mehr Sorgfalt und damit unter geringeren Kosten als der Produzent die gleiche Wirkung hätte erzielen können. Ein Haftungsrecht, das die erforderliche Sorgfalt nicht so auf die Parteien verteilt, dass die Kosten dieser Sorgfalt minimiert werden, hält die Parteien zu sinnloser Vergeudung an[41].

Es versteht sich, dass diesem Wunsch der Parteien nach einer rechtlichen Anreizordnung mit einer effizienten Aufteilung der Sorgfaltsmaßnahmen nicht mit der Idee eines „gerechten" Schadensausgleichs widersprochen werden kann. Da

---

[39] Vgl. hierzu *Brown*, Towards an Economic Theory of Liability, Journal of Legal Studies, 1973, S. 323 ff.; *Diamond*, Single Activity Accidents, Journal of Legal Studies, 1974, S. 107 ff.; *Shavel*, a.a.O. (Fn. 23), Journal of Legal Studies, 1980, S. 1 ff.; *Landes/Posner*, a.a.O. (Fn. 24), Journal of Legal Studies, 1985, S. 535 ff.; *Adams*, a.a.O. (Fn. 8), S. 36 ff.; *Hamada*, a.a.O.(Fn. 10), American Economic Review, 1976, S. 228 (S. 230 ff.).

[40] Der Beweis findet sich bei *Adams*, a.a.O. (Fn. 8), S. 48 ff.

[41] Vgl. zum Beweis, dass die Parteien ein *gemeinsames* Interesse an einer die gesamten Kosten eines Leistungsaustausches minimierenden Vertragsgestaltung aufweisen *Shavell*, Damage Measures for Breach of Contract, Bell Journal of Economics, 1980, S. 466 ff.; *Adams*, a.a.O. (Fn. 18), Archiv für civilistische Praxis, 1986, S. 453 ff.

die Güter auf Grund vertraglicher Vereinbarungen in den Gebrauch gelangen, wird jede Art von Haftungsbelastung oder -entlastung im Preis widergespiegelt werden. Haftungsbe- oder -entlastungen finden sich stets mit anderen Vorzeichen in der Rechnungslegung der Vertragsgegenseite wieder und werden dort bei richtiger Wahrnehmung zu ausgleichendem Nachfrage- oder Angebotsverhalten führen. Ein zu unnötigen Kosten anhaltendes ineffizientes Haftungssystem vermindert den Nutzen der verwendeten Güter und stellt hierdurch eine Schädigung beider Parteien dar. Soweit die Parteien diese gesetzliche Regelung durch den Vertrag umzugestalten vermögen, werden sie zwar die misslungenen, lediglich die gemeinsamen Kosten steigernden Regelungen außer Kraft setzen und wieder zu einer kostenminimierenden Anreizordnung gelangen. Sind jedoch kompensierende Vertragsgestaltungen nicht möglich, dann bleibt es bei der gesetzlichen Regelung und ihrer sinnlosen Kostenproduktion[42].

Artikel 12 der Richtlinie des Europäischen Rates verbietet eine haftungsbegrenzende oder haftungsausschließende vertragliche Vereinbarung. Angesichts der Möglichkeit, dass die in der Richtlinie vorgenommene Festlegung der von den Beteiligten zu tragenden Pflichten nicht diejenige ist, die die Parteien auf Grund ihres gemeinsamen Interesses an einer kostenminimierenden Gestaltung der Unfallvorbeugemaßnahmen gewollt hätten, ist diese Regelung als verfehlt anzusehen. Auch wenn man die Möglichkeit von Risikofehlwahrnehmungen durch die Konsumenten berücksichtigt, hätte es dem Schutz der Konsumenten besser gedient, wenn lediglich die Vereinbarung von Haftungsausschlussklauseln in Allgemeinen Geschäftsbedingungen verboten worden wäre. Die Aufhebung der Vertragsfreiheit für wohlinformierte oder durch ein AGB-Gesetz geschützte Bürger beruht auf einem Missverständnis über Aufgaben und Gestaltungsmöglichkeiten des Zivilrechts.

Es ist in der Literatur[43] ausführlich dargelegt worden, dass für die Rechtspraxis eine sinnvolle Bestimmung der den Parteien aufzuerlegenden Sorgfaltsverpflichtungen dadurch erreicht werden kann, dass man annimmt, Hersteller und Konsument seien in einer Person vereinigt, die versucht, für sich selbst die kosten-

---

[42] Unter dem Gesichtspunkt der Wirkungsanalyse zerfällt das Recht der unerlaubten Handlungen erstens in Fälle, in denen die Parteien in vertraglichen Beziehungen zueinander stehen und daher die Unfallrisiken über das Preissystem sinnvoll zu ordnen vermögen, und zweitens in Fälle, in denen die Parteien vertragliche Vereinbarungen vor einem Unfall nicht schließen können. Der ersten Gruppe von Schädigungen ist dieser Aufsatz gewidmet, der zweiten Gruppe *mein* Buch über die ökonomische Analyse der Gefährdungs- und Verschuldenshaftung, 1985. Vgl. hierzu insbesondere S. 1 f. und S. 164 ff. Dieser für die Wirkungsanalyse entscheidende Unterschied wird in der juristischen Literatur nicht hinreichend genug beachtet.

[43] *Shavell*, a.a.O. (Fn. 23), Journal of Legal Studies, 1980, S. 1 ff.; *Brown*, Toward An Economic Theory of Liability, Journal of Legal Studies, 1973, S. 323 ff.; *Adams*, a.a.O. (Fn. 35), ZZP, 1986, S. 129 (S. 139 ff.).

günstigsten Unfallvorkehrungen bei Produktion und Produktgebrauch festzulegen. Untersucht man mit diesem Grundsatz die Richtlinie des Europäischen Rates, dann ergibt sich, dass diese grundsätzlich den ökonomischen Anforderungen entspricht.

So wird in Art. 1 und Art. 6 eine Gefährdungshaftung für die Hersteller eingeführt, zugleich durch Art. 6 Abs. 11 jedoch sichergestellt, dass auch der Konsument die notwendige Sorgfalt aufwendet. Bei einer dem Grundsatz der hypothetisch vereinigten Person folgenden Auslegung des Sorgfaltsbegriffs wird mit dieser gesetzlichen Regelung eine sozial effiziente[44] Haftungsordnung erreicht. Allerdings kann das ökonomisch vernünftige Grundprinzip der Haftung nach der relativen Verschuldenshöhe durch eine extensive Auslegung von Art. 6 Abs. 1 b gefährdet werden. Nach diesem Artikel muss der Hersteller auch gegen einen Fehlgebrauch seiner Produkte, mit dem billigerweise gerechnet werden kann, Vorkehrungen treffen, wenn er nicht haften will. Diese Regelung kommt zunächst trotz des Anreizes zu weniger sorgfältigem Verhalten den Wünschen der Konsumenten dann entgegen, wenn diese Regelung sie gegen Bedienungsfehler oder typische kleinere Nachlässigkeiten im täglichen Leben schützen soll, unterstellt, dass diese Vorkehrungen nicht mehr kosten, als sie den Verbrauchern an Sorgfaltsaufwendungen ersparen. Sicherheitsvorkehrungen gegen nur unter hohem Sorgfaltsaufwand bei den Konsumenten verbundenen Fehlgebrauch sind daher stets im Interesse der Kunden und fallen deshalb unter die zuvor dargestellte Regelung der Sorgfaltspflicht nach den Prinzipien der hypothetisch vereinigten Person, da nach dieser Regelung die Sorgfaltspflichten kostenminimierend auf die Beteiligten aufgeteilt werden sollen. Die Regelung des Art. 6 Abs. 1 b ist somit nur eine Klarstellung dieses Prinzips. In ihr ist jedoch nicht die Pflicht des Herstellers enthalten, die Produkte unter hohen Kosten „idiotensicher“ zu machen, wenn diese Gefahren durch geringeren Aufwand von den Konsumenten vermieden werden können. Hält man sich bei der Auslegung über den billigerweise zu erwartenden Gebrauch der Sache nach Art. 6 an die Regel der „integrierten Person“, dann dürfte die Gefahr einer verschwenderischen, ineffizienten Aufteilung der Sorgfaltsaufwendungen auf die Beteiligten durch zu hohe Sicherheitsvorkehrungen auf Seiten der Produzenten abzuwenden sein. Erwähnt sei bereits hier, dass der von „Verbrauchervertretern“ bekämpfte *Selbstbehalt* in Höhe von 500 ECU bei Sachschäden dem Interesse der Konsumenten entspricht, da er insbesondere die Herbeiführung nicht beobachtbarer, als Produktfehler geltend gemachter Bagatellschäden durch die Käufer verhindert und er hierdurch verhältnismäßig besonders kostenträchtige Auseinander-

---

[44] Eine lehrbuchhafte ausführliche Darlegung dieses Wohlfahrtskriteriums findet sich bei *Schäfer/Ott*, Lehrbuch der ökonomischen Analyse des Zivilrechts, S. 21 ff. m.w.N.

setzungen über fragliche Produktfehler unterbindet und den Käufern die damit notwendigerweise verbundenen Preissteigerungen erspart[45].

Für die Bestimmung der Fehlerhaftigkeit des Produktes betont Art. 6 Abs. 1 a weiterhin die Sicherheitserwartungen der Konsumenten aufgrund der *Darbietung* des Produktes.

Diese Vorschrift enthält im Ergebnis eine Teilkorrektur des fragwürdigen Verbotes des vertraglichen Haftungsausschlusses, da der Hersteller durch einen klaren, verständlichen und eindeutigen Hinweis auf die Gefahren des Produktes seine Haftung ausschließen kann. Die Warnung muss die Konsumenten jedoch in die Lage versetzen, durch eigene Sorgfaltsaufwendungen die Gefahr auf das gewünschte Maß abzusenken oder die dargelegte Gefahr nach einer Abwägung mit dem Nutzen des Gutes in Kauf zu nehmen. Es versteht sich daher, dass die Warnung je nach Gefahr dem Käufer so zur Kenntnis gebracht werden muss, dass er die Gefahr sowohl im Hinblick auf ihre Eintrittswahrscheinlichkeit als auch im Hinblick auf ihr Schadenspotential ohne Expertenwissen richtig verstehen kann und er damit in die Lage versetzt wird, sich nach dieser Aufklärung wohlinformiert zu verhalten.

Aus ökonomischer Sicht besteht der Vorteil einer solchen Warnregelung darin, dass durch die Warnung den Kunden die Möglichkeit gegeben wird, den Gesamtpreis des Gutes zu verstehen und anschließend die richtigen Unfallvorkehrungen einschließlich verminderten oder unterlassenen Produktgebrauchs zu treffen. Wie aus der Kritik von *Oi*[46] an der Gefährdungshaftung zu lernen war, ist ein solches Vorgehen von besonderem Vorteil, wenn sich die Kunden nicht als gleichartig, sondern als unterschiedlich in ihrem Schadenspotential darstellen. Durch eine Warnung vor bestimmten Gefahren kann das oben dargelegte Problem vermieden werden, dass die Produkte sicherheitstechnisch nur für eine bestimmte Konsumentengruppe ausgelegt werden und hierdurch andere Konsumenten durch Verschwendung und zu geringe oder zu hohe Sicherheit und Umverteilung geschädigt werden. Ein gelungener Warnhinweis kann dann zu richtiger Sicherheit und zu geringeren Kosten der Sicherheitsvorkehrungen bei Herstellern und Konsumenten führen. Eine gelungene Auslegung der in Art. 6 Abs. 1 a erwähnten „Darbietung des Produktes" stellt sich dann als eine ökonomisch wohlbegründete Regelung dar.

---

[45] Ein Kaufvertrag bei Geltung einer Gefährdungshaftung stelle im Hinblick auf seinen Leistungsinhalt einen gemischten Vertragstyp dar, bei dem ein Teil der Leistung des Herstellers die Gewährung einer Versicherung beinhaltet. Unter den üblichen Bedingungen bei asymmetrischer Information sind Selbstbehalte bei Versicherungsverträgen stets im Interesse der Kunden.

[46] Vgl. hierzu oben Abschnitt C. II.

4. Zwischen Skylla und Charybdis

Die Jurisprudenz kann sich der Notwendigkeit, sich in irgendeiner Weise entscheiden zu müssen, nicht durch die Berufung auf unklare Entscheidungsgrundlagen entziehen. Die Entscheidung für irgendein Haftungssystem ist unausweichlich. Es gilt daher, Mutmaßungen über die relativen Vorzüge der einzelnen Haftungssysteme in der Wirklichkeit anzustellen.

Die vorangegangenen Abschnitte dieser Arbeit haben einerseits dargelegt, dass ein Gefährdungshaftungssystem bei Fehlwahrnehmungen der Konsumenten vorzuziehen ist, während eine Verschuldenshaftung bei falscher Risikoeinschätzung der Produzenten und bei heterogenen Konsumenten die bessere Lösung darstellt. Angesichts der außerordentlichen Vielgestalt der empirisch anzutreffenden Produktmärkte wird es damit unvermeidlich, dass jede Entscheidung für irgendein Haftungssystem an irgendeiner Stelle mit einem Fehler verbunden ist. So bleibt nur den geringsten Fehler in die Tat umzusetzen. Angesichts des spezialisierungsbedingt größeren Produktwissens und der durch einen korrigierenden Informationsfluss begünstigten Herstellerposition scheint dem Verfasser die grundsätzliche Einführung einer **Gefährdungshaftung** für die Produzenten - selbstverständlich mit Berücksichtigung des Mitverschuldens des Konsumenten - die **vorziehenswertere Lösung** zu sein.

D. Produkthaftung und Versicherung

I. Prävention und Umverteilung im Zivilrecht

Die bisherigen Abschnitte dieser Arbeit haben sich mit der Frage beschäftigt, auf welche Art und Weise das Haftungsrecht alle Beteiligten dazu anzuhalten vermag, Nutzen und Kosten ihrer Handlungen richtig gegeneinander abzuwägen. Es ging somit darum, durch das Haftungsrecht allen Parteien Anreize zu richtigem Verhalten zu vermitteln, so dass die Zahl der Unfälle und die Höhe der aufgewendeten Vorsorgekosten stets im richtigen Verhältnis[47] zum Nutzen aus dem Gebrauch der gefahrenbehafteten Güter steht. Diese Sicht von der Aufgabe des Haftungsrechts wird auch als Präventionsfunktion bezeichnet und merkwürdigerweise von vielen juristischen Autoren als weniger dringlich angenommen[48]. Das Haftungsrecht soll nach Meinung dieser Autoren vornehmlich eine Schadensüberwälzung vom Opfer auf den Täter bezwecken, wobei diese

---

[47] D. h. der Grenznutzen der Vorsorgemaßnahmen in Form rückläufiger Schadenskosten muss gleich den Grenzkosten dieser Maßnahmen sein, vgl. hierzu *Shavell*, a.a.O. (Fn. 23), Journal of Legal Studies, 1980, S. 1 ff.; *Adams*, a.a.O. (Fn. 8), S. 42 f.; *Brown*, a.a.O. (Fn. 39), Journal of Legal Studies, 1973, S. 323 ff.

[48] Vgl. hierzu etwa *Deutsch*, Haftungsrecht, 1976, S. 72 f. m.w.N.

mal besser und mal schlechter beurteilt wird[49]. Bei dieser „Schadensaufteilungsfunktion“ des Haftungsrechts muss zwischen der Vorstellung unterschieden werden, dass durch das Haftungsrecht „persönliche Umverteilungswirkungen“ erreichbar seien, so wie sie das Steuer- und Transfersystem bewerkstelligen. Es ist an anderer Stelle[50] dargelegt worden, dass das Zivilrecht kein Ersatz für eine Umverteilungsmaßnahme im Steuer- oder Transfersystem sein kann, dass also die Absicht, mit Hilfe des Zivilrechts „soziale“ Ziele erreichen zu wollen, infolge der vertraglichen Anpassungsmöglichkeiten zum Scheitern verurteilt ist und üblicherweise von allen Beteiligten an dieser Stelle der Rechtsordnung infolge der damit verbundenen Kosten nicht gewünscht werden würde[51]. Von dieser Umverteilungsvorstellung ist der Wunsch zu unterscheiden, mit Hilfe des Haftungsrechts die Unfallschäden unter die Beteiligten effizienter zu verteilen, um den es auch im Folgenden geht.

II. Prävention und Verhalten unter Risiko

In den bisherigen Erörterungen wurde der von den Parteien zu tragende Unfallschaden als „erwarteter“ oder - anschaulicher ausgedrückt - als der „durchschnittliche“ vom durchschnittlichen Vertragsbeteiligten zu tragende Schaden aufgefasst. Die Tatsache, dass es diesen erwarteten Schaden etwa in Höhe von 10 DM pro Dampfkochtopfkauf nur so lange „gibt“, bis man im nachhinein (ex post) weiß, dass 999 Personen überhaupt keinen Verlust erlitten haben, eine bestimmte Person jedoch einen Schaden in Höhe von 10000 DM, wurde bisher

---

49 *Deutsch*, a.a.O. (Fn. 48), S. 72 f.; *Esser*, Schuldrecht, § 40 1; *Mertens*, Vermögensschäden, 1967, S. 93 ff.; *von Hippel*, Schadensausgleich bei Verkehrsunfällen, 1968, S. 80 ff.; *Kötz*, Sozialer Wandel im Unfallrecht, S. 29 ff.; *D. Schäfer*, Soziale Schäden, soziale Kosten und soziale Sicherung, 1982, S. 160 ff.

50 *Adams* , a.a.O. (Fn. 35), ZZP, 1986, S. 129 (S. 135); *Adams*, a.a.O. (Fn. 8), S. 88 ff. m.w.N.

51 Vgl. hierzu *Adams*, a.a.O. (Fn. 18), Archiv für civilistische Praxis, 1986, S. 453 ff.; *von Weizsäcker*, Effizienz und Gerechtigkeit, Schriften des Vereins für Socialpolitik, Band 140, 1984, S. 123 ff. Die Idee, das Zivilrecht sei zu persönlichen Umverteilungsmaßnahmen in der Lage, mag von der in der juristischen Ausbildung fast ausschließlich eingeübten „Fallmethode“ herrühren. Bei der Lösung von Fällen wird das systematische Nachdenken über die möglichen Anpassungen der Beteiligten bei unterschiedlichen Falllösungen in den Hintergrund gedrängt, da der Sachverhalt als fest vorgegeben angenommen wird und den Parteien hierdurch in den jeweilig zu entscheidenden Fällen keine Anpassung mehr offen steht. Der Schluss, dass die für einen abgeschlossenen Fall gefundene Lösung sich auch in allen derartigen zukünftigen Fällen als endgültige Wirkung ergeben wird, mag dann vielleicht nahe liegen, obwohl er unzutreffend ist. Verteilungswirkungen endgültiger Art können durch Gerichtsurteil nur im abgeschlossenen Einzelfall herbeigeführt werden, nicht aber für zukünftige Fälle, in denen die Parteien ihre Rechtspositionen kennen und sich an diese kompensierend - durch Vertrag oder Marktverlassen - anpassen können.

dadurch berücksichtigt, dass angenommen wurde, dass sich die Parteien *risikoneutral* verhalten.

Risikoneutrales Verhalten liegt dann vor, wenn die Personen einen sicheren Schaden in Höhe von 10 DM pro Dampfkochtopf infolge eines um diesen Betrag erhöhten Verkaufspreises für genauso hoch erachten, wie das Unfallrisiko, mit 99,9 % Wahrscheinlichkeit überhaupt nichts und mit 0,01 % · 10000 DM aufbringen zu müssen. Risikoneutralität[52] besagt somit, dass sich die Parteien ausschließlich aufgrund des *Erwartungswertes* eines Unfallrisikos entscheiden, nicht aber danach, aus welchen Ereignissen sich der Erwartungswert jeweils ergibt, d.h. nach seinem *Risiko*. Es ist im Falle der Risikoneutralität den Parteien also gleichgültig, ob sie 10 DM sicher verlieren oder den Ereignissen 0,01 · 10000 DM Verlust und 0,99 · 0 DM ausgesetzt sind. Falls es den Konsumenten jedoch lieber ist, bei jedem Dampfkochtopfkauf stets 10 DM zahlen zu müssen, um hierdurch auszuschließen, dass sie mit 0,01 % Wahrscheinlichkeit einen Schaden von 10000 DM erleiden, sind sie *risikoscheu,* und würden daher in einem solchen Fall ein Gefährdungshaftungssystem einer Verschuldenshaftung vorziehen. Obwohl den Konsumenten bei einer Gefährdungshaftung infolge des um die Unfallkosten erhöhten Preises nichts geschenkt würde, würden sie eine solche Regelung bevorzugen, da sie - bei gleichem Erwartungswert - eine andere ihnen *besser* gefallende *Risikostruktur* aufweist. Die Möglichkeit, mit einer kleinen Wahrscheinlichkeit einen großen Schaden zu erleiden, wird dann von den Konsumenten schlechter beurteilt als eine Vertragsgestaltung, in der sie nicht das Risiko tragen, einen großen Schaden erleiden zu müssen, obwohl sie eine im Preis des Gutes enthaltene Prämie zu entrichten haben, die sich als mindestens so hoch wie ihr erwarteter („durchschnittlicher") Schaden darstellt. Schließen somit die Parteien neben der Höhe des Risikos (des Erwartungswertes) auch die Risikostruktur (die Streuung) in die Beurteilung der Vorteilhaftigkeit des Vertrages ein, so ist es möglich, dass die Parteien nicht nur stets die mit dem günstigsten Unfall- und Unfallvermeidungskosten verbundene Haftungsregel bevorzugen, sondern auch bereit sind, Kosten in Form höherer Unfälle oder höherer Vorsorge in Kauf zu nehmen, um eine ihnen günstiger erscheinende Risikostruktur zu erzielen. Neben die Frage, welche Rechtslage die günstigsten Kosten, weil den geringsten Erwartungswert bei Unfällen und Vorsorge aufweist, tritt nun zusätzlich die Frage, wie zugleich eine möglichst günstige Risikostruktur, also die günstigste „Versicherung" herbeizuführen ist. Ein Teil der

---

[52] Eine ausführliche Darstellung dieses Begriffs findet sich bei *Layard/Walters*, a.a.O. (Fn. 22), S. 351 ff.; *Arrow*, Theory of Risk Aversion, in: Essays in the Theory of Risk-Bearing, 1970, S. 90 ff.; *Adams*, a.a.O. (Fn. 22), S. 66 ff.

Literatur[53] und der Rechtsprechung ist bereits der Frage nachgegangen, wer bei Haftungsfällen der *bessere Versicherer* sei, um dann zuweilen einseitig übertreibend lediglich hierauf gestützt eine Entscheidung über die Zuweisung der Haftungslast zu treffen[54].

Die Allgegenwärtigkeit von Versicherungen lässt den Schluss zu, dass die am Wirtschaftsleben beteiligten Personen üblicherweise nicht nur die Höhe des Risikos, sondern auch dessen Struktur in ihre Überlegungen einbeziehen und eine möglichst geringe Schwankung ihrer Einkommens- und Vermögenslage wünschen. Hierbei nehmen sie die Kosten und Gewinnansprüche der die Risikostreuungsverminderung organisierenden Unternehmen (Versicherungen) in Kauf. Es lässt sich daher festhalten, dass die mit einem bestimmten Haftungssystem verbundene Risikostruktur, d. h. die Streuung der den Erwartungswert bildenden Komponenten aus Schadenshöhe und Eintrittswahrscheinlichkeit, ein stark beachteter Gesichtspunkt von Herstellern und Konsumenten von Produkten darstellt. Es muss daher der Frage nachgegangen werden, welche Risikostruktur die einzelnen Haftungssysteme für die Beteiligten mit sich bringen und wie diese zu beurteilen sind.

III. Haftungssysteme als Versicherungen

Die von den Beteiligten gewünschte Verringerung der Einkommens- und Vermögensschwankungen lässt sich auf vielerlei Weise bewerkstelligen: So besteht ein Verfahren darin, viele von einander unabhängige Schadensfälle in einem „großen Topf" zusammenzufassen und jeden der Beteiligten mit dem durchschnittlichen Schaden als einzuzahlender Prämie zu belasten. Durch eine solche Regelung geht das Risiko in Form der Schwankung der zur Finanzierung des „großen Topfes" dienenden individuellen Prämie immer mehr gegen Null, je größer die Zahl der Teilnehmer an dieser Vereinbarung wird[55].

Ein weiterer Weg der Risikoverminderung, d. h. der Streuungs- (also nicht: Erwartungswert-)absenkung besteht darin, einen möglichen großen Schaden auf viele Personen zu verteilen. Diese Risikozerfällung[56] verringert selbstverständlich ebenfalls nicht die Höhe des zu erwartenden Schadens. Dadurch, dass der eine große Unfallschaden nunmehr von vielen Personen getragen wird, wird die

---

[53] Vgl. für den deutschsprachigen Bereich etwa *Koller*, Die Risikozurechnung bei Vertragsstörungen in Austauschverträgen, 1979, S. 77 ff.

[54] Vgl. hierzu wohl am einseitigsten *Epstein*, Products Liability as an Insurance Market, Journal of Legal Studies, 1985, S. 645 ff. m.w.N. Vgl. hierzu bereits die Kritik von *Trebilcock*, Comment on Epstein, Journal of Legal Studies, 1985, S. 675 ff. sowie von *Weinrib*, The Insurance Justification and Private Law, Journal of Legal Studies, 1985, S. 681 ff.

[55] Dieser Vorgang beruht auf der Wirkung des „Gesetzes der Großen Zahl". Vgl. hierzu *Layard/Walters*, a.a.O. (Fn. 22), S. 362 f.

[56] Vgl. hierzu *Layard/Walters*, a.a.O. (Fn. 22), S. 362 f

Einkommens- und Vermögensschwankungsmöglichkeit für die einzelnen Beteiligten immer kleiner, je größer die Zahl der Personen ist, auf die der Schaden umgelegt werden kann.

1. Der „bessere Versicherer"

Die von den Parteien gewünschte Risikoverminderung lässt sich nun für den Bereich fehlerhafter Produkte auf vielfältige Art erzielen:

So ist es möglich, dass im Falle einer Verschuldenshaftung die beim Konsumenten verbleibende Schadenslast durch diesen im Wege einer *Unfallversicherung* in einen stetigen Strom (weitgehend) gleich bleibender Prämienzahlungen umgewandelt wird. Ein anderes Verfahren, die Einkommensstreuung des Konsumenten zu vermindern, besteht darin, durch eine Gefährdungshaftung den Hersteller als Versicherer einzusetzen, indem man diesen dazu anhält, alle nicht vom Opfer schuldhaft herbeigeführten Produktschäden diesem zu ersetzen und diesen Betrag über einen erhöhten Preis auf alle Konsumenten umzulegen[57]. Diese Preiserhöhung ist dann das Äquivalent der Prämie einer nur auf dieses Produkt bezogenen Unfallschadensversicherung. Eine Gefährdungshaftung für Produkte stellt somit eine von den Herstellern der Produkte organisierte Versicherungsleistung dar.

Je nach der Ursache des Unfallschadens der Konsumenten löst diese Risikoverlagerung auf einen möglicherweise ebenfalls risikoscheuen Hersteller einen Rückversicherungsbedarf für diesen aus. Handelt es sich um zufällige Ausreißer einer ansonsten fehlerfreien Produktion, dann kann bereits der Hersteller das „Gesetz der Großen Zahl" nutzen und die wenigen einzelnen Unfallschäden auf viele Kunden im Preis so verteilen, dass auch er sich keiner größeren Einkommens- und Vermögensschwankung aufgrund der Gefährdungshaftung ausgesetzt sieht. In diesem Fall ist der Hersteller unzweifelhaft der „bessere Versicherer" gegenüber dem nicht unfallversicherten Konsumenten.

Diese Situation ändert sich, wenn sich der Hersteller der Möglichkeit eines Serienversagens seiner Produkte, etwa aufgrund eines Konstruktionsfehlers ausgesetzt sieht. Selbst wenn der Schaden in einem solchen Fall für den einzelnen Kunden nicht sonderlich hoch wäre, so dass sich das Risiko für den Käufer als gering darstellt, kann der aufgrund der Gefährdungshaftung beim Hersteller an-

---

[57] Diese Idee war eine der historisch wichtigsten Rechtfertigungen für die Ausdehnung der Produkthaftung in den Vereinigten Staaten von Amerika vgl. hierzu Escola v. Coca Cola Bottling Co., 24 Cal 2d 453, 150 P. 1-d 436 (1944); Barker v. Lull Engineering Co., 20 Cal. 3d 413, 426-34, 573 P. 2d 443. 452-57, 143 Cal. Rptr. 225, 234-239 (1978); Beshada v. Johns-Manville Products corp., 90 N. J. 191, 447 A. 2d 539 (1982). Vgl. hierzu auch *Epstein*, a.a.O. (Fn. 54), Journal of Legal Studies, 1985, S. 645 ff.; *Priest*, The Invention of the Enterprise Liability, Journal of Legal Studies, 1985, S. 461 ff.

fallende Schaden außerordentlich sein und diesen gegebenenfalls zum Konkurs nötigen. Es liegt auf der Hand, dass sich ein risikoscheuer Produzent gegen ein solches Risiko versichern wird[58]. In einem solchen Fall wären somit die Kunden die „besseren Versicherer". Bei jeweils kleinen Schäden für die Konsumenten und erst aufaddiert großen Schäden für den Hersteller weist die Gefährdungshaftung aus Versicherungsgesichtspunkten die schlechtere Risikozuweisung auf[59].

Sind die möglichen Schäden jedoch sowohl für den Käufer als auch für den Hersteller so groß, dass sie eine erhebliche Streuung ihrer Einkommens- und Vermögenslage herbeiführen würden, dann lässt sich kein Urteil darüber fällen, welche der beiden Vertragsparteien der „bessere Versicherer" ist, da beide Seiten für diese Art von Schäden selbst keinen Gebrauch vom „Gesetz der Großen Zahl" machen können und hierdurch auf eine (Rück-)Versicherung durch Abschluss einer Haftpflichtversicherung auf Seiten der Hersteller oder einer Unfallversicherung auf Seiten der Konsumenten angewiesen sind.

2. Die Wahl des „besseren Versicherers"

[...]

Die besseren Wettbewerbsverhältnisse auf dem Markt für Industrieversicherungen im Vergleich zum Markt für Privatkundenversicherungen sowie die besseren Möglichkeiten der Produzenten zur Selbstversicherung bei gleichzeitigem Selbstbehalt der Kunden für Bagatellschäden lassen den Schluss zu, dass die Produzenten aus volkswirtschaftlicher Sicht besser in der Lage sind, die von den risikoscheuen Vertragspartnern gewünschte Risikostruktur durch Gewähren von „Versicherung" herbeizuführen.

---

[58] Sind die möglichen Risiken aus einem solchen Schadensfall höher als das Eigenkapital des Unternehmens, dann wird es für das Unternehmen sinnvoll, auf eine Versicherung völlig zu verzichten. Eine Begrenzung der Haftung durch Höchstsummen kann daher neben der Möglichkeit eine Versicherungspflicht vorzuschreiben, eine die Anreize des Zivilrechts aufrechterhaltende Maßnahme sein, vgl. hierzu bereits *Calabresi*, The Costs of Accidents, 1970, S. 58 ff.; *Keeton/Kwerel*, Externalities in Automobile Insurance and the Underinsured Driver Problem, Journal of Law and Economics, 1984, S. 149 ff.; *Cooter*, Defective Warnings, Remote Causes, and Bankruptcy: Comment on Schwartz, Journal of Legal Studies, 1985, S. 737 ff.

[59] Der in der Richtlinie in Artikel 9 vorgesehene Selbstbehalt in Höhe voll 500 ECU erweist sich daher auch aus Risikoverteilungsgründen als geglückt. Er verhindert, dass die Hersteller bei Konstruktionsfehlern kleinerer Art ein aufaddiert möglicherweise sehr hohes Risiko zu tragen hätten und nimmt daher für diese Fälle die Konsumenten als die „besseren Versicherer" in Anspruch. Aus dem Gesichtspunkt der Prävention solcher Schäden ist diese Regelung allerdings entgegengesetzt zu beurteilen, da sie für die Hersteller den Anreiz wegfallen lässt, zur Verhinderung dieser Unfälle die angemessenen Vorsorgeaufwendungen zu tätigen. Da jedoch Serienschäden mit besonders hohen „Good Will-Verlusten" verbunden sind, ergibt sich vielfach eine hinreichende Prävention auf Grund der drohenden Absatzverluste für die Hersteller von Produkten mit Serienversagen.

Die Einführung einer Gefährdungshaftung für fehlerhafte Produkte ist somit grundsätzlich auch aus Gründen der kostengünstigeren Risikotragungsmöglichkeiten auf Seiten der Hersteller zu begrüßen.

IV. Zum Gegensatz zwischen Prävention und Versicherung bei Haftungsregeln

Bei der Darstellung der von den Haftungssystemen ausgehenden Anreize war das gemeinsame Interesse der Beteiligten an einer die Vorbeuge- und Unfallkosten minimierenden Gestaltung dargelegt worden. Die Tatsache, dass Unternehmen und Privatpersonen bereit sind, durch das Aufbringen der Kosten und Gewinne von Versicherungen auf Einkommen zu verzichten, um mögliche Einkommens- und Vermögensschwankungen zu verkleinern, zeigt jedoch, dass die Vertragsbeteiligten auch auf eine Minimierung der Unfallkosten verzichten werden, wenn dieser Verzicht zu einer für sie günstigeren Risikostruktur führt. Auch die von Versicherungen ausgehenden Verhaltensanreize, die die Beteiligten zu mit höheren Unfallkosten verbundenen Verhalten bewegen, sind unvereinbar mit dem auf Kostenminimierung ausgerichteten Wunsch der Prävention. Nicht nur diese vom Versicherungssystem hervorgerufenen höheren Unfallkosten, sondern auch die Frage, welche der einzelnen bei einem Unfall auftretenden Schadensfolgen ersetzt werden sollte, führt zu einem Widerspruch bei dem Verfolgen des gleichzeitigen Wunsches der Parteien nach Prävention *und* Versicherung. Der Darstellung dieses Gegensatzes zwischen Prävention und Versicherung und seiner möglichen Abmilderung durch die Wahl eines geeigneten Haftungssystems dient der nun folgende Abschnitt.

1. Versicherung und Sorgfalt

Es war zuvor dargestellt worden, dass sowohl Verschuldens- als auch Gefährdungshaftungssysteme (jeweils mit Berücksichtigung der Höhe des Mitverschuldens der Vertragsgegenseite) auf die Beteiligten die sozial richtigen Anreize ausüben, in angemessenem Umfang Unfallvorkehrungen zu treffen, wenn den Beteiligten keine Fehlwahrnehmungen unterlaufen.

Ist es nun einer Partei möglich, die bei einem Unfall entstehenden Schäden auf eine Versicherung abzuwälzen, dann könnte sie sich dazu veranlasst sehen, die bei ihr mit Kosten verbundenen Unfallvorbeugemaßnahmen zu vermindern, da die durch die Vorbeugemaßnahmen verursachte Verminderung der Unfälle fast vollständig lediglich der Versicherung zugute kommen, die ersparten Kosten der Vorbeugung jedoch gänzlich ihr persönlich.

Es ist in der Literatur dargelegt worden, dass die Versicherungsunternehmen auf einem Wettbewerbsmarkt jedem Versicherungskunden zumindest diejenige Prämie abverlangen, die dem vom Kunden in die Versicherung eingebrachten erwarteten Schadensaufkommen entspricht[60]. Erhöht somit eine der Parteien durch ihre verminderte Sorgfalt das von der Versicherung zu tragende Schadensaufkommen, dann wird das Versicherungsunternehmen dem sorglosen Kunden im Wege einer erhöhten Prämie die Erhöhung des erwarteten Schadens zurückreichen.

Da die erhöhte Prämie das von der Sorgfaltsverminderung ausgehende Schadenpotential widerspiegelt, ist der Versicherungskunde wiederum dem richtigen Anreiz ausgesetzt, die Kosten seiner Sorgfaltsveränderung mit deren Schadensfolgen abzuwägen. Das Versicherungssystem wird somit die Anreize des materiellen Rechts und der dort festgesetzten Sorgfaltsstandards dann nicht verzerren, wenn die Versicherungen in der Lage sind, die durch sorgloseres Verhalten der Beteiligten verursachte Erhöhung des Schadensaufkommens zu beobachten und mit entsprechenden Prämienerhöhungen zu belegen.

2. Versicherungsbedingte Anreize zu sorglosem Verhalten

In der Wirklichkeit ist es den Versicherungen aufgrund der Kosten jedoch vielfach unmöglich, die Unfallvorbeugemaßnahmen der Beteiligten richtig einzuschätzen und mit den entsprechenden Prämien zu bedenken. Die Beteiligten werden sich dann aber weniger sorgfältig verhalten, da die eingesparten Sorgfaltskosten dem Versicherungsnehmer voll zugute kommen, während der hierdurch verursachte Schaden fast vollständig auf die Mitversicherten überwälzt wird. Aus der *Nichtbeobachtbarkeit* des Verhaltens der Versicherungsnehmer ergibt sich dann ein geringeres Sorgfaltsniveau und infolge des höheren Unfallaufkommens auch eine höhere Prämie. Es ist dies das bekannte „Moral Hazard-Problem“, das zur Nichtexistenz und Ineffizienz von Versicherungsmärkten führen kann[61].

Auf einem Versicherungsmarkt werden sich die Versicherungsunternehmen im Interesse der auf niedrige Prämien achtenden Versicherungskunden durch Selbstbeteiligungsregelungen, Regressverfahren und durch Bonus-Malus-Systeme gegen das mit einem Absinken der Sorgfalt der Versicherten ansteigende Schadensaufkommen zu wehren suchen[62]. Die zur Abwehr der aus der Nichtbeobachtbarkeit der Sorgfalt der Parteien notwendigen und von den Kunden wegen der damit verbundenen Prämiensenkung gewünschten Selbstbeteiligungs-, Regress- und Bonus-Malus-Verfahren haben neben der erwünschten Wirkung besserer Sorgfaltsanreize jedoch den Nachteil, dass die Kunden im Interesse der Prävention einen Teil des Risikos nunmehr selbst tragen müssen, d.h., dass sie also trotz ihrer Risikoaversion keine Vollversicherung erhalten, da eine Vollver-

---

[60] Vgl. hierzu *Adams*, a.a.O. (Fn. 8), S. 201 ff. m.w.N.

[61] *Arrow*, a.a.O. (Fn. 52), S. 1910; *Layard/Walters*, a.a.O. (Fn. 22), S. 382 ff.

[62] Vgl. hierzu *Adams*, a.a.O. (Fn. 8), S. 225 ff. m.w.N.

sicherung infolge des hohen Schadenaufkommens mit einer zu hohen Prämie verbunden wäre. Die Parteien werden dann auf Grund ihrer Risikoscheu infolge des von ihnen zu tragenden Restrisikos von Aktivitäten abgeschreckt, deren Ertrag bei Risikoneutralität von den Parteien als ausreichend angesehen worden wäre. Darüber hinaus wird das von den Parteien zu tragende Restrisiko zu Unfallvorbeugemaßnahmen führen, die sich für das Restrisiko als zu hoch erweisen[63].

Es lässt sich somit **festhalten**, dass es für den Fall nichtbeobachtbarer Nachlässigkeiten bei der Unfallvorbeugung zu einem *Gegensatz* zwischen dem Wunsch der Beteiligten nach effizienter *Unfallprävention* und *vollständiger Versicherung* kommt. Auf einem Wettbewerbsmarkt werden diese Gegensätze durch Selbstbeteiligungs-, Regress- und Bonus-Malus-Verfahren entsprechend den Wünschen der Kunden ausgeglichen, allerdings nicht gänzlich aufgehoben.

Die Einführung einer Gefährdungshaftung hat für die Konsumenten die Wirkung einer Versicherung. Da es üblicherweise bei jedem Produktgebrauch verschiedene nichtbeobachtbare Sorgfaltsabstufungen gibt, erweist sich der Selbstbehalt der Konsumenten bei Sachschäden nach Artikel 9 der Richtlinie als ein notwendiger, im Interesse der Kunden liegender Anreiz, dem von der Versicherungswirkung der Gefährdungshaftung ausgehenden Anreiz zu geringerer Sorgfalt nur begrenzt nachzugeben. Der Selbstbehalt bewirkt somit einen geringeren Produktpreis, da er die von sorglosem, aber nicht beobachtbaren Verhalten der Konsumenten ausgelösten Schäden gar nicht erst entstehen lässt[64].

Der Selbstbehalt ist jedoch nur für Sachschäden vorgesehen. Es fragt sich daher, wie die vorgesehene Regelung für den Schadensersatz bei Tod oder Körperverletzung und für den Ersatz immaterieller (nicht-monetärer) Schäden bei Anwesenheit von Versicherungen zu beurteilen ist.

3. Der Ersatz immaterieller Schäden

Artikel 9 der Richtlinie sieht vor, dass unter dem zu ersetzenden Schaden auch der durch Tod und Körperverletzung verursachte Schaden zu verstehen ist. Soweit Heilungskosten, Verdienstausfall oder andere *monetäre* Schadensfolgen durch den Produktfehler verursacht werden, ergeben sich gegenüber der voran-

[63] Die Scheu der Beteiligten vor dem Restrisiko führt zu höheren Vorbeugemaßnahmen als diesem Risiko seinem Erwartungswert nach entsprechen würde. Der Selbstbehalt zwecks Sorgfaltserhöhung kann somit durch Ausnutzung der Risikoaversion auf das Restrisiko kleiner gehalten werden.

[64] Wenn die Richtlinie davon spricht, ABlEG 1985 Nr. L. 210/29, dass der Selbstbehalt (lediglich) dazu diene, eine allzu große Zahl von Streitfällen zu verhindern, vergisst sie diese wichtige Aufgabe von Selbstbehalten. Vgl. hierzu *Adams*, a.a.O. (Fn. 8), S. 232 ff. mit weiteren Hinweisen.

gegangenen Diskussion keinerlei Besonderheiten. Im Falle der Tötung einer Person wird jedoch im deutschen Recht nur der Unterhaltsanspruch bestimmter Personen geschützt, während ein Ersatz für das zerstörte Leben auch nach der Richtlinie nicht gewährt wird[65]. In gleicher Weise wird nach der Richtlinie aufgrund der Produkthaftung kein Ersatz für immaterielle Schäden gewährt, wenn auch die Vorschriften der Mitgliedstaaten, die einen solchen Ersatz, wie in der Bundesrepublik etwa § 847 BGB, unter der Voraussetzung des Verschuldens des Herstellers vorsehen, durch die Produkthaftung nicht beseitigt werden.

So ändert auch die zukünftige Produzentenhaftung nichts an der gegenwärtigen Rechtslage, nach der beispielsweise tödliche Unfälle mit Kindern nicht zu Schadensersatzansprüchen führen, die dem wirklichen nicht-monetären Schaden dieses Vorgangs entsprechen, obwohl § 823 1 BGB eine Verletzung des Lebens dem Worte, nicht der Wirklichkeit nach mit einer Schadensersatzverpflichtung belegt.

Es soll daher der Frage nachgegangen werden, welche Überlegung eine solch weitgehende Haftungsbefreiung für die Verursachung immaterieller Schäden tragen könnte.

a) Nicht-Vermögensschäden und Prävention

Es ist unmittelbar einsichtig, dass die Freistellung der Zerstörung nicht-monetärer Güter von einer Schadensersatzverpflichtung bei den möglichen Schädigern einen Anreiz bewirkt, diese Güter bei den Vorbeugemaßnahmen und bei der Frage, ob die unfallträchtige Tätigkeit überhaupt ausgeübt werden soll, nicht zu berücksichtigen, da diese ja selbst bei ihrer Zerstörung keine haftungsbedingten Kosten beim Schädiger auslösen. So finden etwa die Kraftfahrer in ihren Versicherungsprämien keinen Anteil für die nicht-monetären Schäden, die sie im Straßenverkehr etwa durch das Töten von Kindern verursachen, da die Verletzung des Lebens dieser Menschen keine zivilrechtliche Schadensersatzverpflichtung auslöst.

Da monetäre wie nicht-monetäre Güter aus der Sicht der Wirtschaftswissenschaften in völlig gleicher Weise ihren Wert ausschließlich aus ihrer Wirkung auf die Zufriedenheit, den „Nutzen", der Menschen beziehen, ist der Verlust eines immateriellen Gutes in gleicher Weise real wie der Verlust eines monetär bewerteten Gutes. Die Schwierigkeiten der *Messung* und Vergleichbarmachung der Höhe des Verlustes bei immateriellen Gütern dürfen daher nicht zu der Annahme verführen, diese Güter seien in irgendeiner Weise von minderer Wichtigkeit. Sieht man die Aufgabe des Schadensersatzrechtes in der *Prävention,* d. h.

---

[65] Vgl. hierzu die Kritik dieses Zustandes aus dem Gesichtspunkt der Prävention, *Adams*, a.a.O. (Fn. 8), S. 174 ff.

der Vermittlung der Anreize zu richtigem Verhalten angesichts möglicher Schäden, dann ist es unvermeidlich, auch eine Schadenersatzverpflichtung für Nichtvermögensschädigungen zu fordern. Der Ausschluss des Ersatzes nichtmonetärer Schäden im geltenden Recht bedeutet somit eine Anreizlücke im Rechtsgüterschutz.

Es fragt sich jedoch, ob es nicht Gründe gibt, die die betroffenen Parteien dazu veranlassen würden, trotz fehlerhafter Präventionswirkung einen solchen Verzicht auf Schadensersatz selbst zu vereinbaren, so dass die Regelung des geltenden Rechts dann dem Wunsch der Beteiligten entspräche[66].

Der Grund für einen solchen Verzicht der Parteien auf richtige Präventionsanreize könnte darin liegen, dass ein Verzicht auf Schadensersatz für immaterielle Schäden den Parteien einen Vorteil bei der Gestaltung des Versicherungsschutzes bei dieser Art von Schäden verschafft, der allerdings mit einem Anreiz zur Sorglosigkeit beim Umgang mit immateriellen Gütern erkauft wird[67].

b) Versicherungen und Nicht-Vermögensschäden

Die gewünschte Wirkung einer Versicherung besteht darin, dass sie eine mögliche Einkommens- und Vermögensschwankung des Versicherten in einen weitgehenden gleichmäßigen Strom von Prämienzahlungen verwandelt. Der Wunsch der Menschen nach einer solch gleichmäßigeren Verteilung ihres Einkommens in den verschiedensten Lebenslagen lässt sich darauf zurückführen, dass bei großen Vermögensschäden für den Geschädigten ein vergleichsweise besonders dringendes Bedürfnis nach Finanzmitteln zwecks Ausgleichs der Verlustfolgen entsteht. Durch ein Versicherungssystem ist es den Versicherten möglich, ihr Einkommen so auf die verschiedenen möglichen Schadensereignisse und die damit verbundenen Lebenslagen umzuverteilen, dass dieses Einkommen ihnen

---

[66] Vgl. zu diesem Konzept *Adams*, a.a.O. (Fn. 18), Archiv für civilistische Praxis, 1986, S. 453 ff.; *Shavell*, a.a.O. (Fn. 41), Bell Journal of Economics, 1980, S. 466 ff.

[67] Wenn die Parteien mit Hilfe eines Vertrages mehrere Ziele verfolgen, die miteinander in Konflikt stehen, wie etwa Prävention und Versicherung, kann auch die gesetzliche Gewährung von Schadensersatz nicht beiden Zielen gleichzeitig voll gerecht werden. Vielmehr muss ein Kompromiss bei den gegensätzlichen Absichten gefunden werden. Vgl. hierzu bereits die Analyse der Frage, ob der Ersatz des positiven oder negativen Interesses die richtigen Anreize zu vermitteln vermag bei *Shavell*, a.a.O. (Fn. 41), Bell Journal of Economics, 1980, S. 466 ff.; *Barton*, The Economic Basis of Damages for Breach of Contract, Journal of Legal Studies, 1972, S. 277 ff. Es bedarf in solchen Fällen zusätzlicher Instrumentvariablen, wie etwa strafrechtlicher Anreize, um den Wunsch der Parteien nach optimalen Vorsorgeanreizen und optimaler Versicherung gleichzeitig erfüllbar zu machen, *Spence*, Consumer Misperceptions, Product Failure, and Product Liability, Review of Economic Studies, 1977, S. 541 ff.

insgesamt den höchsten Nutzen erbringt. Bekanntlich ist dies der Fall, wenn der Grenznutzen des Einkommens in jeder Lebenslage gleich hoch ist[68].

Entscheidend ist nun, dass es Güter gibt, deren Verlust *keinen* Einfluss auf den jeweiligen Nutzen von Geld in den einzelnen Lebenslagen hat. Während der Zerstörung der üblichen „vermögenswerten" Güter, wie etwa der Abbrand des Familiensitzes, einen besonders dringenden Bedarf nach Geld für eine Ersatzbeschaffung auslöst und es damit für den Betroffenen sinnvoll macht, von anderen Lebenslagen Geld in die Notlage nach Abbrand im Wege einer Versicherungsprämie umzuschichten, ist eine solche finanzielle Umschichtung bei Nicht-Vermögensschäden mit keinerlei Nutzen verbunden. Nicht-Vermögensschäden sind somit dadurch gekennzeichnet, dass sie keinen besonderen durch versicherungsmäßige Umschichtung zu erfüllenden Bedarf an zusätzlichem Einkommen auslösen. Der notwendige Verzicht auf Einkommen in einer anderen Lebenslage zugunsten derjenigen, in der der Verlust des nicht-monetären Gutes stattfindet, kann die Situation des Betroffenen nicht verbessern und unterbliebe daher. Es besteht somit für den Fall nicht-monetärer, den Nutzen von Geld unverändert lassender Schädigungen kein Bedürfnis nach einer Geld unter erheblichen Kosten umschichtenden Versicherung[69]. Eine Versicherung nicht-monetärer Schäden ist daher aus der Sicht des Kunden völlig sinnlos. Die Parteien werden somit bei der Gestaltung ihrer Verträge keine Schadensersatzverpflichtungen vereinbaren, die dem Zweck der Gewährung einer Versicherung für nicht-monetäre Schäden dienen soll.

Dieser Gedankengang sei am Beispiel eines tödlichen Unfalls eines Kindes verdeutlicht[70]. Der Tod des Kindes ändert das Bedürfnis der Eltern nach Geld nicht. Die Eltern werden sogar finanziell eher entlastet. Es handelt sich daher um einen „Nicht-Vermögensschaden" gegen den sich die Eltern nicht zu versichern wünschen. Eine Lebensversicherung für den Fall des Todes eines Kindes zugunsten der Eltern wird daher nicht abgeschlossen werden. In der gleichen Weise würden die Eltern auch keine durch das Haftungsrecht für tödliche Unfälle von Kindern vermittelte Versicherung beim Kauf von Gütern oder Dienstleistungen wünschen. Würde etwa der Hersteller eines Dreirades immer dann einen sehr hohen Betrag als Schadensersatz unabhängig vom Sicherheitsniveau seiner Produkte zu zahlen haben, wenn ein Kind sich beim Dreiradfahren tödlich verletzt, dann würde eine solche Produktschadensversicherung in Gestalt einer Haftungs-

---

[68] Vgl. *Arrow*, a.a.O. (Fn. 52).

[69] *Rea*, Non-Pecuniary Loss and Breach of Contract, Journal of Legal Studies, 1982, S. 35 ff.; *Cook/Graham*, The Demand for Insurance and Protection: The Case of Irreplaceable Commodities, Quarterly Journal of Economics, 1977, S. 143 ff.; *Zeckhauser*, Coverage for catastrophic Illness, Public Policy, 1973, S. 149 ff.

[70] Vgl. *Shavell*, Economic Analysis of Accident Law, Harvard University Press, 1988, Kapitel 10.

regel nicht den Wünschen der Vertragschließenden entsprechen. Da die Eltern im Preis des Dreirads die vom Hersteller zu leistende Versicherung aufzubringen hätten, erhielten sie eine Versicherung, die ihnen nicht eine bessere, sondern eine ungünstigere Einkommensgestaltung beschert. Die Eltern werden somit auf den mit keinerlei Nutzensverbesserung verbundenen haftungsrechtlichen Zwangskauf der Versicherung für den Nicht-Vermögensschaden zugunsten billigeren Spielzeugs verzichten wollen.

Die gegenwärtige Haftungsfreistellung der Schädigung nichtmonetärer immaterieller Güter oder der Verletzung des Lebens nicht gesetzlich unterhaltspflichtiger Personen lässt sich daher damit erklären, dass das Gesetz hierdurch dem Wunsch der Bürger entgegenkommt, nicht mit einer *Versicherung* überzogen zu werden, die für diese Art von Gütern keinen Vorteil aufweist. Die Verweigerung der Ersatzpflicht für Nicht-Vermögensschäden ist jedoch zugleich mit dem Anreiz verbunden, die Verletzung dieser Güter bei der Gestaltung der Sorgfaltsmaßnahmen außer Betracht zu lassen. Für den Bereich der *Nicht-Vermögensschäden* kommt es somit zu einem *Gegensatz* zwischen *Prävention* und *Versicherung*.

Die Einführung einer Gefährdungshaftung für unsichere Produkte hat für die Konsumenten die Wirkung einer Versicherung. Wenn die Konsumenten aufgrund ihres Verhaltens unbeobachtet und damit sanktionsfrei den vom Hersteller zu ersetzenden Schaden herbeiführen können, besteht ein Interesse der Konsumenten an einem diesem Anreiz und damit dem Anstieg des Produktpreises entgegenwirkenden Selbstbehalt. Da für den Ersatz von Nicht-Vermögensschäden kein Interesse der Konsumenten an einer Versicherung in Form einer Gefährdungshaftung besteht, der Nicht-Vermögensschaden für sie jedoch gleichermaßen einen Verlust wie jedes andere Gut darstellt, ist der Verzicht auf den Ersatz eines Nicht-Vermögensschadens ein besonders günstig zu beurteilender Selbstbehalt, da er die *Konsumenten* mit einem richtigen Präventionsanreiz versieht, ohne dass dieser wie bei monetären Schäden mit einem Verlust an Vollversicherung einhergeht. Der Verzicht auf den Ersatz von Nicht-Vermögensschäden stellt somit eine von den Parteien als besonders günstig angesehene Gestaltung des Selbstbehalts dar. Es ist dies aus ökonomischer Sicht eine sinnvolle Rechtfertigung der Regelung des § 253 BGB.

Nicht gelöst wird durch dieses Verfahren, neben den Konsumenten auch den *Produzenten* die richtigen Anreize zur richtigen Höhe ihrer Unfallvorbeugemaßnahmen zu vermitteln, die ja auch die Verhinderung von Nicht-Vermögensschäden zum Ziele haben müssen. Die Ausklammerung der Nicht-Vermögensschäden aus dem ersatzfähigen Schaden führt somit zu sozial nicht optimalen Unfallvorbeugemaßnahmen auf Seiten des Herstellers, da ein wesentlicher Schadensbestandteil haftungsrechtlich nicht berücksichtigt wird. Ein Ersatz würde jedoch dem Wunsch der Parteien nach einem Verzicht auf Versicherung der nicht-monetären Schäden sowie ihrem Wunsch nach einem Selbstbehalt beim Ersatz der monetären Schäden widersprechen. Der Umfang des zu leistenden Schadensersatzes, d.h. die Festlegung der Ersatzfähigkeit monetärer und die Einschränkung des Ersatzes nicht-monetärer Verluste, ist daher stets ein Kompromiss zwischen dem gleichzeitigen Wunsch der Parteien nach richtiger *Prävention* und richtiger *Versicherung.*

Versucht man die in der Rechtswirklichkeit anzutreffende Mischung aus Prävention und Versicherung zu würdigen, dann kann man in der grundsätzlichen Ausklammerung von Nicht-Vermögensschäden vom Schadensersatz in § 253 BGB, mit Ausnahme der besonders schwerwiegenden Nicht-Vermögensschäden in § 847 BGB, einen mehr oder minder gelungenen Kompromiss zwischen Prävention und Versicherung sehen. Lediglich der völlige Verzicht auf jeglichen zivilrechtlichen Schutz des Lebens nicht gesetzlich unterhaltspflichtiger Personen muss als schwerwiegende Fehlleistung der Jurisprudenz bezeichnet werden[71]. Gesetzgebung und Rechtsprechung zur Produkthaftung sollte daher auf die Gewährung eines vererblichen Schadensersatzanspruches im Falle der Tötung eines *jeden* Menschen nicht mehr verzichten[72].

E. Kosten der Haftungssysteme

Für die Vereinigten Staaten wird von einem Kenner der dortigen Produkthaftung zur Kennzeichnung der exzessiven Kosten des amerikanischen Zivilverfahrens der launige Ausspruch berichtet, dass für die geschädigten Konsumenten eines fehlerhaften Gutes nur noch wenig Gutes verbliebe, wenn der Produkthaftpflichtprozess durch die Python des Produkthaftungsverfahrens geschleust worden sei. Nur zwanzig bis dreißig Prozent der in einem solchen Verfahren insgesamt verbrauchten Ressourcen gelangten in die Taschen des geschädigten Opfers[73]. Da die Geschädigten über den Produktpreis einen wesentlichen[74] Teil die-

---

[71] Es ist an anderer Stelle, *Spence*, a.a.O. (Fn. 67), *Adams*, a.a.O. (Fn. 8), S. 183 ff., dargelegt worden, dass der verwaltungs- und strafrechtliche Schutz des Lebens zwar eine gewisse Verstärkung der Prävention gewährleistet, ohne die zuvor dargelegten Nachteile einer zivilrechtlichen Schadensersatzverpflichtung aufzuweisen. Die aus guten Gründen verschieden ausgestalteten Voraussetzungen einer Schadensersatzverpflichtung und einer strafrechtlichen Sanktion lassen es jedoch nicht zu, strafrechtlich angedrohte Geldbußen als gleichwertigen Ersatz einer zivilrechtlichen Haftung anzusehen, *Adams*, a.a.O. (Fn. 8), S. 183 f.

[72] Ein Vorschlag zur „Berechnung" der Höhe des bei einer Tötung einer Person zu gewährenden Schadensersatzes findet sich bei *Adams*, a.a.O. (Fn. 8), S. 178 ff. Vgl. zur Methode auch *Viscoussi*, Risk by Choice: Regulating Health and Safety in the Workplace, 1983.

[73] *Trebilcock*, a.a.O. (Fn. 54), Journal of Legal Studies, 1985, S. 675. Ursächlich hierfür sind die bemerkenswerte Geldgier der amerikanischen Anwälte und ihr Einfluss auf die amerikanische Gesetzgebung, die ihnen diese Bereicherungsmöglichkeiten eröffnen.

[74] Infolge der Kostenunterdeckung der Ziviljustiz wird ein Teil der Kosten vom Steuerzahler aufgebracht.

ser Ressourcen selber aufzubringen haben, liegt es nicht fern anzunehmen, dass die Opfer auf eine solch kostspielige Prozedur zugunsten niedrigerer Preise und Steuern gerne verzichtet hätten. Die Sorge vor einem Überschwappen der amerikanischen Missstände bei der Rechtsdurchsetzung der Produkthaftung machen es somit notwendig, die für Europa mit den unterschiedlichen Haftungssystemen in der Wirklichkeit verbundenen verfahrensbedingten Kosten in die Betrachtung einzubeziehen.

Zunächst erweist sich der in der amerikanischen Literatur angestellte Vergleich zwischen den sehr hohen Kosten des Produkthaftungssystems und den deutlich niedrigeren[75] einer Unfallversicherung vom Ansatz her als verfehlt. Der Fehler besteht darin, dass die Unfallversicherungskosten bei jedem einzelnen Schadensfall auftreten, eine Beanspruchung des Ziviljustizsystems jedoch erheblich seltener anfällt und zwar dann, wenn die Parteien aufgrund von Rechts- oder Tatsachenunsicherheit widersprüchliche Erwartungen über den Prozessausgang aufweisen[76] oder aufgrund strategischer Verhaltensweisen bei Verhandlungen einen Prozess in Kauf nehmen[77].

Ist die Rechtslage klar und ergeben sich nicht stark unterschiedliche von den Parteien zu beurteilende Sachverhaltsbeweisprobleme, dann kann es zu vielerlei Produktschäden kommen, ohne dass hierbei in irgendeiner Form die Ziviljustiz beansprucht würde[78]. Ein Kostenvergleich zwischen Versicherung und Haftung muss somit neben den augenfällig werdenden Kosten der tatsächlich durchgeführten Zivilverfahren auch die kostengünstig erledigten Schadenszahlungen berücksichtigen, die ohne Bemühung der Ziviljustiz und ihrer Diener vollzogen werden. Da die Zahl der geräuschlos abgewickelten Schadensfälle im Verhältnis zur Zahl der in der Justiz auftauchenden Fälle nicht verlässlich abgeschätzt wurden, erweisen sich alle Kostenvergleiche, die Versicherungen als billigeres Schadensabwicklungssystem empfehlen, als aus der Luft gegriffen.

Ein Grund für die pro Fall möglicherweise geringeren Abwicklungskosten nach einem Versicherungssystem besteht darin, dass Versicherungen je nach der Gestaltung des Versicherungsvertrages vielfach nur ein geringes Interesse an der Aufklärung des genauen Unfallherganges haben, da ihre Einstandspflicht häufig hiervon unberührt bleibt. Ein zur Verhaltenssteuerung durch die Festlegung von Sorgfaltsstandards aufgerufenes Gericht muss jedoch die Einzelheiten der Ver-

---

[75] *Trebilcock*, a.a.O. (Fn. 54), Journal of Legal Studies, 1985, S. 675, zitiert eine Schätzung, nach der die Produktgeschädigten in den USA nur zwanzig bis dreißig Prozent auf Grund eines Haftpflichtprozesses, jedoch achtzig bis neunzig Prozent bei Bestehen einer Unfallversicherung von den aufgewendeten Kosten erhalten.

[76] Vgl. hierzu *Adams*, a.a.O. (Fn. 22), 1980, S. 3 ff. m.w.N.

[77] Vgl. hierzu *Adams*, Der Zivilprozess als Folge strategischen Verhaltens, Zeitschrift für Rechtssoziologie, 1986, S. 212 ff.

[78] *Adams*, a.a.O. (Fn. 22), S. 60.

haltensweisen der Beteiligten zur Feststellung der jeweilig aufgewandten Sorgfalt der Parteien in die Betrachtung einbeziehen, da ein Verzicht auf die Ermittlung der von den Parteien aufgewendeten Sorgfalt ansonsten das Sicherheitsniveau in der Gesellschaft verschlechtern würde. Ein derart simpler Kostenvergleich zwischen Versicherungssystem und Ziviljustiz ist somit auch aufgrund der unterschiedlichen Aufgaben beider Systeme unzulässig.

Der Selbstbehalt nach Art. 9 der Richtlinie der Europäischen Gemeinschaften erweist sich auch unter dem Gesichtspunkt der Justizkostenersparnis als sinnvoll, da er die im Kosten/Ertragsverhältnis besonders ungünstig zu beurteilenden Bagatellschäden nicht in die Schadensumverlagerung durch das Haftungsrecht einbezieht. Diese Regelung verhindert zudem, dass es zu einer zusätzlichen, von den Rechtsschutzversicherungen ausgelösten Prozesslawine kommt, bewirken Rechtsschutzversicherungen doch einen Rüstungswettlauf der Bürger zum Schaden aller[79]. Der Selbstbehalt wirkt damit den von den Rechtsschutzversicherungen zusätzlich zu befürchtenden Missständen entgegen.

Wenn die europäischen Zivilverfahrensordnungen auch in Zukunft das Entstehen exzessiver Kosten wie bisher verhindern, dann lässt sich gegen die Einführung der Produkthaftung nicht einwenden, sie sei dadurch zu teuer erkauft, dass sie erhebliche zusätzliche Ressourcen in volkswirtschaftlich unproduktive zivilprozessuale Verteilungskämpfe umlenke. Berücksichtigt man weiterhin den Umstand, dass eine der Richtlinie entsprechende Gefährdungshaftung für Produzenten für viele Märkte nicht nur lediglich mit einer etwas verwickelteren Schadensumverteilung, sondern auch mit einer Verbesserung der Anreize verbunden ist, so erscheint die Hinnahme der Gefahr eines geringfügigen Anstiegs des Ressourcenverbrauches im Ziviljustizsystem vertretbar.

F. Risikokontrolle durch öffentlich-rechtliche Maßnahmen

In dieser Arbeit stand die Anreizwirkung des Haftungsrechtes im Vordergrund der Betrachtung. Da sich die Parteien durch Konkurs, beschränkte Haftung oder bei Umweltschäden hinter unbeweisbaren Kausalverläufen[80] der haftungsrechtlichen Belastung zu entziehen vermögen, verfügt das Zivilrecht in vielen Fällen über keine wirksamen Sanktionen. Es ist daher der zusätzliche Einsatz öffentlich-rechtlicher Maßnahmen vonnöten[81]. Da das deutsche Zivilrecht aus guten

---

[79] Vgl. hierzu *Adams*, a.a.O. (Fn. 35), ZZP, 1986, S. 129 ff. m.w.N.

[80] Vgl. hierzu ausführlich *Adams*, a.a.O. (Fn. 22), S. 111 ff.

[81] Vgl. hierzu *Wittmann*, Prior Regulation versus Post Liability: The Choice between Input and Output Monitoring, Journal of Legal Studies, 1977, S. 193 ff.; *Polinsky*, Resolving Nuisance Disputes: The Simple Economics of Injunctive and Damage Remedies, Stanford Law Review, 1980, S. 1075 ff.; *Posner*, An Economic Theory of the Criminal Law, Columbia Law Review, 1985, S. 1193 ff.; *Shavell*, a.a.O. (Fn. 35), Journal of Legal Studies, 1984, S. 357 ff.;

Gründen keinen über den Schaden hinausgehenden Strafschadensersatz kennt, vermag das Strafrecht - allerdings unter den im Strafrecht üblichen, stark eingeschränkten Voraussetzungen - die zivilrechtliche Anreizlücke etwa bei nur teilweiser Entdeckung eines Schadens durch die Verletzten oder bei nicht hinreichendem Eigenkapital des Schädigers zu schließen.

Öffentlich-rechtliche Zulassungsverfahren und allgemeine Sicherheitsvorschriften dienen einer durch das Zivilrecht insbesondere beim Zusammenwirken einer großen Anzahl von Personen nicht zu vermittelnden Koordinierung des Verhaltens und nützen häufig „Größen- und Verbundvorteile" (Economies of Scale and Scope) bei der Produktion und messtechnischen Anwendung von sicherheitstechnischem Wissen. So kann nicht jeder Lackierbetrieb die Summe der Gefahren der von ihm verwendeten Lacke richtig abschätzen, da es hierzu des Expertenwissens vieler wissenschaftlicher Disziplinen bedarf. Durch Erlass öffentlich-rechtlicher sanktionenbewehrter Sicherheitsvorschriften und Nutzungsverbote kann man den Beteiligten in diesem Falle die äußerst kostspielige Aneignung und Verarbeitung dieses Wissens ersparen. Die Parteien benötigen dann nur die Kenntnis der Sicherheitsvorschriften und ihrer Sanktionen, um zu verstehen, mit welchen Risiken sie es zu tun haben. Öffentlich-rechtliche Verbote sind auch dann erforderlich, wenn die Geschädigten selbst die ihnen drohenden Risiken nicht kennen oder die Schadensursachen nicht dem richtigen Schädiger zuzuordnen wissen und daher zivilrechtliche Maßnahmen nicht ergreifen können. Öffentlich-rechtliche Regulierungen oder Steuern auf bestimmte Schädigungen ersetzen dann den vertraglich nicht möglichen effizienten zivilrechtlichen Kosten-/Nutzenausgleich unter allen Beteiligten.

Es lässt sich somit **festhalten**, dass die Produkthaftung kein vollständiges System der optimalen Verhaltenssteuerung der Bürger darstellt. Verschiedene systembedingte unvermeidliche Anreizlücken des Zivilrechts bedürfen vielmehr ergänzender öffentlich-rechtlicher sanktionsbewehrter Hilfe. Für die vielen Bereiche, in denen eine richtige Anpassung an die Produktgefahren erhebliches wissenschaftlich-technisches Wissen oder Messen voraussetzt, bestehen „Größenvorteile", die eine zusätzliche staatlich organisierte Sicherheitsregulierung zu einem sozial kostengünstigeren Verfahren der Verhaltenssteuerung macht.

Der Darstellung und Bewertung der Rolle des Zivilrechts im gesamten rechtlichen Sanktionenorchester zur Erzeugung vernünftiger Kosten-Nutzen-ausgleichender Verhaltensweisen beim Umgang mit Gefahren behafteter Güter diente diese Arbeit zur Produkthaftung. Das Haftungsrecht ist sicherlich nicht auf eine Rolle hinter der Kulisse beschränkt, bedarf aber dennoch der Hilfe öffentlich-rechtlicher Akteure, sollen die Bürger in ausgewogener Weise Freud

---

Shavell, A Model of the Optimal Use of Liability and Safety Regulation, Rand Journal of Economies, 1984, S. 271 ff.

und Leid aus den vielfältigen Gütern der modernen Industriegesellschaft erfahren.

Neue Aktivitäten und effiziente Haftungsregeln

A. Einleitung

Lange war die Ansicht, dass die wichtigste Funktion des Deliktsrecht in der Wiedergutmachung liege, in der Rechtswissenschaft unbestritten. Der Pionierarbeit von *Calabresi*[1] ist der grundlegende Wandel der Betrachtung der Rolle des Deliktsrechts zu verdanken, steht doch seitdem die Diskussion auf das Erreichen einer sozial optimalen Sorgfaltspflicht im Vordergrund. *Posner*[2] erweiterte die Arbeit von *Calabresi* um die berühmte Formel von Judge *Learned Hand*[3]. Diese Formel empfahl den Gerichten die Schadenssumme, die Schadenswahrscheinlichkeit und die Vermeidungskosten des Schadens zu messen und dem Schädiger die Haftung zuzuweisen, wenn die Vermeidungskosten die erwarteten Schadenskosten unterschritten. *Posner*[4] glaubte, dieses Vorgehen würde wenigstens näherungsweise für ein kostenseitig effizientes Aufkommen von Unfällen und Sicherheit sorgen, obwohl die Notwendigkeit der Vorsorgemaßnahmen aller Parteien von ihm nicht berücksichtigt wurden. Einen weiteren Fortschritt für das Verständnis der Wirkungen von Haftungsregeln erzielte das erste formale Modell des Deliktsrechts von *J.P. Brown*[5]. Dieser wies auf die Parallelen zur Produktionstheorie hin, wenn sowohl Verursacher als auch Opfer Maßnahmen zur Verringerung der Schadenswahrscheinlichkeit ergreifen können und durch diese Maßnahmen beiden Seiten Kosten entstehen. In einem solchen Fall lässt sich das sozial optimale Niveau der Unfallvermeidungsmaßnahmen wie in der Produktionstheorie mit zwei Inputs und einem Output herleiten[6]. *Brown* zeigte[7], dass alle Haftungsregeln mit Vernachlässigung des mitwirkenden Einflusses einer Partei sozial ineffizient sind und zu zu vielen Unfällen und ineffizienten Sorgfaltsniveaus führen. Außerdem fand *Brown* vier Haftungsregeln, die beide Parteien

---

Erstveröffentlichung in englischer Sprache: *M. Adams*, New Activities and the Efficient Liability Rules, in: M. Faure/R. van den Bergh (Hrsg.), Essays in Law and Economics, - Corporations, Accident Prevention and Compensation for Losses -, Maklu Antwerpen, 1989, S. 103-107. Der Aufsatz wurde geringfügig überarbeitet.

[1] *G. Calabresi*, The Costs of Accidents, 1970.

[2] *R. Posner*, A Theory of Negligence, Journal of Legal Studies, 1, 1972, S. 29-96.

[3] US v. Carrol Towing Co. 159 F. 2d 169 (2 Cir. 1947).

[4] *R. Posner*, A Theory of Negligence, Journal of Legal Studies, 1, 1972, S. 33.

[5] J. P. Brown, Toward an Economic Theory of Liability, Journal of Legal Studies, 2, 1973, S. 323-350.

[6] *J. P. Brown*, Toward an Economic Theory of Liability, Journal of Legal Studies, 2, 1973, S. 323.

[7] *J. P. Brown*, Toward an Economic Theory of Liability, Journal of Legal Studies, 2, 1973, S. 327.

zum sozial optimalen Ausmaß an Vermeidungsmaßnahmen veranlassten[8]. *Shavell*[9] machte in einem Aufsatz deutlich, dass dann keine effiziente Haftungsregel existiert, falls Gerichte ein unvollständiges Fahrlässigkeitskonzept anwenden. Wenn z.B. Gerichte bei der Betrachtung des geschuldeten Sorgfaltsniveaus das Niveau unbeachtet lassen, auf dem eine gefährliche Aktivität ausgeübt wird, so wird keine Partei Anreize haben, die Wirkungen des Aktivitätsniveaus[10] auf Unfallschäden zu berücksichtigen. Aber auch dann, wenn die Gerichte das Problem der unvollständigen Sorgfaltsniveaus erfolgreich lösen könnten, ist die Effizienz „effizienter" Haftungsregeln in den Modellen von *Brown* und *Shavell* nicht für *neu* aufkommende Handlungen des Verursachers *oder* des Opfers sicher. Mit diesem Aufsatz möchte ich daher auf diese weitere wichtige Quelle von Ineffizienz hinweisen.

B. Auferlegte Unfallvorbeugekosten als externe Effekte

Im Modell von *Brown*[11] gibt es drei Arten sozialer Kosten bei gefährlichen Aktivitäten wie Autofahren: 1. die Sorgfaltskosten $c(x)$ des Autofahrers; 2. die Sorgfaltskosten $c(y)$ des Fußgängers; und 3. die erwarteten Unfallskosten $p(x, y) \cdot S$, die von der Sorgfalt des Fahrers *und* des Fußgängers abhängen. In diesem Modell veranlassen effiziente Haftungsregeln beide Parteien, Fahrer X und Fußgänger Y, das sozial effiziente Sorgfaltsniveau einzuhalten, das mit x^* und y^* bezeichnet wird. Die effizienten Sorgfaltsniveaus minimieren die Summe der Vermeidungskosten des Fahrers *und* des Fußgängers *und* die erwarteten Unfallschäden

$$p(x^*, y^*) \cdot D.$$

Wenn die Rechtslage einer *Gefährdungshaftung* unter Berücksichtigung relativen Mitverschuldens[12] entspricht, wird die Lage des Fahrers durch seinen Nutzen U^X, den er aus der Möglichkeit zu fahren zieht, abzüglich der Vermeidungskosten $c(x^*)$ und der erwarteten Unfallkosten $p(x^*, y^*) \cdot D$, die trotz Sorgfalt

[8] Weitere effiziente Haftungsregeln sind möglich. Der Beweis, dass die Haftungsregel, die die Haftung proportional zur Fahrlässigkeit zuweist, effizient ist, wird bei *M. Adams*, Ökonomische Analyse der Gefährdungs- und Verschuldenshaftung, 1985, S. 65-77, geliefert. Diese Regel entspricht der deutschen Rechtslage.

[9] *S. Shavell*, Strict Liability versus Negligence, Journal of Legal Studies, 9, 1980, S. 1-26.

[10] Eine wichtige Diskussion der Wirkungen von Problemen der Sorgfaltsmessung findet sich bei *P.A. Diamond*, Single Activity Accidents, Journal of Legal Studies, 3, 1974, S. 107-164.

[11] *J.P. Brown*, Toward an Economic Theory of Liability, Journal of Legal Studies, 2, 1973, S. 324.

[12] Dass diese Regel effizient ist, zeigt *M. Adams*, Ökonomische Analyse der Gefährdungs- und Verschuldenshaftung, 1985, S. 65-77.

beider Parteien anfallen können, dargestellt. Daraus ergibt sich für die Position des Fahrers X:

$$U^X - c(x^*) - p(x^*, y^*) \cdot D.$$

Die Position des Fußgängers Y entsteht aus dem Nutzen des „Gehens" U^Y abzüglich der Kosten der Unfallvermeidung: $U^Y - c(y^*)$.

Ein Wechsel des Haftungsregimes von der Gefährdungs- zur Verschuldenshaftung würde die Position des Fahrers verbessern, da die erwarteten „unvermeidbaren" Schäden $p(x^*, y^*) \cdot D$ dem Fußgänger angelastet würden. Machen diese Schäden einen großen Betrag aus, könnte die Entscheidung, eine neue Aktivität wie das Autofahren einzuführen, sozial nicht optimal sein[13]. Eine wesentliche Voraussetzung der effizienten Haftungsregeln im Modell von *Brown* besteht darin, dass *beide* Parteien Vermeidungsmaßnahmen ergreifen müssen. Sowohl der Fahrer als auch der Fußgänger müssen in die Unfallvorsorge in Form von $c(x^*)$ und $c(y^*)$ investieren, ohne dass die Kosten von der anderen Seite übernommen werden. Die Einführung einer neuen Aktivität durch den Verletzer (Autofahrer) oder auch das Opfer (Fußgänger) stellt somit wegen der erforderlichen Vorsorgemaßnahmen einen externen Effekt für den anderen Beteiligten dar. Ein effizientes Haftungsregime zwingt Fahrer und Fußgänger durch sein Anreizsystem zu einem effizienten Ausmaß an Vorsorge $c(x^*)$ und $c(y^*)$. Da es für die geforderten Vermeidungskosten keine Entschädigung durch die andere Seite gibt, können die Anreize zu gefährlichen Handlungen falsch und sozial ineffizient gesetzt sein[14].

C. Das Aufkommen der Gefährdungshaftung

Dieses Argument kann durch das Beispiel der Einführung des Eisenbahnsystems in Preußen im Jahre 1838 verdeutlicht werden. Bei der Entscheidung, unter dem Regime der Verschuldenshaftung ein Eisenbahnsystem zu bauen, muss die Eisenbahngesellschaft (X) den Nutzen der Einführung der Eisenbahn U^X abzüglich der kostenminimierenden effizienten Unfallvermeidungsmaßnahmen $c(x^*)$ abschätzen. Die Fußgänger und Zuschauer Y, die keinen Einfluss auf die Entscheidung haben, werden feststellen, dass die Einführung des Eisenbahnsystems ihnen ebenfalls die kostenminimierenden effizienten Vermeidungskosten $c(y^*)$ und zusätzlich die „unvermeidbaren" erwarteten Unfallkosten $p(x^*, y^*) \cdot D$ verursacht. Offensichtlich hat die Eisenbahngesellschaft keinen Anreiz, die gesamten Kosten ihrer Entscheidung zu berücksichtigen. Dies könnte Grund für den

---

[13] Darauf wird bei *S. Shavell*, Strict Liability versus Negligence, Journal of Legal Studies, 9, 1980, S. 1-26, hingewiesen.

[14] Dieses Modell berücksichtigt nicht die wichtigen positiven externen Effekte der Einführung neuer Aktivitäten. Vgl. *C.C. von Weizsäcker*, Barriers to Entry, 1980, S. 144-214.

Glauben sein, dass die Entscheidung eine neue Technologie einzuführen vom sozialen Standpunkt aus falsch sei. Es sollte jedoch nicht übersehen werden, dass auch das Opfer mit seiner bisherigen Tätigkeit, der neuen Aktivität Anpassungslasten, *c(x*)*, aufnötigt. Es ist keineswegs ausgemacht, dass eine Seite einen Vorzug gegenüber der anderen Seite vorweisen kann. Die Ausübung der externen Effekte ist symmetrisch und nicht vermeidbar.

In Deutschland wurde die Gefährdungshaftung 1838 für Eisenbahnen, 1909 für Autos und 1922 für Flugzeuge eingeführt, weitere Technologien wie Pipelines oder Kernkraftwerke folgten. Interessanterweise handelte es sich dabei um Aktivitäten, bei denen eine neue komplexe Technologie ein hohes Schadenspotential verkörperte. Hätte der Gesetzgeber in diesen Fällen das Haftungsregime nicht von der Verschuldens- zur Gefährdungshaftung geändert, so wäre es den Opfern aufgrund der Komplexität der neuen Technologien häufig nicht möglich gewesen, eine Fahrlässigkeit der Eisenbahngesellschaft zu beweisen[15]. Als Konsequenz der Verschuldenshaftung hätte die Eisenbahn in diesen Fällen überhaupt nicht haften müssen und daher noch nicht einmal einen Anreiz zur Übernahme der effizienten Vorsorgemaßnahmen *c(x*)* gehabt. Die Vermeidung dieses Ergebnisses war für *von Savigny* die wichtigste Streitfrage bei seinem erfolgreichen Vorschlag zur Einführung der Gefährdungshaftung für Eisenbahnen in Preußen im Jahre 1838[16].

Es könnte weiterhin möglich sein, dass ein weiteres Ziel dieser historischen Entscheidung darin bestand zu verhindern, dass die Opfer die Kosten der nichtfahrlässigen Unfälle $p(x^*, y^*) \cdot D$ auferlegt wurden. Die politische - nicht zwangsläufig ökonomische[17] - gute Begründung für die teilweise Lastenverlagerung bezüglich der Kosten der neuen Technologie könnte darin gelegen haben, dass die Öffentlichkeit, indem sie in historischen Prioritätsrechten[18] dachte und fühlte, sich der neuen Technologie entgegen ihrer langfristigen Interessen entgegengestellt und vielleicht für längere Zeit verhindert hätte.

---

[15] *S. Shavell*, Liability for Harm versus the Regulation of Safety, Journal of Legal Studies, 13, 1987, S. 357-374.

[16] *T. Baums*, Die Einführung der Gefährdungshaftung durch F. C. von Savigny, Savigny-Zeitschrift (Germ. Abt.), 104, 1987, S. 277-282.

[17] *S. Shavell*, Strict Liability versus Negligence, Journal of Legal Studies, 9, 1980, S. 1-26; *W. Landes/R. Posner*, Tort Law as a Regulatory Regime for Catastrophic Personal Injuries, Journal of Legal Studies, 13, 1984, S. 417-434.

[18] Für ein Effizienzargument bei der Nutzung historischer Prioritätsrechte sei auf *M. Adams*, Ökonomische Analyse der Gefährdungs- und Verschuldenshaftung, 1985, S. 169-173, verwiesen.

D. Schlussbemerkung: Die Ineffizienz effizienter Haftungsregeln

Unfälle entstammen dem inkompatiblen Verhalten der Menschen. Zur kostengünstigsten effizienten Vermeidung müssen beide Seiten beitragen. Eine Seite muss zudem die selbst bei sorgfältigem Verhalten immer noch auftretenden, nicht vermeidbaren Unfälle endgültig tragen. Damit belasten beide Beteiligten die jeweilige andere Seite mit einem negativen externen Effekt. Dieser Effekt bedeutet, dass auch effiziente Haftungsregeln nicht sicherstellen können, dass nur Handlungen ausgeübt werden, die aufaddiert über alle Beteiligten mehr nützen als schaden.

Teil 5: Unternehmensrecht und Corporate Governance

Kontrolle und beschränkte Haftung

A. Einleitung: Die Gesellschaften „beschränkter Haftung" als mächtige Schöpfer und Zerstörer

Über den Reichtum dieser Erde gebieten Organisationen. Neben den Staaten sind es die juristischen Personen des Privaten Rechts, die die Welt gestalten[1]: Sie erst haben bewiesen, was die Tätigkeit des Menschen zustande bringen kann: Durch sie wurden ganz andere Wunderwerke vollbracht als ägyptische Pyramiden, römische Wasserleitungen und gotische Kathedralen, mit ihrer Hilfe wurden ganz andere Bewegungen ausgeführt als Völkerwanderungen und Kreuzzüge. In ihrem Schoß werden die kolossalen Produktionsinstrumente geschaffen und im Wettbewerb miteinander fortwährend revolutioniert. Alle festen, eingerosteten Produktionsverhältnisse mit ihrem Gefolge von altehrwürdigen Vorstellungen und Anschauungen werden aufgelöst, alle neu gebildeten veralten, ehe sie verknöchern können. Sie haben um die ganze Erdkugel Verbindungen hergestellt, den Weltmarkt geschaffen, Produktion und Konsum aller Länder kosmopolitisch gestaltet. Sie haben den bloß nationalen Boden der Industrie entzogen und einen allseitigen Verkehr und eine allseitige Abhängigkeit der Nationen voneinander herbeigeführt. Und wie in der materiellen, so auch in der geistigen Produktion. Die nationale Einseitigkeit und Beschränktheit ward mehr und mehr unmöglich und aus den vielen nationalen bildet sich die eine Weltkultur. Durch die unendlich verbesserten Kommunikationsinstrumente reißen sie alle, auch die barbarischsten Nationen in die Zivilisation. Die Unterjochung der Naturkräfte, die Zähmung des Sternenfeuers, Maschinerie, Anwendung der Chemie auf Industrie und Ackerbau, Schifffahrt, Eisenbahnen, Automobile, Flugzeuge, Raumschiffe, Fernsehen, Urbarmachung ganzer Erdteile, die Schaffung denkender Maschinen, die Vereinigung der Staaten, die Herrschaft über die lebendige Natur und deren Neugestaltung, mit einem Wort: Sie schaffen sich die Welt nach ihrem Bilde[2].

Erstveröffentlichung: Auszug aus dem Buch *M. Adams*, Eigentum, Kontrolle und Beschränkte Haftung, 1991. Der Auszug wurde geringfügig sprachlich überarbeitet.

[1] Das folgende paraphrasiert, ergänzt sowie im *Sinn verändert* nach *K. Marx/F. Engels*, Manifest der Kommunistischen Partei, 1848.

[2] *K. Marx* und *F. Engels* folgten in dem dieser Paraphrasierung zugrunde liegenden Kommunistischen Manifest der im achtzehnten Jahrhundert weit verbreiteten Ansicht, dass eine Ausdehnung des Wirtschaftslebens die bisher üblichen barbarischen Sitten und Einstellungen der Menschen mildere und die Macht der Herrscher einer für dringend notwendig erachteten Kontrolle unterwürfe, vgl. hierzu *C.L. Montesquieu*, De l'Esprit des Lois, 1748; *Marquis de Con-*

Wiewohl Aktiengesellschaft, Gesellschaft mit beschränkter Haftung, Societé Anonyme, Societé à Responsabilité limiteé, Società per Azioni, Corporation und Company in ihrem inneren Aufbau höchst unterschiedlich sind, vereint sie als grundlegendes Prinzip die „**beschränkte Haftung**". Angesichts jahrhunderte langen Streits und zuweilen schwer und ziellos wabernden Wortqualms zum „Wesen" der Juristischen Person mag es sinnvoll sein, sich ins Gedächtnis zurückzurufen, was „beschränkte Haftung" einer „juristischen Person" wirtschaftlich besagt.

Auf welche Weise die Menschen sich ein Bild der sie umgebenden und von ihr mitgestalteten Wirklichkeit machen, ist eine Frage der Zweckmäßigkeit. Widerspruchsfreiheit des verwendeten Begriffsystems, Abbildungsgenauigkeit und Einfachheit kann daher je nach dem verfolgten Zweck, dem die Begriffe zu dienen bestimmt sind, unterschiedliche Bedeutung gewinnen. Die in dieser Arbeit verwendete Vorstellung von der „Juristischen Person" sei daher nicht als wenig sinnvoller Versuch einer „Ontologie" oder „Wesensbestimmung" verstanden. Es sei daher hier unter „Juristischer Person" nur der mit bestimmten Rechtsfolgen verbundene Name für ein bestimmtes soziales Ordnungssystem verstanden, das aus einem Netz von expliziten und impliziten Verträgen zwischen Managern, Angestellten und Kapitalgebern besteht[3]. Beschränkte Haftung bedeutet dann bei einem die gesetzlich standardisierten Voraussetzungen erfüllenden Vertragsgeflecht, dass auch die Eigenkapitalgeber nur in Höhe des investierten (oder in Höhe des zu investieren versprochen habenden) Kapitals haftbar zu machen sind. Auch die am Vertragsgeflecht teilnehmenden und hierbei Arbeit und Brot findenden Arbeitnehmer und Manager haften grundsätzlich nicht für die Fehlschläge und Kosten des von ihnen errichteten Systems.

---

dorcet, Esquisse d'un Tableau historique du Progres de l'Esprit humain, 1795; *J. Steuart*, Inquiry into the Principles of Political Oeconomy, 1767; *T. Paine*, The Rights of Man, 1792, S. 215: „Commerce is a pacific system, operating to cordialise mankind, by rendering nations, as well as individuals, useful to each other [...]. The invention of commerce [...] is the greatest approach towards universal civilisation that has yet been made by any means not immediately flowing from moral principles". Vgl. hierzu die Nachweise bei *A.E. Hirschman*, Exit, Voice, and Loyalty - Responses to Decline in Firms, Organisations, and States, 1970, S. 7 ff. sowie *A.E. Hirschman*, Rival Interpretations of Market Society: Civilizing, Destructive, or Feeble?, Journal of Economic Literature 20(4), 1982, S. 1463 ff.

[3] *F.H. Easterbrook/D.R. Fischell*, Limited Liability and the Corporation, The University of Chicago Law Review 52(89), 1985, S. 87 ff; *S.N.S. Cheung*, The Contractual Nature of the Firm, Journal of Law and Economics 26(1), 1983, S. 1 ff.; *A. Alchian/H. Demsetz*, Production, Information Cost und Economic Organisation, American Economic Review 62 (5), 1972, S. 777 ff.; *M.C. Jensen/W.H. Meckling*, Theory of the Firm, Journal of Financial Economics 3(4), 1976, S. 305 ff.; *R. Coase*, The Nature of the Firm, Economica N.S. 4, 1937, S. 386 ff.; *A. Alchian*, Specificity, Specialization, and Coalitions, Zeitschrift für die gesamte Staatswissenschaft 40(1), 1984, S. 34 ff.

Diese Beschränkung der Verantwortung für alle Beteiligten am Vertragsgeflecht der Gesellschaften mit beschränkter Haftung mag dann auch die Quelle der Untaten mit Hilfe dieser Organisationen sein: Die Zerstörung der Natur, unbeherrschte und dennoch angewandte Technik mit Risiken für ganze Nationen, Raubbau an nicht erneuerbaren Ressourcen, Verseuchung von Land und Wasser, massenhafte Erzeugung und unverantwortete Weitergabe des Stoffes aus dem die „letzte Waffe" ist, die bedenkenfreie Nutzung der Chemie in der Landwirtschaft und die Schädigung der Arbeitsteilung durch betrügerische Reichtumsverschiebungen. Die Freistellung der an dem die „Juristische Person" bildenden Vertragsgeflecht beteiligten Kapitalgeber, Manager und Arbeiter von der Übernahme der vollen Verantwortung für ihr Tun infolge ihrer „beschränkten Haftung" vermag dann auch die Grundlage des Handlungsprinzips „Nach uns die Sintflut" zu bilden, falls der Gewinn der Untaten ihren Kosten dergestalt vorangeht, dass ihr Ertrag in Form von Löhnen und Gehältern, Zinsen und Gewinnen noch auf die Teilnehmer der Organisation verteilt werden kann, bevor die später zur Begleichung anstehenden Kosten auf „beschränkte Haftung" und damit ins Leere stoßen.

Ziel dieser Arbeit soll es daher sein, der Frage nachzugehen, ob durch das System der „beschränkten Haftung", das unter leicht zu erfüllenden Voraussetzungen die Möglichkeit gewährt, Nutzen und Kosten von Entscheidungen zu trennen und mit Bedacht neu aufzuteilen, den Bürgern im Ergebnis mehr Wohl denn Wehe beschert wird. Es geht somit um die Frage, ob die Organisation der Schöpfung der „Wunderwerke" zugleich und notwendigerweise auch die Organisation der „Zerstörung" ist, die „beschränkte Haftung" ein Januskopf, untrennbar schöpferisch wie zerstörerisch. Wann gilt es somit, den Entscheidenden den sie haftungsrechtlich verhüllenden Schleier herunterzureißen und sie, von der Beschränkung der Haftung entblößt, dem „Durchgriff" ihrer Gläubiger zu überlassen? Wie sind kunstvoll gewirkte Haftungsverlagerungen im Konzern zu beurteilen und welcher Bestand soll ihnen letztlich zukommen.

[...]

B. Die Bedeutung der beschränkten Haftung für die Finanzierung und die interne Organisation juristischer Personen

I. Beschränkte Haftung und Kapitalaufbringung

Allgemein wohlverstanden und historisch ausgezeichnet dokumentiert[4] ist die große Erleichterung, die das System der „beschränkten Haftung" bei seiner Ein-

---

[4] *T. Baums,* Gesetz über die Aktiengesellschaften für die königlich preußischen Staaten, Text und Materialien, 1981; *K. Borchardt,* Die industrielle Revolution in Deutschland 1750 - 1914,

führung für die Sammlung großer Kapitalsummen für aufwendige Investitionsvorhaben wie Außenhandelskompanien[5], Banken, Versicherungen, Grundstoffindustrien, Baugesellschaften und Eisenbahnen gewährte. Diese Unternehmungen waren nur möglich, wenn sich hinreichend viele Personen bereit fanden, die vor Beginn der Einnahmen erforderlichen großen Ausgaben auf sich zu nehmen. Auch heute noch gibt es industrielle Projekte oder Forschungsvorhaben, deren Verwirklichung die Ressourcen von Weltfirmen oder sogar ganzer Staaten überfordern würde und eine Finanzierung im Weltmaßstab nötig macht. Die Durchführung solcher im Erwartungswert höchst ertragreicher Projekte ist somit trotz ihrer Vorteilhaftigkeit davon abhängig, dass es möglich ist, eine große Zahl von Kreditgebern zusammenzuführen, die das Projekt finanzieren. Es zeigt sich nun, dass der mit einem solchen Unternehmen verbundene Strom von Erträgen nur dann erzeugt werden kann, wenn die das Projekt finanzierenden Personen ihre Finanzierungsverpflichtung auf einen vorher festlegbaren Betrag begrenzen können. Beschränkte Haftung bedeutet nun für einen solchen Kapitalgeber, dass er mit Sicherheit weiß, dass sein Verlust aus einer Beteiligung an den Projekten einer solchen Gesellschaft einen bestimmten von ihm vorher festsetzbaren Betrag nicht übersteigen kann. Gäbe es keine beschränkte Haftung, würden die möglichen Financiers entweder die Kreditierung gänzlich verweigern oder eine derartig hohe Risikokompensation für ihren Finanzierungsbeitrag verlangen, dass eine Vielzahl von Projekten nicht durchgeführt werden könnte, da die Risikokompensation den erhofften Ertrag aufzehren würde. Soweit die Senkung der Ansprüche der Kreditgeber im Falle beschränkter Haftung nicht darauf beruht, dass die ihnen abgenommenen Risiken unkompensiert auf andere Personen verlagert wurden, ist die Einführung eines Systems der beschränkten Haftung die Erfindung einer sozialen Institution, die zum Nutzen aller mit Nettoerträgen verbundene Projekte ermöglichen würde.

Der genaueren Darstellung der durch das System der beschränkten Haftung möglichen Kostenersparnisse bei der Kreditvergabe dient der nun folgende Abschnitt.

---

in: Europäische Wirtschaftgeschichte, Band 4: Die Entwicklung der industriellen Gesellschaften, 1977, S. 135 ff.

[5] Die bekannte Kritik, die *A. Smith* in seinem Buch Wohlstand der Nationen (Übersetzung *H.C. Recktenwald,* 1978, S. 622 ff.) an den zu ewigem Leben befähigten Aktiengesellschaften übt, richtete sich gegen ihren damaligen Missbrauch als stabile wettbewerbsbeschränkende Zunftorganisationen.

II. Beschränkte Haftung als Mittel der Kostensenkung bei Informationsbeschaffung und Kontrolle

Das System der beschränkten Haftung ermöglicht die Ersparnis hoher Kosten bei der Finanzierung von Unternehmensprojekten dadurch, dass es die Aufwendungen für die Beschaffung und Bewertung von Informationen über die Unternehmensprojekte, das Verhalten des Managements sowie über das Verhalten und den Vermögensstatus anderer Mitfinanciers entscheidend vermindert und damit effizientere Organisationsformen der Willensbildung im Unternehmen sowie eine Standardisierung der Kreditvergabebedingungen und der Kontrollverfahren ermöglicht.

So haben *Halpern, Trebilcock* und *Turnbull*[6] ausführlich gezeigt, dass ein organisierter Kapitalmarkt und die mit ihm verbundenen großen Vorteile ohne beschränkte Haftung nicht zu existieren vermögen. Des weiteren würde ohne beschränkte Haftung von den Financiers zur Minderung ihrer schlechteren Diversifizierungsmöglichkeiten Wert darauf gelegt, dass abweichend von der Reihenfolge der ertragreichsten Investitionen bestimmte risikoärmere Projekte ertragreicheren unberechtigterweise vorgezogen würden.

Die Argumente der Autoren[7] lassen sich im Einzelnen wie folgt zusammenfassen: Aktiengesellschaften oder Gesellschaften mit beschränkter Haftung dienen der Zusammenführung einer Vielzahl von Ressourcen, deren Einsatz jeweils spezialisierte Kenntnisse verlangt. Eine unbeschränkte Haftung würde bedeuten, dass jeder Gesellschafter das Geschehen im Unternehmen auf das Genaueste zu überprüfen hätte, wollte er nicht riskieren, bei einem Fehlschlag des Unternehmens sein ganzes Vermögen verlieren. Diese die Vorteile der Arbeitsteilung vermindernden Überwachungskosten können recht erheblich sein und zudem zur völligen oder teilweisen Kreditverweigerung führen, so dass bestimmte im Erwartungswert durchaus lohnenswerte Projekte mangels Finanzierungsmittel nicht mehr durchgeführt werden könnten.

Von besonderer Bedeutung ist zudem die Tatsache, dass durch ein System der beschränkten Haftung alle Eigenkapitalkreditgeber in Höhe ihrer geleisteten Einlage standardisiert werden, so dass Informationsbeschaffungsaufwendungen und Überwachungskosten der Anteilseigner untereinander entfallen können. Würden die Anteilseigner einer unbegrenzten gesamtschuldnerischen Haftung

---

[6] *P. Halpern/M. Trebilcock/S. Turnbull,* An Economic Analysis of Limited Liability in Corporation Law, University of Toronto Law Journal 30, 1980, S. 117 ff.

[7] Vgl. hierzu neben *P. Halpern/M. Trebilcock/S. Turnbull,* An Economic Analysis of Limited Liability in Corporation Law, University of Toronto Law Journal 30, 1980, S. 117 ff. auch *F.H. Easterbrook/D.R. Fischel,* Limited Liability and the Corporation, University of Chicago Law Review 52, 1985, S. 93 ff; *H. Manne,* Our Two Corporation Systems: Law and Economics, Virginia Law Review 53, 1967, S. 259 ff.

oder einer Ausfallhaftung unterliegen, würde die Belastung eines jeden Gesellschafters von der Höhe des zur Haftung zur Verfügung stehenden Vermögens der anderen Anteilseigner abhängen, da jeder Gesellschafter gegebenenfalls für die Schuld der Gesellschaft insgesamt aufzukommen hätte. Die Gesellschafter wären in einem solchen Fall gezwungen, die Vermögenslage der anderen Gesellschafter zu überwachen, um sie auch an Handlungen zu hindern, mit denen wichtige Vermögensgegenstände dem Haftungszugriff entzogen werden sollen. In der gleichen Weise müsste durch Kontrolle oder Vinkulierung der Anteile verhindert werden, dass ein Gesellschafter ohne Ausgleich an die übrigen seinen Anteil an eine mit einem geringeren Vermögen ausgestattete dritte Person zu übertragen vermag. Ein solches System wäre also mit einer erheblichen Einschränkung der Handlungsmöglichkeiten der Gesellschafter verbunden.

Eine freie Übertragbarkeit der Anteile ist zudem mit weiteren wichtigen, die Bereitschaft zur Gewährung von Eigenkapitalkrediten steigernden Wirkungen verbunden. So ermöglicht sie den Anteilseignern eine ihrem Lebenszyklus angepasste Kreditvergabe, da sie nicht mehr fürchten müssen, dass dann, wenn der Kredit an die Gesellschaft zurückgeführt werden soll, andere Gesellschafter die verkaufsweise Übertragung an andere Höchstbietende erschweren oder unmöglich machen. Die freie Übertragbarkeit der Anteile erlaubt damit auch heterogenen Kreditgebern Eigenkapital zur Verfügung zu stellen.

Die freie Übertragbarkeit ermöglicht weiterhin einen Markt für Unternehmenskontrolle[8], auf dem die Eigenkapitalkreditgeber ihre Anteile auf Personen übertragen, die sich zu einer besseren Kontrolle des Managements in der Lage sehen und daher einen höheren Ertrag aus dem erworbenen Unternehmen zu erwirtschaften vermögen.

---

[8] Vgl. zur Theorie und Empirie des „Marktes für Unternehmenskontrolle" und seiner Wirkungen insbesondere *H. Manne*, Mergers and the Market for Corporate Control, Journal of Political Economy 73, 1965, S. 110 ff.; *M. Jensen,* Takeovers: Their Causes and Consequences, Journal of Economic Perspectives 2(1), 1988, S. 21 ff.; *F.W. Gluck,* The Real Takeover Defense, The McKinsey Quarterly 1, 1988, S. 2 ff.; *C.C. von Weizsäcker,* Der Markt für unternehmensgebundene Ressourcen, in: Strukturwandel und Wirtschaftsordnung, Referate des XX. FIW-Symposiums, FIW Schriftenreihe 1987, S. 31 ff.; *A. Shleifer/R.W. Vishny,* Value Maximization and the Acquisition Process, Journal of Economic Perspectives 2 (1), 1988, S. 7 ff.; *E.E. Bergsma,* Managing Value: The New Corporate Strategy, The McKinsey Quarterly 1, 1989, S. 57 ff.; *F.M. Scherer,* Corporate Takeovers: The Efficiency Arguments, Journal of Economic Perspectives 2 (1), 1988, S. 69 ff.; *M. Adams,* Der Markt für Unternehmenskontrolle und sein Missbrauch, Die Aktiengesellschaft, 1989, S. 333 ff.; *M. Adams,* Höchststimmrechte, Mehrfachstimmrechte und sonstige wundersame Hindernisse auf dem Markt für Unternehmenskontrolle, Die Aktiengesellschaft, 1990, S. 63 ff.; *M. Adams,* Was spricht gegen eine unbehinderte Übertragbarkeit der in Unternehmen gebundenen Ressourcen durch ihre Eigentümer, Die Aktiengesellschaft, 1990, S. 243 ff.

Das System der beschränkten Haftung erlaubt es zudem den Käufern von Gesellschaftsanteilen zu erheblich günstigeren Kosten, den Wert des zu erwerbenden Gesellschaftsanteils festzustellen[9]. So ist der Wert eines Geschäftsanteils der Kapitalwert der von ihm aufgrund der Firmentätigkeit erzeugten Einkommensströme[10]. Die Kenntnis des Wertes des haftenden Vermögens anderer Gesellschafter ist für diese Berechnung bei Aktiengesellschaften oder Gesellschaften mit beschränkter Haftung ohne Bedeutung[11], da jeder Anteil unabhängig vom Vermögen der erwerbenden oder verkaufenden Person bewertet werden kann. Die Notwendigkeit jedem Gesellschafter einen unterschiedlichen Preis für seinen Anteil zu zahlen, würde die Kosten der Gewährung von Eigenkapitalkrediten an Unternehmen dergestalt erhöhen, dass organisierte, weltweite Kapitalmärkte kaum mehr zu existieren vermöchten, da die zu handelnden Einheiten nicht mehr homogen wären.

Weiterhin ist den Anlegern nur bei beschränkter Haftung eine effiziente Risikostreuung durch den Kauf von Anteilen mehrerer Unternehmen möglich. Da ohne beschränkte Haftung jeder einzelne Anteil das ganze Vermögen des Anlegers aufs Spiel setzen würde, wäre anstelle einer Aufteilung des Vermögens auf viele Unternehmen zwecks Vermeidung, dass „alle Eier in einem Korb" liegen, die umgekehrte Strategie richtig, nämlich möglichst die Zahl der zu unbeschränkt hohen Verlusten führenden Unternehmen gering zu halten[12].

Da bei beschränkter Haftung jeder einzelne Anleger durch ein Portefeuille sein Risiko seiner individuellen Risikoneigung anzupassen vermag, wird es den Managern möglich, dass sie jedes Projekt durchführen, das einen positiven Kapitalwert aufweist, selbst wenn ein solches Projekt auch das Risiko birgt, dass es zur Insolvenz des Unternehmens führen könnte. Rücksichtnahme auf die Risikoeinstellung der Anteilseigner ist überflüssig und unerwünscht. Dies bedeutet, dass die Manager aufgrund richtiger Investitionsanreize den Wert des Unternehmens zu maximieren vermögen und damit die Summe der verfügbaren Güter in einer Volkswirtschaft[13].

Des weiteren ist daran zu erinnern, dass auch ohne Anerkennung einer beschränkten Haftung der Gesellschafter einer Gesellschaft mit beschränkter Haf-

---

[9] *F.H. Easterbrook/D.R. Fischel,* Limited Liability and the Corporation, University of Chicago Law Review 52, 1985, S. 95 f.

[10] *R.A. Brealey/S.C. Myers,* Principles of Corporate Finance, 1988, S. 47 ff.

[11] *P. Halpern/M. Trebilcock/S. Turnbull,* An Economic Analysis of Limited Liability in Corporation Law, University of Toronto Law Journal 30, 1980, S. 117 ff.

[12] *P. Halpern/M. Trebilcock/S. Turnbull,* An Economic Analysis of Limited Liability in Corporation Law, University of Toronto Law Journal 30, 1980, S. 117 ff.; *F.H. Easterbrook/D.R. Fischel,* Limited Liability and the Corporation, University of Chicago Law Review 52, 1985, S. 95 f.

[13] Vgl. hierzu *R.A. Brealey/S.C. Myers,* Principles of Corporate Finance, 1988, S. 22.

tung oder Aktiengesellschaft es möglich wäre, mit Hilfe eines geschickten Gesellschaftsvertrages einer Personengesellschaft wie der Kommanditgesellschaft oder der stillen Gesellschaft weitgehend die gleiche haftungsmäßige Entlastung der entscheidenden Kapitalgeber zu erreichen[14]. Eine solche nur mit weiteren erheblichen Kosten zu verhindernde Umgehungslösung des Haftungsproblems ginge jedoch der Möglichkeit verlustig, die Anteile an einem organisierten Kapitalmarkt weltweit handeln zu können, so dass eine solche Regelung bei weitgehender Wirkungslosigkeit lediglich Nachteile aufwiese.

Nachdem somit **festgestellt** werden konnte, dass das System der beschränkten Haftung ein entscheidendes Strukturmerkmal von großen Vorteilen für die Nutzung der Arbeitsteilung durch die Errichtung großer Unternehmungen ist, gilt es nun, sich der Frage zuzuwenden, unter welchen Bedingungen dieses System mit Kosten in Form von unkompensierten Umverteilungen und verfehlten Anreizen verbunden ist und wie diesen dergestalt entgegengetreten werden kann, dass die großen Vorteile des Systems der beschränkten Haftung bei möglichst geringen sozialen Kosten bewahrt werden können.

[...]

C. Haftung, Freiheit, Anreize

I. Bedingungen der Freiheit

Grundidee beim Entwurf verhaltenssteuernder Anreize sollte sein, dass den Entscheidungsträgern Nutzen und Kosten aus einer Handlung untrennbar zugerechnet werden. Würde durch die Rechtsordnung eine Trennung der Vor- und Nachteile herbeigeführt, bedeutete dies einen Anreiz zur Verantwortungslosigkeit. Die Möglichkeit, den Bürgern bei der Verfolgung ihrer persönlichen Lebensziele allgemeine Handlungsfreiheit zu gewährleisten, ohne dass die jeweiligen individuellen Handlungsfreiheiten mit denjenigen der anderen Bürger in Widerspruch geraten, ist daran geknüpft, dass es nicht allgemein möglich ist, sich zwar die Erträge und Vorteile aus seinen Handlungen privat anzueignen, deren mögliche Kosten und Nachteile jedoch auf andere Menschen zu verlagern. Eine solche Externalisierung von Kosten auf unbeteiligte, hierfür nicht entschädigte Dritte ist mit einem System allgemeiner Handlungsfreiheit nicht vereinbar, da ein solches Verfahren mit dem Anreiz verbunden wäre, privat vorteilhafte Handlungen ohne Beachtung der damit verbundenen Nachteile durchzuführen[15].

---

[14] Bereits *F.C. v. Savigny* hat in seinem entscheidenden Votum zugunsten der Zulassung von Aktiengesellschaften auf diese Umgehungsmöglichkeiten hingewiesen, s. *T. Baums,* Gesetz über die Aktiengesellschaften, Text und Materialien, 1981, S. 170 ff.

[15] Diese Ansicht stützt sich auf die beiden fundamentalen Optimalitätstheoreme des Wettbewerbgleichgewichts. So besagt das 1. Optimalitätstheorem, dass eine Ressourcenallokation

Eine von der Rechtsordnung eröffnete Möglichkeit einer Externalisierung von Nachteilen auf Dritte ist zudem für die Entscheidungsträger selbst bei widerstrebender moralischer Gesinnung dann zwingend, wenn sie unter hinreichend großem Wettbewerbsdruck stehen und es sich um wesentliche Kostenbestandteile handelt, deren sie sich im Wege der Externalisierung auf Dritte entledigen können. So ist es einem Gifte versprühenden Landwirt oder Stadt und Land mit Abgasen vergiftendem Transportunternehmer dann nicht möglich, auf die Externalisierung der Kosten seiner ernte- und ertragsteigernden Chemikalien und umweltvernichtenden Abgase zu verzichten, wenn seine Konkurrenten nicht ebenfalls von der Externalisierung dieser Kosten abgehalten werden, da er anderenfalls durch sein ungünstigeres Ertrag-Kosten-Verhältnis zum Marktaustritt gezwungen werden würde. Unter Wettbewerbsdruck wird jede Möglichkeit der Kostenexternalisierung zum Zwang. Sollten sich somit die Regeln über die beschränkte Haftung als Mittel zur entschädigungslosen Verlagerung von Kosten auf Dritte erweisen, ist es wenig sinnvoll, die sich derartigen rechtlichen Anreizen zugänglich zeigenden Unternehmen mit moralischer Aggression zu verfolgen. Das richtige Verfahren besteht vielmehr in der Beseitigung der Externalisierungsmöglichkeiten.

II. Beschränkte Haftung allenthalben

Auf den ersten Blick könnte es scheinen, dass eine völlige Verhinderung entschädigungsloser Nachteilsauflastungen durch nicht hinreichendes haftendes Eigenkapital voraussetzen würde, dass jede Person in ihrer Handlungsfreiheit auf diejenigen Handlungen beschränkt wird, die keine größeren Schäden mit sich bringen als der Handelnde haftendes Eigenkapital zur Verfügung hat. Als haftendes Eigenkapital wird hierbei der Wert derjenigen Vermögensgegenstände bezeichnet, die der Gläubiger durch Zwangsvollstreckungsmaßnahmen im Ergebnis für sich erzielen kann.

Jede natürliche Person ist nun durch Pfändungsschutzvorschriften in einem bestimmten Umfang dem Zugriff ihrer Gläubiger entzogen, obwohl diese hier-

---

Pareto-optimal ist, wenn sie unter vollkommenem Wettbewerb, der Abwesenheit von technologischen Externalitäten und ohne Marktversagen aufgrund von Informationsproblemen zustande gekommen ist. Das 2. Optimalitätstheorem stellt sicher, dass jede technisch mögliche Pareto-optimale Ressourcenallokation durch Wettbewerbsmärkte erreicht werden kann, wenn diese nicht infolge technologischer Externalitäten, zunehmender Skalenerträge oder aufgrund von Informationsproblemen versagen. Eine Aufspaltung von Erträgen und Kosten auf verschiedene Personen, ohne dass sich die Belasteten mit Hilfe des vertraglichen Vetorechtes schützen können, stellt danach die ineffiziente Schaffung einer nicht mit den Optimalitätstheoremen zu vereinbarenden Externalität dar. Vgl. hierzu *K.J. Arrow/F.H. Hahn,* General Competitive Analysis, 1971 oder die lehrbuchmäßige Darstellung bei *P.R.G. Layard/A.A. Walters,* Microeconomic Theory, 1978, S. 26 und S. 403 ff. mit weiteren Nachweisen.

durch in ihren von der Rechtsordnung zugebilligten Ansprüchen geschädigt werden. Jede Haftung erweist sich somit allein aufgrund der Möglichkeit nicht hinreichend wertvoller verwertbarer Vermögensgegenstände als beschränkt[16]. Die Tatsache, dass jeder Entscheidungsträger nur mit einem begrenzt vorhandenen haftenden Eigenkapital ausgestattet ist, erweist sich somit nicht als eine nur bei juristischen Personen anzutreffende Besonderheit, sondern als ein allgemeiner für alle Schuldner geltender Umstand. Beschränkt vorhandene Haftungsmasse bei gleichzeitiger grundsätzlich unbeschränkter Handlungsfreiheit, d.h. „beschränkter Haftung" der Handelnden, ist somit eine nicht nur auf Aktiengesellschaft und Gesellschaft mit beschränkter Haftung zutreffende Rechtslage. Allerdings ist zu beachten, dass die Handlungsmöglichkeiten einer Person, die sich der Vorteile der Arbeitsteilung in Form einer Organisation bedient, ungleich größer sind, als diejenigen, die sie als unabhängige Einzelperson erreichen könnte. Dies bedeutet, dass nicht hinreichendes haftendes Eigenkapital aufgrund der zu Beginn dieser Arbeit in der Paraphrase lyrisch geschilderten Macht der Unternehmen zu einer um Größenordnungen erhöhten Schädigung der Mitmenschen führen kann. Man denke etwa an die von allzu personalkostenbewussten Reedereien verursachten Tankerkatastrophen. Einzelpersonen ist ein solches Wirken ohne die Benutzung einer Organisation verschlossen. Unternehmen offen stehende Externalisierungen sind daher aufgrund ihres riesigen Schadenspotentials von den gleichen Problemen bei Einzelpersonen zu unterscheiden.

Bevor jedoch der Frage nachgegangen werden kann, ob bei der juristischen Person oder bei Konzernunternehmen in besonderem Umfang allgemeine Handlungsfreiheit und Externalisierungsmöglichkeiten in Widerspruch geraten, soll dargelegt werden, ob und unter welchen Bedingungen Personen überhaupt in der Lage sind, Kosten ihrer Handlungen auf Dritte ohne deren Zustimmung verlagern zu können.

III. Die Externalisierung der Risiken beschränkter Haftung

1. Schadensexternalisierung bei wohl informierten Vertragsgläubigern

Allgemeine Handlungsfreiheit selbst ohne irgendwelche haftenden Vermögensgegenstände bedeutet nicht notwendigerweise eine Freigabe der Mitbürger als Objekt einer Externalisierung von Kosten der ohne haftende Mittel handelnden Personen[17]. Entscheidend für die mit Haftungsbeschränkungen oder Pfändungs-

---

[16] *F.H. Easterbrook/D.R. Fischel,* Limited Liability and the Corporation, University of Chicago Law Review 52, 1985, S. 87 ff.

[17] *M. Lehmann,* der in seiner Arbeit „Das Privileg der beschränkten Haftung und der Durchgriff im Gesellschafts- und Konzernrecht", ZGR, 1986, S. 345 ff. erwähnt zwar an verschiedenen Stellen die Bedeutung der Information für das Zustandekommen von externen Effek-

schutzvorschriften verbundenen Wirkungen ist vielmehr, ob die Parteien miteinander in *vertraglichen Beziehungen* stehen und zugleich über die zwischen ihnen stattfindenden Transaktionen richtig und vollständig informiert sind oder ob ihnen die mit Schädigungsmöglichkeiten verbundenen Transaktionen gegen ihren Willen aufgedrängt werden können. Verstehen die Parteien die zwischen ihnen aufgrund eines Vertrages ablaufenden Vorgänge, ermöglicht ihnen das Vertragsrecht, durch die schlichte Verweigerung der Zustimmung zuverlässig zu verhindern, dass sie durch diesen Vorgang schlechter gestellt werden als ohne den Vertrag. Bei wohl informierten *Vertrag*spartnern verhindert somit das beiden Seiten zustehende Vetorecht, dass eine Partei der anderen Seite einen nicht kompensierten Nachteil aufzunötigen vermag[18].

So wird beispielsweise ein Kreditgeber bei zwei ansonsten völlig gleichen Kreditnehmern von demjenigen eine ausgleichende Zinserhöhung verlangen, der über ein geringeres im Konkurs verwertbares Vermögen verfügt[19]. Das Risiko der geringeren Haftungsmasse muss vom Vertragsschuldner aufgrund des Vetorechts der Kreditvertragsgegenseite bereits vor der möglichen Insolvenz ex ante in den von ihm zu zahlenden Zinszuschlägen kompensiert werden. Auch ein völlig vermögensloser Schuldner, sei er eine natürliche oder juristische Person, kann somit auch bei allgemeiner Handlungsfreiheit seinen Mitbürgern keine Externalitäten aufbürden, soweit diese sich freiwillig in die Transaktion einlassen

---

ten, geht dem Mechanismus möglicher Externalisierungen jedoch nicht hinreichend genau nach, wenn er etwa zusammenfassend auf S. 363 ausführt, „wer demgegenüber das Prinzip der beschränkten Haftung aktiv, strategisch zielgerichtet, sei es subjektiv oder objektiv, als Mittel zur Kostenüberwälzung an die Allgemeinheit der Wirtschaftssubjekte einsetzt, sollte mit der Sanktion des Durchgriffs belastet werden.“ *M. Lehmann* lässt nicht klar erkennen, unter welchen Umständen er eine „aktiv, strategisch zielgerichtete Kostenüberwälzung auf die Allgemeinheit“ annimmt. Da es gerade Aufgabe des Wettbewerbs ist, die Wirtschaftssubjekte zu vorsätzlichen Kostensenkungen zu zwingen, kann zielgerichtete Kostenminimierung im Wirtschaftsleben keinen Haftungsgrund gegenüber einer „zufälligen, strategisch ungerichteten“ Kostenüberwälzung auf die Allgemeinheit darstellen. Eine Privilegierung fahrlässiger Gewinnmaximierung aufgrund einer Externalisierung macht keinen Sinn. Diese Kritik gilt auch für die Arbeit von *R. Nacke,* Die Durchgriffshaftung in der U.S. amerikanischen Corporation, 1989. Zur ökonomischen Begründung einer unterschiedlichen Behandlung von Vorsatz und Fahrlässigkeit vgl. *M.R. Darby/E. Karni,* Free Competition and the Optimal Amount of Fraud, Journal of Law and Economics 16 (1), 1973, S. 67 ff.; *M. Adams/S. Shavell,* Zur Strafbarkeit des Versuchs, Goltdammer's Archiv für Strafrecht, 1990, S. 337 ff.

[18] Vgl. hierzu auch *T. Schelling,* Micromotives and Macrobehavior, 1978, S. 20 ff. Für den Bereich der Produkthaftung unter besonderer Berücksichtigung der Verteilung des Wissens unter die beteiligten Vertragspartner und möglicher Fehlwahrnehmungen vgl. *M. Adams,* Ökonomische Analyse der Produkthaftung, Beilage 20, Betriebsberater, November 1987.

[19] *M. Adams,* Ökonomische Analyse der Sicherungsrechte, 1980, S. 171 ff.; *J. Drukarczyk/J. Duttle/R. Rieger,* Mobiliarsicherheiten - Arten, Verbreitung, Wirksamkeit, 1985.

und über den Umfang der beschränkten Haftung wohl informiert[20] sind und daher bei Abschluss des Vertrages eine dieses Risiko ausgleichende Entschädigung verlangen konnten.

Die Fähigkeit, seinen Mitbürgern nicht kompensierte Insolvenzrisiken aufbürden zu können, ist somit nur dann gegeben, wenn diese entweder ihr Risiko nicht richtig wahrnehmen (Informationsprobleme) oder das Risiko ohne ihre Zustimmung aufgenötigt erhalten, wie dies für Zwangsgläubiger wie etwa Deliktsgläubiger bei „Schädigungen unter Fremden"[21] zutrifft.

2. Die Möglichkeit einer Schadensexternalisierung bei unfreiwilligen Gläubigern

Die Fähigkeit, anderen Bürgern einen Schaden aufgrund fehlenden haftenden Eigenkapitals zufügen zu können, ist dann gegeben, wenn der Geschädigte keine Möglichkeit besitzt, das Entstehen seiner Gläubigerposition zu verhindern. Während das Vertragsrecht jeder Person die Freiheit einräumt, dem Entstehen einer Gläubigerposition zu entgehen, erfasst insbesondere das Recht der unerlaubten Handlungen auch die auf nicht vertraglicher Anspruchsgrundlage beruhenden Schädigungen. Es sind dies insbesondere die „Unfälle und Schädigungen unter Fremden", bei denen die Parteien *vor* der Schädigung nicht in vertragliche Beziehungen eintreten können und die Schädigungsrisiken, einschließlich des geringen haftenden Eigenkapitals für den Fall der Insolvenz, nicht durch entsprechende Preisaufschläge oder Verhaltensregulierungen auszugleichen vermögen[22].

---

[20] Ein Gläubiger ist hiernach dann wohl informiert, wenn er den Erwartungswert der Insolvenz abzuschätzen vermag. In der Wirklichkeit bestehen zwischen den einzelnen Gläubigergruppen große Unterschiede im Grad ihrer Unwissenheit. Nur wenige Gläubiger können als wohl informiert angesehen werden.

[21] Vgl. diesem Begriff *S. Shavell,* Strict Liability versus Negligence, Journal of Legal Studies 9, 1980, S.1 ff.; *S. Shavell,* Economic Analysis of Accident Law, 1987, S. 228 ff.; *M Adams,* Ökonomische Analyse der Produkthaftung, Beilage 20, Betriebsberater, November 1987.

[22] Über eine bloße Bezeichnung des Adressatenkreises analytisch („dogmatisch") wenig weiterführend werden die Rechte in § 823 I BGB als „absolute Rechte" im Gegensatz zu den „relativen Rechten" aus Vertragsbeziehungen bezeichnet. Bei dem Versuch, die Wirkungen des Rechts der unerlaubten Handlungen zu verstehen, muss unterschieden werden zwischen Fällen, in denen die Beteiligten einer unerlaubten Handlungen nicht miteinander Verträge schließen können, wie dies zum Beispiel für die Teilnehmer an einem Verkehrsunfall üblicherweise zutrifft, und zwischen denjenigen Fällen, in denen das Unfall- oder Schadensrisiko im Vertrag berücksichtigt werden kann, wie dies in Produkthaftungsschäden - abgesehen von den Schäden, die völlig unbeteiligte Dritte erleiden - möglich wäre. Während im ersteren Fall dem Deliktsrecht unmittelbare Regulierungskraft zukommt, hängt die Wirkung von Produkthaftpflichtregelungen entscheidend von der Informationsverteilung und den Wahrnehmungen des Produktrisikos ab. Vgl. daher zur ersteren Fallgruppe der „Schädigungen unter Fremden"

Ein typischer Fall eines unkompensiert aufgenötigten Risikos sind Straßenverkehrsunfälle, Flugzeugabstürze für die von den Trümmern getroffenen Personen, die schleichende Vergiftung der Atemluft durch Kraftwerke und Straßenverkehr, der Untergang von Tankern für die Küstenanwohner, ein Angriff gentechnisch ungeschickt veränderter Viren, die Kernschmelze eines Atomreaktors. Auch viele allgemeine Straftaten, wie etwa Raub, Diebstahl, Körperverletzung, Transportgefährdungen, Sachbeschädigungen zählen zur Fallgruppe der aufgezwungenen Schuldverhältnisse.

a. Eigenkapital und materielles Recht bei aufgezwungenen Schuldverhältnissen

Im Falle einer aufgezwungenen Gläubigerstellung bestimmt die Höhe des Wertes des haftenden Eigenkapitals des Schuldners unmittelbar den Wert der Forderung für den Gläubiger. Vermögenslosigkeit eines derartigen Schuldners bedeutet, dass er ökonomisch lediglich ein „nacktes Recht" in der Hand hält, während ein zu seiner Befriedigung hinreichend hohes haftendes Eigenkapital des Schuldners ihn vor jedem rechtlich anerkannten[23] Schaden zu bewahren vermag.

Die Rechtsordnung muss nun zur Möglichkeit der Wahrung der allgemeinen Handlungsfreiheit für den Bereich der aufgezwungenen Schuldverhältnisse eine Mindesteigenkapitalregulierung vorsehen, und zusätzlich für den Fall, dass das Zivilrecht keine hinreichenden Anreize zu vermitteln vermag, durch strafrechtliche oder verwaltungsrechtliche Regelungen eine Ausübung dieser Externalitäten erzeugenden Verhaltensweisen verhindern.

b. Haftpflichtversicherungen als Mindestkapitalregulierungen

Der Weg, den die deutsche Rechtsordnung zur Lösung dieser Frage gewählt hat, besteht darin, allen Bürgern grundsätzlich die allgemeine Handlungsfreiheit un-

---

S. Shavell, Economic Analysis of Accident Law, 1987, S. 228 ff.; *M. Adams*, Ökonomische Analyse der Verschuldens- und Gefährdungshaftung, 1985, und zur zweiten Gruppe *M. Adams*, Ökonomische Analyse der Produkthaftung, Beilage 20, Betriebsberater, November 1987 jeweils mit weiteren Literaturnachweisen.

[23] Der von der Rechtsordnung anerkannte, vom Schuldner zu ersetzende Schaden ist häufig nicht der beim Individuum tatsächlich in Form seines Nutzenverlustes anfallende Schaden, sondern deutlich kleiner. „Vollständiger Schadensersatz" wird von der Rechtsordnung nur in Teilbereichen angeordnet, vgl. hierzu *H.B. Schäfer/C. Ott*, Lehrbuch der ökonomischen Analyse des Zivilrechts, 1986, S. 228 ff.; *C. Ott/H.B. Schäfer*, Begründung und Bemessung des Schadensersatzes wegen entgangener Sachnutzung, ZIP, 1986, S. 613 ff.; *C. Ott/H.B. Schäfer*, Schmerzensgeld bei Körperverletzungen, JZ, 1990, S. 563 ff.; *M. Adams*, Warum kein Ersatz von Nichtvermögensschäden?, erschienen in: *C. Ott/H.B. Schäfer* (Hrsg.), Allokationseffizienz in der Rechtsordnung: Beiträge zum Travemünder Symposium zur Ökonomischen Analyse des Zivilrechts 1988, 1989, S. 210 ff.

abhängig von ihrem haftenden Eigenkapital zu gewährleisten. Nur für diejenigen Gebiete, die eine besonders hohe Zahl schwerwiegender aufgenötigter externalisierter Schäden erwarten ließ, wurden Verfahren ersonnen, die eine Mindesthöhe an haftendem Vermögen für die Zwangsgläubiger sichern. So wird bei der Massenproduktion von Toten und Verletzten im Straßenverkehr durch Kraftfahrzeuge die Aufnahme dieser zu zahlreichen Zwangsschuldverhältnissen führenden Tätigkeit von dem Erwerb eines Anspruchs gegen eine von einer Versicherung gesammelte Vermögensmasse für den Fall eines Schadens abhängig gemacht. Dieser Zwang zum Erwerb eines im Fall eines Unfalls zur Verfügung stehenden Haftungskapitals verhindert, dass die Kraftfahrer sich den Nutzen aus ihrer unfallträchtigen Tätigkeit privat anzueignen vermögen, deren Kosten für den Fall einer Schädigung Dritter jedoch auf diese insoweit zu externalisieren vermögen, als sie keine den erzeugten Ansprüchen gerecht werdendes haftendes Eigenkapital bereit halten. Der Zwang zum Abschluss von Haftpflichtversicherungen verhindert somit eine Kostenexternalisierung und stellt damit eine ökonomisch sinnvolle Mindesteigenkapitalregulierung dar.

Ohne Bewertung ihrer Ausgestaltung im einzelnen erweisen sich somit auch die mit Versicherungspflicht gekoppelten Gefährdungshaftungstatbestände etwa für Flugzeuge, Rohrleitungen und Kernkraftwerke als dem Grundsatz nach vernünftige Eigenkapitalregulierungen für Unfallsituationen, da sie ein Stück weit verhindern, dass Unternehmen in den Markt treten, einer gewinnträchtigen, jedoch unfallbehafteten, Zwangsgläubiger erzeugenden Tätigkeit nachgehen und sich solange die Gewinne aus ihrer Tätigkeit aneignen bis sich das Schadenspotential ihrer Tätigkeit verwirklicht, um dann den Markt im Wege einer Insolvenz unter Hinterlassung unbefriedigter Zwangsgläubiger mit externalisierten Schäden zu verlassen, um dann möglicherweise flugs anschließend im neuen gesellschaftsrechtlichen Gewande wieder aufzutauchen in der Absicht, der aufgrund dieses Verfahrens sich privat vorteilhaft darstellenden Tätigkeit erneut nachzugehen.

Ließe die Rechtsordnung eine solche Vorgehensweise zu, wäre eine Fülle von mit gesetzlich geringst möglichem haftendem Eigenkapital ausgestatteten Gesellschaften mit beschränkter Haftung oder Aktiengesellschaften zu erwarten, die eine solche Internalisierung der Vorteile bei gleichzeitiger Externalisierung der Nachteile betrieben. [..]

Jedoch nicht nur das „Schäden unter Fremden“ regelnde Deliktsrecht, auch das Vertragsrecht kann unter bestimmten Bedingungen gegenüber der Höhe des vom Handelnden aufgebrachten haftenden Eigenkapitals nicht in Gleichgültigkeit verharren, wie der nun folgende Abschnitt zeigen wird.

3. Schadensexternalisierung bei Vertragsgläubigern aufgrund von Fehlwahrnehmungen

Das Vetorecht vermag im Vertragssystem einen Schutz vor nicht kompensierten Schäden infolge mangelnden haftenden Vermögens nur dann zu gewährleisten, wenn der Gläubiger das Risiko einer möglichen Insolvenz und der dann für ihn vorhandenen Haftungsmasse bereits bei Vertragsschluss richtig zu bewerten weiß. Hierfür ist erforderlich, dass der Gläubiger neben der Schadenshöhe[24], die Insolvenzwahrscheinlichkeit und das den Wert des in diesem Zeitpunkt für seine Befriedigung zur Verfügung stehenden haftenden Vermögens seines Schuldners abzuschätzen vermag[25]. Diese Abschätzung ist jedoch durch Fehler in der Informationsverschaffung und der Informationsverarbeitung gefährdet.

So ist es zunächst möglich, dass der Schuldner selber oder ein an der Fortführung der Schuldneraktivitäten interessierter Dritter, wie etwa ein nicht vollständig abgesichertes Kreditinstitut, fehlerhafte Angaben macht oder in anderer Weise informatorischen Lärm erzeugt, der eine richtige Insolvenzabschätzung nicht erlaubt. Unterlassene Offenbarungen über wichtige Insolvenzrisiken können gleichfalls den zukünftigen Gläubiger über die mangelnde Vorteilhaftigkeit des Vertrages täuschen.

Auf der Seite des Gläubigers vermag eine Beschaffung und Verarbeitung der erforderlichen Informationsgrundlagen nicht möglich oder aus Kostengründen nicht sinnvoll sein. Zudem mag der Gläubiger aus allgemeinen Gründen, wie Unerfahrenheit in derlei Art von Geschäften, nicht in der Lage sein, seine Gefährdung aufgrund des geringen haftenden Eigenkapitals der Vertragsgegenseite zu verstehen.

In all diesen Fällen ist es möglich, dass es dem zukünftigen Gläubiger nicht gelingt, einen seiner Insolvenzgefährdung entsprechenden Ausgleich zu vereinbaren. Für die unter solchen Bedingungen abgeschlossenen Verträge gibt es keine Garantie, dass sie den Nutzen der Parteien erhöhen. Da die Grundidee des Vertragssystems unter Privatautonomie darin besteht, denjenigen Prozess zu ermöglichen, durch den die Güter und Dienstleistungen in die aus der Sicht der Beteiligten bessere Verwendung gelangen, sind die auf einer fehlerhaften Bewertung beruhenden Verträge kein wünschenswertes Ereignis. Es muss daher der Frage nachgegangen werden, wie die Rechtsordnung auf die geschilderten Wahrnehmungsfehler antworten soll.

---

[24] Bei einem Kreditvertrag wäre dies die Höhe des noch zurückzuzahlenden Kapitalbetrages und der zu leistenden Zinsen.

[25] Vgl. *M. Adams*, Ökonomische Analyse der Sicherungsrechte, 1980; *J. Drukarczyk*, Unternehmen und Insolvenz, 1987, *J. Drukarczyk/J. Duttle/R. Rieger*, Mobiliarsicherheiten - Arten, Verbreitung, Wirksamkeit, 1985; *T.H. Jackson*, The Logic and Limits of Bankruptcy Law, 1986.

a. Vertragsbruch und Täuschung

Zunächst erhebt sich die Frage, ob auch diejenigen Vertragsgläubiger als durch die bei Vertragsschluss vereinbarten Prämien geschützt angesehen werden können, die einen Schadensersatzanspruch gegen den beschränkt haftenden Schuldner deshalb erwerben, weil sich der Schuldner vorsätzlich vertragswidrig verhält oder er den Gläubiger bei Vertragsschluss über wichtige Tatbestände täuscht.

Ein Beispiel hierfür wäre etwa ein Lieferant, der mit dem Schuldner sofortige Zahlung nach Lieferung vereinbart, dann jedoch keinerlei Zahlung zu verbuchen hat. Zwar kann, muss und wird sich auch ein solcher Gläubiger durch einen allgemeinen Aufschlag auf seine Preise eine entsprechende Risikoprämie gewähren lassen, so dass er im Durchschnitt keinen nicht kompensierten Schaden durch den Vertragsbruch seines Schuldners erleidet. Ebenso vermag sich ein Kreditgeber durch einen allgemeinen Aufschlag auf all seine Kreditverträge diejenigen Verluste entgelten lassen, die er durch vorsätzliche Täuschung durch seine Kunden in seinen Kreditverträgen erleidet. Obwohl zwar die im Durchschnitt aller Verträge erzielten Risikoprämien für Betrug und vorsätzlich geplante vertragswidrige Zahlungsverweigerungen dem Gläubiger als Lieferant und Kreditgeber zur Normalverzinsung seiner Leistungen verhilft und damit überhaupt im Markt hält, lassen sich die von einem solch unseriösen Vertragspartner herbeigeführten unerwünschten Allokations- und Distributionswirkungen nicht übersehen.

So bedeutet eine nicht vereinbarte Zahlungsverweigerung, dass sich der Schuldner einen Zwangskredit verschafft, dessen Kosten zum Teil vom Schuldner, aber auch von den anderen vertragstreuen Geschäftspartnern im Wege einer Risikoprämienumlage getragen werden müssen. Die von dem Gläubiger gegen einen solchen Vertragsbruch ergriffenen Vorsorgemaßnahmen in Form von Vertragsverweigerungen oder aufwendiger Vertragsdurchführungskontrollen stellen zusätzliche Kosten eines solch möglichen Schuldnerverhaltens dar und damit zugleich auch einen sozialen Verlust. Unwahre Darstellungen durch den zukünftigen Schuldner sowie vertragswidrige Selbstbeschaffung von Krediten sind somit als teilweise Externalisierung von Schäden im Vertragsbereich zu bewerten. Die Gläubiger dergestalt erworbener Ansprüche stehen damit teilweise Deliktsgläubigern gleich, die eine Zwangsgläubigerschaft bei ungenügendem haftenden Eigenkapital aufgenötigt erhielten.

Neben vertragswidrigen Kreditselbstbeschaffungen sind auch diejenigen Strategien als externalisierende Schadensverlagerungen anzusehen, die eine überraschende, vertragswidrige und daher nicht kompensierte Erhöhung des Gläubigerrisikos darstellen[26]. Hierzu gehören die Durchführung nicht vereinbarter be-

---

[26] In der juristischen Terminologie stellt auch die bloße insolvenzbedingte Unfähigkeit, die Leistungen wie vereinbart zu erbringen, rechtstechnisch eine Vertragsverletzung dar. Bei der

sonders riskanter Investitionsvorhaben oder unerwartete Umschichtungen des haftenden Eigenkapital, etwa zugunsten Kontrolle ausübender Banken.

b. Arbeitnehmer als Zwangsgläubiger

Auch die von einer juristischen Person beschäftigten Arbeitnehmer können trotz ihrer Vertragsposition Leidtragende zu geringen haftenden Eigenkapitals sein. Aufgrund des allgemeinen Informationsflusses und ihrer betrieblichen Vertretungen und deren Informationsrechte erscheint es vernünftig anzunehmen, dass die in einem Unternehmen beschäftigten Personen auch aufgrund ihnen nicht verborgen bleibender Maßnahmen des Managements und der Kunden zumindest einige Monate vor dem Zusammenbruch des Unternehmens von ihrem Risiko Kenntnis erlangen.

Würde es sich bei den Arbeitnehmern um Warenlieferanten oder Kreditgeber handeln, wäre ihnen durch Risikoprämien, durch das Verlangen nach Sicherheitsleistung oder durch die Verweigerung der Fortdauer des Vertragsverhältnisses eine Abwehr der Gefahr vergleichsweise einfach möglich. Der Schutz der Arbeitnehmer durch eine von ihnen betriebene Vertragsbeendigung (Kündigung) erweist sich jedoch für eine große Zahl der Arbeitnehmer als ein nicht dem üblichen Vetorecht der Verweigerung eines Vertragsbeginns ebenbürtiges Verfahren. Der Grund hierfür besteht darin, dass Arbeitsverträge zur bestmöglichen Ausnutzung der Arbeitsteilung häufig auf erhebliche Dauer angelegt werden, da sie insbesondere von Arbeitnehmerseite bedeutende vertragsspezifische Humankapitalinvestitionen erfordern, deren Wert bei einer unvorhergesehenen Beendigung des Vertragsverhältnisses für die Arbeitnehmer vollständig verloren geht. Der Versuch eines Arbeitnehmers, durch eine Kündigungsdrohung Sicherung oder Kompensation für seinen Arbeitslohn zu erhalten, bedroht dann zugleich auch die eigenen, in Erwartung einer längeren Vertragsdauer aufgewendeten spezifischen Humankapitalinvestitionen und gewährt somit nur ein recht begrenzt wirksames Mittel, Risiken vom Arbeitslohnanspruch abzuwenden. In Höhe der vom Arbeitnehmer in Erwartung einer längeren Vertragsdauer getätigten unternehmensspezifischen Investitionen, die im Falle einer Insolvenz unwiderruflich verloren wären, ist somit auch ein aufgrund Arbeitsvertrages tätiger Arbeitnehmer durch ein zu geringes haftendes Eigenkapital des Unternehmens ausbeutbar und einem Zwangsgläubiger gleichzusetzen.

Festlegung des erforderlichen haftenden Eigenkapitals ist jedoch zwischen externalitätenfreien, auf Werterhöhung des Unternehmens gezielten Verhaltensweisen zu unterscheiden, deren ex post Scheitern durch Kompensation ohne nachteilige Allokations- und Distributionswirkungen ausgeglichen werden kann, und Vertragsbrüchen, die zu Zwangskrediten führen. Bei einer ökonomischen Analyse ist somit nicht jeder juristische Vertragsbruch gleich zu bewerten.

Ist die geringe Höhe des haftenden Eigenkapitals jedoch bei Vertragsschluss bekannt oder führen die Arbeitnehmer sie erst mit Hilfe von Gewerkschaften im Wege von Lohnkostensteigerungen oder Arbeitszeitverkürzungen oder durch Rückgriff auf den politischen Prozess im Wege eines Eingriffs in bestehende Arbeitsverträge erst herbei, wird die risikoerhöhende Verminderung des haftenden Eigenkapitals durch sie selbst verursacht. Bei derartigen Nachverhandlungen bei grundsätzlich auf Dauer angelegten Arbeitsverträgen geht es zum Teil auch darum, den Unternehmen die aus den investierten Kapitalgütern fließenden unternehmensspezifischen Erträge zu entziehen. Solange es arbeitsrechtliche Auseinandersetzungen um die spezifischen Investitionen von Arbeitnehmer *und* Unternehmer geben kann, sind beide Parteien Gefangene der „großen Transformation“[27]. Die Annahme der Schutzbedürftigkeit einer Seite in Form einer Anerkennung als Zwangsgläubiger wäre eine asymmetrische, der Wirklichkeit nicht vollständig entsprechende Sicht der Dinge. Für eine Risikoprämie wegen Unterkapitalisierung besteht daher für die vom Arbeitsrecht selbst herbeigeführten Risiken kein Anlass.

c. Manager als Zwangsgläubiger

Zur erfolgreichen Führung eines Unternehmens müssen in besonderem Umfang die das Unternehmen leitenden Personen unternehmensspezifische Humankapitalinvestitionen und andere bei Vertragsbeendigung unwiderruflich verlorene Aufwendungen erbringen. Da jedoch der Geschäftsführung in besonderer Weise der Zugang zu den das Unternehmen charakterisierenden Informationen offen steht, wird üblicherweise eine die unternehmensspezifischen Humankapitalinvestitionen des Managements gefährdende Insolvenzmöglichkeit ausgleichende Prämie als Lohnbestandteil nicht fehlen[28]. Aufgrund ihrer Einflussmöglichkeiten und ihrer besonderen Informationsvorteile erscheinen somit die Manager eines Unternehmens auch bei geringem haftenden Eigenkapital des Unternehmens nicht dergestalt gefährdet, dass sie außenstehenden Zwangsgläubigern entsprechen.

---

[27] *O. Williamson,* The Economic Institutions of Capitalism, 1986, S. 240 ff. Das Gleiche gilt für die vom deutschen Arbeitsrecht herbeigeführten intertemporalen Abweichungen zwischen Lohn und Produktivität und die damit erzeugten disfunktionalen Renten.

[28] Dieser bei Vertragsschluss vor Aufwendung der irreversiblen Humankapitalinvestitionen gegebene Schutz kann aufgrund der Kenntnis der Risiken je nach Hierarchiestufe und Vorbildung und Beschäftigungsbereich unterschiedlich stark sein. Im Grenzfall besteht zum durchschnittlichen Arbeitnehmer kein Unterschied mehr.

d. Die Produktkunden als Zwangsgläubiger

Ein Vertrag über Güter und Dienstleistungen ist üblicherweise nicht bereits dann vollständig vollzogen, wenn im Fälligkeitszeitpunkt die jeweiligen Leistungen ausgetauscht worden sind. So kann ein Produkt beispielsweise erst erheblich später erkennbare Mängel aufweisen und dem Erwerber schwerwiegende Schäden zufügen. Ein Kaufvertrag muss daher für eine gewisse Zeit nach dem Kauf mit Gewährleistungs- und Haftungspflichten verbunden sein, will man nicht Anreize zur Herstellung von Produkten mit verborgenen Mängeln schaffen. Möchte der Käufer den wirklichen Leistungsumfang seines Vertragspartners beurteilen, wird er auch die zukünftige Leistungsfähigkeit seines Verkäufers im Falle von Gewährleistungs- und Produkthaftungsansprüchen bei der Bewertung des Produkts berücksichtigen müssen. Bei einem die Lage eines Käufers erheblich beeinflussenden Kaufvertrage, wie etwa einer kostspieligen Bauleistung, gehört im Bereich des Wirtschaftslebens die Prüfung der Wahrscheinlichkeit einer Insolvenz der Vertragsgegenseite bei der Leistungsprüfung des Angebots zur täglichen Praxis.

Für den Bereich der privaten Alltagsverträge wird im Gegensatz zu den gewerblichen Käufern aufgrund der pro Kauf völlig außer Verhältnis stehenden Informationskosten von den Konsumenten[29] keine Insolvenzprüfung durchgeführt. Da den Konsumenten üblicherweise der Zugang zu den wirtschaftlichen Informationsdiensten, wie etwa der Schufa, nicht offen steht oder unverhältnismäßig teuer wäre, besitzen sie für die meisten praktischen Zwecke keine Möglichkeit, die Insolvenzrisiken ihres Vertragspartners abschätzen zu können. Damit fehlt den Käufern insbesondere für Produkthaftpflichtfälle die Kenntnis eines wichtigen Leistungsbestandteils. Der Kauf einer großen Zahl von Gütern für den privaten Gebrauch verwandelt sich damit in den Kauf von Erfahrungsgütern[30], bei denen das von *G. Akerlof*[31] beschriebene Marktversagen droht. Ebenso wie im Recht der Allgemeinen Geschäftsbedingungen erscheint es nicht vernünftig, die Informations- und Anpassungslast über die möglichen Insolvenzwirkungen auf

---

[29] Das Merkmal des privaten Verbrauchs und des Konsumentenbegriffes in Abgrenzung zum gewerblichen Verbrauch dient als Indiz für die dahinter stehende tiefere im folgenden zu begründende Unterscheidung nach der jeweiligen Höhe der Informationskosten der Beteiligten, die zu einem Marktversagen führen kann.

[30] *P. Nelson,* Information and Consumer Behaviour, Journal of Political Economy 78 (3), 1970, S. 311 ff.

[31] *G. Akerlof,* The Market for Lemons, Quarterly Journal of Economics 84 (3), 1970, S. 488 ff. Eine ausführliche Darstellung einer solchen Vertragslage einschließlich möglicher aus dem Markt kommender Korrekturmechanismen enthält *M. Adams,* Ökonomische Begründung des AGB-Gesetzes - Verträge bei asymmetrischer Information, Betriebsberater, 1989, S. 781 ff.

dem möglicherweise geschädigten Vertragspartner ruhen zu lassen[32]. Auch für den Bereich der Haftung für Produktschäden ist es sinnvoll, durch eine Senkung der Informationslast des Konsumenten eine gesteigerte Effizienz der Produktmärkte für privat genutzte Güter herbeizuführen. Dies kann einmal dadurch bewerkstelligt werden, dass den Unternehmen allgemein ein die Insolvenzrisiken hinreichend sicher ausschließendes haftendes Eigenkapital zur Pflicht gemacht wird, aber auch dadurch, dass die Produzenten ihren Kunden für die von ihnen zu vertretenden Produktschäden eine zusätzliche ausreichende Haftungsmasse durch den Abschluss einer **Produkthaftpflichtversicherung** zur Verfügung stellen müssen.

[32] Vgl. hierzu im einzelnen *M. Adams,* Ökonomische Begründung des AGB-Gesetzes - Verträge bei asymmetrischer Information, Betriebsberater, 1989, S. 781 ff.

Höchststimmrechte, Mehrfachstimmrechte und sonstige wundersame Hindernisse auf dem Markt für Unternehmenskontrolle

„Ein Gespenst geht um in Europa - das Gespenst des Wettbewerbs"

A. Die Wiederbelebung des Marktes für Unternehmenskontrolle

Die Revolution der Aktionäre durch die Wiederbelebung des Marktes für Unternehmenskontrolle auch für außerordentlich große Gesellschaften, dessen Management sich bereits durch die schiere Größe des Unternehmens vor einer seine Macht begrenzenden Kontrolle der Aktionäre gefeit sah, hat manche Geschäftsführung darüber nachsinnen lassen, wie dieser neuartigen Bedrohung entgegengetreten werden könnte[1]. So wie wir alle[2] haben auch Manager persönliche Ziele und Wünsche, von denen nur einer darin besteht, reich zu werden.

Von Kontrolle durch die Eigentümer befreite Unternehmensleitungen werden daher zunächst den Konsum am Arbeitsplatz erhöhen, da für sie dessen Nutzen ebenso groß ist wie in einem Unternehmen, das ihnen selbst gehörte. Die hierdurch ausgelösten Kosten in Form eines geringeren Residuums (Gewinnes) sind jedoch voll von den nicht an diesen Entscheidungen beteiligten Eigenkapitalgebern zu tragen. Dieser Konsum vermag sich neben prachtvollen Gehältern in den verschiedensten Formen verwirklichen: etwa in vergnügten Arbeitsklimata in üppig ausgestatteten Büros mit angenehm anzusehenden Hilfskräften in großer Zahl, freundlich willigen, kulturell angepassten, jedenfalls nicht zu kompetitiven Kollegen, Mitarbeitern mit der Gabe des vorauseilenden Gehorsams, Sicherheit in jeder Form, Schutz gegen vielerlei Ungemach und schließlich Status und soziale Macht in den verschiedensten Ausdrucksformen. Auch der Aufbau unproduktiver Wirtschaftsimperien wird zum Mittel des Wichtigtuns unkontrollierter

---

Erstveröffentlichung *Michael Adams*, Höchststimmrechte, Mehrfachstimmrechte und sonstige wundersame Hindernisse auf dem Markt für Unternehmenskontrolle", Die Aktiengesellschaft, 1990, S. 63-78. Der Aufsatz wurde geringfügig gekürzt und sprachlich geglättet.

[1] Vgl. zur Theorie und Empirie des „Marktes für Unternehmenskontrolle" und seiner Wirkungen insbesondere *M. Jensen*, Takeovers: Their Causes and Consequences, Journal of Economic Perspectives, 1988, S. 21 ff.; *F.W. Gluck*, The Real Takeover Defense, The McKinsey Quarterly, Winter 1988, S. 2 ff.; *C.C. von Weizsäcker*, Der Markt für unternehmensgebundene Ressourcen, in: Strukturwandel und Wirtschaftsordnung, Referate des XX. FIW-Symposiums - FIW Schriftenreihe 1987, S. 31 ff.; *A. Shleifer/R.W. Vishny*, Value Maximization and the Acquisition Process, Journal of Economic Perspectives, 1988, S. 7 ff.; *E.E. Bergsma*, Managing Value: The New Corporate Strategy, The McKinsey Quarterly, Winter 1989, S. 57 ff.; *F. M. Scherer*, Corporate Takeovers: The Efficiency Arguments, Journal of Economic Perspectives, 1988, S. 69 ff. jeweils m.w.N.

[2] „Tu le connais, lecteur, ce monstre délicat, - Hypocrite lecteur, - mon semblable, - mon frère!", Charles Baudelaire, Les Fleurs du Mal, „Au Lecteur".

Unternehmensleitungen, die hierbei die Ressourcen ihrer machtlosen Aktionäre vergeuden[3]. Darüber hinaus wird im Rahmen der Unkontrollierbarkeit seitens der Aktionäre auch der Anreiz zu harter Arbeit geringer, da dessen Grenzprodukt nicht mehr den Managern, sondern den außenstehenden Eigenkapitalfinanciers zugute kommt.

Im Gesellschaftsrecht der Vereinigten Staaten ist der „Board of Directors" dafür vorgesehen, die Manager in ihrem Verhalten zu kontrollieren. Der „Board" hat zumindest die nominale Macht, den „Chief Executive Officer" anzustellen und zu entlassen, sowie jedes größere Unternehmensprojekt zu blockieren. In der Praxis haben sich jedoch die „Boards of Directors" häufig nicht in der Lage gesehen, unvorteilhafte Projekte des Managements zu verhindern. Grundsätzlich sind es jedoch die Manager selbst, die die Auswahl der Direktoren steuern. Die ausgesuchten Direktoren sind entweder Insider, die dem gegenwärtigen Management treu ergeben sind, oder Außenseiter, die ein finanzielles Interesse an der Beständigkeit der gegenwärtigen Managementbesetzung haben, wie etwa Anwälte oder wichtige Vertragspartner des Unternehmens. Selbst die relativ unabhängigen Direktoren werden oft durch den Chief Executive Officer kooptiert. Diese werden so zwar eine Loyalität für Management und Angestellte entwickeln, aber weniger für die Aktionäre, in deren Auftrag sie die Kontrolle über das Unternehmen auszuüben hätten[4].

Neuere empirische Untersuchungen[5] über die Rolle des Boards bei der Kontrolle des Managements kommen zu dem Ergebnis, dass der Board of Directors das eigene Unternehmen mit Unternehmen derselben Branche vergleicht und das oberste Management dann austauscht, wenn ihr Unternehmen allzu lange hinter den Konkurrenten zurückbleibt. Wenn jedoch die gesamte Branche dahinküm-

---

3 Auch wenn einem Management etwa aufgrund einer Stimmrechtszersplitterung und einer Koalition mit der entscheidenden Depotbank die Kontrolle über ein Unternehmen zugewachsen ist, steht ihm dennoch kein Residuumaneignungsrecht zu. Eine unmittelbare Aneignung der im Unternehmen vorhandenen Ressourcen ist der Geschäftsleitung verschlossen. Ihre Stellung ist daher mit derjenigen von Managern in einem religiösen oder anderen „Non-Profit-Unternehmen" zu vergleichen, die ebenfalls daran gehindert sind, das Vermögen ihrer Organisation in ihr Privatvermögen zu überführen. Auch sie werden daher in die verschiedensten Formen des Konsums am Arbeitsplatz ausweichen. Die für Selbstverwirklichungsformen aufgewendeten Zeitbudgets oder die Pracht der Versammlungsräume keiner Kontrolle unterworfenen Manager mag ein Beispiel derartiger Konsumformen am Arbeitsplatz darstellen. Eine empirische Analyse von Non-Profit-Unternehmen enthält *M.V. Pauly*, Nonprofit Firms in Medical Markets, American Economic Review, Papers and Proceedings, May 1987, S. 257 ff. mit weiteren Hinweisen.

4 Vgl. hierzu *M.I. Mace*, Directors, Myth and Reality, Harvard Business School, 1971; *R. F. Vancil*, Passing the Baton, Harvard Business School, 1987.

5 *R. Morck/A. Shleifer/R.W. Vishny*, Alternative Mechanisms for Corporate Control, American Economic Review, 1989, S. 842 ff.

mert, werden vom Board üblicherweise keine den Wert des Unternehmens steigernden Anpassungsmaßnahmen erzwungen. Ein solches Dahinsiechen wird insbesondere dann hingenommen, wenn durch Entlassungen oder Investitionskürzungen die Beschäftigten des Unternehmens betroffen würden, deren Interessen gegenüber denjenigen der Eigenkapitalfinanciers vom Board als wichtiger bewertet werden. In solchen Fällen wird dann der Markt für Unternehmenskontrolle tätig. Mit Hilfe von feindlichen Übernahmen werden wertsteigernde Unternehmensreformen gegen den Willen von Board und Topmanagement erzwungen, das zu diesem Zweck häufig ausgetauscht wird. Unternehmensübernahmen werden nach dieser Untersuchung somit dann als Mittel der Managementkontrolle bedeutsam, wenn der Board - wie insbesondere in Fällen eines einzelnen dominierenden Topmanagers - zu einer wirksamen Aufsicht weder willens noch in der Lage ist. Der Markt für Unternehmenskontrolle kommt somit dann als Kontrolle der letzten Instanz ins Spiel, wenn ein misswirtschaftendes Management durch die vorgesehenen unternehmensinternen Aufsichtsverfahren nicht mehr diszipliniert werden kann.

Die in den USA im letzten Jahrzehnt zu außerordentlichen Gewinnen der Aktionäre[6] führende Übernahmewelle war auch eine Maßnahme, einigen nicht den Interessen der Anteilseigner dienenden Unternehmensleitungen die unwirtschaftlich im Managementinteresse eingesetzten „freien Geldbestände" zu entziehen und denjenigen zuzuleiten, die hierauf nach den Organisationsregeln einen Anspruch haben. So bezeichnet die so genannte „Free-Cash-Flow-Theorie" alle Geldströme und Geldbestände, die über diejenigen hinausgehen, die erforderlich sind, damit das Management alle „wirtschaftlich vernünftigen" Projekte durchführen kann als „frei verfügbares Vermögen", das den Aktionären ausgezahlt werden müsste, wenn sich die Unternehmensleitungen effizient verhalten würden und den Wert des Unternehmens für die Eigenkapitalgeber maximierten[7]. Als „wirtschaftlich vernünftige" Projekte werden hier in Übereinstimmung mit der üblichen Investitionsrechnung alle diejenigen Vorhaben verstanden, die einen erwarteten positiven Gegenwartswert aufweisen, wenn sie mit den am Markt zu zahlenden Kapitalkosten diskontiert werden. Die Auszahlung des „frei verfügbaren Unternehmensvermögens" findet bei fehlender Kontrolle des Managements jedoch nicht statt, da sie das Management einer stärkeren Wirtschaftlichkeitsprüfung der Fremd- wie Eigenkapitalfinanciers unterwerfen würde, müsste das Management für seine Projekte erneut kritisch abwägende Kreditge-

---

[6] So schätzt *M. Jensen*, a.a.O., Fn. 1, S. 21 die gesamten Gewinne der Aktionäre von übernommenen Gesellschaften von 1977 - 1986 auf 346 Milliarden US Dollar und die Gewinne der Aktionäre der übernehmenden Gesellschaften auf mindestens weitere 50 Milliarden US Dollar. Diese Gewinne entsprechen 51 Prozent aller in diesem Zeitraum vom gesamten Unternehmenssektor ausgezahlten Dividenden (bewertet in 1986er Dollars).

[7] *M. Jensen*, a.a.O., Fn. 1, S. 34 ff.

ber finden[8]. Interne Finanzierung aus dem „Free-Cash-Flow" erspart dann lästige Vergleiche und damit Einflussnahme auf die Unternehmensleitung. So mussten etwa die Aktionäre der Ölindustrie seit 1973 zunächst anscheinend ohnmächtig mit ansehen, wie das Management der Gesellschaften Milliardenbeträge in unwirtschaftliche Explorationen verschwendete[9] und zudem Geschäftszweige erwarb, von denen es nichts verstand und daher in diesen ebenfalls entsprechende Milliardenverluste zu verzeichnen hatte[10]. Erst die Erfindung neuer Finanzierungsverfahren, mit deren Hilfe auch der Erwerb einer Stimmenmehrheit an außergewöhnlich großen Unternehmen bewerkstelligt werden konnte[11], verschaffte den Eigenkapitalfinanciers wieder eine verbesserte Kontrolle über die Unternehmensleitungen. Die nicht nach wirtschaftlichen, sondern nach eigennützigen Managementgesichtspunkten zusammengekauften Konglomerate konnten nun wieder mit erheblichen Gewinnen für die Beteiligten und die Wettbewerbsordnung in unabhängige Einzelunternehmen zerlegt werden, waren die Teile doch wesentlich mehr wert als das Ganze[12]. Ebenso ermöglichte die zurück gewonnene Kontrolle der Aktionäre, dass aufgedunsene Unternehmensverwaltungen produktivitätssteigernden Schlankheitskuren zugeführt werden konnten[13].

---

[8] Als Beispiel für ein solches Managementverhalten vgl. die Anwendung der „Free-Cash-Flow-Theorie" auf Unternehmen in der Öl-, Zigaretten-, Luftfahrt-, Funk- und Fernsehindustrie bei *M. Jensen*, a.a.O., Fn. 1, S. 34 ff. m.w.N.

[9] *J. McConnell/C. Muscarella*, Corporate Capital Expenditure Decisions and the Market Value of the Firm, Journal of Financial Economics, 1985, S. 399 ff.

[10] Den Aktionären des Volkswagenkonzerns wird der Erwerb der Triumph-Adler AG sein und als überzeugendes und unvergessliches Beispiel der „Free-Cash-Flow-Theorie" vor Augen stehen. Nach den Erfahrungen der Vergangenheit zur Ineffizienz von Gemischtwaren-Großkonzernen kann nicht ausgeschlossen werden, dass die Aktionäre der Daimler-Benz AG mit ähnlichen Ergebnissen vom Daimler-Benz-Konglomerat zu rechnen haben. Vgl. zur Begründung der abnehmenden Vorteile und der zunehmenden Nachteile von schierer Unternehmensgröße *E.E. Bergsma*, a.a.O., Fn. 1.

[11] Besonders erfolgreich erwiesen sich „High-Yield, Non Investment Grade Bonds (so genannte „Junk Bonds"), vgl. hierzu *M. Jensen*, a.a.O., Fn. 1, S. 36 ff. mit weiteren Nachweisen.

[12] Die empirischen Arbeiten von *M. Jensen*, a.a.O., Fn. 1 zu den außerordentlichen Gewinnen bei der Auflösung von Konglomeraten zeigen, dass das Management solcher Konglomerate in der Lage war, 30 Prozent des Unternehmenswertes dadurch zu zerstören, dass das Ganze soviel weniger wert war als die Teile. Die betriebswirtschaftlichen und gesellschaftspolitischen Nachteile einer solchen Diversifikationsstrategie rühren daher, dass das Management um so weniger von den Geschäften des Unternehmens versteht, je größer dessen Produktpalette wird. Ebenso wird die Kontrolle über ein solches Management immer schwieriger und gewährt damit diesem Freiräume zum Einsatz der Unternehmensressourcen nach eigenen Zielvorstellungen.

[13] *F. Lichtenberg/D. Siegel* kommen in ihrer empirischen Arbeit The Effect of Takeovers on the Employment and Wages of Central-Office and Other Personnel, National Bureau of Economic Research, Working Paper No. 2895, zu dem Ergebnis, dass in Gesellschaften, deren Eigentumsverhältnisse sich geändert haben, das Verhältnis von Beschäftigten in der Unter-

Darüber hinaus hat *C.C. von Weizsäcker*[14] darauf hingewiesen, dass bei dem auch in der Bundesrepublik zu beobachtendem Übergang in die „postindustrielle“ Dienstleistungs- und Informationsgesellschaft der Abstand zwischen Preisen und Grenzkosten (d.h. „der Aufschlag auf die Produktionskosten“) aufgrund der zunehmenden ökonomischen Bedeutung der Innovationstätigkeiten ansteigt und daher häufig Unternehmen beobachtet werden können, die aufgrund früherer Erfolge für lange Zeit am Markt überleben können, ohne dass das Management gezwungen wäre, die ihm anvertrauten Ressourcen ordentlich zu bewirtschaften. Bevor eine Insolvenz oder ihr Nahen zu einer endgültigen Ablösung eines unfähigen Managements führt, können somit bereits erhebliche Ressourcen vergeudet worden sein. Der Markt für Unternehmenskontrolle erhält daher im Umfeld der modernen Dienstleistungsgesellschaft eine nochmals gesteigerte Bedeutung für den „Wohlstand der Nation“, da er eine übermäßige Verzögerung bei der Beendigung von Misswirtschaft und Verschwendung durch die schnellere Weitergabe der Unternehmensleitung an ein anderes Managementteam zu verhindern vermag.

Nun scheint es Grund für die Annahme zu geben, dass Vorstand und Aufsichtsrat vieler großer deutscher Publikumsgesellschaften von niemandem Außenstehendem mehr, insbesondere nicht von der großen Zahl der nur kleinere Anteile haltenden Aktionäre kontrolliert werden. Das Management der vielfach miteinander verflochtenen deutschen Aktiengesellschaften scheint sich vielmehr durch Kooptation nach irgendwelchen eigenen Regeln zu ergänzen. Die geringe Zahl feindlicher Übernahmen in der Bundesrepublik sowie der erhebliche Verflechtungsgrad unter den Publikumsaktiengesellschaften legt somit den Schluss nahe, dass der Wettbewerb auf dem Markt für Unternehmenskontrolle durch miteinander konkurrierende Managementteams nicht hinreichend wirksam ist. Vor diesem Hintergrund mag dann die „Revolution der Aktionäre“ und die Arbeit ihrer Finanzintermediäre in den Vereinigten Staaten von Amerika bedrohliche Schatten des Wettbewerbs auf diese geordnete Managementidylle zu werfen und dort Nachsinnen über restaurative Gegenmittel hervorgerufen haben. Ein Verfahren, den Markt für Unternehmenskontrolle für sich selbst zu beseitigen, wird zuweilen in der Schaffung von Aktien mit unterschiedlichen Stimmrechtsausstattungen gesehen. Es werden hierbei *Aktien ohne Stimmrecht* oder *Aktien mit*

---

nehmenszentrale zu Betriebsbeschäftigten um 11 Prozent gesunken ist. Da über 51 Prozent der Angestellten in der Unternehmenszentrale mit administrativen Tätigkeiten beschäftigt waren, bedeutete ein solche Übernahme 7,2 Verwaltungspersonen weniger pro 1000 Unternehmensangestellte. Darüber hinaus wuchs in den übernommenen Firmen die Zahl der Beschäftigten in der Verwaltungszentrale um 16 Prozent weniger als in vergleichbaren Unternehmen. Die Kosten pro Beschäftigten in der Unternehmenszentrale lagen zudem um 9 Prozent niedriger.

[14] *C.C. von Weizsäcker*, a.a.O., Fn. 1, S. 31 ff.

mehrfachem Stimmrecht[15]) gebildet oder *Höchststimmrechte* eingeführt. Des weiteren versucht manches Management eine Lage zu schaffen, bei der die rechtlich noch mögliche Kontrolle dadurch weitgehend aufgehoben wird, dass den Aktionären tatsächliche Schwierigkeiten bereitet werden, ihren Willen zu bilden und ihn durch Abstimmungen auch gegen das im Amt befindliche Management durchzusetzen.

Die nun folgenden Abschnitte gehen daher der Frage nach, wie die Schaffung unterschiedlicher *Klassen von Abstimmungsrechten* zu beurteilen ist, und welche Abstimmungsverfahren vorausschauende Vertragsparteien bei der Gründung einer Gesellschaft vereinbaren würden, um den Wert ihrer Organisation gegen Reibungsverluste und unkontrolliertes Managementverhalten zu schützen. Daran anschließend soll geprüft werden, ob die Beeinflussung der Stimmrechtsverhältnisse *nach* Gründung einer Gesellschaft noch möglich ist und wie die Wirksamkeit von Hauptversammlungsbeschlüssen beurteilt werden sollte, die derartige Stimmrechtsstrukturveränderungen beispielsweise in Form von Höchststimmrechten beschlossen haben. Ebenso werden Maßnahmen des Managements erörtert, die auf tatsächlichem Wege vergleichbare Wirkungen beispielsweise über das „Parken" von Aktienpaketen bei befreundeten Gesellschaften herbeiführen. Ein Exkurs zu den Verhältnissen in Non-Profit-Organisationen wie etwa den „Idealvereinen" sowie eine Kritik der Leitentscheidung des Bundesgerichtshofes[16] zum Höchststimmrecht soll nicht fehlen.

B. „One Share, One Vote" und der Markt für Unternehmenskontrolle

I. Zum Nutzen der Bündelung von Gewinnaneignungsrecht und Kontrolle

Es ist in der Literatur zur Theorie der Unternehmung ausführlich dargelegt worden, dass denjenigen, denen das Aneignungsrecht an den Gewinnen des Unternehmens zusteht, auch die Kontrollrechte zugeordnet werden müssen, da jede andere Aufteilung der internen Rechte Verhaltensanreize mit sich brächte, die den Wert dieser für den Wohlstand der Bürger so wichtigen Organisationen er-

---

[15] In der Bundesrepublik ist die **Neu**ausgabe von Aktien mit **Mehrfachstimmrechten** unzulässig, § 12 I 1 AktG, während § 134 I AktG und die höchstrichterliche Rechtsprechung, BGH, NJW, 1978, S. 540 ff. **Höchststimmrechte** für zulässig erklären. Da die Wirkungen von Höchststimmrechten auf das „Wesen der Aktiengesellschaft" derjenigen von Mehrfachstimmrechten entsprechen, werden beide Eingriffe in die Willensbildung der Aktiengesellschaft in der Wirkungsanalyse dieser Arbeit trotz ungleicher Rechtslage gleich behandelt. Für die zahlreichen Aktiengesellschaften mit übergeleiteten fortgeltenden Mehrfachstimmrechten sind die Ergebnisse dieser Arbeit zudem noch von unmittelbarer Bedeutung.

[16] BGH, NJW, 1978, S. 540 ff.

heblich mindern würden[17]. So käme es bei einem Auseinanderfallen von Kontrolle und Gewinnaneignungsrechten zu den beschriebenen Formen der „Selbstverwirklichung“ und des Konsums am Arbeitsplatzes, der Leistungsverminderung durch die Kontrollinhaber und einer verzerrten Auswahl der Unternehmensinvestitionen, während auf der anderen Seite die machtlosen Residuumsaneignungsberechtigten die Finanzierung dieser Organisation entweder einstellen oder hohe ausgleichende Risikoprämien verlangen würden[18].

In Übereinstimmung mit diesen Ergebnissen der „Theorie der Unternehmung“ gewährt eine Aktie daher grundsätzlich ihren Inhabern sowohl einen Anteil am Gewinn und in Form des Stimmrechts zugleich auch einen Anteil an der Kontrolle. Fraglich ist jedoch, ob der Anspruch auf den Gewinnanteil (Dividende) und auf das Auseinandersetzungsguthaben im Falle einer Liquidation[19] genau so hoch sein sollte wie der Anteil an der Unternehmenskontrolle oder ob es sinnvolle Gründe gibt, zuweilen vom Grundsatz der Proportionalität zwischen Gewinnanspruch und Kontrolle („*one Share, one Vote*“) abzuweichen.

II. Auf der Suche nach der richtigen Bündelung von Stimmrechten und Dividendenansprüchen

Die Aufgabe von *Stimmrechten* besteht in der Herstellung der Legitimitätsgrundlage der Kontrolle und der Gewichtung des Willens der beteiligten Personen. Soweit die Organisatoren der Gesellschaft die Geschäfte nicht persönlich, sondern durch delegierte Dritte, die Manager, betreiben, bedeutet *Kontrolle der*

---

[17] Vgl. hierzu *H.B. Hansmann*, Ownership of the Firm, Journal of Law, Economics, & Organisation 1988, S. 267 ff. *H.B. Hansmann*, The Viability of Worker Ownership: An Economic Perspective on the Political Structure of the Firm, Working Paper 87, 1988, Yale Law School, Program in Law and Organisation; *O. Williamson*, The Economic Institutions of Capitalism, 1986; *A. Alchian/H. Demsetz*, Production Information Costs and Economic Organization, American Economic Review, 1972, S. 777 ff.; *O. Williamson*, Markets and Hierarchies: Analysis and Antitrust Implications, 1975; *R. Coase*, The Nature of the Firm, Economica, 1937, S. 386 ff.; *P. Bernholz/F. Breyer*, a.a.O., Fn. 15, S. 168 ff und S. 196 ff. Die verheerenden Erfahrungen mit Zentralverwaltungswirtschaften und mitbestimmten sozialistischen Eigentumsformen belegen die Bedeutung der von solcherlei Organisationsformen ausgehenden fehlerhaften Anreize für Würde, Wohlstand und Freiheit der Bürger. Die in vielen Diktaturen zur Staatsdoktrin erhobene marxistisch-leninistische „Wirtschaftstheorie“ war stets nur mühsam geheuchelte Rechtfertigung für Ausbeutung und unbegrenzte Machtausübung durch die Nomenklaturakaste.

[18] Vgl. hierzu auch *S. Grossman/O. Hart*, Corporate Financial Structure and Managerial Incentives, in: J.J. McCall, ed., The Economics of Information und Uncertainty, 1982, Chicago, S. 107 ff.

[19] Aus Gründen der sprachlichen Vereinfachung soll das Dividendenbezugsrecht im Folgenden gleichzeitig stets auch das Recht auf das Auseinandersetzungsguthaben im Falle einer Liquidation der Gesellschaft mitbezeichnen.

Gesellschaft die *Kontrolle über die Manager.* Abstimmungsverfahren, Stimmrechtsstruktur und ihre jeweilige Bündelung mit den Dividendenansprüchen erhalten daher ihre Bedeutung durch ihre Wirkung auf den Markt für Unternehmenskontrolle.

1. Notwendige Begriffe: „Private Vorteile", „Aktienerträge"

In einer bemerkenswerten Arbeit sind *S. Grossman* und *O. Hart*[20] der Frage, wie sich unterschiedliche Stimmrechtsstrukturen auf die Effizienz der Unternehmensorganisation auswirken, ausführlich nachgegangen. Ihr Gedankengang an einem Beispiel veranschaulicht ist dabei wie folgt: Es sei angenommen, dass sich die Unternehmensgründer zusammenfinden und versuchen, in Anbetracht aller möglichen Interessenkonflikte unter den Beteiligten eine Gesellschaftssatzung zu entwerfen, die den (Kapital-) Wert[21] des Unternehmens möglichst groß machen soll. Die Satzung schaffe nun mehrere Klassen von Aktien und lege für diese jeweils denjenigen Anteil an den Dividendenansprüchen und Stimmrechten fest, der mit der Aktie einer jeden Klasse verbunden ist. Darüber hinaus sehe der Gesellschaftsvertrag den erforderlichen Anteil an Stimmen vor, den ein konkurrierendes Managementteam in einer Abstimmung erhalten muss, um ein bereits im Amt befindliches Managementteam zu ersetzen. Der Markt für Unternehmenskontrolle sei nun dadurch charakterisiert, dass die Aktien weit gestreut sind und die Kleinaktionäre entweder gar nicht oder für das jeweilige im Amt befindliche Management stimmen[22]. Wenn daher die Satzung eine Mehrheitsregel für einen Managementwechsel vorsieht, muss der Übernehmer zur Erlangung der Kontrolle mindestens 50 Prozent der Stimmen erwerben[23].

---

[20] *S.J. Grossman/O.D. Hart*, One Share-One Vote and the Market for Corporate Control, Discussion Paper 36, 1988, Program in Law and Economics, Harvard Law School.

[21] Vgl. zu diesem Begriff *R.A. Brealey/S.C. Myers*, Principles of Corporate Finance, 1988, S. 47 ff.

[22] Wenn die Aktionäre nur einen kleinen Anteil am Unternehmen besitzen, besteht für sie wenig Anlass, ihre Stimme überhaupt oder entgegen den Unternehmensführungsvorschlägen abzugeben, da diese für das Ergebnis der Abstimmung unwichtig ist. Empirische Untersuchungen für die USA zeigen, dass das jeweilige im Amt befindliche Management üblicherweise auf die Unterstützung der Kleinaktionäre zählen kann, *S.J. Grossman/O.D. Hart*, a.a.O., Fn. 22, S. 3 Fn. 2.

[23] Die vorherigen Annahmen über die breite Aktienstreuung und das Verhalten der Kleinaktionäre dienten somit lediglich dazu, für die nun folgende Analyse, die Möglichkeit einer faktischen Kontrollerlangung *unter* der von der Satzung vorgesehenen rechtlich festgesetzten Höhe auszuschließen. Die Überlegungen zur rechtlich erforderlichen Mehrheit einer Kontrollerlangung sind jedoch ohne größere Mühe auch auf faktische Mehrheitserfordernisse übertragbar.

Des Weiteren unterscheiden *Grossman* und *Hart*[24] zwei Arten von Vorteilen, die sich aus der Beteiligung an einem Unternehmen ergeben: Zunächst die „*privaten Vorteile*", die aus allen denjenigen Vorteilen bestehen, die das gegenwärtige Management oder der die Kontrolle erlangende Erwerber *ausschließlich* für sich zu erzielen vermag, von denen somit die anderen Aktionäre nichts erhalten. Hierunter fallen Synergieeffekte, die bei einem Konzernunternehmen des Erwerbers anfallen, aber auch die Erträge aus der Übervorteilung der Minderheitsaktionäre, darüber hinaus die Erträge aus überhöhten, brausenden Managementgehältern und den verschiedensten Konsum- und Selbstverwirklichungsvorteilen am Arbeitsplatz bis hin zur schlichten Umleitung der Ressourcen des Unternehmens in die Kasse des Erwerbers oder amtierenden Managements. Im Gegensatz zu diesen „privaten Vorteilen", die aus der Erlangung der Kontrolle über die Gesellschaft herrühren, steht der *allen Aktionären* unterschiedslos in gleicher Weise zufließende „*Aktienertrag*". Hierunter ist der gesamte Wert desjenigen Einkommensstromes zu verstehen, der *jedem* Aktionär der Gesellschaft unterschiedslos ausschließlich aufgrund der bloßen Innehabung seiner Aktie zufließt.

2. Stimmrechte und ihr Preis

Grossman und *Hart*[25] zeigen nun, dass die Stimmrechtsstruktur einer Gesellschaft entscheidend dafür ist, ob eine Partei mit wesentlichen „privaten Vorteilen" aus dem Kontrollbesitz - wie etwa ein im Amt befindliches Management mit erheblichem Konsum am Arbeitsplatz - dem Wettbewerb um die Unternehmenskontrolle von solchen Parteien ausgesetzt ist, die das Unternehmen lediglich nach seinem allgemeinen für jeden Aktionär gleichen „Aktienertrag" bewerten.

So würde ein „*reines Stimmrecht*", das keinerlei Dividendenbezugsrecht und damit „Aktienertrag" beinhaltet, von seinem Inhaber zum Preise von null verkauft, es sei denn, das „reine Stimmrecht" wäre mit „privaten Vorteilen" für ihn verbunden. Ein besseres Angebot für ein solch „reines Stimmrecht" würde ein Dritter nur dann abgeben, wenn er höhere „private Vorteile" aus der Kontrollbefugnis erzielen könnte als dies dem Veräußerer möglich war, da annahmegemäß das „reine Stimmrecht" von den Dividendenzahlungen, dem „Aktienertrag", ausgeschlossen sein sollte und daher dieses bei der Preisbildung auch keine Rolle zu spielen vermag[26]. Wenn jedoch im Gegensatz hierzu die Dividendenbezugsrechte mit den Abstimmungsrechten unauflösbar gebündelt wären, käme das bisher lediglich auf „privaten Vorteilen" beruhende Angebot unter Wettbewerbsdruck von Angeboten, die die Aktie nur wegen ihrer Dividendenerträge

---

[24] *S.J. Grossman/O.D. Hart*, a.a.O., Fn. 22, S. 3 ff.
[25] *S.J. Grossman/O.D. Hart*, a.a.O., Fn. 22, S.4 ff.
[26] *S.J. Grossman/O.D. Hart*, a.a.O., Fn. 22, S.4 ff.

erwerben würden. Im Wettbewerb der Bieter wird daher im Wege der Koppelung oder Entkoppelung der Stimmrechte mit den Dividendenbezugsrechten entschieden, ob die Kontrolle in die Hände von Personen mit hohen „privaten Erträgen“ oder in die Hände von Personen mit hohen „Aktienerträgen“ fällt und zugleich auch darüber, welchen Wert das Unternehmen in den Händen eines die Gesellschaft kontrollierenden Managements aufweisen wird[27].

3. Der Wettbewerb um die Kontrollrechte bei unterschiedlichen Graden der Bündelung von Stimmrechten und Dividenden

Der Einfluss der Bündelung von Dividendenbezugsrecht und Kontrolle auf den Wettbewerbspreis der Kontrollrechte sei nun an einem Beispiel[28] dargelegt, bei dem zunächst nur *eine* Partei „private Vorteile“ aus der Kontrolle zu erzielen vermag und bei dem es zwei gleichgroße Arten von Aktien gebe. Jede Aktienart sei zwar mit demselben Dividendenbezugsrecht ausgestattet, ein Wechsel der Kontrolle kann jedoch nur durch den Besitz aller Aktien der *Klasse A* bewirkt werden. Es sollen somit die Aktien der Klasse A mit einem *Anspruch auf alle Stimmen und 50 Prozent der Dividenden* ausgestattet sein, während die Aktien der *Klasse B keinerlei Stimmrechte* gewähren, sondern nur einen Anspruch auf die anderen 50 Prozent der Dividende.

Es betrage weiterhin der Wert der Dividenden, d.h. der Unternehmenswert, bei dem *im Amt befindlichen Management* insgesamt 200, also für die Aktionäre der Klasse A und B jeweils 100, während der Wert der Dividenden unter der Kontrolle eines *neuen* und annahmegemäß schlechteren Managements nur insgesamt 180 betrage, für jede Klasse dann also 90. Darüber hinaus sei das rivalisierende neue Managementteam die einzige Partei mit privaten Vorteilen aus der Unternehmenskontrolle.

Der Rivale mache nun ein Angebot für alle Aktien der Klasse A in Höhe von 101. Bei Abwesenheit von Wettbewerb durch ein anderes höheres Angebot muss nun der Inhaber einer kleinen Anzahl von Aktien der Klasse A darüber entscheiden, ob der diese an den Rivalen verkaufen soll. Behält der Aktionär die Aktien und gelingt dem Rivalen die Übernahme nicht, bleibt es bei seinen bisherigen Anteil am Gesamtdividendenstrom in Höhe von 100, während er im Falle eines Gelingens der Übernahme nur noch seinen Anteil am Gesamtdividendenstrom mit einem Wert von 90 in der Hand halten wird. Verkauft er dagegen die Aktien und verschafft er damit dem neuen Rivalen die Kontrolle, erzielt er einen anteiligen Preis auf seine Aktien von 101. Es versteht sich, dass der Kleinaktionär seine Aktien verkaufen wird und der Rivale daher die gesamten Kontrollaktien der Klasse A zu einem Preis von 101 erwirbt. Die Aktionäre der Klasse B

---

[27] *S.J. Grossman/O.D. Hart*, a.a.O., Fn. 22, S.4 ff.

[28] Siehe *S.J. Grossman/O.D. Hart*, a.a.O., Fn. 22, S. 6 ff.

Aktien sehen sich dann im Besitz von Aktien, die nunmehr annahmegemäß aufgrund des neuen jedoch schlechteren Managements nur noch einen Wert von 90 gegenüber früher 100 aufweisen. Aufaddiert haben daher die Aktionäre beider Klassen in ihrer Gesamtheit durch die Übernahme verloren, da beide Klassen zusammen nur noch einen Wert von 191 in Händen halten. Der Übernehmer hatte 101 für die Aktien der Klasse A zu zahlen, die ihm aufgrund seiner eigenen Misswirtschaft nur eine Dividende von 90 einbringen. Es ergibt sich daher, dass der Übernehmer nur dann durch die Übernahme einen Vorteil für sich erzielen kann, wenn der Erwerb der Kontrolle ihm mindestens „private Vorteile" in der Höhe von 11 verschafft.

Diese den Wert des Unternehmens mindernde Übernahme hätte jedoch durch keinen anderen Bieter ohne private Vorteile verhindert werden können[29]. Da angenommen wurde, dass andere Parteien keine „privaten Vorteile" aus der Kontrolle des Unternehmens erzielen können, wird eine andere Partei höchstens 100 für die Aktien der Klasse A bieten können, da dieser Betrag den Wert des Dividendenstroms im Falle einer Abwehr des Übernehmers darstellt.

Man betrachte nun den gleichen Fall, nur dass jetzt die Aktien der Kontrolle ermöglichen *Klasse A* einen Anspruch auf *75 Prozent* der Dividende aufweisen. Wenn nun der Übernehmer ein Angebot von 101 abgibt, kann eine andere Partei ein Angebot von 150 abgeben, da dies der Wert der Dividenden unter dem bisherigen im Amt befindlichen Management darstellt. Um nun die Kontrolle zu erlangen, muss der Rivale ein Angebot von 151 für die Aktien der Gruppe A abgeben. Auch in diesem Fall wird der Wert der Unternehmensübernahme negativ sein, jedoch erheblich weniger als im entsprechenden vorherigen Fall, bei dem die Kontrolle nur mit dem 50-prozentigen Anteil am Dividendenstrom gekoppelt war. So verändert sich der 3/4 Anteil am Wert des Unternehmens für die bisherigen Aktieneigentümer von Klasse A durch die Übernahme von 150 auf 151 und für die mit 25 Prozent beteiligten Aktieneigentümer der Klasse B von vorher $0{,}25 \cdot 200 = 50$ auf $0{,}25 \cdot 180 = 45$. Insgesamt haben die Aktieneigentümer von Klasse A und B gemeinsam durch die Übernahme und damit den Wertverlust des Unternehmens von 200 auf 180 einen Verlust von lediglich $200 - (151 + 45) = 4$ zu verzeichnen. Der Verlust aus der Kontrollübernahme durch das Absinken der gesamten Dividenden auf 180 traf die Aktienbesitzer der Klasse A wie im vorherigen Beispiel aufgrund ihres Verkaufs nicht, die bisherigen

---

[29] Die Annahme des Streubesitzes der Aktien dient dazu auszuschließen, dass die Kleinaktionäre der gesamten Klasse B eine Koalition zustande zu bringen vermögen, die zur Abwehr des ihnen drohenden Schadens im Falle einer Übernahme den Aktionären der Klasse A ein besseres Angebot als der Rivale unterbreitet, das zwar für sie ebenfalls mit Verlusten verbunden ist, jedoch nicht mit so hohen Verlusten wie im Falle einer Übernahme. Eine solche Möglichkeit würde Stimmrecht und Dividendenbezugsrecht in der Klasse B auf *Coasesche* Art wiedervereinigen und damit die Analyse der Trennung beider allzu frühzeitig beenden.

Aktionäre der Klasse B sind jetzt jedoch nur noch mit 25 Prozent des Dividendenstroms an dessen geringeren Höhe, 180 statt 200, beteiligt. Darüber hinaus erhöht sich der Verlust des den Wert des Unternehmens mindernden Übernehmers von 11 auf 16, da er nun für die Aktien der Klasse A 151 zu zahlen hat, die ihm jedoch infolge seiner eigenen wertmindernden Geschäftsführung nur 0,75 · 180 = 135 einbringen. Die Wahrscheinlichkeit, dass es zu einer wertmindernden Übernahme kommt, sinkt daher stark ab, da zu ihrer Durchführung nunmehr zumindest „private Vorteile" in der Höhe von 16 statt wie zuvor 11 erforderlich waren.

Dieses Beispiel vermag somit zu lehren, dass eine Koppelung der Dividendenansprüche an das die Kontrolle verschaffende Stimmrecht die Aktienbesitzer vor Übernahmen mit „privaten Vorteilen" dadurch schützt, dass sie die Übernehmer einem Wettbewerb von Bietern mit lediglich auf „Aktienerträge" beschränkten Vorteilen aussetzt. Das beste Ergebnis für die Aktionäre wird dann erreicht, wenn die gesamten Dividenden mit den Stimmrechten der Gruppe A verbunden werden. Es ist dies die Idee einer Aktienart, bei der Dividende und Stimmrecht im gleichen Verhältnis miteinander untrennbar verbunden sind: *„One Share - One Vote!"*.

4. „One Share - One Vote!"

Die Regel des „One Share - One Vote" hat weiterhin die wichtige Eigenschaft, dass sie es gewährleistet, dass ein Übernehmer stets den vollen gegenwärtigen Wert des Unternehmens an die Aktionäre zahlen muss, da es den bisherigen Aktionäre durch eine einfache - koordinierte - Verkaufsverweigerung stets möglich ist, den gegenwärtigen Wert des Unternehmens zu „bieten". Wertmindernde Übernahmen sind daher bei einer proportionalen Koppelung von Stimmrecht und Dividende nicht möglich[30].

Grossman und *Hart*[31] zeigen nun weiter, dass es ein völlig vergleichbares Argument für den Fall gibt, dass zwar nicht der *Übernehmer* wesentliche „privaten Vorteile" aus dem Unternehmen zu ziehen vermag, jedoch das im Amt befindliche Management und seine Kontrolleure sich solcher Vorteile erfreuen.

So wird ein im Amt befindliches Management mit wichtigen „privaten Vorteilen" bereit sein, erheblich mehr für die Aktien der Kontrolle ermöglichenden Klasse A zu zahlen als ein den Wert des Unternehmens steigernder Unternehmer, der durch seine Kontrollübernahme keinerlei „private Vorteile" zu erzielen vermag. Je größer jedoch der Anteil des Dividendenstroms, der mit den Kontrollrechten gekoppelt wird, desto teurer wird für das im Amt befindliche Mana-

---

[30] *S.J. Grossman/O.D. Hart*, a.a.O., Fn. 22, S.9 f.

[31] *S.J. Grossman/O.D. Hart*, a.a.O., Fn. 22, S.9 f.

gement die Abwehr eines wertsteigernden Übernahmeangebots. Eine solche Wertsteigerung ist bereits dadurch zu erreichen, dass das im Amt befindliche Management an Misswirtschaft gehindert wird. Der Schutz der Aktionäre vor einem unfähigen im Amt befindlichen Management ist somit ebenso dann am besten gewahrt, wenn die Dividendenbezugs- und Kontrollrechte im gleichen Verhältnis zueinander stehen.

III. Die zur Kontrollerlangung erforderliche Stimmenzahl

1. Wertmindernde Übernahmen versus wertminderndes Verbleiben im Amt

Die bisherige Erörterung ging davon aus, dass der Übernehmer die Durchsetzung eines Managementwechsels durch einen Erwerb *aller* Stimmrechte zu bewerkstelligen hatte. In ihrem Aufsatz behandeln *Grossman* und *Hart*[32] des weiteren den der Wirklichkeit näher kommenden Fall, dass eine Partei die Kontrolle über ein Unternehmen bereits dadurch erlangen kann, dass sie nur einen bestimmten *Bruchteil der Stimmen* erwirbt. *Grossman* und *Hart* zeigen nun, dass der Wettbewerb der Bieter um den Kontrolle ermöglichenden Anteil der Stimmen und des daran gekoppelten Dividendenstroms völlig der Lage im zuvor behandelten Fall entspricht, bei dem es zwar zwei Klassen von Aktionären gab, der Übernehmer die Stimmen der einen Klasse jedoch vollständig erwerben musste, um die Kontrolle über das Unternehmen zu erlangen.

Die Festlegung der zum Kontrollerwerb notwendigen Stimmenzahl legt nun nicht nur den Anteil des vom Übernehmer zu erwerbenden Dividendenstromes fest, sondern zugleich auch denjenigen Anteil, den das im Amt befindliche Management für sein weiteres Verbleiben im Wettbewerb gegen Rivalen zu erwerben oder unter Opportunitätskosten weiter zu behalten hat. Der vorangegangene Abschnitt hat jedoch gezeigt, dass sowohl der Übernehmer als auch das jeweilige im Amt befindliche Management zur Verhinderung wertmindernder Übernahmen oder wertmindernden Verbleibens im Amt einen möglichst großen Anteil des Dividendenstromes als Bestandteil der Kontrollerlangung erwerben sollte. Würde nun beispielsweise die Satzung der Gesellschaft vorsehen, dass eine Kontrolländerung 95 Prozent der Stimmen erheischt, wäre es bei der üblichen, Stimmrecht und Dividende proportional aneinanderknüpfenden Aktien („one Share-one Vote“) den jeweiligen Amtsinhabern ein leichtes, selbst solche Übernahmeangebote abzulehnen, die mit erheblichen Verbesserungen des Dividendenstromes (d.h. des Unternehmenswertes) verbunden wären. Betrüge etwa der Wert des gesamten Dividendenstromes unter dem gegenwärtigen Management 100, aber 200 nach einer Übernahme, könnte das im Amt befindliche Manage-

[32] *S.J. Grossman/O.D. Hart*, a.a.O., Fn. 22, S. 13 ff.

ment die Übernahme abwehren, indem es nur für 5 Prozent der Aktien einen Preis von 201, also insgesamt $0{,}05 \cdot 201 = 10{,}05$ anböte. Wenn der Übernehmer keine „privaten Vorteile" aus der Kontrollerlangung erzielen kann, wird er für denselben 5-prozentigen Anteil nicht mehr als $200 \cdot 0{,}05 = 10$ zahlen wollen, da dieser infolge der angenommenen Abwesenheit zusätzlicher „privater Vorteile" für ihn keinerlei den aus der Aktie fließenden Dividendenbetrag übersteigenden Wert hätte, so dass das bisherige Management den Übernahmekampf leicht zu seinen Gunsten entscheiden könnte. Für seinen 5-prozentigen Anteil hat das Management bei einem Preis von 201 pro Aktie dann zwar insgesamt 10,05 bezahlt, obwohl die aus den erworbenen Aktien fließenden Erträge lediglich nur 5 betragen, da das Management mit seiner eigenen minderwertigen Geschäftsführung den Wert des gesamten Dividendenzahlungsstromes auf 100 statt 200 begrenzt. Dennoch ist dieser Kauf für das im Amt befindliche Management dann von Vorteil, wenn es durch die Ausnutzung der Kontrolle über die Gesellschaft einen größeren „privaten Vorteil" als 5,05 zu erzielen vermag. Dieser „private Vorteil" vermag nicht nur in gesteigertem Konsum am Arbeitsplatz oder auffällig hoher Gehälter bestehen, sondern bereits in der schlichten weiteren Innehabung der Managementpositionen, die angesichts der schlechten Ergebnisse in Form eines nur die Hälfte des von anderen Managementteams erwirtschafteten Erträge sicherlich nicht mehr an derart unfähige Wirtschaftsführer vergeben würden.

Zusammenfassend lässt sich somit festhalten, dass die besondere Gefahr von Stimmrechtsstrukturen, die einen Kontrollerwerb über ein Unternehmen ohne gleichzeitige vollständige Übernahme seines Dividendenstroms erlauben, darin zu sehen ist, dass sie es möglich machen, dass sowohl eine werterhöhende Übernahme gegen ein unfähiges im Amt befindliches Management verhindert wird, aber auch darin, dass eine den Wert des Unternehmens mindernde Übernahme zu gelingen vermag.

2. Abhilfe

Gegen diese Gefahren einer Trennung von Stimm- und Dividendenbezugsrechten erscheinen allerdings verschiedene Vorkehrungen möglich.

a. Beseitigung „privater Vorteile"

Gelänge es beispielsweise durch rechtliche Regelungen das Management zu treuhänderischem Verhalten gegenüber seinen Aktionären zu veranlassen und zugleich die Minderheitsaktionäre vor einer Ausbeutung durch die Mehrheit zu schützen, wären keine „privaten Vorteile" mehr mit der Kontrollausübung verbunden.

Es erscheint jedoch wenig aussichtsreich, dass eine solch weitgehende Beseitigung der verschiedensten Quellen „privater Vorteile" aus der Leitungsmacht über ein Unternehmen aufgrund rechtlicher Regelungen gelingen kann. So muss bei allen die rasche Entscheidungsfähigkeit des Managements beeinträchtigenden und kontrollierenden Regelungen die außerordentlich schwerwiegende Gefahr bedacht werden, dass durch diese die unternehmerische Initiative des Managements gelähmt werden könnte[33]. Zur Vermeidung dieses besonderen Übels muss daher dem Management ein derartiger Freiheitsgrad eingeräumt werden, dass nicht erwartet werden kann, dass rechtlich festgeschriebene Verhaltensregelungen das „Principal-Agent-Problem" zwischen Aktionären und Management befriedigend zu lösen vermögen.

b. Zwischen Skylla und Charybdis: Die Mehrheitsregel

Wenn somit die letztliche Bewertung des Managementverhaltens vom Markt für Unternehmenskontrolle geleistet werden muss, ist dennoch sicherzustellen, dass weder das im Amt befindliche, noch das die Übernahme anstrebende Management einen Vorteil beim Wettbewerb um die Kontrolle des Unternehmens zu verzeichnen hat, da ein jeder Wettbewerbsvorteil zum Schutzschirm möglichen Missmanagements und anderer nicht im Interesse der Aktionäre liegender Handlungen werden kann. Nur die proportionale Vereinigung von Stimmrecht und Dividendenbezugsrecht („one Share-one Vote") und die Ausübung der Kontrolle über das Management aufgrund des einfachen Mehrheitsprinzips ist gegenüber der Stellung des im Amt befindlichen Managements und des die Kontrolle anstrebenden Übernehmers neutral und gewährt keiner Seite einen relativen Vorteil im Kontrollwettbewerb und damit einen besonderen Schutz für gegenwärtige oder zukünftige Misswirtschaft. Da es keinen Grund für die Annahme gibt, dass überdurchschnittlich entweder das im Amt befindliche oder das die Übernahme anstrebende Management die bessere Geschäftsführung darstellt, bewirkt die beide Seiten symmetrisch behandelnde Stimmrechtsstruktur der Mehrheitsregel, dass sich „im Durchschnitt" die wertsteigernden Übernahmen oder das wertsteigernde Verbleiben im Amt durchsetzen wird. Jede Abweichung von der Mehrheitsregelung muss daher als die Errichtung eines Schutzschirmes für gegenwärtige oder zukünftige Misswirtschaft betrachtet werden.

C. Höchststimmrechte, Mehrfachstimmrechte und andere praktische Gebräuche

In der Praxis des Marktes für Unternehmenskontrolle in der Bundesrepublik sind nun jedoch vielfältige Abweichungen vom Grundsatz des „One Share - One Vo-

---

[33] Vgl. hierzu die Diskussion zur amerikanischen „Business Judgement Rule" bei *R. Gilson*, The Law and Finance of Corporate Acquisitions, 1986, S. 741 ff. mit weiteren Nachweisen.

te“ und der einfachen Mehrheitsregel anzutreffen. Diese rechtlichen und tatsächlichen Verfahren, Kontrolländerungen in einem Unternehmen zu erschweren, sollen daher nun einer Bewertung unterzogen werden.

Soll durch eine Satzung von der Regel des „One Share - One Vote“ und vom Mehrheitsprinzip dadurch abgewichen werden, dass Höchststimmrechte oder Mehrfachstimmrechte den Erwerb einer neuen Kontrollmehrheit erschweren, will sich das im Amt befindliche Management dem Markt für Unternehmenskontrolle entziehen und seine Geschäfte selbst dann weiterführen, wenn ein Übernehmer diese mit größerem Erfolg betreiben könnte und dies in seinem Übernahmeangebot den Altaktionären auf das Glaubwürdigste zum Ausdruck bringt. Übernahmen verhindernde Stimmrechtsstrukturen oder vergleichbare Praktiken werden mögliche Übernehmer von Übernahmeangeboten an die Altaktionäre abhalten und diesen damit auch die Erkenntnis vorenthalten, dass die Leistung des gegenwärtigen Managements verbessert werden könnte. Die nunmehr verborgen bleibende Bewertung der Arbeit des gegenwärtigen Managements ist der wirksamste Schirm hinter dem sich mangelnde Leistung zu verbergen weiß. Wo kein Wettbewerber ist, vermag der Markt auch nicht zu richten.

Eine solche Veränderung der Stimmrechtsstruktur zugunsten des im Amt befindlichen Managements kann in Form von Stimmrechtsbeschränkungen, der Ausgabe von stimmrechtslosen Aktien aber auch durch Absprachen mit den Banken über die Nutzung von Depotstimmrechten oder mit Hilfe gegenseitigen Parkens von Aktienpaketen bei befreundeten Aktiengesellschaften durchgeführt werden. Die abschreckende Wirkung auf einen möglichen Übernehmer wird dadurch erzielt, dass er nun für eine Ablösung der Geschäftsleitung sowohl eine Mehrheit in der Zielgesellschaft als auch in der verbündeten Gesellschaft erwerben muss. Hierdurch können sich die Übernahmekosten stark erhöhen und damit den Gesamthappen finanziell unverdaulich werden lassen.

In der Bundesrepublik vermochten sich die Geschäftsleitungen vieler wichtiger Gesellschaften der Beurteilung ihrer Leistungen durch den Markt für Unternehmenskontrolle zu entziehen - wenn auch kunstvoll und verschieden in der Art und Weise, dennoch gleich im Ergebnis - : So haben beispielsweise Bayer, Mannesmann, BASF, Schering, Linde, Veba, Deutsche Babcock, Feldmühle Nobel, Continental Gummi Höchststimmrechte üblicherweise bis zur Höhe von 5 Prozent eingeführt und damit den Wettbewerb durch den Markt für Unternehmenskontrolle für das im Amt befindliche Management wesentlich beeinträchtigt. Das Management der Dresdner Bank AG verteidigte 1989 die mit der Einführung einer („bedingten“) Stimmrechtsbeschränkung üblicherweise zu erwartende Schädigung ihrer Aktionäre[34]) mit der interessanten Behauptung, der „in-

---

[34] *J.N. Gordon*, Ties that Bond: Dual Class Common Stock and the Problem of Shareholder Choice, California Law Review, 1988, S. 3 ff. (23 ff.) kommt in seiner empirischen Arbeit zu

nere Wert" der Bank sei höher als der Börsenwert, ohne zu erläutern, warum es dem Management nicht gelingt, den „inneren Wert" zum „äußeren (Börsen-) Marktwert" zu machen und auf welcher Grundlage sich das im Amt befindliche Management berechtigt fühlt, andere konkurrierende Managementteams an dieser für die Aktionäre doch recht günstigen Herstellung der Übereinstimmung von „innerem" und „äußerem" Wert zu hindern.

Das Management der Nürnberger Lebensversicherung AG vertrat bei der Durchsetzung einer zusätzlichen Stimmrechtsbeschränkung nicht nur die den empirischen Untersuchungen von *Gordon*[35] widersprechende Ansicht, Stimmrechtsbeschränkungen seien für die Aktionäre unschädlich, sondern behauptete zudem in einem Atemzug, dass zwar die Aktien des Unternehmens keinesfalls als unterbewertet betrachtet werden dürften, gleichzeitig aber das „Unternehmen" auf das Höchste von einer Übernahme bedroht sei[36]. Wieso eine Person auf dem Markt für Unternehmenskontrolle begierig darauf sein sollte, ein angeblich nicht unterbewertetes Unternehmen ertraglos oder gar mit Verlust zu übernehmen, wäre erklärungsbedürftig gewesen und kann wohl nur auf eher kuriose Annahmen über das Verhalten der Wirtschaftssubjekte gestützt werden.

Auch wenn Stimmrechtsbeschränkungen in der Satzung nur mit einer 3/4-Mehrheit der Hauptversammlung wieder beseitigt werden können, scheinen sie noch kein hinreichend sicherer Schutzschirm für das im Amt befindliche Management zu sein. Aus diesem Grund hat das auf weitest mögliche Kontrollfreiräume erpichte Management mancher Großunternehmen das Verfahren ersonnen, Aktienpakete der eigenen Gesellschaft bei befreundeten Gesellschaften zu parken und mit diesen zu vereinbaren, dass sie in der Hauptversammlung nur so stimmen, wie es der Vorstand der Gesellschaft wünscht[37].

Um die Einhaltung dieser „Verschwörung" der im Amt befindlichen Unternehmensverwaltung gegen die außenstehenden Aktionäre und rivalisierenden Managementteams verlässlich zu gestalten, ist ein gegenseitiger Austausch der Aktien sowie eine Überkreuzverflechtung der Unternehmen und Aufsichtsratposten von großem Nutzen. So haben die in den beteiligten Kontrollgremien beschäftigten Personen ein gemeinsames Interesse daran, den Wettbewerb um ihre Leitungspositionen möglichst einzuschränken. Da sie zudem nicht wie bei den üblichen Produktmarktkartellen einem Anreiz zum Bruch der Kartellvereinbarun-

---

dem Ergebnis, dass die von ihm untersuchten Daten den Schluss nahe legen, dass bei jeder Einführung von Stimmrechtseinschränkungen durch Schaffung verschiedener Aktienklassen der Unternehmenswert im Durchschnitt um 3 Prozent vermindert wird.

[35] *J.N. Gordon*, a.a.O., Fn. 36, S. 3 ff. (23 ff.)

[36] Süddeutsche Zeitung, 28.7.1989, S. 26.

[37] *F. Spieß*, Schutzmauern gegen Raubritter und Plünderer, Süddeutsche Zeitung, 23.5.1989, S. 26.

gen[38] unterliegen, weil sie von einem solchen Bruch keinerlei wesentliche Vorteile mehr zu erwarten haben, da sie bereits Mitglied in der Kontrollkaste sind und ein weiteres Fortkommen nicht mehr in Aussicht steht, kommt solchen wettbewerbsbeschränkenden Abreden der Geschäftsleitungen große Wahrscheinlichkeit und langfristige Stabilität zu.

Es versteht sich, dass sich hierzu Unternehmen der bereits mit anderen Missständen vertrauten Versicherungswirtschaft[39] sowie verschiedene infolge von Aktienstreubesitz nicht kontrollierte Banken, aber auch einige wichtige Industrieunternehmen[40] zu diesem gesellschaftsrechtlich und kartellrechtlich unzulässigem Verfahren berechtigt sehen. Die Rechtsordnung sollte diese Flucht vor Kontrolle bei der Verwendung von Ressourcen in volkswirtschaftlichen Größenordnungen nicht zulassen.

Die vorgetragene Kritik an Höchststimmrechten und den vergleichbaren Praktiken stützte sich auf Überlegungen, die bereits bei der Neugründung einer Gesellschaft wohlinformierte vorausschauende Gesellschaftsgründer in der Satzung zu einem Verbot von Abweichungen von der Mehrheitsregel und der proportionalen Verknüpfung von Stimmrecht und Dividende bewegen würden. Darüber hinaus bestehen noch wesentliche weitere Einwände gegen die Zulassung einer Stimmrechtsbeschränkung bei bereits *bestehenden Gesellschaften*. Der nun folgende Abschnitt geht daher der Frage nach, wie Eingriffe in den Markt für Unternehmenskontrolle durch nachträgliche Stimmrechtsstrukturveränderungen und ihre Äquivalente für bestehende Gesellschaften zu beurteilen sind, und ob diese selbst dann als unzulässig angesehen werden sollten, wenn sie durch die Hauptversammlung einer Publikumsgesellschaft genehmigt worden sind.

D. Veränderungen der Stimmrechtsstruktur bei bestehenden Gesellschaften

I. Anpassungsmöglichkeiten der Aktionäre an Stimmrechtsbeschränkungen

Während sich die Aktionäre bei einer Gesellschaftsneugründung noch gegen die Unwirtschaftlichkeiten und Tücken der Abweichungen von der Mehrheitsregel für Kontrolländerungen und der Entkoppelung von Stimm- und Dividendenbezugsrecht durch Verweigerung ihrer Beteiligung an einer solchen Gesellschaft

---

[38] Zur Darstellung der üblichen Kartellinstabilitäten vgl. beispielsweise das Lehrbuch von *E. Mansfield*, Microeconomics, 1988, S. 336 ff..

[39] Vgl. hierzu *J. Finsinger*, Verbraucherschutz auf Versicherungsmärkten, Gutachten im Auftrag der Monopolkommission, 1988; 7. Hauptgutachten der Monopolkommission 1986/1987, Kapitel VI: „Wettbewerb und Regulierung in der Versicherungswirtschaft", Bundestagsdrucksache 11/2677 S. 233 ff.; *E. von Hippel*, Gewinnbeteiligung und Verbraucherschutz in der Lebensversicherung, Juristenzeitung, 1989, S. 663 ff. m.w.N.

[40] *F. Spieß*, a.a.O., Fn. 39, S. 26.

zu entziehen vermögen oder ihr Risiko durch einen geringeren Aktienkaufpreis von den Kontrollinhabern kapitalisiert entgelten lassen können, ist dies bei bereits bestehenden Gesellschaften nicht der Fall. Jede nachträgliche Veränderung der Stimmrechtsstruktur, die die Kontrolle über das Management vermindert, stellt infolge der damit üblicherweise verbundenen Verringerung des Unternehmenswertes[41] vielmehr eine unmittelbare, durch Vertragsverweigerung oder Preisanpassung nicht mehr verhinderbare Schädigung der Aktionäre dar, der diese bei gesundem Verstande und klarem Verständnis der Sachlage kaum zustimmen würden. Dennoch wurde auf den Hauptversammlungen wichtiger deutscher Publikumsaktiengesellschaften die Einführung von Höchststimmrechten gutgeheißen.

Aufbauend auf der grundlegenden Arbeit von *J. N. Gordon*[42] soll daher untersucht werden, ob es Gründe gibt, die wohlinformierte Aktionäre bewegen könnte, der nachträglichen Einführung von Stimmrechtsbeschränkungen zuzustimmen.

II. Mögliche Rechtfertigungen für Stimmrechtsbeschränkungen

Die angestrebte Wirkung von Höchst- und Mehrfachstimmrechten besteht darin, dem Management und seinen Verbündeten eine Abstimmungsmacht zu verleihen, die weit über die von ihnen gehaltenen Dividendenanteile hinausgeht. Diese Abstimmungsmacht kann nicht nur in der Verschaffung der Mehrheit der Stimmen bestehen, sondern auch darin, dass weit unter der formal-juristischen Mehrheitsgrenze infolge der breiten Streuung der Stimmen eine Opposition gegen Managementvorschläge nicht mehr zustande kommen kann. Wie im ersten Teil dieser Arbeit dargestellt worden ist, ist ein solcher das im Amt befindliche Management vom Markt der Unternehmenskontrolle abschottender Vorgang nicht im Interesse der Gesellschafter. Der Versuch, die Einführung von Höchststimmrechten und damit die Schaffung eines durch außenstehende Aktionäre nicht mehr kontrollierbares Management dennoch als eine den Wert des Unternehmens erhöhende Maßnahme darzustellen, muss daher von ihren Prätendenten darauf gegründet werden, dem Markt für Unternehmenskontrolle ein Marktversagen anzulasten.

Nach *J. Gordon*[43] sind als solche Marktversagensgründe vornehmlich systematische Fehlurteile der Aktionäre aufgrund schlechteren Informationszugangs und der Schutz der Aktionäre gegen räuberische Übernahmetechniken sowie die

---

[41] Vgl. hierzu *J.N. Gordon*, a.a.O., Fn. 36, S. 3 ff. (23 ff.) mit einer gründlichen Darstellung und Analyse der empirischen Literatur.

[42] *J.N. Gordon*, a.a.O., Fn. 36, S. 3 ff.

[43] *J.N. Gordon*, a.a.O., Fn. 36, S. 11 ff.

Abwehr eines im Ergebnis sie selbst schädigenden opportunistischen Aktionärsverhaltens gegenüber dem Management zu nennen.

1. Höchststimmrechte als Schutz schlecht informierter Aktionär

Es ist sicherlich richtig, dass das Management über die Lage seines Unternehmens weitaus besser und frühzeitiger informiert ist als die außenstehenden Aktionäre. Die Manager mögen nun befürchten, dass die Aktionäre die Kontrolle über das Unternehmen aufgrund falscher Annahmen über ihre Leistungen zu rasch und zu billig verkaufen. Hierdurch könnte sich das Management gezwungen sehen, sich gegen solche auf Fehlwahrnehmungen beruhende Kontrolländerungen durch ein Verhalten zu schützen, das wiederum nicht im Interesse der Aktionäre liegt, da dieses den Wert des Unternehmens vermindern würde. Wenn etwa Manager fürchten müssen, ihre Stellung zu verlieren, wenn sie Investitionen durchführen, die zwar höchst gewinnträchtig sind, jedoch den schlecht informierten Aktionären nicht erklärt werden können oder aus Wettbewerbsgründen zunächst geheim gehalten werden müssen oder aber - wie etwa Forschungsanstrengungen - erst in der ferneren Zukunft reiche Früchte tragen, werden sie von derartigen Investitionen die Finger lassen und sich mehr an kurzfristigen Erfolgen ausrichten. Ein Übergang der Unternehmenskontrolle auf das Management vermeidet verständlicherweise diese Gefahren, jedoch um den Preis eines Managementpaternalismus mit den geschilderten reichlichen Missbrauchsmöglichkeiten.

Die Theorie der „kurzsichtigen Aktionäre" ist zudem nicht vereinbar mit der umfangreichen theoretischen und empirischen Kapitalmarktliteratur, die keinerlei Anzeichen dafür entdecken konnte, dass die Aktionäre systematische Fehler beim Verkauf ihrer Aktien begehen[44]. Die Aktionäre der Zielgesellschaften hatten vielmehr insbesondere bei feindlichen Übernahmen außerordentliche Gewinne zu verzeichnen[45]. Verhandlungen und Koordinationen unter den beteiligten Geschäftsführungen erweisen sich somit im strengen Licht empirischer Beleuchtung als wenig segensreich für die vertretenen Aktionäre. Ein Schutz der Gesellschafter vor ihrer eigenen Unmündigkeit durch eine Übergabe der Kontrolle an das Management ist damit als ein verfehltes Verfahren zu betrachten. Die von den Aktionären wirklich zu fürchtenden „räuberischen Übernahmen"

---

[44] Vgl. hierzu *M. Jensen*, a.a.O., Fn. 1, S. 21 ff.; *A. Shleifer/R.W. Vishny*, a.a.O., Fn. 1, S. 7 ff.; *E.E. Bergsma*, a.a.O., Fn. 1, Managing Value: The New Corporate Strategy, The McKinsey Quarterly, Winter 1989, S. 57 ff.; *G.A. Jarrell/J.A. Brickley/J.M. Netter*, The Market for Corporate Control: The Empirical Evidence Since 1980, Journal of Economic Perspectives, 1988, S. 49 ff.; *M. Jensen/R. Rubeck*, The Market for Corporate Control: The Scientific Evidence, Journal of Financial Economics, 1983, S. 5 ff.; *F.W. Gluck*, a.a.O., Fn. 1, S. 2 ff.

[45] Vgl. hierzu insbesondere *M. Jensen*, a.a.O., Fn. 1, S. 21 ff.

sind vielmehr die von den bereits im Amt befindlichen Geschäftsführungen angestrengten Versuche, durch Stimmrechtsstrukturveränderungen die Kontrolle über das Unternehmen unumkehrbar auf Dauer an sich zu reißen, damit das Management sich anschließend den geschilderten eigenen Gestaltungswünschen und allerlei Konsum am Arbeitsplatz hinzugeben vermag, ohne nochmals irgendwann Sanktionen der entmachteten Aktionäre fürchten zu müssen.

2. Höchststimmrechte als Schutz des Managements gegen opportunistische Aktionäre

Der Wunsch des Managements, mit Hilfe von Höchststimmrechten die Kontrolle über das Unternehmen zu übernehmen und damit ihre unfreiwillige Auswechselung auszuschließen, wird zuweilen damit gerechtfertigt, dass dem Markt für Unternehmenskontrolle vorgeworfen wird, er erziele seine Gewinne für die Aktionäre durch den Bruch eines *„impliziten Vertrages"* zwischen Management und Aktionären, indem er das im Amt befindliche Management um die Entlohnung für seine *„vertrags-spezifischen Investitionen"* prelle. Unter „unternehmens- oder vertragsspezifischen Investitionen" sind alle Investitionen zu verstehen, deren Wert dann verloren oder gemindert ist, wenn der jeweilige Vertrag - aus welchem Grund auch immer - nicht oder nur unvollständig zur Ausführung kommt, weil die vertragsspezifischen Investitionen in anderen Verwendungsarten einen geringeren oder gar keinen Ertrag mehr abwerfen[46]. Die dann entstehenden Verluste werden als „irreversible Kosten" oder „sunk costs" bezeichnet. Das Schulbeispiel[47] für eine solche „vertragsspezifische Investition" ist der Kauf einer Spezialdruckmaschine, die ausschließlich für die Aufträge eines bestimmten einzelnen Kunden geeignet ist und daher bei Nichtdurchführung dieses Vertrages nur noch Schrottwert besitzt. Im Bereich des Humankapitals sind die „vertragsspezifischen Investitionen" das erworbene Wissen eines Angestellten oder Managers um die Besonderheiten seines Unternehmens, das bei einer Kündigung oder einer Insolvenz mit anschließender Auflösung des Unternehmens, keinen Wert mehr für ihn besitzt.

Nun ist nicht möglich, das Management unmittelbar für seine Anstrengungen zu entlohnen, da diese nicht richtig und vollständig beobachtbar sind. Stattdessen ist es erforderlich, das Entlohnungsschema in irgendeiner Form mit den Ergebnissen der Arbeit der Geschäftsleitung zu verknüpfen. Der Erfolg oder Misser-

---

[46] Vgl. hierzu im Einzelnen grundlegend *B. Klein/R. Crawford/A. Alchian*, Vertical Integration, Appropriable Rents, and the Competitive Contracting Process, Journal of Law and Economics, 1978, 21, S. 297 ff.; *O. Williamson*, Credible Commitments: Using Hostages to Support Exchange, American Economic Review, 1983, S. 233 ff.; *G.S. Becker*, Human Capital, 1964.

[47] *B. Klein/R. Crawford/A. Alchian*, a.a.O., Fn. 43.

folg des Unternehmens wird jedoch wiederum von vielerlei zufälligen Umständen beeinflusst, die nichts mit der Leistung der Geschäftsführung zu tun haben. So wird es notwendig, mit dem Management einen expliziten oder „impliziten Vertrag" abzuschließen, der vorsieht, dass wichtige Teile der Entlohnung erst nach einem längeren Zeitraum festgelegt und fällig werden. Hierdurch wird es den Gesellschaftern ermöglicht, die wirkliche Leistung des Managements von den sich auf Dauer aufhebenden zufällig guten und zufällig schlechten Ereignissen abzugrenzen. Da eine genaue und vollständige Festlegung der Entlohnungsbedingungen und ihrer Höhe angesichts der vielfältigen Unsicherheiten nicht möglich und auch nicht sinnvoll erscheint, werden solche Entlohnungsvereinbarungen vielfach nicht ausdrücklich in Form eines „vollständigen Vertrages"[48], sondern nur unvollständig und implizit getroffen und ihre Einhaltung nicht juristisch, sondern durch den „Good-Will-Mechanismus" erzwungen. Die Entlohnung nach Ablauf der Kontrollfrist kann sich dann in Form von Bargeld, Beförderungen, Pensionszusagen aber auch in der Weiterbeschäftigung eines einstmals tüchtigen, jetzt jedoch „ausgebrannten" Managers[49] ausdrücken.

Nach dieser Vorstellung beobachten somit alle betroffenen Manager das Verhalten des Unternehmens bei der Einhaltung dieser „impliziten Verträge". Bricht das Unternehmen den impliziten Vertrag werden die Manager von zukünftigen „vertrags-spezifischen Humankapitalinvestitionen" im Unternehmen absehen und hierdurch ihre Leistungsmöglichkeiten vermindern sowie das Unternehmen bei Gelegenheit verlassen.

„Implizite Verträge" sind ein weit verbreitetes Mittel der Bürger und ihrer Institutionen, ihr Verhalten dann zu koordinieren, wenn Messprobleme und unerwartete zukünftige Entwicklungen die Vereinbarung eines expliziten „vollständigen Vertrages" unmöglich oder kostenbedingt sinnlos machen. Ihr Bruch hat daher für beide Seiten schwerwiegende Verteilungs- und Allokationsprobleme zur Folge[50]. Bei einer feindlichen Übernahme können nun die Aktionäre die Gesell-

---

[48] Zum Konzept des „vollständigen Vertrages" vgl. *S. Shavell*, Damage Measures for Breach of Contract, Bell Journal of Economics, 1980, S. 466 ff.; *M. Adams*, Zur Behandlung von Irrtümern und Offenbarungspflichten im Vertragsrecht, Archiv für civilistische Praxis, 1986, S. 453 ff.; *H. Kötz*, Zur Effizienz von Haftungsausschlussklauseln, erschienen in: C. Ott/H.B. Schäfer (Hrsg.), Allokationseffizienz in der Rechtsordnung: Beiträge zum Travemünder Symposium zur Ökonomischen Analyse des Zivilrechts, 1988, Springer, 1989, S. 189 ff.

[49] Die Notwendigkeit der Berechenbarkeit einer solch impliziten Entlohnung durch Weiterbeschäftigung ungeachtet nicht mehr gegebener Kompetenz macht dann auch die Vereinbarung von Altershöchstgrenzen bei der Beschäftigung verständlich. Vgl. hierzu auch *E.P. Lazear*, Why is There Mandatory Retirement? Journal of Political Economy, 1979, S. 1261 ff.

[50] Für eine Diskussion der Bedeutung „impliziter Verträge" für den allgemeinen Arbeitsmarkt in der Bundesrepublik vgl. *E. Wenger*, Freiwillig vereinbarte und erzwungene Organisationsregeln, Habilitation TU München, 1986; *D. Sadowski*, Währt ehrlich am längsten? Personal-

schaft ohne Rücksicht auf die implizit eingegangenen Verpflichtungen verkaufen und sich deren Wert entschädigungslos aneignen[51]. Die gesteigerte Möglichkeit einer solchen Enteignung aufgrund der Wiederbelebung des Marktes für Unternehmenskontrolle wird daher zu einer Änderung der Arbeitsverträge des Managements führen müssen, damit vermieden wird, dass die Manager wichtige Humankapitalinvestitionen in vertrags- und unternehmensspezifisches Wissen unterlassen, weil sie fürchten im Verlauf von Übernahmen um deren Erträge gebracht zu werden. Eine Umstellung der Entlohnungsschemata für den Fall eines Kontrollwechsels dient auch dazu, das Management davon abzuhalten, die Unternehmensinvestitionen verzerrt auf kurzfristige Erfolge hin auszuwählen, da im Falle einer übernahmebedingten Entlassung nur vorhandene und nicht bloß erwartete Erfolge für das Management als Leistungsbeleg am Arbeitsmarkt vorzeigbar und daher wertvoll wären. Anreizgründe legen es nahe, die Abfindungszahlungen der Manager im Falle einer feindlichen Übernahme und eines möglichen Bruchs der implizit getroffenen Vereinbarungen durch das Unternehmen mit den Gewinnen der Aktionäre aus einer solchen Übernahme zu verknüpfen[52]. Eine Vereinbarung, nach der dem Management bei einem Kontrollwechsel der kostenlose Bezug einer bestimmten Zahl von Aktienoptionen am eigenen Unternehmen[53] eingeräumt wird, sichert nicht nur die „vertrags-spezifischen Investitionen“ des Managements und dessen Interesse an einem hohen Unternehmenswert, sondern bewahrt auch den Markt für Unternehmenskontrolle vor den verschiedensten Versuchen seiner Ausschaltung durch das Management, vor der wiederum die Aktionäre schweren Schaden für sich zu befürchten hätten. Eine richtige Gestaltung der Abfindungsverträge eröffnet somit weder den Aktionären im Falle einer feindlichen Übernahme noch dem Management im Falle von Höchststimmrechten die Gelegenheit zur Ausbeutung der Gegenseite, die ohnehin im langfristigen Ergebnis lediglich eine für alle Beteiligten unvorteilhafte Schädigung der Arbeitsteilung darstellen würde.

Es lässt sich somit **festhalten**, dass das behauptete Versagen des Marktes für Unternehmenskontrolle nicht festzustellen war, seine als Heilmittel angepriesene Beseitigung durch die Übernahme der Kontrolle durch das Management mit Hil-

---

politik zwischen Arbeitsrecht und Unternehmenskultur, erschienen in: *D. Budäus/E. Gerum/G. Zimmermann*, Betriebswirtschaftslehre und Theorie der Verfügungsrechte, 1988, S. 221 ff.

[51] Solange die Kontrolleure des *übernehmenden* Unternehmens die bei ihm bestehenden „impliziten Verträge“ einhalten, schädigen sie ihre eigene Firma durch den Bruch der im übernommenen Unternehmen vorhandenen „impliziten Verträge“ grundsätzlich nicht, *J.N. Gordon*, a.a.O., Fn. 36, S. 17.

[52] Werden „goldene Fallschirme“ ohne eine solche Verknüpfung gewährt, kann dies zu Anreizen für das Management führen, den Wert des Unternehmens herunterzuwirtschaften, vgl. hierzu *J.N. Gordon*, a.a.O., Fn. 36, S. 17.

[53] *M. Jensen*, a.a.O., Fn. 1, S. 40 ff.

fe von Höchststimmrechten jedoch die Darreichung eines finanziell giftigen Gebräus für die Eigentümer der Gesellschaft darstellt, zuweilen allzu eilfertig von Unternehmensverwaltungen serviert.

III. Schwierigkeiten gemeinsamen Aktionärshandelns und dessen strategische Ausnutzung durch das im Amt befindliche Management

Die in den Vereinigten Staaten den Aktionären bei der Vorlage zur Zustimmung der Einführung von Höchststimmrechten oder Mehrfachstimmrechten oder vergleichbarer Verfahren unterbreiteten Erklärungen stellen im Gegensatz zu den verschleiernden oder wolkigen Ausführungen deutscher Unternehmensführungen unmissverständlich klar, dass die Einführung ungleicher Stimmrechte die Macht des Managements vergrößern und feindliche Übernahmen mit erheblichen Übernahmegewinnen für die Aktionäre unmöglich machen wird[54]. Trotz

---

[54] *J.N. Gordon*, a.a.O., Fn. 36, S. 43 zitiert ein typisches Beispiel einer solchen unmissverständlichen Aufklärung über die Gefahren solcher Stimmrechtsstrukturveränderungen aus dem Proxy Statement 2 (April 1985) der Kaufman & Broad, Inc.: „Since following the proposal and the proposed exchange offer, the Broad interests will own a majority of the voting power of the Company if no other holder of Common Stock exchanges such shares for Class B stock, it will be impossible for a third party in such circumstances, to acquire a majority of the voting power of the company without consent of the Broad interests. In such circumstances and without such consent, the Company would be a less attractive target for a takeover bid or merger proposal, including bids or proposals in the best interests of shareholders other than the Broad interests, and a successful proxy contest to remove current management would be impossible, even if such actions were favored by the board and shareholders of the Company other than the Broad interests.“... „While the board of directors is of the opinion that the proposed Amendment, including the Recapitalisation, is in the best interest of the Company and all of its stockholders, the board recognizes that there may be some disadvantages to certain stockholders. For example, the fact that the Class A Common Stock will have less voting power than the Class B Stock might have an adverse effect on the market price of the Class A stock. In addition, the proposed Amendment may have significant effects on the ability of stockholders to change the board of directors or to benefit from transactions that are opposed by the holders of Class B Common Stock. In addition, since voting control will be primarily vested in the holders of Class B Common Stock, particularly the members of the Lavin family, the Reclassification would render more difficult or discourage a merger proposal, a tender offer, a proxy contest or the removal of incumbent directors or management, even if such actions were favored by the holders of a majority of Class A Common Stock.“... „Accordingly, the proposed Amendment and Reclassification might deprive stockholders of an opportunity to sell their shares at a premium over prevailing market prices, since the proposed Amendment might make more difficult or discourage the acquisition of the Company by others.“
Die vom Management der Dresdner Bank zur Einführung von Höchststimmrechten abgegebenen Bemerkungen lauten wie folgt: „Neueinfügung; seit 1975 haben zahlreiche große Publikumsgesellschaften in der Bundesrepublik Deutschland Stimmrechtsbeschränkungen in ihre Satzungen aufgenommen. Die Dresdner Bank AG hat stets den Standpunkt eingenommen,

dieser klaren Offenlegung der schädlichen Wirkung für die Aktionäre haben diese Vorschläge dennoch häufig die erforderlichen Mehrheiten erreicht. Bevor als Erklärung auf die besonderen deutschen Usancen des Depotstimmrechts und seiner Handhabung eingegangen werden soll, muss daher zuvor das Rätsel gelöst werden, wieso die Aktionäre der amerikanischen Gesellschaften einer ihnen schädlichen Maßnahme bei durchaus unmissverständlicher Aufklärung ihre Zustimmung erteilen konnten.

1. Die Kosten der Unternehmenskontrolle und ihre Schwarzfahrer

In seiner grundlegenden Arbeit über die Bedingungen, die erfüllt sein müssen, damit Bürger zum Beitritt in eine ihre jeweiligen Interessen vertretende Gruppe und zur Zahlung des Mitgliedsbeitrages und anderer gemeinsamer Kosten der Organisation bewegt werden können, hat *M. Olson*[55] nachgewiesen, dass sich größere Gruppen nur dann zu Handeln in ihrem gemeinsamen Interesse organisieren lassen, wenn die Organisation den Mitgliedern neben den „öffentlichen Gütern“[56] der allgemeinen Interessenvertretung auch für jeden Einzelnen günstig irgendwelche privaten Güter anbietet. Der Grund hierfür besteht darin, dass sich der Bezug des „öffentlichen Gutes“ „Interessenvertretung“ nicht nur auf diejenigen beschränken lässt, die Mitglieder der Organisation sind und hierfür Leistungen erbracht haben, sondern unvermeidlicherweise unterschiedslos auch Außenstehenden zugute kommt. Die Mitglieder werden sich nun jedoch sagen, dass es sich für sie nicht lohnt, Zeit für den Verband zu opfern und andere Kosten auf sich zu nehmen, da ihr jeweiliger einzelner Beitritt oder Austritt bei der Größe der Gruppe keinen merklichen Einfluss darauf hat, ob das „öffentliche Gut“ hergestellt wird oder nicht. Stellen jedoch alle tatsächlichen oder möglichen Mitglieder diese Überlegung an, wird es keinerlei Organisation geben, selbst wenn

---

dass bei Stimmrechtsbeschränkungen in jedem Einzelfall die Freiheit des Kapitalmarktes einerseits sowie der Schutz vor unerwünschter Mehrheitsbildung und der Erhalt der Eigentumsstruktur als Publikumsgesellschaft andererseits abzuwägen sind...“. Von den Gefahren für den Wert der Aktie für die Eigentümer und vom Anstieg der Machtvollkommenheiten des im Amt befindlichen Managements, die mit einem solchen Vorschlag verbunden sind, ist hierbei somit nicht die Rede.

[55] *M. Olson*, The Logic of Collective Action, 1971. Vgl. hierzu auch *C.C. von Weizsäcker*, Effizienz und Gerechtigkeit, erschienen in: *M. Neumann* (Hrsg.) Ansprüche, Eigentums- und Verfügungsrechte, Schriften des Vereins für Socialpolitik, Band 140, 1984, S. 123 ff.; *G.S. Becker*, A Theory of Competition among Pressure Groups for Political Influence, Quarterly Journal of Economics, 1983, S. 371 ff.

[56] Unter „öffentlichen Gütern“ werden hier alle Güter verstanden, deren Bezug nicht auf die sie finanzierenden Personen beschränkt werden kann, bei dem somit das „Ausschlussprinzip“ bei ihrer Nutzung nicht wirksam ist. Beispiele für „öffentliche Güter“ auf der Ebene des Staates ist die „Landesverteidigung“, auf der Verbändeebene das Bemühen der Gewerkschaften um „höhere Nominallöhne“. Vgl. hierzu *P. Bernholz/F. Breyer*, a.a.O., Fn. 15, S. 95 ff.

deren Leistungen heftig gewünscht würden. Da für jeden Einzelnen der Anreiz besteht, kostenloses „Schwarzfahren" dem kostenbelasteten Beitritt vorzuziehen, ist das Ergebnis der Summe aller Einzelentscheidungen eine herbeigesehnte Organisation ohne Mitglieder, jedoch mit zahlreichen zu einer Schwarzfahrt entschlossener Nichtmitgliedern.

Die Ausübung von Kontrolle und eine vernünftige informierte Stimmabgabe in der Hauptversammlung sind nun für jeden Aktionär mit erheblichen Kosten verbunden. Jeder Aktionär muss nicht nur die umfangreichen Erläuterungen der Geschäftsführungen lesen. Zu deren Verständnis bedarf er häufig auch des Rates von Experten, deren Kosten bei einer kleinen Beteiligung den gesamten Ertrag der Aktien, zumindest aber die durch seine Entscheidung für ihn erzielbare mögliche Wertsteigerung aufzehren würde. Ein jeder kleinere Aktionär wird daher in **„rationale Apathie"**[57] verfallen, gar nicht abstimmen oder den Vorschlägen des Management unbesehen folgen[58] und hoffen, dass andere sich die Mühe der Kontrolle machen, um das Management der Gesellschaft im Zaum zu halten. Allerdings sollte er auf solche Anstrengungen Anderer dann nicht rechnen, wenn die Aktienanteile breit gestreut sind oder mit der Kontrollausübung keine „privaten Vorteile" verbunden sind, da sich unter diesen Umständen kein „rationaler Apath" in einen Geschäftsführungsaufseher verwandeln wird[59]. Ein genauerer Kontrolle abgeneigtes Management einer Gesellschaft wird daher stets versuchen, die Willensbildung der Aktionäre durch Schwarzfahrerprobleme zu belasten, und somit auf breite Streuung der Aktien achten.

---

[57] Vgl. *J.N. Gordon*, a.a.O., Fn. 36, S. 43 f.

[58] *S.J. Grossman/O.D. Hart*, a.a.O., Fn. 22, S. 3 Fn. 2.

[59] Bei der Abwesenheit von „privaten Vorteilen" für den Kontrollinhaber kann auch ein Großaktionär nicht die **gesamten** Vorteile seiner Kontrollarbeit an sich ziehen. Er bleibt damit einem Anreiz zu zu geringen Kontrollinvestitionen ausgesetzt; vgl. *J.N. Gordon*, a.a.O., Fn. 36, S. 44 insbesondere Fn. 141 u. 142. Dennoch sollte nicht übersehen werden, dass die Anwesenheit eines Großaktionärs die Kontrolle über das Management entscheidend verbessert. Da nicht ausgeschlossen werden kann, dass der Kontrollinhaber, etwa über die Nutzung von Insiderkenntnissen nicht doch „private Vorteile" aus seiner Stellung bezieht, ist der Lohn der Macht möglicherweise doch hinreichend oder sogar darüber hinausgehend, da die „schwarzfahrenden Kleinaktionäre" von diesen „privaten Vorteilen" ausgeschlossen sind, vgl. hierzu *S.J. Grossman/O.D. Hart*, Takeover Bids, The Free-Rider Problem, and the Theory of Corporation, Bell Journal of Economics, 1980, S. 42 ff. sowie *S.J. Grossman/O.D. Hart*, The Allocational Role of Takeover Bids in Situations of Asymmetric Information, Journal of Finance, 1981, S. 253 ff.; *S.J. Grossman/O.D. Hart*, Disclosure Laws and Takeover Bids, Journal of Finance, 1980, S. 323 ff. Bei erheblichen „privaten Vorteilen" des Kontrolle ausübenden Großaktionärs entsteht jedoch das Problem, dass an die Stelle der Schädigung der Aktionäre durch das Management nun die Schädigung und Ausbeutung durch den Großaktionär tritt. Welches das kleinere Übel ist, ist nicht vorhersehbar. Der möglichst weitgehende Ausschluss der Erzielung „privater Vorteile" durch irgendeine Seite verkleinert dann die Schwierigkeiten.

2. Strategische Behinderungen von Aktionärsoppositionen

a. Aktien in den Händen des Management

Darüber hinaus können sich die Manager zusätzlichen Schutz vor Kontrolle dadurch verschaffen, dass sie selbst oder ihre Verbündeten stets einen größeren Stimmenblock in eigenen Händen halten, der durchaus nicht die Stimmenmehrheit darzustellen braucht. Hierdurch gelingt es ihnen, den Aktionären die Schaffung einer wirksamen Oppositions- oder Kontrollgruppe weiter zu erschweren[60]. Die Tatsache, dass das Management über einen großen Stimmenblock verfügen kann, bedeutet für die Aktionäre die Notwendigkeit, eine zusätzliche Zahl anderer Mitaktionäre aufzuspüren, mit ihnen in Verbindung zu treten und ein gemeinsames Vorgehen zu verabreden. Die Kosten einer solchen Kommunikation und Kooperation werden auch von über das Management äußerst missgelaunten Aktionären jedoch nur dann aufgebracht werden, wenn sie eine hinreichende Aussicht auf Erfolg ihrer Oppositionsbemühungen sehen. Die Tatsache, dass das Management bereits über eine größere Stimmenzahl zur Abwehr verfügt, erhöht die zum Erfolg notwendige Zahl der Oppositionsteilnehmer und verschärft damit die Schwarzfahrerproblematik. Umsturzwillige Aktionäre müssen sich daher sagen, dass ein solcher Oppositionsversuch sinnlos ist, da er keine hinreichende Erfolgswahrscheinlichkeit aufweist. Der Umstand, dass keine die Stellung des Managements bedrohende Opposition auf den Hauptversammlungen solcherart organisierter Aktiengesellschaften zu beobachten ist, sollte dann nicht als ein Zeichen allgemeiner Aktionärszufriedenheit, sondern der Einsicht in die Aussichtslosigkeit eines Änderungsversuches verstanden werden

b. Depotstimmrecht

In der Bundesrepublik erscheint der Aufbau einer Opposition der Aktionäre gegen das Management großer Publikumsaktiengesellschaften gegen den Willen der durch ihren Beteiligungsbesitz und ihre Depotstimmkraft machtvollen Großbanken ein wenig lohnenswertes Unterfangen. Der Markt für Unternehmenskontrolle ist für diesen wichtigen Bereich an ein Oligopol gefallen, das seine eigenen Ziele verfolgt und hierbei interessante „private Vorteile" zu erzielen vermag[61]. Es besteht wenig Anlass zu vermuten, dass die Großbanken an einer Än-

---

[60] *J.N. Gordon*, a.a.O., Fn. 36, S. 45 ff.

[61] Hierbei ist insbesondere an die frühzeitige Kenntnis kursrelevanter Tatsachen „Insidergeschäfte", an eine den Aktionärsinteressen widersprechende, den Unternehmensverwaltungen freie Hand beim Aufbau von Wirtschaftsimperien und dem Horten „freier Geldbestände" („Free-Cash-Flow") lassende Dividendenausschüttungspolitik und dem Aufbau besonderer, Wettbewerber ausschließender Geschäftsanbahnungsmethoden zu denken. Eine solche Problematik lässt sogar der Bericht der Studienkommission „Grundsatzfragen der Kreditwirtschaft" Schriftenreihe des Bundesministeriums der Finanzen, Heft 28, 1979, S. 101 ff. im Namen der Kritiker in zarter Weise anklingen.

derung dieser Lage ein Interesse aufweisen und unabhängige Unternehmen auf dem Markt für Unternehmenskontrolle zulassen werden. Die zu beobachtende Stabilität der Marktpositionen über lange Zeiträume hinweg, mag dann auch Ausdruck der Macht dieses Oligopols sein, jede Wettbewerbsänderung zu ihren Lasten zu verhindern[62]. Soweit daher ein Management das Wohlwollen einer[63] der Großbanken errungen hat, kann es sich von anderen Aktionärszwängen weitgehend frei fühlen und in diesem Rahmen mit den Ressourcen der Gesellschaft unbeschwert schalten und walten. Vorausschauende Aktionäre können sich zwar bei ihrem Markteintritt in die Eigenkapitalfinanzierung durch das Bestehen auf verbilligten Aktienkaufpreisen[64] gegen einen solchen Markt schützen, die gesellschaftliche Arbeitsteilung und ihre Produktivitätsvorteile bleiben jedoch als endgültig Geschädigte zurück.

c. Höchststimmrechte als Marktzutrittsschranke

Als eine weitere Sicherung gegen unerwarteten Marktzutritt in den Unternehmenskontrollmarkt von Finanzunternehmen außerhalb des Großbankenoligopols vermag die zusätzliche Einführung von Höchststimmrechten zu dienen, da diese die Bildung von Kontrollmehrheiten verteuert. Diese Möglichkeit wird insbesondere für die Großbanken selber von Interesse sein, da sie einen wichtigen Schutz vor einem heimtückischen Angriff der anderen Oligopolisten und ihrer Zusammenarbeit mit ausländischen Übernehmern gewährleistet.

---

[62] Die Tatsache, dass den Banken immer noch ein Ausnahmebereich vom Gesetz gegen Wettbewerbsbeschränkungen zugestanden wird, erweist sich somit auch hier als ein dauerhafter Missstand. Ebenso wie beim Bundesaufsichtsamt für das Versicherungswesen hat sich die Errichtung einer besonderen ausgegliederten Fachaufsicht nicht bewährt, da diese Behörden besondere Schwierigkeiten haben, sich dem Einfluss der von ihnen zu beaufsichtigenden Interessengruppen zu entziehen. Die beiden Aufsichtsbehörden sollten daher **aufgelöst** und wieder in die allgemeine Verwaltung eingliedert werden. Vgl. hierzu *R.D. Eckert*, The Life Cycle of Regulatory Commissioners, Journal of Law and Economics, 1981, S. 113 ff.

[63] Obwohl sich die große Zahl der Depotstimmen auf mehrere Großbanken konzentriert, sollten sich diese aufgrund der gegenseitigen Drohpotentiale im engen Oligopol und der unabsehbaren Dauer ihrer Zusammenarbeit (als „repeat player") kooperativ verhalten. Es genügt daher üblicherweise die Unterstützung einer Großbank, um von keiner anderen Seite eine Attacke fürchten zu müssen.

[64] Analytiker werden die Anpassungsreaktion der tatsächlichen und möglichen Aktienerwerber an diese eigenartigen Marktverhältnisse und Risiken dann als „Eigenkapitallücke" diagnostizieren, während die Finanzchefs der Unternehmen die hohen Kosten der Eigenkapitalfinanzierung beklagen. Ein höheres Angebot an Eigenkapital oder geringere Eigenkapitalkosten würde einen stärkeren Wettbewerb durch Marktzutritt neuer unabhängiger, von Interessenkonflikten unbeschwerter Finanzinstitutionen verlangen sowie die Einschränkung der vom Management errichteten oder genutzten Hindernisse beim Übergang der Kontrolle in der Aktiengesellschaft.

Bei Abwesenheit „privater Vorteile“ aus kleineren Aktienpaketen werden durch Höchststimmrechte die Kosten der Kommunikation und Kooperation unter den zusätzlich zu organisierenden verstreuten Aktionären erhöht und damit auch der erforderliche Mindestbetrag an Aktienanteilen, den der Organisator einer Opposition sein eigen nennen muss, um seine privat aufgewendeten Kosten beim Oppositionsaufbau durch den gesteigerten Wert seiner Anteile bei einem Kontrollwechsel entgolten zu erhalten. Höchststimmrechte werden daher vielen potentiellen Unternehmern auf dem Markt für Unternehmenskontrolle deutlich machen, dass ihre Tätigkeit nicht auf einen irdischen Lohn hoffen sollte.

Zusammenfassend lässt sich somit festhalten, dass Höchststimmrechte die Aneignungs- und Kontrollrechte über wesentliche volkswirtschaftliche Ressourcen auseinander reißen und damit dem Management eine gewisse Beliebigkeit und Verschwendung bei ihrem Einsatz ermöglichen.

3. Exkurs: Strategische Behinderung der Willensbildung der Mitglieder in „Non-Profit-Organisationen“

Es versteht sich, dass die strategische Herbeiführung faktischer Schwierigkeiten der Willensbildung und damit die Verhinderung von Kontrolle über das Management nicht nur bei Aktiengesellschaften und Gesellschaften mit beschränkter Haftung zu beobachten ist, sondern sich auch und besonders in Non-Profit-Organisationen und „nichtwirtschaftlichen“ Vereinen auf Seiten des Vorstandes Beliebtheit erfreut[65].

Nimmt man als Beispiel das von den Vereinsmitgliedern faktisch nicht kontrollierte ADAC-Management, lässt sich feststellen, dass dieses nicht nur in erstaunlicher Freiheit über die außergewöhnlichen finanziellen Machtmittel dieses Vereins verfügt, sondern zudem auch auf deren Grundlage Verkehrspolitik nach eigenen Vorstellungen betreibt, ohne hierfür von den Vereinsmitgliedern ein Mandat erhalten zu haben, das sich auf deren wirklichen Willen - ausgedrückt in Abstimmungen mit wesentlichen Wahlbeteiligungen - stützen könnte[66].

---

[65] Der Schutz des Wettbewerbs und der Willensbildung im Bereich der „politischen Unternehmen“ ist eine Frage des Verfassungsrechts und Untersuchungsgegenstand der politischen Wissenschaften sowie der Politischen Ökonomie. Er soll daher hier nicht behandelt werden. Der entscheidende Unterschied zu den anderen „Non-Profit-Unternehmen“ besteht darin, dass „politischen Unternehmen“ die Möglichkeit offen steht, die „Wettbewerbsregeln“ innerhalb und außerhalb ihrer Organisation neu zu regeln. Es bedarf daher erheblicher Anstrengungen, das Management der „politischen Unternehmen“ davon abzuhalten, missbräuchliche Marktzutrittschranken zu errichten oder andere Versuche zu unternehmen, den Wettbewerb um die Managementpositionen im Staate zu beseitigen.

[66] So mag ein ADAC-Vereinsmitglied sich fragen, in welcher Weise er von den Vereinsversammlungen und deren Tagesordnungen Kenntnis erhält und ob er eine realistische Chance sieht, gegen die Managementkaste des Vereins einen Vorschlag einzubringen und durchzuset-

Für eine solch unkontrollierte Machtvollkommenheit der Leitungen von Non-Profit-Organisationen aufgrund der hohen, teilweise strategisch herbeigeführten Kosten der Willensbildung der Vereinsmitglieder sind weder vereinsrechtliche, noch wettbewerbspolitische noch betriebswirtschaftliche Rechtfertigungen erfindlich. Die steuerrechtliche Bevorzugung solcher Organisationen vor anderen Unternehmen erscheint willkürlich. Die Steuervorteile sollten im Rahmen der Rationalisierung der Unternehmensbesteuerung beseitigt werden[67]. Die Notwendigkeit einer Reform des Vereinsrechts ergibt sich auch daraus, dass der Markt für Unternehmenskontrolle für „Non-Profit-Organisationen" durch Vermögensaneignungsverbote sowohl bei der Bündelung der die Kontrolle verschaffenden Stimmrechte als auch durch erhebliche Schwierigkeiten, eine Liquidation durchzuführen, entscheidend behindert ist. Die für das unkontrollierte Management erwerbswirtschaftlich ausgerichteter Unternehmen beschriebenen Formen des Konsums am Arbeitsplatzes und der persönlichen Verwirklichung mit Hilfe der Ressourcen des Vereins sind daher in Non-Profit-Organisationen mit erhöhter Heftigkeit zu erwarten[68]. Eine Reform des Vereinsrechts und der Non-Profit-Organisationen muss daher neben der steuerrechtlichen Gleichstellung eine leichtere Liquidation mit Verteilung des angehäuften Vermögens unter die Vereinsmitglieder vorsehen, da sich ansonsten auf ewige Zeiten schlecht gewirtschaftete Vermögensmassen aufbauen und erhalten können, die an anderer Stelle eingesetzt erheblich nützlicher wären und deren Hauptzweck es geworden ist, lediglich einem verschiedensten Konsum- , Selbstverwirklichungs- und Machtausübungsformen hingegebenem Management zur Lebensgrundlage zu dienen. Die nur schwerlich wieder rückgängig zu machende Anhäufung riesiger Vermögensmassen in Vereinen wie etwa dem ADAC und anderen Non-Profit-Organisationen ohne wirksame Kontrolle ihrer Verwendung durch den Kapitalmarkt, stellt neben ihren Unwirtschaftlichkeiten zudem eine mit der Idee des Wettbewerbs und der Freiheit der Bürger wenig zu vereinbare Kollektivierung dar.

---

zen. Ebenso wie eine Satzung mit dem „Wesen der Aktiengesellschaft" nicht vereinbar ist, die den Aktionären auf tatsächliche Weise die Möglichkeit nimmt, ihre Kontrollrechte auszuüben, ist eine Vereinssatzung unzulässig, die diese Rechte mit Geschäftsordnungsverfahren und anderen die Kosten der Kooperation unter den Vereinsmitgliedern erhöhenden Kniffs den Vereinsmitgliedern entzieht und das Management zum faktisch unabsetzbaren Herrscher des Vereins macht.

[67] Vgl. hierzu ausführlich *Engels-Hamm-Issing-Möschel-Sievert-Willgerodt*, (Kronberger Kreis), a.a.O., Fn. 9, S. 10.

[68] Vgl. hierzu etwa das Auftreten des Managements mancher Unternehmen der „salvation industry".

IV. Eine Kritik an der Höchststimmrechtsentscheidung des Bundesgerichtshofes

Der Bundesgerichtshof[69] hat die Einführung von Stimmrechtsbeschränkungen auf 5 Prozent des Grundkapitals durch Satzungsänderung noch nach Gesellschaftsgründung und ohne Zustimmung der vom Kontrollverlust betroffenen Aktionäre zugelassen. Er begründete seine Ansicht damit, dass der Kursverlust, zu dem die Einführung eines Höchststimmrechts führen könne, alle Aktionäre gleichmäßig treffe und zudem „oft nur eine unnatürliche, weil spekulative Kursbildung wieder auf den normalen Stand" zurückführe. Der Bundesgerichtshof verkennt in seinen Floskeln „unnatürlich", „spekulativ" nicht nur die Wirkungsweise des Kapitalmarktes, der die Erwartungen über die erhofft positivere Unternehmensentwicklung im jeweiligen Börsenwert des Unternehmens verdichtet[70], sondern übersieht zudem, dass der Kursrückgang durch die Einführung von Höchststimmrechten der Ausdruck derjenigen Unternehmenswertminderungen ist, die mit jeder Missmanagement ermöglichenden Einschränkung der Kontrolle über das jeweils im Amt befindliche Management verbunden sind[71]. Anstelle unzutreffender zirkulärer Überlegungen zur Frage, ob der Kursrückgang für einige Aktionäre eine „rechtliche Benachteiligung" oder der Verlust einer „bloß(en) wirtschaftliche(n) Möglichkeit ohne gesicherte rechtliche Grundlage" darstelle, wäre eine systematische Erörterung der Bedeutung der Einführung von Höchststimmrechten für die gesetzlich gewünschte Kontrollstruktur der Aktiengesellschaft erforderlich gewesen. Die Ansicht des Bundesgerichtshofes[72], es habe „von jeher die Notwendigkeit auftreten" können, „sich gegen eine Überfremdung vom In- oder Ausland her abzuschirmen, die Unabhängigkeit des Vorstandes zu stärken, Kleinaktionäre gegen einen zu großen Einfluss von Paketinhabern zu schützen und so den Charakter einer Publikumsgesellschaft dem ursprünglichen gesetzlichen Leitbild entsprechend zu wahren", mag auf dem Zeitgeist jener und davor liegender Jahre beruhen, hält jedoch einer genaueren Nachprüfung nicht stand.

Wieso es berechtigte Gründe geben soll, sich gegen eine „inländische Überfremdung" - was immer der Ausdruck besagen mag - abzuschirmen, wird nicht dargetan und verkennt den Prozess der Unternehmenskontrolle durch Übernahme der Kontrolle gerade seitens „Fremder". Soweit es sich nicht um Waffenfab-

[69] BGH, NJW, 1978, S. 540 ff. mit weiteren Nachweisen.

[70] Vgl. hierzu einführend *R.A. Brealey/S.C. Myers*, Principles of Corporate Finance, 1988, S. 47 ff. sowie S. 793 ff.

[71] *J.N. Gordon*, a.a.O., Fn. 36, S. 3 ff. (23 ff.) kommt in seiner empirischen Arbeit zu dem Ergebnis, dass die von ihm untersuchten Daten den Schluss nahe legen, dass bei jeder Einführung von Stimmrechtseinschränkungen durch Schaffung verschiedener Aktienklassen der Unternehmenswert im Durchschnitt um 3 Prozent vermindert wird.

[72] BGH, NJW, 1978, S. 541.

riken oder ähnliche für die nationale Sicherheit wichtige Unternehmen handelt, deren Betriebsgeheimnisse dann durch öffentlich-rechtlich zu legitimierende Maßnahmen oder durch Übernahme der Aktien in öffentliche Hände gegen einen Verkauf an bestimmte Ausländer zu schützen sind, gibt es keinerlei Grund, ausländische Personen am Kontrolle ermöglichenden Erwerb deutscher Unternehmen zu hindern. Der wirtschaftliche Aufstieg der Bundesrepublik ist vielmehr in wichtigen Bereichen gerade solchen ausländischen Personen und Unternehmen zu verdanken.

Eine Steigerung der Unabhängigkeit des Vorstandes ist mit dem aktienrechtlichen Grundsatz der den Eigentümern der Gesellschaft zukommenden Kontrolle nicht zu vereinbaren, sondern verschärft vielmehr das Problem der Auflösung der Eigentumsrechte an der Gesellschaft und der Schaffung kontrollfreier Räume mit den dargelegten Gefahren einer Verschwendung der Unternehmensressourcen durch übermäßigen Konsum am Arbeitsplatz, allzu großzügige Gehälter und durch andere nicht nur uneigennützigen Vorstandsmotiven entsprungener Maßnahmen, wie etwa dem Aufbau unproduktiver konglomerater Wirtschaftsimperien.

Dem Schutz der Kleinaktionäre ist nicht mit Hilfe einer Schädigung des Marktes für Unternehmenskontrolle gedient, sondern mit der Durchsetzung des Gleichbehandlungsgrundsatzes, einer wirksamen Konzerneingangskontrolle und der Verhinderung „privater Vorteile" der Kontrollinhaber, bei dem wiederum der Markt für Unternehmenskontrolle ein wesentliche Aufgabe wahrnimmt.

Es lässt sich somit **festhalten**, dass die Ansicht des Bundesgerichtshofs zur Zulässigkeit von Höchststimmrechten auf einer Verkennung der Aufgabe von Stimmrechtsstrukturen auf dem Markt für Unternehmenskontrolle beruht. Sie sollte aufgegeben werden, auch wenn sie manche Unternehmensführung dem *Gespenst des Wettbewerbs* aussetzt.

Aktienoptionspläne und Vorstandsvergütungen

„In den USA verdiente der Chief Executive Officer eines S&P 500 Unternehmens 1970 insgesamt rund 30 mal mehr als ein durchschnittlicher Industriearbeitnehmer. Im Jahre 1996 war es 210 mal mehr."

Kevin Murphy

„Fragen sind nie indiskret. Antworten zuweilen."

Oskar Wilde

A. Einleitung

Es gehört zu den Weisheiten der Wirtschaftswissenschaften, dass die Ungleichheit der Einkommen ein unvermeidbares Beiprodukt eines Systems von Anreizen sind, die Leistung und Erfolg belohnen. So muss es verblüffen, dass der Lohn eines deutschen Bundeskanzlers oder eines ganzen mit dem Nobelpreis ausgezeichneten Wissenschaftlerlebens derart weit hinter der Vergütung eines beliebigen Vorstandsmitgliedes einer größeren Aktiengesellschaft zurückbleibt, dass es nur noch als ein gehobenes Trinkgeld erscheint.

Dieser Aufsatz soll erörtern, ob die astronomischen Höhen, die Vorstandsvergütungen in Deutschlands großen Aktiengesellschaften nunmehr erreicht haben, als auch ihr Abstand zu anderen Leistungsträgern größerer Verantwortung hingenommen werden müssen, um die Vorstände zu den gewünschten Höchstleistungen anzuspornen. Es geht somit um die Frage, ob es sich in diesen Fällen um gerechtfertigte Anreizvergütungen handelt oder um das Herüberschwappen der „amerikanischen Krankheit" in Form der Ausplünderung von Unternehmen durch die Unternehmensverwaltung mit Hilfe komplexer Vergütungssysteme, der mit Hilfe des Aktienrechts entgegengetreten werden muss[1].

Erstveröffentlichung: *M. Adams*, Aktienoptionspläne und Vorstandsvergütungen, Zeitschrift für Wirtschaftsrecht (ZIP), 2002, S. 1325-1344. Der Aufsatz wurde für die vorliegende Neuveröffentlichung überarbeitet.

[1] Ausgehend von den USA haben die als entscheidenden Treiber von Vorstandsbezügen genutzten Aktienoptionsprogramme inzwischen weltweit bei den Vorständen großen Anklang gefunden, vgl. Tower's Perrin, Worldwide Total Remuneration Report 1997. Für frühe Kritik und Warnung an der Möglichkeit einer Selbstbereicherung der Vorstände mit Hilfe von Aktienoptionsprogrammen vgl. *M. Adams*, Stellungnahme zur Aktienrechtsreform 1997, Sonderheft, Die AG, August 1997, S. 9 (S. 21 f.); *T. Baums*, ebd., S. 35 f.; *M. Lutter*, ebd., S. 52 (S. 56); *E. Wenger*, ebd., S. 57 (S. 63 f.) jeweils m.w.N.

B. Vorstandsvergütungen in Deutschland

I. Die Vorstandsvergütung im Fall Esser bei Mannesmann/Vodafone

Der Vorstandsvorsitzende Esser der Mannesmann AG erhielt nach einer verlorenen Übernahmeschlacht gegen Vodafone im März 2000 eine „Anerkennungsprämie" in Höhe von 32 Millionen Mark ausbezahlt[2]. Vodafone als neue Mehrheitsaktionärin der Mannesmann AG war an einer Erfüllung des Anstellungsvertrages von Esser nicht interessiert. Esser stimmte einer einvernehmlichen Beendigung der Bestellung zu und erhielt als Abfindung rund 29 Millionen Mark. Insgesamt wurden damit Esser im Jahre 2000 aus der Unternehmenskasse Mannesmann eine Abfindung von zusammengenommen DM 61 Millionen gezahlt. Dieser Vorgang und die außerordentliche Höhe der Zahlungen hat große Aufmerksamkeit in der Öffentlichkeit gefunden und zu Ermittlungen der Staatsanwaltschaft gegen Esser und den Ausschuss für Vorstandsangelegenheiten des Aufsichtsrates der Mannesmann AG geführt.

II. Der Vergleich der Vorstandsvergütungen in der Andersen-Studie

1. Der Vergleich der Gesamtvergütungen

Die Verteidigung von Esser und des verantwortlichen Ausschusses für Vorstandsangelegenheiten der Mannesmann AG erfolgte insbesondere über die Argumentation, dass die Höhe der Zahlungen von insgesamt DM 61 Millionen nicht außergewöhnlich sei und durch die Bezüge vergleichbarer Vorstände in einer ähnlichen Lage übertroffen werde. Sie sei damit marktgerecht und rechtmäßig im Sinne des § 87 AktG. Zu diesem Zweck wurde von Mannesmann/Vodafone ein vergleichendes Gutachten bei der Unternehmensberatung Andersen, Frankfurt in Auftrag gegeben, dessen sorgfältig erarbeiteten Ergebnisse im Rahmen der Verteidigung von Esser den Weg in die Presse fanden und hier um weitere Angaben und Analysen ergänzt wiedergegeben werden sollen.

Für das Verständnis der üblichen Vergütungsstrukturen ist zu beachten, dass sich die Gesamtvergütung eines Vorstandsmitgliedes aus drei Bestandteilen, dem Grundgehalt, den Boni und den zusätzlich gewährten Optionen oder deren wirtschaftlichen Äquivalenten („SARs/Wertsteigerungsrechten") ergibt:

---

[2] Vgl. hierzu insbesondere Handelsblatt v. 5.11.2001, S. 13 und FAZ v. 2.11.2001, S. 22 sowie die genaue Analyse des Falles bei *M. Adams*, Vorstandsvergütungen, in: Festschrift für C.C. von Weizsäcker, 2003, S. 295 ff.

Gesamtvergütung = Grundgehalt + Boni + Optionsrechte[3].

Dabei werden Grundgehalt + Boni als die *Gesamtbarvergütung* bezeichnet. Die folgende Graphik gibt die Gesamtbarvergütung des Bundeskanzlers und die der Vorstände einiger wichtiger Unternehmen für das Jahr 2000 an[4].

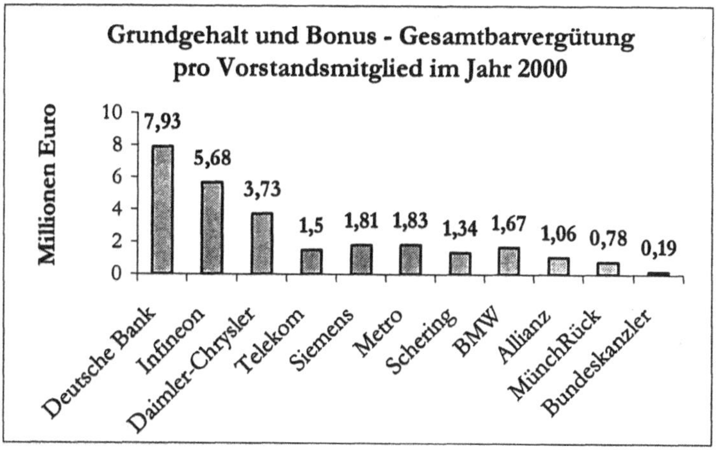

Abbildung 1

Die voran stehende Übersicht erfasst noch nicht die gesamte Vergütung der Vorstände, da sie die den einzelnen Vorständen gewährten *Optionswerte* nicht beinhalten. Optionsrechte sind eine neuere Form der Vergütung. Sie sind für den extremen Anstieg der Vorstandsgehälter in den USA und nunmehr auch Deutschland verantwortlich. In der Fußnote werden die im Rahmen von Optionen verwendeten Begriffe erläutert[5].

---

[3] Anstelle von Optionsrechten können auch andere als „Long Term Incentives" bezeichnete Vergütungen gewährt werden. Hierzu zählen Wertsteigerungsrechte, virtuelle Optionen oder virtuelle Aktien. Diese wurden in der Tabelle zur Vergleichbarmachung in ihre Barwerte bei einem Diskontierungssatz von 6% umgerechnet.

[4] Bei einem Vergleich mit den im Jahre 1999 gewährten Vergütungen ergibt sich ein erheblicher Anstieg der Barvergütungen, der in den Einkommenssteigerungen anderer Bevölkerungsgruppen keine Entsprechung hat, vgl. hierzu *M. Adams*, Vorstandsvergütungen, in: Festschrift für C.C. von Weizsäcker, 2003, S. 295 (S. 300 ff.).

[5] Die Definitionen wurden dem Entwurf des Deutschen Rechnungslegungsstandard Nr. 11 - E DRS 11 - zur Bilanzierung von Aktienoptionsplänen und ähnlichen Entgeltformen, entnommen: Unter einem *Aktienoptionsplan* wird eine Vereinbarung verstanden, die ein Entgelt durch die Gewährung von Optionen auf Aktien des Unternehmens vorsieht. Unter dem *Ausübungszeitraum* wird der Zeitraum verstanden, innerhalb dessen Aktienoptionen ausgeübt

Erst zusammen mit den Optionsrechten ergibt sich die als Barwert berechnete Gesamtvergütung der jeweiligen Vorstandsmitglieder pro Kopf und pro Jahr. Hierzu muss man die in Deutschland lediglich als Gesamtsumme angegebene Barvergütung des Gesamtvorstandes durch die Anzahl der Mitglieder des Vorstandes teilen und anschließend die üblicherweise gleichfalls nicht angegebenen Werte der gewährten Optionsprogramme nach der finanzmathematischen Formel von Black-Scholes berechnen und zum Wert der Gesamtbarvergütung hinzuzählen. Zur Vereinfachung der Berechnung wird die hier ausgewiesene Vergütung pro Vorstand pro Jahr in Form von Jahresringen errechnet: dies besagt, dass die für mehrere Jahre ausgegebenen Optionen linear auf die einzelnen Jahre verteilt werden und dann deren Wert nach Black-Scholes berechnet wird[6]. Bei den Black-Scholes-Werten handelt es sich um die Barwerte der Optionen. Diese

---

werden können. Der *Ausübungszeitraum* beginnt mit dem Ende der Sperrfrist. Der *Bezugskurs* ist der Betrag, den der Berechtigte bei der Ausübung einer Option an das Unternehmen entrichten muss, um eine Aktie zu erhalten. Das *Erwerbsrecht* ist das Recht auf Bezug von Aktien des Unternehmens. Der *Gesamtwert* (fair value) ist der Wert einer Aktienoption, der den Gegenwartswert des möglichen Ausübungsgewinnes einer Option darstellt. Er ist der (Markt-)Wert, zu dem die Option am Kapitalmarkt erworben oder veräußert werden könnte. *Innerer Wert* einer Option (intrinsic value) ist der Betrag, um den der aktuelle Aktienkurs den vereinbarten Bezugskurs einer Aktienoption übersteigt. Liegt der Aktienkurs unter dem vereinbarten Bezugskurs ist der innere Wert null. Der innere Wert ist der Wert, den der Inhaber einer Aktienoption beimessen würde, wenn er sofort über die Ausübung entscheiden müsste. Am Ende der Laufzeit der Aktienoption entspricht der innere Wert dem Wert der Option. *Laufzeit* ist der Zeitraum von der Gewährung der Option bis zum letzten Zeitpunkt, zu dem die Option ausgeübt werden kann. Die Laufzeit ist üblicherweise in eine Sperrfrist und einen Ausübungszeitraum eingeteilt. Leistungszeitraum (service period) ist der Zeitraum, innerhalb dessen die Gegenleistung des Berechtigten erbracht wird. *Sperrfrist* ist der Zeitraum, innerhalb dessen die Ausübung der Option nicht erlaubt ist. *Stillhalter* ist diejenige Partei, die bei Ausübung einer Aktienoption die Aktie zum vereinbarten Bezugskurs liefern muss. *Zeitpunkt der Ausübung* (exercise date) ist der Zeitpunkt, zu dem der Berechtigte einer Aktienoption diese ausübt und für die Hingabe des vereinbarten Bezugskurses eine Aktie erhält. *Zeitpunkt der Gewährung* (grant date) ist der Zeitpunkt, zu dem das Unternehmen dem Empfangsberechtigten Aktienoptionen rechtlich bindend gewährt. *Zeitwert* ist der Betrag, um den der Gesamtwert einer Option deren inneren Wert übersteigt.

[6] Wenn somit bei 5 Vorstandsmitgliedern 1 Million Aktien für ein 5 Jahre laufendes Aktienoptionsprogramm für den Vorstand ausgegeben werden, werden diese auf die einzelnen Mitglieder verteilt (pro Vorstand also 200 000 Aktien) und linear auf die Jahre aufgeteilt (bei Fünfjahresverträgen pro Vorstand pro Jahr also 40 000) und dann nach Black-Scholes berechnet und mit 6% abgezinst. Die tatsächliche Ausgabe der Optionen wird jedoch häufig vom Aufsichtsrat je nach Börsenkurs, Lage des Unternehmens pro Jahr in schwankender Höhe festgesetzt. Wesentliche Abweichungen ergeben sich für die in dieser Arbeit zu diskutierende Frage hierdurch nicht. Weiterhin ist es üblich, dass der Vorstandsvorsitzende eine höhere Anzahl von Optionen als seine Vorstandskollegen erhält. In der Praxis erhält er rund 20 Prozent aller auf den Vorstand entfallenden Optionen. Das obige Beispiel ist unter dieser Annahme gerechnet.

Werte werden unter bestimmten, naturgemäß nicht immer vollständig zutreffenden Annahmen[7] errechnet. Sie sind jedoch von den standardsetzenden Rechnungslegungsinstitutionen in den USA und Deutschland anerkannt.

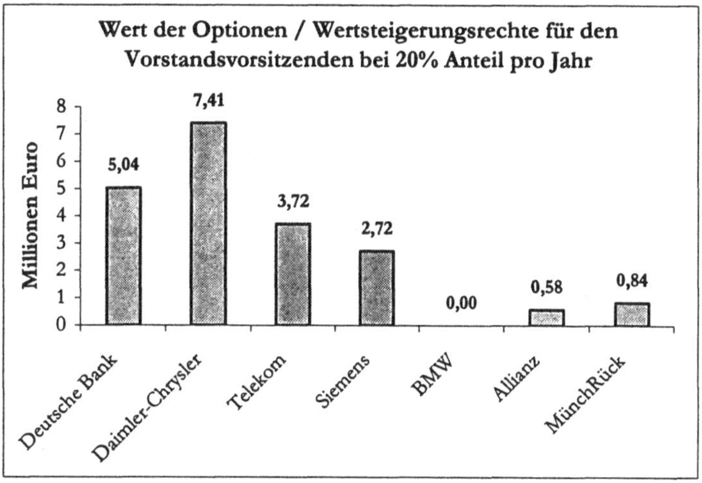

Abbildung 2

Ein Vergleich der Zahlen zeigt, dass der BMW Vorstand - und natürlich der Bundeskanzler - ohne Aktienoptionsprogramm auskommen muss, sich die entsprechenden Vergütungszahlen bei Hinzunahme der Optionsprogramme somit nicht ändern.

Bemerkenswert ist weiterhin, dass die DaimlerChrysler AG keinen kontrollierenden privaten Aktionär aufweist, während es sich bei der BMW AG um ein von einer privaten Großaktionärsfamilie straff kontrolliertes Unternehmen handelt, die darauf achtet, dass sich die Vergütungen der Mitarbeiter gruppenweit im Rahmen bewegen. So sind bei der BMW AG keine Aktienoptionspläne in Gebrauch. Der Grund hierfür besteht darin, dass sich die privaten Großaktionäre davor hüten werden, dass sie durch die Aktienoptionspläne ihrer eigenen Angestellten unangemessene Vergütungshöhen im Vergleich zu anderen Mitarbeitern herbeiführen und sie selber gegebenenfalls unter wichtige aktienrechtlich bedeutsame Schwellenwerte herabgedrückt werden. So sind vermögende Aktionä-

[7] Vgl. hierz *J.D. MacBeth/L.J. Merville*, An empirical Examination of the Black-Scholes Call Option Pricing Model, Journal of Finance, 1979, S. 1173 ff.; *M. Rubinstein*, Nonparametric Tests of Alternative Option Pricing Models Using All Reported Trades and Quotes of the 30 Most Active CBOE Option Classes from August 23, 1976 through August 31, 1978, Journal of Finance, 1985, S. 455 ff. Die theoretischen Einschränkung ihrer Verwendbarkeit ist für die in dieser Arbeit angestellten Überlegungen ohne Bedeutung.

re wie die Quandt-Familie an einer großen Zahl von Unternehmen direkt und über die BMW AG indirekt beteiligt. Jede Kapitalerhöhung in einem dieser Unternehmen hat damit auch Bedeutung für andere Beteiligungen. Private Großaktionäre lassen sich daher bereits aus diesem Grund nicht derartige gefährliche und komplizierende Vergütungssysteme gefallen.

Nimmt man die Barwerte aus den Aktienoptionsplänen hinzu, ergeben sich die von den Vorständen im jeweiligen Jahr erzielten *Gesamtvergütungen*. Die folgenden Zahlen zeigen die anhand öffentlicher Daten und aus den Geschäftsberichten ermittelbaren Gesamtvergütungen.

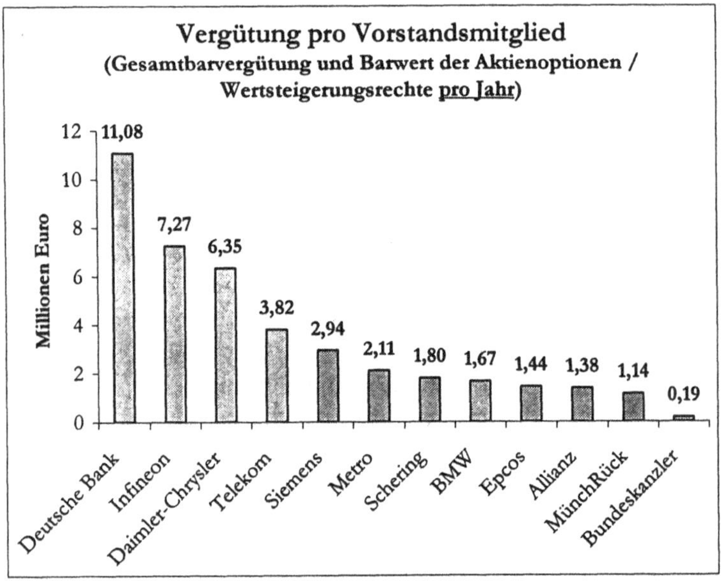

Abbildung 3

2. Die Lückenhaftigkeit der öffentlichen Angaben zur Gesamtvergütung

Allerdings gilt es bei den zuvor dargelegten Zahlen zu beachten, dass diese nicht die Gesamtvergütung einzelner Vorstandsmitglieder richtig widerspiegeln müssen. So gibt es keinerlei Verpflichtung, dass die Vorstandsvergütung an irgendeiner Stelle für den ganzen Konzernverbund konsolidiert veröffentlicht werden muss. So wäre es etwa denkbar, dass aus Sorge um Unruhe bei den eigenen Angestellten und Aktionären in der Muttergesellschaft verbundene Unternehmen veranlasst werden, wirtschaftlich indirekt einen Teil der Vergütung der Vorstandsmitglieder der Muttergesellschaft aufzubringen. Damit erscheint der Vorstand in der berichtspflichtigen Mutter als vornehm und bescheiden, während sich die wirkliche Vergütung dank des Geschehens in den Töchtern z.B. auf das Zehnfache beläuft.

Damit kann festgehalten werden, dass ohne eine Angabeverpflichtung einer konsolidierten Vergütung aus allen Quellen ein wahrhaftiges Bild der Vorstandsvergütung in Deutschland nicht entstehen kann. Damit ist die Publikumsgesellschaft in Streubesitz der Gefahr der diskreten Ausbeutung durch die Unternehmensverwaltung ausgesetzt. Nur ein den Konzern kontrollierender privater Großaktionär wird verlässlich verhindern, dass es zu derartigen versteckten Bereicherungen kommt. Für die Zahlen des Beispiels bedeutet dies, dass z.B. die Zahlen des Bundeskanzlers und diejenigen der BMW AG als sicher und verlässlich anzusehen sind, während für viele andere Unternehmen die in der Öffentlichkeit genannten Zahlen nur die Mindestvergütung darstellen.

3. Vergütungsvergleich im Mannesmann-Szenario

In den USA haben die astronomischen Vergütungen der Chief Executive Officer (CEO) große Beachtung gefunden. Bemerkenswert ist dabei, dass die CEOs den Löwenanteil der auf den gesamten Vorstand entfallenden Vergütung an Optionen für sich selbst behalten. Die Anteile an den Optionen für den CEO bei den großen Telekommunikationsunternehmen schwanken in den USA zwischen 28 und 48 Prozent, mit rund 40 Prozent als Median.

Zur vergleichenden Analyse sollen daher auch für Deutschland die *Vergütungen für die Vorstandsvorsitzenden* errechnet werden. Da in Deutschland ein Einzelausweis der Vorstandsvergütung gegenüber den Eigentümern nicht erfolgt, ist man auf Annahmen über die Verteilung der Optionen angewiesen. Da der deutsche Vorstandsvorsitzende rechtlich und praktisch nicht die umfassende Machtfülle eines amerikanischen CEO besitzt, vermag er auch nicht ähnlich große Stücke aus dem zur Verfügung stehenden Optionsvergütungskuchen für sich herauszuschneiden. Im folgenden soll daher davon ausgegangen werden, dass der Vorstandsvorsitzende für sich 20% der Gesamtvergütung aller Vorstände vereinnahmt. Diese Annahme wird durch bekannt gewordene praktische Einzelbeispiele aus deutschen Unternehmen bestätigt. Es ergeben sich dann für den Barwert der Optionswerte aus den laufenden Optionsprogrammen bei dem angenommenen 20 Prozent Anteil pro Jahr die in der folgenden Graphik dargestellten Ergebnisse[8].

[8] Die Aussagekraft der Black-Scholes Formel ist für den hier interessierenden Zusammenhang durch einige Besonderheiten beschränkt: So haben das Ausübungsverhalten und die zulässigen Ausübungsfristen einen Einfluss auf den Wert der Optionen. Da die Black-Scholes Formel eine lognormale Wahrscheinlichkeitsverteilung der zukünftigen Aktienkurse unterstellt, wird der Kurs von Optionen, die nicht „im Geld" sind, zu hoch dargestellt. Deshalb sollten Black-Scholes Angaben - wie hier geschehen - durch Szenariorechnungen ergänzt werden.

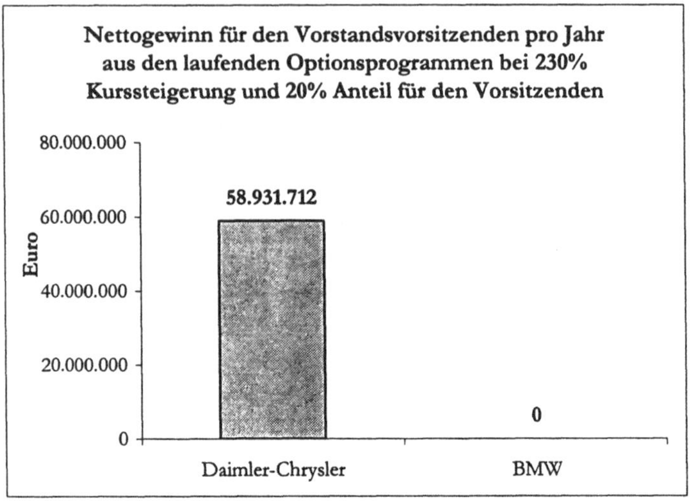

Abbildung 4

Die Barwerte nach Black-Scholes sind zudem gerechnete Werte, die sich auf historische oder vermutete Volatilitäten der Aktienkurse stützen müssen. Es ist daher auch sinnvoll, sich den Wert der Gehälter nicht nur durch den Barwert im Augenblick der Zuteilung, sondern auch durch einzelne *Szenariorechnungen* zu verdeutlichen. Erst diese Rechnungen ermöglichen es dem Publikum, sich auf einige erstaunliche Vergütungsmöglichkeiten ihrer Vorstände seelisch vorzubereiten.

Um die Vergleichbarkeit mit der Vergütung im Mannesmann-Fall zu erreichen, sollen die Werte für den durch die Optionen zu erzielenden Nettogewinn für den Vorstandsvorsitzenden der DaimlerChrysler AG und des BMW Vorstandes bei einem Anteil von 20 Prozent der Vorstandsoptionen für einen Anstieg des Aktienkurses von 230 Prozent dargestellt werden. Es handelt sich hier um die Zahlen der gegenwärtig tatsächlich laufenden Optionspläne der jeweiligen Unternehmen. Die Zahlen wurden aus dem Geschäftsbericht entnommen. Bei einem Kursaufschwung etwa aufgrund einer nachhaltigen Erholung der Weltwirtschaft kann es angesichts der extrem langen Laufzeit der Optionen von 10 Jahren daher in der Wirklichkeit ohne weiteres zu den nun im folgenden beispielhaft dargestellten Zahlungen kommen:

Die deutschen Ausübungspreise liegen häufig um 20 Prozent über den Börsenkursen im Zeitraum der Zuteilung der Optionen. Die Ausübungshürde bei Allianz, DaimlerChrysler, Deutsche Bank, Deutsche Telekom, Münchner Rück Gruppe, Siemens beträgt 20%.

Bei einem Aufsparen[9] der jährlich gewährten Optionen auf ein einziges Jahr verbleibt dann dem jeweiligen Vorstandsvorsitzenden rechnerisch der fünffache Jahresbetrag, also 294.658.560 Euro.

Der Vorstandsvorsitzende von der DaimlerChrysler AG hat damit bei einem Kursanstieg von 230%, wie er dem Kursanstieg der Mannesmann Aktie entspricht, und einem angenommen Anteil von 20% an den Vorstandsoptionen aus dem gegenwärtig laufenden Optionsprogramm die Möglichkeit auf ein Jahr kumuliert rund *294 Millionen Euro* als Nettogewinn *nur* aus seinen Optionsvergütungen zu erzielen. Bemerkenswert ist zudem, dass die Aktionäre bei dieser Vergütungsform aufgrund der fehlenden Abzugsfähigkeit bei der Steuer[10] noch einen Steuernachteil in rund derselben Größenordnung erlitten haben, so dass die Nachsteuerkosten des Vorstandsvorsitzenden bei 50% Steuersatz dann *589 Millionen Euro* betragen haben. Die gesamten noch hinzukommenden Barvergütungen des 5-Jahreszeitraumes von rund 35 Millionen Euro spielen dann nur noch eine erfreuliche Nebenrolle von etwas über 12 Prozent.

Die *Gesamtkosten* allein für den Vorstandsvorsitzenden der DaimlerChrysler AG für fünf Jahre belaufen sich dann für die Aktionäre nach Steuern auf rund 1,15 *Milliarden* Mark[11]. Die Kosten für die anderen Vorstände der DaimlerCh-

---

[9] In der Wirklichkeit wird der Vorsitzende nicht kaltblütig seine Optionen so lange bis genau zu diesem Kurs aufsparen. Aus Diversifikationsgründen wird er vielmehr bei einem Kursanstieg einen Teil vorzeitig ausüben und damit einen Teil der oben dargestellten Gewinne verfehlen. Zudem werden bei einem kontinuierlichen Kursanstieg die ihm gewährten Aktien teurer, so dass auch auf diesen Anteil ein Kursanstieg von 230% erreicht werden müsste, um die dargestellten Gewinne zu erreichen. Dennoch ist das Szenario insbesondere angesichts der langen Laufzeit durchaus als eine Möglichkeit anzusehen und die Aufgabe von Gewinnmöglichkeiten durch den Begünstigten in der Praxis keine Beeinträchtigung des Marktwertes solcher Programme. Der Kursanstieg ist zudem in der Wirklichkeit auch nicht auf 230% begrenzt. So ist daran zu erinnern, dass der Vorsitzende auch Optionen zum halben Kurswert des bei seinem Amtsantritt bestehenden Kurses erhalten kann, wenn er es schafft den Aktienkurs zunächst zu halbieren und dennoch im Amt zu bleiben.

[10] Die fehlende Verbuchung von Aktienoptionen in den Personalaufwendungen und damit in der Gewinn- und Verlustrechnung wird weiter unten ausführlich behandelt. Hier geht es darum, durch Szenariorechnungen die tatsächlich möglichen Dimensionen der Vergütung einer einzelnen Person aufzuzeigen.

[11] Es handelt sich hier um eine Musterrechnung für einen stilisierten, aber möglichen Fall, der die auf den ersten Blick nicht erkennbaren Vergütungshöhen vor Augen führen soll und die zäh verteidigte Geheimhaltung dieser Zahlen beendet. Die Rechnung wird nur dann in dieser Höhe Wirklichkeit, wenn alle an den Vorstandsvorsitzenden ausgegebenen Jahresringe an Optionen mit den gleichen Ausübungspreisen ausgegeben werden. Dies ist nur dann der Fall, wenn der Kurs über den Ausgabezeitraum gleich bleibt und erst anschließend die Kurssteigerungen stattfinden. In der Wirklichkeit ändert sich der Kurs. Bei der DaimlerChrysler AG ist er dramatisch gesunken und ermöglicht damit noch eine zusätzliche darüber hinausgehende Vergütungserhöhung. Auf der anderen Seite ist ein Anstieg in dieser Höhe auch kein alltägli-

rysler AG sind etwas geringer, da ja der Anteil des Vorsitzenden mit 20% gerechnet wurde.

III. Falsche Anreize: Jährliche Neufestsetzung und Änderung bestehender Bezugskurse bei Aktienoptionen

Für die Frage, mit welcher Wahrscheinlichkeit mit einem Einkommen in dieser Höhe für die einzelnen Vorstandsmitglieder gerechnet werden kann, muss man sich den Umstand vor Augen halten, dass es in Deutschland nicht unüblich ist, dass die Ausübungspreise der Aktien Jahr für Jahr angepasst werden. Hierbei gibt es einmal die Möglichkeit einer nachträglichen Änderung des Bezugskurses (Repricing)[12] und zum anderen eine jährliche Neufestsetzung des Bezugskurses.

Die eher brachiale Methode des Repricing bedeutet, dass der Aufsichtsrat zugunsten des Vorstandes einfach den Ausübungspreis nachträglich absenkt, wenn ihm der Gewinn des Vorstands aus den ihm gewährten Aktienoptionsplänen als zu niedrig erscheint. Hier handelt es sich wirtschaftlich um nichts anderes als um einen unmittelbaren Griff in das Vermögen der Aktionäre[13]. Durch die Erwartung einer solchen Anpassung seitens des Vorstandes werden die von Optionsprogrammen ausgehenden Anreize zu einer Erhöhung des Unternehmenswertes geschädigt.

---

ches Ereignis, dessen geringer Wahrscheinlichkeit jedoch die extreme Länge der Optionen von 10 Jahren gegenübersteht.

[12] Empirische Untersuchungen zum Repricing gibt es für Deutschland nicht. Für die USA vgl. *T. Baums*, Aktienoptionen für Vorstandsmitglieder, in: Festschrift für C.P. Claussen, 1997, S. 3 (S. 17) m.w.N.; *M. Brenner, et al.*, Altering the Terms of Executive Stock Options, Journal of Financial Economics, 2000, S. 103 f. Die Herabsetzung der Ausübungspreise war mit schwachen firmen-spezifischen Aktienkursergebnissen verbunden und damit eine Belohnung für Manager von Unternehmen mit schlechten Ergebnissen. Repricing war insbesondere in kleineren Unternehmen anzutreffen mit Boards, die von Insidern beherrscht wurden, *D.M. Chance, et al.*, The Repricing of Executive Stock Options, Journal of Financial Economics, 2000, S. 129 f. Echtes Repricing wird zudem in Deutschland häufig rechtswidrig sein, vgl. *C. v. Einem/A. Pajunk*, Zivil- und gesellschaftsrechtliche Anforderungen an die Ausgestaltung von Stock Options nach deutschem Recht und deren Ausstrahlungswirkungen auf die steuerliche und bilanzielle Behandlung, in: A.-K. Achleitner/P. Wollmert (Hrsg.), Stock Options, 2. Auflage 2002, S. 85 (S. 100 ff.).

[13] Aus Kreisen von Vergütungsberaterunternehmen wird darauf hingewiesen, dass diese Praktiken im Gegensatz zu den USA in deutschen Unternehmen nicht gebräuchlich seien und sich hierfür keine Aufsichtsräte bereit fänden. Das gleiche gilt für Reloading-Fälle. Allerdings nähmen deutsche Mitarbeiter amerikanischer Unternehmen an diesen Vorgängen mit Freude und Verständnis teil.

Eine weitere auch in Deutschland häufig[14] angewandte Verfahrensweise besteht darin, sich einmal von der Hauptversammlung eine bestimmte Anzahl von Aktien zugunsten des Vorstandes genehmigen zu lassen und den Ausübungspreis dann Jahr für Jahr je nach Höhe des dann bestehenden Aktienkurses neu festzusetzen.

Eine derartige Neufestsetzung bedeutet am unterstellten Aktienoptionsvolumen des Vorsitzenden der DaimlerChrysler AG folgendes: Stand der Kurs der DaimlerChrysler Aktie im ersten Jahre der Optionszuteilung beispielsweise auf 100, werden typischerweise als Ausübungspreis auf diesen Kurs 20% Prämie verlangt[15]. Dies besagt, dass vom Vorstandsvorsitzenden bei 20% Anteil an den gewährten Vorstandsoptionen der Jahresring an Aktien in Höhe von 576000 Stück erst zu einem Preis von 120 gekauft werden kann. Zeigt sich nun, dass die Aktie beim Ausübungszeitpunkt auf 80 gesunken ist, wird für die nächste Jahresrunde der Ausübungspreis auf 96 festgesetzt. Ist der Aktienkurs dann wiederum weiter auf 60 gesunken, sinkt der Ausübungspreis in jenem Jahr auf 72. Nachdem der Ausübungspreis auf 40 gefallen ist, fällt der Ausübungspreis entsprechend auf 48. Kommt es nun etwa aus Gründen der Konjunktur oder des Kanzlerwechsels zu einem Aufschwung und erreicht der Aktienkurs wieder 100, sind alle Aktien bis auf die erste Runde im Geld und verschaffen dem Vorsitzenden folgende Einnahmen aus seinem Optionsprogramm: 576000 · (4 + 28 + 52) = 48,3 Millionen Euro.

Darüber hinaus lässt sich bei der DaimlerChrysler AG der Vorsitzende ebenso wie die anderen Begünstigten des laufenden Aktienoptionsprogramms noch die verlangte Ausübungsprämie von 20 Prozent über dem Kurs von 100 in bar auszahlen[16]. Dieser Barausgleich beläuft sich bei der ersten Tranche auf die 20% über 80 also auf 16, bei der zweiten Runde auf 12 und bei der dritten auf 8. Insgesamt müssen die DaimlerChrysler AG Aktionäre dann noch neben den 48,3 Millionen Euro Optionskosten aus dem Unternehmen noch den Barausgleich aufbringen: 16 + 12 + 8, also 32 Euro pro Option, insgesamt also 576000 · 32, d.h. 18,43 Millionen Euro.

---

[14] Vgl. *C. v. Einem/A. Pajunk*, Zivil- und gesellschaftsrechtliche Anforderungen an die Ausgestaltung von Stock Options nach deutschem Recht und deren Ausstrahlungswirkungen auf die steuerliche und bilanzielle Behandlung, in: A.-K. Achleitner/P. Wollmert (Hrsg.), Stock Options, 2. Auflage 2002, S. 85 (S. 101 f.).

[15] Die Aktie der DaimlerChrysler AG stand im Mai 1998 auf rund 100 und hat sich bis Mai 2000 auf rund 55 Euro verbilligt und hatte im November 2000 den Wert von 43 Euro erreicht und notierte im Juni 2002 bei 50 Euro.

[16] Das nach dieser Struktur laufende Aktienoptionsprogramm der DaimlerChrysler AG ist von E. Wenger erfolglos gerichtlich angefochten worden und damit rechtskräftig als zulässig erkannt. Eine Kritik der gerichtlichen Fehlentscheidungen folgt weiter unten.

Das Aktienoptionsprogramm für den Vorstandsvorsitzenden hat dann unter diesen Annahmen vor Steuern Unternehmen und Aktionäre 18,4 + 48,3, insgesamt also *66,7 Millionen Euro* gekostet. Bemerkenswert ist hierbei, dass der Vorstand bei diesem Vorgang *keinerlei* im Kurs erkennbare *Wertsteigerung* für die Aktionäre zu Wege gebracht hat und dennoch über 66 Millionen Euro als Vergütung in seine Taschen schaffen konnte.

Berücksichtigt man den Steuerschaden für die Aktionäre und die steuerliche Abzugsfähigkeit der Differenzzahlungen bei einer Gesamtsteuerbelastung von 50 Prozent, belaufen sich die vollen Nachsteuerkosten für die Aktionäre auf 2 · 48,3, d.h. 96,6 Millionen Euro und bei den über das Unternehmen laufenden Beträgen aufgrund der Abzugsfähigkeit 0,5 · 18,4, d.h. 9,2 Millionen Euro. Insgesamt kostet bloß der Vorstandsvorsitzende auf *Nachsteuergrundlage* berechnet nur aus dem Optionsprogramm die DaimlerChrysler AG und ihre Aktionäre 9,2 + 96,6 Millionen Euro, insgesamt also *105,8 Millionen Euro.*

Verblüffend dabei ist, dass allein aufgrund des Ab- und Aufstiegs der Aktien dieses als Leistungsentlohnung dargestellte Vergütungssystem die Aktionäre dreistellige Euromillionenbeträge nach Steuern gekostet hat, obwohl die Tätigkeit des derart Besoldeten den Aktionären keinerlei Wertsteigerung verschafft hat.

Damit wird ein weiterer entscheidender Nachteil von Optionsprogrammen sichtbar: es zahlt sich für den Vorstand aus, bei einem derartigen Anpassungsverfahren der Optionspreise zunächst dafür zu sorgen, dass die Aktien stark an Wert verlieren, den sie dann im Laufe der Zeit - vielleicht beim Amtsnachfolger - wieder gewinnen. Dies kann auch durch eine gezielte Informationspolitik und Investitionspolitik des Vorstandes bewerkstelligt werden.

Ein weiteres Beispiel für ein derartig verfehltes Optionsprogramm bietet auch die Deutsche Telekom AG. Dort wurden - nach 440838 Aktien für das Jahr 2000 - als Vergütung für das Jahr 2001 bei stark gesunkenem Aktienkurs gegenüber 2000 nur für den Vorstand insgesamt 1,74 Millionen Aktien ausgegeben. Der Ausübungskurs wurde mit 20% über dem Durchschnittskurs, der 25 Euro betrug, festgelegt. Ab einem Kurs von rund 30 Euro bedeutet dies einen Gewinn von 1,74 Millionen Euro für den Vorstand für jeden Euro, den der Kurs der Telekom über 30 Euro liegt. Erreicht etwa der Kurs der T-Aktie bis zum Jahr 2011 wieder 100 Euro, bedeutete dies einen Gewinn nur aus den Optionen des Jahres 2002 für den Vorstand von 121,8 Millionen Euro. Wird lediglich der Kurs der letzten Kapitalerhöhung von 66,50 Euro im Laufe von 10 Jahren seit 2001 wieder erreicht, erzielt der Vorstand einen Gewinn von 63,5 Millionen Euro. Da auch hier die Kosten nicht von der Steuer abziehbar sind, verdoppeln sich für die Aktionäre die Nachsteuerkosten der Vorstandsvergütung für das Jahr 2001 und nur aus den Aktienoptionen auf 243,6 Millionen bzw. 127 Millionen Euro.

Wenn der Aufsichtsrat weiter nach diesem Schema vorgeht, sieht die Vergütung für 2002 für den Vorstand wie folgt aus: Kurs der Telekom Aktie im Juni 10 Euro, Ausgabepreis 20% über 10 Euro, d.h. 12. Bei einer Gewährung von 1,74 Millionen Aktien würde der Vorstand bei Erreichen eines Kurses von 100 Euro irgendwann innerhalb eines Zeitraumes bis 2012 einen Gewinn von 153 Millionen Euro als Entgelt für seine Leistung im Jahr 2002 erhalten, obwohl der Aktienkurs gegenüber der letzten Optionsgewährung nochmals um 60 Prozent abgestürzt war und das Unternehmen gegenüber seinem Höchstkurs rund 90 Prozent an Wert verloren hat. Steigt der Kurs innerhalb von 10 Jahren nur wieder auf den Kurs der letzten Kapitalerhöhung von 66,50 Euro, beträgt das Entgelt aus den Optionen des Jahres 2002 für den Vorstand 94,8 Millionen Euro. Auch hier gilt, dass die Nachsteuerkosten für die Aktionäre doppelt so hoch sind, also 306 Millionen Euro bzw. 189 Millionen Euro. Gegenüber dem Aktienoptionsplan der DaimlerChrysler AG ist jedoch lobend zu erwähnen, dass der Vorstand der Telekom nicht auch noch die Preishürde von 20% in bar ausbezahlt erhält. Auch handelt es sich hier um die Gesamtvergütung des Vorstandes, während bei DaimlerChrysler nur das Gehalt des Vorsitzenden durchgerechnet wurde.

Dennoch lässt sich **festhalten**, dass die Gewährung von Aktienoptionen mit fallenden Ausübungskursen in dieser Form kein Leistungsentgelt darstellt. Es handelt sich bei den dargelegten Aktienoptionsplänen um eine Entreicherung der Aktionäre unter Ausnutzung des Wertverfalls der Aktien, für die zudem der Vorstand noch Verantwortung trägt. Dass diese Vergütungsform aufgrund der Nichtabzugsfähigkeit beim Personalaufwand zudem mit einer maximalen Steuerstrafe belegt ist, verbessert nicht ihre Rechtfertigung. Die Möglichkeit, nach schweren geschäftlichen Misserfolgen aufgrund eines angeblich leistungsorientierten Vergütungssystems bis zu dreistellige Millionenbeträge als Vergütung zu erzielen und dies bei für die Aktionäre noch verdoppelten Kosten, ist ohne sachlich-rechtfertigenden Grund ein Verstoß gegen die Vergütungsbegrenzung nach § 87 AktG. Der diese Vergütungschemata vorbereitende Vorstand und der gewährende Aufsichtsrat sind hierfür schadensersatzpflichtig[17].

[17] In der Praxis werden die Vergütungsvorschläge vom Vorstand - unterstützt von mühsam ein wenig die Gier des Vorstandes abbremsenden Beratungsfirmen - dem Aufsichtsratausschuss für Vorstandsangelegenheiten unterbreitet. Der Aufsichtsratausschuss wird dann in der Regel wohl mit Hilfe der Komplexität der Optionspläne übertölpelt. So könnte etwa dem Ausschuss nur der einfache Black-Scholes Wert vorgelegt werden. Dieser war etwa bei der Optionsvergabe für die Telekom AG im Jahre 2001 rund 20 Millionen Euro. Welche astronomischen Summen sich hieraus auch für die Telekom AG im Falle völlig leistungsloser Kurssteigerungen ergeben, war den Ausschussmitgliedern hoffentlich wohl nicht gegenwärtig.

C. Die Vergütungsgeschehnisse in den USA

Für die USA haben *Bebchuk*, *Fried* und *Walker*[18] in einer Studie das Versagen anreizeffizienter Verträge für die dortigen Vorstandsvorsitzenden belegt. So weisen die Autoren darauf hin, dass der CEO eines amerikanischen Unternehmens einen überragenden Einfluss auf alle einzelnen Komponenten seines Vergütungsprozesses besitzt und es daher nicht zu einem Vertrag über seine Vergütung „at arms length" kommen kann.

So hat der amerikanische CEO eine weitgehende Kontrolle über die Ernennung der anderen Board-Mitglieder und dabei auch über die Outside-Directors, die dafür vorgesehen sind, maßgeblichen Einfluss auf die Managementvergütung auszuüben. Aufgrund des Board-Systems entwickelt sich zudem eine soziale Dynamik, die bis auf den Extremfall eines umfänglichen CEO-Versagens auf eine Unterstützung des CEO ausgerichtet und auch von Dankbarkeit für die Ernennung zum Board-Mitglied gekennzeichnet ist. Zudem sind viele Outside-Direktoren selber CEO oder in Beratungsfirmen angestellt, die vom Wohlwollen des CEO direkt oder indirekt letztlich viel zu gewinnen haben. Der Ruf, sich unnachgiebig gegenüber exzessiven Gehaltswünschen des CEO zu zeigen, führe bei dem störrischen Mitglied im Netzwerk der CEOs zu Ablehnungen bei weiteren Board-Berufungen.

Weiterhin wird der Vergütungsfestsetzungsprozess auch durch die vom CEO weitgehend kontrollierte Einschaltung von Vergütungsberaterfirmen zu seinen Gunsten ausgestaltet. Auch wenn die Berater einen Ruf zu verlieren haben, steht ihnen doch klar vor Augen, wem sie letztlich zu dienen haben, wenn sie in der Branche neue Aufträge gewinnen wollen. Auch dann, wenn die gesammelten Marktdaten der Beratungsfirmen korrekt eingesetzt werden, verbleiben CEO und Beratern erhebliche Spielräume über das ob und wie der vergleichenden Vergütungsdarstellung. Diese ist angesichts der Kontrolle des Vorgangs durch den CEO jedoch auf möglichst hohe Vergütungen ausgerichtet. Verschiedene Beraterfirmen sind damit zu Verteidigern dieser Missstände geworden, indem sie diese Vergütung als Marktpraxis und den Markt für CEOs als transparent und liquide kennzeichnen[19].

Die von Beraterfirmen vorgebrachte Behauptung transparenter CEO-Marktlöhne vergisst den praktischen Prozess der Vergütungsrunde und seine Kontrolle durch die Begünstigten[20]. So sei das Vergütungsgremium zunächst den „extrem ag-

---

[18] *L.A. Bebchuk/J.M. Fried/D.I. Walker*, Managerial Power and Rent Extraction in the Design of Executive Compensation, Harvard Discussion Paper No. 364, 5/2002, S. 9 ff. m.w.N.

[19] Vgl. The Economist v. 6.4.2002, S. 58.

[20] Der gesamte hier vorgetragene Bericht über die amerikanische Vergütungspraxis stützt sich weitgehend auf *L.A. Bebchuk/J.M. Fried/D.I. Walker*, Managerial Power and Rent Extraction

gressiven Lawyers" des CEO ausgesetzt. Die Beratungsfirmen würden zudem vom Unternehmen in Gestalt des CEO ausgesucht. Zudem wären einige Unternehmen zu der Praxis übergegangen, ihre hauseigenen Vergütungsberater mit den externen Beratern zusammenarbeiten lassen, mit der gewünschten Wirkung, dass das vielleicht nicht hinreichend willfährige Vergütungsgremium von den ebenfalls nicht genügend nachgiebigen außenstehenden Beratern abgeschirmt wird.

Der Gegendruck gegen die Machenschaften durch die Drohung einer Entlassung des betreffenden CEO ist nicht als hoch anzusehen, da Manager - wenn überhaupt - nur bei einem allgemeinen Versagen entlassen werden. Das Risiko einer Entlassung eines CEO aufgrund einer exzessiven Vergütung ist bisher so gering, dass es nicht geeignet ist, den CEO vor dem Versuch, eine solche auch für sich zu erreichen, abzuschrecken. Auch wenn der Vorstand sich um Hunderte von Millionen Dollar leistungslos bereichert, ist der Druck durch den Markt für Unternehmenskontrolle kein wirksames Gegenmittel, da die Drohung einer feindlichen Übernahme aufgrund ihrer Kosten und Risiken eine Unternehmenswertminderung von rund 20-30 Prozent erfordert[21]. Ein solche Differenz haben bei Großunternehmen bisher wohl selbst die exzessivsten US-amerikanischen Vergütungen noch nicht erreicht.

Die empirischen Untersuchungen für die USA haben ergeben, dass die Vorstandsvergütungen höher sind, wenn nicht wie unter fremden Dritten verhandelt wurde und wenn der CEO zugleich auch Chairman of the Board war und je mehr Outside-Direktoren vom CEO ernannt worden oder mit Interessenkonflikten beladen waren oder sich durch hohes Alter oder durch Mehrfach-Board-Mitgliedschaften auszeichneten[22]. Darüber hinaus weisen *Bebchuk/Fried/Walker*[23] nach, dass es keine wirksame rechtliche Kontrolle auch höchster Gehälter in den USA gebe. Die amerikanischen Gerichte zeigten sich selbst in extremen Fällen unwillig anzunehmen, dass der Board seine Verpflichtungen verletzt habe, indem er „waste" oder „breach of loyality" begangen habe[24].

---

in the Design of Executive Compensation, Harvard Discussion Paper No. 364, 5/2002, S. 13 ff. m.w.N.

[21] Vgl. hierzu auch *M. Adams*, Der Markt für Unternehmenskontrolle und sein Missbrauch, Die AG, 1989, S. 333 ff.; *M. Adams*, Höchststimmrechte, Mehrfachstimmrechte und sonstige wundersame Hindernisse auf dem Markt für Unternehmenskontrolle, Die AG, 1990, S. 63 ff. m.w.N.

[22] *J.E. Core, et al.*, Corporate Governance, Chief Executive Officer Compensation, and Firm Performance, Journal of Financial Economics, 1999, S. 371 ff.

[23] A.a.O. (Fn. 20), S. 28 ff.

[24] Der folgende von *L.A. Bebchuk/J.M. Fried/D.I. Walker*, Executive Compensation in America: Optimal Contracting or Extraction of Rents?, Harvard Discussion Paper No. 338,

D. Mögliche Gründe für die Vergütungspraktiken

Angesichts dieser teilweise leistungslos erzielten astronomischen Summen stellt sich die Frage nach den Gründen für diese Vergütungspraktiken. Hierbei sind drei grundsätzliche Erklärungsmöglichkeiten zu unterscheiden. Die Theorie der effizienten Anreize („Anreizvergütungshypothese") behauptet, derartige Vergütungen seien notwendig und sinnvoll, um die Vorstände der Unternehmen zu effizientem Verhalten zu bewegen. Unter der „Anreizvergütungshypothese" werden vom Aufsichtsrat die Vergütungen für den Vorstand so festgelegt, dass der Vorstand den Anreiz hat, anstelle der eigenen Ziele weitestgehend die Interessen der Aktionäre zu verfolgen[25]. Nach der „Superstarhypothese" sind die zu beobachtenden Gehälter Folge der Vergrößerung der von den einzelnen Vorständen zu bedienenden Märkte und einer technisch bedingten überproportionalen Belohnung ihrer besonderen Managementfähigkeiten. Die „Ausplünderungshypothese" sieht in den astronomischen Vergütungen lediglich den Missbrauch der Macht der Unternehmensverwaltungen gegen praktisch nicht zur Gegenwehr fähige Aktionäre. Nach der „Ausplünderungshypothese" wird die Vergütung nicht wie unter fremden Dritten zur Lösung der Anreizproblematik des Principal-Agent-Problems gestaltet, sondern durch einen befreundeten oder uninteressierten Aufsichtsrat viel zu hoch angesetzt[26]. Um die Höhe der Vergütung zu verschleiern, würden zudem für die Aktionäre undurchsichtige und steuerschädliche Zahlungsformen gewählt.

I. Die Hypothese von der Anreizvergütung

In einer Publikumsgesellschaft mit gestreutem Anteilsbesitz, bei der es keine einflussreiche private Aktionärsgruppe gibt, stellt sich das Problem der Kontrolle des Managements in seiner schärfsten Form. Die Manager sind an anderen Zielen als die Aktionäre interessiert und schaffen damit für diese ein Principal-

11/2001, S. 31 geschilderte Fall des Disney Vorstandes Ovitz, in Brehm v. Eisner, 746 A.2d 244 (Del. 2000) mag als Anschauung dienen: Bei seiner Anstellung wurde Ovitz vom Disney Board eine „No-Fault Termination"-Vereinbarung zugestanden, nach der Ovitz bei Vertragsbeendigung eine einmalige Summe gezahlt werden sollte, die dem Barwert aller seiner Zahlungen nach dem Vertrag entsprechen sollte, dazu eine zusätzliche Summe, die dem Produkt von 7,5 Millionen Dollar mal der Zahl der noch verbleibenden Fiskaljahre des Vertrages entsprach und zusätzlich noch die unmittelbare Einräumung von 3 Millionen Disney Aktienoptionen. Nach rund 9 Monaten erfolglosen Wirkens verließ Ovitz um rund 120 Millionen US-Dollar reicher das Unternehmen. Rechtliche Handhabe hiergegen gibt es in den USA bisher nicht.

[25] *L.A. Bebchuk/J.M. Fried/D.I. Walker*, Managerial Power and Rent Extraction in the Design of Executive Compensation, Harvard Discussion Paper No. 364, 5/2002.

[26] *L.A. Bebchuk/J.M. Fried/D.I. Walker*, Managerial Power and Rent Extraction in the Design of Executive Compensation, Harvard Discussion Paper No. 364, 5/2002.

Agent-Problem. Die Aktionäre verhalten sich rational apathisch[27] und halten die privaten Kontrollaufwendungen gering. Die „Theorie der anreizeffizienten Vorstandsvergütung“ vertritt nun die Ansicht, dass die zu beobachtenden Vorstandsvergütungen so gestaltet sind, dass sie für die Aktionäre die Summe der Überwachungs- und Kontrollkosten sowie die verbleibenden Kosten der Nichterfüllung durch die Vorstände möglichst gering halten und gleichzeitig ein Verhalten der Unternehmensverwaltung im Interesse der Aktionäre erreichen. Dieses Ziel soll durch ein Vergütungspaket mit kurzfristig, mittelfristig und langfristig wirkenden Anreizen erreicht werden. Dabei wird unterstellt, dass dieses Vergütungspaket mit Hilfe von einschlägigen Beratungsfirmen von einem den Aktionären verpflichteten Aufsichtsrat mit dem Vorstand vereinbart wird, wobei die Bedingungen denen entsprechen, wie sie unter fremden Dritten vereinbart würden[28].

Versucht man die Vorgänge, die in Deutschland zu den zuvor beschriebenen Vergütungen geführt haben, zu würdigen, fällt auf, dass diese fehlerhaft verlaufen und offensichtlich nicht zu anreizoptimierten Verträgen für den Vorstand führen[29]. Die seit einigen Jahren in engem zeitlichen Zusammenhang auftretende Einführung extrem teurer Aktienoptionspläne in großen deutschen Publikumsgesellschaften in Streubesitz spricht für ein koordiniertes Vorgehen der beteiligten Personen bei dem Versuch, die in den USA erzielten Gehälter auch für sich selber durchzusetzen. Zudem kommt in manchen Gesellschaften noch eine gewisse Abhängigkeit aus immer noch bestehenden Verflechtungsmustern der „Deutschland AG“ hinzu[30]. Zur Erleichterung der Durchsetzung der Options-

---

[27] Vgl. hierzu und zur Darstellung des Principal-Agent-Problems ausführlich *M. Adams*, Höchststimmrechte, Mehrfachstimmrechte und sonstige wundersame Hindernisse auf dem Markt für Unternehmenskontrolle, Die AG, 1990, S. 63 ff. m.w.N.

[28] Vgl. hierzu grundlegend mit Beispielen *P.R. Milgrom/J. Roberts*, Economics, Organization, and Management, 1992, S. 228 ff.; *B. Holmström/J. Roberts*, The Boundaries of the Firm Revisited, Journal of Economic Perspectives, Fall 1998, S. 73 ff.; *B. Holmström/P.R. Milgrom*, The Firm as an Incentive System, American Economic Review, 1994, S. 972 ff.; *B. Holmström/P.R. Milgrom*, Multitask Principal-Agent Analyses: Incentive Contracts, Asset Ownership, and Job Design, The Journal of Law, Economics & Organization, Spring 1991, S. 24 ff. Für die Analyse des Topmanagements vgl. *B.E. Hermalin*, Toward an Economic Theory of Leadership: Leading by example, The American Economic Review, December 1998, S. 1188 ff.; *R. Radner*, Hierarchy: The Economics of Managing, Journal of Economic Literature, September 1992, S. 1382 ff.

[29] Vgl. hierzu ausführlich *L.A. Bebchuk/J.M. Fried/D.I. Walker*, Managerial Power and Rent Extraction in the Design of Executive Compensation, Harvard Discussion Paper No. 364, 5/2002, S. 13 ff.

[30] Vgl. hierzu ausführlich *M. Adams*, Was spricht gegen eine unbehinderte Übertragbarkeit der in Unternehmen gebundenen Ressourcen durch ihre Eigentümer, Die AG, 1990, S. 243 ff.; *M. Adams*, Die Usurpation von Aktionärsbefugnissen mittels Ringverflechtung in der „Deutsch-

programme gegen den Aufsichtsrat wurden zudem einige US-Unternehmen als Töchter erworben. Dies ermöglichte den deutschen Vorständen in der Muttergesellschaft die Argumentation, dass es doch nicht sein dürfe, dass der Vorstand einer US-Tochtergesellschaft soviel mehr verdiene als die Vorstände in der Konzernmutter. Die Theorie der anreizeffizienten Vorstandsvergütung müsste nun zeigen, dass die dargelegten Vergütungen in Höhe und Struktur auch in Unternehmen ohne Corporate Governance Probleme vergleichbare Höhen und Strukturen aufweisen. Erst hierdurch wäre es möglich, diese als unverzerrte Wettbewerbslöhne zu betrachten.

Die vorstehenden Beispiele zeigen jedoch, dass dies nicht der Fall ist. Insbesondere der Fall der Vergütung des DaimlerChrysler AG Vorstandes findet in der Vergütungsstruktur des BMW AG Vorstandes keine Entsprechung. Während die Aktionärszusammensetzung von DaimlerChrysler keinen einflussreichen privaten Einzelaktionär mehr aufweist, ist die BMW AG unter dem beherrschenden Einfluss einer Industriellenfamilie. Als Folge hat sich ergeben, dass die Höhe der Vergütung bei BMW in jeder einzelnen Komponente erheblich niedriger ist. Von besonderer Bedeutung ist auch, dass die BMW AG kein Aktienoptionsprogramm aufweist. Da es sich bei den Unternehmen von BMW und DaimlerChrysler um vergleichbare Branchen und Tätigkeitsgebiete handelt, ist kein wettbewerblicher Grund dafür ersichtlich, dass der Vorstand von DaimlerChrysler aus Gründen effizienter Anreize eine so vielfach höhere Vergütung als die Mitglieder des BMW-Vorstandes benötigen sollte. Es liegt vielmehr der Schluss nahe, dass der Grund für die frappierenden Unterschiede lediglich in der Ausbeutungsoffenheit der DaimlerChrysler AG liegen, bei der kein kontrollierender Privataktionär noch ein Aktienoptionsprogramm abzuwehren vermag. So ist der für das laufende Aktienoptionsprogramm verantwortliche Aufsichtsratsvorsitzende bei DaimlerChrysler ein ehemaliger Vorstandsvorsitzender der Deutschen Bank, deren Unternehmensverwaltung in den letzten Jahren gleichfalls eine ausgesprochen aggressive Vorstandsvergütung betreibt und sich zeitgleich ebenfalls mit Hilfe von Aktienoptionsplänen große Reichtümer verschafft. Es handelt sich somit um ein Vorgehen im Gleichklang der Interessen der Managementteams. Da derartige Vergütungsstrukturen in Deutschland bislang unbekannt waren, kann ein Aufschrei der machtlosen Kleinaktionäre politisch besser aufgefangen werden, wenn mehrere Unternehmensverwaltungen gleichzeitig die Vergütung ihrer Vorstände vorantreiben. Nur durch verbreitetes Auftreten und wechselseitige Hinweise auf die Gebräuche bei anderen lässt sich der Vorgang an das Publikum als „marktgerechte Vergütung“ verbrämen.

---

land-AG“ - Vorschläge für Reformen im Wettbewerbs-, Steuer- und Unternehmensrecht -, Die AG, 1994, S. 148 ff.

II. Ökonomische Theorie der Superstars

Den Wirtschaftswissenschaften ist die Erscheinung dramatischer, nie dagewesener Vergütungsanstiege einiger weniger Personen nicht verborgen geblieben. Bereits *Alfred Marshall*[31] konnte die entscheidenden Gründe für die außergewöhnlichen Preissteigerungen für die Werke einiger weniger Sänger und Maler angeben. *Sherwin Rosen*[32] hat hierzu eine geschlossene Theorie vorgelegt. Es soll nun geprüft werden, ob die astronomischen Gehälter von Vorständen sich mit der ökonomischen „Theorie der Superstars" erklären lassen.

Rosen[33] machte in seinem Aufsatz bereits darauf aufmerksam, dass die Zahl der Unterhaltungskünstler in den USA vermutlich geringer sei als zu Shakespeares Zeiten in England, obwohl die Nachfrage nach ihren Diensten sicherlich nicht gesunken sei. Einige dieser Künstler erzielten nunmehr unglaubliche Einkommen. Dies gelte vor allem, wenn sie im Fernsehen aufträten. Auch manche Nachrichtenmoderatoren könnten ähnlich extreme Einkommenshöhen erklimmen. Auch bei Solisten klassischer Musik sei der Markt stark gewachsen, die Zahl der Vollzeitbeschäftigen jedoch gesunken und zudem das gesamte Einkommen auf eine Handvoll weniger Künstler konzentriert, obwohl das Publikum bei einem Blindversuch die Unterschiede in der Qualität zwischen den Extremverdienern und den Habenichtsen nicht unterscheiden könne. Diese Beispiele können aus der Welt des Sports, der Künste, der Schriftsteller und des Schaugeschäfts wiederholt werden. Gemeinsam sei allen, dass es eine enge Verbindung zwischen persönlichem Einkommen und der Größe des eigenen bedienten Marktes gebe. Die Größe des von den Einzelnen jeweils bedienten Marktes und der dabei erzielte Verdienst seien zudem in höchstem Maße auf die ganz wenigen talentiertesten Personen in der jeweiligen Tätigkeit konzentriert, so dass sich eine sehr starke Schiefverteilung der Einkommen ergebe. Der Grund für diesen Anstieg der Einkommen für die jeweils etwas Besseren besteht nach *Rosen* darin, dass die etwas schlechtere Qualität ein überproportional schlechteres Substitut für die etwas Besseren ist. Wenn ein Chirurg bei einer lebensgefährlichen Operation etwa um 10 Prozent besser ist als seine Kollegen, seien die meisten Menschen bereit, für seine Leistung eine Prämie zu zahlen, die deutlich größer ist als 10 Prozent. Ein Unternehmen, dass in einen Prozess um 50 Millionen

---

[31] *A. Marshall*, Principles of Economics, 8. Auflage 1947, S. 685 f.

[32] *S. Rosen*, The Economics of Superstars, American Economic Review, 1981, S. 845 ff. und American Economic Review, 1983, S. 460 ff. mit einer Entgegnung auf *P. Bowbrick*, The Economics of Superstars: Comment, American Economic Review, 1983, S. 459. Vgl. auch die popularisierende Darstellung bei *R. Frank/P. Cook*, The Winner-Take-All-Society, Why the Few at the Top Get so Much More Than the Rest of Us, 1995.

[33] *S. Rosen*, The Economics of Superstars, American Economic Review, 1981, S. 845.

verwickelt werde, ist kaum bereit bei der Qualität seiner Rechtsanwälte qualitative Abschläge gegen eine Gebührensenkung vorzunehmen[34].

Rosen betont, dass neben der niedrigen Substituierbarkeit der Anbieter durch die Nachfrager der weitere Grund darauf beruhe, dass Superstarmärkte durch sehr niedrige Grenzkosten der Bedienung weiterer Kunden und sehr hohe Fixkosten für die Schaffung der Angebotsmöglichkeit gekennzeichnet seien. So sind die Kosten eines Konzerts oder einer Konzertvorführung nur schwach davon abhängig, wie viele Personen der Aufführung beiwohnen. Die Kosten eines Buches oder eines Heilmittels bestehen typischerweise in den sehr hohen Fixkosten des Erwerb des Wissens und der Kenntnisse, den niedrigen variablen Kosten des Druckes eines zusätzlichen Exemplars[35] oder der Herstellung einer zusätzlichen Medikamentenpackung. Bei einer Fernsehschau zählen sogar nur die Produktionskosten. Jeder zusätzliche Fernsehzuschauer beeinflusst nicht die Kosten der ausgestrahlten Fernsehdarbietung. Dies ermöglicht einzelnen Anbietern wirtschaftlich große und größte Anteile des gesamten Marktes zu bedienen und die große Zahl etwas schwächerer Anbieter vollständig aus dem Markt zu verdrängen, da diese nicht die Fixkosten auf genügend Nachfrager umlegen können.

Die großen Vorschritte in der Transport- und Kommunikationsindustrie haben nun zu dramatischen Senkungen der variablen Stückkosten geführt. Sie haben damit für viele Berufe die von ihnen jeweils bedienbaren Märkte vergrößert und erlauben damit den Besten ihres Berufes große Teile des nationalen Marktes oder gar des Weltmarktes zu bedienen mit dramatischen Möglichkeiten der Einkommenssteigerungen für die verbliebenen wenigen Glücklichen[36].

---

[34] *S. Rosen*, The Economics of Superstars, American Economic Review, 1981, S. 845 (S. 846).

[35] Vgl. hierzu die empirische Studie bei *F.M. Scherer*, An Early Application to the Total Cost Concept, Journal of Economic Literature, 2001, S. 897 ff.

[36] *A. Marshall*, Principles of Economics, 8. Auflage 1947, S. 685 hat diesen Prozess für die Maler und Musiker beschrieben: „*The relative fall in the incomes to be earned by moderate ability ... is accentuated by the rise in those that are obtained by many men of extraordinary ability. There never was a time at which moderately good oil paintings sold more cheaply than now, and ... at which first-rate paintings sold so dearly. A business man of average ability and average good fortune gets now a lower rate of profits ... than at any previous time, while the operations, in which a man exceptionally favored by genius and good luck can take part, are so extensive as to enable him to amass a large fortune with a rapidity hitherto unknown. The causes of this change are two; firstly the general growth of wealth, and secondly, the development of new facilities for communication by which men, who have once attained a commanding position, are enabled to apply their constructive or speculative genius to undertakings vaster, and extending over a wider area, than ever before. It is the first cause ... that enables some barristers to command very high fees, for a rich client whose reputation, or fortune, or both, are at stake will scarcely count any price too high to secure the services of the best man he can get: and it is this again that enables jockeys and painters and musicians*

Angewandt auf die einsamen Höhen der Vorstandsvergütungen geht es somit um die Frage, ob diese wie bei Pavarotti auf einer Vergrößerung der Märkte und der Steigerung der Bedeutung des Geschäftstalentes der Vorstände der größer gewordenen Unternehmen beruhen.

Nun ist es richtig, dass die zunehmende Größe von Unternehmen die Bedeutung des Managementtalentes einer Person stark erhöht. Geringe Substituierbarkeit einer bestimmten klar umrissenen Managementfähigkeit ist in der Vergütungspraxis nicht erkennbar. Viele Unternehmen lassen ihre Manager in wenigen Jahresintervallen rotieren. Zudem findet ein rascher Austausch der Führungspersonen zwischen Unternehmen und Funktionen statt. Im Gegensatz hierzu bleiben die Superstars unter den Spitzensportlern oder Künstlern bei ihren Leisten und nutzen ihre Talente nur auf ihrem engen Feld. Wenn es zudem der globale Wettbewerb um die tüchtigsten Manager wäre, müssten gerade die von Privatpersonen effizient kontrollierten Unternehmensleitungen erfolgreicher Unternehmen die höchsten Löhne aufweisen und zudem den jeweiligen Trend anführen. Dies ist jedoch nicht der Fall, wie etwa aus dem Vergleich BMW versus DaimlerChrysler zu sehen war.

Zudem werden im international tätigen erfolgreichen deutschen Mittelstand, dessen Unternehmen üblicherweise eng von wenigen Beteiligten, etwa einer einzelnen Familie, kontrolliert werden, bei weitem nicht einmal im Ansatz solche Lohnhöhen erreicht[37]. Lediglich bei Neugründungen oder drohenden Insolvenzfällen werden relevante Beteiligungsanteile als Vergütungsbestandteil ins Spiel gebracht. Vor allem wird nicht das Instrument der Aktienoptionspläne eingesetzt. Aber auch bei börsennotierten Unternehmen sind Aktienoptionspläne mit Ausnahme besonderer Situationen ungebräuchlich, wenn das Unternehmen in der Hand einer privaten kontrollierenden Gruppe liegt. Dies bedeutet, dass nicht der Wettbewerb um die Besten die Löhne der Vorstände im Wege von Op-

---

of exceptional ability to get very high prices ..." (zitiert nach *Rosen*, a.a.O (Fn. 34), S. 845 (S. 857)).

[37] Vgl. *R. Diefenbach/P. Rath*, Welche Vergütung GmbH-Geschäftsführer erhalten, 1999; *A. Tänzer*, Aktuelle Geschäftsführervergütung in der kleinen GmbH, GmbHR, 2000, S. 596 ff.; *T. Feldkamp*, Die Angemessenheit der Geschäftsführervergütung, 1. Teil: Die monetären Bezüge, Stbg, 2000, S. 136 ff. und die Diskussion bei *M. Koch*, Die Gestaltung der Geschäftsführervergütung bei einer personalistischen GmbH, 2001, S. 82 ff. Bei mittelständischen Unternehmen ist bis heute noch die GmbH die vorherrschende Rechtsform. Bei diesen sind Gesellschaftergeschäftsführer die vorherrschende Erscheinungsform, da durch eine echte Beteiligung - nicht Optionsgewährung - die Abwanderung zu anderen Unternehmen oder die Gründung eines eigenen Unternehmens vermieden werden soll. Die Gehälter der Fremdgeschäftsführer schwanken zwischen 90 und 140 Prozent um die Bezüge der Gesellschaftergeschäftsführer.

tionsprogrammen in die Höhe treibt, sondern das Kontrollversagen in Publikumsgesellschaften mit verbreitetem privaten Streubesitz.

Ebenso ist mit der Theorie der Superstarvergütung nicht die Beobachtung vereinbar, dass vornehmlich der CEO, nicht aber andere Vorstandsmitglieder die bevorzugt Begünstigten sind. Die Bedeutung eines Finanzvorstandes bleibt in vielen Unternehmen nur wenig hinter einem CEO zurück. Auch der Vorstand für Technik in einem Automobilunternehmen ist eine für das Unternehmen überaus wichtige Person. Wenn nun zwischen der einen mächtigen Person und den wirtschaftlich funktional gleichgewichtigen Personen so erhebliche Vergütungsgefälle auftreten, kann dies nicht aus dem Wettbewerb um die besten Talente, sondern nur aus der Ausnutzung von Macht erklärt werden. Die Beobachtungen zeigen daher, dass das die exzessiven Vergütungen treibende Talent, für das es in der Vergütungsfrage der Manager kein Substitut gibt, die Macht über die Organisation in Form des CEO-Amtes ist. Im Widerspruch zu einer Erklärung der Vorstände als Superstars steht weiterhin der Umstand, dass vielfach die Reichtum bringenden Zahlungen an die Vorstände erst dann erzielt werden, wenn die Vorstände das Unternehmen verlassen. Insbesondere bei Übernahmen werden von den neuen kontrollierenden Eigentümern astronomische Beträge für das einfache Aufhören gezahlt[38]. Dies ist bei Superstars und selbst bei unerträglich gewordenen eitlen alten Mimen oder Fernsehstars nicht zu beobachten.

Der Grund, dass Vorständen von privaten Eigentümern kontrollierter Unternehmen deutlich niedrigere Vergütungen als bei der DaimlerChrysler AG gewährt werden, ist auch darin zu sehen, dass dort die motivationsbelastende Wirkung extremer Vergütungsunterschiede zwischen Vorstand und Arbeitnehmern nicht hingenommen wird. Dort wo die Vorstände sich aufgrund des Streubesitzes sicherer vor den Eigentümern fühlen können, kümmern sie die zahlreichen Kosten der exzessiven Vorstandsvergütungen wenig. So wurde in der ökonomischen Literatur[39] heraus gearbeitet, dass zwar hohe Vergütungsunterschiede den Turniercharakter der inneren Arbeitsmärkte in einem Unternehmen stärken und individuelle Leistungsanreize erhöhen. Studien von soziologischer und psychologischer Seite haben jedoch nachgewiesen, dass die durch Turniere erzeugten Vergütungsungleichheiten zu niedrigerer Produktivität, niedrigerer Produktqua-

---

[38] Auch die Anerkennungsprämie an Esser im Mannesmann-Fall, die sicher seinen Entschluss erleichterte, den Abwehrkampf gegen Vodafone aufzugeben, wurde für das Verlassen des Chefsessels gezahlt. Sie betrug mehr als sein gesamtes mehrjähriges unter Annahme günstigster Ergebnisse errechnete Gehalt.

[39] *E. Lazear/S. Rosen*, Rank-Order Tournaments as Optimum Labor Contracts, Journal of Political Economy, 1981, S. 841 ff.

lität, schlechterer Arbeitsmoral und höherem Wechsel bei den Arbeitnehmern führen[40].

Es lässt sich somit **festhalten**, dass Vorstände ihre astronomische Vergütung nicht mit der Behauptung verteidigen können, ihre Vergütung sei der Ausdruck der Talente eines Superstars.

III. Analyse der Ausplünderungshypothese

Im Gegensatz zur Theorie der effizienten Anreize sieht die „Ausplünderungshypothese" die Vorstandsverträge weniger als ein Mittel zur Problemlösung der Agency-Beziehung zwischen Eigentümern und Managern, sondern als Teil des Problems[41]. Bei der „Ausplünderungshypothese" der hohen Managementvergütungen werden die Unternehmensverwaltungen als die in Kontrollfreiräumen handelnden Herren der Unternehmen angesehen. Dies bedeutet jedoch nicht, dass sie keinerlei Zwängen bei der Zubilligung der Vorstandsgehälter unterliegen. So müssen Aufsichtsrat und Vorstand auch bei Streubesitzaktionären tunlichst vermeiden, dass ein Aufschrei durch die Reihen der Aktionäre geht und diese vor die Gerichte treibt und letztlich die Aktien an den Märkten auf Talfahrt schickt[42].

1. Der Gebrauch von Aktienoptionen in den USA

Seit den 80er Jahren wurden Vorstandsoptionen in den USA ein immer wichtigerer Bestandteil der Vergütung und wurden noch vor dem Grundgehalt der wichtigste Vergütungsbestandteil[43]. In der Literatur wurde in der durch die Aktienoptionspläne verstärkten Sensitivität der Managergehälter für das Schicksal der Aktionäre eine Verbesserung der Corporate Governance gesehen und Optionspläne als eine Verbesserung der Vergütungstechnologie begrüßt[44].

In den USA stieg der Index der Kosten für Angestellte in der Privatwirtschaft (Civilian Employment Cost Index) in den 6 Jahren von 1992 bis 1998 um 20%, der Consumer Price Index um 16%. In dieser Zeit stieg der Median des Grund-

---

[40] Vgl. hierzu den Übersichtsartikel in *O'Reilly/Wade/Pollock*, Overpaid CEO's and Underpaid Managers: Equity and Executive Compensation, Stanford University, GSB Research Paper No. 1410, 1998.

[41] *L.A. Bebchuk/J.M. Fried/D.I. Walker*, Managerial Power and Rent Extraction in the Design of Executive Compensation, Harvard Discussion Paper No. 364, 5/2002, S. 35 ff.

[42] *L.A. Bebchuk/J.M. Fried/D.I. Walker*, Managerial Power and Rent Extraction in the Design of Executive Compensation, Harvard Discussion Paper No. 364, 5/2002, S. 38 ff. nennen diese Bereicherungsbeschränkung für die Manager die „The Outrage Constraint".

[43] *K.J. Murphy*, Executive Compensation, in: O. Ashenfelter/D. Card (Eds.), Handbook of Labor Economics, 1999.

[44] Vgl. *K.J. Murphy*, a.a.O. (Fn. 43); *D. Strickland, et al.*, A Requiem for the USA: Is small Shareholder monitoring effective?, Journal of Finance & Economics, 1966, S. 319 f.

gehaltes der CEOs der 500 größten Unternehmen (S&P 500) um 29% auf 811000 Dollar, der Medianbonus um 99% auf 750000 Dollar und der Medianbarwert der gewährten Optionen um 335% auf 1,6 Millionen Dollar[45]. Die Mediangesamtvergütung stieg demnach in diesen 6 Jahren um 160%. *Bebchuk/Fried/Walker*[46] zeigen, dass ohne den Anstieg der gewährten Optionen die Barvergütung für die CEOs in dieser Zeit zusätzlich um über 1 Million Dollar in bar hätte ansteigen müssen. Die Autoren vermuten, dass dies den entschiedenen Widerstand der Aktionäre und sogar des Gesetzgebers hervorgerufen hätte.

Weiterhin zeigen *Bebchuk/Fried/Walker*[47], dass es völlig ungeklärt sei, wie hoch die richtige Sensitivität der Vergütung von den Unternehmensergebnissen sei. So gebe es wenig empirische Nachweise, dass erfolgsabhängige Vergütungen sich in höheren Aktienpreisen und Unternehmenswerten niederschlagen. Die Struktur der tatsächlich vergebenen Optionen zeige vielmehr, dass sie weitaus besser durch den Versuch der Ausplünderung als durch den Wunsch nach verbesserten Leistungsanreizen erklärt werden könnten.

a. Die Abwesenheit indexierter Optionen

Verblüffend aus der Sicht effizienter Vertragsanreize sei das nahezu vollständige Fehlen von Vorkehrungen gegen das Einstreichen leistungsloser Millionen im Rahmen von Aktienoptionsprogrammen. Für die USA wurde festgestellt, dass nur eines von 1000 großen börsennotierten Unternehmen die Ausübungspreise der Optionen an den Marktindex oder das Ergebnis von Konkurrenzunternehmen knüpfe[48]. Auch in Deutschland werden nach Aussagen von Beraterfirmen Optionsprogramme praktisch nie an den Marktindex oder relative Erfolge zu Konkurrenzunternehmen geknüpft, obwohl eine solche Anbindung für eine leistungsbezogene Vergütung grundsätzlich sinnvoll wäre[49]. Allerdings be-

---

[45] *T. Perry/M. Zenner*, CEO Compensation in the 1990's: Shareholder Alignment or Shareholder Expropriation?, Wake Forest Law Review, 2000, S. 123, Table 1.

[46] *L.A. Bebchuk/J.M. Fried/D.I. Walker*, Managerial Power and Rent Extraction in the Design of Executive Compensation, Harvard Discussion Paper No. 364, 5/2002, S. 38 ff.

[47] *L.A. Bebchuk/J.M. Fried/D.I. Walker*, Managerial Power and Rent Extraction in the Design of Executive Compensation, Harvard Discussion Paper No. 364, 5/2002, S. 48.

[48] *K.J. Murphy*, Executive Compensation, in: O. Ashenfelter/D. Card (Eds.), Handbook of Labor Economics, 1999.

[49] Vgl. *S. Johnson/Y.S. Tiang*, The Value and Incentive Effects of Non-Traditional Executive Stock Option Plans, Journal of Financial Economics, 2000, S. 3 ff; *E. Rappaport*, New Thinking on how to link Executive Pay with Performance, Harvard Business Review, 1999, S. 91 ff. In ihrem Aufsatz erörtern *L.A. Bebchuk/J.M. Fried/D.I. Walker*, Managerial Power and Rent Extraction in the Design of Executive Compensation, Harvard Discussion Paper No. 364, 5/2002, S. 10 ff. die Gründe, die gegen eine Indexierung von Aktienoptionen sprechen. Sie kommen zu dem Ergebnis, dass alle vorgebrachten Einwände gegen eine Indexierung nicht stichhaltig sind und die fehlende Indexierung von Optionen daher nicht mit der Theorie

gegnet die Leistungsmessung erheblichen praktischen Schwierigkeiten, da stets Sondereinflüsse die wirklichen Leistungen des Vorstandes nach oben oder unten verzerren. Aus diesem Grunde behalten sich die Kontrollorgane auch vor, frei nach ihrer Bewertung bestimmte Beträge zu erhöhen oder zu senken.

Die Abwesenheit jeder wirklichen Leistungsmessung bei den üblichen Aktienoptionsprogrammen besagt, dass Unternehmensvorstände grundlos Millionenbeträge beziehen können. Im Falle einer variablen Optionsausübungspreisanpassung („U-turn") oder eines Repricing werden diese sogar noch im Falle von Wertzerstörungen erzielt[50].

b. Rechnungslegung nach US-Recht und indexierte Optionen

In den USA müssen Optionen mit einem festen Ausübungspreis und festem Endzeitpunkt, die höher sind als der „fair market value" bei der Optionsgewährung nicht in die Gewinn- und Verlustrechnung übernommen werden. Es besteht ein Wahlrecht. Da indexierte Optionen keinen festen Ausübungspreis aufweisen, müssten die Wertsteigerungen gegenüber dem Ausübungspreis in der Gewinn- und Verlustrechnung gezeigt werden. Dies ist jedoch von den Verwaltungen keinesfalls gewünscht. Nach den Financial Accounting Standards No. 123 Nr. 14 müssen jedoch auch für die nichtindexierten Optionen die finanzmathematisch richtigen Werte außerhalb der Bilanz mittels Fußnote als Ausgaben angegeben werden, indem das um die Optionsausgaben korrigierte Net Income und die Earnings pro Aktie darzustellen sind[51].

Die zuweilen anzutreffende Behauptung, außerhalb der Gewinn- und Verlustrechnung gehaltene Optionsaufwendungen könnten über den dann möglichen optisch höheren Gewinnausweis zu einem höheren Aktienkurs führen, steht in Widerspruch zu der empirisch gesicherten Theorie der effizienten Kapitalmärkte[52]. Es ist angesichts der Wachsamkeit der Finanzanalysten unglaubwürdig,

---

effizienter Anreize vereinbar ist, wohl aber mit der „Ausplünderungshypothese" („Extraction of Rents").

[50] Vgl. hierzu das genannte Beispiel der DaimlerChrysler AG oder der Deutschen Telekom AG.

[51] *P. Wollmert/J. Hey*, Bilanzierung von Stock Options nach internationalen Grundsätzen (US-GAAP und IAS), in: A.-K. Achleitner/P. Wollmert (Hrsg.), Stock Options, 2. Auflage 2002, S. 149 (S. 154 ff.) sowie bereits *T. Baums*, Aktienoptionen für Vorstandsmitglieder, in: Festschrift für C.P. Claussen, 1997, S. 3 (S. 22) m.w.N.

[52] Vgl. hierzu das Lehrbuch *R.A. Brealey/S.C. Myers*, Principles of Corporate Finance, 2002. Dennoch ist von den einflussreichen amerikanischen Managern alles versucht worden, den Wert der Optionen möglichst lange und weitgehend im Dunkeln zu lassen, vgl. hierzu die Schilderung bei *G.S. Crystal*, In Search of Excess, 1991. Der Kampf um eine korrekte Buchführung und die Einflussnahme der Manager auf den amerikanischen Rechnungslegungsboard (FASB) endete damit, dass einfache Optionen wie dargelegt lediglich in den Fußnoten mit

dass diesen die Höhe der Optionskosten in Form der Verwässerung und damit die Absenkung des Gewinnes pro Aktie letztlich verschleiert werden könnte. Selbst wenn viele Analysten auf diese Weise hinters Licht geführt werden könnten, würde dies den richtig rechnenden Marktteilnehmern erhebliche Gewinne ermöglichen und die unbedarften Analysten und deren Kunden im Ergebnis aus dem Markt entfernen.

Die Verwendung nichtindexierter Optionen ist jedoch unmittelbar auf der Grundlage der „Ausplünderungshypothese" zu verstehen. Da indexierte Optionen leistungslose Marktgewinne erschweren, ist der Gewinn aus einfachen Optionen für den Vorstand im Schnitt erheblich größer als der Gewinn aus indexierten Optionen.

c. Aufhebung der Anreize von Aktienoptionsplänen durch Gegengeschäfte

Es gehört zur Standardrechtfertigung der Aktienoptionspläne, dass sie dazu dienen, die Vorstandsvergütung mit dem finanziellen Schicksal der Aktionäre zu verknüpfen. Erstaunlicherweise werden jedoch vom verantwortlichen Aufsichtsrat in der Praxis keine wirksamen Maßnahmen ergriffen, die die Vorstände daran hindern, durch Gegengeschäfte der verschiedensten Art die angeblich so wichtigen Anreize aufzuheben.

Da Vorstände aufgrund ihres Gehalts in erheblichem Umfang gegenüber dem sie anstellenden Unternehmen nicht diversifiziert sind, versuchen sie durch den Verkauf von Unternehmensaktien oder andere mögliche Hedginggeschäfte ihre Diversifikation zu verbessern[53]. Ebenso versuchen sie durch Equity Swaps und möglichst frühzeitige Ausübung ihrer Optionen und durch Weiterverkauf der erworbenen Aktien ihr Risiko zu vermindern[54]. Wenn bei Aktienoptionsplänen

---

ihren Wirkungen auf den Aktienertrag angegeben werden müssen. Die jetzige und damalige Behandlung von Optionen ist ohne sachlichen Grund willkürlich, vgl. hierzu *L.A. Bebchuk/J.M. Fried/D.I. Walker*, Managerial Power and Rent Extraction in the Design of Executive Compensation, Harvard Discussion Paper No. 364, 5/2002, S. 66.

[53] Vgl. für die USA: *L.A. Bebchuk/J.M. Fried/D.I. Walker*, Managerial Power and Rent Extraction in the Design of Executive Compensation, Harvard Discussion Paper No. 364, 5/2002, S. 81 ff. m.w.N.

[54] *D.M. Schizer*, Executives and Hedging: the Fragile Legal Foundation of Incentive Compatibility, Columbia Law Review, 2000, S. 444 ff. Das mit Aktienoptionsplänen verbundene Risiko für das einzelne Vorstandsmitglied ist ein weiterer Grund dafür, dass Aktienoptionspläne sich als sehr teure Form der Vorstandsvergütung darstellen. So hat *K.J. Murphy*, Executive Compensation, in: O. Ashenfelter/D. Card (Eds.), Handbook of Labor Economics, 1999, Table 6 an realistischen Beispielen durchgerechnet, dass ein Vorstandsmitglied aufgrund seiner Risikoaversion eine barwertig gleich hohe Premiumoption bei realistischen Annahmen über seine Risikoaversion und seine Diversifikation gegenüber einer in bar erfolgenden Zahlung um 237 Prozent abwertet. Dies besagt, dass die Aktionäre ein Vielfaches leisten müssen, um diese Form der Bezahlung zu ermöglichen.

im Vordergrund die Verbesserung der Anreize zu aktionärsfreundlicherem Verhalten der Vorstände stünde, wäre der natürliche Weg, jede Art von Gegengeschäften vertraglich zu verbieten, mit spürbaren Sanktionen zu belegen und wirksame Kontrollen durchzuführen. Dass dies in der amerikanischen und deutschen Praxis nicht geschieht, zeigt, dass die Vorgabe einer Anreizverbesserung im Wege von Aktienoptionsplänen bei liquiden Unternehmen eine vorgeschobene Argumentation ist. Höhe und Struktur der Vergütungen und die Nutzung von Aktienoptionsplänen sind damit im wesentlichen ein Instrument, auf eine verwickelte und für viele Aktionäre wenig durchschaubaren Weise exzessive Millionenbeträge für die Vorstandsmitglieder zu erzielen[55].

d. Zu niedrige Optionsausübungspreise

Will man einen Vorstand für seine Leistung in Form eines möglichst großen Kursanstieges belohnen, ist es sinnvoll zunächst den für diese Leistung vorgesehenen Geldbetrag festzulegen und dann in Optionsrechte umzurechnen. Es stellt sich dann heraus, dass Optionen nur zu einem sehr hohen Ausübungspreis gewährt werden sollten, also weit „aus dem Geld“ sein sollten[56]. In der Praxis ist jedoch zu beobachten, dass statt dessen die Optionspreise so niedrig sind, dass geringe Kurssteigerungen zu erheblichen Gewinnen der begünstigten Vorstände führen[57]. Diese in der Praxis zu beobachtende Erscheinung steht in Widerspruch zu der Behauptung, Aktienoptionsprogramme seien auf den Wunsch nach einer möglichst gut greifenden Anreizbezahlung zurückzuführen. Ein solcher Einsatz von Optionen ist besser als der Wunsch der Vorstände zu verstehen, in diskreter Weise mit geringsten Risiken die in den Optionen steckenden Werte zu erzielen.

e. Die Verteilung der Aktienoptionen nach Macht statt nach Anreizen

Es gehört zu den international bekannten Strukturmerkmalen der Vorstands- und Board-Vergütungen, dass amerikanische CEOs erheblich mehr verdienen als

---

[55] Nach einem Bericht in Focus, Nr. 8, 2002, S. 238, „Den Bankern gehört die Bank“, soll die Deutsche Bank nach internen Zahlen bereits zu 7% ihren Investmentbankern gehören. Als Vorbild diene dabei den Investmentbankern die Zustände bei den US-Investmentbanken: Dort hielten die Topmanager um die 50 Prozent der Firmenaktien. Als Hintergrund wird von Focus das Aktienoptionsprogramm genannt. Sollte dieser Bericht stimmen, würde es sich um eine recht erstaunliche Enteignung der Aktionäre der Deutschen Bank durch ihre eigenen Angestellten handeln.

[56] Vgl. für die Struktur von Optionen im einzelnen *R.A. Brealey/S.C. Myers*, Principles of Corporate Finance, 7. Auflage 2002, Kapitel 20.

[57] *B.J. Hall/K.J. Murphy*, Stock Options for Undiversified Executives, Working Paper Harvard Business School, 2000, S. 20 ff. geben an, dass 94 Prozent der gewährten US-Optionen mit einem Ausübungspreis in der Nähe des aktuellen Kurses („at the money“) ausgegeben werden.

ihre Kollegen in Deutschland und Europa, während diese Vergütungsdifferenzen zu den anderen Vorstandsmitgliedern nicht bestehen[58]. So wird in der Vergütungshöhe die Machtstellung des amerikanischen CEO widergespiegelt. Während auch in Deutschland der Vorstandsvorsitzende insbesondere durch seine Zusammenarbeit mit dem Aufsichtsratvorsitzenden über einen größeren Einfluss als seine Vorstandskollegen verfügt, ist seine rechtliche Stellung gegenüber seinen Vorstandskollegen jedoch aufgrund des Prinzips der Gesamtverantwortung des Vorstandes nur beschränkt hervorgehoben. Dieses Prinzip scheint sich auch in der Verteilung der Vergütung durchzusetzen, die bisher die Vergabe exzessiver Vergütungen ausschließlich an den Vorstandsvorsitzenden verhindert hat. Möglicherweise wird in Deutschland eine gleichmäßigere Verteilung der Exzessvergütungen vorgezogen.

Aktienoptionspläne verursachen zudem Anreize zu höherer Aktienvolatilität, da der Wert von Optionen stark von der Volatilität der Aktien getrieben wird. Der Fall Enron in den USA lehrt neben vielem anderen auch, dass Optionen für einen mächtigen CEO dazu führen, dass dieser mit Hilfe kreativer Buchführung und einer mit dem Unternehmen verfilzten Wirtschaftsprüfungsgesellschaft den Börsenwert seines Unternehmens in grotesker Weise von seinem wirklichen Wert nach oben treiben kann und er hieran aufgrund seiner Aktienoptionen auch jedes Interesse hat. So wurden von Ley und anderen Senior Executives von Enron noch kurz vor der Insolvenz netto mehr als 100 Millionen Dollar privat eingestrichen, wobei zu den Käufern die ahnungslosen eigenen Angestellten gehörten, die damit neben ihrem Arbeitsplatz auch ihre Altersversorgung verloren[59].

---

[58] *J.M. Abowd/M.L. Bognanno*, International Differences in Executive and Managerial Compensation, in: R. Freeman/L. Katz (Eds.), Differences and Changes in Wage Structures, 1995, S. 67 ff. Die Studie enthält einen Vergleich von zwölf OECD Ländern (Belgien, Kanada, Frankreich, Deutschland, Italien, Japan, die Niederlande, Spanien, Schweden, Schweiz, Großbritannien und die USA). Der Vergleich wurde bereinigt um die Steuersätze, Kaufkraft und „public benefits".

[59] Financial Times v. 5.2.2002. Nach einem Bericht der Welt v. 15.1.2002 sollen zudem kurz vor dem Zusammenbruch umfangreiche Insidergeschäfte stattgefunden haben. 29 Topmanager hätten am Verkauf ihrer Enron-Aktien rund 1,1 Milliarden Dollar verdient, was von diesen bestritten werde.

Kurz vor der Pleite war den Angestellten zudem vom Topmanagement verboten worden, die Enron Aktien zu verkaufen[60]. In Europa machte der vergleichsweise harmlose Skandal um die Topmanager von ABB Schlagzeilen[61].

Neben dem Anreiz zur Erhöhung der Volatilität üben Aktienoptionen für Vorstände auch andere unternehmens- und aktionärsschädigende Verhaltensanreize aus. So werden falsche Prognosen und Gewinnerwartungen verkündet und die Rechnungslegung je nach den von den Aktienoptionen ausgehenden Anreizen verbogen[62]. Auf der Basis ihres politischen Einflusses haben die Unternehmensverwaltungen selbst die Rechnungslegungsstandards beeinflusst[63].

---

[60] Welt am Sonntag v. 10.2.2002.

[61] Basler Zeitung v. 14.2.2002, S. 1: Dort hatten vor 6 Jahren bei ihrem Ausscheiden Barnevik 148 und Lindahl 85 Millionen Schweizer Franken erhalten, während der Konzern von einem Verlust von 1,2 Milliarden berichten konnte. Kennzeichnend für die Macht der Topmanager und die Heimlichkeit dieser Vergütungen ist der Umstand, dass der Verwaltungsrat erst nach all diesen Jahren die „Zustimmungsprozesse für ungenügend" erachtet. Von Arbeitnehmervertretern wurde bemerkt, dass diese Bezahlung für zwei Vorstände dem Lohn aller 6000 schwedischen ABB-Beschäftigen entspreche.

[62] Inzwischen ist das amerikanische System der Optionsvergütung auch für den Chairman der US Federal Reserve *A. Greenspan* bedenklich geworden und als eine Bedrohung des Kapitalmarktes und der Integrität der Rechnungslegung erkannt worden. So kritisierte *Greenspan* die Rechnungslegungspraxis, die es den Unternehmen erlaubt, Aktienoptionspläne nicht als Kosten zu verbuchen. Diese hätte die ausgewiesenen Gewinne der größten US-Unternehmen in den Jahren 1995-2000 um 2,5% nach oben getrieben: „*The current accounting for options has created some perverse effects on the quality of corporate disclosures that, arguably, is further complicating the evaluation of earnings and hence diminishing the effectiveness of published income statements in supporting good corporate governance.*", Financial Times v. 26.3.2002.

[63] Vgl. hierzu den Bericht der New York Times v. 7.4.2002, der durch die wörtlichen Zitate auch ein wenig den Flavor des Geschehens in der Leitungsetage zu vermitteln vermag: „*Over the last few years, executives at some companies released inaccurate earnings statements and, before correcting them, sold large amounts of stock at inflated prices. At others, executives insisted for months that the recent recession would not much affect their businesses. By the time they acknowledged their error, some had sold millions of shares at prices that were just a memory. ... It happened at major technology companies like Oracle and Sun Microsystems. It happened at Guess and at Xerox, at Dollar General, a discount retailer, and at Providian Financial, a credit card company. The discovery of similar practices at Enron, Global Crossing and other bankrupt companies in recent months has caused outrage everywhere from Internet chat rooms to Congressional hearing rooms.*

In 1998 and 1999, Paul A. Allaire, then the chief executive of Xerox, made about $16 million selling company shares that were trading at more than $50, according to Thomson Financial. Last week, Xerox agreed to restate its earnings back to 1997 and to pay a $10 million fine for inaccurate accounting. The stock closed on Friday at $10.52. At Vitesse Semiconductor, executives including Louis Tomasetta, the chief executive, sold $53 million of stock in the first two months of last year, more than they had in all of 2000. Before the quarter had ended, the company cut its earnings projection by more than half, and the shares began a descent from

$72 to their current price of $8.94 ... Around the same time, Lawrence J. Ellison, Oracle's chief executive, mocked Microsoft for lowering its earnings forecast, saying its products, not the economy, were the cause. A month later, with Oracle's share price steady, Mr. Ellison made his first sale of Oracle stock in almost five years, for a gain of almost $900 million. Five weeks after that, he acknowledged that Oracle's profit would miss its estimate, and the stock dropped 21 percent in one day ... Little, if any, of such behaviour by executives was illegal. Regulators say executives probably broke the law in only a few cases, when they sold shares while evidence suggested that they knew their stock would soon fall or that they deliberately reported inaccurate information. Xerox offers a recent example of the phenomenon. From 1997 to 2000, the company exaggerated some profits by prematurely counting revenue from leasing copiers, according to the S.E.C. The move allowed Xerox to meet its earnings projections and gloss over the decline of its business, analysts say. An assistant treasurer at the company, James Bingham, had questioned its accounting standards, but Xerox fired him in 2000, calling him disgruntled. Last week, the company agreed to pay the fine, by far a record for a financial reporting case, stemming from some of the same accounting practices Mr. Bingham had faulted. For much of the period, Mr. Allaire was Xerox's chief executive, and he was chairman the entire time. Barry D. Romeril was its chief financial officer from 1999 until last year. Both seem to have benefited from Wall Street's delay in understanding Xerox's problems. In addition to the $16.5 million that Mr. Allaire pocketed by exercising stock options when Xerox shares were trading at $54 or more, Mr. Romeril sold $1.2 million worth of shares, according to Thomson Financial.

In other S.E.C. cases, executives have often kept much of the profit they made before their companies restated earnings. This year, David A. Thatcher, the former president of Critical Path Inc., an e-mail provider based in San Francisco, pleaded guilty to conspiracy to commit securities fraud and agreed to pay a $110,000 fine. He did not have to return any of the $8.6 million he made selling Critical Path stock in 2000 because he made his final stock sale in August, the month before evidence suggested that he committed fraud, an S.E.C. official said. In October and November of 2000, David C. Hayden, the company's chairman, sold 140,000 Critical Path shares. For the year as a whole, he sold 540,000 shares for a gain of $25 million, according to Thomson Financial. The stock closed at $2.35 on Friday, down from as much as $85 during the executives' sales.

Mistaken bullishness may also have increased the stock gains for executives at two of the nation's largest technology companies. At the end of 2000, with the economy softening and many managers cutting their capital-spending budgets, technology companies began to predict that they would struggle in the months ahead. Hewlett-Packard, Intel, Microsoft and Motorola all warned of trouble in November and December. Two companies, however, remained conspicuously optimistic. At Oracle, Mr. Ellison and Jeffrey O. Henley, the chief financial officer, said struggling companies had themselves to blame. ‚We're in the right market at the right time', Mr. Henley said on Dec. 14. ‚Microsoft is in yesterday's technology.' At Sun Microsystems, meanwhile, executives acknowledged that the economy was weakening but said that the downturn might actually help their business, as companies shifted their spending. ‚There are companies out there that said they have no idea how things are going to go in the next few months. We're not saying that', Michael Lehman, Sun's chief financial officer, told analysts in January 2001. Less than a week later, with Sun's stock holding steady around $32, Edward J. Zander, Sun's president, sold shares worth more than $8 million. Other Sun executives divested part of their stakes, too. At Oracle, Mr. Henley made $31 million selling stock for $32.31 a share in January, and Mr. Ellison, among the country's richest people, made almost

2. Empirische Untersuchungen zur Wirkung von Aktienoptionsplänen

In einer empirischen Untersuchung zu den Auswirkungen von Aktienoptionsplänen kommen für die USA *Gerety*, *Hoi* und *Robin*[64] zu dem Ergebnis, dass der Unternehmenswert nicht steigt, wenn für Senior Manager Aktienoptionspläne aufgelegt werden.

In ihrer Arbeit legen die Autoren empirische Daten zu den Reaktionen der Aktienmärkte vor, wenn Aktienoptionspläne zur Genehmigung durch die Aktionäre vorgeschlagen werden. Hierzu sind die Autoren von der Überlegung ausgegangen, dass der Aktienmarkt eine positive Reaktion hätte zeigen müssen, wenn die vorgeschlagen Pläne eine Verbesserung der Anreize der Direktoren mit sich bringen würde, für eine Erhöhung des Unternehmenswertes zu sorgen. Wenn jedoch die Pläne die Anreize der Manager nicht wesentlich beeinflusst hätten, müsste man keine Reaktion oder sogar eine negative Reaktion an den Aktienmärkten beobachten.

Das Ergebnis der Studie war, dass die Reaktion an den Aktienmärkten auf die vorgeschlagene Anreizbezahlung wirtschaftlich und statistisch insignifikant war. Die behaupteten Vorteile für den Unternehmenswert konnten im Beobachtungszeitraum nicht festgestellt werden. Darüber hinaus konnte die Studie die auch von anderen Arbeiten festgestellten Zusammenhänge zwischen der Qualität der Corporate Governance des Unternehmens und der Vergütungsweise des Managements bestätigen. Wenn der Einfluss des CEO auf die Auswahl der Direktoren steigt, sinkt die Kontrolle des Board über die Manager und ihre Selbstbedienungswünsche. Der Aktienmarkt reagiert daher negativ, wenn Equityanreizpläne

---

$900 million, according to Thomson Financial. By March, both companies started saying that the soft economy would, indeed, hurt their profits. Shares of both ended the month at around $15."

Die aus den unterlassenen oder verfälschten Angaben im Wege von Aktienverkäufen erzielten Millionengewinne verblieben bisher unangetastet in den Taschen der betreffenden Vorstände.

[64] *M. Gerety/C. Hoi/A. Robin*, Do Shareholders Benefit from the Adoption of Incentive Pay for Directors, Financial Management, 2001, S. 45 ff. Die Untersuchung beruht auf Proxy Statements von 289 Unternehmen zwischen 1988 und 1998, die Aktienoptionspläne für ihre Senior Executives vorgelegt haben. Die von *A.-K. Achleitner/D. Wichels*, Stock-Option-Pläne als Vergütungsbestandteil wertorientierter Entlohnungssysteme, in: A.-K. Achleitner/P. Wollmert (Hrsg.), Stock Options, 2. Auflage 2002, S. 1 (S. 3) sowie *C. Löwe/U.D. Sieber*, Erfahrungen mit dem Einsatz von Stock-Option-Plänen, in: A.-K. Achleitner/P. Wollmert (Hrsg.), Stock Options, 2. Auflage 2002, S. 45 (S. 53 ff.) behauptete allgemein positive Reaktion auf die Ankündigung von Stock Option Pläne für Führungskräfte ist damit als widerlegt anzusehen. Grund ist wohl, dass die Börse inzwischen erkannt hat, dass die meisten Aktienoptionspläne nicht die von *A.-K. Achleitner/D. Wichels*, a.a.O., im nächsten Satz als Voraussetzung genannten Bedingungen der anreizkompatiblen Gestaltung erfüllen, sondern sich in der Tat als „wenig effektive und unter Kostengesichtspunkten ineffiziente Anreizsysteme" darstellen.

der Hauptversammlung vorgeschlagen werden, bei deren Entwurf der CEO beteiligt war.

Die von *Jensen*[65] sanguin begrüßte und von vielen Investoren und der Geschäftswelt übernommene Sicht, dass die Vergabe von Stock-Options an Vorstände die Vergütungssysteme verbesserten, hat sich damit als falsch erwiesen. Grund hierfür könnte insbesondere sein, dass sich angesichts der üblichen Fehler in der Kontrolle der Unternehmensleitung die von ihm betonte Voraussetzung der langfristigen Unzulässigkeit des Verkaufs der Optionen nicht durchsetzen ließ[66]. Ebenso könnte sich die von *Jensen* vorgenommene Überbetonung der finanziellen Anreize als falsch erwiesen haben. Nach *Lorsch* und *MacIver*[67] werden das Prestige und die geschäftlichen und sozialen Verbindungen mit der Vorstandseigenschaft von den beteiligten Personen als wertvoller erachtet als monetäre Belohnungen. *Coles* und *Hoi*[68] haben zudem darauf hingewiesen, dass der Arbeitsmarkt bereits genügend Anreize zur Verfügung stelle, die das Interesse der Vorstände mit denen der Aktionäre auf eine Linie bringe, so dass weitere und zudem teure Anreizstrukturen durch Aktienoptionspläne überflüssig sind.

3. Die Diskussion um die richtige Verbuchung von Aktienoptionen

Ein besonderes Problem der Integrität der Unternehmensstrukturen stellt die richtige Verbuchung von Aktienoptionen dar. So müssen - wie dargelegt - auch nach den Rechnungslegungsstandards der USA die gebräuchlichen Optionspläne nicht in der Gewinn- und Verlustrechnung erfasst werden. Die hiervon ausgehende Verzerrung beim Ausweis des Personalaufwandes führt bei den 500 größten US-Unternehmen (S&P 500) dazu, dass die Gewinne um 13 Prozent zu hoch angegeben wurden[69]. Im Schnitt haben die US-Konzerne 16 Prozent ihres gesamten Aktienbestandes in Form von Optionen an Mitarbeiter vergeben[70].

---

[65] *M. Jensen*, The Modern Industrial Revolution, Exit, and the Failure of Internal Control Systems, Journal of Financial Economics, 1993, S. 831 ff.: „*The recent trend to pay some board members fees in stock or options is a move in the right direction.*" Vgl. hierzu auch das Buch von *R. Monks/N. Minow*, Corporate Governance, 2001: „*As with executive pay, the important question is not ‚how much' but ‚how' ... But the important goal here is for directors to have enough of their own financial future at risk to think like shareholders.*"

[66] „*Discouraging board members from selling this equity is important so that holdings will accumulate to a significant size over time.*"

[67] *J.W. Lorsch/J. MacIver*, Pawns and Potentates: The Reality of America's Corporate Boards, 1989.

[68] *J.L. Coles/C.K. Hoi*, New Evidence on the Market for Directors: Board Membership and Pennsylvania Senate Bill, Arizona State University, College of Business, Working Paper, June 2001, erscheint in: Journal of Finance.

[69] Nur zwei von 500 Standard & Poor's Unternehmen verbuchen ihre Optionsplankosten als Personalaufwand. Nach einer auf SEC Unterlagen beruhenden Untersuchung von Bloomberg belaufen sich für das Jahr 2001 die Optionsplankosten der 30 Dow-Jones Indexunternehmen

Ohne eine Verbuchung in der Gewinn- und Verlustrechnung als Personalaufwand in den HGB-Einzelabschlüssen der Unternehmen sind die hohen Kosten der Vorstandsvergütung im Wege von Aktienoptionen steuerlich nicht abzugsfähig. Geht man von einer durchschnittlichen Besteuerung der Unternehmensgewinne von annähernd 50 Prozent aus, sind die tatsächlichen Kosten eines Aktienoptionsplans für die Aktionäre nochmals um diese 50 Prozent erhöht.

Nicht für die steuerlich entscheidenden HGB-Abschlüsse, sondern lediglich für den Bereich der Konzernrechnungslegung hat es in Deutschland in jüngster Zeit eine noch nicht beendete Diskussion über die anzuwendende Verbuchungsmethode für Aktienoptionen gegeben.

So hat der Deutsche Standardisierungsrat in seinem Entwurf des Deutschen Rechnungslegungsstandard Nr. 11 - E DRS 11 - zur Bilanzierung von Aktienoptionsplänen und ähnlichen Entgeltformen festgestellt, dass Erwerbsrechte auf Aktien als Gegenleistung für Arbeits- und sonstige Dienstleistungen des Empfängers gewährt werden und *als Personalaufwand in Höhe des Gesamtwertes der Aktienoptionen zu verbuchen sind.* Ein Betrag gleicher Höhe ist der Kapitalrücklage zuzuführen. Personalaufwand und Dotierung der Kapitalrücklage sei über den Leistungszeitraum zu verteilen.

Die überwiegende Zahl der Stellungnahmen haben diese Beurteilung unterstützt[71].

Vom Bundesverband der deutschen Banken wurde allerdings vorgetragen, dass die Ausgabe von Optionen lediglich die Gesellschafter-, nicht aber die Gesellschaftsebene berühre, so dass der gebuchte Personalaufwand nur fiktiver Natur sei. Von Vertretern der Volkswagen AG wurde noch hinzugefügt, dass durch die Erfassung als Aufwand die Altaktionäre sogar doppelt belastet würden, da es neben der Verwässerung ihrer Kapitalanteile aufgrund der Aufwandsverbuchung auch noch zu einer Verminderung des Jahresergebnisses als Ausschüttungsbemessungsgrundlage komme, obwohl der Erfolg der Geschäftstätigkeit nicht berührt sei.

---

auf 11,8 Milliarden Dollar, ein Drittel mehr als im Jahr 2000. Bei 11 Dow-Gesellschaften wäre der Jahresgewinn um 10% niedriger ausgefallen, hätten sie ihre Optionskosten in der Erfolgsrechnung offenbart. Nach Credit Suisse First Boston soll der Gewinn der S&P 500 Unternehmen aufgrund der Buchungsauslassung 13 Prozent niedriger liegen, FAZ v. 6.4.2002, S. 25. Vgl. für ähnliche Studien auch The Economist, 6.4.2002, S. 12.

[70] Nach Analysten der Investmentbank Bear Stearns, in: Handelsblatt v. 14.3.2002: „Aktienoptionen schaden den Aktionären".

[71] Entwurf des Deutschen Rechnungslegungsstandard Nr. 11 - E DRS 11 - zur Bilanzierung von Aktienoptionsplänen und ähnlichen Entgeltformen, siehe den Entwurf und die Stellungnahmen unter http://www.drsc.de/ger/standards/overview/e-drs%2011.html.

Der Deutsche Standardisierungsrat hat dem entgegen gehalten, dass die Arbeitsleistung der Optionsempfänger unmittelbar nur der Gesellschaft und nur mittelbar den Gesellschaftern zugute komme und in gleicher Weise wie eine in bar oder mit Sachwerten vergütete Arbeitsleistung für die Gesellschaft aufgrund des Angestelltenverhältnisses erbracht werde. Zudem bestehe kein Vertrag zwischen den Empfängern und den Aktionären und damit sei die Gesellschaftssphäre berührt.

Dieser Ansicht ist zuzustimmen. Sie sollte zudem auch in der Optionskostenverbuchung der maßgeblichen Einzelabschlüsse und damit auch in den Steuerbilanzen Eingang finden[72]. Bis auf die wenigen Sonderfälle von Liquiditätsengpässen im Falle einer Insolvenz oder eines jungen Wachstumsunternehmens ist es wirtschaftlich sachlich nicht rechtfertigbar, die bei gleichem Geldstrom doppelt so teure Alternative zu wählen.

Über beide Ebenen saldiert ist die Verbuchung als Erfolgsaufwand nicht nur buchhalterisch richtig, sondern auch wirtschaftlich für die Eigentümer des Unternehmens die einzig richtige. Die folgende Tabelle macht dies deutlich: Es gehe hier um eine AG, die - ohne Berücksichtigung der Optionsplankosten - einen Gewinn von 10 aufweist. Die Optionsplankosten betragen 2. Die Steuern (Einkommensteuer, Gewerbesteuer, Körperschaftssteuer) auf den Gewinn über alle Ebenen von Gesellschaft und Aktionären sollen insgesamt 50 Prozent betragen.

---

[72] Vgl. die ausführliche Diskussion bei *M. Adams*, Vorstandsvergütungen, in: Festschrift für C.C. von Weizsäcker, 2003, S. 295 (S. 330 ff.) sowie *E. Wenger/L. Knoll/C. Kaserer*, Stock Options, Wirtschaftswissenschaftliches Studium, 1999, S. 35 ff.; *L. Knoll*, Anmerkungen zum impliziten Verwässerungseffekt virtueller Optionsprogramme, Journal für Betriebswirtschaft, 1999, S. 4 ff.; *L. Knoll*, Aktienoptionsprogramme im Vergleich, Personalwirtschaft , 1997, S. 34 ff.; *B. Pellens/N. Crasselt*, Bilanzierung virtueller Aktienoptionsprogramme aus finanzwirtschaftlicher Sicht, in: A.-K. Achleitner/P. Wollmert (Hrsg.), Stock Options, 2. Auflage 2002, S. 173 ff.

Verbuchung von Aktienoptionen

Fall 1: **Ohne** Verbuchung als Kosten aus dem Optionsplan	**Aktionäre**	Unternehmen	
	-2	10	Gewinn ohne Optionskosten
		-5	abzgl. 50% Steuern (GewSt; KSt, ESt)
Summe	-2	5	
Gesamtsumme über Aktionäre und Unternehmen		**3**	

Fall 2: **Mit** Verbuchung als Kosten aus dem Optionsplan	**Aktionäre**	Unternehmen	
	0	10	Gewinn ohne Optionskosten
		-2	Personalaufwand aus dem Optionsplan
		-4	davon 50% Steuern (GewSt; KSt, ESt)
Summe	0	4	
Gesamtsumme über Aktionäre und Unternehmen		**4**	

Abbildung 5

Sollten sich aufgrund eines solchen Ausweises die Aktienkurse verändern, stellen auch diese nichts anderes als eine Korrektur eines Marktversagens aufgrund vorheriger Fehlwahrnehmungen dar.

4. Der Vergütungsvergleich mit Unternehmen ohne Managementkontrollprobleme

Während es in mittelständischen Unternehmen ein Kuriosum wäre, wenn ein Geschäftsführer den Versuch unternehmen sollte, seinen Gesellschaftern zu verbergen, wie hoch seine Vergütung eigentlich ist, ist dieses Vorgehen dank des politischen Einflusses der beteiligten Manager in den deutschen Aktiengesellschaften immer noch die Norm. So sind in Deutschland die Bezüge der Vorstände bisher in der Rechnungslegung der Unternehmen nicht im einzelnen ausgewiesen. Fragen von Aktionären in der Hauptversammlung zu diesem Thema werden nicht beantwortet. Von entscheidender Bedeutung ist dabei der Umstand, dass der Wert des wichtigsten und kostspieligsten Teiles der Gesamtvergütung den Aktionären bisher nicht mitgeteilt wird und sogar unter Inkaufnahme von Auskunfts- und Anfechtungsprozessen sorgfältig vor den Aktionären verborgen gehalten wird.

In Unternehmen, die etwa aufgrund ihres Wachstums oder ihrer drohenden Insolvenz nicht in der Lage sind, vorzügliche Manager in bar zu vergüten und daher eine Vergütung in Aktien vorziehen, sind Aktienoptionspläne ein mögliches Mittel der Vergütung, um die Liquidität des Unternehmens zu schonen. Sie ermöglichen in diesen Fällen den Unternehmen ein schnelleres Wachstum oder das wahrscheinlichere Überleben. Dennoch ist es unter keinem Gesichtspunkt zu rechtfertigen, dass die Vergütung und ihre gesamten Kosten nicht transparent den Aktionären im Vorstandsbericht und erst Recht auf Fragen von Aktionären in der Hauptversammlung hin klar vor Augen geführt werden. Nur bei Einführung dieser Transparenz kann Hoffnung keimen, dass ein Teil der besonders exzessiven Bereicherungsvorgänge durch die Unternehmensverwaltung aufgrund des dann möglichen Widerstandes der Öffentlichkeit ein Ende finden wird.

Als **rechtspolitische Schlussfolgerung** ist daher zu fordern, dass die schon bei der Aktienrechtsreform 1997 von einigen der beteiligten Wissenschaftlern verlangte Vergütungstransparenz nun durch eine neue Reform rechtsverbindlich eingeführt wird[73].

E. Die gerichtliche Überprüfbarkeit der Vergütungsentscheidungen

Allerdings ist mit der Schaffung von Transparenz noch nicht die gesamte Gefahr der Ausplünderung der Unternehmen durch exzessive Vergütungen beseitigt. Das Beispiel der USA und der dort immerhin pro forma außerhalb der Bilanz den Aktionären nachrichtlich mitgeteilten Gewinnverminderungswirkungen der Aktienoptionsprogramme lehrt, dass Transparenz allein keine hinreichende Hürde vor der Ausplünderung der Gesellschaft und ihrer Aktionäre darstellt. Es geht

---

[73] Vgl. bereits hierzu die Kritik in Sonderheft, Die AG, August 1997, S. 21 f.; *T. Baums*, ebd., S. 35 f.; *M. Lutter*, ebd., S. 52 (S. 56); *E. Wenger*, ebd., S. 57 (S. 63 f.) jeweils m.w.N.

somit im folgenden um die Frage, ob neben der Herstellung uneingeschränkter Transparenz zusätzlich die Vorgabe einer rechtlich verbindlichen Obergrenze für Vergütungen erforderlich ist und wie diese in § 87 AktG bereits in Leerformeln vorgegebene Grenze mit wirtschaftswissenschaftlich begründbaren Inhalten gefüllt werden kann.

I. Die gerichtliche Überprüfbarkeit von Vergütungsentscheidungen des Aufsichtsrates

Aus rechtlicher Sicht ist es fraglich, inwieweit die Ermessensentscheidung der Wahl einer Vergütungsstruktur durch die Unternehmensverwaltung einer haftungsauslösenden gerichtlichen Überprüfung zugänglich ist. So wäre es denkbar, dass dem Aufsichtsrat ein Ermessensspielraum bei der Vergütungsbemessung zukommt. So räumt die Rechtsprechung des Bundesgerichtshofes dem Vorstand im Rahmen der Wahrnehmung seiner unternehmerischen Führungsaufgabe weitgehende unternehmerische Handlungsfreiheit ein[74]. Eine entsprechende Handlungsfreiheit wird dem Aufsichtsrat nur insoweit gegeben, „wie das Gesetz auch ihm unternehmerische Aufgaben überträgt, wie z.B. bei der Bestellung und Abberufung von Vorstandsmitgliedern oder im Rahmen des § 111 Abs. 2 S. 4 AktG, d.h. überall dort, wo er die unternehmerische Tätigkeit des Vorstands im Sinne einer präventiven Kontrolle begleitend mitgestaltet“[75]. Die Entscheidung des Aufsichtsrates über die Struktur und Höhe der Vergütung der Vorstandsmitglieder ist zu den unternehmerischen Aufgaben des Aufsichtsrates zu rechnen, da er durch die Ausgestaltung der Anreizstruktur der Vergütung künftige unternehmerische Entscheidungen des Vorstandes steuert und mitgestaltet[76]. Der Aufsichtsrat hat bei der Entscheidung über die Struktur und Höhe der Vergütung von Vorstandsmitgliedern einen unternehmerischen Ermessenspielraum. Eine Verletzung der Pflicht des Aufsichtsrates zur Wahrung der Angemessenheit der Vorstandsbezüge kann daher nur in schwerwiegenden Fällen in Betracht kommen[77]. Eine Haftung von Vorstand und Aufsichtsrat kommt somit nur dann in Frage, wenn „die Grenzen, in denen sich ein von Verantwortungsbewusstsein getragenes, ausschließlich am Unternehmenswohl orientiertes, auf sorgfältiger Ermittlung der Entscheidungsgrundlagen beruhendes unternehmerisches Handeln bewegen muss, deutlich überschritten sind“[78]. Soweit diese Grenzen ein-

---

[74] Sog. „Business Judgement Rule“; BGHZ 135, S. 244 (S. 253 f.) - ARAG/Garmenbeck.
[75] BGHZ 135, S. 244 (S. 254 f.) - ARAG/Garmenbeck.
[76] BGHZ 135, S. 244 (S. 254 f.) - ARAG/Garmenbeck.
[77] Vgl. *D. Weiß*, Aktienoptionspläne für Führungskräfte, 1999, S. 142; *M. Kramarsch*, Aktienbasierte Managementvergütung, Finanzbetrieb Beilage, Kapitalmarktorientierte Rechnungslegung, Nr. 2/2001 zu Heft 3/2001, S. 49 (S. 56 Fn. 75).
[78] Vgl. BGHZ 135, S. 244 (S. 253) - ARAG/Garmenbeck.

gehalten sind, kommt die Annahme einer Pflichtverletzung des Aufsichtsrates bei der Festsetzung der Vergütung eines Vorstandsmitgliedes nicht in Betracht.

II. Die Vergütungsobergrenze nach § 87 AktG

Die Gesamtbezüge eines Vorstandsmitgliedes müssen nach der gesetzlichen Regelung in § 87 Abs. 1 S. 1 AktG in angemessenem Verhältnis zu den „Aufgaben des Vorstandsmitglieds" und zur „Lage der Gesellschaft" stehen. Beiden Gesichtspunkten ist gleichzeitig Rechnung zu tragen. Die Höhe der Gesamtbezüge muss im Vergleich sowohl zu den Aufgaben des Vorstandsmitgliedes als auch im Vergleich zur Lage der Gesellschaft angemessen sein[79].

Im rechtswissenschaftlichen Schrifttum besteht Einigkeit darüber, dass die Aufzählung verschiedener Bestandteile der „Gesamtbezüge" in § 87 Abs. 1 AktG beispielhaft und nicht als abschließend zu verstehen ist. Unter den Begriff der „Gesamtbezüge" fallen alle Leistungen, „die einem aktiven Vorstandsmitglied mit Rücksicht auf seine Tätigkeit für die Gesellschaft gewährt werden"[80], die also „als Entgelt für seine Tätigkeit in den Diensten der AG angesehen werden können". Dazu zählt nach allgemeiner Ansicht auch die vergütungshalber erfolgende Einräumung von Optionen auf den Bezug von Aktien der Gesellschaft[81]. Die Regelung des § 87 Abs. 1 AktG dient nach Ansicht der juristischen Literatur[82] dem Schutz der Gesellschaft, ihrer Aktionäre, Arbeitnehmer und anderer

---

[79] *W. Hefermehl*, in: Geßler/Hefermehl/Eckardt/Kropff, Kommentar zum Aktiengesetz, Band II, 1973/1974, § 87 Rdz. 7; *U. Hüffer*, Kommentar zum Aktiengesetz, 4. Auflage 1999, § 87 Rdz. 2; *M. Hoffmann-Becking*, Gestaltungsmöglichkeiten bei Anreizsystemen, NZG, 1999, S. 797 f.

[80] *W. Hefermehl*, in: Geßler/Hefermehl/Eckardt/Kropff, Kommentar zum Aktiengesetz, Band II, 1973/1974, § 87 Rdz. 7; *J. Meyer-Landrut*, in: Großkommentar zum Aktiengesetz, Band 1, 2. Halbband, 3. Auflage 1973, § 87 Anm. 1.

[81] *T. Baums*, Aktienoptionen für Vorstandsmitglieder, in: Festschrift für C.P. Claussen, 1997, S. 3 (S. 30 f.); *H.-J. Fonk*, in: Semler (Hrsg.), Arbeitshandbuch für Aufsichtsratsmitglieder, 1999, Rz. I 109 Fn. 277; *U. Hüffer*, Aktienbezugsrecht als Bestandteil der Vergütung von Vorstandsmitgliedern und Mitarbeitern - gesellschaftsrechtliche Analyse, ZHR, 1997, S. 214 (S. 234); *ders.*, Kommentar zum Aktiengesetz, 4. Auflage 1999, § 87 Rdz. 2a; *M. Hoffmann-Becking*, Gestaltungsmöglichkeiten bei Anreizsystemen, NZG, 1999, S. 797 (S. 798); *H. Kallmeyer*, Aktienoptionspläne für Führungskräfte im Konzern, Die AG, 1999, S. 97 (S. 100); *K. Kohler*, Stock Options für Führungskräfte aus der Sicht der Praxis, ZHR, 1997, S. 246 (S. 255); *G. Krieger*, in: Münchener Handbuch des Gesellschaftsrechts, Band 4, Aktiengesellschaft, 2. Auflage 1999, § 63 Rdz. 27; *C. Roschmann/P. Erwe*, in: H. Harrer (Hrsg.), Mitarbeiterbeteiligungen und Stock-Option-Pläne, 2000, Rz. 224 ff.

[82] *T. Baums*, Aktienoptionen für Vorstandsmitglieder, in: Festschrift für C.P. Claussen, 1997, S. 3 (S. 27 f.); *W. Hefermehl*, in: Geßler/Hefermehl/Eckardt/Kropff, Kommentar zum Aktiengesetz, Band II, 1973/1974, § 87 Rdz. 1; *M. Hoffmann-Becking*, Gestaltungsmöglichkeiten bei Anreizsystemen, NZG, 1999, S. 797 (S. 798); *U. Hüffer*, Aktienbezugsrecht als Bestandteil der Vergütung von Vorstandsmitgliedern und Mitarbeitern - gesellschaftsrechtliche Analyse,

Gläubiger vor sachlich ungerechtfertigten überhöhten Bezügen von Vorstandsmitgliedern.

Der vom Gesetz genannte Maßstab der „Aufgaben des Vorstandsmitgliedes" betrifft nach Ansicht der Literatur die Art der Aufgaben, die Aufgabenstellung des betreffenden Vorstandsmitgliedes, ihren Schwierigkeitsgrad und ihre Größe sowie ihre Wichtigkeit für die Gesellschaft, namentlich auch das Maß der Verantwortung des Vorstandsmitgliedes[83]. Das zweite Kriterium, die „Lage der Gesellschaft", bezeichnet nach Ansicht der Literatur[84] die Gesamtsituation des Unternehmens, nicht nur die Ertragslage. So könne eine außergewöhnlich schwierige wirtschaftliche Lage der Gesellschaft die Zahlung einer relativ hohen Vergütung rechtfertigen, wenn sich angesichts der Schwierigkeit einer Sanierung und des Risikos eines Fehlschlags anderenfalls keine geeigneten Personen zur Gewinnung für das Vorstandsamt finden lassen. Kriterien zur Beurteilung der „Lage der Gesellschaft" seien auch die Größe des Unternehmens gemessen an Umsatz, Anzahl der Beschäftigten, in geringerem Maße auch Performance-orientierte Kriterien wie etwa die Eigenkapital- oder die Aktienrendite[85]. Im Schrifttum[86] wird vor diesem Hintergrund mit Blick auf die Einräumung von

---

ZHR, 1997, S. 214 (S. 234); *ders.*, Kommentar zum Aktiengesetz, 4. Auflage 1999, § 87 Rdz. 1; *H.-J. Mertens*, in: Kölner Kommentar zum Aktiengesetz, Band 2, §§ 76-117, 2. Auflage 1989, § 87 Rdz. 2, Rdz. 2; *J. Meyer-Landrut*, in: Großkommentar zum Aktiengesetz, Band 1, 2. Halbband, 3. Auflage 1973, § 87 Anm. 3.

[83] *W. Hefermehl*, in: Geßler/Hefermehl/Eckardt/Kropff, Kommentar zum Aktiengesetz, Band II, 1973/1974, § 87 Rdz. 7; *J. Meyer-Landrut*, in: Großkommentar zum Aktiengesetz, Band 1, 2. Halbband, 3. Auflage 1973, § 87 Anm. 3; *M. Peltzer*, Wider den „Greed" - Betrachtungen zu §§ 86 und 87 AktG, in: Festschrift für M. Lutter, 2000, S. 571 (S. 574); *J. Semler*, Leistungs- und erfolgsbezogene Vorstandvergütungen, in: Festschrift für W.D. Budde, 1995, S. 599 (S. 601); *H.-J. Mertens*, in: Kölner Kommentar zum Aktiengesetz, Band 2, §§ 76-117, 2. Auflage 1989, § 87 Rdz. 6.

[84] *W. Hefermehl*, in: Geßler/Hefermehl/Eckardt/Kropff, Kommentar zum Aktiengesetz, Band II, 1973/1974, § 87 Rdz. 8; *J. Meyer-Landrut*, in: Großkommentar zum Aktiengesetz, Band 1, 2. Halbband, 3. Auflage 1973, § 87 Anm. 3; *M. Hoffmann-Becking*, Gestaltungsmöglichkeiten bei Anreizsystemen, NZG, 1999, S. 797 (S. 798); *T. Baums*, Aktienoptionen für Vorstandsmitglieder, in: Festschrift für C.P. Claussen, 1997, S. 3 (S. 31), auch zur Kritik hieran aus betriebswirtschaftlicher Sicht; *M. Peltzer*, Wider den „Greed" - Betrachtungen zu §§ 86 und 87 AktG, in: Festschrift für M. Lutter, 2000, S. 571 ff.

[85] Die rechtswissenschaftliche Literatur hat noch nicht die modernen mit der Finanzierungstheorie verknüpften Vergütungssysteme in dieses Schema eingearbeitet, vgl. etwa zum Aufbau einer angemessenen und anreizoptimierten Vergütungsstruktur *R. Schätzle*, Sind Manager ihr Geld wert? Wie wertorientierte Unternehmensführung funktioniert, 2002, insbesondere Kapitel 4.

[86] *U. Hüffer*, Kommentar zum Aktiengesetz, 4. Auflage 1999, § 87 Rdz. 2a; *ders.*, Aktienbezugsrecht als Bestandteil der Vergütung von Vorstandsmitgliedern und Mitarbeitern - gesellschaftsrechtliche Analyse, ZHR, 1997, S. 214 (S. 236); *C. Roschmann/P. Erwe*, in: H. Harrer (Hrsg.), Mitarbeiterbeteiligungen und Stock-Option-Pläne, 2000, Rdz. 226; vgl. *T. Baums*,

Aktienoptionen an Vorstandsmitglieder gefordert, deren Ausübung nicht lediglich von der Entwicklung des Börsenkurses der Gesellschaft abhängig zu machen, sondern auch die relative Kursentwicklung im Verhältnis zu einem Branchenindex („Benchmarking") oder die Aktienrendite, heranzuziehen, um eine Annäherung der Vergütung an die Lage der Gesellschaft zu erreichen.

Weiterhin wird im rechtswissenschaftlichen Schrifttum anerkannt, dass bei der Beurteilung der Angemessenheit der Gesamtbezüge eines Vorstandsmitgliedes i.S. des § 87 Abs. 1 S. 1 AktG neben den im Gesetz genannten Kriterien „Aufgaben des Vorstandsmitgliedes" und „Lage der Gesellschaft" weitere Vergleichskriterien von Bedeutung sind. Genannt werden besondere Fähigkeiten, Kenntnisse und Erfahrungen, die Dauer der Zugehörigkeit zur Gesellschaft, besondere - bisherige oder zu erwartende - Leistungen, die Qualität der Aufgabenerledigung, hervorragende Tüchtigkeit, der Wert der vom betreffenden Vorstandsmitglied der Gesellschaft geleisteten Dienste sowie namentlich der Marktwert des Vorstandsmitgliedes am Markt für Führungskräfte[87]. Der Marktwert eines Vorstandsmitgliedes werde widergespiegelt durch die Art und Höhe der auf dem Markt für Führungskräfte in vergleichbaren Gesellschaften für vergleichbare Tätigkeiten gezahlten Vorstandsbezüge. Die marktübliche Vergütung stellt nach wohl herrschender Auffassung nicht lediglich einen neben den im Gesetz genannten Kriterien zusätzlich zu beachtenden Gesichtspunkt, sondern vielmehr die erstrangige Vergleichsbasis für die Beurteilung der Angemessenheit der Gesamtbezüge eines Vorstandsmitgliedes nach § 87 Abs. 1 S. 1 AktG dar[88]. Wenn im Markt für eine vergleichbare Aufgabe in vergleichbaren Gesell-

---

Aktienoptionen für Vorstandsmitglieder, in: Festschrift für C.P. Claussen, 1997, S. 3 (S. 12 f., 31).

[87] *W. Hefermehl*, in: Geßler/Hefermehl/Eckardt/Kropff, Kommentar zum Aktiengesetz, Band II, 1973/1974, § 87 Rdz. 7; *U. Hüffer*, Kommentar zum Aktiengesetz, 4. Auflage 1999, § 87 Rdz. 2; *ders*. Aktienbezugsrecht als Bestandteil der Vergütung von Vorstandsmitgliedern und Mitarbeitern - gesellschaftsrechtliche Analyse, ZHR, 1997, S. 214 (S. 234); *H.-J. Mertens*, in: Kölner Kommentar zum Aktiengesetz, Band 2, §§ 76-117, 2. Auflage 1989, § 87 Rdz. 6; *J. Meyer-Landrut*, in: Großkommentar zum Aktiengesetz, Band 1, 2. Halbband, 3. Auflage 1973, § 87 Anm. 3; s. auch *M. Hoffmann-Becking*, Gestaltungsmöglichkeiten bei Anreizsystemen, NZG, 1999, S. 797 (S. 798); ferner *G. Schmitt*, Begrenzung der Aufsichtsratsvergütung?, DB, 1968, S. 1545.

[88] *T. Baums*, Aktienoptionen für Vorstandsmitglieder, in: Festschrift für C.P. Claussen, 1997, S. 3 (S. 30); *H.-J. Fonk*, in: J. Semler (Hrsg.), Arbeitshandbuch für Aufsichtsratmitglieder, 1999, Rdz. I 113; *H.-J. Mertens*, in: Kölner Kommentar zum Aktiengesetz, Band 2, §§ 76-117, 2. Auflage 1989, § 87 Rdz. 5; *M. Peltzer*, Wider den „Greed" - Betrachtungen zu §§ 86 und 87 AktG, in: Festschrift für M. Lutter, 2000, S. 571 (S. 575); *S. Tegtmeier*, Die Vergütung von Vorstandsmitgliedern in Publikumsaktiengesellschaften, 1998, S. 278; W. *Wulff*, Aktienoptionen für das Management, 2000, S. 19 f.; *M. Kramarsch*, Aktienbasierte Managementvergütung, 2000, S. 49 (S. 57); vgl. *M. Hoffmann-Becking*, Gestaltungsmöglichkeiten bei Anreizsystemen, NZG, 1999, S. 797 (S. 798).

schaften mithin bestimmte Leistungen ihrer Art und Höhe nach üblicherweise geboten und gezahlt würden, habe der Aufsichtsrat dieses Marktdatum seinen weiteren Überlegungen als Ausgangspunkt zugrunde zu legen. Im Anschluss an die Ermittlung der marktüblichen Vergütung als wichtigster Vergleichsbasis für die Beurteilung der Angemessenheit der Gesamtbezüge eines Vorstandsmitgliedes habe der Aufsichtsrat dann unter dem Gesichtspunkt des § 87 Abs. 1 AktG zu prüfen, ob die im Gesetz genannten Beurteilungsfaktoren - Aufgaben des Vorstandsmitgliedes, Lage der Gesellschaft - eine Abweichung nach oben oder unten ermöglichen oder sogar gebieten, weil eine den Marktverhältnissen entsprechende Bezahlung sich gemessen an dem Beurteilungsmaßstab des § 87 Abs. 1 S. 1 AktG gleichwohl als nicht „angemessen" im Sinne der Vorschrift erweise[89].

Der Fehler der oben dargelegten Argumentation ist zunächst die Vorstellung, der Markt für die Vergütung der Führungskräfte sei durchgehend ein unverzerrter Wettbewerbsmarkt und seine Ergebnisse daher eine mehr oder minder richtige Widerspiegelung der Knappheit der verlangten Managementtalente. Vergleiche mit Vergütungen anderer Vorstände können jedoch nur die relativen Einordnungen für die jeweiligen Vergütungen liefern, nicht aber eine absolute Höhe einer Vergütung begründen. Ist zudem der Vergleich auf eine falsche Bezugsgruppe gerichtet, erhält man fehlerhafte Einschätzungen. Wenn etwa die Vergütung von einigen Vorständen aufgrund der Nutzung undurchsichtiger Vergütungssysteme auf astronomische Höhen gestiegen ist, würde bei einem einfachen Vergütungsvergleich dieser Missstand zur rechtfertigenden Marktvergütung[90]. Die Auswahl der Vergleichsgruppe muss einen von Missständen bei der Vergütungsentstehung unbelasteten Marktpreis liefern. Die Höhe mancher der am Markt vorkommenden Vergütungen wird jedoch wesentlich von der Macht der Beteiligten über das jeweilige Unternehmen und sein Vergütungsgremium beeinflusst, so dass die erzielten Vergütungen um die jeweilige Höhe des Versagens der Corporate Governance Problematik des betroffenen Unternehmens vermindert werden müssen. Eine von einem unfähigen oder uninteressiertem Gremium gewährte Vergütung kann daher nicht als Vergleichsmaßstab dienen. In erster Annäherung kann man sagen, dass das Vergütungsgremium eines

---

[89] Vgl. *T. Baums*, Aktienoptionen für Vorstandsmitglieder, in: Festschrift für C.P. Claussen, 1997, S. 3 (S. 31).

[90] Diese Technik der Vergütungsfestsetzung erklärt die zeitliche Übereinstimmung bei der - zunächst erfolglosen - Einführung von Aktienoptionen bei den großen deutschen Unternehmen. Die Durchsetzung astronomischer Vergütungen kann bei einem auf Marktvergleich beruhenden Vergütungsfestsetzungsverfahren nur gelingen, wenn mehrere Unternehmen mitmachen oder wenn man durch den Kauf von US-Gesellschaften einen neuen Vergleichsmaßstab schafft. Ein Vergleich mit den US-Praktiken ist angesichts der dortigen Missstände jedoch für Deutschland rechtswidrig.

in Publikumsstreubesitz ohne wichtigen privaten Aktionär befindlichen Unternehmens nur nach besonderer Prüfung als interessiert anzusehen ist. Die von derartigen Gremien gewährten Vergütungen müssen einer besonderen Angemessenheitskontrolle auf ihre Höhe zugeführt werden. Im Ergebnis sind damit nur die Vergütungen zur Grundlage eines Marktvergleichs geeignet, die von einem Vergütungsgremium gewährt werden, das selber aufgrund des kontrollierenden Einflusses von privaten Eigentümern[91] überwacht wird. Erst der Vergleich mit den Vergütungen, die in einem von Kontrollproblemen unbelasteten Unternehmen gewährt werden, kann geeignete und rechtlich zulässige Wettbewerbsmarktdaten liefern. Dies besagt, dass der Aufsichtsrat die Corporate Governance Problematik der verglichenen Unternehmen bei der Festlegung der Vergütungen durch Abschläge zu berücksichtigen hat.

So hat die Studie von *Gerety*, *Hoi* und *Robin*[92] nachgewiesen, dass Aktienoptionspläne als Unternehmensschädigung vom Markt verstanden werden, wenn keine Vorsichtsmaßnahmen gegen die Macht der Inside-Directors getroffen wurden. Damit wird die Notwendigkeit eines Fremdvergleichs mit den Gehältern eines unter Privatkontrolle befindlichen Unternehmens deutlich.

Zuweilen wird von deutschen Vorständen und verschiedenen Autoren mit einem Verweis auf die USA ein dortigen Vergütungen ähnliches Niveau für Deutschland eingefordert und gerechtfertigt[93]. Auch hier gilt zunächst, dass die amerikanischen Vergütungen aufgrund ihres als Ergebnis eines übermächtigen, den eigenen Vergütungsprozess kontrollierenden CEOs keine Rechtfertigung für die Höhe einer Vergütung zu liefern vermögen. Auch für den Fall, dass die Vergütungsstrukturen nicht von der „amerikanischen Krankheit" infiziert sind, gilt, dass zur Beurteilung der Angemessenheit der Vergütung eines deutschen Vor-

---

[91] Nun ist es eine bekannte Tatsache, dass Familienunternehmen nicht selten unter der Unfähigkeit oder Charakterschwäche wichtiger Familienmitglieder leiden. Es müssen daher zum Vergleich nur die von den familientypischen Problemen nicht geschädigten Aktionäre herangezogen werden.

[92] *M. Gerety/C. Hoi/A. Robin*, Do Shareholders Benefit from the Adoption of Incentive Pay for Directors, Financial Management, 2001, S. 45 ff.

[93] So soll dieses dann berücksichtigt werden können, wenn der Markt für Führungskräfte, auf dem die Gesellschaft tätig ist, „die ausländische Vergütungspraxis räumlich und sachlich einschließt", *U. Hüffer*, Aktienbezugsrecht als Bestandteil der Vergütung von Vorstandsmitgliedern und Mitarbeitern - gesellschaftsrechtliche Analyse, ZHR, 1997, S. 214 (S. 235); *D. Weiß*, Aktienoptionspläne für Führungskräfte, 1999, S. 138. Für die Beurteilung der Angemessenheit der Vergütung in internationalen Konzernen seien angesichts eines Wettbewerbs um Führungskräfte international übliche Vergütungsgepflogenheiten zu berücksichtigen, *N. Horn*, Rechtsfragen internationaler Unternehmenszusammenschlüsse, in: Festschrift für R.M. Buxbaum, 2000, S. 315 (S. 333); *ders.*, Verträge über internationale Unternehmenszusammenschlüsse, in: Festschrift für M. Lutter, 2000, S. 1113 (S. 1130); *H. Kallmeyer*, Aktienoptionspläne für Führungskräfte im Konzern, Die AG, 1999, S. 97 (S. 101).

standsmitgliedes, mag es auch in einem internationalen Konzern tätig sein, die Vergütungsgepflogenheiten auf einem ausländischen Markt für Führungskräfte nur dann zu berücksichtigen sind, wenn das betreffende Vorstandsmitglied auf dem jeweiligen ausländischen Markt für Führungskräfte auch tatsächlich gleichwertige berufliche Alternativen hätte, so dass die Gefahr eines Abwanderns bestünde. Der zur Begründung der Steigerung der Bezüge deutscher Vorstände häufig angeführte Hinweis auf die Internationalisierung des Arbeitsmarktes für Führungskräfte geht fehl, da die Anstellungsmöglichkeiten deutscher Vorstandsmitglieder auf ausländischen, insbesondere angelsächsischen Märkten für Führungskräfte üblicherweise nicht belegt sind. Es ist vielmehr davon auszugehen, dass deutsche Vorstandsmitglieder in der Regel nicht die Alternative haben, in vergleichbarer Position in vergleichbaren Gesellschaften namentlich in Großbritannien und den USA tätig zu sein, von Tochtergesellschaften deutscher Konzerne einmal abgesehen[94]. Anders als im Verhältnis USA-Großbritannien findet im Verhältnis USA-Deutschland und Großbritannien-Deutschland ein Austausch von Führungskräften der obersten Leitungsebene bislang kaum statt[95].

Mögen hierfür neben sachlichen auch kulturelle Gründe sowie die Verfilzung der CEO-Führungsebenen in den USA mit UK ausschlaggebend sein, so hindern sie im Ergebnis die vergleichsweise Übertragung dieser Vergütungshöhen auf

---

[94] Vgl. *T. Baums*, Aktienoptionen für Vorstandsmitglieder, in: Festschrift für C.P. Claussen, 1997, S. 3 (S. 23).

[95] Allerdings findet auf der Ebene der internen Arbeitsmärkte der Unternehmen in gewissem Umfang ein internationaler Wettbewerb statt, der sich auf die Vorstandsgehälter indirekt auswirken kann. Auch wenn somit auf der Ebene der Vorstände kein relevanter Austausch der Führungspersonen stattfindet, gibt es zwischen den alternativen Systemen von Aufstiegsleitern eines deutschen und amerikanischen Unternehmens Wettbewerb. So werden etwa einige deutsche jüngere Mitarbeiter bevorzugt den Weg zu einem amerikanischen Unternehmen gehen und dann dort den Aufstieg suchen. Hierdurch wird die Gehaltsstruktur in Deutschland indirekt beeinflusst, wenn sich deutsche Unternehmen auf diesen Wettbewerb der besonders flexiblen und leistungsfähigen Mitarbeiter durch eine bessere Bezahlung einstellen müssen. Über die veränderte Behandlung der Mitarbeiter unterhalb der Vorstandsebene gibt es dann einen Einfluss bis hin auf die Bezahlung des Vorstandes, ohne dass es dort noch eines Wechsels bedarf. Noch allerdings ist ein solcher von den jungen Mitarbeitern ausgelöster Druck bisher in Deutschland in der Praxis nicht spürbar. Der Wunsch nach den exzessiven US-Gehältern kommt vielmehr unmittelbar aus dem Vorstandsbüro und nicht aus den Ebenen unter dem Vorstand. Zudem ist das amerikanische Muster der extremen Bereicherung ausschließlich der Vorstände und dabei vornehmlich des CEO angesichts der geringen Wahrscheinlichkeit zu den Begünstigten zu gehören eher eine Schädigung der amerikanischen Anbieter von Karriereleitern, da sich die überwiegende Zahl der anderen Personen ausrechnen kann, dass die Zeche der Exzesse der Wenigen von ihnen erarbeitet werden muss.

Deutschland[96]. Aufgrund der allgemeinen Unzulässigkeit dieses Vergleichs kann man sich auch zugleich den Versuch ersparen, die zum Vergleich bemühten US- oder UK-Vergütungen als marktgerecht und ohne Corporate Governance Probleme zustande gekommen in die Vergütungsargumentation einzuführen.

Es lässt sich somit **festhalten**, dass sowohl die Verwendung von US- als auch UK-Vergütungsdaten sowie die Gewährung von Vergütungen, die einem Vergleich mit Vergütungen von mit Corporate Governance Problemen unbelasteten Unternehmen nicht standhalten, nicht marktgerecht sind und damit einen Verstoß gegen § 87 AktG darstellen.

III. Haftung von Vorstand und Aufsichtsrat für Optionsprogramme

Wie gezeigt wurde, sind der entscheidende Treiber der astronomischen Vergütungen im In- und Ausland Optionsprogramme[97]. Die Rechtfertigungen für diese Optionsprogramme als Long-Term-Incentive-Maßnahmen haben sich angesichts der konkreten Ausgestaltung der Programme bei näherem Hinsehen bis auf Sondersituationen als unzutreffend erwiesen. Es handelt sich für die Aktionäre um ausgesprochen nachteilige Verfahren, deren wirklicher Vorteil aus der Sicht des Managements in der Undurchschaubarkeit ihrer wirklichen Höhe liegt und damit die Gefahr des Widerstandes der Aktionäre entscheidend vermindert. Dies erklärt auch die vor Gericht zäh verteidigte Geheimhaltung des wirtschaftlichen Wertes der Optionsprogramme vor den Unternehmenseigentümern. Dienten die Optionsprogramme der Verbesserung der Leistungsanreize, gäbe es wenig Grund, diese vor den davon angeblich begünstigten Aktionären geheim zu halten. Da diese von einer Abmilderung des Principal-Agent-Problems ausgehen könnten, würden sie ein solches Programm als wertsteigernd ansehen und die Aktien des jeweiligen Unternehmens höher bewerten mit der Folge, dass auch die Vorstände an dieser Wertsteigerung beteiligt wären. Stünde somit die Leistungsverbesserung im Vordergrund, wäre der Gang in die Öffentlichkeit der von der Unternehmensverwaltung gewählte Weg. Gerichtsprozesse zur Vermeidung einer Wertangabe und zur Gewährleistung der Geheimhaltung vor den Aktionä-

---

[96] Es ist angesichts der Welterfolge deutscher Unternehmen und ihrer Vorstände bei häufig qualitativ gleichwertiger Ausbildung und Tätigkeit nicht sinnvoll anzunehmen, dass die US-Manager einen persönlichen Qualitätsvorsprung aufweisen, der die zu beobachtenden Vergütungsunterschiede im Vergleich zu Deutschland erklären könnte. Als Beispiel denke man nur an die absurd hohen Vergütungen, die an verschiedene ausscheidende amerikanische CEO gezahlt werden mussten, nachdem ihr abgewirtschaftetes Unternehmen von erfolgreicheren deutschen Unternehmen mit Managern übernommen wurde, die (zuvor) nur Bruchteile dieser Gehälter erhalten haben.

[97] *K.J. Murphy*, Executive Compensation, in: O. Ashenfelter/D. Card (Eds.), Handbook of Labor Economics, 1999.

ren sind mit der Vorstellung von Anreizverbesserungen durch derartige Optionsprogramme schwerlich zu vereinbaren.

Nach § 93 AktG haben Vorstandsmitglieder bei ihrer Geschäftsführung die Sorgfalt eines ordentlichen und gewissenhaften Geschäftsleiters anzuwenden. Vorstandsmitglieder, die ihre Pflichten verletzen, sind der Gesellschaft zum Ersatz des daraus entstehenden Schadens als Gesamtschuldner verpflichtet. Ist streitig, ob sie die Sorgfalt eines ordentlichen und gewissenhaften Geschäftsleiters angewandt haben, so trifft sie die Beweislast. Nach § 116 AktG gelten diese Vorschriften für die Sorgfaltspflicht und Verantwortlichkeit der Aufsichtsratsmitglieder entsprechend.

IV. Das Aktienoptionsprogramm der DaimlerChrysler AG

Im folgenden soll der Aktienoptionsplan der DaimlerChrysler AG diskutiert und untersucht werden, ob Vorstand und Aufsichtsrat durch das von ihnen durchgesetzte Aktienoptionsprogramm gegen die erforderlichen Sorgfaltspflichten verstoßen haben und daher für die wirtschaftlichen Nachteile des Programms haftbar sind.

Es zeigt sich, dass überzeugende sachliche Gründe für dieses für die Aktionäre und Gesellschaft nachteilige Programm nicht zu erkennen sind. Es handelt sich bei DaimlerChrysler nicht um ein Start-up Unternehmen, das sich die Abzugsfähigkeit des Personalaufwandes in der Gewinn- und Verlustrechnung nicht leisten kann, noch um ein kurz vor der Insolvenz stehendes Unternehmen, das sich eine Bezahlung guter Vorstände gleichfalls nicht anders zu sichern vermag. Einziger Grund für die Verwendung von Optionen anstelle anderer steuerlich abzugsfähiger Vergütungssysteme mit einem identischen Zahlungsstrom scheint vielmehr die Heimlichkeit der Vergütungsstrukturen zu sein. Auch die von DaimlerChrysler angestrengten Prozesse gegen die Auskunftsersuchen der Aktionäre lassen sich anders nicht erklären. Damit sind jedoch die beteiligten Vorstands- und Aufsichtsratsmitglieder zumindest in Höhe des Steuerschadens haftbar.

Dies soll nun anhand einer detaillierten Analyse des Aktienoptionsplanes und seiner Verteidigung vor Gericht aufgezeigt werden.

Auf der Hauptversammlung vom 19.4.2000 haben die Aktionäre der DaimlerChrysler AG auf Vorschlag von Vorstand und Aufsichtsrat folgenden Beschluss gefasst:

„Punkt 8 der Tagesordnung

a) Ermächtigung zur Gewährung von Aktienoptionen

Der Vorstand wird ermächtigt, bis zum 18.4.2005 für diejenigen Personen, die einer der in nachstehender Ziffer 1 genannten Personengruppen angehören, Ak-

tienoptionsprogramme aufzulegen und Optionsrechte auf bis zu 96 000 000 Stück Aktien der Gesellschaft mit einer Laufzeit bis zu 10 Jahren zu gewähren. Ein Bezugsrecht der Aktionäre der Gesellschaft besteht nicht. Die Aktienoptionen können auch von einem Kreditinstitut mit der Verpflichtung übernommen werden, sie nach Weisung der Gesellschaft an die einzelnen, gemäß nachstehender Ziffer 1 berechtigten Personen zu übertragen; auch in diesem Fall können die Optionen nur von der berechtigten Person selbst ausgeübt werden. Die Erfüllung der ausgeübten Optionsrechte kann nach Wahl der Gesellschaft entweder durch Ausnutzung des unter nachstehend zur Beschlussfassung vorgeschlagenen bedingten Kapitals oder durch eigene Aktien der Gesellschaft nach Maßgabe des zur Beschlussfassung vorgeschlagenen Punktes 9 der Tagesordnung bzw. etwaiger künftig beschlossener Ermächtigungen zum Erwerb eigener Aktien der Gesellschaft erfolgen. Die Gewährung der Optionen zum Bezug von Aktien der Gesellschaft und die Ausgabe dieser Aktien erfolgt gemäß folgender Bestimmungen:

(1) Berechtigte Personen

Berechtigt zum Erwerb der Aktienoptionen und berechtigt zum Bezug von Aktien der Gesellschaft sind diejenigen Personen, die einer der folgenden Personengruppen angehören a) die Mitglieder des Vorstands der Gesellschaft ... Das Gesamtvolumen der Optionsrechte verteilt sich auf die berechtigten Personengruppen wie folgt: 15% auf die Mitglieder des Vorstandes der Gesellschaft ...

(2) Recht zum Bezug von Aktien

Jede Aktienoption gewährt dem Inhaber der Option das Recht, eine auf den Namen lautende Aktie der Gesellschaft gegen Zahlung des Ausübungspreises gemäß Ziffer 4 zu erwerben ....

(3) Erwerbszeiträume

Die Aktienoptionen werden an die berechtigten Personen nur jeweils innerhalb von drei Monaten nach der im 1. Quartal eines jeden Jahres stattfindenden Sitzung des Präsidiums des Aufsichtsrates der Gesellschaft ausgegeben (nachfolgend: ‚Der Ausgabetag'). Im Rahmen des Gesamtvolumens sollen die Aktienoptionen in nicht weniger als drei Jahrestranchen und mit der Maßgabe ausgegeben werden, dass keine Tranche mehr als 40% des Gesamtvolumens der Optionsrechte umfasst.

(4) Ausübungspreis und Erfolgsziel

Der Ausübungspreis zum Erwerb einer Aktie der Gesellschaft richtet sich nach dem Durchschnittswert des Eröffnungskurses und des Schlussauktionspreises der DaimlerChrysler-Aktie im Xetra-Handel (oder einem an die Stelle des Xetra-Systems getretenen funktional vergleichbaren Nachfolgesystem) an der Wertpapierbörse Frankfurt/Main an dem Tag, der vor der im 1. Quartal eines jeden Jahres stattfindenden Sitzung des Präsidiums des Aufsichtsrats der Ge-

sellschaft liegt, in der über den aktienpreisgebundenen Teil der Vergütung der Mitglieder des Vorstandes der Gesellschaft entschieden wird (nachfolgend ‚der Referenzpreis'), mindestens aber der auf eine Aktie entfallende anteilige Betrag des Grundkapitals, zuzüglich eines Aufschlags von 20% auf den Referenzpreis als Erfolgsziel (Referenzpreis zuzüglich Aufschlag nachfolgend: ‚der Ausübungspreis') ...

(6) Ausübungszeiträume und Wartezeiten

50% der der einzelnen berechtigten Person jeweils gewährten Optionsrechte können frühestens zwei Jahre nach dem Ausgabetag ausgeübt werden. Die übrigen 50% ... können frühestens drei Jahre nach dem Ausgabetag ausgeübt werden ...

(7) Persönliches Recht

Die Aktienoptionen können nur durch die berechtigten Personen selbst ausgeübt werden ... Die Verfügung über die Aktienoptionen ist ausgeschlossen, insbesondere sind sie nicht übertragbar. Die Aktienoptionen können nur ausgeübt werden, solange zwischen der berechtigten Person und der Gesellschaft bzw. dem verbundenen Unternehmen ein Anstellungs- oder Arbeitsverhältnis besteht. Die Optionsbedingungen können abweichend hiervon besondere Regelungen vorsehen für den Fall, dass die berechtigte Person verstirbt oder in den Ruhestand eintritt oder ihr Anstellungs- bzw. Arbeitsverhältnis mit der Gesellschaft bzw. dem verbundenen Unternehmen in sonstiger nicht kündigungsbedingter Weise endet oder das verbundene Unternehmen aus dem DaimlerChrysler-Konzern ausscheidet ...

(8) Regelung der Einzelheiten

Der Vorstand wird ermächtigt, die weiteren Einzelheiten für die Ausgabe von Aktien aus dem bedingten Kapital und die weiteren Bedingungen des Aktienoptionsprogramms - einschließlich der Optionsbedingungen - für die berechtigten Personengruppen festzulegen; abweichend hiervon entscheidet für die Mitglieder des Vorstands der Gesellschaft auch insoweit der Aufsichtsrat der Gesellschaft. Zu diesen weiteren Einzelheiten gehören insbesondere Bestimmungen über die Aufteilung der Optionsrechte innerhalb der berechtigten Personengruppen, den Ausgabetag innerhalb des vorgegebenen Zeitraums, das Verfahren für die Zuteilung an die einzelnen berechtigten Personen und die Ausübung der Optionsrechte sowie weitere Verfahrensregelungen."

In einer Anlage K1 zur Hauptversammlung wird noch mitgeteilt:

„Die oben beschriebenen Aktienoptionen sind Teil der Gesamtvergütung der Berechtigten, die neben der Grundvergütung leistungs- und erfolgsabhängige variable Vergütungen umfasst. Hierzu gehört eine an den Anstieg der Aktienkurse geknüpfte Vergütung, die im folgenden kurz dargestellt werden soll, obwohl sie rechtlich nicht der Zustimmung der Hauptversammlung bedarf. Jeder Be-

rechtigte soll einen Anspruch auf Zahlung des Differenzbetrages zwischen Ausübungspreis und Referenzpreis erhalten, dessen Erfüllung an die Voraussetzungen geknüpft ist, dass der Berechtigte das jeweilige Bezugsrecht aus den ihm eingeräumten Aktienoptionen ausübt und zu diesem Zeitpunkt der Börsenkurs der DaimlerChrysler Aktie mindestens 20% über dem für die Bestimmung des Referenzpreises maßgeblichen Kursen liegt, also die Höhe des Ausübungspreises mindestens erreicht hat."

Fasst man die vorstehenden Regelungen in ihrem wirtschaftlichen Kern zusammen, werden dem Vorstand in mehreren Jahresraten 15% von 96 Millionen Aktien zu einem um 20% über dem aktuellen, kurz vor der Zuteilung liegenden Kurs eingeräumt. Die Rechte sind nicht übertragbar, eine Leistungsmessung („Benchmarking") an irgendwelchen unternehmensspezifischen Zielen erfolgt nicht. Wird ausgeübt, wird den Berechtigten zudem die Differenz zum Referenzpreis ersetzt. Das Unternehmen erhält damit im Ergebnis nicht die 20% über dem Ausgabekurs liegenden Beträge, sondern muss die Aktien wirtschaftlich unter ihrem jeweiligen Wert abgeben. Den begünstigten Vorständen wird somit im Ergebnis nicht der Abzug einer Hürde von 20% als minimale Leistungssteigerung abverlangt und zur Senkung der Optionsgewinne abgezogen, sondern nach einem Kursanstieg von 20% über den Referenzpreis, der aus welchem Grund auch immer und von welch niedriger Höhe dann auch immer stattgefunden haben wird, findet eine volle Zuwendung des Kursgewinnes statt. Der Mindestanstieg der Aktien in Form der 20 Prozent-Hürde ist somit nur ein Auslöser und wird im Falle der Auslösung den Begünstigten in bar ausgezahlt. Die gute Nachricht an diesem Verfahren besteht darin, dass wenigstens dieser Teil der Gesamtkosten des Optionsplanes als Personalaufwand in der Gewinn- und Verlustrechnung erscheint und damit steuermindernd geltend gemacht werden kann und damit auch den Aktionären in Form von Kosten vor Augen tritt. Allerdings nur 20 Prozent und zudem in der Globalziffer Personalaufwand verborgen.

Weiterhin eröffnen die vorgesehenen Regelungen neben den Optionspreisanpassungen noch weitere Möglichkeiten der Zuwendung astronomischer leistungsloser Gewinnmöglichkeiten. So sind die möglichen Laufzeiten der Optionen von bis zu 10 Jahren ein ganz und gar extremer Zeitraum.

Ein Hinweis auf die Kosten des Aktienoptionsplans erfolgt nicht. Auch wird die Hauptversammlung nicht über die hohen Steuernachteile dieses Planes im Vergleich zu Wertsteigerungsrechten (Stock Appreciation Rights, Phantom Stocks, Phantom Options) unterrichtet. Der Bericht verschweigt damit Tatsachen, die zur wirtschaftlichen Beurteilung notwendig sind.

Ebenfalls gibt es im Rahmen des Hauptversammlungsbeschlusses keine Indexierung, kein Hedging-Verbot oder keine sonstigen Leistungsanreize. Das System der Optionsvergabe ist insgesamt darauf abgestimmt, jeden Nachweis seiner

Kosten in der Gewinn- und Verlustrechnung sowohl nach deutschen wie amerikanischen Rechnungslegungsstandards zu vermeiden.

Der Aktienoptionsplan der DaimlerChrysler AG ist unter anderem[98] von Wenger mit dem Argument angefochten worden, dass den Aktionären nicht die zur sachgerechten Beurteilung notwendigen Informationen mitgeteilt worden seien. Die Fülle der dargelegten Einzelinformationen seien unverständlich und könne nicht die Angabe des Gesamtwertes des Aktienoptionsplans ersetzen. Auf der Hauptversammlung wurde auf die Fragen von Aktionären nach der wirtschaftlichen Größenordnung des Planes und der baren Ausgleichszahlung sowie den Folgen des Anpassungssystems die Antwort verweigert. Hierdurch wurde nach Ansicht von Wenger das Auskunftsrecht der Aktionäre nach § 131 Abs. I S. 1 AktG verletzt und daher von ihm Anfechtungsklage gegen den Beschluss der Hauptversammlung erhoben.

Landgericht und Oberlandesgericht haben die Klage abgewiesen, der Bundesgerichtshof hat die Revision nicht angenommen.

Das Oberlandesgericht Stuttgart[99] hat in seinem Urteil die Meinung vertreten, die Fragen zum wirtschaftlichen Gesamtrahmen des Aktienoptionsplans seien zur sachgemäßen Beurteilung des Beschlussvorschlages nicht erforderlich. Das OLG bestätigte seine schon vorher vertretene Auffassung, *„wonach der Wert der Optionen für die Entscheidung der Aktionäre nicht von Bedeutung ist“*[100]. Der in der Literatur vertretenen Auffassung, die Kenntnis des Wertes der Optionen sei für die Aktionäre unabdingbar[101] ist das OLG aus folgenden Gründen nicht gefolgt: Die Hauptversammlung habe nicht mehr *„über einen Bezugsrechtsausschluss der Aktionäre zu entscheiden, ein solcher ist vielmehr mit der Schaffung bedingten Kapitals zur Auflegung von Aktienoptionsplänen zwingend verbunden. Ein Informationsbedürfnis der Aktionäre hinsichtlich des ‚fair value' der Bezugsrechte ist also damit nicht begründbar, die Aktionäre müssten wissen, worauf sie bei einem Ausschluss des Bezugsrechts verzichteten. Der wirtschaftliche Wert der Optionen wäre nur dann von Bedeutung, wenn überhaupt ein Bezugsrecht der Aktionäre bestünde. ... Bedeutung konnte den geforderten Informationen zum Wert der Optionen und zum wirtschaftlichen Gesamtwert des Programms daher allenfalls im Hinblick auf den zu erwartenden Verwässerungseffekt für die (Alt-)Aktien zukommen. Einer Begrenzung des Verwässe-*

---

[98] Weiterhin wurde als Anfechtungsgrund vorgetragen, es fehle an einem Leistungsbezug und an Vorkehrungen gegen versteckte Aufhebungsgeschäfte durch die Begünstigten („quiet hedging“).

[99] OLG Stuttgart, ZIP, 2001, S. 1367 ff.

[100] OLG Stuttgart, Die AG, 1998, S. 529 (S. 534).

[101] *N. Zeidler*, Aktienoptionspläne - nicht nur für Führungskräfte - im Lichte neuester Rechtsprechung, NZG, 1998, S. 798; *M. Lutter*, Kurzkommentar zu OLG Braunschweig, Urt. v. 29.7.1998 - 3 U 75/98, EWiR, 1999, S. 195 f.

rungseffekts dient aber bereits § 192 Abs. 3 AktG, der den Nennbetrag des bedingten Kapitals zur Gewährung von Bezugsrechten auf maximal 10% des Grundkapitals begrenzt. Bis zu dieser Grenze müssen die (Alt-)Aktionäre eine Verwässerung des Werts ihrer Aktien hinnehmen. Diese Grenze ist bei dem hier zur Beurteilung anstehenden Aktienoptionsprogramm der Beklagten indessen eingehalten."

Die Argumentation des OLG Stuttgart wirft die Schutzzwecke der verschiedenen rechtlichen Regelungen durcheinander, steht im Widerspruch zu den Aussagen und Empfehlungen der Regierungskommission Corporate Governance und ist rechtsfehlerhaft.

Unbestritten steht den Aktionären das Recht zur Entscheidung der Grundfragen der Gesellschaft zu. Aus diesem Grunde kann ein Hauptversammlungsbeschluss nach § 243 Abs. 4 AktG angefochten werden, wenn der Vorstand eine zu Recht verlangte Auskunft unvollständig, nicht oder unrichtig erteilt hat. Das Auskunftsrecht umfasst alles, was sich auf die Gesellschaft und deren Tätigkeit bezieht, wenn die Auskunft zur sachgemäßen Beurteilung eines Gegenstandes der Tagesordnung erforderlich ist. Ob dies der Fall ist, muss danach beurteilt werden, ob die verlangte Auskunft für die Urteilsbildung eines vernünftigen Aktionärs, der nur über die von der Gesellschaft veröffentlichten Informationen verfügt, ein wesentliches Element bildet.

Es versteht sich, dass bei einem Bezugsrechtsausschluss die Aktionäre wissen müssen, auf welchen wirtschaftlichen Wert sie in einem solchen Falle verzichten und aus welchem Grunde gerade dieser sehr teure Weg der Vergütung gewählt worden ist.

Richtig ist zwar, dass bei einem Optionsplan zu Gunsten des Vorstandes die Aktionäre nicht zugleich dieselben Aktien beziehen können, sie daher vom Bezug ausgeschlossen werden müssen. Hieraus zu folgern, dass sie aufgrund des technisch notwendigen Ausschlusses auch kein Recht mehr haben, die Kosten ihres Ausschlusses zu erfahren, ist fehlerhaft. Der Beschluss über ein Optionsprogramm enthält als notwendigen Bestandteil einen Bezugsrechtsausschluss für den dann auch die allgemeinen Regelungen des Auskunftsrechtes nach § 131 Abs. 1 S. 1 AktG gelten. Die vom OLG vorgetragene Argumentation, es sei durch die Neuregelung des KonTraG in § 193 Abs. 2 Nr. 4 AktG das Informationsproblem gelöst, behauptet einen Zusammenhang der Regelungen, der nach dem Willen des Gesetzgeber nicht bestanden hat. Richtig ist, dass der politische Wille des Gesetzes im Rahmen des § 193 Abs. 2 Nr. 4 AktG eine Verpflichtung zur Angabe des Wertes im *Beschluss* selbst nicht vorgesehen hat, da die Komplexität von Optionsprogrammen die Rechtmäßigkeit des Beschlusses mit der richtigen Berechnungsmethode auf eine der Rechtssicherheit nicht dienenden

Weise verknüpft hätte[102]. Mit der Frage der sachgerechten Berechnung der Optionspreise sollte der Beschluss daher nach dem Willen des Gesetzgebers nicht belastet werden. Das Gesetz hat damit in § 193 Abs. 2 AktG nur das absolute rechtliche Minimum festgelegt, jedoch nicht im geringsten das Fragerecht der Aktionäre in § 131 Abs. 1 S. 1 AktG beschränken wollen. So macht es in der Tat wenig Sinn, gesetzlich einen über das notwendige Minimum hinausgehenden Beschlussinhalt vorzuschreiben. Hiervon unabhängig ist jedoch die Frage, welches Informationsniveau vernünftige Aktionäre für den mit den minimalen Inhaltserfordernissen ausgestatteten Beschluss für sinnvoll und notwendig halten. Das OLG verkennt, dass die Vorschrift des § 193 Abs. 2 AktG lediglich Minimal-, jedoch nicht Maximalanforderungen für die Offenlegung im Regelungsbereich des § 193 Abs. 2 AktG enthält.

Es kann angesichts der wirtschaftlichen Größenordnung der vorgesehenen Beschlüsse und angesichts des Interessenkonflikts zwischen Unternehmensverwaltung einerseits und Aktionären anderseits kein Zweifel bestehen, dass ein nach vernünftigen Methoden ermittelter Preis des fraglichen Aktienoptionsprogramms vom Vorstand hätte angegeben werden müssen. Hierfür spricht auch, dass der gestaltungsleitende Plan der Unternehmensleitung darauf gerichtet war, niemals den Aktionären vor Augen treten zu lassen, wie viele Milliarden an Personalaufwand sie aus ihrem bereits versteuerten Vermögen in Form einer verwässerungsbedingten Wertminderung ihrer Aktien aufzubringen hatten, obwohl in Form eines virtuellen Programm eine um rund die Hälfte günstigere Alternative offen gestanden hätte. Dass dieser wirtschaftliche Wert der Optionen nach Ansicht des OLG für die Aktionäre nicht von Bedeutung sein soll, erschließt sich keinem vernünftigen Anleger[103]. Auch wenn die Aktionäre eine Verwässe-

---

[102] Vgl. *T. Baums*, Bericht der Regierungskommission Corporate Governance, 2001, Rz 45 f.: *„Zwar ist einzuräumen, dass den Aktionären die Kenntnis des Gesamtwerts der Bezugsrechte oder dessen Bandbreite bereits vor der Hauptversammlung vermittelt werden muss, um ihnen eine sachgerechte Meinungsbildung zu ermöglichen, eine Mitteilung erst auf Nachfrage in der Hauptversammlung genügt nicht, weil gerade in diesem Punkt präzise Vorbereitung und -berechnungen erforderlich sind.“* Aus diesem Grunde hatte die Kommission eine Berichtspflicht verlangt, in der der Wert der Optionen angegeben werden sollte.

[103] Eine weitere Fehlargumentation bemüht das OLG im Hinblick auf die Verwässerungswirkung der Optionen. Es behauptet, der Begrenzung des Verwässerungseffektes diene bereits der § 192 Abs. 3 AktG, der den Nennbetrag des bedingten Kapitals zur Gewährung von Bezugsrechten auf maximal 10% des Grundkapitals begrenze. Da diese Grenze eingehalten sei, müssten die Aktionäre dies hinnehmen. Auch hier vermengt das Gericht wieder die Regelung des maximal zulässigen Beschlussinhaltes mit der Zulässigkeit der Frage der Aktionäre nach dessen wirtschaftlichem Hintergrund. Die Regelung ist auch hier keine Grenze, ab der den Eigentümern des Unternehmens keine Rechenschaft mehr abzulegen ist. Es erscheint bizarr zu behaupten, dass der Aktionär den gegebenenfalls jährlichen Verwässerungseffekt von 10% seines Vermögens ohne das Recht nach einer Auskunft hinzunehmen habe. Konfus den ex

rung bis zu einem bestimmten Punkt hinzunehmen haben, heißt dies nicht, dass auch die Frage nach den Gründen hierfür unzulässig ist.

Weiterhin versucht das OLG Stuttgart die Zulässigkeit der Verschleierung des Gesamtwertes des Aktienoptionsplans damit zu begründen, dass der Bezugsrechtsausschluss für die Altaktionäre und die Optionsvergabe eine Vergütungsentscheidung sei, für die Vorstand und Aufsichtsrat zuständig seien. Das Gericht übersieht hierbei, dass der Optionsplan der DaimlerChrysler AG nach § 192 Abs. 2 Nr. 3 AktG wirtschaftlich unmittelbar aus dem Vermögen der Aktionäre in Form einer bedingten Kapitalerhöhung mit gesetzlich angekoppeltem Bezugsrechtsausschluss erfolgt. Sie müssen daher ebenso wie bei einem anderen Kapitalerhöhungsbeschluss mit Bezugsrechtsausschluss den Wert, über den entschieden wird, kennen, da anderenfalls vom Aktionär keine vernünftige Entscheidung getroffen werden kann. Dieses grundlegende Informationsbedürfnis den Eigentümern des Unternehmens zu versagen, nur weil die Firmenangestellten in dieser Form ihre Vergütung erhalten wollen, widerspricht dem Gesetz und ist unverständlich.

Der BGH hat die Entscheidung des OLG Stuttgart nicht zur Revision angenommen, da sie keine Aussicht auf Erfolg und zudem keine grundsätzliche Bedeutung habe. Die Verneinung der Erfolgsaussicht zeigt die Fehleinschätzung des BGH für die Folgen des OLG Urteils auf die Struktur der Aktiengesellschaft und den deutschen Kapitalmarkt. Dass sie angeblich keine grundsätzliche Bedeutung aufweist, verkennt die langfristigen Folgen für das Verhalten der Aktionäre aus dem In- und Ausland. Die selbst im Vergleich zu den skandalgeschüttelten USA schlechte deutsche Corporate Governance wird zu einem Rückzug der Anleger führen und den deutschen Unternehmen eine verteuerte Eigenkapitalfinanzierung bescheren. Anstelle eines Rückzugs vom Aktienmarkt könnte eine Reaktion der Anleger zwar auch darin bestehen, nur Aktien von Unternehmen mit einem starken kontrollierenden privaten Eigentümer zu erwerben. Hierdurch werden jedoch die Auswahlmöglichkeiten der Anleger und die Markttiefe des Kapitalmarktes beeinträchtigt. Ob zudem eine solche Strategie empfehlenswert ist, hängt auch davon ab, wie wirksam der Ausbeutungsschutz von Minderheitsakti-

---

ante Wert mit dem ex post Wert durcheinander werfend, argumentiert das OLG bei seiner auf den Justitiar der Deutschen Bank, *K. Kohler*, Stock Options für Führungskräfte aus der Sicht der Praxis, ZHR, 1997, S. 246 ff. gestützten Bemerkung, die Vorgabe von Ausübungsschwellen führe regelmäßig dazu, dass der Gewinn der Aktionäre aus der Wertsteigerung der Aktien regelmäßig höher ist als ein eventuell ursprünglich gegebener Optionswert. Diese beiden Werte haben nichts miteinander zu tun außer dem Umstand, dass in der Tat ein die Verwässerung kompensierender Kursanstieg optisch den Aktionären ihre Schädigung verbirgt. Darüber hinaus werden die Ausübungsschwellen im angegriffenen Optionsplan noch zusätzlich in bar den Begünstigten ausgeglichen, so dass der angezogene Vergleich des OLG Stuttgart neben seiner Unsinnigkeit auch noch von einem falschen Sachverhalt ausgeht.

onären ist, da es gilt, neben dem Regen auch die Traufe zu vermeiden. Da aber auch an dieser Stelle Zweifel bestehen, hat die Entscheidung des Bundesgerichtshofes im langfristigen Ergebnis den Rückzug der Anleger und einen Kursverlust der Aktien zur Folge.

Zusammenfassend lässt sich festhalten, dass die Werte der Aktienoptionspläne den Aktionären in der Hauptversammlung der DaimlerChrysler AG hätten angegeben werden müssen. Zudem bestand für Vorstand und Aufsichtsrat kein erkennbarer sachlicher Grund, anstelle von steuerlich abziehbaren kapitalflussidentischen Wertsteigerungsrechten die dargelegten Optionspläne zur Mitarbeitervergütung zu nutzen und deren Wert geheim zu halten. Da zudem der Marktvergleich mit BMW zeigt, dass die vorgesehene Vergütung in Höhe und Struktur im DaimlerChrysler Konzern durch das Corporate Governance Problem eines fehlenden kontrollierenden Privateigentümers wesentlich beeinflusst sein muss und dem Vergleich mit den Vergütungssystemen eines unbelasteten Unternehmens auch bei Anlegung großzügiger Maßstäbe nicht genügen kann, liegt für die Aufsichtsratsmitglieder ein Verstoß gegen § 87 AktG vor[104].

F. Die Rechtspolitik in der Vergütungsfrage

I. Das Scheitern der Regierungskommission Corporate Governance an der Kodexkommission in der Frage der Vergütungstransparenz

Die Regierungskommission Corporate Governance[105] hatte zwar erwogen vorzusehen, dass der Hauptversammlungsbeschluss zur Schaffung eines bedingten Kapitals zwecks Einräumung von Aktienoptionen (§ 192 Abs. 2 Nr. 3 AktG) über die derzeit nach § 193 Abs. 2 Nr. 4 AktG vorgesehenen Angaben hinaus auch den Gesamtwert der Bezugsrechte oder die Grundlagen feststellen muss, nach denen dieser Wert errechnet wird. Sie hat sich dann aber letztlich gegen diesen Vorschlag ausgesprochen, da sie die Ansicht vertrat, dass sich Modellrechnungen zur Bestimmung des Wertes von Aktienoptionen nicht als Gegenstand eines Hauptversammlungsbeschlusses eignen. Ebenfalls hat sie den Vorschlag abgelehnt, durch gesetzliche Regelung einen Vorstandsbericht über den Gesamtwert der Bezugsrechte oder die Grundlagen, nach denen dieser Wert errechnet wird, vorzuschreiben, in den dann auch die weiteren Angaben gemäß § 193 Abs. 2 Nr. 4 AktG aufgenommen werden könnten.

Die Regierungskommission Corporate Governance betont zwar, *„dass den Aktionären die Kenntnis des Gesamtwerts der Bezugsrechte oder dessen Bandbreite bereits vor der Hauptversammlung vermittelt werden muss, um ihnen eine sach-*

---

[104] Eine Erörterung der Vergütungshöhe des Falles Esser/Mannesmann findet sich bei *M. Adams*, Vorstandsvergütungen, in: Festschrift für C.C. von Weizsäcker, 2003, S 295 (S. 350 f.).

[105] *T. Baums*, Bericht der Regierungskommission Corporate Governance, 2001, Rdz. 45 f.

gerechte Meinungsbildung zu ermöglichen", sowie *„eine Mitteilung erst auf Nachfrage in der Hauptversammlung genügt nicht, weil gerade in diesem Punkt präzise Vorbereitung und -berechnungen erforderlich sind."* Zu bedenken sei aber, dass der Gesetzgeber des KonTraG zur Vermeidung von Anfechtungsrisiken von der Statuierung eines Berichtserfordernisses bewusst abgesehen habe und es sich nicht empfehle, *„von dieser Grundsatzentscheidung abzugehen"*. Die Regierungskommission hatte daher empfohlen, *„im Corporate Governance-Kodex für börsennotierte Gesellschaften den Vorstand dazu zu verpflichten, bei Schaffung eines bedingten Kapitals oder einer Ermächtigung zum Rückerwerb eigener Aktien zur Bedienung von Aktienoptionen für Vorstände oder Mitarbeiter der Hauptversammlung einen Bericht vorzulegen. Dieser Bericht enthält die zur sachgerechten Beurteilung des Programms erforderlichen Angaben, insbesondere auch Angaben zum Wert oder zur Bandbreite des Werts der Optionen."* Auch an anderer Stelle[106] hat die Regierungskommission Corporate Governance in ihrem Bericht entschiedene Empfehlungen für eine Erhöhung der Vergütungstransparenz bei Aktienoptionsplänen ausgesprochen: So hat sie ausgeführt, dass die bei der Regierungskommission eingegangenen Stellungnahmen der hierzu befragten Experten und Verbände sich ganz überwiegend für eine verbesserte Transparenz der Vergütungen für Organmitglieder ausgesprochen hätten. Die Arbeitsgruppe „Stock Options" des Deutschen Standardisierungsrates (DSR) habe zudem ein „Positionspapier Bilanzierung von Aktienoptionsplänen und ähnlichen Entlohnungsformen" vorgelegt, das in einen entsprechenden Standard für die Konzernrechnungslegung ausmünden soll. In dem Diskussionspapier würden Regelungen zum Ansatz und zur Bewertung, aber auch zur Offenlegung verschiedener Arten von aktienorientierten Vergütungssystemen zur Diskussion gestellt. Die derzeit gemäß §§ 285 Nr. 9a, 314 Abs. 1 Nr. 6a HGB zu veröffentlichenden Pflichtangaben würden dort im Hinblick auf diese Programme konkretisiert und darüber hinausgehende Vorschläge zu weiteren detaillierten Angaben unterbreitet[107]. Die Regierungskommission hält dann fest, dass sie

---

106 *T. Baums*, Bericht der Regierungskommission Corporate Governance, 2001, Rdz. 258 f.

107 Danach seien folgende Angaben über Aktienoptionsprogramme unabhängig von ihrer Durchführungsform im (Konzern-)Anhang zu machen: „*- Eine generelle Beschreibung der einzelnen Programme mit wichtigen Eckdaten. Dazu zählen der Bezugskurs, ggf. Erfolgsziele, die Anzahl der Rechte, die Laufzeit, die Sperrfrist, Ausübungsbedingungen sowie der rechnerische Wert der Rechte bei Gewährung. - Die Summe des insgesamt in der Periode aus den Programmen entstandenen Personalaufwands. Bestehen mehrere Programme, sind diese Angaben für die einzelnen Programme getrennt zu machen. - Für jedes Programm ist die Anzahl der Optionsrechte und der durchschnittliche Bezugskurs getrennt für alle ausstehenden, ausübbaren, während des Jahres gewährten, ausgeübten und erloschenen Rechte anzugeben. - Der Gesamtwert der insgesamt innerhalb des Jahres zu Entlohnungszwecken gewährten Optionsrechte. Der Wert der Optionsrechte, die Mitgliedern des Vorstands gewährt wurden, ist hierbei gesondert anzugeben. - Die zur Bewertung der gewährten und der noch ausstehenden*

den Entwurf eines Standards des Deutschen Standardisierungsrats zu den Angaben über Aktienoptionsprogramme im Anhang zum Konzernabschluss unterstützt.

Auf der Grundlage der Baums-Kommission wurde vom Bundesjustizministerium eine weitere Regierungskommission mit Namen „Regierungskommission Deutscher Corporate Governance Kodex" gebildet, die Anfang 2002 einen „Deutschen Corporate Governance Kodex" vorgelegt hat. Dieser sollte für börsennotierte Gesellschaften „Standards guter und verantwortungsvoller Unternehmensführung" darstellen und enthalten. In 4.2.3. und 4.2.4. liest sich der Kodex wie folgt:

„Die Vergütung der Vorstandsmitglieder soll fixe und variable Bestandteile umfassen. Die variable Vergütung sollte einmalige sowie jährlich wiederkehrende, an den geschäftlichen Erfolg gebundene Komponenten und auch Komponenten mit langfristiger Anreizwirkung enthalten. Als variable Vergütungskomponenten mit langfristiger Anreizwirkung dienen insbesondere Aktienoptionen oder vergleichbare Gestaltungen (z.B. Phantom Stocks). Diese sollen auf vorher festgelegte Vergleichsparameter wie z.B. die Wertentwicklung von Aktienindizes oder das Erreichen bestimmter Kursziele bezogen sein. Eine nachträgliche Änderung der Erfolgsziele soll ausgeschlossen sein. Die Vorteile aus dem Aktienoptionsplan müssen angemessen sein. Die konkrete Ausgestaltung eines Aktienoptionsplans oder eines vergleichbaren Vergütungssystems soll in geeigneter Form bekannt gemacht werden. Die Vergütung der Vorstandsmitglieder soll im Anhang des Konzernabschlusses aufgeteilt nach Fixum, erfolgsbezogenen Komponenten und Komponenten mit langfristiger Anreizwirkung ausgewiesen werden. Die Angaben sollen individualisiert erfolgen."

Untersucht man die sich aus diesen Regelungen ergebenden Folgerungen etwa für einen so untragbaren Aktienoptionsplan wie denjenigen der DaimlerChrysler AG zeigt es sich verblüffenderweise, dass dieser mit den Kodex-Regelungen vereinbar ist und damit eine intransparente und leistungslose Erleichterung eines Weltunternehmens in Milliardenhöhe durch seinen Vorstand vom Kodex weiterhin als eine „gute Unternehmensführung" angesehen wird. So ist zwar nach dem Kodex ein echtes Repricing ausgeschlossen, die Vergabe von Optionen zu stets sinkenden Ausübungspreisen jedoch zulässig und damit auch die in den Beispielsrechnungen dargelegte Erzielung astronomischer Geldbeträge für einen Vorstand, der für das Unternehmen nichts geleistet hat. Dass ein Kursziel angegeben werden soll, heißt lediglich, dass Aktienoptionen, die bereits bei Ausgabe im Geld sind, keine gute Praxis darstellen. Wie hoch und wie stark sie etwa an

---

Optionsrechte verwendete Methode sowie die dabei verwendeten Parameter. Insbesondere sind die Annahmen über die Volatilität, die risikolose Verzinsung und die erwarteten Dividenden anzugeben."

den Leistungen anderer Unternehmensleitungen auszurichten sind, bleibt im Dunkeln und damit auch, wie eine wirkliche Leistungsmessung auszusehen hat.

Entscheidender und nicht zufälliger Fehler des Kodex ist jedoch, dass der Marktwert der Optionsprogramme, etwa in Form der Black-Scholes-Werte und verschiedener Szenariorechnungen entgegen der eindeutigen und wiederholten Vorgabe der Regierungskommission nicht angegeben werden muss. Damit sind jedoch wie bisher Aktienoptionsprogramme ohne genaues Expertenwissen und ohne zusätzliche interne Daten aus dem Vergütungsgremium in ihren Kosten für das Unternehmen und die Aktionäre unbrauchbar. Der tatsächliche Wert der gewährten Vergütung und ihres entscheidenden Anteils wird damit nicht transparent gemacht. Dass ein solcher Kodex Vertrauen in das deutsche Corporate Governance System schaffen soll, ist nicht nachvollziehbar, da schon im Land der Erfindung dieses Instruments wenigstens die entscheidenden wirtschaftlichen Daten den Aktionären nachrichtlich unterhalb der Bilanz mitgeteilt werden müssen. Eine Kodexkommission, die sich in der entscheidenden Frage über die schon eine Minimallösung der Kommission darstellende Transparenzverbesserung einfach hinwegsetzt, untergräbt ihre Glaubwürdigkeit.

Zusammenfassend lässt sich festhalten, dass die rechtspolitischen Vorschläge zur Verbesserung der Corporate Governance im Bereich der transparenten Vergütung der Vorstände an der Kodexkommission gescheitert sind. Die mit Rummel als Transparenzfortschritt in der Öffentlichkeit verkündete Individualisierung der Vergütungen ist angesichts der fehlenden entscheidenden Angaben, was zu individualisieren ist, ohne Wert. Auch vorher war es möglich, etwa über die 20% Annahme das Gehalt der Vorstandsvorsitzenden einzuschätzen. Was fehlte war jedoch die Angabe der konsolidierten Gesamtsumme im Unternehmen und seinen verbundenen Unternehmen und der Wert der einzelnen Vergütungsbestandteile im Falle von Aktienoptionsprogrammen. An dieser Stelle bleibt der Kodex weit hinter den von der Regierungskommission geforderten notwendigen Angaben und weit hinter der in den USA üblichen Transparenz zurück. Da das Vertrauen in eine Unternehmenskontrollstruktur jedoch vom Vertrauen in das Verhalten der Unternehmensspitze abhängt, kann es bei dieser durch die Kodexkommission zugelassenen Vergütungspraxis auch kein Vertrauen in den deutschen Kapitalmarkt geben. Im Ergebnis ist damit die Corporate Governance Kommission an der illoyalen interessengruppenorientierten Umsetzung in der Nachfolgekommission in dieser entscheidenden Frage gescheitert.

II. Rechtspolitische Schlussfolgerungen

Ohne Transparenz der gewährten Vergütungen in all ihren Komponenten und aus all ihren Quellen ist die Integrität einer Unternehmensverwaltung nicht gesichert. Es ist ein grober Missstand, dass in Deutschland Angestellte ihren Eigentümern die aus dem Unternehmen in eigener Sache entnommenen Vergütungen nicht offenbaren müssen und diese Geheimhaltung vor Gerichten erfolgreich verteidigen konnten.

Es ist daher nunmehr gesetzlich vorzusehen, dass im Anhang individualisiert und vollständig konsolidiert der Wert der gesamten Vergütung, der aus dem Unternehmen oder für Rechnung des Unternehmens den einzelnen Vorstandsmitgliedern aus welcher Quelle auch immer zugewandt wird, angegeben werden muss. Im Falle von Aktienoptionsprogrammen versteht es sich von selbst, dass auch deren nach anerkannten finanzmathematischen Verfahren ermittelter Vorsteuer- und Nachsteuerwert im Anhang anzugeben ist. Die Vorschläge der Baums-Kommission und des Deutschen Standardisierungsrats sind rechtlich auch für die HGB-Abschlüsse verbindlich zu machen. Es ist zudem zu erwägen, ob nicht im Sinne einer „best practice" im Falle einer börsennotierten Gesellschaft der Aufsichtsrat für den Bereich der Vorstandsvergütung einen Angemessenheitsvergleich einzuholen hat.

G. Zusammenfassende Schlussbemerkungen

Ausgehend von den USA haben sich in den letzten Jahren auch in Deutschland astronomische Steigerungen der Vorstandsvergütungen ergeben. Was zuvor an Reichtum nur als Ergebnis generationenlangen und risikoreichen Unternehmertums zu erwerben möglich war, wurde nun von angestellten Managern in wenigen kurzen Jahren insbesondere mit Hilfe komplexer und in ihrer wirtschaftlichen Wirkung vor den Eigentümern geheimgehaltener Aktienoptionspläne zusammengerafft. Mit Aktienoptionsplänen wurde zudem häufig ohne jeden sachlichen Grund ein Verfahren gewählt, das für die Aktionäre mit einer maximalen Steuerstrafe verbunden war. Verblüffend ist weiterhin, dass den Eigentümern die verschobenen Reichtümer von ihren Vorständen ohne jede Gegenleistung in Form einer Unternehmenswertsteigerung abgenommen werden konnten. Die vorliegende Arbeit hat anhand vieler Einzelheiten der in der Praxis verwendeten Aktienoptionsprogramme aufgezeigt, dass die verwendeten Vergütungssysteme nicht so aufgebaut sind, dass sie die ihnen angesonnenen Anreizverbesserungen für die Vorstände auch tatsächlich vermitteln, sondern sich im Ergebnis nur als Ausplünderungsverfahren begreifen lassen. Dass zu den begünstigten Vorständen noch wesentlich in Staatseigentum befindliche Unternehmen zählen, vergrößert die moralische Fragwürdigkeit der Geschehnisse.

Es wurde dargelegt, dass die extremen Einkommen der begünstigten Vorstände nicht das Ergebnis eines internationalen Wettbewerbsmarktes um besonders begabte Manager sind, die sich mit der auf weltberühmte Künstler und Mediengestalten anwendbaren „Theorie der Superstars" rechtfertigen lassen. Es handelt sich vielmehr um die Selbstbedienung unmittelbarer privater Aktionärskontrolle entzogener mächtiger Vorstände. Die als „American Disease" nach Deutschland herübergeschwappten Vergütungsmissstände beruhen in den USA auf der dortigen Machtvollkommenheit der Chief Executive Officer, denen es für ihre privaten Ziele immer wieder gelang, das politische System einzuspannen und notwendige Verbesserungen der Integrität des amerikanischen Rechnungswesens bei der Verbuchung von Aktienoptionsplänen zu hintertreiben vermochten. Vergütungsvergleiche mit den USA verbieten sich damit schon aus diesem Grund und sind rechtswidrig.

Anhand einer Einzelanalyse wird gezeigt, dass Aktienoptionspläne nach dem Muster der DaimlerChrysler AG rechtswidrige Vergütungsexzesse darstellen, die auf dem Versagen der jeweiligen Unternehmenskontrollstrukturen beruhen, wie die um Größenordnungen niedrigeren Vergütungen in vergleichbaren Unternehmen wie der unter effizienter privater Kontrolle arbeitenden BMW AG belegen. Als Vergleichsmaßstab für wettbewerbsgerechtfertigte Vorstandsvergütungen können damit nur die Vergütungen von unter wirksamer privater Aktionärskontrolle stehender Unternehmensleitungen dienen. Die Gerichte haben sich bisher bei der Offenlegung der Aktienoptionspläne auf die Seite der Verwaltungen geschlagen und klagenden Aktionären rechtsfehlerhaft keinen Anspruch auf eine Antwort nach der Höhe der gegen sie geplanten Reichtumsverschiebungen gewährt. Der Offenlegung und Analyse der vor den Gerichten erfolgreich gelungenen Verheimlichung der tatsächlichen Vergütungshöhe in Form ihrer Barwerte und möglicher astronomischer Ergebnisse in bestimmten Szenarios bei der DaimlerChrysler AG diente dieser Aufsatz. Er kommt zu dem Ergebnis, dass die Verheimlichung des Wertes von Aktienoptionsplänen rechtswidrig ist und dass Aktienoptionspläne, die vom Aufsichtsrat ohne nachvollziehbare sachliche Gründe gewährt werden, einen Verstoß gegen § 87 AktG darstellen.

Als rechtspolitische Maßnahme wird vorgeschlagen, dass nunmehr gesetzlich vorgeschrieben wird, dass individualisiert und vollständig konsolidiert im Anhang der Wert der gesamten Vergütung, der aus dem Unternehmen oder für Rechnung des Unternehmens den einzelnen Vorstandsmitgliedern aus jeder Quelle zugewandt wird, angegeben werden muss. Im Falle von Aktienoptionsprogrammen ist der nach anerkannten finanzmathematischen Verfahren ermittelte Vorsteuer- und Nachsteuerwert im Anhang anzugeben. Die Vorschläge der Baums-Kommission und des Deutsche Standardisierungsrats zur Bilanzierung von Aktienoptionsplänen und ähnlichen Entgeltformen sind rechtlich auch für die HGB-Abschlüsse verbindlich zu machen.

Teil 6: Prozessrecht

Ein Vergleich des Kostenersatzrechtes in Deutschland, Österreich und den USA

A. Einleitung

Einer über siebenhundertjährigen europäischen Tradition entsprechend sieht § 40 der österreichischen ZPO vor, dass jede Partei die durch ihre Prozesshandlungen verursachten Kosten zunächst selbst zu tragen hat. Die im Rechtstreite unterlegene Partei hat ihrem Gegner jedoch alle zur zweckentsprechenden Rechtsverfolgung oder Rechtsverteidigung notwendigen Kosten zu ersetzen. Hierzu gehören insbesondere die tarifentsprechende Entlohnung der Rechtsanwälte, § 41 ÖZPO. Bei einem teilweisen Obsiegen sind die Kosten verhältnismäßig zum Ausmaß des Obsiegens zuzusprechen, § 43 ÖZPO. Im schlagenden Gegensatz zu diesen, in ganz Europa einschließlich Großbritannien üblichen Regeln stehen die Kostenregelungen des US-amerikanischen Zivilprozesses. Dort ist eine Kostenüberwälzung auf den unterlegenen Kläger oder Beklagten in den meisten Bundesstaaten nicht möglich[1]. In der Praxis bleibt auch der vollständig obsiegende Kläger auf den ihm entstandenen Kosten endgültig sitzen. Diese Regelungen haben auf die Rechtsdurchsetzung und den wirtschaftlichen Wert materieller Rechte einen tief greifenden Einfluss.

Der zunächst folgende Teil dieses Aufsatzes soll die Wirkung der verschiedenen Kostenregelungen auf das Entscheidungsverhalten der Beteiligten anhand eines Vergleichs darlegen. Zuvor wird kurz erläutert werden, aus welchem Grunde rationale Menschen überhaupt unter Kosten Zivilprozesse gegeneinander anstrengen, statt die dabei an Anwälte, Sachverständige, Gutachter und Gerichte fließenden Gelder im Wege einer Einigung untereinander zu verteilen.

B. Das Paradoxon des Prozesses

Zivilprozesse sind aufgrund ihrer Kosten für Anwälte und Gerichte für die beteiligten Parteien insgesamt ein schädigendes Ereignis, da eine außergerichtliche Einigung die Streitenden bedeutend billiger kommen würde. Es erscheint jedoch wenig vernünftig, die Erklärung menschlicher Verhaltensweisen mit der An-

---

Erstveröffentlichung *M. Adams*, Kostenersatzrecht: Prozessordnungsvergleich in ökonomischer Sicht, in: *Bundesministerium für Justiz/P. Lewisch/W.H. Rechberger* (Hrsg.), 100 Jahre ZPO: Ökonomische Analyse des Zivilprozesses, 1998, S. 225-238. Der Aufsatz wurde geringfügig sprachlich geglättet und mit einer neuen Überschrift versehen.

[1] Vgl. hierzu m.w.N., *M. Adams*, The Conflict of Jurisdictions: An Economic Analysis of Pretrial Discovery, Fact Gathering and Cost Allocation Rules in the United States and Germany, European Review of Private Law, 3(1), 1995, S. 53 ff.

nahme zu versuchen, dass es ein allgemeiner Wesenszug des Menschen sei, dass jener entweder blind und irrational bei seinen Entscheidungen sei oder in vollem Bewusstsein Handlungen unternimmt, mit denen er sich selbst schädigen will. Die ökonomische Theorie geht daher auch von der entgegengesetzten Ansicht aus, dass nämlich der Mensch das Ziel verfolge, seine von ihm für erstrebenswert gehaltenen Wünsche zu verwirklichen, nicht aber sich selbst schaden zu wollen. Auch hier soll daher nicht unterstellt werden, dass Menschen einen Zivilprozess führen, um sich selbst vorsätzlich einen Schaden zuzufügen. Es wird vielmehr angenommen, dass die einzelnen Bürger nur dann einen Prozess anstrengen, wenn sie glauben, ihre Lage durch einen Prozess verbessern zu können. Der Entschluss einer Partei, einen Prozess zu führen oder nicht, beruht somit auf dem Vergleich zweier Situationen, dem Prozess und dem Nichtprozess. Je nachdem, welche der beiden Handlungen ihr den größeren Vorteil („Nutzen"[2]) verspricht, wird sie einen Prozess führen oder eine außergerichtliche Lösung vorziehen.

---

[2] Da die Parteien ihren *Nutzen* (Glück, Zufriedenheit), nicht aber lediglich ihr *Einkommen* zu erhöhen trachten, werden sie somit nicht dann bereits einen Prozess anstrengen, wenn sie durch den Prozess eine höhere monetäre Auszahlung oder eine höhere monetäre Ersparnis erreichen als in der außergerichtlichen Lösung. Da es sein kann, dass für bestimmte Parteien ein Prozess mit Nutzenverlusten infolge von Ärger, Angst oder Aufregung verbunden ist, werden diese Personen erst dann zu einem Prozess anstatt zu einer Vergleichslösung schreiten, wenn das Prozessergebnis einen finanziellen Ertrag erwarten lässt, der nicht nur einfach höher ist als das Vergleichergebnis, sondern auch den Nutzenverlust durch die nicht-monetären Prozesskosten wie Angst, Ärger oder Aufregung ausgleicht. Ebenso wird ein Prozesshansel seinen Nutzen aus einem Prozess bereits dann als höher betrachten, wenn die außergerichtliche Vergleichslösung dasselbe finanzielle Ergebnis wie ein Prozess erwarten lässt, da ein Prozesshansel zusätzlichen nicht-monetären Nutzen daraus bezieht, dass er mit anderen Menschen vor Gericht herumstreitet. Die nun folgende Analyse handelt von dem Nutzen, den die beteiligten Personen aus ihren Prozessen und Vergleichen erzielen, und ist somit nicht auf finanzielle oder materielle Folgen beschränkt. Um jedoch die Darstellung anschaulich zu gestalten, wird im Folgenden nur von Auszahlungen und finanziellen Kosten des Prozesses gesprochen und in den Beispielen werden lediglich Geldbeträge als Ertrag und Kosten eines Prozesses erwähnt. Dem Leser dürfte jedoch deutlich sein, dass dies lediglich Größen sind, die den Nutzen der Parteien aus den zur Wahl stehenden Ereignissen darstellen sollen, wobei es in der Realität jedoch durchaus häufig vorkommen kann, dass die Geldbeträge, die durch einen Prozess bewegt werden, bereits den gesamten Nutzen der Parteien aus einem Prozess oder Vergleich widerspiegeln. Dies dürfte insbesondere für Wirtschaftsunternehmen zutreffen, die sich besonders bei Prozessentscheidungen um emotionsfreie Überlegungen bemühen. Es wird also im Folgenden davon ausgegangen, dass sich die beteiligten Personen nur um Geld streiten, das den gesamten Nutzen, den ein Prozess oder Vergleich bewirkt, vollständig zum Ausdruck bringt.

I. Der Entschluss der Parteien zum Prozess[3]

Glaubt eine Person einen Anspruch gegen eine andere Person zu besitzen, wird sie dann zu einem Prozess schreiten, wenn sie glaubt, sie könne durch einen Prozess eine höhere Auszahlung als in den außergerichtlichen Verhandlungen von ihrem Anspruchsgegner erlangen. In entsprechender Weise wird es der Anspruchsgegner dann zum Prozess kommen lassen, wenn er glaubt, seine erwartete Auszahlung durch das Führen eines Prozesses im Vergleich zu einer außergerichtlichen Einigung verringern zu können. Beide Parteien schätzen somit die wahrscheinliche Höhe ihrer Ein- und Auszahlungen für den Fall des Prozesses ab und vergleichen diese mit dem Wert der außergerichtlich erreichbaren Zahlung und wählen dann diejenige Alternative, die ihnen die höchste erwartete Einzahlung bzw. die geringste Auszahlung verspricht.

Diese vom Anspruchsteller und Anspruchsgegner abgeschätzten Erwartungswerte stellen dann jeweils für beide Parteien die Grenzwerte ihrer außergerichtlichen Verhandlungsbereitschaft dar. Ist also in den außergerichtlichen Verhandlungen nur ein geringerer als der jeweilige von den einzelnen Parteien individuell abgeschätzte Erwartungswert des Prozesses erreichbar, wird jede von ihnen den Prozessweg beschreiten, da dieser sich günstiger als das Verhandlungsergebnis darstellt.

Ist der Anspruchsgegner aufgrund seiner Abschätzung des Erwartungswertes des Prozesses bereit, mehr in der außergerichtlichen Verhandlung anzubieten als der Kläger als Mindestforderung außergerichtlich verlangt, ist eine Fülle von Verhandlungsergebnissen möglich. Wenn zum Beispiel der Schuldner bereit ist, für eine außergerichtliche Einigung bis zu 8000 DM anzubieten und der Gläubiger bei einer außergerichtlichen Verhandlungslösung bereits mit 6000 DM zufrieden wäre, besteht zwischen beiden Parteien ein Verhandlungsbereich von 2000 DM. Die Parteien werden sich dann im Endergebnis auf eine Zahlung zwischen 6000 DM und 8000 DM einigen.

Dieser Grundgedanke soll an einem Zahlenbeispiel anschaulich dargestellt werden[4].

---

[3] Vgl. hierzu ausführlich *M. Adams,* Ökonomische Analyse des Zivilprozesses, 1981, *R. Posner*, Economic Analysis of Law, 5. Aufl. 1998, S. 434 ff.

[4] Hierzu werden im Text folgende Symbole benutzt, die jedoch jeweils in ihrem Zusammenhang nochmals erläutert werden:

E_k:	Erwartungswert des Prozesses aus der Sicht des Klägers (europäische Regelung);
G:	im Falle des Prozesssieges erzielte Auszahlung an den Kläger, (etwa 10000 DM);
K:	Kosten für die Anwälte *beider* Parteien inklusive der Gerichtskosten *beider* Parteien (etwa 3600 bei 10000 DM Prozess);
P_k:	subjektive Wahrscheinlichkeit aus der Sicht des Klägers, den Prozess zu gewinnen;
$(1 - p_k)$:	subjektive Wahrscheinlichkeit aus der Sicht des Klägers, den Prozess zu verlieren;

1. Die Mindestforderung eines möglichen Klägers bei europäischer Kostenregelung

Der ökonomische Wert, den ein möglicher Kläger einem Prozess über die von ihm verlangte Summe beimisst, ist der Wert der mit einem Prozess verbundenen wahrscheinlichen Zahlungen, sein „Erwartungswert", zukünftig mit E_k bezeichnet.

Der Erwartungswert des Prozesses aus der Sicht des Anspruchstellers errechnet sich als:

$E_k = p_k \cdot G - (1 - p_k) \cdot K$ oder umgeformt als:

$E_k = p_k \cdot (G + K) - K$

Hierbei bedeutet p_k die von ihm angenommene Wahrscheinlichkeit, den Prozess zu gewinnen, und G die von ihm dann erstrittene Geldsumme und K die von beiden Parteien insgesamt aufgewendeten Kosten. Der Erwartungswert seiner Zahlung ist dann die mit der Siegwahrscheinlichkeit, p_k, multiplizierte verlangte Geldsumme, (G), abzüglich der mit der Niederlagewahrscheinlichkeit, $(1 - p_k)$, multiplizierten gesamten Prozesskosten, (K).

Der Erwartungswert eines Prozesses, bei dem um 10000 DM gestritten wird, und bei dem die Kosten für Gericht und Anwälte insgesamt beispielsweise 3600 DM betragen, ergibt sich für den Anspruchsteller dann als:

$E_k = p_k \cdot 10000 - (1 - p_k) \cdot 3600$

$E_k = p_k \cdot 13600 - 3600$

Wie aus der Gleichung deutlich zu erkennen ist, hängt der Erwartungswert des Prozesses für den Anspruchsteller entscheidend davon ab, wie hoch der Anspruchsteller die Wahrscheinlichkeit ansetzt, mit der er den Prozess zu gewinnen glaubt. Glaubt er beispielsweise felsenfest an einen Prozesssieg und hält er eine Niederlage für völlig ausgeschlossen, nimmt seine subjektive Siegeswahrscheinlichkeit p_k den Wert 1 an. Dann ist der Erwartungswert des Prozesses für ihn genau:

$1 \cdot 13600 - 3600 = 10000$ DM.

P_b:	subjektive Wahrscheinlichkeit aus der Sicht des möglichen Beklagten, den Prozess zu gewinnen;
$(1 - p_b)$:	subjektive Wahrscheinlichkeit aus der Sicht des möglichen Beklagten, den Prozess zu verlieren;
K_k:	*Eigene* Anwalts- und Gerichtskosten des Klägers;
K_b:	*Eigene* Anwalts- und Gerichtskosten des Beklagten;
E_k^{US}:	Erwartungswert des Prozesses aus der Sicht des Klägers bei US Regelung;
E_b:	Erwartungswert des Prozesses aus der Sicht des Beklagten;
E_b^{US}:	Erwartungswert des Prozesses aus der Sicht des Beklagten bei US Regelung.

Zweifelt er jedoch und gibt er sich lediglich eine Siegeschance von 50%, dann nimmt er für p_k den Wert von 50% an, so dass sein Erwartungswert für seine 10000 DM Forderung bei 3600 DM Prozesskosten nun nur noch:

$E_k = 0{,}5 \cdot 13600 - 3600 = 6800 - 3600 = 3200$ DM

beträgt.

Ist er jedoch lediglich optimistisch und schließt er eine Prozessniederlage nicht aus, so mag er seine subjektive Siegwahrscheinlichkeit auf 90% und damit seine Niederlagewahrscheinlichkeit auf 10% ansetzen. Der ökonomische Wert seines 10000 DM-Anspruchs bei Prozesskosten von 3600 DM beläuft sich dann auf:

$0{,}9 \cdot 10000 - 0{,}1 \cdot 3600$, d.h. auf $9000 - 360 = 8640$ DM.

Die *Höhe des Erwartungswertes* des Prozesses ist deshalb von entscheidender Bedeutung, da sie die Höhe der *Minimalforderung* darstellt, die der Anspruchsteller in den Verhandlungen für eine außergerichtliche Lösung verlangen wird. Sollte der Anspruchsgegner nicht bereit, dem Anspruchsteller mindestens diesen Erwartungswert von 8640 DM zu zahlen, erscheint dem Anspruchsteller der Prozess lohnender, da er ja im Falle des Prozesses trotz der von ihm einkalkulierten Prozesskosten und trotz des Prozessrisikos eine höhere Auszahlung erwartet. Der Anspruchsteller wird also jedes außergerichtliche Zahlungsangebot seines Anspruchgegners ablehnen, das unter dem Erwartungswert des Prozesses liegt.

Abbildung 1 zeigt nun, wie sich der Erwartungswert eines Prozesses für den Kläger ändert, wenn sich seine subjektive Siegeswahrscheinlichkeit ändert:

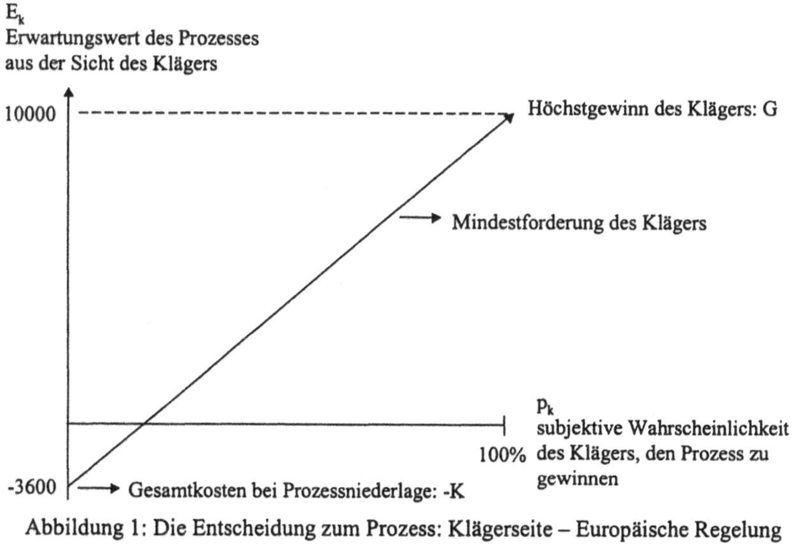

Abbildung 1: Die Entscheidung zum Prozess: Klägerseite – Europäische Regelung

Wie deutlich zu sehen ist, steigt der Erwartungswert „E_k“ und damit der Mindestbetrag für eine außergerichtliche Einigung, der vom Anspruchsteller noch zugestimmt wird, linear mit zunehmender subjektiver Siegeswahrscheinlichkeit immer mehr an und erreicht erst mit $p_k = 1$, der 100prozentigen Siegeswahrscheinlichkeit, den vollen Wert des Anspruchs, d.h. im Beispiel: 10000 DM. Erst für $p_k = 1$ ist somit der vom Anspruchsgegner geltend gemachte Anspruch zugleich auch seine Mindestforderung.

2. Das Angebot des Anspruchsgegners und möglichen Beklagten

Auch der Anspruchsgegner muss sich über den Wert, den die von einem Prozess ausgelösten Zahlungen für ihn darstellen, klar werden. Auch er muss sich einen Betrag überlegen, den er dem Anspruchsteller außergerichtlich maximal zu zahlen bereit ist und der bei einem Überschreiten ihm das Führen eines Prozesses lohnender als eine außergerichtliche Lösung erscheinen lässt. So wird auch er wie der Anspruchsteller in gleicher Weise Überlegungen über Risiken und Chancen eines Prozesses anstellen.

Da der Anspruchsgegner und Beklagte im Falles seines Obsiegens im Prozess nichts, „0“, zu bezahlen hat, im Falle der Prozessniederlage jedoch die Streitsumme (G) und die gesamten Prozesskosten beider Seiten (K), d.h. insgesamt also G + K, errechnet sich sein Erwartungswert als:

$E_b = p_b \cdot 0 - (1 - p_b)(G + K)$ oder umgeformt als:

$E_b = p_b \cdot (G + K) - (G + K)$

Mit p_b wurde hier die Siegeswahrscheinlichkeit des Beklagten bezeichnet, den Prozess zu gewinnen. Seine Niederlagewahrscheinlichkeit ist damit logischerweise $1 - p_b$.

Im Beispiel des Prozesses um 10000 DM bei insgesamt 3600 DM Prozesskosten, ist somit der Erwartungswert des Beklagten:

$E_b = p_b \cdot 0 - (1 - P_b) \cdot 13600$

$E_b = p_b \cdot 13600 - 13600$

Auch der Anspruchsgegner muss die Wahrscheinlichkeit, dass er den Prozess gewinnt, abschätzen und damit ein bestimmtes p_b wählen.

Nur für den Fall, dass er völlig sicher ist, den Prozess zu gewinnen, wird der Anspruchsbelastete $p_b = 1$ setzen und damit dem Anspruchsteller nichts anbieten und die Zahlung völlig verweigern, da der Erwartungswert dann:

$E_b = 1 \cdot 13600 - 13600 = 0$

beträgt.

Glaubt der Schuldner aber beispielsweise, dass er den Prozess mit 80%iger Wahrscheinlichkeit für sich entscheiden kann, ergibt sich der Erwartungswert des Prozesses für ihn als:

$E_b = 0{,}8 \cdot 13600 - 13600 = -2720$

Da er somit im Falle eines Prozesses einen Verlust von 2720 DM erwartet, wird er sich in den außergerichtlichen Verhandlungen zu keinem Auszahlungsangebot von mehr als 2720 DM an den Gläubiger bereit finden, da ihm von diesem Betrag ab ein Zivilprozess als die lohnendere Alternative erscheint. Auch hier stellt somit der *Erwartungswert* des Prozesses das *Höchstangebot* dar, das der Anspruchsgegner für eine außergerichtliche Lösung anbieten wird. Auch hier zeigt die folgende Graphik, wie sich der Erwartungswert des Anspruchsgegners mit seiner subjektiven Wahrscheinlichkeit, den Prozess zu gewinnen, verändert. Der negative Erwartungswert wurde in der Graphik aus Darstellungsgründen absolut genommen und als Höchstangebot des Anspruchsgegners bezeichnet:

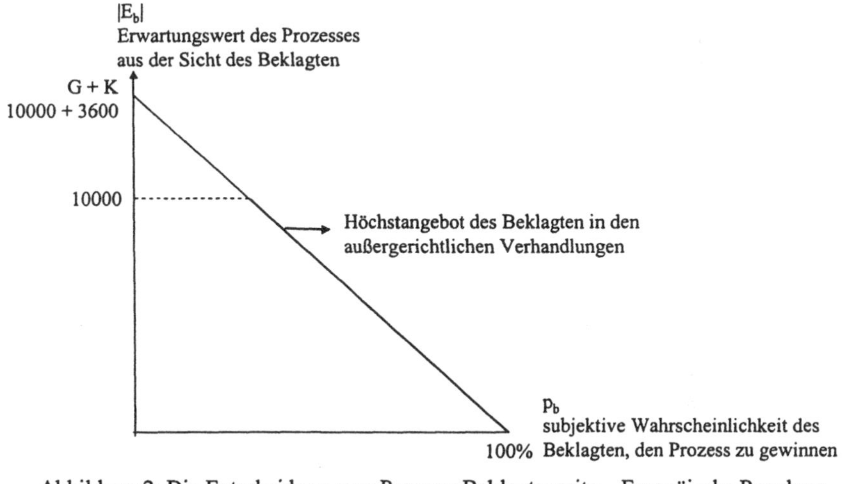

Abbildung 2: Die Entscheidung zum Prozess: Beklagtenseite – Europäische Regelung

Da jeder Beklagte - sofern er keinen Anlass zum Prozess gegeben hat - durch ein sofortiges Anerkenntnis verhindern kann, dass ihm die Prozesskosten angelastet werden, § 45 ZPO, besteht der größtmögliche, ihm durch eine Klage zufügbare Verlust und damit auch sein Höchstangebot bei Annahme eines sicheren Prozessverlustes in der verlangten Summe G, d.h. 10000 DM. Der Anspruchsgegner wird dem Gläubiger somit bis zu einer Wahrscheinlichkeit von höchstens 26,4%, den Prozess zu gewinnen, immer den vollen Betrag von 10000 DM anbieten. Erst bei einem weiteren Anstieg seiner Siegesgewissheit verringert er stetig mit steigender Prozesssiegwahrscheinlichkeit sein Angebot bis auf den Wert von 0 DM.

II. Die Ursache von Prozessen: höhere Forderung als Angebot

Sind sich beide Parteien nach der Bildung ihrer Erwartungswerte über ihre Mindestforderung und ihr Höchstangebot bei den außergerichtlichen Verhandlungen klar geworden, lässt sich sofort ableiten, unter welchen Bedingungen ein Zivilprozess zustande kommt.

Notwendige und hinreichende *Voraussetzung für den Gang zum Gericht* ist lediglich, dass die *Mindestforderung* des Anspruchstellers *höher* ist als das *Höchstangebot* des Anspruchsgegners.

Mit den Beispielszahlen Streitgegenstand G = 10000, Gesamtkosten beider Parteien K = 3600, angenommene Wahrscheinlichkeit des Klägers, den Prozess zu gewinnen, $p_k = 0{,}9$, und der angenommenen Wahrscheinlichkeit des Beklagten, den Prozess zu gewinnen, $p_b = 0{,}8$, ergibt sich folgende Lage: Da für den Kläger der Erwartungswert $E_k = 8640$ und für den Beklagten der Erwartungswert $E_b = -2720$ beträgt, ergibt sich als Differenz zwischen der Mindestforderung des Klägers und dem Höchstangebot des Beklagten der Betrag von 8640 − 2720 = 5920. Es kommt somit bei diesen subjektiven Wahrscheinlichkeiten der Beteiligten zum Prozess um 10000 DM.

Soweit somit die Forderung des Klägers größer ist als das Angebot des Beklagten, ergibt sich ein Prozessbereich, während alle anderen Fälle einen Vergleichsbereich erzeugen, der zu einer Einigung ohne Gericht führt.

III. Inkonsistente Erwartungen als Ursache von Prozessen durch das Auseinanderfallen von Forderung und Angebot der Parteien

Liegen also die Streitsumme G und die Prozesskosten K fest, zeigt es sich, dass die subjektiven Wahrscheinlichkeiten der Parteien, jeweils zu gewinnen, insgesamt einen Wert über 100% erreichen müssen, damit es überhaupt zu einem Prozess kommen kann. Nun stellt sich die Frage, wie es zu einem solch unsinnig hohen Wert der Erfolgswahrscheinlichkeiten kommen kann.

Zunächst ist daran zu erinnern, dass beide Parteien zwei einander ausschließende Alternativen vergleichen, nämlich Prozess und Nichtprozess, und dann davon diejenige wählen, die für sie den höchsten Gewinn erbringt. Hierbei ist der Prozesssieg des Anspruchstellers zugleich die Prozessniederlage des Anspruchsgegners, wie umgekehrt der Prozesssieg des Beklagten gleichzeitig die Niederlage des Klägers bezeichnet. Kommt es zu einem Prozess muss eine Partei siegen und die andere verlieren[5]. Führen somit zwei Parteien einen Zivilprozess

---

[5] In der Prozesswirklichkeit beherrscht der Prozessvergleich die Bühne. Das hier vorgelegte Modell erfasst jedoch auch diese Möglichkeit. Hierzu sind statt der beiden Ereignisse „Sieg“ oder „Niederlage“ noch die möglichen Zwischenstufen möglicher Vergleiche einzufügen und diese mit den jeweiligen Wahrscheinlichkeiten zu gewichten. Da ein zusätzlicher Erkenntnis-

gegeneinander, muss es bei einer Partei zu einem Sieg und damit zugleich zu einer Niederlage bei der anderen Partei kommen. Da es sich hierbei um zwei einander ausschließende Ereignisse handelt und das gesamte Ereignis (Sieg oder Niederlage einer Partei) mit der Wahrscheinlichkeit 1 eintritt, müssen die Wahrscheinlichkeiten für den Sieg des Anspruchstellers und die Wahrscheinlichkeit für die damit notwendigerweise verbundene Niederlage des Beklagten identisch sein. Ein- und dasselbe Ereignis kann nicht mit einer unterschiedlichen Wahrscheinlichkeit eintreffen.

Hätte also ein und dieselbe Person die Sieg- und Verlustchancen der Parteien zu beurteilen, könnte sie bei gesundem Verstande der Siegeschance der einen Partei nur den gleichen Wert zumessen wie der Verlustchance der anderen Partei, da es sich hierbei um dasselbe Ereignis handelt. Würden also Kläger und Beklagter nicht selbständig ihre Sieg- und Verlustwahrscheinlichkeiten festsetzen, müssten p_k (d.h., die subjektive Wahrscheinlichkeit des Anspruchstellers, den Prozess zu gewinnen) und $(1 - p_b)$ (d.h., die subjektive Wahrscheinlichkeit des Anspruchsgegners, den Prozess zu verlieren) miteinander identisch sein, da sie sich auf dasselbe Ereignis beziehen.

Bei einer solchen Festlegung der Wahrscheinlichkeiten durch die Parteien, könnte es jedoch niemals zu einem Prozess kommen. So würde in unserem Beispielsfall des Streites um 10000 DM und Gesamtkosten von 3600 DM der Kläger bei 60% Siegeswahrscheinlichkeit für sich einen Erwartungswert des Prozesses und damit eine Forderung von 4560 errechnen. Der mögliche Beklagte, würde im Falle der konsistenten, mit der Beurteilung des Anspruchsstellers übereinstimmenden Prozesssiegbeurteilung dann logischerweise seinen Sieg auf 40% ansetzen, und damit zu einem Angebot an den möglichen Kläger von 8160 DM gelangen. Da dann das Angebot deutlich höher ist als die Forderung, kann es nicht zu einem Prozess kommen. Da dies für alle möglichen Kombinationen, bei denen die Beurteilung des Prozessergebnisses von beiden Seiten widerspruchsfrei eingeschätzt wird, gilt, ist das Auftreten eines Prozesses bei widerspruchsfreien subjektiven Wahrscheinlichkeiten der Parteien nicht möglich.

Die Sieg- und Verlustchancen eines Prozesses sind jedoch nicht lediglich von einer Person zu beurteilen, sondern von zwei Parteien. Während bei einer Person eine inkonsistente Wahrscheinlichkeitsbewertung bei gesundem Verstande nicht zu erwarten ist, ist eine unterschiedliche Festsetzung der Wahrscheinlichkeiten für ein- und dasselbe Ereignis bei verschiedenen Personen durchaus der Regel-

---

gewinn hierdurch jedoch nicht zu erzielen ist, die Darstellung jedoch erheblich unübersichtlicher wird, soll hier die Analyse mit dem einfachen Fall fortgesetzt werden.
Das Gleiche gilt für den Fall, dass die Parteien nicht risikoneutral, sondern risikoscheu sind, vgl. hierzu ausführlich mit weiteren Nachweisen *M. Adams,* Ökonomische Analyse des Zivilprozesses, 1981, S. 90 ff.

fall[6]. Diese Unterschiede in den Zukunftserwartungen stellen damit die Grundlage für die Existenz von Zivilprozessen, aber auch unterhaltsamerer menschlicher Aktivitäten, etwa der Möglichkeit von Spielen und Wetten[7], dar.

C. Die Bedeutung der Prozesskosten für den ökonomischen Wert von Rechten und die Steuerungskraft des materiellen Rechts

Seit alters her sind die Prozesskosten der Grund für Klagen und sogar Hohn der Zeitgenossen am Zivilprozesssystem. So wurde immer wieder darauf hingewiesen, dass ein Staat, der seinen Bürgern bei der gerichtlichen Verfolgung ihrer Rechte zu hohe Kostenlasten aufbürde, damit diesen das Recht selbst entziehe. Es waren die mit jedem Zivilprozess verbundenen hohen Kosten, die dem Ökonomen das Paradoxon der Existenz von Prozessen so erklärungsbedürftig machten. Wie gezeigt wurde, war eine Auflösung dieses Paradoxon mit Hilfe der Erklärung der inkonsistenten Erwartungen der Parteien möglich. Nun soll gezeigt werden, dass das Prozessrisiko und die Höhe der Prozesskosten einen untrennbaren Bestandteil eines jeden Rechts bilden und dessen wirtschaftlichen Wert bestimmen.

Wie bereits ausführlich erläutert wurde, schätzen die Parteien den Prozessausgang ab und machen den dabei ermittelten Erwartungswert zur Grundlage ihrer Entscheidungen über einen Gang vor Gericht.

Verändert man in den Gleichungen für den Erwartungswert des Prozesses die Kosten eines Prozesses für den Kläger, ergibt sich, dass eine Erhöhung der Prozesskosten - bis auf den Fall des als völlig sicher angesetzten Prozesssieges - immer zu einer Ermäßigung der Mindestforderung durch den Anspruchsteller führt. Dies bedeutet, dass die Prozesskosten einen unauflöslichen Bestandteil des Wertes und der rechtlich erzwingbaren Wirksamkeit eines jeden Rechts darstellen. Durch die Höhe der Prozesskosten kann nun die Rechtsordnung den rechtlich gesicherten wirtschaftlichen Wert eines Rechts für den Berechtigten festlegen. So ist ein materiell-rechtlich gewährter Anspruch von 1000 DM für seinen Inhaber selbst bei einer Siegwahrscheinlichkeit von 90% wirtschaftlich nichts mehr wert, wenn er für diesen Prozess Kosten in Höhe von 9000 im Falle seiner Prozessniederlage zu zahlen hat.

---

[6] Grund hierfür sind unterschiedliches Wissen und Wahrnehmungsverzerrungen der Parteien sowie Einflussnahme der Anwälte.

[7] Ebenso wie bei vielen Prozessen ohne anwaltliche Beratung besteht bei Wetten, wie Roulette oder Lotto, die soziale Problematik darin, dass die Spielerseite aufgrund der schwierigen mathematischen Struktur den Erwartungswert des Spieles nicht ausrechnen kann und damit die Nutzen und Kosten ihrer Entscheidung nicht richtig abzuwägen vermag, vgl. hierzu *M Adams*, Fair Play! Zur Notwendigkeit eines Gewinnillusionenbeseitigungsgesetzes, Zeitschrift für Rechtspolitik, 1997, S. 314 f. m.w.N.

Für den Anspruchsgegner gilt das Entsprechende. Er wird durch eine Erhöhung der Prozesskosten zu immer höheren außergerichtlichen Angeboten gezwungen. Sein materiell gewährtes Nichtleistungsrecht wird durch immer höhere Prozesskosten ebenfalls ausgehöhlt. Die Rechtsordnung kann somit allein durch die Festsetzung der Prozesskosten jedes Recht bis zur Bedeutungslosigkeit aushöhlen. Die Veränderung der Prozesskosten oder der Wahrscheinlichkeit der Durchsetzung des Rechtes im Prozess führt damit zu einer diffusen Auflösung des materiellen Rechts in irgendwie geartete außergerichtliche Lösungen. Eine noch so gute Ordnung der materiellen Zivilrechte ist somit in den Augen der Beglückten nichts, wenn ihr nicht eine ebenso gute Zivilprozessordnung und Ziviljustiz zu geringen Kosten Geltung verschafft. Ist der Gerichtsweg mit hohen Kosten - welcher Art auch immer[8] - gepflastert, eröffnet sich für die Beteiligten wirtschaftlich nur noch der Weg der außergerichtlichen Lösungen, deren Ergebnisse jedoch nicht mehr vom Recht, sondern von der jeweiligen Verhandlungsmacht der Parteien bestimmt sein werden. Hohe Prozesskosten stellen somit eine wirtschaftlich bewirkte Selbstaufgabe der Steuerung des menschlichen Verhaltens durch das materielle Recht dar.

D. Vergleich der europäischen mit der US-amerikanischen Kostenregelung

In den USA gibt es grundsätzlich keine Kostenüberwälzung der Rechtsverfolgungskosten. Jede Partei trägt in den USA - selbst im Falle ihres vollständigen und sicheren Obsiegens - im Prozess in voller Höhe ihre eigenen Anwaltskosten. Die Kosten eines Klägers und die Kosten eines Beklagten, mit K_k bzw. K_b bezeichnet, seien als 1800 DM für jede Partei betragend angenommen, so dass die Gesamtkosten K beider Parteien, die sich aus den Kosten des Klägers K_k und den Kosten des Beklagten K_b zusammensetzen, wie im Beispiel der europäischen Kostenregelung insgesamt 3600 DM betragen.

I. Analyse für den möglichen Kläger im Fall der US-Regelung

Der Erwartungswert des Prozesses eines möglichen Klägers bei der US-Regelung, die keine Kostenverlagerung im Falle des Sieges vorsieht, ergibt sich dann als:

$$E_k = p_k \cdot (G - K_k) - (1 - p_k) \cdot K_k = p_k \cdot G - p_k \cdot K_k - K_k + p_k \cdot K_k$$

$$E_k = p_k \cdot G - K_k$$

Anders als bei der europäischen Regelung hat hier die Siegwahrscheinlichkeit des Klägers keinen Einfluss auf die Höhe der Prozesskosten, da diese immer anfallen und unabhängig vom Prozessausgang gleich hoch bleiben: K_k. Allerdings sind die Kosten stets auf die eigenen Kosten der jeweiligen Partei beschränkt

[8] Hierzu gehören z.B. Zeitverzögerungen.

und werden deshalb nicht mehr mit dem Symbol für die gesamten Kosten beider Parteien mit K, sondern als Kosten des Klägers mit K_k bezeichnet.

Mit den Zahlen des Beispiels ergibt sich in einem ansonsten gleichen, jedoch nach US-amerikanischer Kostenregelung stattfindendem Prozess folgende Lage für Kläger und Beklagten:

$$E_k = p_k \cdot (10000 - 1800) - (1 - p_k) \cdot 1800$$
$$E_k = p_k \cdot 10000 - p_k \cdot 1800 - 1800 + p_k \cdot 1800$$
$$E_k = p_k \cdot 10000 - 1800$$

Selbst bei einem völlig sicheren Prozesssieg, d.h. $p_k = 1$, gilt somit, dass sich für eine 10000 DM Forderung ihr wirtschaftlicher Wert um die nicht ersetzten Kosten des Klägers in Höhe von 1800 DM vermindert hat, so dass der Gesamtwert der Forderung für den Kläger sich lediglich als:

$$E_k = 1 \cdot G - K_k = 10000 - 1800 = 8200$$

errechnet.

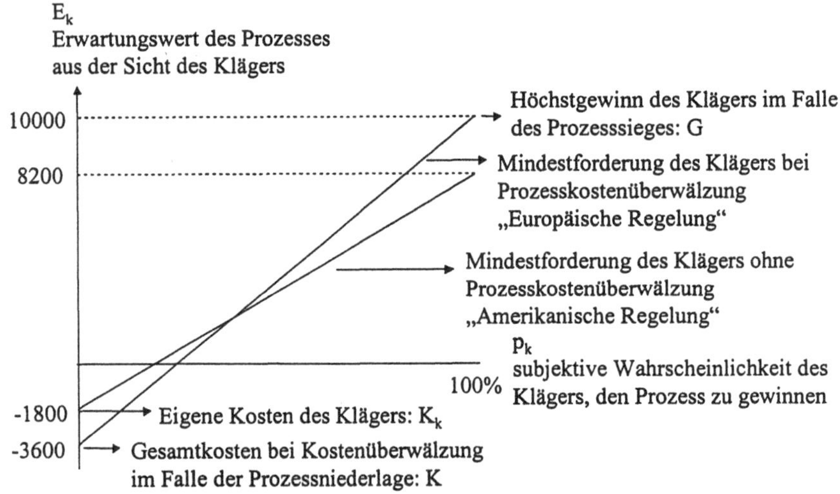

Abbildung 3: Die Entscheidung zum Prozess: Klägerseite
Europäische Regelung im Vergleich zur „American Rule“

Die Wirkung der unterschiedlichen Kostenregelungen in Europa und den USA soll nun anhand einer Graphik veranschaulicht werden:

Trotz sicheren Prozesssieges, etwa im Falle einer eindeutigen Rechtslage, kann der Kläger wirtschaftlich in den USA somit nicht seine materiell-rechtlich gewährte Forderung durchsetzen, sondern nur einen deutlich verminderten Teil. In diesem Umfang sind seine materiellen Rechte durch die nicht verlagerten Prozesskosten wirtschaftlich in den Verhandlungsbereich gedrängt und damit in unbestimmter Weise aufgelöst worden.

II. Analyse für den möglichen Beklagten

Auch der Beklagte wird nach der US-Regelung mit seinen Kosten der Rechtsverfolgung alleine gelassen, selbst wenn er den Prozess vollständig zu seinen Gunsten entscheiden konnte. Ebenso wie ein erfolgloser Kläger hat er allerdings auch nicht der obsiegenden Partei deren Kosten zu erstatten. Hieraus ergibt sich folgendes Bild:

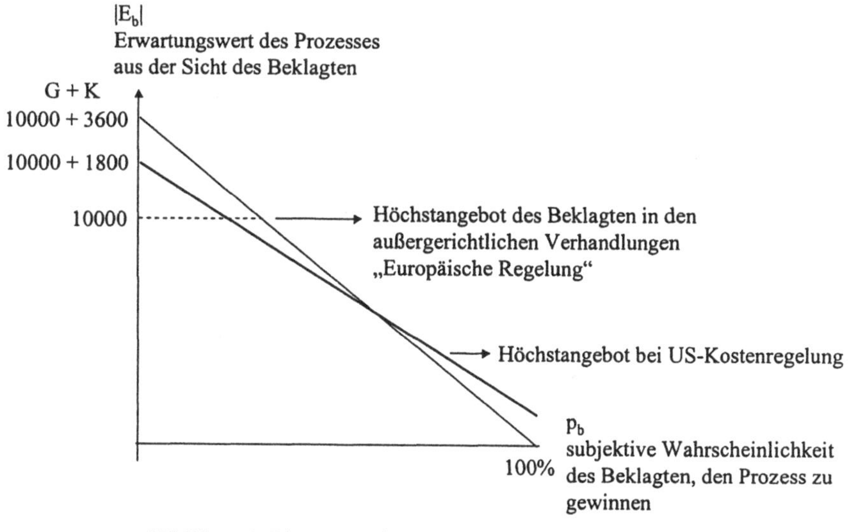

Abbildung 4: Die Entscheidung zum Prozess: Beklagtenseite
Europäische Regelung im Vergleich zur „American Rule“

III. Die Wirkung der Kostenregelungen im Vergleich

Ein Vergleich der vorangegangenen Graphiken zeigt, dass die europäische Kostenregelung für niedrige Siegwahrscheinlichkeiten eines möglichen Klägers niedrigere Erwartungswerte für einen Prozess aufweist als die US-Regelung, während sie für hohe Gewinnwahrscheinlichkeiten zu höheren Werten führt. Dies besagt, dass die europäische Regelung Prozesse mit geringen Siegwahrscheinlichkeiten im Verhältnis zur US-Regelung unwirtschaftlicher macht, während die US-Regelung bei hohen Siegwahrscheinlichkeiten deutlich mehr Streitigkeiten aus dem Zivilprozesssystem herausdrückt als die europäische Regelung. Die europäische Regelung gewährt mit steigender Siegwahrscheinlichkeit somit einen immer stärkeren und schließlich vollständigen Schutz des materiellen Rechts. Die US-Regelung führt im Gegensatz hierzu gerade bei den aussichtsreicheren Prozessen zu einer Erosion des materiellen Rechts aufgrund der nicht verlagerten Prozesskosten.

Im Falle einer unberechtigten Klage kann eine nach materiellem Recht zu nichts verpflichtete Person in den USA lediglich zum Zwecke der Vermeidung von Verteidigungskosten außergerichtlich zu nicht geschuldeten Zahlungen veranlasst werden, die lediglich darauf beruhen, dass sie die kostengünstigere Alternative zu den stets zu tragenden Rechtsverteidigungskosten darstellen. Das US-System eröffnet daher ein erhebliches Erpressungspotential und fragwürdige Einkommenschancen für skrupellose Anwälte und deren Klienten.

E. Schlussbemerkung

Die von Österreich in den §§ 40 ff. ZPO und von vielen anderen europäischen Ländern gewählte Lösung der Verlagerung der gesamten Kosten auf den Prozessverlierer ist aufgrund des besseren Schutzes des materiellen Rechts insbesondere bei unberechtigten erpresserischen Streitigkeiten die wohlfahrtstheoretisch deutlich vorzugswürdigere Lösung gegenüber der US-Regelung.

Reform des Kostenersatzrechts bei Aktionärsklagen mit Drittwirkung

„Die Kostenregelung ist der maßgebliche Schlüssel für den angemessenen Einsatz dieses unverzichtbaren Managementkontrollinstruments"

T. Baums, Gutachten für den 63. Deutschen Juristentag zur Aktionärsklage

I. Einleitung: Reform der Aktionärsklagen mit Drittwirkung

Gewinnrechte, Klagerechte und Stimmrechte von Aktionären bilden den wesentlichen Teil der Eigentumsrechte an Unternehmen. Ohne Gewinn-, Klage- und Stimmrechte für die Eigentümer könnten Kapitalunternehmen keine wirksame und kostengünstige Organisation zur Schaffung von Gütern in einer arbeitsteiligen Welt sein[1]. Die Stellung eines Aktionärs ist jedoch wirtschaftlich durch die Mehrheitsmacht anderer Aktionäre und von einem nach eigenen Interessengesichtspunkten handelnden Management gefährdet[2]. Der Hauptversammlung sind daher die grundlegenden Entscheidungen der Managementkontrolle und der Grundlagen der Unternehmensausrichtung vorbehalten[3]. Aus Gründen einer praktikablen Willensbildung werden Entscheidungen der Hauptversammlung aufgrund von Mehrheiten gefällt. Dies bedeutet jedoch auch, dass die Mehrheit Entscheidungen treffen kann, die auf eine besondere und unzulässige Benachteiligung der Minderheit hinauslaufen. Um derartige Beschlüsse zu Fall bringen zu können, steht jedem einzelnen Aktionär eine Anfechtungs- und Nichtigkeitsklage zu. Im Bereich der Kontrolle der Unternehmensverwaltung soll ein Verfolgungsrecht der Minderheit die Durchsetzung von Schadenersatzansprüchen der Gesellschaft gegen Mitglieder des Vorstands oder Aufsichtsrates auch dann ermöglichen, wenn diese sich gegenseitig decken und auch die möglicherweise an

---

Erstveröffentlichung in: *M. Adams*, Die Aktiengesellschaft, September 2000, S. 396-412.

[1] Vgl. hierzu *T. Baums*, Empfiehlt sich eine Neuregelung des aktienrechtlichen Anfechtungs- und Organhaftungsrechts, insbesondere der Klagemöglichkeiten von Aktionären?, Gutachten E für den 63. Deutschen Juristentag, 2000, A.III.; *M. Adams*, Eigentum, Kontrolle und Beschränkte Haftung, 1991; *M. Adams*, Höchststimmrechte, Mehrfachstimmrechte und sonstige wundersame Hindernisse auf dem Markt für Unternehmenskontrolle, Die Aktiengesellschaft, 1990, S. 63 ff. m.w.N.

[2] *T. Baums*, Gutachten, a.a.O., A.III.

[3] *M. Adams*, Höchststimmrechte, Mehrfachstimmrechte und sonstige wundersame Hindernisse auf dem Markt für Unternehmenskontrolle, Die Aktiengesellschaft, 1990, S. 63 ff. m.w.N. Im deutschen Recht sind diese Rechte allerdings eingeschränkt für den Anwendungsbereich des Mitbestimmungsgesetzes und der Montanmitbestimmung. Diese führt zu rechtlichen Umwegkonstruktionen, Verlagerungen von Unternehmen und Unternehmensfunktionen in das mitbestimmungsfreie Ausland, zu erhöhten Finanzierungskosten und einer Schwächung der Managementkontrolle, während Vorteile des Systems nicht erkennbar geworden sind, sieht man von der Verhinderung der Ausplünderung der Unternehmen durch exzessive Managemententlohnungen nach US-Muster ab.

den pflichtwidrigen Vorgängen beteiligte Mehrheit der Aktionäre diese nicht eintreibt[4]. Der Umstand, dass sich eine rechtswidrig verhaltende Verwaltung der Möglichkeit einer Schadensersatzklage von Aktionären ausgesetzt sieht, entfaltet den Anreiz, ein derartiges Verhalten zu unterlassen[5]. Ohne eine derartige Klagemöglichkeit müsste mit einer erheblichen Verschlechterung der Qualität von Unternehmensverwaltungen[6] und letztlich mit anderen Aufsichtssystemen[7] oder anderen Unternehmensformen gerechnet werden.

Aus wirtschaftswissenschaftlicher Sicht ist es bemerkenswert, dass beide Aktionärsklagearten mit Drittwirkungen verbunden sind. Dies besagt, dass ein Erfolg der Klage nicht nur die Rechtsverhältnisse zwischen den beteiligten prozessierenden Parteien berührt, sondern auch für und gegen alle anderen Aktionäre wirkt[8]. So wirkt die erfolgreiche Anfechtung eines rechtswidrigen Hauptversammlungsbeschlusses für und gegen alle Aktionäre, § 248 I S. 1 AktG. Das gleiche gilt für das Verfolgungsrecht der Minderheit gemäß § 147 III AktG. Da dort der Schadensersatz der Gesellschaft und nicht lediglich derjenige der klagenden Aktionäre geltend gemacht wird, dient die Klage den Interessen aller und damit auch der nicht klagenden Aktionäre. Die genannten Aktionärsklagesysteme haben daher mit den klassischen Problemen „externer Effekte“ und des „Trittbrettfahrerproblems“[9] zu kämpfen. Grundsätzlich sorgt der Umstand, dass ein Gericht über den Erfolg der Klage zu entscheiden hat, dafür, dass sich die sich von einer erfolgreichen Aktionärsklage ergebenden Drittwirkungen auf „positive externe Effekte“ beschränken[10].

---

[4] *T. Baums*, Gutachten, a.a.O., S. 6 und Teil F.

[5] Zur Präventionswirkung von Haftungsregeln vgl. *M. Adams,* Ökonomische Analyse der Gefährdungs- und Verschuldenshaftung, 1985; *A. Shleifer/R. Vishny*, A Survey of Corporate Governance, The Journal of Finance, 1997, S. 737 ff. Ein empirischer Beweis für den Bereich des Strafrechts findet sich bei *H. Curti*, Abschreckung durch Strafe, 1999, S. 131 ff.

[6] Zum Problem des Missbrauchs der Klagen und damit der Lähmung der Unternehmensverwaltungen und der hierzu von Literatur und Rechtsprechung gewählten rechtlichen Schutzfiguren vgl. *T. Baums*, Gutachten, a.a.O., F.III.3 und F.IV.4.

[7] *T. Baums*, Gutachten, a.a.O., A.III.4. sowie Teil B II .1.d des Gutachtens.

[8] *T. Baums*, Gutachten, a.a.O. A.III.3. nennt derartige Klagen „Klagen mit Gemeinschaftsbezug“. Hier soll der in den Wirtschaftswissenschaften übliche Begriff der Drittwirkung oder „externer Effekt“ benutzt werden.

[9] Vgl. hierzu *R.S. Pindyck/D.L., Rubinfeld*, Microeconomics, 2. Aufl., 1992 S. 661 ff.; *R. Cooter/T. Ulen*, Law and Economics, 2. Aufl., 1997, S. 100 ff.; *M. Olson,* The Logic of Collective Action, Harvard University Press, 1965.

[10] Sicherlich werden auch Fälle von der Rechtsprechung fehlerhaft entschieden. Dabei sind zusprechende Urteile möglich, wo eine Klageabweisung richtig gewesen wäre und eine Klageabweisung, wo ein stattgebendes Urteil das richtige gewesen wäre. Es macht jedoch keinen Sinn, grundsätzlich anzunehmen, dass die Gerichte Fehlurteile fällen. Für die Analyse der Wirkungen wird daher davon ausgegangen, dass die anderen Aktionäre gegen negative externe Effekte der Klagen aufgrund der Prüfung der Gerichte geschützt sind.

Baums[11] hat jedoch nachgewiesen, dass einzelne Aktionärsgruppen erpresserische Klagen zu Lasten der anderen Aktionäre erheben können und sich hierbei namentlich benannte Personengruppen zu Lasten der verklagten Unternehmen mit Millionenbeträgen zu bereichern vermochten. Zur Beseitigung des Missstandes räuberischer Aktionärsklagen hat *Baums* einen überzeugenden rechtspolitischen Vorschlag vorgelegt. So soll nach *Baums*[12] durch eine Konzentration der Klage beim Prozessgericht und einer Überwindung der Registersperre zusammen mit der Verpflichtung der Veröffentlichung von Vergleichen sichergestellt werden, dass weiterhin Klagen und Vergleiche von Aktionären uneingeschränkt möglich sind, Erpressungen und Ausbeutung der Unternehmen jedoch ausgeschlossen werden.

Der folgende Aufsatz geht davon aus, dass die Vorschläge des Gutachtens von *Baums* zur Überwindung der als Erpressungsgrundlage dienenden Registersperre und die Veröffentlichung von Prozess- und insbesondere Vergleichsergebnissen bereits in geltendes Recht umgesetzt sind. Räuberische Aktionärsklagen sind hiernach sinnlos geworden und werden nicht mehr erhoben. Damit verbleibt lediglich das Problem sicherzustellen, dass die wünschenswerten, zur Kontrolle von Aktionärsmehrheit und Verwaltung notwendigen Klagen auch tatsächlich erhoben werden. Angesichts des bekannten Marktversagens aufgrund des „Collective-Action/Trittbrettfahrerproblems“ besteht jedoch die Gefahr, dass nicht genügend Klagen erhoben werden, da jeder Aktionär auf die Kontrollanstrengungen der anderen Aktionäre hofft und daher eigene unterlässt, mit dem Ergebnis, dass kein Aktionär Klage erheben wird[13].

In seinem Gutachten versucht *Baums*[14] die Gefahr einer zu geringen Klagetätigkeit durch Vorschläge zur Änderung der Kostenregelungen zu lösen. So empfiehlt *Baums*[15], dass bei Abweisung der Anfechtungs- und Nichtigkeitsklage abweichend von § 91 ZPO dem Prozessgericht die Möglichkeit eingeräumt wer-

---

[11] *T. Baums*, Gutachten, a.a.O., Teil V.1.

[12] *T. Baums*, Gutachten, a.a.O., Teil C.VII und Teil F. IV.

[13] *M. Adams*, Höchststimmrechte, Mehrfachstimmrechte und sonstige wundersame Hindernisse auf dem Markt für Unternehmenskontrolle, AG 1990, S. 63 ff. m.w.N.
Es besteht guter Grund für die Annahme, dass die Zahl der Klagen in Deutschland zumindest bis in die Mitte der 80er Jahre viel zu gering war. So haben sich die Zustände in den deutschen börsennotierten Unternehmen erst Anfang der 90er Jahre aufgrund der zunehmenden Bedeutung ausländischer institutioneller Anleger, der Kapitalmarktförderungsgesetze und der in der Presse starken Widerhall findenden Anstrengungen von *E. Wenger* deutlich zum Besseren gewendet. Für die Häufigkeit der Anfechtungsklagen vgl. die Statistik bei *T. Baums*, Gutachten, a.a.O., Teil C.II.4. Zieht man die Zahl der räuberischen Aktionärsklagen ab, ist auch die Klagetätigkeit ab Mitte der 80er Jahre keinesfalls beeindruckend und bewegt sich im Bereich des Bruchteils eines Promilles pro Beschlussgegenstand.

[14] *T. Baums*, Gutachten, a.a.O., Teil C.VII und Teil F. IV.5.

[15] *T. Baums*, Gutachten, a.a.O., Teil C.VII.

den solle, die Kosten nach seinem Ermessen ganz oder teilweise der beklagten Gesellschaft aufzuerlegen. Bei der Ermessensausübung solle das Gericht insbesondere berücksichtigen, ob die Klage im Zeitpunkt der Erhebung Aussicht auf Erfolg hatte, ob sie mutwillig oder rechtsmissbräuchlich erhoben wurde und ob die Klage abzuweisen war, weil der Kläger während der kurzen Anfechtungsfrist den Anfechtungsgrund nicht erkennen und vortragen konnte. Für den Bereich der Verfolgungsklagen sieht *Baums*[16] - *Ulmer* folgend - die Einführung eines Zulassungsverfahrens vor, in dem die Erfolgsaussichten der beabsichtigten Klage durch das Prozessgericht summarisch geprüft werden sollten. *Baums* empfiehlt dann, den zugelassenen Klägern im Unterliegensfall einen materiellrechtlichen Erstattungsanspruch gegen die Gesellschaft einzuräumen, da ihnen das Klagezulassungsverfahren hinreichende Aussicht auf Erfolg signalisiert habe.

Die Vorschläge von *Baums* und *Ulmer* können das Problem der Gefahr zu geringer Klagetätigkeit nicht lösen, da ihr Vorschlag möglichen Klägern im besten Falle und durchaus nicht risikofrei Kosten erspart. Wie in dieser Arbeit gezeigt werden wird, bewirkt die Entbürdung von Kostenrisiken, dass das Führen von Prozessen wirtschaftlicher wird. Der entscheidende Nachteil der Entlastung von Prozesskostenrisiken besteht jedoch darin, dass hierdurch in besonderem Umfang gerade Prozesse mit geringen Erfolgsaussichten wirtschaftlich vorteilhafter gemacht werden. Dieser Wirkung will *Baums* zwar für den Bereich der Anfechtungsklage durch die erwähnten Abwägungsregelungen und das Zulassungsverfahren entgegensteuern. Da dann jedoch nur noch Prozesse von den Kosten entlastet werden, die ohnehin gute Aussichten hatten, läuft der Vorschlag wirtschaftlich leer, da für diese Prozesse das Kostenrisiko nur noch eine geringe wirtschaftliche Bedeutung aufweist[17]. Damit ergibt sich, dass *Baums* mit seinen

---

[16] *T. Baums*, Gutachten, a.a.O., Teil F.IV.4. mit Verweis auf *P. Ulmer*, Die Aktionärsklage als Instrument zur Kontrolle des Vorstands- und Aufsichtsratshandeln, ZHR, 1999, 290, 341: „Die Funktion des Zulassungsverfahrens ist dabei die, der Minderheit die Verfolgung ex ante aussichtsreicher Schadenersatzprozesse im Interesse der Gesellschaft ohne das Risiko der Belastung mit den Prozesskosten zu ermöglichen, dagegen aussichtslose oder zu missbräuchlichen Zwecken betriebene Klagen der Minderheit tunlichst von vornherein auszuschalten. Außerdem soll das Zulassungsverfahren der Gesellschaft die Möglichkeit geben, im Sinne der Grundsätze der ARAG-Garmenbeck-Entscheidung des Bundesgerichtshofes einzuwenden, dass Gründe des Gesellschaftswohls dem Schadenersatzprozess entgegenstehen."

[17] Vgl. hierzu weiter unten die Untersuchung der Regelung „Forderung des Klägers bei Kostenfreistellung des Klägers". Aus der dortigen Graphik wird deutlich, dass im Falle der Kostenfreistellung des Klägers bei hohen Siegeswahrscheinlichkeiten der Erwartungswert nur noch geringfügig erhöht ansteigt. Die Abwägungsklausel von *T. Baums* soll bewirken, dass der Nachteil der Kostenfreistellung in Form der sehr starken Förderung von Klagen mit geringen Erfolgsaussichten aufgehoben wird. Leider wird dadurch die ganze Regelung für risikoneutrale Kläger weitgehend wirkungslos.

rechtspolitischen Empfehlungen zwar das Problem der räuberischen Aktionärsklagen überzeugend erledigt hat, sein Vorschlag sich jedoch als untauglich erweist, das ebenso wichtige Anreizproblem zu lösen, Aktionäre zu finden, die es angesichts des Trittbrettfahrerproblems und rationaler Apathie[18] der Mühe lohnend finden, die richtigen[19] Prozesse zu führen. Während *Baums* somit dass Problem der „zu vielen Prozesse" gelöst hat, bleibt das Problem der „zu wenigen Prozesse" in seinem Gutachten offen.

Zur Abwendung der Gefahr zu geringer Klagetätigkeit wurde von *Wenger*[20] und *Adams*[21] die Forderung erhoben, dass die Kläger für ihre Risikoübernahme und Leistungen für die untätig gebliebenen Aktionäre im Obsiegensfalle eine Entschädigung erhalten sollten. Dieser Ansicht ist *Baums* in seinem Gutachten nicht gefolgt, da er eine Häufung unbegründeter Klagen befürchtete[22].

Dieser Aufsatz soll nun die Wirkung der erörterten Kostenregelungen untersuchen und einen Vorschlag unterbreiten, der sicherstellt, dass unbegründete Klagen wirtschaftlich unterdrückt und begründete Klagen mit Drittwirkung trotz ihrer Behinderung durch das Trittbrettfahrer-Problem prozesswillige Aktionäre finden werden. Hierzu ist es erforderlich, die Gründe für die Existenz von Zivilprozessen darzulegen.

II. Das Paradoxon des Prozesses

Zivilprozesse sind aufgrund ihrer Kosten für Anwälte, Gutachter und Gerichte für die beteiligten Parteien insgesamt ein schädigendes Ereignis. Es muss daher erklärt werden, aus welchem Grunde rationale Menschen überhaupt unter Kosten Zivilprozesse gegeneinander anstrengen, statt die dabei an Anwälte, Sachverständige, Gutachter und Gerichte fließenden Gelder im Wege einer Einigung

---

[18] *M. Adams*, Höchststimmrechte, Mehrfachstimmrechte und sonstige wundersame Hindernisse auf dem Markt für Unternehmenskontrolle, Die Aktiengesellschaft, 1990, S. 63 ff. m.w.N.

[19] Richtige Prozesse sind diejenigen, in denen die Kläger mit hoher Wahrscheinlichkeit erwarten zu obsiegen und unrichtige Prozesse sind diejenigen, von denen die Kläger mit hoher Wahrscheinlichkeit erwarten, dass sie verloren gehen. Bei rationalen Erwartungen verwandeln sich die ex ante Erwartungswerte in ex post Durchschnitte.

[20] *E. Wenger*, Stellungnahme zur Aktienrechtsreform 1997, Die Aktiengesellschaft, Sonderheft August, 1997, S. 59.

[21] *M. Adams*, Stellungnahme zur Aktienrechtsreform 1997, Die Aktiengesellschaft, Sonderheft August, 1997, S. 10.

[22] *T. Baums*, Gutachten, a.a.O., Teil F.IV.d: „Nicht zu befürworten ist dagegen der Vorschlag, für Minderheitsaktionäre einen positiven Anreiz, ihr Verfolgungsrecht geltend zu machen, dadurch zu schaffen, dass ihnen im Fall des Obsiegens ein Teil der Schadensersatzsumme als Prämie ausgezahlt wird. Solche Belohnungen für erfolgreiche Klagen führen zur Herausbildung eines entsprechenden Gewerbes, das erfolglose Klagen mit den Gewinnen aus erfolgreichen Klagen quersubventionieren kann. Die damit verbundene Häufung auch unbegründeter Klagen ist sozial nicht wünschenswert."

untereinander zu verteilen. Es erscheint wenig vernünftig, die Erklärung menschlicher Verhaltensweisen mit der Annahme zu versuchen, dass es ein allgemeiner Wesenszug des Menschen sei, er sei blind und irrational. Es ist vielmehr davon auszugehen, dass die einzelnen Bürger nur dann einen Prozess anstrengen, wenn sie glauben, ihre Lage durch den in Aussicht genommenen Prozess verbessern zu können.

Der Entschluss einer Partei, einen Prozess zu führen oder den Streit außergerichtlich beizulegen, beruht somit auf dem Vergleich zweier Situationen, dem Prozess und dem Nichtprozess. Je nachdem, welche der beiden Handlungen ihr den größeren Vorteil verspricht, wird sie einen Prozess führen oder eine außergerichtliche Lösung vorziehen.

1. Der Entschluss der Parteien zum Prozess

Glaubt eine Person einen Anspruch gegen eine andere Person zu besitzen, wird sie dann zu einem Prozess schreiten, wenn sie glaubt, sie könne von ihrem Anspruchsgegner durch einen Prozess eine höhere Auszahlung als in den außergerichtlichen Verhandlungen erlangen[23]. In entsprechender Weise wird es der Anspruchsgegner dann zum Prozess kommen lassen, wenn er glaubt, seine erwartete Auszahlung durch das Führen eines Prozesses im Vergleich zu einer außergerichtlichen Einigung verringern zu können. Beide Parteien schätzen somit die wahrscheinliche Höhe ihrer Ein- und Auszahlungen für den Fall des Prozesses ab und vergleichen diese mit dem Wert der außergerichtlich erreichbaren Zahlung und wählen dann diejenige Alternative, die ihnen die höchste erwartete Einzahlung bzw. die geringste Auszahlung verspricht.

Diese vom Anspruchsteller und Anspruchsgegner abgeschätzten Erwartungswerte[24] stellen dann jeweils für beide Parteien die Grenzwerte ihrer außergerichtlichen Verhandlungsbereitschaft dar. Ist also in den außergerichtlichen Verhandlungen nur ein geringerer als der jeweilige von den einzelnen Parteien individuell abgeschätzte Erwartungswert des Prozesses erreichbar, wird jede von ihnen den Prozessweg beschreiten, da dieser sich günstiger als das Verhandlungsergebnis darstellt.

Einer bis in das römische Recht zurückreichenden europäischen Tradition[25] entsprechend sehen die §§ 91 ff. ZPO vor, dass jede Partei die durch ihre Prozesshandlungen verursachten Kosten zunächst selbst zu tragen hat. Die im Rechtsstreite unterlegene Partei hat ihrem Gegner jedoch alle zur zweckentsprechenden

---

[23] Vgl. *M. Adams*, Ökonomische Analyse des Zivilprozesses, 1981.

[24] Erwartungswerte kann man anschaulich bei einer häufigeren Wiederholung des gleichen Ereignisses als seinen durchschnittlichen Ertrag auffassen.

[25] Vgl. *A. Bruns*, Das Verbot der quota litis und die erfolgshonorierte Prozessfinanzierung, JZ, 2000, 232 ff. m.w.N.

Rechtsverfolgung oder Rechtsverteidigung notwendigen Kosten zu ersetzen. Bei einem teilweisen Obsiegen sind die Kosten verhältnismäßig zum Ausmaß des Obsiegens zuzusprechen, § 92 ZPO[26].

Ist der Anspruchsgegner aufgrund seiner Abschätzung des Erwartungswertes des Prozesses bereit, mehr in der außergerichtlichen Verhandlung anzubieten als der Kläger als Mindestforderung außergerichtlich verlangt, ist eine Fülle von Verhandlungsergebnissen möglich. Wenn zum Beispiel der Schuldner bereit ist, für eine außergerichtliche Einigung bis zu 8000 DM anzubieten und der Gläubiger bei einer außergerichtlichen Verhandlungslösung bereits mit 6000 DM zufrieden wäre, besteht zwischen beiden Parteien ein Verhandlungsbereich von 2000 DM. Die Parteien werden sich dann im Endergebnis auf eine Zahlung zwischen 6000 DM und 8000 DM einigen.

Dieser Grundgedanke soll an einem Zahlenbeispiel anschaulich dargestellt werden[27].

a) Die Mindestforderung eines möglichen Klägers

Der ökonomische Wert, den ein möglicher Kläger einem Prozess über die von ihm verlangte Summe beimisst, ist der Wert der mit einem Prozess verbundenen wahrscheinlichen Zahlungen, sein „Erwartungswert“, zukünftig mit E_k bezeich-

---

[26] Zur Regelung in den USA vgl. *M. Adams,* The Conflict of Jurisdictions: An Economic Analysis of Pretrial Discovery, Fact Gathering and Cost Allocation Rules in the United States and Germany, European Review of Private Law, 1995, S. 53 ff. m.w.N. sowie *M. Adams*, Kostenersatzrecht: Prozessordnungsvergleich in ökonomischer Sicht, in: *Bundesministerium für Justiz/P. Lewisch/W.H. Rechberger* (Hrsg.), 100 Jahre ZPO: Ökonomische Analyse des Zivilprozesses, 1998, S. 225 ff. In den USA ist eine Kostenüberwälzung auf den unterlegenen Kläger oder Beklagten in den meisten Bundesstaaten nicht möglich. In der Praxis bleibt auch der vollständig obsiegende Kläger oder Beklagte auf den ihm entstandenen Kosten endgültig sitzen. Diese Regelungen haben auf die Rechtsdurchsetzung und das materielle Recht einen tief greifenden, wirtschaftlich falschen und ungerechten Einfluss.

[27] Hierzu werden im Text folgende Symbole benutzt, die jeweils in ihrem Zusammenhang nochmals erläutert werden:

E_k:	Erwartungswert des Prozesses aus der Sicht des Klägers;
G:	im Falle des Prozesssieges erzielte Auszahlung an den Kläger (etwa 10000 DM);
K:	Kosten für die Anwälte *beider* Parteien inklusive der Gerichtskosten *beider* Parteien (etwa 3600 bei einem 10000 DM Prozess);
p_k:	subjektive Wahrscheinlichkeit des Klägers, den Prozess zu gewinnen;
$(1 - p_k)$:	subjektive Wahrscheinlichkeit des Klägers, den Prozess zu verlieren;
p_b:	subjektive Wahrscheinlichkeit des Beklagten, den Prozess zu gewinnen;
$(1 - p_b)$:	subjektive Wahrscheinlichkeit des möglichen Beklagten, den Prozess zu verlieren;
E_b:	Erwartungswert des Prozesses des Beklagten;
N_k:	Nichtersetzte Kosten des Klägers;
N_b:	Nichtersetzte Kosten des Beklagten.

net. Der Erwartungswert des Prozesses aus der Sicht des Anspruchstellers errechnet sich daher als:

$E_k = p_k \cdot G - (1 - p_k) \cdot K$

Hierbei bedeutet „$\mathbf{p_k}$“ die von ihm angenommene Wahrscheinlichkeit, den Prozess zu gewinnen, und „**G**“ die von ihm dann erstrittene Geldsumme und „**K**“ die von beiden Parteien insgesamt aufgewendeten Kosten. Der Erwartungswert seiner Zahlung ist dann die mit der Siegwahrscheinlichkeit $\mathbf{p_k}$ multiplizierte verlangte Geldsumme **G** abzüglich der mit der Niederlagewahrscheinlichkeit, (1 - p_k), multiplizierten gesamten Prozesskosten **K**.

Der Erwartungswert eines Prozesses, bei dem um 10000 DM gestritten wird, und bei dem die Kosten für Gericht und Anwälte insgesamt beispielsweise 3600 DM betragen, ergibt sich für den Anspruchsteller dann als:

$E_k = p_k \cdot 10000 - (1 - P_k) \cdot 3600$ oder umgeformt:

$E_k = p_k \cdot 13600 - 3600$.

Wie aus der Gleichung deutlich zu erkennen ist, hängt der Erwartungswert des Prozesses für den Anspruchsteller entscheidend davon ab, wie hoch der Anspruchsteller die Wahrscheinlichkeit ansetzt, mit der er den Prozess zu gewinnen glaubt. Glaubt er beispielsweise felsenfest an einen Prozesssieg und hält er eine Niederlage für völlig ausgeschlossen, nimmt seine subjektive Siegeswahrscheinlichkeit p_k den Wert 1 an. Dann ist der Erwartungswert des Prozesses für ihn genau:

$E_k = 1 \cdot 13600 - 3600 = 10000$ DM.

Zweifelt er jedoch und gibt er sich lediglich eine Siegeschance von 50%, dann nimmt er für p_k den Wert von 0,5 an, so dass sein Erwartungswert für seine 10000 DM Forderung bei 3600 DM Prozesskosten nun nur noch:

$E_k = 0{,}5 \cdot 13600 - 3600 = 6800 - 3600 = 3200$ DM

beträgt.

Ist er lediglich sehr optimistisch, so mag er seine subjektive Siegeswahrscheinlichkeit auf 90% und damit seine Niederlagewahrscheinlichkeit auf 10% ansetzen. Der wirtschaftliche Wert seines 10000 DM-Anspruchs bei Prozesskosten von 3600 DM beläuft sich dann auf

$E_k = 0{,}9 \cdot 10000 - 0{,}1 \cdot 3600$, d.h. auf $9000 - 360 = 8640$ DM.

Diese *Höhe des Erwartungswertes* ist deshalb von entscheidender Bedeutung für die Erklärung von Prozessen, da sie die Höhe der *Minimalforderung* darstellt, die der Anspruchsteller in den Verhandlungen für eine außergerichtliche Lösung verlangen wird. Sollte der Anspruchsgegner nicht bereit sein, dem Anspruchsteller mindestens diesen Erwartungswert von 8640 DM zu zahlen, erscheint dem Anspruchsteller der Prozess lohnender, da er ja im Falle des Prozesses trotz der von ihm einkalkulierten Prozesskosten und trotz des Prozessrisikos eine höhere

Auszahlung erwartet. Der Anspruchsteller wird also jedes außergerichtliche Zahlungsangebot seines Anspruchsgegners ablehnen, das unter dem Erwartungswert des Prozesses liegt.

Die folgende Graphik zeigt nun, wie sich der Erwartungswert eines Prozesses für den Kläger ändert, wenn sich seine subjektive Siegeswahrscheinlichkeit ändert:

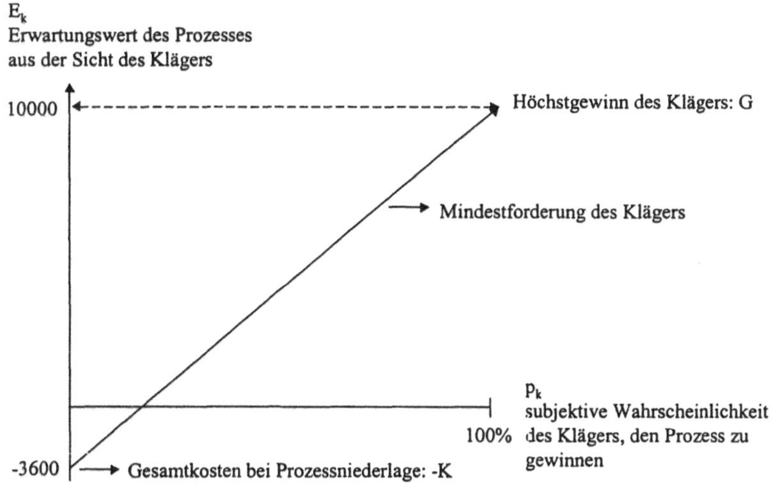

Abbildung 1: Die Entscheidung zum Prozess: Klägerseite

Wie deutlich zu sehen ist, steigt der Erwartungswert $\mathbf{E_k}$ und damit der Mindestbetrag für eine außergerichtliche Einigung, dem vom Anspruchsteller noch zugestimmt wird, linear mit zunehmender subjektiver Siegeswahrscheinlichkeit immer mehr an und erreicht erst mit $P_k = 1$, der 100prozentigen Siegeswahrscheinlichkeit, den vollen Wert des Anspruchs, im Beispiel also die 10000 DM.

b) Das Angebot des Anspruchsgegners und möglichen Beklagten

Auch der Anspruchsgegner muss sich über den Wert klar werden, den die von einem Prozess ausgelösten Zahlungen für ihn darstellen würden. Auch er muss sich einen Betrag überlegen, den er dem Anspruchsteller außergerichtlich maximal zu zahlen bereit ist und der ihm bei einem Überschreiten das Führen eines Prozesses trotz aller Risiken lohnender als eine außergerichtliche Lösung erscheinen lässt. Auch er wird daher wie der Anspruchsteller den Erwartungswert seiner möglichen Zahlungen abschätzen.

Da der Anspruchsgegner und Beklagte aufgrund der Kostenüberwälzung im Falles seines Obsiegens im Prozess nichts, „**0**", im Falle der Prozessniederlage jedoch die Streitsumme **G** und die gesamten Prozesskosten beider Seiten **K**, insgesamt also **G + K** zu bezahlen hat, errechnet sich sein Erwartungswert als:

$E_b = p_b \cdot 0 - (1 - p_b) \cdot (G + K)$

Mit $\mathbf{p_b}$ wird hier die vom Anspruchsgegner angenommene Wahrscheinlichkeit bezeichnet, den Prozess zu gewinnen. Seine Niederlagewahrscheinlichkeit ist damit logischerweise $\mathbf{1 - p_b}$.

Im Beispiel des Prozesses um 10000 DM bei insgesamt 3600 DM Prozesskosten ist somit der Erwartungswert des Beklagten:

$E_b = p_b \cdot 0 - (1 - p_b) \cdot 13600$

$E_b = p_b \cdot 13600 - 13600$

Nur für den Fall, dass er völlig sicher ist, den Prozess zu gewinnen, wird der Anspruchsbelastete $p_b = 1$ annehmen und damit dem Anspruchsteller nichts anbieten und die Zahlung völlig verweigern, da sein Erwartungswert dann:

$E_b = 1 \cdot 13600 - 13600 = 0$

beträgt.

Glaubt der Schuldner aber beispielsweise, dass er den Prozess nur mit 80 %iger Wahrscheinlichkeit für sich entscheiden kann, ergibt sich der Erwartungswert des Prozesses für ihn als:

$E_b = 0{,}8 \cdot 13600 - 13600 = - 2720$

Da er somit im Falle eines Prozesses einen Verlust von 2720 DM erwartet, wird er sich in den außergerichtlichen Verhandlungen zu keinem Auszahlungsangebot von mehr als 2720 DM an den Gläubiger bereit finden, da ihm von diesem Betrag ab ein Zivilprozess als die lohnendere Alternative erscheint. Auch hier stellt somit der *Erwartungswert* des Prozesses das *Höchstangebot* dar, das der Anspruchsgegner für eine außergerichtliche Lösung anbieten wird. Die folgende Graphik zeigt, wie sich der Erwartungswert des Anspruchsgegners mit seiner subjektiven Wahrscheinlichkeit, den Prozess zu gewinnen, verändert[28]:

[28] Der negative Erwartungswert wurde in der Graphik aus Darstellungsgründen absolut genommen und als Höchstangebot des Anspruchsgegners bezeichnet.

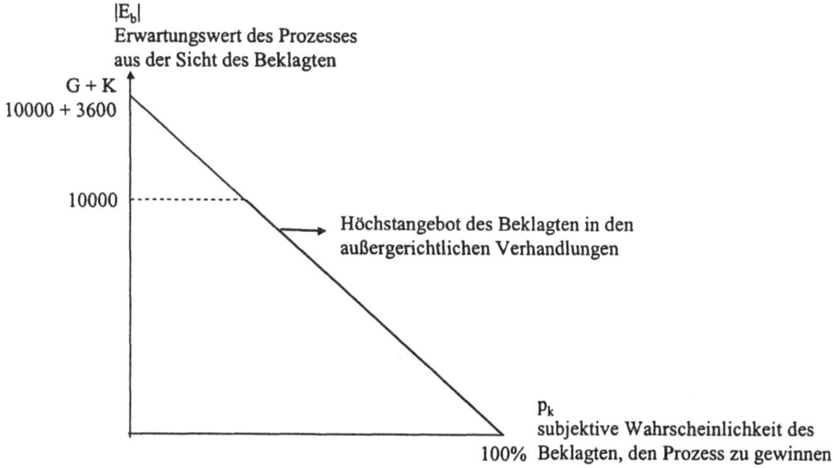

Abbildung 2: Die Entscheidung zum Prozess: Beklagtenseite

2. Die Ursache von Prozessen: höhere Forderung als Angebot

Sind sich beide Parteien nach der Bildung ihrer Erwartungswerte über ihre Mindestforderung und ihr Höchstangebot bei den außergerichtlichen Verhandlungen klar geworden, lässt sich sofort ableiten, unter welchen Bedingungen ein Zivilprozess zustande kommt: Immer wenn die *Mindestforderung* des Anspruchstellers höher ist als das *Höchstangebot* des Anspruchsgegners kommt es zu einem Prozess.

Mit den Beispielszahlen Streitgegenstand G = 10000, Gesamtkosten beider Parteien K = 3600, angenommene Wahrscheinlichkeit des Klägers, den Prozess zu gewinnen, $p_k = 0{,}9$ und der angenommenen Wahrscheinlichkeit des Beklagten, den Prozess zu gewinnen, $p_b = 0{,}8$, ergibt sich folgende Lage: Da für den Kläger der Erwartungswert $E_k = 8640$ und für den Beklagten der Erwartungswert $E_b = -2720$ beträgt, ergibt sich als Differenz zwischen der Mindestforderung des Klägers und dem Höchstangebot des Beklagten der Betrag von 8640 - 2720 = 5920. Es kommt somit bei diesen subjektiven Wahrscheinlichkeiten der Beteiligten zum Prozess um 10000 DM.

Soweit somit die Forderung des Klägers größer ist als das Angebot des Beklagten, ergibt sich ein Gerichtsverfahren, während alle anderen Fälle einen Verhandlungsbereich erzeugen, der zu einer Lösung ohne Gang vor Gericht führt.

3. Unvereinbare Erwartungen als Ursache des Auseinanderfallens von Forderung und Angebot der Parteien

Liegen die Streitsumme **G** und die Prozesskosten **K** fest, zeigt es sich, dass die subjektiven Wahrscheinlichkeiten der Parteien, jeweils zu gewinnen, insgesamt einen Wert über 100% erreichen müssen, damit es überhaupt zu einem Prozess kommen kann. Nun stellt sich die Frage, wie es zu einem solch unsinnig hohen Wert der Erfolgswahrscheinlichkeiten kommen kann.

Führen zwei Parteien einen Zivilprozess gegeneinander, muss es bei einer Partei zu einem Sieg und damit zugleich zu einer Niederlage der anderen Partei kommen[29]. Hätte also ein und dieselbe Person die Sieg- und Verlustchancen der Parteien zu beurteilen, könnte sie bei gesundem Verstande der Siegeschance des Klägers nur den gleichen Wert zumessen wie der Verlustchance des Beklagten, da es sich um dasselbe Ereignis handelt. Würden also Kläger und Beklagter nicht selbständig ihre Sieg- und Verlustwahrscheinlichkeiten festsetzen, müssten $\mathbf{p_k}$ (d.h., die subjektive Wahrscheinlichkeit des Anspruchstellers, den Prozess zu gewinnen) und $\mathbf{(1 - p_b)}$ (d.h., die subjektive Wahrscheinlichkeit des Anspruchsgegners, den Prozess zu verlieren) miteinander identisch sein, da sie sich auf dasselbe Ereignis beziehen. Bei einer solchen Festlegung der Wahrscheinlichkeiten durch die Parteien, könnte es jedoch niemals zu einem Prozess kommen. So würde in unserem Beispielsfall eines Streites um 10000 DM und Gesamtkosten von 3600 DM der Kläger bei 60% Siegeswahrscheinlichkeit für sich einen Erwartungswert des Prozesses und damit eine Forderung von 4560 DM errechnen. Der mögliche Beklagte würde im Falle der widerspruchsfreien, mit der Beurteilung des Anspruchsstellers übereinstimmenden Prozessergebniswahrscheinlichkeit seinen Sieg mit 40% ansetzen und zu einem Angebot an den möglichen Kläger von 8160 DM gelangen. Da dann das Angebot deutlich höher ist als die Forderung, kann es nicht zu einem Prozess kommen. Da dies für alle möglichen Kombinationen, bei denen die Beurteilung des Prozessergebnisses von beiden Seiten widerspruchsfrei eingeschätzt wird, gilt, ist das Auftreten eines Prozesses bei widerspruchsfreien subjektiven Wahrscheinlichkeiten der Parteien nicht möglich.

---

[29] In der Prozesswirklichkeit beherrscht der Prozessvergleich die Bühne. Die hier vorgelegte Erklärung erfasst jedoch auch diese Möglichkeit. Hierzu sind statt der beiden Ereignisse „Sieg" oder „Niederlage" noch die möglichen Zwischenstufen möglicher Vergleiche einzufügen und diese mit den jeweiligen Wahrscheinlichkeiten zu gewichten. Da ein zusätzlicher Erkenntnisgewinn hierdurch nicht zu erzielen ist, die Darstellung jedoch erheblich unübersichtlicher wird, soll hier die Analyse mit dem einfachen Fall fortgesetzt werden. Das Gleiche gilt für den Fall, dass die Parteien nicht risikoneutral, sondern risikoscheu sind, vgl. hierzu die Ausführungen weiter unten sowie *M. Adams*, Ökonomische Analyse des Zivilprozesses, 1981, S. 90 ff.

Die Sieg- und Verlustchancen eines Prozesses sind jedoch nicht lediglich von einer Person zu beurteilen, sondern von zwei Parteien. Während bei einer Person eine widersprüchliche Wahrscheinlichkeitsbewertung bei gesundem Verstande nicht zu erwarten ist, ist eine unterschiedliche Festsetzung der Wahrscheinlichkeiten für ein- und dasselbe Ereignis bei verschiedenen Personen durchaus der Regelfall[30]. Diese Unterschiede in den Zukunftserwartungen stellen die Grundlage für die Existenz von Zivilprozessen, aber auch den Grund für einen Teil des Börsenhandels und für Spielen und Wetten[31] dar.

III. Die Bedeutung der Prozesskosten für den ökonomischen Wert von Rechten und die Steuerungskraft des materiellen Rechts

Seit alters her sind die Prozesskosten der Grund für Klagen am Zivilprozesssystem. So wurde immer wieder darauf hingewiesen, dass ein Staat, der seinen Bürgern bei der gerichtlichen Verfolgung ihrer Rechte zu hohe Kostenlasten aufbürde, damit diesen das Recht selbst entziehe. Für den Wirtschaftswissenschaftler sind es die mit jedem Zivilprozess verbundenen Kosten, die die Möglichkeit von Prozessen erklärungsbedürftig machen. Wie dargelegt, ist eine Auflösung dieses Paradoxon mit Hilfe der Erklärung der widersprüchlichen Erwartungen der Parteien möglich. Nun soll gezeigt werden, dass das Prozessrisiko und die Höhe der Prozesskosten einen untrennbaren Bestandteil eines jeden Rechts bilden und dessen wirtschaftlichen Wert bestimmen. Durch Festlegung der Höhe der Prozesskosten können somit die tatsächliche Rechtsdurchsetzung im Klageweg und damit der wirkliche Wert des materiellen Rechts beliebig verändert werden.

Wie erläutert, schätzen die Parteien den Prozessausgang ab und machen den dabei ermittelten Erwartungswert zur Grundlage ihrer Forderungen und Angebote und damit ihrer Entscheidungen über einen Gang vor Gericht. Verändert man in den Gleichungen die Kosten des Prozesses für den Kläger, ergibt sich, dass eine Erhöhung der Prozesskosten - bis auf den Fall des als völlig sicher angesetzten Prozesssieges - immer zu einer Ermäßigung der Mindestforderung durch den Anspruchsteller führt. Durch die Höhe der Prozesskosten kann damit die Rechtsordnung den rechtlich gesicherten wirtschaftlichen Wert eines Rechts für den

---

[30] Grund hierfür sind unterschiedliches Wissen und Wahrnehmungsverzerrungen der Parteien sowie die Einflussnahme der Anwälte.

[31] Bei Wetten, wie Roulette oder Lotto, besteht die soziale Problematik darin, dass die Spielerseite aufgrund der schwierigen mathematischen Struktur den Erwartungswert des Spieles nicht ausrechnen kann und damit die Nutzen und Kosten ihrer Entscheidung nicht richtig abzuwägen vermag, vgl. hierzu *T. Tolkemitt*, Die deutsche Glücksspielindustrie: Eine wirtschaftswissenschaftliche Analyse mit rechtspolitischen Empfehlungen, 2002; *M. Adams*, Fair Play! Zur Notwendigkeit eines Gewinnillusionenbeseitigungsgesetzes, Zeitschrift für Rechtspolitik, 1997, S. 314 f.

Berechtigten festlegen. So ist ein materiell-rechtlich gewährter Anspruch von 10000 DM für seinen Inhaber selbst bei einer Durchsetzungswahrscheinlichkeit bei Gericht in Höhe von 90% wirtschaftlich nichts mehr wert, wenn er für diesen Prozess Kosten in Höhe von 90000 DM[32] im Falle seiner Prozessniederlage zu zahlen hat.

Für den Anspruchsgegner gilt das Entsprechende. Er wird durch eine Erhöhung der mit dem Prozess verbundenen Kosten zu immer höheren außergerichtlichen Angeboten gezwungen. Ein materiell-rechtlich gewährtes Nichtleistungsrecht wird durch immer höhere Prozesskosten ebenfalls ausgehöhlt.

Die Rechtsordnung kann somit allein durch die Festsetzung der Prozesskosten jedes materielle Recht bis zur Bedeutungslosigkeit aushöhlen. Ist der Gerichtsweg mit hohen Kosten - welcher Art auch immer[33] - gepflastert, eröffnet sich für die Beteiligten wirtschaftlich nur noch der Weg der außergerichtlichen Lösung, deren Ergebnisse jedoch nicht mehr vom Recht, sondern von der jeweiligen Verhandlungsmacht der Parteien bestimmt sind[34].

IV. Die Wirkung einzelner Kosten- und Gewinnregelungen

1. Klagen mit Drittwirkung

a. Asymmetrisch erhöhte Bedeutung des Prozessgegenstandes für den Beklagten - Erpressungsfall I -

Nach §§ 241 ff. AktG kann ein Beschluss der Hauptversammlung wegen einer Verletzung des Gesetzes oder der Satzung, des Erstrebens von Sondervorteilen, der Verletzung von Inhalts- und Treuepflichten[35] angefochten werden. Hierbei setzt die Anfechtung eines Hauptversammlungsbeschlusses keinen Mindestanteilsbesitz voraus. Zur Anfechtung und möglichen Blockade der Umwandlung und Neuorganisation eines Weltkonzerns genügt gegebenenfalls eine einzige Aktie im Wert von einem Euro. Jeder Aktionär kann damit im Wege der Anfechtungsklage als Kontrolleur der gesamten Organisation tätig werden. Die An-

---

[32] Der Betrag errechnet sich wie folgt: $0{,}9 \cdot 10000 - 0{,}1 \cdot K = 0$. Löst man nach K auf ergibt sich: $9000 - 0{,}1 \cdot K$ und damit: $K = 9000 / 0{,}1 = 90000$.

[33] Hierzu gehören z.B. auch die bei Anfechtungsklagen von Hauptversammlungsbeschlüssen besonders bedeutsamen Zeitverzögerungen. Diese können durch eine entsprechende Erhöhung oder Absenkung der Nominalbeträge in Form der jeweiligen Barwerte berücksichtigt werden, vgl. hierzu *M. Adams*, Ökonomische Analyse des Zivilprozesses, 1981, S. 109 f. sowie den folgenden Abschnitt.

[34] Vgl. hierzu allgemein *M. Adams*, Ökonomische Analyse des Zivilprozesses, 1981, S. 109 f. und *T. Baums*, C. III.4.d. zu räuberischen Aktionärsklagen.

[35] Vgl. hierzu ausführlich und rechtsvergleichend mit einer empirischen Analyse *T. Baums*, Gutachten, a.a.O., Teil C.II.

fechtungsklage ist damit eine Klage mit außergewöhnlich bedeutsamer Drittwirkung.

Die Drittwirkung besagt, dass die Wirkung der Klage ein Vielfaches des im Streit befangenen wirtschaftlichen Wertes des Aktionärs umfasst. So kann die Anfechtungsklage eines Ein-Euroaktionärs beispielsweise zur Verzögerung einer Umwandlung führen, mit der Folge von steuerlich bedingten Verlusten von 1 Milliarde Euro. Dieser Sachverhalt weicht von der zuvor dargestellten Analyse des Zivilprozesses entscheidend ab: In der bisherigen Darstellung wurde davon ausgegangen, dass der Betrag **G**, um den der Prozess geführt wurde, für beide Parteien die gleiche Größe hat, z.B. 10000 DM. Dies ist jedoch nicht immer eine sinnvolle Annahme. So spielt etwa im Fall eines Prozesses mit Drittwirkung, wie bei einer Beschlussanfechtungsklage, die im Prozess auf Seiten des klagenden Aktionärs auf dem Spiele stehende Summe für das Unternehmen nur eine völlig nebensächliche Rolle.

Wenn der Prozess jedoch für *beide* Parteien die gleiche Bedeutung als Musterprozess besitzt, führt dies nur zu einem höheren Streitwert **G** für beide Seiten, mit der Folge, dass die monetären Kosten für beide Seiten nun eine geringere Rolle bei ihrer Entscheidung zum Prozess spielen. Es handelt sich in einem solchen Fall dann lediglich subjektiv um eine verdeckte Kostensenkung pro streitiger Mark.

Da hier der Fall einer Aktionärsklage mit Drittwirkung, etwa eine Anfechtungsklage gegen eine Kapitalmaßnahme, untersucht werden soll, ist die Bedeutung der Streitsumme **G** für das beklagte Unternehmen ein Mehrfaches der Bedeutung für den Kläger. D.h., der Anspruchsgegner bewertet die Zahlung, die von ihm verlangt wird, n-mal höher als der Kläger:

$$G_b = n \cdot G_k$$

Da der Beklagte in den außergerichtlichen Verhandlungen den Erwartungswert für den Fall eines Prozesses anbieten wird, ergibt sich sein Angebot als:

$$E_b = p_b \cdot 0 - (1 - p_b) \cdot (n \cdot G + K)$$

$$E_b = (n \cdot G + K) \cdot p_b - n \cdot G - K$$

Ein Prozess, der für den Anspruchsgegner über die verhandelte Streitsumme hinaus große Bedeutung hat, führt dazu, dass der Anspruchsgegner die im verhandelten Prozess auf dem Spiel stehende Streitsumme **G** als nebensächlich ansieht, da es ihr um ein vielfaches von **G** geht. Je wichtiger der Streitgegenstand für das beklagte Unternehmen ist, umso stärker wird dieses daher sein Angebot erhöhen. Im Falle der asymmetrisch erhöhten Bedeutung des Falles für den Beklagten, erhöht dieser dramatisch sein Angebot auch an einen Kläger, für den der Prozess nur geringe Erwartungswerte aufweist. Da der Erwartungswert des Prozesses für den Kläger nur die Untergrenze der Forderung des Klägers darstellt, kann er in Verhandlungen mit dem möglichen Beklagten ein Vielfaches seiner gerichtlichen Erwartungswerte als Prozessabwendungszahlung erhalten, da er in der Lage ist, zu geringen Kosten dem beklagten Unternehmen einen hohen Schaden zuzufügen. Im Falle von Anfechtungsklagen ist die erpressbare Lage des beklagten Unternehmens möglichen Klägern bekannt. Die zur Klage berechtigenden Aktien werden teilweise bewusst im Hinblick auf die Ausbeutung dieser Situation erworben. Das beklagte Unternehmen wird dennoch rationalerweise erhebliche Beträge anbieten, auch wenn es weiß, dass der Kläger im Falle eines Prozesses nur einen viel geringeren Wert erzielen kann, da seine wirtschaftliche Überlegung darauf abzielt, nicht den Gewinn des räuberischen Klägers zu verhindern, sondern die Entstehung eines noch größeren eigenen Schadens im Prozessfalle durch die Zahlung der verlangten Erpressungssumme abzuwenden. So ist es möglich, dass der Kläger auch durch die Erhebung aussichtsloser Anfechtungsklagen ein Vielfaches seiner geringen Erwartungswerte vom Beklagten herauszuholen vermag, da diese Zahlung für das beklagte Unternehmen aufgrund der bisher noch vorhandenen Registerfalle immer noch die billigere Lösung darstellt.

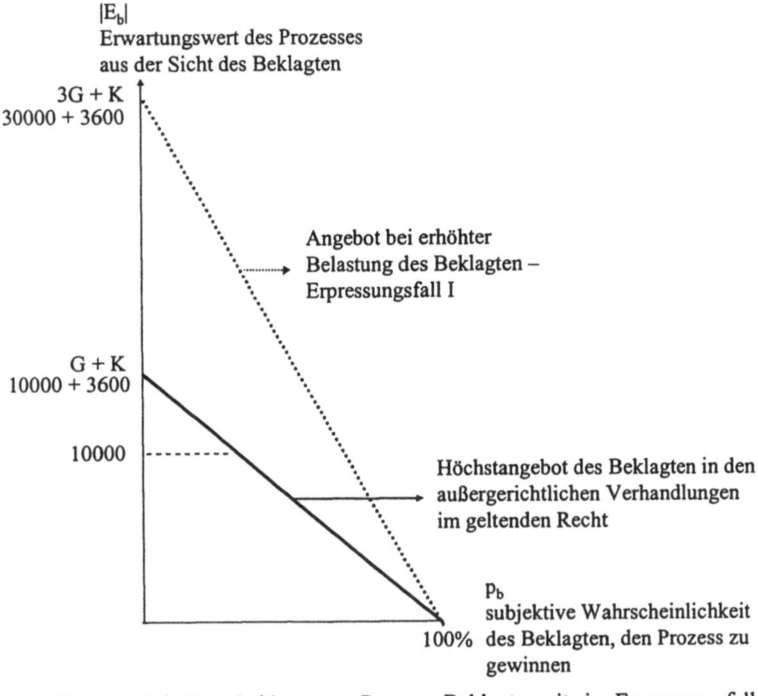

Abbildung 3: Die Entscheidung zum Prozess: Beklagtenseite im Erpressungsfall

Abbildung 3 macht die asymmetrische Belastung der beklagten Unternehmen - ausgedrückt in n · G - und damit die ökonomische Grundlage der von manchen Anfechtungsklägern praktizierten Erpressungen deutlich[36].

b. Die Festsetzung der Kostenhöhe bei Anfechtungs - und Nichtigkeitsklagen

Die Höhe der Kosten eines Prozesses richtet sich nach ihrem Streitwert. Das Aktiengesetz sieht in § 247 I vor, dass das Prozessgericht den Streitwert unter Berücksichtigung aller Umstände des einzelnen Falles, insbesondere der Bedeutung der Sache für die Parteien, nach billigem Ermessen festsetzt. Der Streitwert darf jedoch ein Zehntel des Grundkapitals oder eine Million Mark nur insoweit überschreiten, als die Bedeutung der Sache für den Kläger höher zu bewerten ist.

Bis zum Jahre 1937 wurde von den Gerichten als Streitwert nicht die Bedeutung des Falles für die Gesellschaft, sondern allein das Interesse der klagenden Partei zugrunde gelegt[37]. Die Drittwirkungen der Klage wurden bei der Streitwertfestsetzung ausgeblendet. Nach der Neuregelung des § 199 VI AktG 1937 wurde der Streitwert nunmehr wesentlich an dem Interesse der Gesellschaft an der Aufrechterhaltung des angefochtenen Beschlusses ausgerichtet. Die hierdurch deutlich erhöhten Streitwerte schreckten nunmehr die Klagen von Kleinaktionären ab[38]. Seit 1965 gilt die dargestellte Regelung. Für das Interesse der beklagten Gesellschaft sind etwa bei Streitigkeiten über den Jahresabschluss oder strukturändernden Beschlüssen die Bilanzsumme oder das Kosteninteresse der Gesellschaft an der Wirksamkeit des Beschlusses von Bedeutung. Die Festsetzung des Streitwertes nach billigem Ermessen führt nach der Ermittlung des Interesses dann zur Bildung eines Zwischenwertes[39]. Nach *Baums*[40] bewegen sich die Streitwerte überwiegend weit unter 500000 DM.

Übertragen auf die Analyse des Zivilprozesses bedeutet die Streitwertfestsetzung nach § 247 I AktG, dass der Kläger im Falle seines Sieges nur seine Streitsumme G erhält, die Kosten des Prozesses für ihn jedoch um ein vielfaches der bisher angenommen Summe steigen. Dies bedeutet, dass Anfechtungsklagen für kleinere Aktienpakete gänzlich unwirtschaftlich sind. Obwohl *Baums*[41] überzeugend argumentiert, dass eine Einschränkung des Rechts zur Beschlussanfech-

---

[36] Vgl. *T. Baums*, Gutachten, a.a.O., C.III.4.d. Aufschlussreich ist dabei der von *T. Baums* beschriebene Weg über die in den Vergleichsgebühren willkürlich hoch angesetzten Aufwandpauschalen.

[37] RG, JW, 1930, 2704.

[38] *T. Baums*, Gutachten, a.a.O., Teil C.III.4.d.

[39] Vgl. ausführlich *T. Baums*, Gutachten, a.a.O., Teil C.III.4.d. m.w.N.

[40] *T. Baums*, Gutachten, a.a.O., Teil C.III.4.d.aa.

[41] *T. Baums*, Gutachten, a.a.O., Teil C.IV.

tung und zur Nichtigkeitsklage nicht in Betracht kommen kann, bewirkt die Kostenregelung des § 247 I AktG auf dem Wege ihrer weitgehenden wirtschaftlichen Vernichtung das nicht angestrebte Ergebnis[42].

Die folgende Graphik verdeutlicht diesen Sachverhalt am Beispiel einer lediglich versiebenfachten Kostenerhöhung:

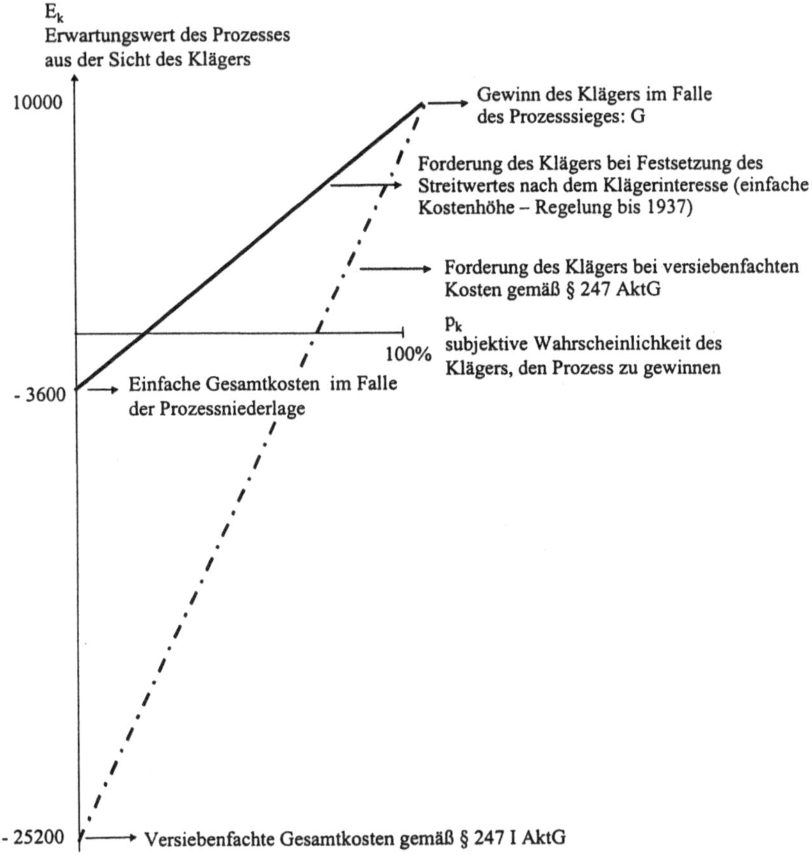

Abbildung 4: Forderung des Klägers bei Kostenvervielfachung

---

42 Die Rentabilitätsschwelle für einen Prozess, d.h. eine höhere erwartete Zahlung als null, wird beispielsweise bei einer Kostenversiebenfachung gemäß § 247 I AktG erst mit einer Siegeswahrscheinlichkeit von 71,59% - gegenüber 26,47 % bei der Ausrichtung der Kosten am Klägerinteresse - erreicht:

$E_k = p_k \cdot 10000 - (1 - p_k) \cdot 7 \cdot 3600 = 0$

$E_k = p_k \cdot 35200 - 25200 = 0$

$p_k = 25200/35200 = 71,59\%.$

c. Die Wirkung der Streitwertspaltung nach § 247 II, III AktG

Nach § 247 II, III AktG kann auf Antrag bei Anfechtungsklagen zugunsten der schwächeren Partei der Regelstreitwert nach § 247 I AktG ermäßigt werden. Nach *Baums*[43] machen die Gerichte von der Streitwertspaltung nur sehr zurückhaltenden Gebrauch und steuern die Höhe des Streitwertes im Falle schwächerer Parteien über das ihnen in § 247 I AktG eingeräumte Ermessen, so dass kein Bedürfnis nach einer weiteren Ermäßigung bestehe.

An der vorangegangenen Graphik lässt sich auch die Wirkung der Streitwertspaltung ablesen. Ihr Ergebnis ist es, in einigen Fällen Klägern Kostenlasten zu vermindern. Im Ergebnis ist jedoch davon auszugehen, dass diese Ermäßigung für eine beachtliche Verhaltensänderung des Klägers nicht ausreicht. Schon eine Erhöhung der Beispielskosten um das siebenfache, entfernt alle Klagen aus dem Zivilprozesssystem, die nicht eine mindestens 71,6%ige Siegeschance aufweisen. Da die Erhöhung der Kosten aufgrund der Berücksichtigung des Interesses der Gesellschaft häufig eine deutlich stärkere Vervielfachung bewirken, kann die leichte Rückgängigmachung der Streitwerterhöhung im Wege der Streitwertspaltung keine beachtliche Verbesserung bringen. Auf sie kann daher getrost verzichtet werden[44].

d. Notwendige Klageanreize nach der Beseitigung räuberischer Anfechtungsklagen

Die obige Graphik der asymmetrisch erhöhten Bedeutung **G** für den Beklagten beschreibt die Situation, in der sich Unternehmen bei Kapitalmaßnahmen und Umwandlungen im geltenden Recht aufgrund der Registersperre befinden. Das Gutachten von *Baums*[45] hat überzeugend den Weg zur Beseitigung dieses Missstandes durch eine Konzentration der Klage beim Prozessgericht und einer Überwindung der Registersperre zusammen mit der Verpflichtung der Veröffentlichung von Vergleichen gewiesen[46]. Wirtschaftlich hat *Baums* damit die zur Erpressung einladende Asymmetrie in der Bedeutung des Klagegegenstandes oder der Kosten[47] für den Beklagten beseitigt. Nachdem *Baums* in einer ersten

---

[43] *T. Baums*, Gutachten, a.a.O., Teil C.III.4.d.bb.

[44] Auch *T. Baums*, Gutachten, a.a.O., Teil C.III.4.e. empfiehlt den Verzicht auf diese Rechtsfigur. Ihm kann hierbei gefolgt werden. Sie ist für die Anreizstruktur der Anfechtungsklagen unbedeutend.

[45] *T. Baums*, Gutachten, a.a.O., Teil V.1.

[46] *T. Baums*, Gutachten, a.a.O., Teil C.VII und Teil F. IV.

[47] Die unterschiedlich hohe Bedeutung für das beklagte Unternehmen und den räuberischen Kläger ergibt sich häufig aus den hohen Kosten, die mit einer Zeitverzögerung der Umsetzung des Hauptversammlungsbeschlusses verbunden sind. Eine andere gleichwertige Darstellung des Sachverhaltes ergibt sich, wenn man statt unterschiedlicher Auszahlungen, unterschiedlich hohe nicht ersetzte Kosten in die Gleichungen einsetzt.

Runde mit seinen Vorschlägen räuberischen Aktionärsklagen ein Ende bereitet hat, unterbreitet er Verbesserungsvorschläge für die Kostenregelung dieser Klagen, um eine Lösung für das Problem zu finden, dass angesichts des „Collective-Action/Trittbrettfahrer-Problems" zu wenig Anfechtungs- und Verfolgungsklagen erhoben werden. Die von *Baums*[48] vorgesehenen Kostenregelungen sollen nun analysiert werden.

2. Die Forderung des Klägers bei seiner Kostenfreistellung

In seinem Gutachten empfiehlt *Baums*[49], dass dem Prozessgericht die Möglichkeit eingeräumt wird, bei Abweisung der Anfechtungs- und Nichtigkeitsklage abweichend von § 91 ZPO die Kosten nach seinem Ermessen ganz oder teilweise der beklagten Gesellschaft aufzuerlegen. Bei der Ermessensausübung solle das Gericht insbesondere berücksichtigen, ob die Klage im Zeitpunkt der Erhebung Aussicht auf Erfolg hatte, ob sie mutwillig oder rechtsmissbräuchlich erhoben wurde, ob die Klage abzuweisen war, weil der Kläger während der kurzen Anfechtungsfrist den Anfechtungsgrund nicht erkennen und vortragen konnte.

Zur Vereinfachung der Darstellung soll zunächst im folgenden der praktisch wichtige Spezialfall untersucht werden, in dem jeweils nur eine Partei ein Kostenrisiko zu tragen hat, während die andere Partei kostenfrei prozessieren kann[50].

Wenn der Kläger kostenfrei prozessieren kann, der Beklagte aber sein Kostenrisiko weiter tragen muss, bleibt die Angebotskurve des Beklagten unverändert. Die Forderung des privilegierten Klägers steigt jedoch für jede von ihm angenommene Siegeswahrscheinlichkeit an[51]. Der Erwartungswert des Klägers bei Kostenfreiheit ergibt sich - wegen **K = 0** - wie folgt:

$$E_k = p_k \cdot G - (1 - p_k) \cdot 0$$

$$E_k = p_k \cdot G$$

Für den Fall einer Siegesannahme von 50% ergibt sich demnach eine Forderung des Anspruchstellers von 0,5 · 10000 = 5000, während die Forderung bei einem Kostenrisiko lediglich 0,5 · 10000 - 0,5 · 3600 = 3200 DM betragen hätte.

Die folgende Graphik verdeutlicht diesen wichtigen wirtschaftlichen Vorteil für den Kläger:

---

48 *T. Baums*, Gutachten, a.a.O., Teil C.VII und Teil F. IV.5.

49 *T. Baums*, Gutachten, a.a.O., Teil C.VII.

50 Eine solche Lage ergibt sich typischerweise dann, wenn lediglich eine Seite rechtsschutzversichert ist.

51 Außer für $p_k = 1$, siehe Graphik.

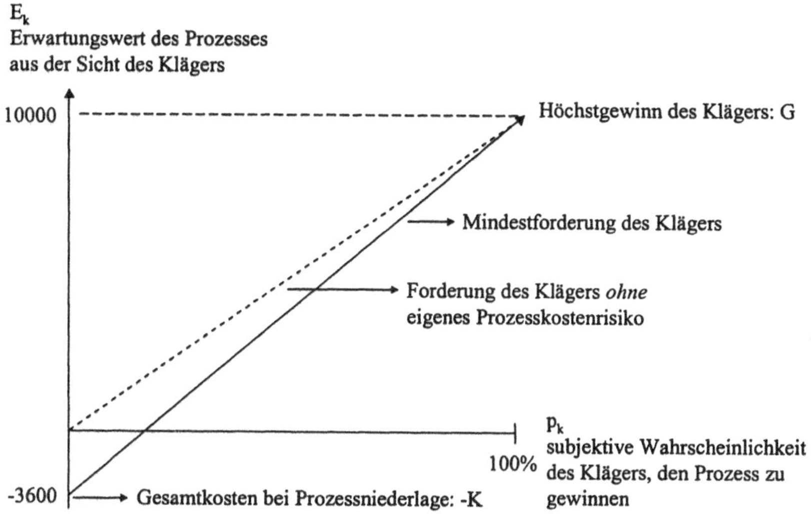

Abbildung 5: Forderungen des Klägers bei dessen Kostenfreiheit

Gewährt die Rechtsordnung somit einer Partei ein Kostenfreistellungsprivileg wird dies von seinem Inhaber mit erheblich erhöhten Forderungen an die Gegenseite beantwortet[52]. Wirtschaftlich werden damit die materiellen Rechte der Gegenpartei ausgehöhlt[53]. Da mit jedem Prozess notwendigerweise in der Wirklichkeit Kosten verbunden sind, ist eine solche Freistellung eine einseitige Subvention an den Kläger, die mit erhöhter Nachfrage verbunden ist. Aufgrund seiner Kostenverschleierung und Anstachelung zur Erhebung auch aussichtsloser Prozesse ist ein solches Verfahren nicht zu empfehlen.

Der Gutachtenvorschlag von *Baums* der eingeschränkten Kostenbefreiung für Anfechtungs- und Nichtigkeitsklagen führt dazu, dass Klagen mit geringen Erfolgsaussichten, die von einer Kostenfreistellung erheblich gewonnen hätten, aufgrund der nach Gerichtsermessen vorzunehmenden Beschränkung wiederum

---

[52]Auch in anderen Zusammenhängen wird dieses theoretisch abgeleitete Verhalten von Parteien, die ohne Kostenrisiko prozessieren können, durch Beobachtungen der Realität bestätigt. So wird in der Praxis sowohl von Straf- und Zivilrichtern als auch von Anwälten und den Versicherten selbst berichtet, dass Rechtsschutzversicherte aufgrund ihrer kostenfreien Prozessiermöglichkeiten zu mehr Prozessen, zu mehr Rechtsmitteleinlegungen - selbst aussichtsloser Art - als auch zu verminderter Vergleichsbereitschaft neigen.

[53] Rechtsschutzversicherungen weisen damit erhebliche drittschädigende Wirkungen auf. Sie hätten niemals vom BAV genehmigt werden dürfen, da ihr Kern keine Versicherung, sondern eine Angriffswaffe gegen Dritte darstellt, die diese zwingt sich gleichfalls eine Rechtsschutzversicherung zuzulegen, vgl. *M. Adams*, Ökonomische Analyse des Zivilprozesses, 1981, S. 109 f.

doch nicht kostenbefreit werden und die Kostenbefreiung damit nur noch Prozesse mit hohen Erfolgsaussichten zu Gute kommt. Da bei hohen Erfolgsaussichten jedoch das Kostenrisiko nur noch eine geringe Rolle spielt[54], handelt es sich bei dem Vorschlag von *Baums* um eine wirtschaftlich weitgehend leer laufende Regelung, die zwar kein Problem der mutwilligen Klageerhebung bei Kostenentlastung mit sich bringt, aber auch keine wesentliche Anreizverbesserung für das Problem zu weniger Prozesse bietet[55]. Für das Collective-Action- oder Trittbrettfahrerproblem stellt damit der Vorschlag von *Baums* lediglich eine Verbesserung in homöopathischer Dosierung dar.

Die folgende Graphik zeigt die Prozessanreize nach dem Vorschlag von *Baums*. Ab der von den Gerichten festgelegten Wahrscheinlichkeit, d.h. der Verneinung einer aussichtslosen oder mutwilligen Klage, im Bild *Baums'*sche Sprungstelle genannt, springt die Forderung des Klägers auf die Forderungskurve bei Kostenfreiheit:

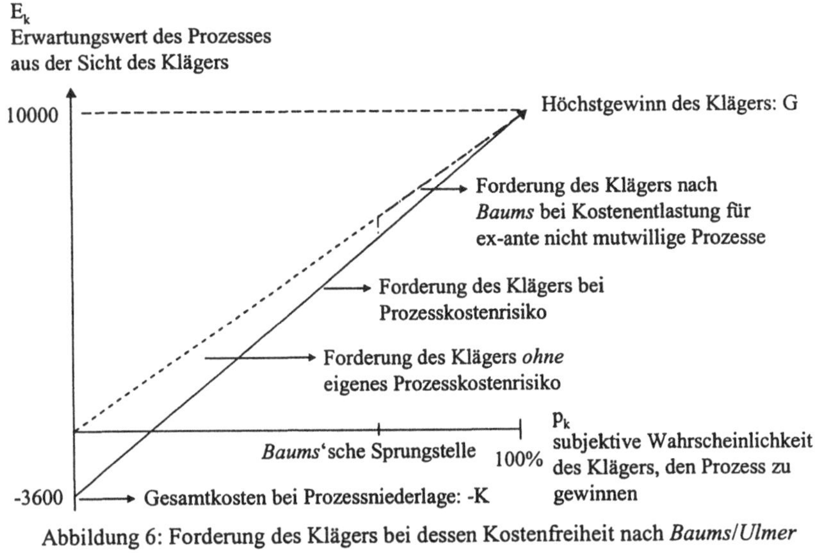

Abbildung 6: Forderung des Klägers bei dessen Kostenfreiheit nach *Baums/Ulmer*

[54] In dem Beispielsprozess um 10000 DM mit 3600 DM Gesamtkosten, hat die Kostenentlastung nach *T. Baums* für einen Kläger mit 85% Gewinnaussichten nur noch einen wirtschaftlichen Wert von 0,15 · 3600 = 540 DM.

[55] Für den Bereich der Verfolgungsklagen gilt das Gesagte entsprechend.

3. Forderungen und Angebote bei nicht ersetzten Kosten

Nach der grundsätzlichen Regelung der Zivilprozessordnung hat die unterliegende Partei die gesamten Kosten des Rechtsstreites zu tragen. Dazu gehören auch die dem Gegner erwachsenen Kosten, § 91 ZPO. Ungeachtet dieser Vorschrift erhält die obsiegende Partei typischerweise nicht ihre gesamten Vollkosten vom unterliegenden Gegner erstattet. So wird nach § 91 ZPO z.B. keine Entschädigung für Ärger, Aufregung oder Angst gewährt. Wirtschaftlich bedeutsam für Anfechtungsprozesse ist weiterhin, dass der allgemeine Zeitaufwand des Klägers für die Prozessvorbereitung wie das Sammeln und Sichten von Tatsachen- und Rechtsmaterial auch dann nicht ersetzt wird, wenn hierzu entgeltlich Dritte beauftragt werden[56]. Nicht erstattungsfähig sind ferner der Aufwand für Rechtsgutachten sowie für Zinsen und Kosten eines Kredits zur Finanzierung des Rechtsstreites[57]. Insbesondere für Anfechtungs- und Verfolgungsklagen sind diese Kosten üblicherweise jedoch erheblich und müssen daher im Folgenden in die Analyse einbezogen werden.

Es soll somit dargestellt werden, wie sich solche vom jeweils unterlegenen Gegner nicht zu ersetzenden Kosten (N) auf den Prozess auswirken.

Die Erwartungswerte der Parteien sehen nun wie folgt aus:

$E_k = p_k \cdot G - (1 - p_k) \cdot K - N_k$

$E_k = (G + K) \cdot p_k - K - N_k$

$\mathbf{N_k}$ stellen die dem Anspruchsteller im Falle seines Sieges nicht ersetzten Kosten dar. Die Mindestforderungskurve des Anspruchstellers bei nicht ersetzten Kosten in Höhe von $\mathbf{N_k}$ verläuft dann mit den Beispielszahlen wie folgt:

[56] *T. Baums*, Gutachten, a.a.O., Teil C.III.4.a. m.w.N.

[57] *Zöller/Hergel*, ZPO, 20. Aufl., 1997, § 91 Rdz. 13.

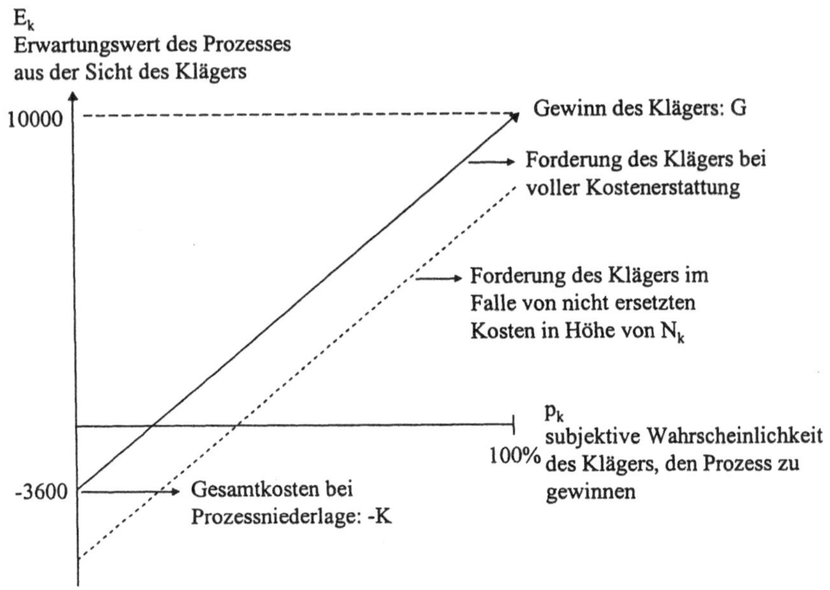

Abbildung 7: Forderungen des Klägers bei nicht ersetzten Kosten

Die Forderungskurve des Anspruchstellers hat sich damit um den Betrag $\mathbf{N_k}$ parallel nach unten verlagert. Für jede subjektive Erfolgswahrscheinlichkeit hat der Anspruchsteller seine Mindestforderung um genau $\mathbf{N_k}$ ermäßigt.

Die Höhe der nicht ersetzten Kosten kann sich für die Frage einer Erhebung einer Anfechtungsklage als entscheidend erweisen. Die von *Baums*[58] nachgewiesene geringe Zahl der Anfechtungsklagen vor Mitte der 80er Jahre kann damit auch auf die nicht ersetzten Kosten zurückzuführen sein.

Für den Anspruchsgegner gilt das gleiche entsprechend: Der Anspruchsgegner erhöht für jede Erfolgswahrscheinlichkeit sein Höchstangebot um den Betrag $\mathbf{N_b}$ der ihm nicht ersetzten Kosten[59]. Dies gilt auch für den Fall, dass er völlig sicher

[58] *T. Baums*, Gutachten, a.a.O., Teil C.IV.b.

[59] Wie bereits bei der Behandlung der asymmetrischen Bedeutung des Streitgegenstandes für Kläger und Beklagten erwähnt, lässt sich das Erpressungspotential räuberischer Aktionärsklagen auch dadurch erklären, dass man die Zeitverzögerung aufgrund der Registersperre als nicht ersetzte Kosten auffasst. Bis zur Höhe des Wertes dieser nicht ersetzten Verzögerungskosten erhöht das beklagte Unternehmen dann sein Angebot an den Kläger. Er wurde daher als „Erpressungsfall II" bezeichnet. Der Fall der nicht ersetzten Kosten entspricht wirtschaftlich der „American Rule", d.h. der fehlenden Kostenerstattung für die obsiegende Partei, vgl. hierzu *M. Adams*, Kostenersatzrecht: Prozessordnungsvergleich in ökonomischer Sicht, in: *Bundesministerium für Justiz/P. Lewisch/W.H. Rechberger* (Hrsg.), 100 Jahre ZPO: Ökonomische Analyse des Zivilprozesses, 1998, S. 225 ff.

zu gewinnen glaubt. Selbst dann ist er bereit, einen Betrag von $\mathbf{N_b}$ anzubieten, um einen Prozess zu vermeiden, da ihm ja selbst bei völlig sicherem Sieg genau diese nicht ersetzten Kosten erwachsen würden.

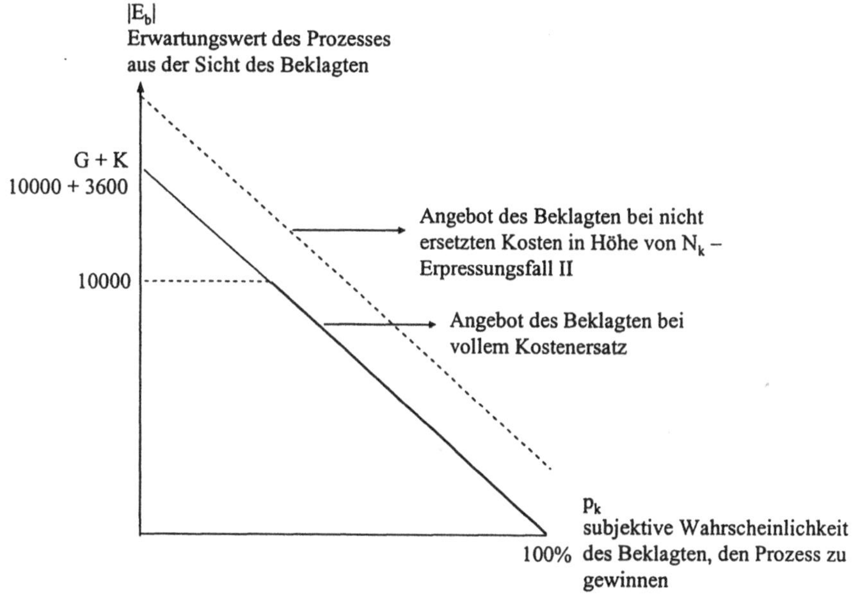

Abbildung 8: Das Angebot des Beklagten bei nicht ersetzten Kosten

Es sich zeigt somit, dass nicht ersetzte Kosten Prozesse unwirtschaftlich werden lassen. Während im Falle der zuvor behandelten Kostenfreiheit des Klägers auch aussichtslose Prozesse angeregt wurden, werden hier auch aussichtsreiche Prozesse verhindert. Selbst dann, wenn der Kläger glaubt, mit Sicherheit zu gewinnen, wird er mit seiner Forderung deutlich hinter seinem materiell-rechtlichem Anspruch von 10000 DM zurückbleiben, da er im Falle der Klage aufgrund seiner nicht ersetzten Kosten erheblich weniger erhält[60]. Allerdings wird auch der Beklagte sein Angebot in Höhe der nicht ersetzten Kosten aufstocken. Daraus ergibt sich ein vergrößerter Bereich für Verhandlungen, bei denen die Verhandlungsmacht der Parteien über den Ausgang entscheidet. Im Bereich der Aktionärsklagen kann man annehmen, dass die beklagten Unternehmen aufgrund ihrer

[60] Diese Lage entspricht vielen US-amerikanischen Kostenregelungen. Es handelt sich um eine den dortigen Anwaltsinteressen dienende Fehlregulierung., vgl. hierzu *M. Adams*, Kostenersatzrecht: Prozessordnungsvergleich in ökonomischer Sicht, in: *Bundesministerium für Justiz/P. Lewisch/W.H. Rechberger* (Hrsg.), 100 Jahre ZPO: Ökonomische Analyse des Zivilprozesses, 1998, S. 225 ff.

„größeren Taschen“ in der besseren Verhandlungslage sind, so dass sich Vergleichsbereiche aufgrund der nicht ersetzten Kosten für sie einen Vorteil darstellen. Lediglich dann, wenn die nicht ersetzten Kosten etwa aufgrund einer Zeitverzögerung bei der Registereintragung für das Unternehmen ganz erheblich höher sind als für den Kläger, kommt es zu einer veränderten Ausgangslage in den Verhandlungen mit der Folge einer Ausbeutung des Unternehmens.

Zum Schutz des materiellen Rechts muss die Rechtsordnung dafür sorgen, dass die Höhe der nicht ersetzten Kosten gering und nicht asymmetrisch[61] verteilt ist. Es ist daher zu erwägen, aufgrund ihrer positiven externen Effekte für andere Aktionäre für die Anfechtungs- und Verfolgungsklagen die Kostenregelung des § 91 ZPO zu ändern und für den Kläger im Obsiegensfalle einen Ersatz der mit der Prozessvorbereitung entgeltlich beauftragten Dritten und notwendig erscheinender Rechtsgutachten und Finanzierungskosten vorzusehen.

4. Gewinnvervielfachung für den Kläger

Während *Baums*[62] in seinem Gutachten versuchte, im Wege einer - wirtschaftlich unbedeutenden - Kostenentlastung wünschenswerte Aktionärsklagen zu fördern, wird von *Wenger* [63] keine Kostenentlastung, sondern ein über den geltend gemachten Betrag hinausgehendes Entgelt für die von erfolgreichen Klägern erhobenen Klagen gefordert. Hierdurch sollen die Mühen und Risiken entgolten werden, die Kläger bei Prozessen mit Drittwirkung auf sich nehmen, um auch für unbeteiligte Dritte begünstigende Prozessergebnisse herbeizuführen[64].

Die Wirkung eines solchen Systems soll anhand des Beispiels einer **Gewinnverdoppelung** für den Kläger im Falles seines Sieges dargelegt werden.

Der Erwartungswert des Prozesses beträgt für den Fall einer Gewinnverdoppelung dann für den Kläger:

$$E_k = p_k \cdot 2\,G - (1 - p_k) \cdot 3600$$

$$E_k = p_k \cdot (2G + K) - 3600$$

$$E_k = p_k \cdot 23600 - 3600$$

[61] Diese Asymmetrie aufgrund der Registersperre kann durch den Vorschlag von *T. Baums*, Gutachten, a.a.O., Teil C.VII. beseitigt werden.

[62] *T. Baums*, Gutachten, a.a.O., Teil C.VII.

[63] *E. Wenger,* Stellungnahme zur Aktienrechtsreform 1997, Die Aktiengesellschaft, Sonderheft August, 1997, S. 59.

[64] Der Vorschlag des *Verfassers*, AG Sonderheft 1997, S. 10, der ebenfalls ein Entgelt für den erfolgreichen Kläger verlangt hatte, folgt im Anschluss.

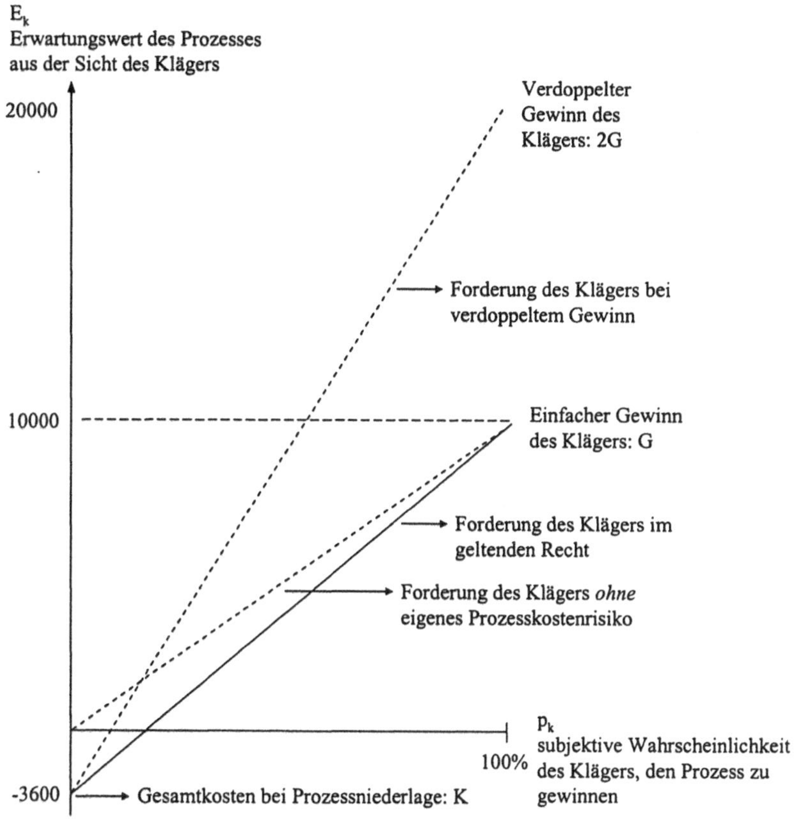

Abbildung 9: Reine Gewinnverdopplung für den Kläger: Klägerseite

Für den möglichen Beklagten ändert sich die Lage wie folgt:

$E_b = p_b \cdot 0 - (1 - p_b) \cdot (2 \cdot G + K)$

$E_b = (2 \cdot G + K) \cdot p_b - n \cdot G - K$

$E_b = (20000 + 3600) \cdot p_b - 20000 - 3600$

$E_b = (23600) \cdot p_b - 23600$

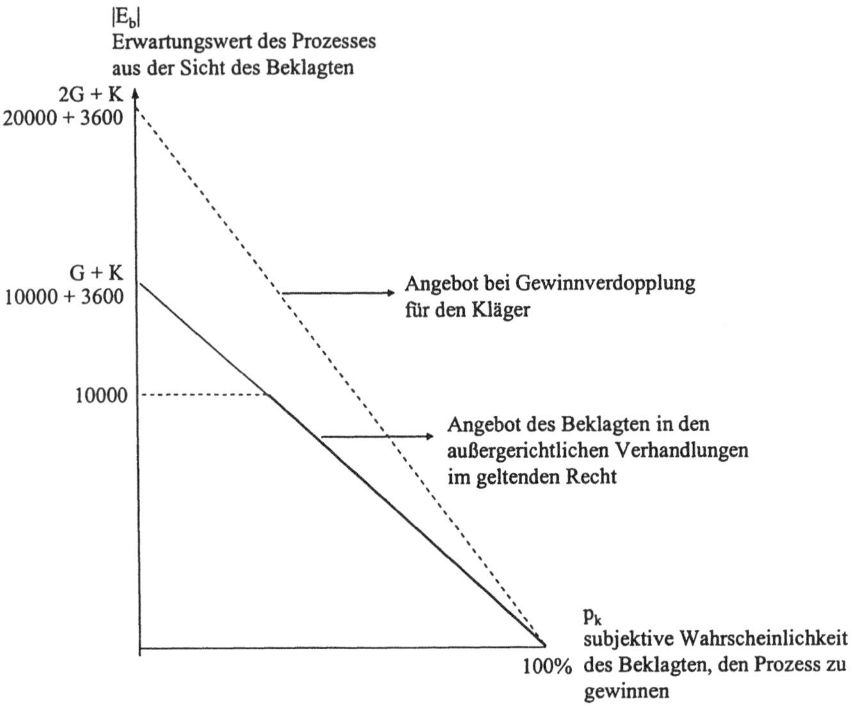

Abbildung 10: Reine Gewinnverdopllung für den Kläger: Beklagtenseite

Es zeigt sich somit, dass der mögliche Kläger seine Forderungen gegen den Beklagten rasch und ganz erheblich erhöht, während der mögliche Beklagte sein Angebot ebenfalls aufzustocken genötigt wird. Das Forderungsverhalten des Klägers ist schon bei kleineren Siegesaussichten deutlich aggressiver als selbst im Falle der völligen Kostenfreistellung.

Die Vorstellung von *Wenger* geht nun dahin, dass zur Abwehr und zur Überwindung von Trittbrettfahrerverhalten dem Kläger für seine Leistung ein erhöhter, z.B. verdoppelter Anspruch zuzusprechen sei. Die von *Wenger* gewünschte Regelung weist den Vorteil auf, dass sie einen Weg aus dem Marktversagen aufgrund des Collective Action/Trittbrettfahrerproblems bei Klagen mit Drittwirkung aufzuweisen scheint. Der Kläger einer Anfechtungs- oder einer Haftungsklage hat aufgrund der Drittwirkung auch zum Vorteil der anderen Aktionäre obsiegt. Wie die Graphik deutlich macht, hat dies jedoch zur Folge, dass eine derartige Regelung unmittelbar eine ganz erheblich gesteigerte Klagehäufigkeit auch für aussichtslose Klagen mit sich bringt, da auch kleinste Siegeswahrscheinlichkeiten aufgrund des hohen Siegespreises eine Klageerhebung wirtschaftlich machen.

Da man den Erwartungswert bei einer häufigeren Wiederholung des gleichen Ereignisses als seinen durchschnittlichen Ertrag auffassen kann, ergibt sich, dass sich ein positiver Ertrag eines 10000 DM Prozesses mit den Beispielskosten von 3600 DM bei geltender Rechtslage erst ab einer Siegeswahrscheinlichkeit (d.h. einer durchschnittlichen Prozesssiegesrate) von 26,47% einstellt[65]. Bei einer Verdoppelung des Gewinns für den Kläger ist die Rentabilitätsgrenze schon bei einer durchschnittlichen Gewinnhäufigkeit von 15,25%[66] erreicht, während sich bei einer Gewinnverdreifachung die Schwelle auf 10,71% verschiebt[67]. Anders gewendet: selbst die Erhebung völlig aussichtsloser, d.h. unbegründeter Klagen rechnet sich bei der von *Wenger* vorgeschlagenen Erhöhungen des Siegespreises[68].

Der Fehler der von *Wenger* gewünschten Regelung besteht darin, dass sie asymmetrisch ist: der Kläger erhält im Falle der Gewinnverdoppelung einen verdoppelten Betrag, muss jedoch nicht die Rechtsverfolgungskosten der verdoppelten Gewinne tragen. Der Vorschlag einer Gewinnverdoppelung läuft daher im Ergebnis darauf hinaus, lediglich die Gewinnaussichten auf den Kläger überzuleiten, das damit verbundene Kostenrisiko jedoch nicht. Diese Verletzung der Kostenwahrheit führt jedoch zu einer Subvention auch aussichtsloser Prozesse und kann daher nicht empfohlen werden. Sie ist in dieser Form damit von *Baums*[69] zu Recht abgelehnt worden.

5. Gewinn- und Kostenverdoppelung auf der Klägerseite

Während der Vorschlag von *Wenger*[70] zur Berücksichtigung der positiven Drittwirkung erfolgreicher Klagen im Wege einer Gewinnvervielfachung durch eine nicht gerechtfertigte Asymmetrie in der Gewinn- und Verluststruktur gekennzeichnet ist, soll hier nun die Idee untersucht werden, dem Kläger das Recht

---

[65] $E_k = p_k \cdot 10000 - (1 - p_k) \cdot 3600 = 0$
$E_k = p_k \cdot 13600 - 3600 = 0$
$p_k = 3600/13600 = 26{,}47\ \%$.

[66] $E_k = p_k \cdot 20000 - (1 - p_k) \cdot 3600 = 0$
$E_k = p_k \cdot 23600 - 3600 = 0$
$p_k = 3600/23600 = 15{,}25\ \%$.

[67] $E_k = p_k \cdot 30000 - (1 - p_k) \cdot 3600 = 0$
$E_k = p_k \cdot 33600 - 3600 = 0$
$p_k = 3600/33600 = 10{,}71\ \%$.

[68] Wenn *T. Baums*, Gutachten, a.a.O., Teil C.III.4.e in seiner Ablehnung des Vorschlages von *E. Wenger* von einer durch eine solche Regelung hervorgerufenen „Quersubventionierung" und Herausbildung eines Klagegewerbes spricht, wird ihm dieser Sachverhalt vor Augen geschwebt haben.

[69] *T. Baums*, Gutachten, a.a.O., B.II.1.b.

[70] *E. Wenger*, Stellungnahme zur Aktienrechtsreform 1997, Die Aktiengesellschaft, Sonderheft August, 1997, S. 59.

zu geben, in seiner Klageschrift eine ihn für den Prozess bindende Verdoppelung des Gewinnes *und* auch der Kostenbelastung für ihn zu beantragen.

Nach dem hier untersuchten Verfahren sollen - auf ausdrücklichen Antrag des Klägers bei Einreichung der Klageschrift - vom Gericht der doppelte geschuldete Gewinn bei einer gleichzeitigen Verdoppelung der Kosten zugesprochen werden: Es ergibt sich dann folgende Lage für den Erwartungswert des Klägers:

$E_k = 2 \cdot p_k \cdot G - 2 \cdot (1 - p_k) \cdot K$

Mit den Zahlen des Beispielsfalles:

$E_k = 2 \cdot p_k \cdot 10000 - 2 \cdot (1 - p_k) \cdot 3600)$

$E_k = p_k \cdot 20000 - (1 - p_k) \cdot 7200) = p_k \cdot 20000 - 7200 + p_k \cdot 7200)$

$E_k = p_k \cdot 27200 - 7200$

Fragt man sich, ab welcher Schwelle hier eine Forderung mit Prozessdrohung erhoben wird, ergibt sich folgendes Bild:

$E_k = p_k \cdot 23600 - 7200 = 0$

$p_k = 7200/27200 = 26{,}47\%$

Es zeigt sich somit, dass eine gleichzeitige Gewinn- und Kostenverdoppelung erst dann höhere Forderungen verursacht, wenn - wie im geltenden Recht - die 26,47% Schwelle überschritten wird. Erst ab dieser Schwelle, wirkt sich die Erhöhung der Siegesprämie forderungs- und damit auch klagehäufigkeitserhöhend aus. Dies besagt, dass eine Verdoppelung von Kosten und Gewinn aussichtslose Prozesse unterhalb dieser Schwelle mehr als im geltenden Recht zurückdrängt, aussichtsreiche Prozesse jedoch erheblich fördert. Die Verdoppelung der Gewinne und Kosten ist damit geeignet, das Trittbrettfahrerproblem bei Klagen mit Drittwirkung zu lösen, ohne aussichtslose Klagen unangemessen zu fördern.

Bei einer Beschlussanfechtung ist der Klageantrag des Aktionärs nicht auf die Zahlung einer Geldsumme, im Rechenbeispiel mit **G** bezeichnet, gerichtet. Um die Aktionärsklage dennoch auch für Kleinaktionäre wirtschaftlich zu machen, sollte dem obsiegenden Kläger neben der Kassierung des Beschlusses ein bestimmtes Kostenvielfaches als zusätzlicher Gewinn zugesprochen werden. Im Beispiel waren die Gesamtkosten eines 10000 DM Prozesses beider Parteien rund ein Drittel. So sollte als Entgelt für die vom Anfechtungskläger erzeugten positiven externen Effekte diesem ein Dreifaches der erstattungsfähigen Gesamtkosten zugesprochen werden.

Aus der Sicht des möglichen Beklagten ist zu beachten, dass er im Falle eines doppelten Kostenersatzes durch einen unterlegenen Kläger nunmehr im Falle des Prozesssieges nicht mehr günstigstenfalls nichts, zu zahlen hat, sondern aufgrund eines verdoppelten Kostensatzes in Höhe der nicht angefallenen einfachen Kosten eine Einzahlung vom unterlegenen Kläger erzielt.

$E_b = p_b \cdot K - (1 - p_b) \cdot (2G + 2K)$

$E_b = p_b \cdot 3600 - (1 - p_b) \cdot (20000 + 7200)$

$E_b = p_b \cdot 3600 - 27200 + p_b \cdot 27200$

$E_b = p_b \cdot 30800 - 27200$

Ist der Beklagte sicher, den Prozess zu gewinnen, d.h.: $p_b = 1$, beträgt seine erwartete Auszahlung im Falle eines Prozesses - 3600. Das Minuszeichen besagt, dass er statt einer Auszahlung eine Einzahlung in Höhe von 3600 DM erhält. Ist der Beklagte gewiss, den Prozess zu verlieren: d.h.: $p_b = 0$, belaufen sich seine erwarteten Auszahlungen auf 27200 DM.

Die Ergebnisse stellen sich für das Beispiel einer Verdoppelung graphisch wie folgt dar:

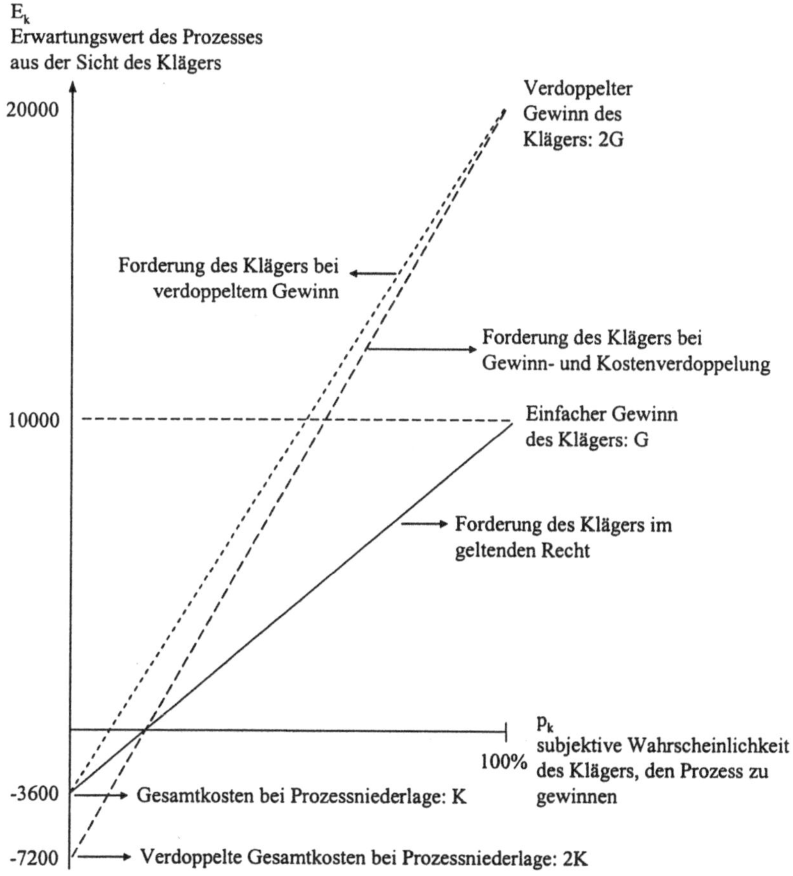

Abbildung 11: Gewinn- und Kostenverdoppelung auf der Klägerseite

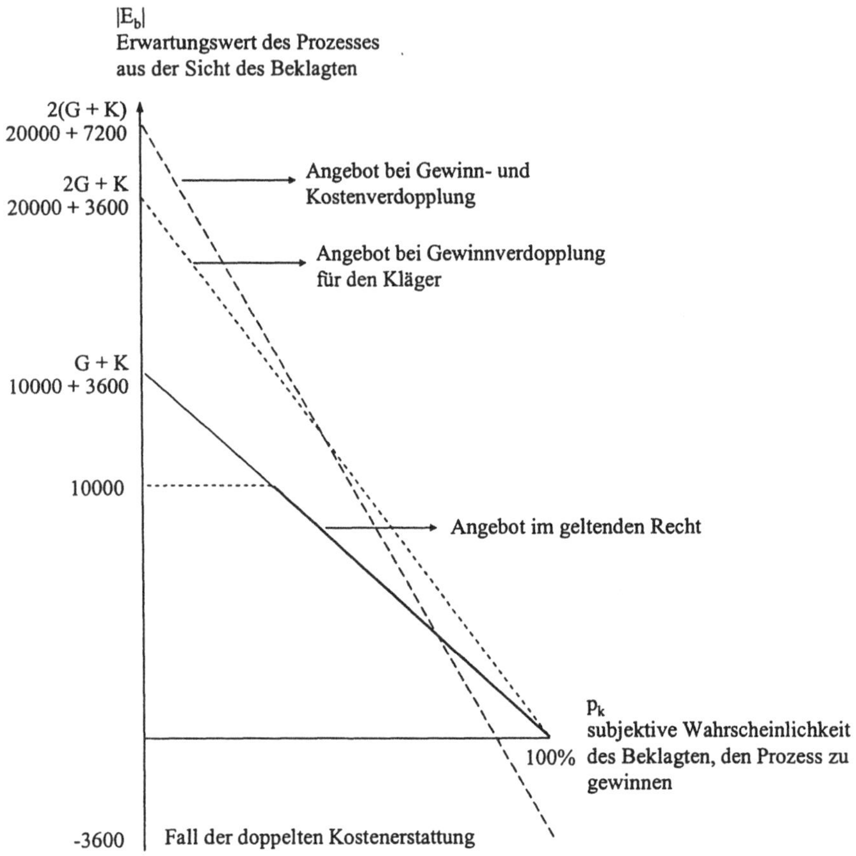

Abbildung 12: Gewinn- und Kostenverdoppelung auf der Beklagtenseite

Es zeigt sich somit, dass der Beklagte sein Angebot bis auf hohe eigene Siegeswahrscheinlichkeiten im Vergleich zum geltenden Recht deutlich erhöht.

6. Gewinnverdoppelung und Kostenvervierfachung auf Klägerantrag

Will man dem Kläger einen stärkeren Anreiz geben, nur besonders aussichtsreiche Klagen zu erheben, ist dies erreichbar, indem man dem Kläger das Recht einräumt, den Antrag zu stellen, dass ihm im Siegesfalle ein verdoppelter Gewinn zugesprochen werde, jedoch mit der Folge, dass die von ihm zu tragenden Kosten im Verlustfalle vervierfacht werden: Eine solche Regelung bringt es mit sich, dass ein Kläger nur für aussichtsreiche Klagen von dieser Option Gebrauch machen wird. Zugleich stellt diese Regelung eine Lösung des „Trittbrettfahrerproblems“ für Klagen mit Drittwirkung dar.

Die folgende Graphik zeigt deutlich, dass im Falle einer solchen Regelung für wenig aussichtsreiche Klagen deutlich geringere Forderungen erhoben werden, ab einer Siegeswahrscheinlichkeit von 41,86% die Forderungshöhe jedoch rasch und stark über die im geltenden Recht erhobenen Forderungen ansteigt.

$E_k = p_k \cdot 2 \cdot 10000 - 4 \cdot (1 - p_k) \cdot 3600 = p_k \cdot 20000 - (1 - p_k) \cdot 14400)$

$E_k = p_k \cdot (20000 + 14400) - 14400$

Die Schwelle ab der ein Prozess einen Erwartungswert von größer null hat, ergibt sich als:

$p_k = 34400/14400 = 41{,}86\%$

Dies besagt, dass die Zahl der Prozesse mit geringeren Siegeschancen deutlich sinken wird, während die Zahl der Prozesse mit höheren Siegesaussichten stark ansteigt.

Werden die Kosten bei weiterhin nur verdoppeltem Gewinn vervierfacht, macht der Beklagte im Falles seines Sieges einen Nettogewinn in Höhe der dreifachen ersetzten Kosten:

$E_b = p_b \cdot 3K - (1 - p_b) \cdot (2G + 4K)$

$E_b = p_b \cdot 10800 - (1 - p_b) \cdot (20000 + 14400)$

$E_b = p_b \cdot 10800 - 34400 + p_b \cdot 34400$

$E_b = p_b \cdot 45200 - 34400$

Ist der Beklagte sicher, den Prozess zu gewinnen, d.h.: $p_b = 1$, beträgt seine erwartete Einzahlung aufgrund der Kostenvervierfachung im Falle eines Prozesses 10800 DM. Ist der Beklagte gewiss, den Prozess zu verlieren: d.h.: $p_b = 0$, belaufen sich seine vom zu tätigen erwarteten Auszahlungen auf 34400 DM.

Graphisch stellt sich eine solche Regelung wie folgt dar:

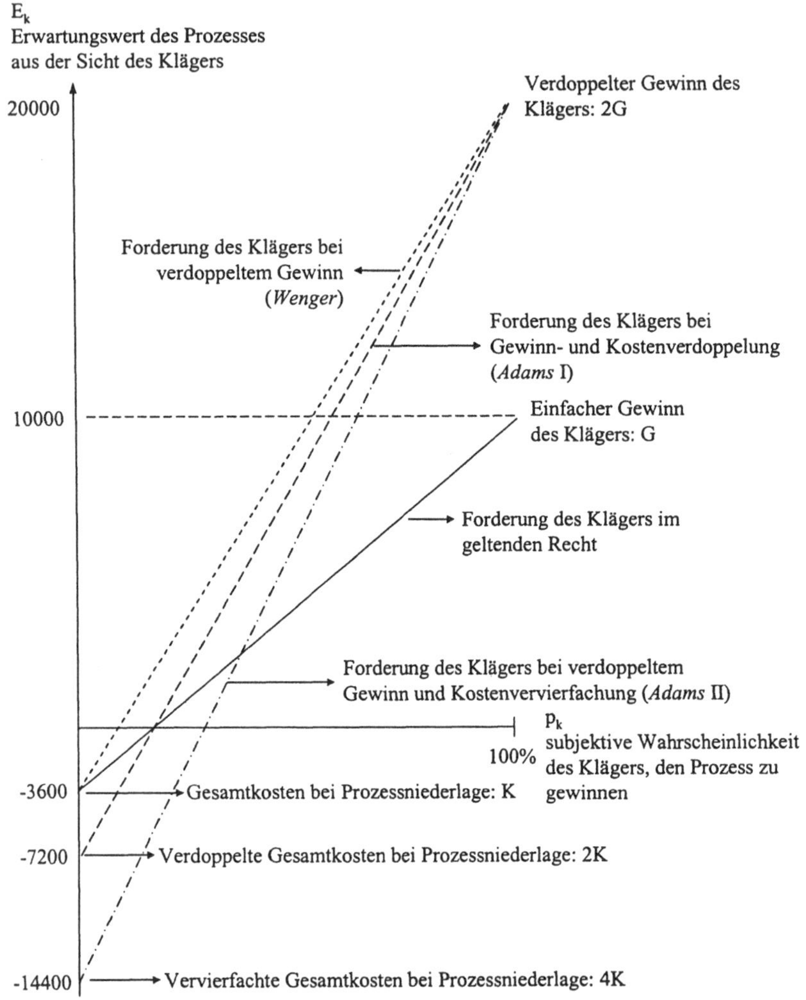

Abbildung 13: Gewinnverdoppelung und Kostenvervierfachung auf der Klägerseite

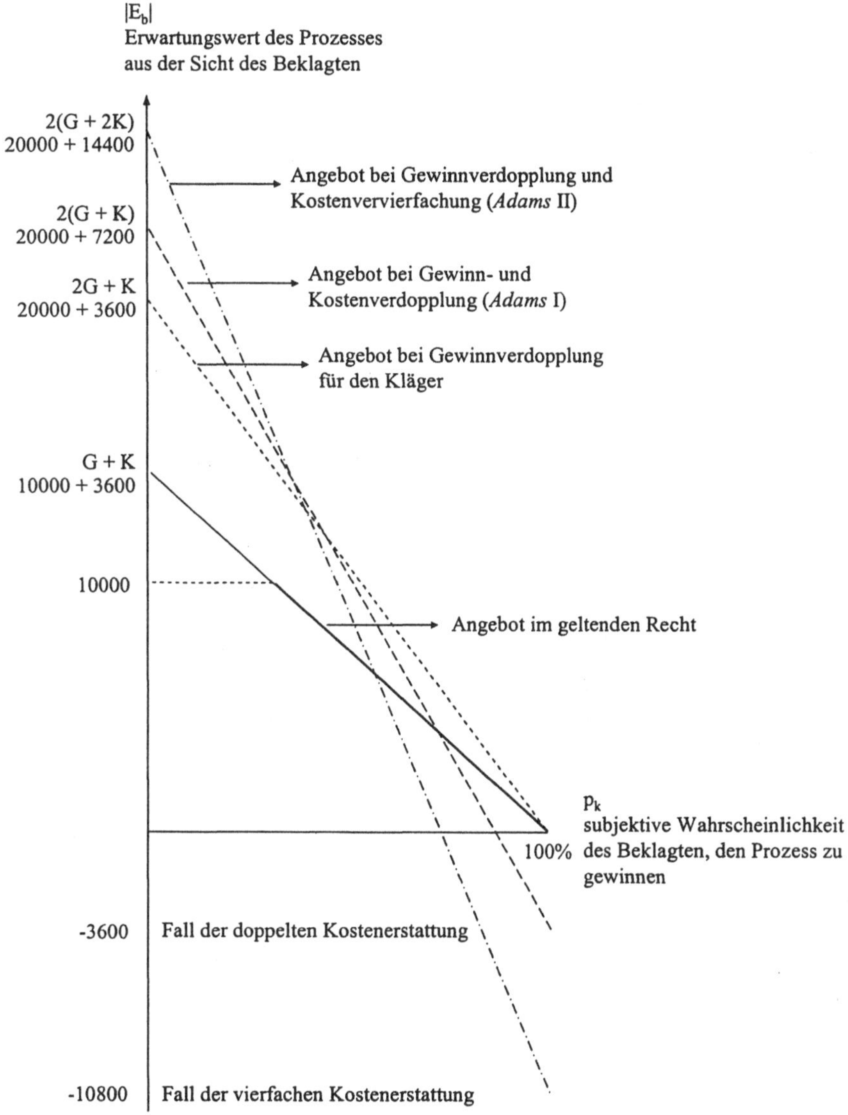

Abbildung 14: Gewinn- und Kostenvervierfachung auf der Beklagtenseite

Die Gewinnverdoppelung bewirkt für Klagen mit überwiegenden Siegesaussichten für den Kläger einen starken Anreiz, vor Gericht zu gehen und die gewünschte Klage mit Drittwirkung zu erheben. Das Problem einer zu geringen Anzahl von Aktionärsklagen aufgrund des Trittbrettfahrens und der rationalen

Apathie wird durch die Gewinnverdoppelung oder -vervielfachung gelöst. So ist der Anreiz, mit positiver Wirkung auch für Dritte zu klagen durch die Gewinnverdoppelung deutlich verbessert, durch die Kostenvervierfachung jedoch auf die aussichtsreicheren Klagen beschränkt. Da aussichtsreiche Klagen nichts anderes besagen, als dass der Kläger mit seiner Klage im Rechte ist, können diese nicht als „missbräuchlich“ angesehen und zum Gegenstand von Eindämmungsversuchen werden.

7. Risikoaversion und Zivilprozess

Die vorliegende Untersuchung ging bisher davon aus, dass sich die Parteien in ihren Überlegungen nicht davon beeindrucken lassen, dass ein Prozess oder eine bestimmte Kostenregelung ihr Einkommen bei gleicher durchschnittlicher Höhe einer stärkeren Schwankung unterwirft. Richten die Parteien ihre Entscheidung über einen Gang zum Gericht - wie bisher angenommen - lediglich am Erwartungswert aus und lassen sie die stärkere Streuung ihres Einkommens unbeachtet, verhalten sie sich risikoneutral. Ein Anspruchsteller ist somit dann „risikoneutral“, wenn er ein Vergleichsangebot des Anspruchsgegners von 3200 DM als ebenso gut ansieht wie einen Zivilprozess um 10000 DM mit 3600 DM Kosten bei einer 50%igen Siegeschance, dessen Erwartungswert ebenfalls 3200 DM beträgt. Er ist jedoch „risikoscheu“, wenn er das Vergleichsangebot der gleich hohen erwarteten, jedoch stärker streuenden Zahlung im Falle des Zivilprozesses vorzieht.

In der Realität lässt sich beobachten, dass es vielen Menschen im Allgemeinen keineswegs gleichgültig ist, ob sie ein bestimmtes Einkommen mit der Wahrscheinlichkeit 1 besitzen oder ein zwar doppelt so hohes Einkommen lediglich mit der Wahrscheinlichkeit 1/2. Die meisten Menschen werden trotz gleich hohen Erwartungswertes das sichere Einkommen dem unsicheren Einkommen vorziehen und sich damit risikoscheu verhalten.

Da eine außergerichtliche Zahlung eine sichere Zahlung ist, wird der Anspruchsteller somit erst dann zu einem Prozess mit seinem unsicheren Zahlungsstrom schreiten, wenn der Erwartungswert des Prozesses das außergerichtliche Zahlungsangebot des Anspruchgegners und zusätzlich die von ihm zur Überwindung seiner Risikoscheu angesetzte Risikoprämie zu übertreffen vermag. In entsprechender Weise wird auch der risikoscheue Anspruchsgegner in den vorgerichtlichen Verhandlungen ein seinen Erwartungswert des Prozesses übersteigendes Angebot unterbreiten, da auch er sein Angebot um eine Risikoprämie vergrößert hat, um die mit einem Prozess verbundene Schwankungsunsicherheit auszugleichen[71]. Risikoscheu auf Seiten der Beteiligten vergrößert damit den

[71] Vgl. hierzu *M. Adams*, Ökonomische Analyse des Zivilprozesses, 1981, S. 66 ff.

Verhandlungsbereich und verhindert Klagen[72]. Diese Wirkung ist jedoch bei Klagen mit positiven externen Effekten nicht erwünscht.

Die folgende Graphik verdeutlicht die Wirkung der Risikoscheu auf das Verhalten der Beteiligten:

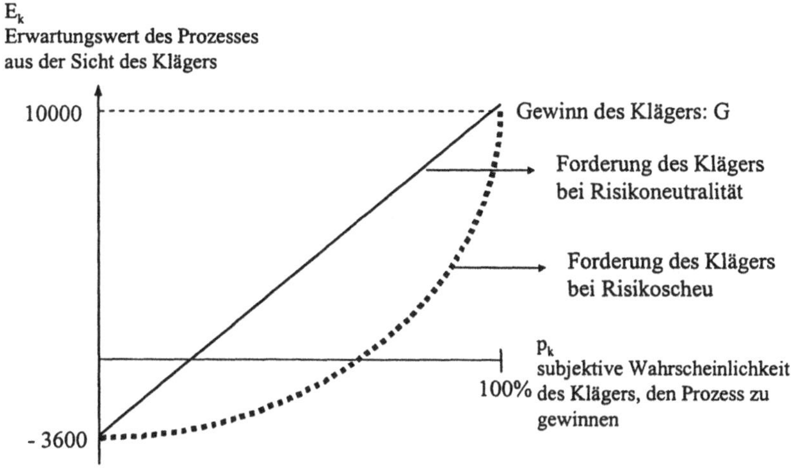

Abbildung 15: Entscheidung zum Prozess bei Risikoaversion: Klägerseite

[72] Die Höhe des Risikoausgleichs ist eine psychologische Charakteristik der jeweils handelnden Personen, die sich aus ihrer höchst persönlichen subjektiven Bewertung der verschiedenen möglichen Einkommenshöhen ergibt. Hierbei lassen sich jedoch zwei wichtige Verhaltensweisen von Individuen gegenüber dem Risiko unterscheiden. Im Fall **„konstanter absoluter Risikoaversion"** wird eine Person immer den gleichen Risikoausgleich für das Wagnis eines Prozesses ansetzen, unabhängig davon, über welches Einkommen sie ansonsten verfügt. Zeigt eine Person dagegen **„konstante relative Risikoaversion"**, verringert sie mit steigendem sonstigen Einkommen die Höhe ihrer Risikoprämie für das Wagnis eines bestimmten Prozesses. In der Realität ist „konstante relative Risikoaversion" ein häufig zu beobachtendes Verhalten. Dies heißt, dass wohlhabende Personen eine geringere Risikoprämie als Arme benötigen.

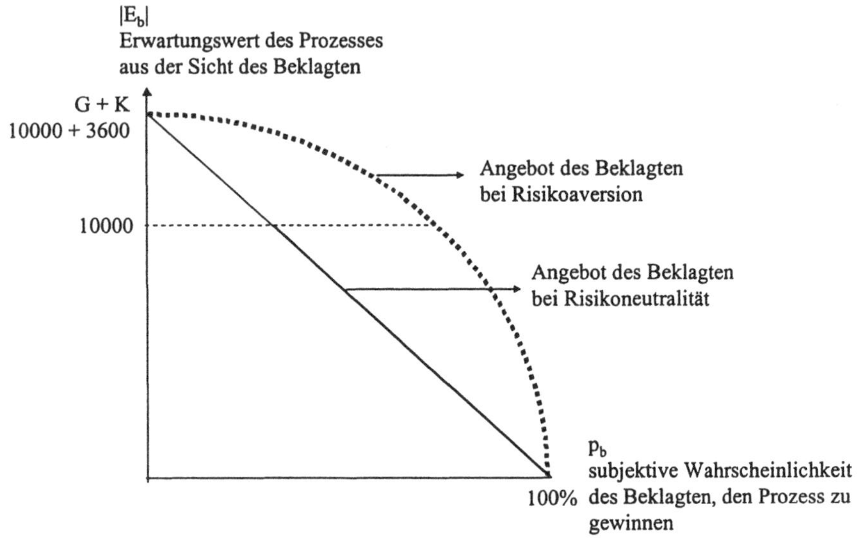

Abbildung 16: Entscheidung zum Prozess bei Risikoaversion: Beklagtenseite

Die in diesem Aufsatz zuvor untersuchten Kostenregelungen unterscheiden sich - selbst bei gleich hohem Erwartungswert - erheblich in der Höhe der Zahlungen bei Prozessniederlage und Prozesssieg. Eine Vergrößerung des Schwankungsrisikos bei bestimmten Kostenregelungen führt bei möglichen risikoscheuen Klägern jedoch dazu, dass sie aufgrund der erhöhten Schwankungsmöglichkeit auf die Erhebung von Klagen bei diesen Kostenregelungen verzichten. Damit erweisen sich für risikoscheue Personen Prozesse als vorteilhafter, die Kostenrisiken herausnehmen, selbst dann, wenn sie einen geringeren Erwartungswert erzeugen.

Die folgende Graphik zeigt die Wirkung der Vorschläge von *Baums* und *Baums/Ulmer*[73] für die Anfechtungs- und Nichtigkeitsklage und das Verfolgungsrecht. Ab dem mit *Baums*'scher Sprungstelle bezeichneten Punkt werden die möglichen Kläger nach den Vorschlägen von *Baums* und *Ulmer* von den Kosten entlastet.

Da über die endgültige Kostenentlastung im Falle der **Anfechtungs- und Nichtigkeitsklage** erst am Ende des Prozesses entschieden werden soll, handelt es sich bis zu diesem Zeitpunkt um einen ex-ante Wert. Dies bedeutet, dass die Kostenentlastung für den Kläger bis zuletzt mit einem Risiko belastet bleibt. Aus diesem Grunde springt die Forderung des Klägers im Falle der Anfech-

[73] *T. Baums*, Gutachten, a.a.O., Teil F.IV.4.; *P. Ulmer*, Die Aktionärsklage als Instrument zur Kontrolle des Vorstands- und Aufsichtsratshandeln, ZHR, 1999, 290, 341.

tungs- und Nichtigkeitsklage an der *Baums'*schen Sprungstelle lediglich auf die Kurve der Forderung eines risikoscheuen und kostenbefreiten Klägers. Wie die nachstehende Graphik zeigt, stellt diese Regelung eine deutliche Verbesserung für risikoscheue Aktionäre dar.

Die Forderung des Klägers im Falle des **Verfolgungsrechtes** springt noch weiter nach oben auf die Kurve der Forderung des risikoneutralen und kostenentlasteten Klägers. Der Grund hierfür besteht darin, dass die Kläger nach Beendigung des von *Baums* und *Ulmer* vorgesehenen Zulassungsverfahrens sicher wissen, ob sie von den Kosten der Klage entlastet sind oder nicht. Die Kosten sind daher nicht mehr mit einem Risiko belastet, so dass sich die Lage eines solchen Klägers ab der Sprungstelle als diejenige eines Klägers ohne jede Kostenbelastung darstellt. Die Graphik zeigt für diese Gruppe der risikoscheuen Kläger eine ganz erhebliche Verbesserung ihrer Lage und eine beachtliche Teillösung des Trittbrettfahrerproblems.

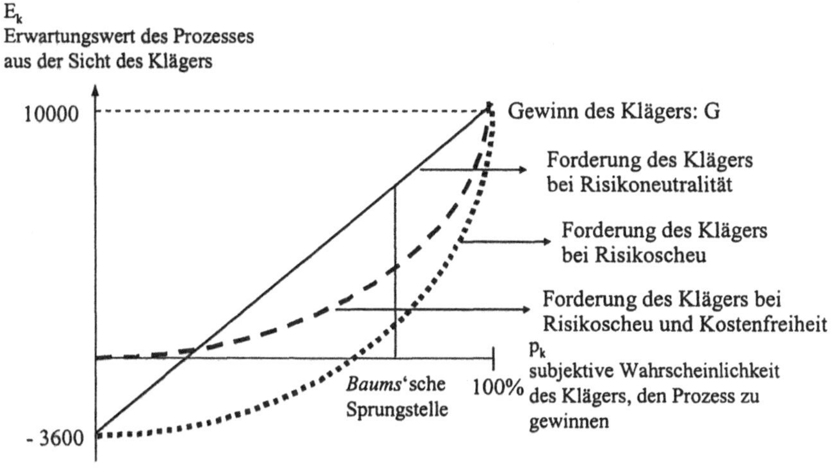

Abbildung 17: Forderungen des Klägers bei Risikoscheu und Kostenentlastung

Da Risikoscheu - für den Bereich der nicht-existentiellen Prozesse - eine subjektive Verzerrung der Wirklichkeit darstellt und der auf ihrer Grundlage vorgenommene Verzicht auf die erzielbaren Erwartungswerte durch zu geringe Forderungen oder durch eine erhöhte Nachgiebigkeit eine unwirtschaftliche Verhaltensweise darstellt, sind viele mögliche Kläger und Beklagte, wie etwa Unternehmen, Aktionärsvereinigungen, aber auch Berufskläger nicht mit Risikoscheu behaftet. Dies gilt jedoch für viele private Kleinaktionäre möglicherweise nicht. Angesichts einer blühenden Versicherungsbranche im Verbraucherbereich kann angenommen werden, dass sich Kleinaktionäre durch Kostenrisiken aus Risikoscheu über Gebühr von Prozessen abschrecken lassen.

Der in diesem Aufsatz vertretene Vorschlag einer Kostenverdoppelung oder Kostenvervierfachung als Voraussetzung einer Gewinnverdoppelung, bewirkt allerdings keine zusätzliche Prozessabschreckung für Kleinaktionäre, da das erhöhte Kostenrisiko einen Kläger ja nur auf seinen Antrag hin treffen kann, also von ihm - gegebenenfalls trotz Risikoscheu - als eine günstigere Lösung eingeschätzt wird. Allerdings werden viele risikoscheue Kläger trotz der erhöhten Gewinnmöglichkeit aufgrund ihrer subjektiven Überbewertung des ebenfalls erhöhten Kostenrisikos diesen Weg nicht gehen wollen. Insofern verpuffen die Vorschläge der Gewinn- und Kostenvervielfachung bei dieser Klägergruppe wirkungslos, nicht jedoch bei der für die Unternehmenskontrolle bedeutenderen Gruppe der rationalen Kläger.

Zusammenfassend lässt sich festhalten, dass im Lichte möglicher Risikoscheu von Kleinaktionären die Vorschläge von *Baums* und *Baums/Ulmer*[74], die bei einer Nichtigkeits- und Anfechtungsklage die Kläger auch bei verlorenen, aber nicht mutwillig angestrengten Prozessen von den Prozesskosten entlasten wollen und für das Verfolgungsrecht ein Zulassungsverfahren mit verbindlicher Kostenentscheidung vorsehen, sich nicht mehr nur als eine „homöopathische" Verbesserung des Trittbrettfahrerproblems erweisen, sondern eine wichtige und sinnvolle Hilfe für eine Steigerung der Aktionärsklagen beinhalten. Die Vorschläge von *Baums* und *Baums/Ulmer* sollten daher zusätzlich neben der hier vorgeschlagenen Antragsmöglichkeit auf Gewinn- und Kostenvervielfachung verwirklicht werden.

V. Schlussbemerkungen

Die Vorschläge im Gutachten von *Baums* ziehen erpresserischen Aktionärsklagen die Zähne, entschärfen aber nur für die kleinere Gruppe der risikoscheuen Kleinaktionäre das „Trittbrettfahrerproblem" mit seiner zu geringen Zahl von Aktionärsklagen mit Drittwirkung. Eine sachgerechte Kontrolle des Management und der Mehrheitsmacht anderer Aktionäre im Wege der Aktionärsklage sollte daher mit der Einführung der Möglichkeit gelöst werden, dass der Kläger auf seinen Antrag hin für den Fall seines Obsiegens einen verdoppelten Gewinn zugesprochen erhält, im Falle einer Niederlage jedoch eine Kostenvervierfachung zu tragen hat. Erst durch die so verstärkten Anreize zur Klageerhebung können die Klagerechte der Aktionäre ihre wichtige Rolle bei der Organisation der Eigentumsrechte an Unternehmen ohne das bisherige Marktversagen spielen und in Zukunft dafür sorgen, dass Aktiengesellschaften eine bessere Organisation zur Schaffung von Gütern in einer arbeitsteiligen Welt sind.

---

[74] Vgl. *T. Baums*, Gutachten, a.a.O., Teil C.VII.

Ökonomische Analyse der Rechtsschutzversicherungen

[....]

Die Erörterungen des vorhergehenden Kapitels haben ergeben, dass es die Rechtsordnung aufgrund der wirtschaftlich unauflöslichen Einheit von materiellem Recht und Prozesskosten nicht zulassen kann, dass die einzelnen Bürger die Höhe der Prozesskosten in ihrem Sinne beeinflussen können, da diese Möglichkeit zu Wohlfahrtsverlusten infolge einer Umverteilung von Rechten und einer Schädigung der Allokationseffizienz des materiellen Zivilrechts führen kann. Weiterhin hätte eine privatautonome Beeinflussungsmöglichkeit der Prozesskosten die Wirkung, dass das von der Rechtsordnung angestrebte Verhältnis von Zivilprozessen und Vergleichslösungen aufgrund der Strategien der Parteien verändert und damit der von der Rechtsordnung angestrebte Ausgleich zwischen einem Verlust an Lenkungskraft und der Ersparnis der mit Prozessen verbundenen ökonomischen Kosten aufgehoben würde. Aber nicht nur die Verhinderung einer Prozesskostenbeeinflussung durch die Parteien muss verhindert werden, sondern auch die Auswirkungen der „relativen Risikoaversion". Da diese Form der Risikoaversion zu einer Umverteilung von Rechten zu Lasten der Armen und zu Gunsten der Reichen führen würde und damit der Grundsatz der Gleichheit vor dem Gesetz verletzt würde, kann eine soziale und gerechte Gesellschaft nicht auf eine dem Einkommen der Bürger angepasste Prozesskostenhilfe verzichten.

In der Bundesrepublik Deutschland gibt es nun seit alters her eine solche Prozesskostenhilfe, aber es gibt auch in großem Umfang Bürger, die sich durch den Kauf einer Rechtsschutzversicherung die Möglichkeit einer grenzkostenfreien Prozessführung verschafft haben. Es soll Aufgabe dieses Kapitels sein zu untersuchen, ob Rechtsschutzversicherungen neben der Prozesskostenhilfe einen sinnvollen Zweck erfüllen können.

1. Wohlfahrtsanalyse der Rechtsschutzversicherungen

In der Bundesrepublik gewährt das Gesetz über die Beratungshilfe und das Gesetz über die Prozesskostenhilfe jedem Bürger in Abhängigkeit von seinem Einkommen einen Anspruch auf staatliche Hilfe bei der Informationsbeschaffung über die Rechtslage sowie bei der Durchsetzung seiner Rechte im Zivilprozess. In der bisherigen Analyse war eine solche Prozesskostenhilfe als unabdingbar erkannt und dann gefolgert worden, dass nach der Einführung einer Prozesskostenhilfe kein Platz für private Eingriffe in die Kosten des einzelnen Prozesses mehr verbleiben sollte.

Erstveröffentlichung *M. Adams*, Eine wohlfahrtstheoretische Analyse des Zivilprozesses und der Rechtsschutzversicherungen, Zeitschrift für Schweizerisches Recht, 1983, S. 187-208. Der Aufsatz wurde sprachlich und inhaltlich geglättet und gekürzt.

[..] Die Wirtschaftstheorie[1] begründet die Existenz und die Wohlfahrtsgewinne durch Versicherungen damit, dass es Versicherungen unter Ausnutzung des Gesetzes der Großen Zahl gelingt, risikoscheuen Personen eine Steigerung ihres Nutzens dadurch zu erlauben, dass sie ihnen die Möglichkeit bieten, die Schwankungsmöglichkeiten ihres Einkommens aufgrund ungewisser, zukünftiger Ereignisse zu verringern, indem sie einen großen Schaden, der mit kleiner Wahrscheinlichkeit eintritt, in einen kleinen, aber sicheren Verlust in Höhe der Prämie umwandeln[2].

Die entscheidende Voraussetzung für die Wohlfahrtsgewinne von Versicherungen besteht darin, dass gewährleistet sein muss, dass die Versicherten einen Einfluss weder auf die Wahrscheinlichkeit für den Eintritt des Schadensfalles noch auf die Schadenshöhe besitzen. Ist eine Versicherung nicht in der Lage, die Einwirkungsmöglichkeiten der Versicherten auf die Schadenshäufigkeit oder auf die Schadenshöhe hinreichend gering zu halten, verwandelt sie die Einstellung ihrer Kunden weg von Schadensvermeidung in Schadenserzeugung. Die möglichen Wohlfahrtsgewinne aus der verminderten Unsicherheit gehen dann in einer von ihr verursachten Schadenslawine unter. Versicherungen sind daher in der Realität in Übereinstimmung mit ihren ökonomischen Aufgaben dazu gezwungen, einen erheblichen Kontroll- und Nachforschungsaufwand zu betreiben, um Ansprüche abzuwehren, die von Versicherten erhoben werden, die selbst die Eintrittswahrscheinlichkeit oder den Schadensumfang unzulässigerweise erhöht haben. Weiterhin bemühen sich die Versicherungen, den Anreiz zur Gleichgültigkeit oder gar Freude gegenüber einem Schadensfall bei den Versicherten zusätzlich dadurch zu verringern, dass sie die Versicherten einen Teil des Schadens selbst tragen lassen (Selbstbeteiligung). Durch diese Maßnahmen gelingt es den Versicherungen im Allgemeinen. zu verhindern, dass die Versicherten durch eine von ihnen erzeugte Schadenslawine einen derart großen Anstieg der Versicherungsprämien verursachen, dass sie es schließlich vorziehen, keine Versicherung mehr abzuschließen, da die Prämienkosten infolge des erhöhten Schadensanfalles den möglichen Nutzen aus der Unsicherheitsverringerung übersteigt. Kontrollaufwand und Selbstbeteiligung sind somit für viele Versicherungssparten die Grundlage ihrer Existenz.

Rechtsschutzversicherungen dienen nun der Erstattung der Rechtsanwaltsgebühren, der Gerichtskosten, der Kosten der vom Gericht herangezogenen Zeugen

[1] Zur Wohlfahrtstheorie der Versicherungen, vgl. *P.R.G. Layard/A.A. Walters*, Microeconomic Theory, 1978, S. 382 ff. mit vielen weiteren Nachweisen.

[2] Vgl. auch *M. Adams*, Ökonomische Analyse des Zivilprozesses, 1981, S. 69 ff.

und Sachverständigen sowie der Kosten der Zwangsvollstreckung[3], die bei der Geltendmachung und Abwehr[4] bestimmter[5] rechtlicher Ansprüche auftreten.

Nun zeigt sich jedoch, dass Rechtsschutzversicherungen nahezu keine wirksame Abwehr gegen den Eintritt der versicherten Schadensereignisse entfalten, sondern die Schadenshäufigkeit nahezu uneingeschränkt den Entscheidungen der Versicherten überlassen. Es behalten sich zwar auch die Rechtsschutzversicherungen die Prüfung vor, ob die Wahrnehmung der rechtlichen Interessen durch den Versicherungsnehmer eine hinreichende Aussicht auf Erfolg bietet und nicht mutwillig erscheint[6], dennoch führt diese Prüfung in der Praxis für alle erstinstanzlichen Prozesse nicht zu einer nennenswerten Einschränkung der von den Versicherten geplanten Prozesse[7]. Es lässt sich somit festhalten, dass jeder Rechtsschutzversicherte für das versicherte Rechtsgebiet die Freiheit erlangt hat, im Ergebnis nach seinem Gutdünken Zivilprozesse ohne jedes Kostenrisiko in Gang zu setzen.

Rechtsschutzversicherungen verschaffen ihren Mitgliedern jedoch nur lediglich die Möglichkeit, einen einzelnen Prozess ohne eigene Kostenaufwendungen durchzuführen. Sie ermöglichen damit lediglich eine grenzkostenfreie Prozessführung. Die Versicherten müssen selbstverständlich durch die Zahlung der Prämien nicht nur die gesamten durchschnittlichen Prozesskosten, die von ihrer Versicherung an die jeweils prozessierenden Mitglieder ausgezahlt werden, sondern zusätzlich auch die Verwaltungskosten und den Gewinn der Versicherungsgesellschaft aufbringen. Jedes Versicherungsmitglied zahlt somit durch seine Prämie die durchschnittlichen Prozesskosten pro Versicherungsteilnehmer sowie anteilig Gewinn und Verwaltungskosten des Versicherungssystems, lediglich die Prozessführung im einzelnen Rechtsfall ist ihm *(grenz-)kostenfrei* möglich[8].

---

[3] Vgl. hierzu die üblichen Allgemeinen Versicherungsbedingungen für Rechtsschutzversicherungen.

[4] Soweit hierfür nicht bereits eine Haftpflichtversicherung zuständig ist.

[5] Eine allgemeine, alle Rechtsgebiete abdeckende Rechtsschutzversicherung gibt es nicht mehr.

[6] Vgl. hierzu die üblichen Allgemeinen Versicherungsbedingungen für Rechtsschutzversicherungen.

[7] Nach *E. Blankenburg/J. Fiedler*, Analyse der Akten einer Rechtsschutzversicherung, 1981, S. 4, wurde nur in 2 % aller Fälle, in denen eine Kostenübernahme seitens der Versicherung verweigert wurde, diese Vertragsklausel benutzt.

[8] Eine Rechtsschutzversicherung lässt sich daher mit der Miete eines Wagens vergleichen, bei der eine Pauschalsumme für eine bestimmte Benutzungszeit einschließlich Benzinverbrauch ohne Kilometerbegrenzung vereinbart wird. Selbstverständlich zahlen die Automieter die durchschnittlich von ihnen verursachten Kosten. Haben sie aber einen solchen Vertrag abgeschlossen, kostet sie jeder gefahrene Kilometer nichts mehr zusätzlich, d.h., ihre Grenzkosten sind 0.

Damit erzeugen Rechtsschutzversicherungen jedoch den Lehrbuchfall für das Versagen eines Versicherungsmarktes das „moral hazard"-Problem[9]. Auf eine Feuerversicherung übertragen würde eine solche Anreizstruktur so aussehen, dass die Versicherung einen voll versicherten Brandschaden auch dann abdeckt, wenn der Versicherte den Brand vorsätzlich vor den Augen eines Versicherungsagenten herbeiführt. Es erscheint ausgeschlossen, dass eine solche Feuerversicherung lange Zeit auf eine große Zahl „warmer Abbrüche" sowie auf die hiermit verbundenen astronomischen Prämiensätze warten müsste, die den Versicherungsmarkt durch das Ausbleiben von Versicherungsunternehmen oder den Konkurs der bestehenden Firma auslöschen würde. Bei hinreichend rationalen Erwartungen wird diese Entwicklung von den Beteiligten vorhergesehen, so dass es erst gar keinen Versuch der Einführung einer solchen Feuerversicherung geben wird. Die Tatsache, dass kein Markt für derartige Feuerversicherungen existiert, erscheint damit verständlich.

Es fragt sich nun jedoch, wieso der Markt für Rechtsschutzversicherungen überhaupt existieren kann und nicht unter einer Lawine von Prozessen, die die Versicherungsprämien in solche Höhen treibt, die von Rechtsschutzversicherten nicht mehr hingenommen werden, gleichfalls untergeht. In der Bundesrepublik besitzen rund 40 Prozent aller Haushalte eine Rechtsschutzversicherung. Wie kann es sein, dass alle diese Personen in einem System verharren, bei dem jeder Einzelne einen uneingeschränkten Anreiz hat, auf Kosten aller anderen Versicherten den Schadensfall herbeizuführen, ohne dass dieses System in kurzer Zeit seine Kosten und Prämien so stark erhöht, dass es zusammenbricht. Der Grund hierfür besteht darin, dass Rechtsschutzversicherungen nur zum Teil Versicherungen sind, zum anderen Teil jedoch ein *Drohsystem* darstellen, dass seinen Besitzern seine entscheidenden Erträge durch die Schädigung bedrohter Dritte liefert. Der entscheidende Vorteil, den eine Rechtsschutzversicherung ihren Mitgliedern zu bieten vermag, besteht nicht in den Nutzengewinnen, die mit einer Verminderung der Schwankungsmöglichkeiten des zukünftigen Einkommens verbunden sind, sondern darin, dass außenstehende Dritte in Verhandlungen durch den Hinweis auf die grenzkostenfreie Prozessführungsmöglichkeit bedroht werden können und damit zu Zugeständnissen genötigt werden, die diese andernfalls nicht gemacht hätten.

Dass diese Drohwirkung der Rechtsschutzversicherung ihren wesentlichen Vorteil darstellt, wird auch von den Rechtsschutzversicherungen selbst in ihrer Werbung hervorgehoben. In einer im Laufe des Jahres 1980 laufenden Anzeigenserie wurde stets der Vorteil betont, den eine Partei aufgrund ihrer kostenfreien Prozessführungsmöglichkeit gegenüber ihren kostenbelasteten Mitbürgern besitzt. Der folgende Dialog zwischen einem Reisebürokunden und seinem Rei-

---

[9] Vgl. hierzu *P.R.G. Layard/A.A. Walters*, Microeconomic Theory, 1978, S. 382 ff. m.w.N.

sebüro zeigt als Werbeargument deutlich diese Drohungs- und Ausbeutungsvorteile von Rechtsschutzversicherungen[10].

„Das Komforthotel, ruhige Lage, vorzügliche Verpflegung, das wir bei Ihnen gebucht haben, war miserabel."

„Miserabel? Übertreiben Sie nicht ein wenig, Herr Mättig?"

„Übertreiben? Da wurde zum Teil ja noch dran gebaut. Ein Lärm - nicht auszuhalten."

„Was wollen Sie? Auch im Prospekt stand ja: ein ganz neuer Urlaubsort."

„Da stand auch: wunderschöner Sandstrand Und was war? Ein Stein am anderen."

„Da nimmt man eben Badeschuhe mit."

„Und dann das Essen. Die reine Scheußlichkeit!"

„Vielleicht haben Sie zuviel erwartet. Bei dem Preis."

„Ich erwarte vor allem jetzt etwas. Nämlich eine Entschädigung."

„Entschädigung? Das ist wohl kaum drin."

„Das kann ein Anwalt sicher besser beurteilen."

*„Anwalt? Der kostet Sie **nur** noch mehr Geld."*

„Da irren Sie sich kräftig. Für solche Kosten habe ich nämlich meine Rechtsschutz-Versicherung. Bei der D.A.S."

Die Wohlfahrtsverluste, die mit dieser einseitigen Kostenbefreiung bei einer Rechtsstreitigkeit verbunden sind, wurden bereits ausführlich dargestellt[11]. Es erscheint insbesondere offensichtlich, dass die Rechtsordnung eine solche Umverteilung von Rechten nicht zulassen kann[12]. Es lässt sich somit festhalten, dass der Aufschwung und die Existenz der Rechtsschutzversicherungen weniger auf den Vorteilen beruht, die sich die Versicherten aus einer Verminderung der Unsicherheit versprechen, sondern auf den Gewinnen, die die Versicherten aus den Rechtsverzichten ihrer bedrohten Mitbürger erlangen.

Nun erweist sich der Kauf eines Drohmittels im Endergebnis nur solange als vorteilhaft, solange der Bedrohte seinen Nachteil nicht ebenfalls durch den Kauf einer Gegendrohung ausgleicht, so dass nach beiderseitiger Aufrüstung keine Partei mehr durch eine Drohung einen zusätzlichen Vorteil über ihren Gegner erreichen kann, beide Parteien sich jedoch durch den Kauf ihrer einander aufhe-

---

[10] Es handelt sich hier um eine Anzeige der D.A.S. aus dem Stern Nr. 37 vom 4.9.1980.

[11] Vgl. hierzu oben D, 11 1, 3, b. bb

[12] Die Wohlfahrtswirkungen der Rechtsschutzversicherungen werden noch unerträglicher, wenn man annimmt, dass Herr Mättig in der Anzeige zu der nicht geringen Zahl von Pauschalreisenden gehört, die sich durch harte, rechtsschutzgestützte Schadensersatzforderungen bei kleinsten Unregelmäßigkeiten im Verlauf einer Reise eine wesentliche Preisermäßigung ihres Urlaubs infolge der Durchschnittskostenbildung bei den Reiseunternehmen auf Kosten ihrer friedlichen, nicht rechtsschutzversicherten Mitbürger erhoffen.

benden Drohsysteme schlechter stehen als wenn sie beide von vornherein auf den Versuch der gegenseitigen Ausbeutung und Bedrohung verzichtet hätten. Es ist dies die Geschichte eines *Rüstungswettlaufs*.

Es geht somit im Folgenden darum, die gegenseitigen Anpassungen der Bürger im Zeitablauf in einer Rechtsordnung zu beschreiben, in der Rechtsschutzversicherungen zulässig sind und um die Frage, zu welchen Ergebnissen die Zulassung von Rechtsschutzversicherungen führt und welche Wohlfahrtsbewertungen diese Ergebnisse verdienen.

Ausgangspunkt sei eine Situation, in der bisher alle Parteien ein Kostenrisiko bei einem Zivilprozess zu tragen hatten und in der nun eine Partei infolge einer neu aufgekommenen Rechtsschutzversicherung grenzkostenfrei prozessieren kann. Geht man davon aus, dass die subjektiven Erfolgswahrscheinlichkeiten der Parteien und die tatsächlichen Prozessentscheidungen der Gerichte durch den Abschluss der Rechtsschutzversicherung nicht beeinflusst werden, ergeben sich die bereits ausführlich dargestellten Ergebnisse[13]. Da die versicherte Partei im Falle einer Prozessniederlage keine Kosten zu tragen hat, war es ihr möglich, in der Auseinandersetzung ihre Verhandlungsbereitschaft zu vermindern und hierdurch einen Umverteilungsgewinn auf Kosten der nicht versicherten Mitbürger zu machen. Versichert sich nur der Kläger, erhöht sich bei ihm für jede subjektive Wahrscheinlichkeit seine Mindestforderung, da er nun kein Kostenrisiko mehr im Prozess zu tragen hat. Seine Forderungskurve sieht nun wie folgt aus:

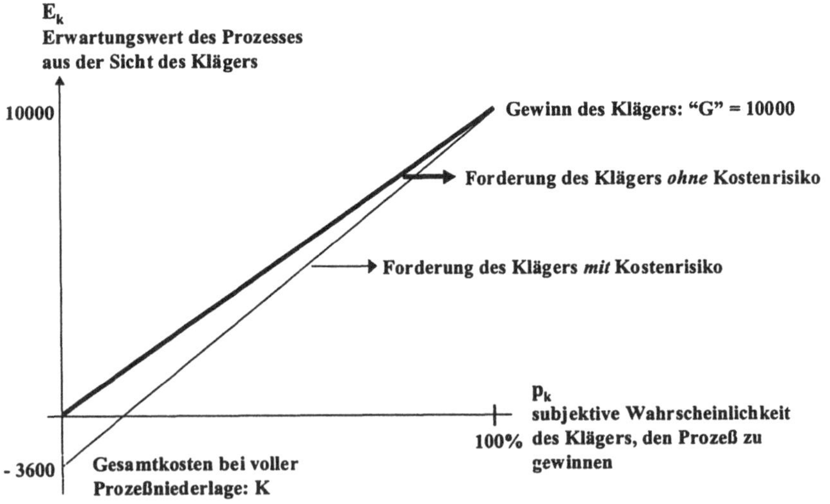

[13] Vgl. hierzu oben D, 11 1, 3, b, bb

Wie die Graphik zeigt, hat der Vertragspartner des möglichen Klägers durch die Verhärtung der Verhandlungsposition der kostenbefreiten Partei einen realen Schaden[14] erlitten, da für ihn nunmehr bestimmte Verhandlungslösungen nicht mehr erreichbar sind. Da es sich hierbei um einen Verteilungskampf handelt, ist dieser Verlust ein Umverteilungsgewinn der versicherten Partei.

Diese Situation ändert sich jedoch grundlegend, wenn sie auch die bisher nicht versicherte Partei die Kostenwaffe zulegt und eine Rechtsschutzversicherung abschließt. Hierdurch erreicht sie zunächst, dass sie ihrem Gegner den zu ihren Lasten gehenden Umverteilungsgewinn entzieht, da sie nun ebenfalls ihre bisherige, auf dem Kostenrisiko beruhende Vergleichsbereitschaft einschränkt[15].

Diese Nachrüstung der bisher nicht versicherten Partei hat jedoch eine für die Gesamtinteressen aller Bürger nachteilige Wirkung. Diejenige Partei, die zuerst den Weg der Aufrüstung beschnitten hat, kann nun nicht einfach den einmal beschrittenen Weg wieder verlassen und die zur Umverteilung untauglich gewordene Kostenwaffe durch einen Austritt aus der Rechtsschutzversicherung ablegen und damit in den Zustand der friedfertigen Unschuld vor ihrem Aufrüstungsbeschluss zurückkehren. Infolge der Nachrüstung ihres Gegners hätte ein solcher Schritt zur Folge, dass nun sie selbst der Kostenwaffe ihres Gegners schutzlos ausgeliefert wäre und damit ihre infolge des Austritts aus der Versicherung neu eröffnete Kompromissbereitschaft zur Beute ihres nun ebenfalls mit der Kostenwaffe ausgerüsteten Gegners würde. Die ehemals zur Verteidigung notwendige Nachrüstung hat also die Wirkung, dass auch diejenige Partei, die den Rüstungswettlauf begonnen hat, nunmehr eine Rechtsschutzversicherung zur Abwehr von Umverteilungsmaßnahmen ihres nun aufgerüsteten Gegners benötigt.

Damit lässt sich der Ertrag aus einer Rechtsschutzversicherung im dynamischen Rüstungswettlauf aller Bürger wie folgt beschreiben: Ist der Anteil der nicht versicherten Personen in einer Bevölkerung gering, gewinnen diejenigen, die zuerst eine Rechtsschutzversicherung abschließen, einen Vorteil durch die Ausbeutung der Verhandlungsbereitschaft ihrer nicht versicherten Mitbürger. Steigt nun der Anteil der Versicherten, wird die Anzahl der Prozesse unter den Versicherungsnehmern größer. Der Ertrag aus der Rechtsschutzversicherung bleibt jedoch auch ohne, dass es zu einer Umverteilung zwischen den Parteien kommt, in gleicher Höhe bestehen, da der Ertrag nunmehr für beide Seiten darin besteht, dass jede Partei verhindert, dass sie eine ohne Rechtsschutzversicherung vor-

---

[14] Vgl. hierzu *M. Adams*, Ökonomische Analyse des Zivilprozesses, 1981, S. 88 ff.

[15] Dies wird deutlich, wenn man die Werbeanzeige der D.A.S. um einen Satz verlängert: *„Sie werden schon sehen, was Ihnen diese Drohung nützt, Herr Mättig! Aufgrund der D.A.S. Werbung sind wir nämlich auch rechtsschutzversichert, um rabiaten Nörglern im Interesse aller anderen Kunden die Zähne zeigen zu können.“*

handene Vergleichsbereitschaft zum Ausbeutungsgegenstand ihres kompromisslosen, weil kostenbefreiten Gegners bereitstellt.

Es zeigt sich somit, dass die einfache Zulassung einer Rechtsschutzversicherungsmöglichkeit dazugeführt hat, dass Rechtsschutzversicherungen zunächst als Angriffs- dann als Verteidigungswaffe einen Vorteil bieten. Es erscheint in dieser Analyse wenig vernünftig anzunehmen, dass die Aufteilung des Prozess- oder Vergleichsbereichs in irgendeiner Weise zugunsten des Anspruchstellers oder Anspruchsgegners verzerrt ist. Es ist vielmehr sinnvoll, nicht nur die Verteilung des Vergleichsbereichs, sondern auch die Aufteilung des Prozessbereichs als stochastisch gleich verteilt unter die Parteien anzusehen. Haben also die Parteien infolge ihrer inkonsistenten Erwartungen einen Prozessbereich erzeugt, soll nicht angenommen werden, dass dieser Prozessbereich in irgendeiner Form systematisch zugunsten des Klägers oder Beklagten von den Gerichten aufgeteilt wird, sondern dass jeder Verteilung der Prozessdifferenz die gleiche Eintrittswahrscheinlichkeit zukommt. Dies bedeutet jedoch, dass das durchschnittliche Verteilungsergebnis nicht davon abhängt, ob die inkonsistenten Erwartungen einen Vergleichsbereich oder einen Prozessbereich eröffnet haben. Kann daher eine Person aufgrund ihrer kostenfreien Prozessführungsmöglichkeit ihre Mindestforderung erhöhen oder ihr Höchstangebot senken, macht sie im Durchschnitt einen Gewinn, der unabhängig davon ist, ob diese verminderte Kompromissbereitschaft noch zu einem Vergleich oder bereits zu einem Prozess führt. Die Höhe dieses auf der Verkleinerung des Vergleichsbereichs beruhenden Gewinnes besteht dann infolge der stochastisch gleichen Verteilung des Prozess- oder Vergleichsbereichs stets in der Hälfte des Anstiegs der Mindestforderung bzw. in der Hälfte der Verminderung des Höchstangebots. Es ergibt sich somit, dass der Ertrag aus einer Rechtsschutzversicherung nicht mehr davon berührt wird, ob es zu einem Prozess oder zu einem Vergleich kommt. Die Vorteile der grenzkostenfreien Prozessführung sind vielmehr im Angriffs- wie im Verteidigungsfalle gleich hoch. Die dynamische Analyse der Zulassung von Rechtsschutzversicherungen führt somit zu dem **Ergebnis**, dass der *Ertrag* aus einer Rechtsschutzversicherung unabhängig davon ist, wie hoch der Anteil der Rechtsschutzversicherten in einer Bevölkerung ist.

Ganz anders verhält es sich jedoch mit den *Kosten*, d.h., der Prämienhöhe von Rechtsschutzversicherungen. Die Möglichkeit der durch Rechtsschutzversicherungen geschaffenen grenzkostenfreien Prozessführung hat die Wirkung, dass die Parteien ihren Vergleichsbereich einschränken und damit den Prozessbereich erheblich vergrößern. Da die in der Realität stets vorhandene Schwierigkeit einer konsistenten Beurteilung der zukünftigen Prozessergebnisse dazu führt, dass es auch ständig inkonsistente Erwartungen gibt, bewirkt eine Befreiung von den Prozesskosten, dass ein Teil dieser bisher aufgrund der Prozesskosten im Vergleichswege gelösten inkonsistenten Erwartungen nun in der Lage ist, einen

Prozess auszulösen. Dies bedeutet jedoch, dass mit dem Anteil der rechtsschutzversicherten Personen in einer Bevölkerung auch die Anzahl der tatsächlich durchgeführten Prozesse steigt. Da aber die Versicherten nur die Möglichkeit der grenzkostenfreien Prozessführung im einzelnen Prozess erlangt haben, müssen die Gesamtkosten aller von den Versicherten angestrengten Zivilprozesse auf die Versicherten über die Höhe der Prämienzahlungen zurückfallen. Da eine größere Zahl von durchgeführten Prozessen zu höheren durchschnittlichen Kosten für die Versicherungen führt, werden mit der Anzahl der rechtsschutzversicherten Personen auch die Versicherungsprämien ansteigen. Da nun aber dar Ertrag aus der Rechtsschutzversicherung gleich bleibt, während die Prämien aufgrund der höheren Prozesszahlen steigen müssen, kommt der Rüstungswettlauf in die Rechtsschutzversicherung bei einem bestimmten Prozentsatz der versicherten Personen in einer Bevölkerung zu einem Ende, da in diesem Punkt die von den Versicherten aufzubringende Prämie genau die Höhe des Ertrags aus der Versicherung erreicht hat.

Es ist nun jedoch in diesem Gleichgewichtspunkt für die Versicherungsmitglieder auch nicht lohnend aus der Rechtsschutzversicherung auszutreten, da sie dann ihren (Droh-)Ertrag aus der Rechtsschutzversicherung verlieren würden, während gleichzeitig infolge des Absinkens des Anteils der Versicherten an der Gesamtbevölkerung die Prozesshäufigkeit und damit die Prämienkosten unter den durch den Austritt verlorenen Ertrag sinken wurden. Ebenso ist es bei diesem Gleichgewichtsanteil der versicherten Personen für die noch nicht versicherten Personen nicht mehr vorteilhaft, eine Rechtsschutzversicherung abzuschließen, da der Ertrag aus der Versicherung geringer ist als die Höhe der infolge ihres Eintritts ansteigenden Versicherungsprämie. Der von den Rechtsschutzversicherungen ausgelöste Rüstungswettlauf findet damit bei einem bestimmten Anteil der Versicherten an der Gesamtbevölkerung sein Ende.

Damit stellt sich nun die Frage, weiche Wohlfahrtsbewertung dieses Gleichgewicht verdient. Zunächst ist festzuhalten, dass immer noch der nicht versicherte Teil der Bevölkerung infolge der Drohungsvorteile der Rechtsschutzversicherten einen Teil seiner Rechte an die Versicherten verliert. Die Wohlfahrtswidrigkeit dieser Umverteilung sowie die damit verbundene Allokationsverzerrung des Zivilrechts wurde bereits dargestellt, so dass hier auf diese Erörterungen verwiesen werden kann[16]. Weiterhin ist dieses Gleichgewicht dadurch gekennzeichnet, dass es infolge der verringerten Vergleichsbereitschaft einer großen Zahl von Personen mit einer Prozesslawine verbunden ist, deren individuell lohnende Finanzierung zu einem bedeutenden Teil auf der drohungsverursachten Rechtsentziehung der nichtversicherten Mitbürger beruht.

---

[16] Vgl. hierzu *M. Adams*, Ökonomische Analyse des Zivilprozesses, 1981, S. 88 ff.

Die von der Rechtsordnung mit der Festsetzung der Prozesskosten gewünschte Anzahl der Vergleichslösungen wurde durch das System der Rechtsschutzversicherungen verringert und statt dessen in eine mit hohen Ressourcenverbrauch verbundene Lawine von nicht sinnvollen Zivilprozessen umgewandelt, wobei die nicht versicherten Bürger mit ihren drohungsbedingten Rechtsverlusten einen Teil der Finanzierung dieses Systems übernehmen müssen.

Da aber auch die Versicherten infolge ihrer hohen Prämien im Gleichgewicht keinen Vorteil mehr aus ihrer Versicherung haben, lässt sich als Ergebnis festhalten, dass dieses Gleichgewicht keinem Bürger einen Nutzen bringt, aber allen schadet, da es zu einer Vergeudung von Ressourcen führt sowie zur Allokationsineffizienz des Zivilrechts und zu einer wohlfahrtswidrigen Umverteilung von Rechten[17].

Die Rechtsordnung kann diese Folgen der Rechtsschutzversicherungen nur dann hinnehmen, wenn diese durch entsprechend große Wohlfahrtsgewinne auf anderer Seite aufgehoben werden. Ein gewisser Wohlfahrtsgewinn kann sich aus den politökonomischen Wirkungen der Rechtsschutzversicherungen ergeben, wie nun im Folgenden kurz dargelegt werden soll.

2. Die politökonomischen Wirkungen von Rechtsschutzversicherungen

In der Bundesrepublik werden die wirtschaftlichen Verhältnisse vieler juristischer Berufe in entscheidendem Umfang durch gesetzliche Regelungen bestimmt. Nicht nur die Gebührenordnung, auch die Monopolisierung der Rechtsberatung bei Anwälten, die Beschränkung der Postulationsfähigkeit bei höheren Zivilgerichten auf Anwälte oder die strikte Zugangsregelung für Notare stellen neben vielen anderen Regelungen staatliche Eingriffe in die Verdienstmöglichkeiten von Juristen dar. Es versteht sich nun, dass alle juristischen Berufsgruppen eine Lobby zur Beeinflussung des Gesetzgebers betreiben, um ihren Interessen Gewicht zu verschaffen. Dieser berufsständischen Lobby und den bei der Entscheidung über die Lobby-Anliegen beteiligten Juristengruppen in Ministerien, Regierung und Parlament steht nun keine vergleichbar schlagkräftige Lobby derjenigen gegenüber, die die Marktgegenseite der Rechtsanwälte, Notare und Richter bilden. Der Grund hierfür besteht darin, dass es sich für die einzelnen Bürger nicht lohnt, eine solche Gegenkoalition zu bilden, da die Ausgaben für Rechtsanwälte, Notare und Gerichte im Verhältnis zu den Gesamtausgaben zu klein sind, um die Kosten der Koalitionsbildung aufzuwiegen. Man kann daher vermuten, dass die Konsumenten-Interessen der Anwalts-, Notar- und Richterleistungen bei der staatlichen Willensbildung nicht hinreichend stark vertreten

---

[17] Der Anzeigentext lautet dann weiter: „Leuten, wie Ihnen haben es aber alle Kunden zu verdanken, dass wir den Reisepreis um die Kosten für die Rechtsschutzversicherung erhöhen müssen! Hätten wir das nicht vernünftiger lösen können?"

werden. Eine Rechtsschutzversicherung stellt nun in gewissem Umfang eine Bündelung der Interessen der Rechtskonsumenten dar, da eine zusätzliche Belastung der Rechtskonsumenten in den versicherungsfähigen Rechtsgebieten zu Prämienerhöhungen und damit im Gleichgewicht zu einem Rückgang des Umsatzes der Rechtsschutzversicherungen führen muss. Rechtsschutzversicherungen bewirken dann eine sinnvolle polit-ökonomische Verstärkung der Bürgerinteressen, da sie zumindest die Möglichkeit und die Fähigkeit besitzen, die Öffentlichkeit für neue zusätzliche Belastungen der Bürger zu mobilisieren[18], deren Aufmerksamkeit und Druck es dann zuweilen zu verdanken sein mag, dass die nicht organisierten Rechtskonsumenten eine ausgewogenere Behandlung erfahren. [..]

3. Reformvorschläge zum Rechtsschutzversicherungssystem

Die vorhergehenden Untersuchungen haben gezeigt, dass Rechtsschutzversicherungen eine sinnvolle polit-ökonomische Stärkung der Konsumenteninteressen auf dem Gebiete des Rechts bewirken können. Ebenso war festgestellt worden, dass Rechtsschutzversicherungen durch die Verminderung der Einkommensschwankungen - wie jede andere Versicherung auch - Wohlfahrtsgewinne herbeizuführen imstande sind, diese Wohlfahrtsgewinne in der Wirklichkeit jedoch durch die Wirkung der Versicherungen als Mittel zur Umverteilung und Allokationsstörung des Rechts bei einer gleichzeitig erheblichen Vergeudung von Ressourcen im Gesamtergebnis die Schädigung der Gesellschaft bei weitem nicht aufzuwiegen vermögen.

Vor der Beantwortung der Frage, auf welche Weise man dem Rechtsschutzversicherungssystem die Giftzähne ziehen könnte, muss zunächst geklärt werden, welchen Raum für Versicherungsbedürfnisse die in der Bundesrepublik vorhandene Prozesskostenhilfe noch offen lässt.

Die Prozesskostenhilfe dient zwei wichtigen Zielen. Sie muss die Unvollkommenheit des Kapitalmarkts für die gerichtliche Durchsetzung von Rechten und die von konstanter relativer Risikoaversion ausgehenden wohlfahrtswidrigen Umverteilungen des Inhalts von Rechten beseitigen. Das Gesetz zur Prozesskostenhilfe versucht, diese Ziele durch eine am Einkommen und dem Grad der unterhaltsberechtigten Personen anknüpfendes Verfahren zu erreichen und finanziert die hierbei auftretenden Kosten aus dem allgemeinen Steueraufkommen. Die sozialen Kosten der Finanzierung durch Steuern sowie die üblichen verzerrenden Einflüsse beim Kampf der Regierungsressorts um das verfügbare Steueraufkommen können nun bewirken, dass die staatliche Prozesskostenhilfe von

---

[18] Vgl. dazu etwa die scharfe, jedoch erfolglose Kritik der Rechtsschutzversicherer an einem Gesetzentwurf der Bundesregierung (BT 8/3691), der eine erhebliche Gebührenanhebung für Rechtsanwälte vorsah, in Süddeutsche Zeitung, Nr. 139 vom 19.06.1980, S. 23.

den Bürgern als nicht ausreichend angesehen wird, so dass sie sich nach einer weiteren Hilfe umsehen. Rechtsschutzversicherungen erfüllen nun gleichzeitig die Wirkung einer Rücklage für den Prozessfall und verhindern zugleich die befürchteten Einkommensunsicherheiten im Falle eines Prozesses. Während jede Person auch unabhängig von einer Rechtsschutzversicherung eine Rücklage für mögliche Prozesse bilden kann und sich hierbei infolge der Verwaltungskosten und Gewinnwünsche der Versicherungen insgesamt auch besser stünde, ist dies bei der Schwankungsreduzierung nicht der Fall, da sie hierzu eine Vielzahl anderer Personen benötigt, um mit diesen das Gesetz der Großen Zahl auszunutzen. Die Organisation dieser Vielzahl anderer Personen ist nun eine Aufgabe von Versicherungen. Gegen diese Wahrnehmung der von den Bürgern gewünschten Versicherungsleistung ließe sich nichts einwenden, bestünde sie nicht genau in der Herbeiführung der Möglichkeit grenzkostenfreier Prozessführung und den damit sowohl im Einzelfall als auch im Gesamtsystem der Gesellschaft verbundenen sozialen Schäden. Die unauflösliche Verbindung zwischen Vor- und Nachteilen erfordert somit nunmehr ein abwägendes Gesamturteil über den Wert oder Unwert von Rechtsschutzversicherungen für die Gesellschaft. Aufgrund der vorgetragenen Überlegungen halte ich eine einschränkungslose grenzkostenfreie Prozessführungsmöglichkeit aufgrund einer Rechtsschutzversicherung angesichts ihrer bedeutenden Allokationsschäden sowie der in Werbungsaussagen offen vertretenen Droh- und Umverteilungswirkungen gegen alle anderen Mitbürger als nicht mehr hinnehmbar. Andererseits könnte die völlige Verhinderung der Erfüllung des Wunsches vieler Bürger nach einer zusätzlichen Stabilisierung ihres Einkommens durch ein Versicherungssystem sowie nach einer durch Versicherungen vereinfachten Rücklagenbildung für Prozesse durch ein vollständiges Verbot von Rechtsschutzversicherungen eine Übertreibung sein. Der sinnvollste Weg besteht somit zunächst darin, die Rechte der versicherten und der nicht versicherten Bürger dadurch aneinander anzunähern, dass der Anreiz zur hemmungslosen Prozessführung abgeschwächt wird. Im Einzelnen halte ich es daher für vernünftig, dass jede rechtsschutzversicherte Partei mindestens die Hälfte der Prozesskosten selber tragen muss. Rechtsschutzversicherungen ohne eine Selbstbeteiligung in der Höhe von mindestens der Hälfte der jeweils auftretenden Prozesskosten sollten daher untersagt werden[19]. Dieser Vorschlag hätte nicht nur eine erhebliche Abschwächung der gegenwärtigen Prozesslawine und damit zugleich eine Verringerung des Subventionsbedarfs der Justiz zur Folge, er würde auch dem einzelnen Rechtsschutzversicherten eine erhebliche Prämiensenkung bescheren. Zugleich würde die Allokationseffizienz des Zivilrechts verbessert und alle Mitbürger besser vor einer Ausbeutung

[19] Diese Einschränkung ist verfassungsrechtlich bedenkenfrei, da sie lediglich einer vorsichtigen Verminderung der negativen externen Effekte von Rechtsschutzversicherungen dient.

durch die prozessverbilligende Wirkung der Rechtsschutzversicherungen geschätzt. Nicht zuletzt würde diese Regelung einen Anreiz zu erhöhter Gesprächsbereitschaft und zur gemeinsamen Suche nach Wahrheit und Verständigung bewirken und damit dazu beitragen, dass eine aus prozessstrategischen Gründen frühzeitig gezeigte Härte im Umgang mit anderen Menschen weniger lohnend wird.

Teil 7: Versicherungen

Revolution im Versicherungsgewerbe

I. Vorbemerkung

Am 2. Juli 1997 wurde von der SPD Bundestagsfraktion unter Federführung des Abgeordneten Bury ein „Gesetzentwurf zur Reform des Versicherungsvertragsgesetzes“ BT- Drucks. 13/8163 eingebracht. Unter diesem eher harmlos-langweilig klingenden Titel verbirgt sich nicht nur eine Revolution des Versicherungsvertragsgesetzes, sondern auch eine Revolution der Unternehmenskontrolle und der privaten Alterssicherung und schließlich auch die Anordnung einer Nachzahlung der bisher von den Versicherungsunternehmen ihren Kunden vorenthaltenen stillen Reserven in einer Größenordnung von 300 Milliarden Mark. Es handelt sich um die von Wissenschaft und Verbraucherverbänden seit Jahrzehnten geforderte und bisher an Interessengruppen gescheiterte überfällige Jahrhundertreform des Versicherungswesens und seiner Unregelmäßigkeiten.

II. Das grundlegend Neue: Trennung der Vermögenssphären von Versicherungsgesellschaft und Kunden sowie Einführung von Marktwerten anstelle unsinniger Buchwerte

Viele gängige Versicherungsverträge haben sich im Laufe der Zeit zu typengemischten Versicherungsverträgen entwickelt. Neben den vom Versicherungsunternehmen zu erbringenden Schadensausgleich im Versicherungsfalle trat im Laufe der Zeit insbesondere bei der Kapitallebensversicherung die Anlage und Verwaltung von Spargeldern der Versicherungskunden in den Vordergrund. Aus historischen Gründen werden im geltenden Recht die das angesparte Vermögen der Versicherungskunden wirtschaftlich berührenden Vorgänge in der Buchführung der Versicherungsunternehmen noch mit deren eigenen Geschäftsvorfällen ununterscheidbar vermischt. So werden die zur Vermögensbildung eingezahlten Prämien der Versicherungskunden von den Kapitallebensversicherungen vollständig und einheitlich als Entgelteinnahmen und damit als Umsatzerträge verbucht.

Zusammen mit den Bilanzwahlrechten ergibt sich hieraus eine Gefährdung der Kundenvermögen, da die handelsrechtlichen Buchführungsvorschriften aufgrund ihrer Abweichungen von den wirklichen Marktwerten von den Versicherungsunternehmen zur Vermögensverschiebung zu ihren Gunsten ausgenutzt

---

Erstveröffentlichung: *Michael Adams*, "Revolution im Versicherungsgewerbe", Zeitschrift für Wirtschaftsrecht, ZIP 1997, S. 1224-1228. Der Aufsatz wurde sprachlich geglättet und gekürzt.

werden können. So ist das deutsche Bilanzrecht insbesondere aufgrund des Vorsichtsprinzips und der Bilanzierung zu Anschaffungskosten trotz Wertsteigerung des betreffenden Wirtschaftsgutes nicht für eine ökonomisch richtige Widerspiegelung von Ansprüchen gegen einen vermögensverwaltenden Vertragspartner geeignet und hat auch nicht diese Aufgabe. Dies ist von der Rechtsprechung nicht gänzlich unbemerkt geblieben. So werden beispielsweise Abfindungen ausscheidender Gesellschafter zu Buchwerten von der Rechtsprechung nur unter stark einschränkenden Bedingungen zugelassen. Dass derartige Buchwerte auch für die Berechnung der Ansprüche der Versicherungskunden, deren Vermögen mit demjenigen der Aktiengesellschaft vermischt wurde, gänzlich untauglich sind, ist bei wirtschaftlicher Denkungsweise offensichtlich. Das geltende Verfahren der Überschussermittlung zur Feststellung der Kundenvermögen hätte daher niemals weiter zugelassen werden dürfen, nachdem sich die Versicherungswirtschaft in großem Umfang von Versicherungsvereinen auf Gegenseitigkeit zu Aktiengesellschaften umgewandelt hatte. So ist es auch kein Zufall, dass Versicherungsvereine auf Gegenseitigkeit, wie etwa die Debeka, bei der von ihrer Struktur her kein Anreiz zum kundenschädigenden Aufbau stiller Reserven im Versicherungsvermögen besteht, die meisten anderen Versicherungsunternehmen in der für ihre Kunden erwirtschafteten Rendite übertreffen konnten. Allerdings weisen Versicherungsvereine auf Gegenseitigkeit ein bedeutendes „Corporate Governance"-Problem auf, so dass es für die Lauterkeit und Tüchtigkeit derartiger Organisationen auf die Persönlichkeit des Vorstandes ankommt, eine letztlich zu wenig verlässliche Grundlage.

Im Ergebnis wurden den Versicherungskunden in der Vergangenheit mit Hilfe der Fiktion, dass Buchwerte auch die ökonomisch richtigen Marktwerte darstellen, wesentliche Teile der Erträge ihrer Vermögens entzogen. Würden Kreditinstitute das bei Versicherungsunternehmen gegenwärtig noch übliche Buchungssystem der Vermögenssphärenvermischung verwenden, würden sie beispielsweise das von ihren Kunden eingezahlte Spargeld als vereinnahmte Gebühren buchen und lediglich versprechen, dass der Sparer sicher eine weit unter Marktwert liegende Verzinsung und ansonsten zusätzlich eine in das weitgehende Belieben des Kreditinstitutes gestellte Beteiligung an möglichen Überschüssen aus der Anlage seiner Gelder erhalten werde. Im Ergebnis würden Bankkunden bei einem solch merkwürdigen Vertrag einen um 25 bis 30 Prozent verminderten Anteil der mit ihrem Sparkonto erwirtschafteten Zinsen erhalten als im Falle der üblichen, von der Vermögenssphäre der Bank getrennten Abrechnung.

Diese Verfahrensweise der Versicherungsunternehmen ist seit dem Vordringen der Aktiengesellschaft als Versicherungsorganisationsform und der zunehmenden Unbrauchbarkeit der handelsrechtlichen Rechnungslegung für die marktwertrichtige Feststellung der mit dem Geld der Kunden erwirtschafteten Überschüsse seit langem überholt und zur Quelle erheblicher Gefährdungen der

Sparanlagen der Versicherungskunden geworden, wie die unzureichenden Renditen der Kapitallebensversicherungen in der Vergangenheit gezeigt haben. Trotz ihrer erheblichen Steuerprivilegien haben die deutschen Kapitallebensversicherungen für ihre Kunden im Durchschnitt nur mickrige Erträge erwirtschaftet. [...] Das mit einem geschätzten Steuerausfall von 16 Milliarden Mark jährlich verbundene Steuerprivileg der Kapitallebensversicherungen hat sich damit in der Vergangenheit im Durchschnitt als interessante Verschwendung von Steuermitteln erwiesen und zudem zu einer staatspolitisch unerwünschten Machtkonzentration in den Händen der Versicherungswirtschaft und den mit ihr verbundenen Banken geführt. Auch wurden andere Anlageformen, auf deren Aufkommen insbesondere mittelständische Unternehmen dringend angewiesen sind, steuerlich zurückgedrängt. Eine bedeutsame Wagniskapitalfinanzierung, wie sie etwa in den USA den Aufstieg innovativer Industrien ermöglichte, fand nicht statt.

Während der eingebrachte SPD-Entwurf zur Reform des Versicherungsvertragsgesetzes keine Vorschrift zur Beendigung dieser Steuerdiskriminierung anderer Altersvorsorgesparformen bereit hält, sieht er jedoch für die im Rahmen von Bestandsübertragungen von Versicherungsverträgen stattgefundenen und immer noch zu befürchtenden Unregelmäßigkeiten bei der Mitübertragung der stillen Reserven klare Regelungen vor. So kam es bei Bestandsübertragungen von Versicherungsverträgen zu erheblichen, nach einer Klageerhebung vom aufgeschreckten Bundesaufsichtsamt für das Versicherungswesen nur teilweise reparierten Schädigungen der Versicherungsnehmer, die letztlich auf der dargestellten Vermögensvermischung in Verbindung mit den Bilanzwahlrechten beruhten und die im wirtschaftlichen Ergebnis auf eine Unterschlagung von Kundenvermögen hinausliefen.

Die folgenden Ausführung stellen kurz das Wesentliche der gesetzlichen Neuregelung dar und erläutern ihren ökonomischen Hintergrund. Hierbei stellt sich heraus, dass die Übergangsvorschriften eine außergewöhnlich erfreuliche Regelung auch für diejenigen Versicherungskunden enthalten, deren Verträge bereits ausgelaufen sind und denen die Versicherungsunternehmen bisher die mit ihrem Spargeld erwirtschafteten Erträge in Form stiller Reserven oder im Wege von Bestandsübertragungen vorenthalten haben.

1. Der neue § 1 VVG

Im Laufe der Zeit haben sich fast alle gängigen Versicherungsverträge zu typengemischten Versicherungsverträgen entwickelt. Neben der vom Versicherungsunternehmen zu organisierenden Risikoabdeckung trat im Laufe der Zeit insbesondere bei der Kapitallebensversicherung die Anlage und Verwaltung von Spargeldern der Versicherungskunden in den Vordergrund. Bei vielen Kapitallebensversicherungen ist ihr Versicherungsteil wirtschaftlich völlig in den Hintergrund getreten und dient lediglich für das Finanzamt als Auslöser einer steuerlich privilegierten Vermögensbildung. Aus historischen Zeiten des Vorherrschens des Versicherungsvereins auf Gegenseitigkeit stammend werden die das angesparte Vermögen der Versicherungskunden berührenden Vorgänge in der Buchführung und im Jahresabschluss der Versicherungsunternehmen noch immer mit deren eigenen Geschäftsvorfällen ununterscheidbar vermischt. Der neue § 1 VVG stellt klar, dass die vom Versicherungsunternehmen zu erfüllenden Aufgaben nunmehr getrennt und zeitgenau abzurechnen sind. Die Rechtsstellung von Versicherungsunternehmen und Versicherungskunden wird durch die Anordnung der entsprechenden Anwendung des Gesetzes über die Kapitalanlagegesellschaften für den Bereich der Vermögensverwaltung ihrer tatsächlichen wirtschaftlichen Tätigkeit angeglichen. Hierdurch werden bisher mögliche Verlust- oder Kostenquerverrechnungen und Vermögensverschiebungen aus der Sphäre des Versicherungsunternehmen zu Lasten der Vermögen der Versicherungskunden in Zukunft unmöglich gemacht.

Zugleich stellt der neue § 1 VVG klar, dass das von den Versicherungskunden aufgebrachte Sparkapital und deren Erträge ausschließlich den Versicherungskunden zusteht. Lediglich die an das Versicherungsunternehmen für seine Organisationsleistung zu zahlende Entgelt geht in das freie Vermögen des Versicherungsunternehmens über und darf als Umsatz gebucht werden. Die bisher verdeckt mehr oder minder treuhänderisch stattfindende Verwaltung der Kundenvermögen wird in eine nach den Regelungen des Gesetzes über Kapitalanlagegesellschaften stattfindende, die Vermögenssphären von Gesellschaft und Kunden klare trennende Vermögensverwaltung überführt.

Der im neuen § 1VVG enthaltene Begriff „ermittlungsrechtliche Versicherungstreuhand“ bringt eindeutig zum Ausdruck, dass für die Versicherten wie für einen Treugeber abzurechnen ist. Vorbild für diese Vorschrift war dabei die im Handels- und Steuerbilanzrecht übliche Erfolgsermittlung einer Personengesellschaft mittels Buchhaltung und Jahresabschluss. Das für die Geschäftsbesorgung und für die Vermögensverwaltung von den Versicherungskunden an das Versicherungsunternehmen zu entrichtende Entgelt ist nunmehr genau wie bei Kapitalanlagegesellschaften offen auszuweisen und wird aufgrund der damit verbundenen Transparenzverbesserung zu einer Verbesserung des Leistungswettbewerbs zwischen den Versicherungsunternehmen führen.

Da eine von den Versicherungskunden gewünschte Leistung der Versicherungsunternehmen auch darin besteht, die Auszahlungen an ihre Kunden zu verstetigen, wird es den Versicherungsunternehmen auch im neuen § 1 VVG gestattet, bis zu einer bestimmten Obergrenze Schwankungsreserven zu bilden. Die Obergrenze ist erforderlich, um zu verhindern, dass von den Versicherungsunternehmen wie bisher riesige Vermögenswerte aufgebaut und gehortet und somit barwertig ihren Kunden letztlich entzogen werden. Ein solches Hortungsverhalten von Versicherungsunternehmen entspricht zudem nicht modernen finanztheoretischen Prinzipien. Obwohl das infolge der Schwankungsreserven mittelbar gebundene Sondervermögen selbstverständlich ausschließlich den Versicherungsnehmern zusteht, besteht bei Vertragsbeendigung ein Anspruch der Versicherungskunden auf Auszahlung des rechnerischen Anteils an den zulässig gebildeten Schwankungsreserven nicht, damit den Versicherungsunternehmen durch Aufbau oder Abbau der Schwankungsreserve eine Verstetigung der Zahlungen und Gutschriften ermöglicht wird. Da die Manipulation der Schwankungsreserve aufgrund der Vermögenstrennung letztlich nicht mehr zu einem Vorteil im Vermögen des Versicherungsunternehmens führen kann, ist auch an dieser Stelle nunmehr eine lediglich versicherungstechnischen Notwendigkeiten folgende, deutlich niedrigere Hortung von Vermögensmassen durch die Versicherungsunternehmen zu erwarten, die keine systematische Schädigung der Kundeninteressen mehr erwarten lässt.

Nach einem späteren Wegfall der Steuerprivilegierung der Kapitallebensversicherungen und einer Einführung eines zwischen den Anlageformen nicht mehr diskriminierenden „Vorsorgefreibetrags“ für alle Anleger („qualifiziertes Konto“) wird die Möglichkeit der Zahlungsverstetigung das verbleibende Besondere des Produktes „Kapitallebensversicherung“ darstellen. Dass die Zahlungsverstetigung nunmehr im Kundensondervermögen ohne Hintergedanken beim versichernden Unternehmen stattfinden wird, wird der Rentabilität und der Marktstellung der Kapitallebensversicherung Kräftigung verleihen.

2. Zum neuen § 1 a VVG

Diese Vorschriften ordnet an, dass den Versicherungskunden der Wert ihrer Vermögensanlagen nunmehr zeitgenau gutzuschreiben ist, unabhängig davon, ob der Versicherungsvertrag vorzeitig gekündigt wird. Zusammen mit dem neuen § 1 VVG, der einen offenen Ausweis des von der Versicherung vereinnahmten Entgelts vorschreibt, erschwert diese Vorschrift den Kapitallebensversicherungen die bisherige nicht unübliche Praxis, den Versicherungskunden in den ersten Jahren des Kapitallebensversicherungvertrages derartig hohe „Kosten“ in Rechnung zu stellen, dass dem Kunden bei vorzeitiger Beendigung des Sparvorganges von seinen Ersparnissen nicht nur kein Ertrag mehr verblieb, sondern ihm vom Versicherungsunternehmen auch die eingezahlten Sparbeträge zur Gänze abgenommen wurden. Durch die neu eingeführte klare Trennung von Gebühren und Zeitwerten des angesparten Vermögens dürfte die Geschäftemacherei mit niedrigen Rückkaufswerten insbesondere zu Lasten schlecht beratener Kunden nunmehr einer dunklen Vergangenheit angehören. Da in der Vergangenheit bis zu 50% der Kunden den von den Kapitallebensversicherungen organisierten Sparvorgang irgendwann einmal sehr zum Vorteil vieler Versicherungsunternehmen abbrachen, ist diese Vorschrift nicht nur wirtschaftlich ungewöhnlich bedeutend, sondern beseitigt auch einen wichtigen Anreiz zur Falschberatung der Kunden. Die von den Versicherungsunternehmen anstelle der Vertragsbeendigung angebotene Beitragsfreistellung war für die betroffenen Kunden auch kein sonderlicher Trost, da die schlechte Verzinsung der eingezahlten Beträge einen ähnlich hohen Barwertverlust wie der schlechte Rückkaufswert mit sich brachte. Der neue § 1 a VVG beseitigt hier eine ungerechte, insbesondere in Notlagen aufgrund von Krankheit oder Arbeitslosigkeit die Versicherungskunden besonders bitter schädigende Praxis.

3. Zum neuen § 1 b VVG

Abweichend von der BGB-Regelung in § 415 kann mit Zustimmung der Aufsichtsbehörden auch gegen den Willen von Versicherungskunden das versichernde Unternehmen ausgetauscht werden, indem die Versicherungsverträge auf ein anderes Unternehmen übertragen werden, § 14 VAG. Der neue § 1 b VVG sieht nun vor, dass eine Bestandsübertragung von Versicherungsverträgen bei gleichzeitiger Zurückbehaltung stiller Reserven beim übertragenden Unternehmen, wie sie beispielsweise im Fall des „Deutscher Herold"-Skandals die Gerichte beschäftigt hat, unmöglich gemacht wird. Für Bestandsübertragungen wird durch die neue Vorschrift klargestellt, dass nicht nur Buchwerte oder die zur Erfüllung der Verträge erforderliche Mindestausstattung mit Vermögen gutzubringen ist, sondern selbstverständlicherweise der den übertragenen Verträgen entsprechende Anteil am Vermögen zu Marktwerten. Die Ausplünderung von Versicherungskunden bei Bestandsübertragungen in Form ihrer Abspeisung mit marktwidrigen Buchwerten werden damit zur Vergangenheit gehören.

4. Zum neuen § 15 a VVG

Den Versicherungskunden ist angesichts der Schwierigkeit bei der Zuordnung der stillen Reserven und Rücklagen und der Länge der zu betrachtenden Zeiträume eine eigene Feststellung ihrer Ansprüche nicht möglich. Den Versicherungsunternehmen wird daher eine eigenständige Benachrichtigungs- und Nachforschungspflicht auferlegt. Sollte die Suche nach einem berechtigten Versicherungskunden ergebnislos verlaufen, ist vorgesehen, dass die Vermögenswerte des Guthabens nicht mehr oder minder stillschweigend vom Versicherungsunternehmen wirtschaftlich vereinnahmt werden, sondern unverzüglich entsprechend den üblichen erbrechtlichen Regelungen auf den Bund übergeleitet werden. Anspruchsberechtigte haben innerhalb einer Verjährungsfrist von 30 Jahren einen Anspruch auf Auszahlung des vom Bund vereinnahmten Guthabens. Eine Verzinsung des vom Bund vereinnahmten Guthabens ist nicht vorgesehen.

Es sollte nicht übersehen werden, dass diese Problematik auch im Bereich der Kreditinstitute, insbesondere bei im Ausland belegenen, eine wirtschaftlich bedeutsame Rolle spielt. Eine entsprechende Regelung sollte daher auch für Kreditinstitute eingeführt werden.

III. Andere wichtige Neuregelungen: §§ 5a, 8, 174 VVG

Verglichen mit den vorhergehenden wirtschaftlich revolutionären Regelungen zielen die neuen Vorschriften über die Verbesserung der Widerrufsrechte von Versicherungskunden trotz ihrer großen praktischen Bedeutung auf die Beseitigung eines eher einfachen Missstandes im Versicherungsgeschäft. So wird die „Einräumung des sofortigen Versicherungsschutzes" von manchem Versicherungsunternehmen dazu genutzt, das den Schutz der Kunden vor Überrumpelung beim Abschluss von Versicherungsverträgen dienende Widerrufsrecht zu unterlaufen. Für den Schutz vor Überrumpelung bei existenzentscheidenden und schwer verständlichen Versicherungsverträgen muss jedoch derselbe Maßstab gelten, wie ihn das Haustürwiderrufsgesetz für vergleichsweise geringe Risiken bei anderen Verträgen vorsieht. Der Gesetzentwurf schließt die bisherige Unterlaufungsmöglichkeit der Widerrufsrechte nunmehr aus.

IV. Die Übergangsvorschriften des Artikel 2

1. Der neue Artikel 2, Ziffer 1

Diese Übergangsvorschrift ordnet bei allen Versicherungsunternehmen die erfolgsneutrale Auflösung der mit den Geldern der Versicherungskunden aufgebauten stillen Reserven und deren Zuordnung zu den Kundenkonten an. Die Vorschrift sieht vor, dass die in Zukunft zeitwertentsprechend zu ermittelnden Guthaben der Versicherungskunden auf der Grundlage der Auflösung stiller Reserven oder Rückstellungen zu erfolgen hat. Da bisher eine Vermischung der Vermögenssphären der Versicherungsunternehmen und der Versicherungskunden stattfand, kann zur Ermittlung der Ansprüche der Versicherten so vorgegangen werden, dass der Rohüberschuss, der dem Bundesaufsichtsamt für das Versicherungswesen vorgelegt wurde, Jahr für Jahr um die Differenzen der Zeitwerte und der Buchwerte erhöht wird. Hierauf ist dann die im Versicherungsvertrag vereinbarte Überschussbeteiligung von mindestens 90 vom Hundert anzuwenden.

Da der Aufbau der hunderte von Milliarden Mark betragenden stillen Reserven der Versicherungen über mehrere Jahrzehnte stattgefunden hat und damit wirtschaftlich von den zu dieser Zeit laufenden Verträgen stammt, muss das in dieser Zeit angesammelte Vermögen den Kunden auch entsprechend ihrer jeweiligen wirtschaftlichen Leistung vertragsgerecht gutgebracht werden. Eine Zuschreibung der aus der Auflösung der stillen Reserven folgenden Guthaben lediglich auf die zufällig zur Zeit noch gerade laufenden Verträge oder gar nur für zukünftige Verträge wäre eine verfassungsrechtlich nicht rechtfertigbare Enteignung der von den Inhabern der Altverträge aufgebrachten Vermögensmassen. Sie wäre zudem bar jeden Gerechtigkeitsgehalts.

Es sollte nicht vergessen werden, dass es gerade die den Versicherungsunternehmen von den wirtschaftlichen Ursachen losgelöste eingeräumte Beliebigkeit in der Zuordnungsmöglichkeit der Vermögen und der damit verdienten Erträge war, die zu diesem Reformgesetz führen musste. Der mit diesem Reformgesetz verbundene, ganz erhebliche Rechenaufwand für die betroffenen Versicherungsunternehmen ist unumgänglich und muss von diesen als Folge der mit Lobbyarbeit verteidigten Missstände in den Jahrzehnten der Vermögensvermischungen getragen werden.

Der zweite Absatz dieses Paragraphen ordnet die Geltung der erfolgsneutralen Aufdeckung der stillen Reserven auch für vorzeitig beendete Verträge an. Damit wird die in den bisherigen Regelungen steckende Ungerechtigkeit der viel zu niedrigen Rückkaufswerte beseitigt. Zugleich wird der Missstand korrigiert, dass unter Missachtung einer wirtschaftlich korrekten perioden- und ursachengerechten Zurechnung die Kosten des Versicherungsvertrages insbesondere zu Lasten der vorzeitig den Versicherungsvertrag beendenden Kunden überproportional in die ersten Jahre verlagert wurden. Die neue Regelung hilft damit insbesondere denjenigen Versicherungskunden, die entweder falsch beraten oder wegen einer Notlage zur Kündigung der Kapitallebensversicherung gezwungen waren und aufgrund der falschen Kostenzurechnung zu wenig oder gar nichts mehr von ihrem Geld und seinen Erträgen zurückerhielten. Die bereits ausgezahlten Rückkaufswerte werden bei der Nachzahlung natürlich abgezogen.

Obwohl der Aufbau der bisher den Versicherungskunden noch vorenthaltenen stillen Reserven sich über viele Jahrzehnte hingezogen hat, dürfte sich in der Praxis angesichts der allgemeinen Verjährungsfrist von 30 Jahren jedoch lediglich eine Rückberechnung der Nachzahlungen im Rahmen der üblichen Verjährungsfrist einspielen. Aus Gründen der Rechtssicherheit hätte das Gesetz jedoch eine derartige Regelung ausdrücklich treffen sollen.

2. Der neue Artikel 2, Ziffer 3

Da es insbesondere im Rahmen von Bestandsübertragungen von Versicherungsverträgen zu Unregelmäßigkeiten gekommen ist, ordnet diese Vorschrift die gesamtschuldnerische Haftung der beteiligten Versicherungsunternehmen für die ordnungsgemäße Erfüllung ihrer Verpflichtungen an. Da die Zurückbehaltung stiller Reserven eine ungerechtfertige Schädigung der zwangsweise auf eine neue Gesellschaft übergeleiteten Kunden darstellt, stellt diese Vorschrift durch

Verweis auf das Gesetz über Kapitalanlagegesellschaften klar, dass auch die bereits durchgeführten Bestandsübertragungen nur bei Mitübertragung der entsprechenden Vermögenswerte zu Marktwerten hätten erfolgen und genehmigt werden dürfen. Soweit diese Regelung verletzt wurde, sind die zurückbehaltenen Vermögenswerte einschließlich ihrer Erträge nunmehr nachzuentrichten. Sollte es sich um eine Abfolge von Bestandsübertragungen handeln, haften alle beteiligten Unternehmen für die Erfüllung dieser Verpflichtung gesamtschuldnerisch. Hierdurch wird ausgeschlossen, dass durch eine Übertragungsreihe unter Zwischenschaltung einer vermögenslosen Gesellschaft die zwangsweise übergeleiteten Versicherungskunden geschädigt werden können.

3. Der neue Artikel 2, Ziffer 4

Diese Vorschrift sieht eine Sonderprüfung aller betroffenen Versicherungsunternehmen und die Hinterlegung der Prüfungsergebnisse beim Bundesaufsichtsamt für das Versicherungswesen vor. Eine Sonderprüfung erweist sich angesichts der bedeutenden Vermögenswerte und einer Fülle zu Lasten der Versicherungskunden lösbarer Zuordnungsfragen für eine ordnungsgemäße Erfüllung der nach diesem Gesetz die Versicherungsunternehmen treffenden Pflichten als notwendig. Angesichts der üblichen Interessenkonflikte bei der Bestellung der Wirtschaftsprüfer werden diese vom Bundesaufsichtsamt für das Versicherungswesen ausgewählt. Die Ergebnisse der Sonderprüfung sind für alle wirtschaftlich Betroffenen einsehbar. Diese Publizität kann den Versicherungsunternehmen nicht erspart werden. Sie sind die Folge der bisherigen Vermögensvermischungen und der dabei aufgetretenen Missstände.

Der zweite Absatz ordnet als Folge entdeckter Schädigungen der Kunden deren Ausgleich an.

V. Schlussbemerkung

Das neue Versicherungsvertragsreformgesetz führt zu einem neuen Abrechungsregime insbesondere in den mit Vermögensverwaltung verbundenen Versicherungsformen. Die seit Jahrzehnten kritisierten Missstände werden an ihrer Wurzel, der verfehlten Vermögensvermischung und Buchwertanwendung, geheilt. Die Serie halbherziger letztlich wirkungsloser Korrekturvorschriften, vgl. etwa §§ 81 c, 81 d, 53 d VAG wird nicht fortgesetzt. Die von einigen Versicherungen vorgenommenen Vermögensverschiebungen in vielstelliger Milliardenhöhe werden nicht resignierend für die Vergangenheit einfach hingenommen, sondern im Rahmen der allgemeinen Verjährungsfrist vertragsgenau rückgängig gemacht. Durch die Verbesserung der Transparenz der einzelnen Leistungsbestandteile und ihrer Kosten wird sich der Leistungswettbewerb unter den Versicherungen verstärken, so dass sich die bei den Kunden ankommenden Erträge dramatisch erhöhen werden. So werden die Kapitallebensversicherungen in die

Lage versetzt, in der Zukunft zu einer Milderung der Misere der staatlichen Rentenversicherungen beizutragen und eine tragende Säule der Altersvorsorge zu werden. [..] Obwohl das neue Gesetz noch viele praktische Fragen aufwirft und unbeantwortet lässt, ist seine Ordnungsstruktur ohne Fehl und Tadel: eine gelungene, eine marktwirtschaftliche Revolution, die Niemandem etwas nimmt, was zu Marktwerten ihm ohnehin nicht gehört hatte.

Die Kapitallebensversicherung als Anlegerschädigung

„Erfahrung ist der Name, den jeder seinen Irrtümern gibt."

Oscar Wilde

I. Vorbemerkung

Im Frühjahr 1997 betrug der Bestand an Kapitalanlagen zu Buchwerten in den Händen der Kapitallebensversicherungen rund 800 Milliarden Mark. Diese waren zu 77,9% in Geldvermögen, zu 6,1% in Aktien und 4,5% in Sachvermögen und Immobilien sowie zu 12% in sonstigem Vermögen angelegt[1]. Da die Versicherungsunternehmen ein starkes Interesse am Aufbau stiller Reserven aufweisen, verstecken sich hinter diesen Zahlen noch weitere hunderte von Milliarden Mark an Vermögen. Zählt man zu diesen Beträgen noch die bei den Unternehmensumstrukturierungen nach dem Muster des Deutschen Herold[2] in die Holdinggesellschaften verschobenen Milliardenbeträge, ergibt sich bei vorsichtiger Schätzung, dass das gesamte in den Händen der Kapitallebensversicherung liegende Vermögen rund 1,1 Billionen Mark beträgt. Mit der Anlage dieser Beträge sind die großen deutschen Versicherungsunternehmen zu den beherrschenden Allfinanzkonzernen der Bundesrepublik geworden[3].

Die Versicherungswirtschaft beschreibt die Kapitallebensversicherung als ein von anderen Altersvorsorgeinstitutionen grundverschiedenes Produkt mit besonders hoher Sicherheit, das auf möglichst rentierliche Anlage unter Inkaufnahme

---

Erstveröffentlichung in: Zeitschrift für Wirtschaftsrecht, ZIP, Oktober 1997, S. 1857-1869. Der Aufsatz wurde geringfügig sprachlich geglättet und gekürzt.

[1] GDV, Statistisches Rundschreiben 18/97, Kennzahlen der Lebensversicherungen, Teil C.

[2] Vgl. hierzu BVerwG, VersR, 1994, S. 541 ff.; *Präve*, Die Bedeutung der Überschussbeteiligung des Versicherungsnehmers bei der Lebensversicherung-AG für die Umbildung von Versicherungsgruppen; ZfV, 1992, S. 334 ff.; *v. Hippel*, Rechtlose Versicherungsnehmer? NJW, 1995, S. 586; *Basedow*, Die Kapitallebensversicherung als partiarisches Rechtsverhältnis - Eine zivilistische Konstruktion der Überschussbeteiligung, ZVersWiss, 1992, S. 419 ff.; *Lorenz*, Rechtsfragen zur Überschussbeteiligung in der Kapitallebensversicherung, ZVersWiss, 1993, S.283 ff.; *Baumann*, Die Kapitallebensversicherung mit Überschussbeteiligung als partiarisches Versicherungsverhältnis und ihre Bedeutung bei der Umstrukturierung von Versicherungsgruppen, Karlsruhe 1993; *Donath*, Der Anspruch auf Überschussbeteiligung, AcP, 1993, S. 279 ff.; *Baumann*, Lebensversicherung, stille Reserven und Gesamtrechtsordnung, JZ, 1995, S. 446 ff.; *Schünemann*, Rechtsnatur und Pflichtenstruktur des Versicherungsvertrages, JZ, 1995, S. 430 ff.; *Weber*, Die Rechtsstellung des Versicherten bei der Bestandsübertragung, Diss. FU-Berlin 1996; *Adams*, Revolution im Versicherungsgewerbe, ZIP, 1997, S. 1224 ff.

[3] Vgl. hierzu *Adams*, Bankenmacht und Deutscher Juristentag - Es empfehlen sich gesetzliche Maßnahmen zur Einschränkung des Einflusses der Kreditinstitute auf Aktiengesellschaften -, ZIP, 1996, S. 1590 m.w.N.

von Risiken verzichte[4]. Der folgende Aufsatz untersucht zunächst anhand von Beispielrechnungen eines typischen Lebensversicherungsvertrages diese Ansicht und kommt zu dem Ergebnis, dass Kapitallebensversicherungen weder sicher noch rentierlich sind, sondern für den durchschnittlichen Versicherungskunden eine deutliche Fehlinvestition darstellen. Der zweite Teil des Aufsatzes erörtert die sich aus der ökonomischen Analyse der Kapitallebensversicherungen ergebenden rechtlichen Konsequenzen.

II. Die Kapitallebensversicherung als gemischter Vertrag

Eine Kapitallebensversicherung ist dadurch gekennzeichnet, dass sie zwei völlig unterschiedliche ökonomische Vorgänge zusammenpackt. Auf der einen Seite ist sie eine Versicherung für einen Todesfall. Darin unterscheidet sie sich in nichts von der üblichen Risikolebensversicherung. Ein 30-jähriger nichtrauchender Mann hat hierfür üblicherweise pro 1000.- DM Versicherungssumme 4 Promille, d.h. 4.- DM jährlich zu zahlen. Bei dem üblichen Vertrag über 50 000 DM Todesfallsumme sind dies 200.- DM pro Jahr, ein im Verhältnis zur Gesamtprämie einer Kapitallebensversicherung untergeordneter Betrag.

Die zweite, wirtschaftlich im Vordergrund stehende Leistung einer Kapitallebensversicherung ist die Vermögensverwaltung der von den Kunden eingezahlten Spargelder[5]. Ökonomisch hat die Vermögensverwaltung zwar nichts mit der Organisation der Risikoversicherung zu tun, hat sich in Deutschland jedoch eingebürgert, da es der Versicherungswirtschaft gelungen war, für diese Koppelung

---

[4] Vgl. *Knauth*, Gesamtverband der Deutschen Versicherungswirtschaft, Brief vom 5.6.1997 an Abgeordnete des Wirtschaftsausschusses des Deutschen Bundestages: „Es ist daher schlicht falsch, die in Aktien oder in Investmentzertifikate des „Pensions-Sondervermögens" investierten Gelder mit einer Lebensversicherung gleichzusetzen. Bei den Institutionen des Altersversorgungssystems handelt es sich um ein aliud. Hauptzweck dieser Institutionen ist die Altersversorgung und nicht die möglichst rentierliche, risikoreiche Kapitalanlage. Aus diesem Grund ist es auch nicht zutreffend, ihre Tätigkeit als Kapitalanlage zu bezeichnen, vielmehr ist diese nur Mittel zum Zweck."

[5] Die Versicherungswirtschaft versucht diese Bezeichnung zu vermeiden, da sie die damit einhergehende Gefahr einer genauen Rechnungslegung gegenüber ihren Kunden fürchtet. Da der Kern einer Kapitallebensversicherung wirtschaftlich jedoch unbestreitbar Kapitalanlage darstellt, versucht sie diesen Umstand mit dem eher scholastischen Argumentationskniff zu vernebeln, die Kapitalanlage sei für sie nicht „wesentlich", sondern „Mittel zum Zweck", vgl. *Knauth*, GDV, Fußnote zuvor. An der wirtschaftlichen und rechtlichen Notwendigkeit einer Kontrolle des Kapitalanlegenden nach den hierfür allgemein vorgesehenen und wohlbegründeten Rechtsregeln zur Offenbarungs- und Rechnungslegungspflicht ändern die Gründe, aus denen heraus jemand für andere Menschen Geld verwaltet, nicht das Geringste.

die unbegrenzte Steuerfreiheit auf die erwirtschafteten Zinsen zu erringen und hiermit erfolgreich zu werben[6].

III. Verzinsung und Risiko einer Kapitallebensversicherung

Mit der Unterschrift unter einen Kapitallebensversicherungsvertrag erwartet den Kunden eine Verzinsung. Diese kann positiv oder negativ sein. Erzielt ein Kunde mit seiner Sparprämie eine positive Verzinsung, etwa von 6,8%, erhält er von dem Versicherungsunternehmen Jahr für Jahr über die Laufzeit des Vertrages pro Hundert Mark Vermögen 6,80 DM auf seinem Konto gutgeschrieben. Da das Guthaben und die Zinsen auf dem Konto verbleiben, steigt die Gesamtsumme, auf die die 6,8% bezahlt werden, Jahr für Jahr an. Ist die Verzinsung negativ, etwa - 18%, dann wird dem Kunden pro Hundert Mark noch vorhandenem Vermögen Jahr für Jahr ein Betrag in Höhe von 18 DM abgezogen.

Bei Kapitallebensversicherungen besteht nun der Missstand, dass nur eine Gesamtprämie ausgewiesen wird, die nicht das von der Versicherung verlangte Entgelt für die einzelnen zusammengepackten Leistungen „Risikoausgleich" und „Vermögensverwaltung" getrennt aufgegliedert ausweist[7]. Wer das Kerngeschäft, nämlich die Rendite der vom Versicherungskunden aufgebrachten Spargelder zwecks Vergleich mit anderen Anlagemöglichkeiten untersuchen will, muss daher von der Gesamtprämie der Kapitallebensversicherung die Prämie der in ihr enthaltenen Risikolebensversicherung abziehen. In diesem Aufsatz soll

---

[6] Es gehört zu den Erfolgsgeheimnissen einer Marktwirtschaft, dass sie die Unternehmen entdecken lässt, welche Güter einzeln oder in Verbindung mit anderen bei den Kunden die größte Befriedigung hervorrufen. Die eigenartige Bündelung der Leistungen der Kapitallebensversicherung erklärt sich jedoch nicht aus einem besonderen produktbedingten Bündelungsvorteil, sondern aus ihrer steuerlichen Vorzugsbehandlung im Vergleich zu anderen Sparformen, vgl. hierzu *Adams*, Beseitigung der steuerlich bedingten Machtzentralisierung bei Versicherungsunternehmen durch Einführung eines "qualifizierten Kontos", ZIP, 1994, S. 1434 ff. Allerdings ist der Steuervorteil der Kapitallebensversicherung für die große Zahl der Kunden bei genauerer Betrachtung wenig bedeutsam: Die Ersparnisse aus der Absetzbarkeit als Sonderausgabe gemäß § 10 Abs. 1, Ziffer 2 b EStG belaufen sich im Durchschnitt der Kunden nach *Lang*, Steuersubventionen und Ersparnisbildung in Lebensversicherungen, Zentrum für Europäische Wirtschaftsforschung, Mannheim 1995, No. 95-13. auf 6,25 DM pro Monat, nach dem Subventionsbericht der Bundesregierung von 1995 auf 4,11 DM pro Monat. Die Steuerfreiheit für die Zinsen aus der Überschussbeteiligung gemäß § 20 Abs. 1, Ziffer 6 EStG ist für die Mehrzahl der Kunden gleichermaßen unwichtig, für Großanleger allerdings von hohem, ihre Anreize zur Kapitalflucht eindämmendem Interesse: Vorstandsvorsitzender *Weigel* von der Alte Leipziger Versicherung: „Die Mehrzahl der Lebensversicherten erreicht die Freibeträge von 12200.- DM für Verheiratete als Überschussleistung gar nicht.", Capital, 1996, Nr. 11, S. 127.

[7] Dieser Missstand soll durch den Entwurf eines Gesetzes zur Reform des Versicherungsvertragsgesetzes beendet werden, vgl. ZIP, 1997, S. 1258 f. sowie Kommentierung *Adams*, Revolution im Versicherungsgewerbe, ZIP, 1997, S. 1224 ff.

ein in der Realität und in der Werbung häufig anzutreffender Kapitallebensversicherungsvertrag durchgerechnet werden, der einen männlichen Nichtraucher mit einem Eintrittsalter von 30 Jahren betrifft und über 30 Jahre mit einer Todesfallsumme von 50000.- DM läuft. Bei einer jährlichen Prämie von 1200.- DM sind für die Kosten der Risikoabsicherung im Jahr 4 Promille, d.h. 200.- DM pro Jahr aufzubringen. Die Nettoprämie, mit der das nach Abzug der Risikoprämie vom Kunden eingezahlte Spargeld bezeichnet wird, beträgt somit 1000.- DM jährlich.

Der übliche und vernünftige Weg, sich der Analyse einer Investitionsentscheidung wie dem Abschluss einer Kapitallebensversicherung zu nähern, besteht darin zu fragen, wie hoch denn die durchschnittliche Verzinsung der Spargelder (Nettoprämien) ist, die die Kunden aus ihrer Kapitallebensversicherung zu erwarten haben und wie hoch das Risiko dieser Anlage anzusehen ist.

1. Die Rendite von Kapitallebensversicherungen

Die Verzinsung einer Kapitallebensversicherung hängt entscheidend davon ab, wie lange die einzelnen Kunden den Vertrag durchhalten. Sie reicht im Beispielsfall von -98,83% für Versicherungsnehmer, die nur ein Jahr den Vertrag erfüllen, bis zu 6,84% für Kunden, die bis zum vorgesehenen Vertragsablauf durchhalten.

Zur Beschreibung der Durchschnittsverzinsung eines Kapitallebensversicherungsvertrages soll hier der Durchschnitt der von allen Kunden mit ihren einzelnen Verträgen erzielten Renditen benutzt werden. Erzielt beispielsweise von zwei Verträgen einer der Verträge eine Rendite von -10%, der andere Vertrag jedoch eine von 6,8%, dann ist die Durchschnittsrendite (-10 + 6,8)/2 = - 1,6%[8].

[8] Ein anderes Verfahren der Durchschnittsbildung könnte darin bestehen, nicht die Zahl der Verträge als Gewichtungsfaktoren zu nehmen, sondern die durch das Unternehmen geschleusten Geldsummen: würde beispielsweise der Vertrag mit der negativen Verzinsung von - 10% nur 20% der gesamten Geldströme von insgesamt 10000 DM ausmachen, während sich der Vertrag mit der positiven Verzinsung auf 80% des Geldstroms von 10000 DM bezöge, ergäbe sich als summengewogener Durchschnitt (-10% * 20% * 10000)/10000 + (6,8% * 80% * 10000)/10000 = (2000 * -10% + 8000 * 6,8%)/10000 = (- 200 + 544)/10000 = 344/10000 = 3,44%. Diese Zahl ist jedoch eher für die Versicherungsunternehmen von Interesse, da sie die Belastung des Unternehmens mit Auszahlungen widerspiegelt. Die Gewichtung mit den Geldsummen beschreibt jedoch nicht die ökonomische Struktur der Projekte aus der Sicht der Anleger. Es geht nicht darum zu messen, wie sich die durchschnittliche Geldsumme in einem Versicherungsunternehmen verzinst, sondern ob die einzelnen Versicherungsverträge bei einem Vergleich mit anderen Anlagemöglichkeiten einen Gewinn oder Verlust mit sich bringen. Für den Kunden stehen die von ihm in der Hoffnung auf Gewinn getätigten Investitionsprojekte auf dem Prüfstand, und dies sind die einzelnen Verträge. Aus diesem Grunde wurden daher nicht die Summen, sondern die Verträge als Gewichtungsfaktoren ausgewählt, auch

Entscheidend für die Wirtschaftlichkeit einer Kapitallebensversicherung ist nun der Umstand, dass es zwei annähernd gleich große Kundengruppen mit höchst unterschiedlichem Schicksal gibt. Zunächst diejenigen Versicherungsnehmer, die ihren Versicherungsvertrag bis zum Ende vereinbarungsgemäß durchhalten, und dann diejenigen Kunden, die ihren Vertrag vorzeitig abbrechen. Die Verzinsung ihrer Spargelder ist für beide Gruppen dramatisch unterschiedlich.

Will man somit die durchschnittliche Verzinsung berechnen, die ein Kunde im Augenblick seiner Unterschrift unter eine Kapitallebensversicherung zu erwarten hat, muss aus der Verzinsung der durchhaltenden Kunden und der Verzinsung der vorzeitig aufgebenden Kunden ein Durchschnitt errechnet werden.

Die folgende **Tabelle** enthält die hierfür notwendigen Angaben und Berechnungen.

Die Tabelle ist so aufgebaut, dass sie in der Spalte 5 die Kalenderjahre für die einzelnen Vertragsjahre unseres Standardvertrages angibt. In unserem Beispielsfall beginnen wir im Jahre 1979 und enden 30 Jahre später im Jahr 2009.

Wie der Spalte 2 unter dem Wort Anfangsbestand zu entnehmen ist, wurden im Jahr 1979 4,395 Millionen neue Kapitallebensversicherungen abgeschlossen. Nun ist aus den Verbandsveröffentlichungen[9] zu entnehmen, dass die Zahl der Stornos Jahr für Jahr zwischen 4 und 5% des mittleren Bestandes liegt. Dies besagt in unseren Standardfall umgerechnet, dass jedes Jahr von den 4,395 Millionen Verträgen zwischen 4 und 5% vorzeitig beendet werden. Der Bestand von beispielsweise ursprünglich 4,395 Millionen wird somit Jahr für Jahr in Höhe der Stornoquote dezimiert. Bei einer einfachen linearen prozentualen Betrachtung, d.h. bei der Annahme, dass von 1979 an Jahr für Jahr der gleiche[10] Prozentsatz der Kunden aufgibt, würde damit nach einem Jahr der Bestand der noch vertragsgerecht weiterzahlenden Kunden von 4,395 Millionen auf 4,197 Millionen, und weiter nach 2 Jahren auf 4,008 Millionen sowie nach 3 Jahren auf 3,827 Millionen abgesunken sein.

---

wenn sich die Mittelwertbildung von Renditen über Projekte mit unterschiedlichen Laufzeiten ansonsten nicht als sinnvolles Investitionskriterium erweist. Da jedoch auch die Barwerte errechnet wurden, wird die Gewichtung der Rendite mit der Zahl der Verträge durch den Barwertvergleich kontrolliert. Wie sich zeigt, sind auch die Barwerte von Kapitallebensversicherungsverträgen deutlich negativ. Kapitallebensversicherungen erweisen sich somit nach allen finanzwirtschaftlichen Beurteilungskriterien als verlustbringende Investitionen.

[9] GDV, Statistisches Rundschreiben 18/97, Kennzahlen der Lebensversicherungen, Teil A.

[10] Beispielsweise hier 4,5%.

DIE RENDITE VON KAPITALLEBENSVERSICHERUNGEN

1 **Rückkaufswerte**	2 **Abgänge**	3 **Auszahlungen der Versicherung**	4 **Einzahlungen (Nettoprämien)**	5 **Jahr**	6 **Stornoquoten**	7 **Rendite je Vertrag**	8 **Gewichtete Rendite**
	Anfangsbestand: ***4.395.870***	**Am Ende der Periode**	**Zu Beginn der Periode**	**1979**			
12 DM	439.590	5.125.619 DM	4.395.870.000	1980	10%	**-98,83%**	-43444680%
275 DM	296.720	81.666.246 DM	3.956.280.000	1981	7,5%	**-78,93%**	-23420110%
1.134 DM	182.980	207.497.490 DM	3.659.560.000	1982	5,0%	**-42,18%**	-7718096%
2.169 DM	104.300	226.254.861 DM	3.476.580.000	1983	3,0%	**-23,26%**	-2426227%
3.380 DM	97.800	330.549.330 DM	3.372.290.000	1984	2,9%	**-12,94%**	-1265532%
4.628 DM	91.690	424.311.062 DM	3.274.490.000	1985	2,8%	**-7,50%**	-687675%
5.992 DM	85.940	514.991.153 DM	3.182.800.000	1986	2,7%	**-3,97%**	-341182%
7.487 DM	80.520	602.873.370 DM	3.096.870.000	1987	2,6%	**-1,54%**	-124001%
9.016 DM	75.410	679.913.904 DM	3.016.350.000	1988	2,5%	**0,00%**	0%
10.836 DM	70.580	764.770.296 DM	2.940.940.000	1989	2,4%	**1,41%**	99518%
12.668 DM	66.020	836.355.884 DM	2.870.360.000	1990	2,3%	**2,31%**	152506%
14.684 DM	61.700	905.993.545 DM	2.804.340.000	1991	2,2%	**3,04%**	187568%
16.879 DM	57.600	972.241.920 DM	2.742.640.000	1992	2,1%	**3,64%**	209664%
19.157 DM	53.700	1.028.753.454 DM	2.685.050.000	1993	2,0%	**4,07%**	218559%
21.611 DM	50.000	1.080.549.500 DM	2.631.350.000	1994	1,9%	**4,43%**	221500%
24.274 DM	46.460	1.127.776.544 DM	2.581.350.000	1995	1,8%	**4,74%**	220220%
27.038 DM	40.560	1.096.676.287 DM	2.534.890.000	1996	1,6%	**4,96%**	201178%
30.107 DM	37.410	1.126.306.237 DM	2.494.330.000	1997	1,5%	**5,18%**	193784%
33.447 DM	34.400	1.150.570.952 DM	2.456.920.000	1998	1,4%	**5,38%**	185072%
37.429 DM	31.490	1.178.644.878 DM	2.422.520.000	1999	1,3%	**5,65%**	177919%
41.385 DM	28.690	1.187.338.232 DM	2.391.030.000	2000	1,2%	**5,80%**	166402%
45.998 DM	25.990	1.195.481.523 DM	2.362.330.000	2001	1,1%	**5,99%**	155680%
50.994 DM	23.360	1.191.214.234 DM	2.336.350.000	2002	1,0%	**6,17%**	144131%
55.858 DM	20.820	1.162.971.680 DM	2.312.980.000	2003	0,9%	**6,25%**	130125%
61.164 DM	18.340	1.121.741.341 DM	2.292.170.000	2004	0,8%	**6,33%**	116092%
66.858 DM	11.370	760.178.075 DM	2.273.830.000	2005	0,5%	**6,40%**	72768%
73.026 DM	9.050	660.883.852 DM	2.262.460.000	2006	0,4%	**6,47%**	58554%
79.724 DM	4.510	359.553.842 DM	2.253.410.000	2007	0,2%	**6,54%**	29495%
87.793 DM	2.250	197.534.183 DM	2.248.900.000	2008	0,1%	**6,65%**	14963%
98.104 DM	2.246.660	220.406.175.374 DM	2.246.660.000	2009	0,0%	***6,84%***	15367154%
	4.395.910 Abbrecher insgesamt: 2.149.250	**Barwert *bei 7,5%*: 32.292.779.597DM Barwert *bei 12,1%*: 11.230.322.380 DM**	**Barwert *bei 7,5%:* 39.505.405.590 DM Barwert *bei 12,1%*: 30.628.515.011 DM**		**Gesamtstorno: 48,89%**	**Ablaufrendite 6,84%**	**Gewichtete Gesamtrendite: - 13,90%**

Barwertverlust der Kunden bei 7,5%: 7.212.670.993 DM

Barwertverlust der Kunden pro Vertrag: 1.640 DM

Barwertverlust der Kunden bei 12,1%: 19.398.192.631DM

Barwertverlust der Kunden pro Vertrag: 4.412 DM

Die Annahme einer gleichmäßigen relativen Abnahme der Kundenzahl ist jedoch nicht realistisch. Insbesondere aufgrund schlechter Beratung sehen sich viele Kunden gerade in den allerersten Jahren zum Abbruch des Versicherungsvertrages gezwungen[11]. Das Bundesaufsichtsamt für das Versicherungswesen gibt daher insbesondere neu in den Versicherungsmarkt eintretenden Versicherungsunternehmen vor, in den ersten Vertragsjahren mit deutlich höheren Stornoquoten zu rechnen. Diese amtlichen Stornoquoten sind in Spalte 6 angegeben: Sie sehen für das Jahr 1980 eine 10% Abbrecherquote auf die Ende 1979 bestehenden und neu abgeschlossenen Verträge von 4,395 Millionen Verträge vor. Die Zahl der so berechneten beendeten Verträge für das Jahr 1980 ist in Spalte 2 unter „Abgänge" angegeben und zeigt deshalb als ersten Wert 439 590. Daraus ergibt sich, dass die Zahl der am Jahresende noch bestehenden weiterlaufenden Verträge für 1980 noch einen Vertragsbestand von 3,956 Millionen ausweist. Die Abbrecherquote für das zweite Jahr, 1981, wird vom Aufsichtsamt mit 7,5% vorgegeben. Die Zahl der in 1981 beendeten Verträge ist damit 7,5% von 3,956 Millionen, d.h. 296 720, wie in Spalte 2 angegeben, und der Ende 1991 noch vorhandene Vertragsbestand damit 3,659 Millionen.

Führt man diese Rechnung mit den Jahr für Jahr sinkenden Stornoquoten bis zum vorgesehenen Vertragsende im Jahre 2009 durch, ergibt sich, dass von den ursprünglich 4,395 Millionen Verträgen aus dem Jahr 1979 noch 2,246 Millionen übrig geblieben sind. Die *Gesamtstornoquote* ist daher *48,89%*, siehe Spalte 6 unten. Knapp die Hälfte der Kunden scheidet somit vorzeitig aus.

Obwohl somit die vertragsgerecht die Kapitallebensversicherung beendende Kundengruppe und die vorzeitig aufgebende Kundengruppe nahezu gleich groß sind, wird in der Werbung und in der öffentlichen Diskussion lediglich die Verzinsung der Ersparnisse der glücklichen Kundengruppe betrachtet, die bis zum Ende durchgehalten hat. Dies muss angesichts der fast gleich hohen Abbrecherzahl mit unvergleichlich schlechteren Renditen zu falschen Ergebnissen führen.

a) Die Rendite der durchhaltenden Versicherungskunden: Ablaufrendite 6,84%

Unterstellt man, dass die Versicherungsunternehmen die heutigen Überschüsse auch in Zukunft zahlen werden und nicht wieder zu den deutlich niedrigeren Zahlen der Vergangenheit zurückkehren, ergibt sich, dass die durchschnittliche Rendite der bis zum Vertragsende durchhaltenden Kunden im Branchenschnitt

[11] Bei konstanter Prämie und steigendem Einkommen sinkt die relative Belastung der Kunden durch die Prämie von Jahr zu Jahr und erhöht damit die Wahrscheinlichkeit ihres Durchhaltens.

6,84% auf die eingezahlten Spargelder (d.h. die Nettoprämie) betrug[12]. Diese Zahl ergibt sich aus Spalte 7, die die Renditen je Vertrag enthält, bei einem Blick auf die letzte Zeile dieser Spalte: Diese weist für das Jahr 2009, d.h. für das dreißigste Jahr die Ablaufrendite auf die Nettoprämie der bis zu diesem Zeitpunkt durchhaltenden Kunden als 6,84% aus.

Glaubt man jedoch, dies sei derjenige Betrag, den der durchschnittliche Kunde aus einer Kapitallebensversicherung zu erwarten hat, begeht man einen die Investitionsrechnung eines durchschnittlichen Kunden verfälschenden Fehler. Man vergäße zu berücksichtigen, dass knapp die Hälfte aller Kunden den Versicherungsvertrag vorzeitig beendet. Ließe man jedoch die aufgebende Hälfte der Kunden außer Betracht, würde man einem Lottospieler gleichen, der das Lottospiel für eine rentable Investition ansieht, weil er nur auf den Gewinner des Jackpot, nicht aber auf die Millionen Mitspieler schaut, die nichts gewinnen, wohl aber ihren Einsatz verlieren[13].

b) Die Verzinsung der vorzeitig aufgebenden Kunden

Der erste Schritt zur Berechnung[14] der Rendite der aufgebenden Kunden besteht in der Ermittlung der vom Versicherungsunternehmen an die vorzeitig aufgebenden Kunden in Abhängigkeit von der Vertragsdauer des Kunden jeweils getätigten Zahlungen. So gibt jedes Versicherungsunternehmen für jedes einzelne Jahr nach Vertragsschluss bekannt, zu welchem Preis es voraussichtlich bereit ist, den Kunden aus seinem Vertrag zu entlassen, wie viel es also dem Kunden im Falle der vorzeitigen Beendigung von seinem Sparguthaben zurückzahlen wird. Es sind dies die sog. *Rückkaufswerte.* Bildet man aus den Zahlen der wichtigsten am deutschen Markt tätigen Versicherer einen Durchschnitt der von diesen angebotenen Rückkaufswerte, so ergeben sich für unseren Beispielsfall mit 1200 Mark pro Jahr eingezahlter Bruttoprämie die in Spalte 1 aufgeführten Beträge.

---

[12] Nimmt man als Maßstab die gesamte Prämie von 1200.- DM (Bruttoprämie) unseres Beispiels, die neben dem Sparbeitrag ja auch die Bezahlung der Risikoprämie von 200.- DM beinhaltet, war die Verzinsung 5,9%. Für die Beurteilung der Leistung der Vermögensverwaltung durch den Versicherer ist diese Zahl jedoch nicht geeignet.

[13] Beklagenswerterweise gibt es eine große Zahl insbesondere armer Menschen, die diesem nicht zuletzt von der Werbung der Lottogesellschaften geschürten Irrtum erliegen, vgl. zum Problem der Fehlwahrnehmung bei Lotterien *Adams*, Fair Play! Zur Notwendigkeit eines Gewinnillusionenbeseitigungsgesetzes, ZRP, 1997, S. 314 f.

[14] Dies ist mit Hilfe von Tabellenkalkulationsprogrammen, wie etwa MS-Excel, heute einfach und schnell möglich. Zur Methode des internen Zinsfusses vgl. *Süchting*, Finanzmanagement, Theorie und Politik der Unternehmensfinanzierung, 6. Aufl., 1995, S. 312 ff.; *Brealey/Myers/Marcus*, Fundamentals of Corporate Finance, 1995, S. 141 ff.

Die Höhe der Rückkaufswerte beträgt beispielsweise im ersten Jahr durchschnittlich 11,66[15] DM. Von einer Gesamtprämie von 1200 DM im ersten Jahr wurden somit 200.- DM für die Risikoabsicherung verbraucht und 1000.- DM vom Kunden angespart. Von diesen 1000.- DM auf seinem „Sparkonto" erhält der Kunde nach einem Jahr 11,66 DM zurück. Dies entspricht einer Rendite auf die Nettoprämie von - 98,83%, wie aus Spalte 7 entnommen werden kann. Für die Kunden, die zwei Jahre lang jedes Jahr 1000.- DM als Sparbeitrag eingezahlt, insgesamt also 2000.- DM aufgebracht haben, hält die Branche als Rückkaufswert durchschnittlich 275,23 DM bereit. Die jährliche Rendite eines solchen Kunden ergibt sich dann als - 78,93 %. Von den 3000.- DM Sparbeitrag erhält der Kunde im dritten Jahr 1133,99 DM zurück und kann damit für sich eine jährliche Verzinsung von - 42% verbuchen. Wie man beim Weiterlesen der Spalte 7 sehen kann, erhalten die Kunden erstmals nach 9 Jahren ohne Verluste ihr eingezahltes Sparkapital zurück und erzielen damit eine Rendite von 0,00%[16]. Erst mit dem 10. Jahr (1989) erzielen die Kunden der Kapitallebensversicherung eine positive Verzinsung von 1,41%, erhalten also von ihrer Versicherung etwas mehr ausgezahlt, als sie selber in Form ihrer Nettoprämie eingezahlt haben. Die Spalte 7 gibt somit pro Vertrag in Abhängigkeit seines Beendigungszeitpunktes dessen durchschnittliche Rendite an.

Die Stornoquoten in Spalte 6 weisen - wie dargelegt - aus, dass 10% der Verträge im ersten, 7,5% im zweiten, 5% im dritten Jahr beendet werden. Dies besagt, dass 10% der Kunden eine Rendite von - 98,83%, 7,5% der Kunden eine Rendite von - 78,93% und 5% der Kunden eine solche von - 42,18% zu verbuchen haben[17]. Verfolgt man diese Spalte bis zum Ende sieht man, dass 51,11% aller

---

[15] In der Tabelle wurden aus Gründen der Übersichtlichkeit die Nachkommastellen weggelassen und auf volle Markbeträge gerundet.

[16] Die insgesamt gegenüber den eingezahlten 9000.- DM um 16,23 DM höhere Auszahlung führt bei der vorgegebenen Genauigkeit von zwei Nachkommastellen immer noch zu einer Rendite von 0,00%.

[17] Will man wissen, was beispielsweise -78,93% Rendite pro Jahr bedeuten, die sich ergeben, wenn ein Kunde 2 Jahre je 1000 DM Sparbeitrag an die Versicherung zahlt und bei Vertragsbeendigung dann 275 DM Rückkaufswert erhält, muss man lediglich die einzelnen Zahlungen nachverfolgen, nachdem man sich zuerst klar gemacht hat, wie sich ein positiver Zins errechnen würde: Im ersten Jahr zahlt beispielsweise eine solcher Kunde 1000 DM an die Versicherung. Würde er +10% Zinsen bekommen, hätte ein Kunde nach einem Jahr sein Kapital zuzüglich Zinsen in den Händen: 1000 + 1000* 10% = 1100.- DM. Bei einer negativen Verzinsung sieht die Rechnung entsprechend aus: Auch hier zahlt der Kunde im ersten Jahr 1000 DM an die Versicherung. Nach einem Jahr hat er dann bei einem Zinssatz von -79% hiervon noch 1000 - 0,79*1000 = 210 DM. Nach einem weiteren Jahr mit einem derartigen Zinssatz verbleiben ihm hiervon nur noch 210 - 0,79* 210 = 210 - 165,90 = 44.10 DM. Im zweiten Jahr zahlte der Versicherungskunde jedoch wieder 1000 DM ein. Auch von diesem Geld hat er bei -78,93% Zinsen am Jahresende noch 210 DM. Beide Beträge (210 DM und 44 DM)

Kunden aus dem Jahr 1979 den Vertrag durchhalten und wie vorgesehen im Jahr 2009 beenden und dann eine jährliche Rendite von 6,84% erzielt haben werden.

Aus den Renditen pro Vertrag ist nun ein gewogener Durchschnitt zu bilden. Die Gewichtung der Durchschnittszahlen ist in Spalte 8 zu finden. Sie wird einfach durch die Multiplikation der Zahl der Kunden mit der von diesen erzielten Rendite gebildet, die dann durch die Gesamtzahl der Kunden geteilt wird. So ergibt sich in Spalte 8 für die Kunden des ersten Jahres aus 439.590 stornierenden Kunden mit einer Rendite von - 98,83% der Gewichtungswert von 439.590 * - 98,83% = - 43.444.680%. Die 296.720 aufgebenden Kunden des zweiten Jahres mit einer Rendite von - 78,93% tragen mit einem Gewicht von 296.720 * - 78,93% = - 23.420.110% zur Durchschnittsbildung bei. Die 75410 Kunden des Jahres 1988 mit einer Verzinsung von 0,00%, bringen als Gewicht in die Verzinsungsberechnung den Wert 0% ein. Die 2.246.660 durchhaltenden Kunden des 30ten Jahres, die mit einer Verzinsung von 6,84% gesegnet sind, haben ein Gewicht von 2.246.660 * 6,84% = 15.367.154%. Addiert man nun die Gewichte erhält man den Wert - 61.104.650% und teilt sie durch die Gesamtzahl aller Kunden in Höhe von 4.395.910 erhält man eine gewichtete Rendite von - 13,90%. Insgesamt ergibt sich aus der Zahl der abbrechenden und der durchhaltenden Kunden, somit eine Durchschnittsrendite über alle Verträge von - 13,9% pro Vertrag[18]. In den ersten 5 Jahren seit Vertragsbeginn geben rund ein Viertel aller Kunden auf. Ihre jährliche Durchschnittsrendite beträgt - 56,10%.

Da der durchschnittliche Kunde nicht wissen kann, ob er zur Gruppe der Durchhalter oder der etwa gleich großen Gruppe der stark geschädigten Vertragsbeender gehört, unterzeichnet er somit mit der Unterschrift unter eine Kapitallebensversicherung einen persönlichen Vermögensvernichtungsvertrag[19]. Vergleicht

---

ergeben zusammen den Rückkaufswert von 254 DM nach zwei Jahren Vertragsdauer. Die Differenz zu den von den Versicherungen tatsächlich gezahlten 275 beruht auf unterjähriger Verzinsung. Die Versicherung verlangt vertraglich, dass der Kunde seinen Beitrag am Jahresanfang vollständig bezahlt. Tut dies der Kunde - wie üblich - nicht, wird er mit einem Abschlag bei den Auszahlungen belegt. Wie dargelegt, wurde unser Versicherungs-Standardbeispiel mit monatlicher Zahlungsweise gerechnet und damit der übliche Abschlag gerechnet, während die Erklärung in dieser Fußnote mit einer einmaligen Zahlung von 1000 DM am Jahresanfang rechnete. So wäre die Rendite bei jährlicher Zahlung höher: statt - 78,93% wäre der Zinssatz -77,5%, wie das folgende Beispiel zeigt: Im ersten Jahr zahlen die Kunden 1000 DM an die Versicherung. Nach einem Jahr haben sie bei einem Zinssatz von - 77,5% hiervon noch 1000 - 0,775*1000 = 225 DM. Nach einem weiteren Jahr haben sie hiervon noch 225 - 0,775* 225 = 225 - 174,37 = 50.62 DM. Im zweiten Jahr haben sie wieder 1000 DM eingezahlt. Von diesen haben sie am Jahresende noch 225 DM. Beide Beträge ergeben zusammen, den Rückkaufswert von 275,62 DM.

[18] Für die richtige Interpretation dieser Zahl vgl. die Erläuterungen oben in Fn. 8.

[19] Auch Versicherungen, die deutlich niedrigere Stornoraten als ihre Mitbewerber und die hier zur Anwendung gekommenen vom Bundesaufsichtsamt vorgesehenen Stornoquoten aufwei-

man diese Rendite mit einem Sparbuch, das über denselben Zeitraum 3,6% gebracht hätte oder mit einer Anlage in Monatsgeld, die 5,4% erzielt hätte, oder mit einer Anlage in Rentenpapieren, die 7,5% Rendite aufgewiesen hätte, oder gar mit Aktien, deren Rendite 12,1% betrug[20], zeigt sich, dass die deutschen Kapitallebensversicherungen das Geld ihrer Kunden schlecht verwaltet oder zu wenig aus ihren höher rentierlichen Anlagen an ihre Kunden weitergegeben haben[21].

2. Der Barwert von Kapitallebensversicherungen

Ebenso wie die im vorhergehenden Abschnitt benutzte Rendite, der „interne Zinsfuß", wird in der Finanzierungstheorie zur Beurteilung von Anlageentscheidungen der Barwert der mit der Anlage ausgelösten Zahlungen herangezogen[22]. Der Barwert einer Investition, wie sie der Abschluss einer Kapitallebensversicherung darstellt, gibt an, um wie viel DM, zum heutigen Tag gerechnet, das Vermögen des Anlegenden erhöht oder vermindert wird, wenn er berücksichtigt, dass dieses Geld anderswo ebenfalls einen bestimmten Zinsertrag erzielt hätte. Wenn man etwa sein Geld für 7,5% in Rentenpapieren anlegen kann, hat eine Investition in eine Anlage, die ebenfalls 7,5% erwirtschaftet, den Barwert von null, da das eingesetzte Vermögen im Vergleich zu seiner alternativen Anlage weder erhöht noch vermindert wird. Erhält man bei der ins Auge genommenen Anlage eine Verzinsung von weniger als 7,5%, ist der Barwert negativ. Der Barwert zeigt damit zuverlässig an, wie viel Mark man - auf die Gegenwart bezogen - mehr oder weniger im Geldbeutel im Vergleich zur nächst besten Anlage hat.

Berechnet man den Barwert einer Kapitallebensversicherung, muss man für die Festlegung des Vergleichszinses fragen, wie hoch denn die Verzinsung einer im Risiko vergleichbaren Investition wäre. Da die Versicherungsunternehmen eine langfristige Anlage anbieten und die Gelder ihrer Kunden - wie oben dargelegt -

---

sen, schaffen es nicht, die durchschnittliche Rendite ihrer Verträge auf bessere Werte als - 11% zu steigern. Bei vorsichtiger, für die Versicherungsunternehmen günstiger Schätzung kann man daher sagen, dass die durchschnittliche Rendite für Kapitallebensversicherungsverträge in Deutschland unter - *10%* liegt.

20 Vgl. *Stehle/Hartmond*, Durchschnittsrenditen deutscher Aktien, Kredit und Kapital, 1991, S. 25 ff. sowie die Ergebnisse von *Stehle/Huber/Maier*, Capital, 1995, Nr. 11, S. 115 ff.

21 Vgl. hierzu die Kritik an der Verwendung von Buchwerten und die Verschiebung von Vermögenswerten in Holdings bei den nicht fondsgebundenen Kapitallebensversicherungen oben Fn. 2.

22 Vgl. hierzu etwa *Altrogge*, Investition, 1991, S. 80 ff.; *Süchting*, Finanzmanagement, Theorie und Politik der Unternehmensfinanzierung, 6.Aufl., 1995, S. 304 ff.

ganz überwiegend in Rentenpapieren[23] anlegen, wäre die über längere Zeiträume erzielte Verzinsung dieser Anlage der niedrigste angemessene Vergleichszinssatz[24]. Die Rendite von Rentenpapieren betrug bei Betrachtung von 30 Jahreszeiträumen durchschnittlich 7,5%[25]. Eine Rückkaufswertproblematik gibt es bei Rentenpapieren nicht[26]. Nimmt man trotz des höheren Risikos einer Kapitallebensversicherung als Vergleichszinssatz lediglich die Rendite von Rentenpapieren, ergibt sich schon auf den ersten Blick, dass der Barwert für Kapitallebensversicherung negativ sein muss, da die höchstmögliche Rendite nach Ablauf von 30 Jahren 6,84% beträgt, ansonsten jedoch deutlich niedriger ist. Bei einer Anlage in Rentenpapieren ist die Verzinsung jedoch für alle Kunden unabhängig von der Vertragsdauer im Durchschnitt 7,5%. Bei einer Abzinsung mit dem Zinssatz von Rentenpapieren[27] ergibt sich somit, dass der Barwertverlust für die

---

[23] Die nichtfondsgebundenen Kapitallebensversicherungen sind somit von zwei Problemkreisen geplagt: Auf der einen Seite die aus der Vermögensvermischung und -verschiebung entstehenden Gefahren für die Kunden, die es durch die gesetzliche Einführung von Sondervermögen nach dem Muster des KAAG zu lösen gilt, „das Treuhänderproblem", (vgl. hierzu der SPD-Gesetzentwurf, ZIP, 1997, S. 1258 f. sowie dessen Kommentierung in: *Adams*, Revolution im Versicherungsgewerbe, ZIP, 1997, S. 1224 ff.). Auf der anderen Seite die veraltete, die modernen Anlagestrategien vernachlässigende Anlagepolitik der deutschen Versicherungsunternehmen, die bei weitem zu wenig in hochrentierliches Produktivkapital investiert haben, ohne hieran gesetzlich gehindert zu sein, das „Anlageproblem". So wäre auch für nicht fondsgebundene Versicherungen ein maximaler Anteil von bis zu 35% höherrentierlichen Aktien am Deckungskapital möglich. Die Versicherungskunden bezahlen diese Torheit mit niedrigeren Renditen, die deutschen Unternehmen mit hohen Kosten für Risikokapital.

[24] Der Umstand, dass Kapitallebensversicherungen aufgrund der hohen Stornoraten mit niedrigen Rückkaufswerten eine risikoreiche Anlage darstellen, führt auf funktionsfähigen Märkten mit professionellen Teilnehmern, wie sie die organisierten Börsen darstellen, zu erhöhten risikokompensierenden Zinssätzen. An dieser Stelle soll das höhere Risiko der Kapitallebensversicherung noch außer Betracht bleiben. Es handelt sich hierbei also um eine für den Renditeausweis der Kapitallebensversicherung günstige Annahme.

[25] Vgl. *Stehle/Hartmond*, Durchschnittsrenditen deutscher Aktien, Kredit und Kapital, 1991, S. 25 ff. und *Stehle/Huber/Maier,* Capital, 1995, Nr. 11, S. 115 ff.

[26] So ist es möglich, heute für 1 Million DM Rentenpapiere zu kaufen und diese nach 7 Monaten zu verkaufen, während ein solcher Vorgang bei einer Kapitallebensversicherung bekanntlich mit einem Verlust von 98,8% des eingesetzten Geldes verbunden wäre. Zinsänderungen können jedoch auch bei Rentenpapieren zu Verlusten führen, wenn die Anleihen vor Fälligkeit verkauft werden. Diese erreichen jedoch bei weitem nicht die Höhe der Rückkaufswertverluste.

[27] Kapitallebensversicherungen sind durch die Steuerfreistellung ihrer Zinserträge im Falle der 12 Jahresfrist steuerlich gegenüber einer privat-selbständigen Anlage bevorzugt. Dies könnte es notwendig machen, für die Abzinsung bei der Barwertermittlung den Nachsteuerzinssatz einzusetzen. Mit den im Standardfall gerechneten Zahlen erreichen die Kunden mit der Höhe ihrer jährlichen Zinseinnahmen jedoch auch bei Rentenpapieren nicht die einkommensteuerlichen Freibeträge, vgl. hierzu *Weigel* oben in Fn.6. Die steuerliche Privilegierung von Kapitallebensversicherungen greift daher nur für erheblich höhere Vertragssummen als

Kunden des Beispielsfalles 7,21 Milliarden Mark beträgt. Rechnet man diesen Verlust auf den einzelnen Vertrag um, ergibt sich, dass jeder einzelne Vertrag im Augenblick der Unterschrift im Vergleich zu einer Anlage in Rentenpapieren dem Kunden einen Verlust von 1640.- DM ins Haus bringt. Dies entspricht in etwa den Ersparnissen der Kunden von anderthalb Jahren. Der Marktwert einer durchschnittlichen Kapitallebensversicherung ist somit - 1640.- DM.

Wie im nächsten Abschnitt dargelegt, übersteigen die Risiken einer Kapitallebensversicherung deutlich diejenigen einer Anlage in Aktien. Aktien bieten jedoch im Durchschnitt der letzten Jahrzehnte eine Rendite von 12,1%. Es ist daher zur Berücksichtigung des Risikos der Kapitallebensversicherung sinnvoll, ihren Barwert auch unter der Annahme durchzurechnen, dass die Kunden ihr Geld in Aktien mit einer Durchschnittsverzinsung von 12,1% angelegt hätten. Es zeigt sich dann, dass der Standardvertrag jedem Kundenjahrgang einen Verlust von 19,38 Milliarden Mark und jedem einzelnen Kunden einen Verlust von 4412.- DM pro Vertrag beschert. Dies entspricht immerhin den Ersparnissen der Kunden von fast viereinhalb Jahren. Kapitallebensversicherungen stellen damit eine beachtliche volkswirtschaftliche Kapitalvernichtungsmaschinerie[28] dar.

3. Kapitallebensversicherungen als risikoreiche Geldanlage

Von Versicherungsvertretern wird gerne allerorten in hervorgehobener Weise behauptet, eine Kapitallebensversicherung biete ihren Kunden eine besonders große Sicherheit und zudem eine Mindestverzinsung von 4%. Bei einer finanzwirtschaftlichen Analyse dieser Behauptung zeigt es sich, dass diese Behauptungen irreführend sind[29].

---

die üblichen Standardverträge, wie die beliebten ehemals möglichen Policendarlehen zeigten. Da die mit 7,5% gerechneten Erträge aus Rentenpapieren nur die Untergrenze einer sinnvollen langfristig ausgerichteten Vermögensanlage sind, erweist sich die Verwendung des Diskontierungssatzes von 7,5% auch bei Berücksichtigung von Steuern als vorsichtig und angemessen.

[28] Auch wenn bei diesen Verlusten ein bestimmter Anteil lediglich eine Umverteilung zu Lasten der Kunden darstellt, stellen insbesondere aufgrund der hohen Vertriebskosten die Verluste der Kunden ganz überwiegend auch volkswirtschaftliche Verluste dar.

[29] Zur Charakterisierung des Risikos einer einzelnen Kapitalanlage wird in der modernen Finanztheorie die Standardabweichung ihrer Rendite als gängiges Messverfahren eingesetzt, (vgl. zur Erklärung dieses Streuungsmaßes etwa die Darstellung bei *Süchting*, Finanzmanagement, Theorie und Politik der Unternehmensfinanzierung, 6.Aufl., 1995, S. 345 ff.; *Brealey/Myers/Marcus*, Fundamentals of Corporate Finance, 1995, S. 218 ff.). Die Standardabweichung einer Größe gibt die Streuung der tatsächlich realisierten Werte um ihren Durchschnitt an. So war etwa für die USA in den Jahren 1926 bis 1992 die Rendite kurzfristiger Staatspapiere 3,8%. Die Abweichung von diesem Durchschnitt in Form ihrer Standardabweichung lag bei 3,3%. Für langfristige festverzinsliche Wertpapiere war die durchschnittliche Rendite 5,8% mit einer Standardabweichung von 8,5%. Für Aktien lag die Rendite bei 12,4% jährlich,

Zusammenfassend lässt sich somit festhalten, dass die Investition in einen Kapitallebensversicherungsvertrag für den durchschnittlichen Kunden mit einem Barwertverlust und einer negativen Rendite bei gleichzeitig erheblichem Risiko verbunden ist und damit gegenüber Aktien oder Rentenpapieren eine nicht wett-

---

und die Standardabweichung von diesem Durchschnittswert lag bei 20,6%, (*Brealey/Myers/Marcus,* Fundamentals of Corporate Finance, 1995, S. 218 ff. mit weiteren Nachweisen. Die durchschnittliche Inflation in diesem Zeitraum betrug 3,2% mit einer Standardabweichung von 4,7%).
Für die Berechnung des Risikos einer Kapitallebensversicherung unter Berücksichtigung des Rückkaufs hat sich noch kein allgemein übliches Messverfahren durchgesetzt, da über die theoretische Behandlung des Rückkaufs keine Einigkeit besteht. Ein Blick auf die ganz erhebliche Streuung der Renditen zeigt jedoch, dass Kapitallebensversicherungen unzweifelhaft eine höchst risikoreiche Anlage darstellen, welche Charakterisierung durch ein Messverfahren man auch benutzt. Will man eine Kapitallebensversicherung durch eine Standardabweichung ihrer Renditen charakterisieren, so ergibt sich, dass die *durchschnittliche Kapitallebensversicherung* eine *Standardabweichung von 36,38%* aufweist. Die Standardabweichung einer Kapitallebensversicherung ist damit fast doppelt so hoch wie diejenige einer Aktie, die den Anlegern für dieses Risiko eine Rendite von 12,1% jährlich bietet. Die Standardabweichung auf die Barerwartungswerte beträgt 134.- DM bei einem Durchschnittsbarwert von 1640.- DM. Da Kapitallebensversicherungen Teil eines Vermögensportfolios darstellen, misst sich ihr Risiko für diversifizierte Anleger auf der Grundlage des in der Finanzwirtschaft üblicherweise verwendeten, mit dem Nobelpreis ausgezeichneten Capital Asset Pricing Models (*Alexander/Sharpe/Bailey*, Fundamentals of Investment, 2. Aufl., 1993, S. 217 ff.; *Brealey/ Myers/ Marcus*, Fundamentals of Corporate Finance, 1995, S. 248 ff.) nach der Höhe ihres „betas". Beta gibt die Kovarianz des Vermögensgegenstandes im Verhältnis zur Varianz des Marktportfolios wieder, (*Alexander/Sharpe/Bailey*, Fundamentals of Investment, 2. Aufl., 1993, S. 226 f.). Der durchschnittliche erwartete Ertrag eines Vermögensgegenstandes hängt linear von der Höhe des betas des betroffenen Vermögensgegenstandes ab. Während das Risikomaß des Gesamtmarkportfolios ein beta von 1 aufweist, liegt das Risiko der Kapitallebensversicherung aus der Sicht der aufgrund von Zufallsereignissen zum Rückkauf gezwungenen Kunden ein beta zwischen null und 1. Damit sind Kapitallebensversicherungen nach diesem Risikomaß deutlich weniger risikoreich als Aktien. Allerdings setzt eine sinnvolle Anwendung von beta als Risikomaß voraus, dass die Kunden bereits hinreichend gut diversifiziert sind. Eine hinreichende Diversifizierung wird jedoch von einer großen Zahl der über kleinere Beitragssummen abschließenden Kunden (vgl. *Baxter/Jermann*, The International Diversification Puzzle Is Worse Than You Think, American Economic Review, 1997, S.170 ff.) sicher nicht erreicht, so dass ihnen die Standardabweichung eine bessere Risikobeurteilung ihrer Kapitallebensversicherung erlaubt, die wiederum die Kapitallebensversicherung als erheblich riskanter als Aktien ausweist.
Es kann jedoch für diversifizierte wie nichtdiversifizierte Kunden festgehalten werden, dass Kapitallebensversicherungen risikoreicher als Rentenpapiere sind, da sie das besondere Risiko niedriger Rückkaufswerte aufweisen, dessen Verwirklichung mit den Marktrisiken (Arbeitslosigkeit) und anderen Notlagen auf der Ebene des Individuums zusammen geht. Dies wiederum besagt, dass Kapitallebensversicherungen zumindest die durchschnittliche Verzinsung von Rentenpapieren in Höhe von 7,5% aufweisen müssten, einen Wert den sie bei weitem verfehlen.

bewerbsfähige Anlage darstellt. Der Umstand, dass Kapitallebensversicherungen dennoch eine so breite Kundschaft finden, beruht auf einem Marktversagen, dessen Ursache unzulängliche Beratung und die fehlende Transparenz dieses Produktes ist. Dies muss jedoch zu rechtlichen Konsequenzen führen.

IV. Rechtliche Schlussfolgerungen

Während die Rechtsprechung nunmehr seit Jahrzehnten gegenüber den Kreditinstituten[30] das AGB-Gesetz sinnvoll zur Korrektur von Marktunvollkommenheiten[31] einsetzt, hat sie gegenüber den Versicherungsunternehmen trotz ungleich größerer angreifbarer Missstände bemerkenswerte Zurückhaltung gezeigt[32]. Ins-

---

[30] Vgl. hierzu umfassend *Köndgen*, Bankgebühren - Ökonomie und Recht kreditwirtschaftlicher Entgeltgestaltung, ZBB, 1997, S. 117 ff. m.w.N.

[31] Zur theoretischen Grundlage vgl. *Adams,* Ökonomische Analyse des Gesetzes zur Regelung des Rechts der Allgemeinen Geschäftsbedingungen, in: *Neumann* (Hrsg.) Ansprüche, Eigentums- und Verfügungsrechte, Schriften des Vereins für Socialpolitik, Band 140, 1984, S. 655 ff.; *Adams*, Ökonomische Begründung des AGB-Gesetzes - Verträge bei asymmetrischer Information, BB, 1989, S. 781 ff.

[32] Einen gewissen Höhepunkt in der Aneignungsfreigabe von Kundenvermögen stellt die Entscheidung im Fall *Deutscher Herold* dar. Dort hatte die *Deutscher Herold Lebensversicherungs-Aktiengesellschaft* im Jahre 1988 ihren gesamten Versicherungsbestand auf eine eigens dafür gegründete Tochtergesellschaft übertragen. Nach Durchführung der Bestandsübertragung firmierte die *Deutscher Herold Lebensversicherungs-Aktiengesellschaft* unter *Deutscher Herold-AG*, während sich die neugegründete Tochtergesellschaft in *Deutscher Herold Lebensversicherungs-AG* umbenannte. Die Tochtergesellschaft übernahm den Versicherungsbetrieb zu Buchwerten. Zusätzlich wurden von der Konzernmutter Deutscher Herold-AG 1,2% der Buchwerte - insbesondere Beteiligungen - einfach zurückbehalten. Diese Bestandsübertragung wurde 2 Tage später vom Bundesaufsichtsamt für das Versicherungswesen genehmigt. *Nach* der Erhebung einer Klage eines übergeleiteten Versicherungskunden wurde das - wohl übertölpelte - Bundesaufsichtsamt für das Versicherungswesen bei der Muttergesellschaft vorstellig und handelte mit der Deutschen Herold-AG aus, dass bei Veräußerung der zurückbehaltenen Anteile an verbundenen Unternehmen und Beteiligungen die Versicherten zu 90% anteilig an dem erzielten Veräußerungsgewinn zu beteiligen seien. Das sollte nur für diejenigen Versicherten gelten, die zum Zeitpunkt der Bestandsübertragung Partner eines gewinnberechtigten Versicherungsvertrages waren und deren Vertrag zum Veräußerungszeitpunkt noch nicht abgelaufen war. Die vertragliche Verpflichtung zur Gewinnbeteiligung sollte gegenstandslos werden, wenn der letzte Versicherungsvertrag, der bei der Bestandsübertragung bestand, ausgelaufen war. Gegen diesen Vertrag wurde von zwei geschädigten Versicherungsnehmern Widerspruch eingelegt, der wiederum von einer Beschlusskammer des Bundesaufsichtsamts für das Versicherungswesen zurückgewiesen wurde. Die dagegen erhobenen Klagen wurden vom Bundesverwaltungsgericht abgewiesen, JZ, 1995, S. 455 ff. Das Verfahren ist nunmehr beim Bundesverfassungsgericht anhängig.

Das Rezept zur Aneignung der mit dem Spargeld der Versicherten erworbenen Vermögenswerte lautet damit wie folgt: 1. Schritt: Baue einen Bestand von Kapitallebensversicherungsverträgen auf; 2. Schritt: Bilde „stille Reserven“, etwa durch Anteilskauf, planmäßige Abschreibungen, Bewertung von Anlage- und Umlaufvermögen nach dem Niederstwertprinzip

besondere das neuere Urteil des IV. Senats des Bundesgerichtshofs zur Frage der Überschussbeteiligung bei Kapitallebensversicherungen[33] hat die Versicherungskunden praktisch rechtlos gestellt, indem das Gericht - fälschlicherweise[34] - annahm, der Geschäftsplan sei lediglich nach öffentlichem Recht zu beurteilen. Damit war den Kunden eine Erfolg versprechende Kontrolle der Missbräuche bei Kapitallebensversicherungen durch das AGB-Gesetz genommen. Dass eine derartige Kontrolle bei Zugrundelegung derselben Maßstäbe, wie sie für identische Geschäfte Kreditinstituten gelten, zu einschneidenden Veränderungen in der Versicherungspraxis hätte führen müssen, soll im Folgenden dargelegt werden. Ebenso soll gezeigt werden, dass die gegenwärtige Praxis der Überschussbeteiligung, der Zillmerung, der Offenbarung der Rückkaufswerte und ihrer Wahrscheinlichkeit nach der bürgerlichrechtlichen Prospekthaftung und wegen Verletzung von Beratungspflichten zu Schadensersatzansprüchen gegen Versicherer und ihre Vertriebshelfer führen.

1. Maßgeblichkeit des handelsrechtlichen Jahresabschlusses für die Überschussbeteiligung

Besonders bemerkenswert ist die Auffassung des Bundesgerichtshofs, dass ein durchschnittlicher Versicherungsnehmer erwarte, dass die handelsrechtliche Rechnungslegung für den zu verteilenden Überschuss maßgeblich sei[35], der Kunde daher keinen Ausgleich für die Ausnutzung handelsrechtlich zulässiger Bewertungsspielräume durch das Versicherungsunternehmen erhoffen dürfe, die mit dem Verkehrswert der ihm zustehenden Vermögensgegenstände nicht im Entferntesten noch etwas gemein haben. Noch dürfe er bei marktwertwidrigen, auf Buchwerte gestützten Vermögensverschiebungen einen Schutz erhoffen.

Zunächst ist festzustellen, dass ein durchschnittlicher Versicherungsnehmer keinesfalls wünschen würde, seine ihm vom Versicherer versprochenen Überschüs-

---

trotz Wertsteigerungen; 3. Schritt: Führe eine Bestandsübertragung durch und warte bis die Verträge ausgelaufen sind!
Es versteht sich, dass nach diesem Urteil eine Umstrukturierungswelle die Versicherungswirtschaft durchlaufen hat. Der SPD-Gesetzentwurf zur Reform des Versicherungsvertragsrechts, ZIP, 1997, S. 1258 f. sieht daher die Rückgängigmachung dieser Vermögensverschiebungen und eine Sonderprüfung für alle Bestandsübertragungen sowie eine gesamtschuldnerische Haftung aller beteiligten Unternehmen vor.

[33] BGH, BB, 1995, S. 423 ff.

[34] Vgl. die zutreffende Kritik bei *Schünemann*, BB, 1995, S. 417 ff. und *Baumann*, JZ, 1995, S. 446 ff.

[35] „Ein durchschnittlicher Versicherungsnehmer, auf dessen Verständnis es bei der Auslegung Allgemeiner Versicherungsbedingungen ankommt (BGHZ 123, 83, 85 m.w.N.), versteht unter dieser Regelung nicht, dass ein anderer als der sich aus dem Jahresabschluss ergebende Überschuss verteilt werden soll.“ BGH, BB, 1995, S. 423, 424.

se nach einer derartigen Regelung festgestellt zu sehen. Des Weiteren würde er durch ein derartiges intransparentes und für Vermögensauseinandersetzungen ungerechtes Verfahren zutiefst verblüfft und seine rechtliche Zulässigkeit für eher ungeheuerlich halten[36].

So ist das deutsche Bilanzrecht, insbesondere aufgrund des Vorsichtsprinzips[37] und der Bilanzierung zu Anschaffungskosten trotz Wertsteigerung des betreffenden Wirtschaftsgutes, nicht für eine ökonomisch richtige Widerspiegelung von Ansprüchen gegen einen vermögensverwaltenden Vertragspartner geeignet, und hat auch nicht diese Aufgabe. Insbesondere lässt das deutsche Bilanzrecht den Auf- und Abbau von „stillen Reserven" in einem derartigen Umfang zu, dass eine lediglich auf die Bilanz gestützte Entscheidung zu katastrophalen wirtschaftlichen Fehlern aufgrund der Unbrauchbarkeit dieser Informationen führen kann.

So hat *Lachnit*[38] in praktischen Beispielen aus der Wirtschaftswirklichkeit nachgewiesen, dass stille Reserven allein in Grundstücken und Gebäuden selbst bei vorsichtiger Schätzung das Sechsfache des Grundkapitals der Beispielsgesellschaften erreichen konnten. *Lachnit* vertritt daher, gestützt auf §264 Abs. 2. S. 2 HGB die Ansicht, dass der Jahresabschluss nur dann ein den tatsächlichen Verhältnissen entsprechendes Bild vermitteln würde, wenn diese stillen Reserven zumindest im Anhang angegeben würden[39]. Eine solche Praxis besteht jedoch nicht. Versuche der Europäischen Union für Versicherungsunternehmen diese ab 1998/99 einzuführen, sind von Deutschland im Ergebnis sabotiert worden[40]. Deutschland hat sich mit seinem eigenartigen, im Ergebnis nur[41] Großunterneh-

---

36 Vgl. *Rückle*, in: *Lehmann/Kirchgesser/Rückle*, Versicherungsvertrag und Versicherungs-Treuhand, Ertragsbesteuerung, Überschussermittlung und -verwendung, 1997, Nomos, S. 250 ff.

37 Vgl. *Budde/Geißler*, Beck Bil-Komm. § 252, Rz. 29 ff.

38 *Lachnit*, „True and fair view" und Rechnungslegung über stille Rücklagen im Jahresabschluss von Kapitalgesellschaften, Wpg, 1993, S. 193 ff. mit weiteren Nachweisen.

39 Vgl. *Lachnit*, Fn. 40, S.199 ff. *Lachnit* regt an zu bedenken, „dass in Deutschland nach Art und Ausmaß ein großes Potential an steuerlichen Abwertungsmöglichkeiten existiert, was bei ungenannt bleibendem Gesamtbetrag der Verzerrung die deutschen Jahresabschlüsse unter dem Aspekt des „true and fair view" belastet und ggf. sogar unglaubwürdig macht."

40 Vgl. hierzu *Rückle*, in: *Lehmann/Kirchgesser/Rückle*, Versicherungsvertrag und Versicherungs-Treuhand, Ertragsbesteuerung, Überschussermittlung und -verwendung, 1997, Nomos, S.250 ff. Über den Weg einer Ausgliederung der stillen Reserven in verbundene Unternehmen wird die ohnehin unzureichende Gesetzgebung von den Versicherungsunternehmen weiter unterlaufen.

41 Aufgrund des Maßgeblichkeitsprinzips der Handelsbilanz für die Steuerbilanz gemäß § 5 Abs. 1 EStG ist die Möglichkeit der Bildung „stiller Reserven" auch dem Mittelstand in Form von Steuervorteilen nützlich. Das Maßgeblichkeitsprinzip ist jedoch für die Verwaltung von Großunternehmen im Publikumsbesitz der Hebel, mit dem sie die Aktionäre über das wirt-

mensverwaltungen zum Schutz vor ihren Aktionären dienenden Bilanzsystem von den Bilanzregeln in der Europäischen Union und in den angelsächsischen Ländern abgesondert[42].

Die praktische Unbrauchbarkeit der handelsrechtlichen Jahresabschlüsse für Vermögensauseinandersetzungen ist von der Rechtsprechung nicht unbemerkt geblieben. So werden beispielsweise Abfindungen ausscheidender Gesellschafter zu Buchwerten von der Rechtsprechung nur unter einschränkenden Bedingungen zugelassen[43]. Dass derartige Buchwerte auch für die Berechnung der Ansprüche der Versicherungskunden, deren Vermögen mit demjenigen der Aktiengesellschaft vermischt wurde, gänzlich untauglich sind, ist bei wirtschaftlicher Denkungsweise offensichtlich.

2. Verstoß der Regelungen der Überschussbeteiligung gegen § 9 Abs. 1 AGBG

Das geltende Verfahren der Überschussermittlung zur Feststellung der Kundenvermögen hätte niemals weiter zugelassen werden dürfen, nachdem sich die Versicherungswirtschaft in großem Umfang von Versicherungsvereinen auf Gegenseitigkeit zu Aktiengesellschaften umgewandelt und die Vermögensverwaltung zum zentralen Leistungsbestandteil der Kapitallebensversicherung gemacht hatte. Es handelte sich hier um eine für die Kunden denkbar nachteilige Fehlentwicklung in der Konzeption des Versicherungsvertrages. Während es für eine

---

schaftliche Geschehen in ihren Unternehmen im Dunkeln lassen. Für börsennotierte Unternehmen muss daher das Maßgeblichkeitsprinzip aufgehoben und durch eine Steuerbilanz und einer der Information der Aktionäre und Gläubiger dienendes Bilanzierungssystem ersetzt werden.

[42] Bemerkenswert für die rechtlich abgesicherte Machtvollkommenheit der Unternehmensverwaltungen deutscher Publikumsgesellschaften ist auch der Umstand, dass nach der Rechtsprechung (BGH, JZ, 1995,S. 458 ff.) weder die am Unternehmenserfolg in Form der Überschussbeteiligung zumindest mit 90% beteiligten Versicherungskunden, noch die Aktionäre des Unternehmens das Recht haben, von ihrer Unternehmensverwaltung eine der wichtigsten wirtschaftlichen Kennziffern, die Höhe der „stillen Reserven" zu erfahren, § 131 Abs. 3, Nr.3 AktG. Dies bleibt für die Unternehmensfinanzierung nicht ohne schädliche Folgen: da den nicht kontrollierenden Aktionären mit dieser Vorschrift die Grundlage einer fundierten Beurteilung des Unternehmens entzogen wird, werden sie sich auf derartige Kapitalmärkte nicht oder nur gegen ausgleichende Risikoprämie begeben. Ohne eine Beseitigung dieser die Unternehmensverwaltungen vor Kontrolle schützenden Vorschriften erweisen sich Klagen über den zurückgebliebenen deutschen Kapitalmarkt als widersprüchlich, vgl. hierzu *Adams*, Stellungnahme zur Aktienrechtsreform 1997, Die Aktiengesellschaft, Die Aktienrechtsreform 1997, Sonderheft August 1997, S. 9 ff.; *Adams*, Stellungnahme zur Öffentlichen Anhörung des Wirtschaftsausschusses des Deutschen Bundestages am 4. Juni 1997 zum Thema „Stärkung des Kapitalmarktes Deutschland, Förderung des Aktiensparens und Verbesserung der Risikokapitalversorgung".

[43] Vgl. hierzu *Hueck*, in: *Baumbach/Hueck*, GmbHG, 16. Aufl., § 34 Rz. 20 ff. m.w.N.

Risikoversicherung noch nachvollziehbar ist, dass die Kunden es zulassen, dass ihre Versicherungsprämien mit dem Vermögen der Versicherungen vermischt werden, wenn aus demselben auch die Leistungen im Schadensfalle beglichen werden, ist dies bei einem Vertrag, bei dem die treuhänderische Vermögensverwaltung die entscheidende ökonomische Leistung darstellt, nicht mehr der Fall. Zivilisierte Rechtsordnungen sehen bei Vermögensverwaltung üblicherweise vor, dass der Kunde einen Anspruch auf eine vom Privatvermögen des Verwalters getrennte, auf seine Rechnung geführte Vermögensverwaltung mit Rechnungslegung besitzt. Dass die Kapitallebensversicherungen rechtlich nicht nach ihrem wirklichen Geschäftsgegenstand als Kapitalanlagegesellschaft, sondern nach dem völlig nebensächlichen Risikogeschäft als Versicherungen weitergeführt wurden, ist ein historischer Unfall, gegen den die Branche aus Eigennutz keine Einwände erhob. Durch Lobbyarbeit und kunstvoll erzeugten Wortqualm gefügiger Persönlichkeiten hat sie vielmehr dafür gesorgt, dass es bei diesem Missstand bis heute geblieben ist.

Der Versicherungsmathematiker *Wolfsdorf* von der Hamburg-Mannheimer Versicherungs-AG schreibt zur Kapitallebensversicherung, dass es charakteristisch für eine Personenversicherung wie die Kapitallebensversicherung sei, dass jeder Versicherungsnehmer für seine erwarteten Kosten aufkomme und daher auch jeder Versicherungsnehmer andererseits erwarte, dass er an dem von ihm erzeugten Gewinn beteiligt werde. Die „gerechte“ Verteilung des Überschusses sei daher die *„streng natürliche Überschussbeteiligung.“* Hierunter sei dasjenige Überschussbeteiligungssystem zu verstehen, das jeweils zum Ende eines Vierteljahres den Kontributionsgewinn dem Versicherungsnehmer gutschreibe. Eine „streng natürliche Überschussbeteiligung“ ist dann diejenige, die ein durchschnittlicher Kunde von seinem Versicherungsunternehmen erwartet und zugleich diejenige, die auch ein Jurist als korrekte treuhänderische Vermögensverwaltung bezeichnen würde. *Wolfsdorf* fährt dann fort, dass „streng natürliche Überschussbeteiligungssysteme“ auf dem deutschen Lebensversicherungsmarkt derzeit praktisch nicht vorhanden seien[44]. Stattdessen sind für den Kunden nicht nachvollziehbare, im völlig freien Ermessen der Versicherungen liegende, zu Manipulation und Vermögensverschiebung einladende Überschussbeteiligungssysteme vorherrschend[45].

---

[44] *Wolfsdorf*, Hamburg-Mannheimer Versicherungs-AG, Hamburg, Versicherungsmathematik, Teil 1 Personenversicherung, 1997, S. 262.

[45] Vgl. hierzu *Rückle*, in: *Lehmann/Kirchgesser/Rückle*, Versicherungsvertrag und Versicherungs-Treuhand, Ertragsbesteuerung, Überschussermittlung und -verwendung, 1997, Nomos, S.250 ff. m.w.N. Vgl. hierzu auch die Darstellung des Deutscher Herold-Falles oben Fn. 37 und die diesem Muster folgenden Umstrukturierungen in der Versicherungswirtschaft.

Der Bundesgerichtshof hat zu Recht festgestellt, dass die in den Allgemeinen Versicherungsbedingungen enthaltenen Regelungen für die Überschussbeteiligung einer richterlichen Kontrolle gemäß §§ 3,9 AGBG unterliegen[46]. Da es sich nach Meinung des Bundesgerichtshofs bei den Geschäftsplänen der einzelnen Versicherungsunternehmen um öffentlich-rechtlich charakterisierte Vorgänge handele[47], seien diese nicht nach den Grundsätzen des AGBG nachprüfbar[48]. Die Literatur hat diese Ansicht überzeugend zurückgewiesen[49]. Seit dem 27.7.1994 wird zudem der Überschuss ohne Beteiligung des Bundesaufsichtsamtes für das Versicherungswesen ermittelt. Die Entscheidung des Bundesgerichtshofs ist daher zumindest für das seit diesem Zeitpunkt abgeschlossene Neugeschäft nicht mehr einschlägig[50].

Da bereits ausführlich gezeigt wurde, dass die Regelungen der Überschussverteilung auf der Grundlage handelsrechtlicher Jahresabschlüsse für den Zweck

---

[46] BGH, BB, 1995, 424.

[47] BGH, BB, 1995, 424 f.

[48] Der Bundesgerichtshof begründete seine Ablehnung einer AGB-Kontrolle wie folgt: „Damit wendet sich die Revision nicht gegen die Verteilung des vom Beklagten verlangten Überschusses, sondern gegen die Feststellung des Überschusses selbst. Denn ob zu Lasten des Überschusses stille Reserven gebildet oder Beträge zu anderen Positionen anstatt zum Überschuss gerechnet werden, betrifft die der Verteilung vorangehende Feststellung des Überschusses. Da die Allgemeinen Versicherungsbedingungen und die Satzung keine Regelung darüber enthalten, wie der Überschuss festzustellen ist, kann insoweit auch keine AGB-Kontrolle stattfinden. Einer solchen Kontrolle fehlt der zu prüfende Gegenstand." Der Bundesgerichtshof hat durch diese Argumentation die die Kunden und das Versicherungsunternehmen einzig interessierende Frage nach der letztlichen Zuteilung der vermengt verwalteten Gelder auf Kunden und Unternehmen aufgespalten in einen geregelten und einen ungeregelten, bei einer AGB-Kontrolle unterschiedlichen Rechtsregeln folgenden Sachverhalt. Der Bundesgerichtshof reißt damit den einheitlichen Lebenssachverhalt, „was erhält der Kunde von seiner Versicherung ausgezahlt, was darf diese behalten", in zwei voneinander angeblich trennbare unabhängige Untereinheiten auseinander, nämlich die Feststellung der insgesamt zu zahlenden Summe und dessen Verteilung. Da jedoch erst beide Verfahren zusammen, das Kunden und Versicherungsunternehmen einzig interessierende Ergebnis, die Auszahlungshöhe, erzeugen, ist diese Aufspaltung durch den Bundesgerichtshof künstlich und nicht überzeugend. Interessieren sich beispielsweise zwei Parteien nur um die Auszahlung der einen Partei an die andere, die sich jedoch als das Ergebnis einer Multiplikation von a mal b ergibt, so hat der Bundesgerichtshof nur den einen Multiplikator a untersucht, diesen als untadelig bezeichnet, den anderen Multiplikator b jedoch als nicht prüfbar bezeichnet, so dass nun aufgrund Allgemeiner Geschäftsbedingungen die andere Partei hierfür jeden ihr gefälligen Wert einsetzen kann. Eine solche Aufspaltung eines wirtschaftlichen Vorgangs ist wirklichkeitsfremd. § 9 AGBG bleibt daher anwendbar.

[49] Vgl. *Baumann*, JZ, 1995, S. 448.

[50] Vgl. hierzu auch *Schwintowski*, Anleger- und objektgerechte Beratung in der Lebensversicherung, VuR, 1997, S. 83 (92). Angesichts laufender Verfassungsbeschwerden gegen das Urteil des BGH ist auch auf eine Korrektur für die vorhergehenden Verträge zu hoffen.

der Vermögensauseinandersetzung unbrauchbar sind, verbleibt nur festzustellen, dass die Verweisung in den Allgemeinen Lebensversicherungsbedingungen[51] oder in der Satzung auf den Geschäftsplan zur Regelung der Überschussbeteiligung als Verstoß gegen das Transparenzgebot[52] spätestens seit dem 27.7.1994 nach § 9 Abs. 1 AGBG unwirksam ist[53]. Anstelle der unbrauchbaren Buchwerte sind bei der Überschussverteilung damit die Verkehrswerte anzusetzen.

3. Unwirksamkeit der geringen Rückkaufswerte ohne Angabe der Stornoquote als Verstoß gegen § 9 Abs. 1 AGBG

Viele Kunden bitten vor Vertragsschluss ihren späteren Versicherer um eine Beispielrechnung. Auf dieser Beispielrechnung werden den Kunden einige der möglichen Renditen, üblicherweise aber auch die geringe Höhe der Rückkaufswerte vor Augen geführt. Diese Sachlage ist dennoch nicht befriedigend, da die Kunden über ihr vom Versicherer aufgrund seiner hohen Vertragsabschluß-

---

[51] So lautet etwa § 17 der für die Kunden in einem Frage und Antwortspiel dargelegten Überschussbeteiligung der Alte Leipziger Lebensversicherungsgesellschaft AG: „Die Überschussermittlung erfolgt nach den Vorschriften des Versicherungsaufsichtsgesetzes und des Handelsgesetzbuches und den dazu erlassenen Rechtsverordnungen." Der wortgleiche Text findet sich auch in § 22 (1) der Versicherungsbedingungen der Aachen-Münchener Versicherungen AG aus dem Jahre 1997.
Die wahre wirtschaftliche Bedeutung dieser „Kundenerläuterungen" dürfte sich nicht einmal einem durchschnittlichen Volljuristen oder Betriebswirt, geschweige denn einem durchschnittlichen Kunden erschließen. Allein der Umstand, dass die Geschäftszweige nicht getrennt dargelegt werden sowie die Unterlassung einer eindeutigen unmissverständlichen Darlegung, dass das Anlagekapital der Kunden mit dem Vermögen der Versicherungsunternehmen vermischt wird, ist schon ein hinreichender Grund für die Nichtigkeit dieser Klauseln und - wie später dargelegt - für eine Schadensersatzhaftung nach der bürgerlichrechtlichen Prospekthaftung. Derartige Klauseln als hinreichende Kundeninformationen nach § 10a VAG zu verstehen, kann nicht ernstlich gemeint sein.

[52] Vgl. zum Transparenzgebot BGHZ, 104, S. 92; 106, S. 47; 115, S. 185; *Köndgen*, Grund und Grenzen des Transparenzgebots im AGB-Recht, NJW, 1989, S. 943 ff. Fehlende Transparenz löst bei Wettbewerb der Anbieter einen Wettlauf zu den schlechtest möglichen Konditionen für die Marktgegenseite aus, *Adams*, Ökonomische Analyse des Gesetzes zur Regelung des Rechts der Allgemeinen Geschäftsbedingungen, in: *M. Neumann* (Hrsg.) Ansprüche, Eigentums- und Verfügungsrechte, Schriften des Vereins für Socialpolitik, Band 140, 1984, S. 655 ff.; *Adams*, Ökonomische Begründung des AGB-Gesetzes - Verträge bei asymmetrischer Information, BB, 1989, S. 781 ff. Transparenz ist jedoch lediglich nur eine Voraussetzung einer vernünftigen Entscheidung. Will man prüfen, ob der gesamte Vertrag eine „unangemessene Benachteiligung" einer Vertragspartei enthält, muss man auf den Grundsatz des „vollständigen Vertrages" zurückgreifen, *Adams*, Offenbarungspflichten im Vertragsrecht", AcP, 1986, S. 453 ff.

[53] Vgl. hierzu bereits überzeugend *Basedow*, Die Kapitallebensversicherung als partiarisches Rechtsverhältnis - Eine zivilistische Konstruktion der Überschussbeteiligung, ZVersWiss, 1992, S. 419 ff.

kosten herbeigeführtes Geschäftsrisiko solange unaufgeklärt bleiben, bis ihnen auch die durchschnittlichen, branchen- oder unternehmensüblichen *Stornoquoten* bekannt gegeben werden. Wie dargelegt, liegen die durchschnittlichen Stornoraten der Versicherungsbranche zwischen 35% und 75% aller Verträge. Es handelt sich hierbei um eine wirtschaftsweit ungewöhnlich hohe Zahl von scheiternden Investitionen. Bemerkenswert ist zudem, dass die Versicherungsunternehmen aufgrund der Zillmerung und der Provisionsstruktur zu einem Abschluss mit hohen Beitragssummen und damit zu für die Kunden insbesondere bei Notlagen kaum durchhaltbaren Verträgen anreizen. Durch einen ausgedehnteren Stornoregress seitens der Versicherungsunternehmen gegen ihren Vertrieb könnte die Zahl der stornierenden Kunden aufgrund besserer Kundenberatung und damit realistischerer Beiträge deutlich gesenkt werden. Bisher haben jedoch weder der provisionshungrige Vertriebsaußendienst noch die Versicherungsunternehmen ein Interesse an einer deutlich geringeren Zahl enttäuschter und geschädigter Kunden, führen die geringen Rückkaufswerte doch zu mehrstelligen Milliardengewinnen für das Versicherungsunternehmen.

Die Versicherungskunden kennen das hohe Risiko ihres Scheiterns und damit das extreme Risiko ihres Kapitallebensversicherungsvertrages nicht. Der ungewöhnliche Umfang ihres Scheiterns zusammen mit den dann zu tragenden Verlusten zeigt dies deutlich an. Die Hinnahme der negativen Durchschnittsrendite und die Barwertverluste der Kunden sind nur auf der Grundlage von enttäuschten Erwartungen zu erklären. Die Versicherungskunden werden daher selbst im Falle einer Offenbarung ihrer Rückkaufswertverluste dadurch übertölpelt, dass sie über deren ungewöhnlich hohe Wahrscheinlichkeit im Unklaren gelassen werden. Damit sind die in den Allgemeinen Versicherungsbedingungen angegebenen Rückkaufswerte ohne gleichzeitige Angabe der durchschnittlichen Stornowahrscheinlichkeit eine Vertragsklausel, die gegen das Transparenzgebot verstößt und nach § 9 AGBG unwirksam ist. Die gegenwärtige Praxis der Rückkaufwerte stellt zudem - wie weiter unten gezeigt werden wird - eine schadensersatzpflichtige Verletzung der anleger- und objektgerechten Beratung dar.

4. Unwirksamkeit der Zillmerung gemäß § 9 Abs. 1 AGBG

Ein im Vergleich zu den Praktiken bei Kreditinstituten bemerkenswerter Missstand bei Versicherungen ist die sog. „Zillmerung“[54]. So hat das Versicherungsunternehmen - wie andere Unternehmen auch - bei Abschluss eines Vertrages an

[54] Der Begriff stammt von dem Versicherungsmathematiker *Zillmer*, dem 1863 die mathematische Erfassung dieses Vorgangs zu danken ist und sich für den Spargeld einzahlenden Kunden zu Beginn seines Vertrages in negativen Kontoständen ausdrückt, vgl. hierzu *Wolfsdorf* von der Hamburg-Mannheimer Versicherungs-AG, Hamburg, Versicherungsmathematik, Teil 1, Personenversicherung, 1997, S. 178.

den Außendienst Provisionen zu zahlen und eigene Vertragsabschlußkosten. Diese Abschlusskosten werden von allen Versicherungsunternehmen in die Prämien einberechnet und vom Kunden über die Versicherungsdauer hin bezahlt. Angesichts der hohen Abschlusskosten und Stornoquoten stößt dieses Verfahren auf Schwierigkeiten. Bei der „Zillmerung" löst das Versicherungsunternehmen diese Problematik dergestalt, dass es das Konto des Kunden nach Abschluss des Vertrages nicht mit null beginnen lässt, sondern diesem einen hohen[55] Schuldbetrag als „negatives Guthaben" einbucht. Zur Berechnung der für den Kunden zu bildenden Deckungsrückstellung wird nun nicht mehr der Nettobeitrag, sondern der Zillmerbeitrag verwendet. Diese wird daher „gezillmerte Deckungsrückstellung" genannt[56].

Würde diese eigenartige Praxis auch von Kreditinstituten geübt, würden die Banken ihrem Kunden bei einem Sparplan über 30 Jahre zunächst als erste Maßnahme Abschlusskosten für 30 Jahre im voraus vom Sparkonto abbuchen, so dass dieses bis zur Tilgung der Bankgebühren jahrelang einen Negativsaldo und damit auch keine Verzinsung aufweisen würde. Es versteht sich, dass dies die Kunden im höchsten Maße verblüffen würde und die Rechtsprechung wohl ohne Umschweife einer derartigen AGB-Klausel aufgrund fehlender Transparenz[57] die Wirksamkeit gemäß § 9 Abs.1, 3 AGBG absprechen würde[58].

Was für die Verträge mit Kreditinstituten gelten würde, muss im Lichte von Art. 3 GG bei gleichem Inhalt auch für Versicherungsverträge gelten. Die in den Allgemeinen Versicherungsbedingungen[59] der betroffenen Versicherungsunter-

---

[55] So betragen die von den Versicherungsunternehmen üblicherweise gezahlten Provisionen zwischen 4 bis 4,5 Prozent der Beitragssumme: in unserem Beispiel mit 30 Jahren Laufzeit und 1200.- DM Prämie für einen 30jährigen Mann, errechnet sich die Beitragssumme als Jahresprämie multipliziert mit der Vertragslaufzeit: 1200*30 = 36 000. Hiervon werden allein für die Vertriebsprovision 1360.- DM (= 4% von 36 000) und damit mehr als eine Jahresprämie des Kunden verbraucht und dem Kunden als negatives Guthaben zugerechnet. Das Bundesaufsichtsamt für das Versicherungswesen lässt eine Zillmerung bis zu 4% zu, *Wolfsdorf,* a.a.O. S. 182.

[56] *Wolfsdorf* von der Hamburg-Mannheimer Versicherungs-AG, Hamburg, Versicherungsmathematik, Teil 1, Personenversicherung, 1997, S. 179.

[57] BGHZ, 84, S. 113; 100, S. 85; 90, S. 577.

[58] Es ist verständlich, dass die Kapitallebensversicherungen die Offenbarung dieser Praktik scheuen, da die ungewöhnliche Höhe der Abschlussprovisionen dem Kunden die Frage nach deren Grund und damit nach der effektiven Verzinsung des Vertrages nahe legen würde. Zur vollständigen Offenlegung der Kostenstruktur hat sich nach Wissen des Verfassers bisher nur ein deutsches Tochterunternehmen eines skandinavischen Versicherers entschlossen.

[59] So lautet etwa § 19 der Versicherungsbedingungen für Lebensversicherungen der Aachen-Münchener Versicherung AG: „Die mit dem Abschluss Ihrer Versicherung verbundenen und auf Sie entfallenden Kosten, etwa die Kosten für Beratung, Anforderung von Gesundheitsauskünften, Prüfung des Risikos und Ausstellung des Versicherungsscheines (Abschlusskosten), werden Ihnen nicht gesondert in Rechnung gestellt. Auf den Teil dieser Kosten, der bei

nehmen vorgesehene Zillmerung ist daher gemäß § 9 Abs. 1 AGBG nichtig, so dass den Kunden lediglich die übliche periodengerechte Zug-um-Zug Leistungsverpflichtung trifft.

5. Haftung der Kapitallebensversicherung und ihrer Vermittler aus fehlerhafter Anlageberatung und bürgerlichrechtlicher Prospekthaftung

Die wirtschaftlich völlig im Vordergrund stehende Leistung einer Kapitallebensversicherung ist die Vermögensverwaltung der von den Kunden eingezahlten Spargelder[60]. Ökonomisch hat die Vermögensverwaltung zwar nichts mit der Organisation der Risikoversicherung zu tun, hat sich in Deutschland jedoch aufgrund aggressiven Vertriebs und der Betonung von Steuervorteilen eingebürgert. Risikogeschäft und Vermögensanlage sind jedoch sowohl wirtschaftlich als auch rechtlich ohne Schwierigkeiten getrennt zu bewerten, werden doch beide Leistungen entbündelt als Risikolebensversicherung und als Vermögensverwaltung angeboten.

---

der Berechnung der Deckungsrückstellung*) angesetzt wird, verrechnen wir nach einem aufsichtsrechtlich geregelten Verfahren Ihre ab Versicherungsbeginn eingehenden ersten Beiträge, soweit diese nicht für Versicherungsleistungen und Verwaltungskosten vorgesehen sind. Deshalb kann bei Versicherungen gegen laufende Beitragszahlung ein Rückkaufswert gemäß § 7 frühestens ab dem 2. Versicherungsjahr garantiert werden. Soweit Abschlusskosten nicht gemäß Absatz 1 verrechnet werden können, mindern sie im betreffenden Geschäftsjahr die für die Überschussbeteiligung der Versicherungsnehmer zurückzustellenden Beträge; die gemäß § 81c VAG und der dazu erlassenen Rechtsverordnung geltende Mindestzuführung zur Überschussbeteiligung bleibt unberührt (vgl. § 22 Abs.2)." Die Bedeutung dieser Formulierung wird dem durchschnittlichen Kunden dunkel bleiben. Auch wenn hier Abschlusskosten erwähnt werden, wie etwa die Ausstellung einer Police, wird dem Kunden doch keineswegs klar, welche außerordentliche *Höhe* diese Kosten haben. Die Erwähnung der Ausstellungskosten der Police legt vielmehr nicht nennenswerte Beträge nahe.

[60] In den typischen Kapitallebensversicherungsverträgen werden lediglich rund 20% der vom Kunden eingezahlten Prämie als Entgelt für das Risikogeschäft verbraucht, 80% sind somit die Hereinnahme von Kundengeldern zwecks Vermögensanlage, vgl. hierzu das dem durchschnittlichen Vertrag nachgebildete Standardbeispiel oben. Der Charakter der Kapitalanlage steigt aufgrund der fallenden Versicherungssumme im Zeitablauf noch weiter an. Der von der Versicherungswirtschaft unermüdlich in den Vordergrund geschobene feste rechnungsmäßige Zins von zur Zeit 4% ist für die wirtschaftliche und rechtliche Klassifikation des Sparvorganges ohne jede Bedeutung, da eine feste Zinsvereinbarung weder ein Kreditinstitut noch etwa einen zu einem Festzins abschließenden Kunden zum Versicherer macht. Durch Hedging lassen sich auch die finanziellen Ergebnisse aus Anlagen an volatilen Kapitalmärkten nach unten hin absichern und damit ein fester Mindestzins erzeugen. Es wäre eine eher bizarre Idee, einen Investmentfonds mit einer derartigen Hedgingstrategie, der damit seinen Kunden eine feste Mindestverzinsung garantiert, auf dieser Grundlage als Versicherung anzusehen. Vgl. zu den Hedgingstrategien *Mason/Merton/Perold/Tufano*, Cases in Financial Engineering, Applied Studies of Financial Innovation, 1995, S. 765 ff.; *Brealey/Myers*, Principles of Corporate Finance, 1996, 5.Aufl., S. 707 ff. m.w.N.

Soweit Kapitallebensversicherungen Vermögensverwaltung für ihre Kunden betreiben, müssen sie aus Gründen des Kundenschutzes und der Gleichbehandlung nach Art. 3 GG auch den dafür geltenden Regelungen unterliegen[61]. Da das bei einer Kapitallebensversicherung völlig nebensächliche Risikolebensgeschäft hier nicht den Untersuchungsgegenstand darstellt, ist lediglich für die Vermögensverwaltung der Kapitallebensversicherer die Frage zu erörtern, ob diese den allgemeinen rechtlichen Anforderungen an Anlageberatung und Anlagevermittlung genügt und in welchem Umfang sie der bürgerlichrechtlichen Prospekthaftung für den Bereich der Überschussbeteiligung, der Zillmerung und der geringen Rückkaufswerte unterliegt.

a) Haftung aus fehlerhafter Anlageberatung und Anlagevermittlung für den Bereich der Überschussbeteiligung, Zillmerung und Rückkauf

Die Verpflichtung zur langfristigen Vermögensanlage in eine Kapitallebensversicherung ist für den üblichen Kunden eine ungewöhnlich bedeutsame Entscheidung, soll sie doch vielfach die Grundlage seiner Altersversorgung bilden. Nach ständiger Rechtsprechung[62] kommt ein stillschweigend abgeschlossener Beratungs- und Auskunftsvertrag dann zustande, wenn die Auskunft für den Kunden von erheblicher Bedeutung ist und ihm als Grundlage einer Vermögensentscheidung dient und sich der Auskunftsgeber als sachkundig bezeichnet oder ein eigenes wirtschaftliches Interesse aufweist[63].

Als Grundlage der Entscheidungen dienen dem Kunden die ihm in verschiedenster Form vermittelten Anlagenformationen der wirtschaftlich am Vertragsabschluß interessierten Personen. Diese als Prospekte bezeichneten Publikationen umfassen jegliches marktbezogene Werbematerial einschließlich Anzeigen in Magazinen und Tageszeitungen[64] soweit es entscheidungsrelevante Angaben für die Vermögensanlage enthält oder den Eindruck eines solchen Inhalts erweckt[65].

Jedem Anlageberater obliegt zunächst eine umfassende Informationspflicht seines möglichen Vertragspartners. Dem Kunden müssen alle für die Entscheidung wesentlichen Informationen richtig und vollständig mitgeteilt werden. Zudem muss das dem Kunden angebotene Investitionsobjekt unter Berücksichtigung der

---

[61] Ebenso *Schwintowski*, Anleger- und objektgerechte Beratung in der Lebensversicherung, VuR, 1997, S. 83 (88), der die §§ 31,32 WpHG als Ausdruck eines übergreifenden und allgemeinen Anlegerschutzkonzeptes mit seiner Wurzel in § 675 BGB ansieht.

[62] BGHZ, 74, S. 103; BGH, ZIP, 1989, S. 1532; BGH, ZIP, 1993, S. 997.

[63] *Assmann/Schütze*, Hdb. Kapitalanlage/*Heymann*, § 5, Rz.11.

[64] *Assmann/Schütze*, Hdb. Kapitalanlage/*Heymann*, § 5, Rz.57 mit Hinweis auf OLG Frankfurt 1982.

[65] *Assmann/Schütze*, Hdb. Kapitalanlage/*Heymann*, § 5, Rz.57 f.; BT-Drucks. 10/318, S. 23.

persönlichen Anlageziele und der persönlichen Risikobereitschaft fachkundig dargelegt und in seinen Risiken bewertet werden[66]. Zu den vom Berater in der Person des Anlegers zu berücksichtigenden Umständen gehören der Wissensstand über Anlagegeschäfte der vorgeschlagenen Art und dessen Risikobereitschaft[67]. In Bezug auf das Anlageobjekt muss sich die Beratung auf die wichtigen Produkteigenschaften und dessen wesentliche Risiken beziehen[68].

Soweit eine Kapitallebensversicherung über einen Vermittler abgeschlossen wird, ist auch dieser zu richtiger und vollständiger Beratung verpflichtet[69]. Dabei genügt der Vermittler seinen Aufklärungspflichten nicht schon dadurch, dass er dem Kunden schriftliche Unterlagen überlässt, aus denen dieser sich dann selbst ein Bild machen muss. Der Kunde muss die Unterlagen vielmehr erschöpfend in allen wichtigen Einzelheiten erläutert bekommen[70]. Sind die Unterlagen widersprüchlich oder falsch, muss der Anlagevermittler die Widersprüche aufdecken und erklären und falsche Angaben ausdrücklich richtig stellen[71]. Soweit einem Anlagevermittler oder Anlageberater nicht die erforderlichen Unterlagen zur Verfügung stehen, muss er sich diese beschaffen[72].

Auch das Unterlassen gebotener Information des Kunden kann eine Schlechterfüllung des Beratungsvertrages sein[73]. So müssen dem Kunden alle Umstände offenbart werden, die notwendig sind, um das Risiko und die Tragweite seiner Entscheidung vernünftig beurteilen zu können[74].

Im Bereich der Kapitallebensversicherungsverträge sind diese allgemein geltenden Grundsätze noch durch die gemäß § 10a VAG i.V.m. Anlage D zum VAG den Kunden vor Abschluss eines Vertrages schriftlich zur Kenntnis zu bringenden Verbraucherinformationen konkretisiert worden. Die Kapitallebensversicherer müssen eindeutig, verständlich und übersichtlich ihre Kunden vor Vertragsabschluß über die für die Überschussermittlung und -beteiligung geltenden

---

[66] *Assmann/Schütze*, Hdb. Kapitalanlage/*Heymann*, § 5, Rz.19 ff.; BGH, BB, 1982, S. 329.

[67] BGH, ZIP, 1982, S. 169, vgl. dazu *Schäfer*, Haftung für fehlerhafte Anlageberatung und Vermögensverwaltung, 1995, 2. Aufl., S. 87 ff. Vgl. auch die Darlegung der vergleichsweise vorbildlichen Aufklärung und Beratung beim Abschluss von Kapitallebensversicherungen in Großbritannien bei *Schwintowski*, Anleger- und objektgerechte Beratung in der Lebensversicherung, VuR, 1997, S. 83 (89).

[68] BGH, WM, 1987, S. 531; BGH, ZIP, 1993, S. 148.

[69] Zwischen Anlageberatung und Anlagevermittlung bestehen für die Frage nach der Haftung keine Unterschiede, vgl. *Schwintowski*, Anleger- und objektgerechte Beratung in der Lebensversicherung, VuR, 1997, S. 83; *Assmann/Schütze*, Hdb. Kapitalanlage/*Heymann*, § 5, Rz. 22. Auch in den §§ 31 ff. WpHG wird nicht zwischen beiden Formen unterschieden.

[70] *Assmann/Schütze*, Hdb. Kapitalanlage/*Heymann*, § 5, Rz. 24.

[71] BGH, ZIP, 1983, S. 433.

[72] BGHZ, 74, S. 103.

[73] BGHZ, 72, S. 382; BGH, ZIP, 1988, S. 316.

[74] BGH, WM, 1973, S. 164.

Rechnungslegungsgrundsätze kundig machen. Des Weiteren müssen sie die Kunden über die Rückkaufswerte und das Ausmaß der Garantieleistungen aufklären. Da ein Versicherungsvertrag auch dann zustande kommt, wenn das Versicherungsunternehmen die Verbraucherinformationen nicht oder nicht vollständig erbringt, § 5a Abs. 1 VVG, mag sich manches Versicherungsunternehmen der Versuchung ausgesetzt sehen, auf eine derartige vollständige, vielleicht geschäftsschädigende Verbraucherinformation zu verzichten. Es versteht sich jedoch, dass jeder Kunde einer Kapitallebensversicherung über die besondere Eigenartigkeit der Überschussbeteiligung auf der Grundlage handelsrechtlicher Rechnungslegung aufgeklärt werden muss. Ihm muss die Bedeutung der stillen Reserven und ihre Gefährdung durch Bestandsübertragungen an Fallbeispielen klar gemacht werden. Ohne eine derartige Aufklärung ist die Rentabilität der Kapitallebensversicherung nicht sinnvoll zu beurteilen. Wird diese Aufklärung unterlassen oder bleibt sie hinter der vorgeschriebenen Verbraucherinformation zurück, ist eine Schadensersatzhaftung des Versicherers und seiner Helfer wegen Verletzung der Beratungspflichten unvermeidlich.

Des Weiteren erweist sich eine Aufklärung der Kunden über die Eigenart der Zillmerung und die damit verbundene negative Ersparnis mit Zinsverlusten für die Kunden trotz deren vertragsgemäßer Prämieneinzahlungen zur Abwehr von Schadensersatzverpflichtungen als erforderlich.

Wie die Beispielrechnungen gezeigt haben, sind für die Rentabilität und das ungewöhnlich hohe Risiko einer Kapitallebensversicherung die Gefahr einer vorzeitigen Vertragsbeendigung und die damit verbundenen niedrigen Rückkaufswerte von entscheidender Bedeutung. Um das Risiko eines derartigen Verlustes sinnvoll beurteilen zu können, müssen den Kunden die Rückkaufswerte und die Höhe ihrer Wahrscheinlichkeit unaufgefordert und ausdrücklich klar vor Augen geführt werden. Eine solch nachdrückliche Aufklärung ist insbesondere aufgrund der von der Versicherungswirtschaft in den Vordergrund geschobenen angeblichen Sicherheit der Anlage unverzichtbar. Hiergegen kann auch nicht eingewandt werden, der Rückkauf liege in der Sphäre des Kunden und ohne dessen Wunsch nach vorzeitiger Vertragsbeendigung käme es nicht zu seiner Schädigung. Der Umstand, dass knapp die Hälfte aller Kunden einen Vertrag nicht durchhält, zeigt, dass es sich nicht lediglich um vereinzelte, an einer subjektiven Willensschwäche zum Sparen leidende Kunden handelt, sondern um eine rund die Hälfte eines Marktes ausmachende Kundenschar, die in diese für sie ungewöhnlich nachteilige Lage nur kommen konnte, weil sie hierauf bei ihrer Anlageentscheidung nicht hinreichend deutlich hingewiesen worden ist oder ihr aus Provisionshungergründen von einem die Abbruchrisiken stark erhöhenden Vertrag mit hoher Beitragssumme nicht abgeraten wurde. Die Größenordnung des Marktversagens beweist das Versagen der Entscheidungsbildung der Kunden, auf die die Versicherungsvertreter oder Versicherungsvermittler den geschuldeten, beratend korrigierenden Einfluss nicht ausgeübt haben. Eine Anlage wie die Kapitallebensversicherung, die vornehmlich der Altersvorsorge dient, kann nicht als „anlegergerecht" verkauft gelten, wenn nahezu die Hälfte der Kunden mit ganz erheblichen Verlusten den Vertrag aufgibt[75]. Die üblichen hohen Stornoquoten indizieren damit die branchenweite Verletzung der anleger- und objektgerechten Beratungspflicht.

Es ist somit festzuhalten, dass das Unterlassen der Aufklärung von Kapitallebensversicherungskunden über die genauen Eigenarten der Überschussbeteiligung, die Zillmerung und die Rückkaufswerte samt ihrer Eintrittswahrscheinlichkeit eine zum Schadensersatz verpflichtende Schlechtberatung des Versicherungsvertreters oder Versicherungsvermittlers darstellt.

Soweit der Kunde bei der Kapitallebensversicherung dadurch geschädigt worden ist, dass er auf die Richtigkeit und Vollständigkeit der Angaben vertraut hat, kann er verlangen, so gestellt zu werden, wie er ohne Zustandekommen des Vertrages stehen würde[76]. Dabei kann der Anleger auch den Schaden geltend machen, der ihm durch das Nichtabschließen einer günstigen Investition entstanden ist[77]. Für einen üblichen Standardvertrag bedeutet dies, dass der nicht aufgeklärte Kunde auf die von ihm erzielte Nettoprämie als Nachzahlung die Differenz zur durchschnittlichen Rendite einer besonders sicheren Investition, wie sie Staatsanleihen darstellen, verlangen kann[78].

b) Prospekthaftung der Kapitallebensversicherungen für den Bereich der Überschussbeteiligung, Zillmerung und Rückkaufswerte

Das Gesetz sieht für Versicherungsunternehmen keine spezialgesetzliche Prospekthaftung[79] vor. Es greifen daher die Regelungen der bürgerlichrechtlichen Prospekthaftung. Der Bundesgerichtshof hat in mehreren Entscheidungen deutlich gemacht, dass die Grundsätze der bürgerlichrechtlichen Prospekthaftung auch auf Prospekte Anwendung finden, mit denen zum Erwerb von Aktien außerhalb der geregelten Aktienmärkte[80] oder zur Beteiligung an Bauherrenmodel-

---

[75] Angesichts der hohen Stornoquote wäre bei Möglichkeit einer unmittelbaren Anwendung des § 32 Abs.1 Nr. 1 WpHG auf die Kapitallebensversicherung deren Empfehlung verboten.
[76] Vgl. zum Umfang der Haftung *Assmann/Schütze*, Hdb. Kapitalanlage/*Heymann*, § 5, Rz. 127 ff.
[77] BGH, BB, 1969, S. 696; BGH, ZIP, 1988, S. 505; BGH, ZIP, 1992, S. 324.
[78] Es handelt sich hier um eine für die Versicherer günstige, das höhere Risiko der Kapitallebensversicherung ausblendende Schadensersatzregelung. Soweit der Kunde Steuervorteile im Vergleich zum einfachen Rentenpapiererwerb hatte, sind diese zu berücksichtigen, vgl. *Assmann/Schütze*, Hdb. Kapitalanlage/*Heymann*, § 5, Rz. 153.
[79] Vgl. hierzu grundlegend *Assmann*, Prospekthaftung, 1985.
[80] BGH, WM, 1993, S. 1787; BGH, NJW, 1995, S. 1025.

len[81] geworben wurde. *Assmann*[82] vertritt daher die Ansicht, dass der Bundesgerichtshof die Regeln der bürgerlichrechtlichen Prospekthaftung auf den Vertrieb einer jeglichen Anlageform anzuwenden bereit ist, die nicht bereits einer gesetzlichen Prospekthaftung unterliegt und in denen der Prospekt die wichtigste Informationsquelle ist, die den Anleger in die Lage versetzen soll, die Anlage richtig zu beurteilen und sein Risiko richtig einzuschätzen. Es besteht nun wenig Zweifel, dass die Beratung durch einen Versicherungsvertreter und die von ihm dargelegten oder angeforderten Beispielrechnungen sowie die sonstigen für den Kunden bereitgehaltenen Prospekte und Kundeninformationen im rechtlichen Sinne „Prospekte" darstellen.

Der Prospekthaftung unterliegen zunächst alle diejenigen, die den Prospekt herausgeben oder für die Prospekterstellung verantwortlich sind sowie die maßgeblichen Hintermänner[83]. Dies sind zunächst ohne Zweifel die Versicherer. Der Prospekthaftung im weiteren Sinne unterfallen als „Emissionshelfer" zusätzlich alle, die auf vertraglicher Grundlage oder aufgrund in Anspruch genommenen Vertrauens einer Aufklärungspflicht unterliegen und die sich des Prospektes bedienen und ihn sich inhaltlich zu Eigen machen[84]. Dies sind alle mit dem Vertrieb einer Kapitalanlage befassten Anlagevermittler, Anlageberater, Vertriebsgesellschaften, anlagevermittelnden Kreditinstitute und Makler[85]. Aus der Angewiesenheit der Anleger und der zumindest vorgegebenen Sachkunde der Vermittler und deren Nachforschungsmöglichkeiten bei eigenem Provisionsinteresse leitet die Rechtsprechung bereits aus der Erteilung von Auskünften „einen Vorgang ab, der die volle vertragliche Haftung des Auskunftsgebers nach sich zieht"[86], sofern für den Vermittler erkennbar eine wesentliche Entscheidung des Kunden von seiner Auskunft abhängt[87]. Der Prospekthaftung unterliegen damit alle mit dem Vertrieb der Kapitallebensversicherung befassten Personen: vom Strukturvertrieb bis hin zum Kreditinstitut, das in seinen Räumen mit Hilfe von Prospekten den Abschluss von Versicherungen anbahnt[88].

Die Haftung der Emissionshelfer wird von der Rechtsprechung nicht nur auf die Schlechterfüllung eines stillschweigend geschlossenen Auskunfts-, Beratungs- oder Vermittlungsvertrages gestützt, sondern auch auf culpa in contrahendo[89],

---

[81] BGHZ, 111, S. 314; BGH, WM, 1991, S. 13.
[82] *Assmann/Schütze*, Hdb. Kapitalanlage/*Assmann*, § 7, Rz. 97.
[83] BGHZ, 79, S. 337; BGHZ, 115, S. 214; BGH, NJW, 1995, S. 1025; BGHZ, 72, S. 382; BGH, WM, 1994, S. 1371.
[84] BGHZ, 74, S. 103; *Assmann/Schütze*, Hdb. Kapitalanlage/*Assmann*, § 7, Rz 100.
[85] *Assmann/Schütze*, Hdb. Kapitalanlage/*Assmann*, § 7, Rz. 124 m.w.N.
[86] BGHZ, 74, S. 103, 107.
[87] *Assmann/Schütze*, Hdb. Kapitalanlage/*Assmann*, § 7, Rz. 125 m.w.N.
[88] Vgl. hierzu BGH, WM, 1993, S. 1455 f.
[89] BGHZ, 74, S. 103, 107; *Assmann/Schütze*, Hdb. Kapitalanlage/*Heymann*, § 5, Rz. 13 f.

wenn der Emissionshelfer als Vertreter oder Sachwalter persönliches Vertrauen in Anspruch genommen hat. Hat er sich hierbei der Hilfe eigener oder fremder Prospekte bedient, haftet er auch auf deren Richtigkeit und Vollständigkeit[90]. Auch von dieser Haftungsgrundlage werden Kapitallebensversicherung und deren Vertriebskanäle somit ausnahmslos und vollständig erfasst.

Es bedarf nur kurzer Erwähnung, dass die gegenwärtige Praxis der Erläuterung der Überschussbeteiligung mit den Manipulationsmöglichkeiten der Bilanzwahlrechte, die Darstellung der Gefahren der Bildung stiller Reserven und ihrer Verschiebung im Wege von Bestandsübertragungen, der Nachteile der Zillmerung und der geringen Rückkaufswerte und ihrer Eintrittswahrscheinlichkeit in den Prospekten der Kapitallebensversicherungen als unvollständig und für eine richtige Entscheidung der Kunden gänzlich ungeeignet anzusehen ist. Die Kapitallebensversicherung und ihre Helfer haften daher auch nach den Grundsätzen der bürgerlichrechtlichen Prospekthaftung auf Schadensersatz für die gegenwärtige, den Kunden nachteilige Praxis der Überschussbeteiligung, Zillmerung und niedrigen Rückkaufswerte.

V. Schlussbemerkung

Während sich die auf die Versicherung von Risiken beschränkende Lebensversicherung als unverzichtbarer und ungewöhnlich nützlicher Vertragstyp darstellt, erweist sich die Kapitallebensversicherung für ihre Kunden als ein risikoreiches und unrentables Geschäft. Auch aus volkswirtschaftlicher Sicht stellen Kapitallebensversicherungen eine Vernichtung von Sparkapital in erstaunlicher Größenordnung dar. Die Zulassung der Verwendung handelsrechtlicher Rechnungsabschlüsse und die Genehmigung von Bestandsübertragungen auf deren Grundlage liefert das Sparvermögen der Kunden weitgehend schutzlos den Versicherungsverwaltungen aus. Die Verbreitung der Kapitallebensversicherung trotz ihrer Mängel beruht auf der Undurchsichtigkeit ihrer Struktur und der sie beherrschenden Regelungen, die es dem durchschnittlichen Kunden nicht gestattet, die Rendite seiner Anlageentscheidung richtig abzuschätzen. Dies führt bei der Überschussbeteiligung, der Zillmerung und den niedrigen Rückkaufswerten zu einem Marktversagen infolge asymmetrischer Information, dem durch das AGB-rechtliche Transparenzgebot, die bürgerlichrechtliche Prospekthaftung und die Haftung für Beratungsfehler rechtlich ein Ende bereitet ist.

---

[90] BGHZ, 56, S. 81, 83ff; 70, S. 337; BGH, WM, 1978, S. 611; BGH, WM, 1984, S. 1075.

Teil 8: Glücksspiele

Fair Play!

„Diese Ungewissheit ist schrecklich. Ich hoffe, sie hält länger an."

Oskar Wilde

Es ist ein durchgängiger und wohlbegründeter Grundsatz der Rechts- und Wirtschaftsordnung, dass Verträge nur dann für beide Seiten einen Vorteil darstellen, wenn auch beide Seiten den wesentlichen Inhalt des Vertrages zur Kenntnis nehmen und verstehen können. Spiel-, Wett- und Lotterieverträge sind teilweise aufgrund ihrer Technik, teilweise aufgrund ihrer schwierigen mathematischen Struktur für durchschnittliche Spieler im Hinblick auf die jeweiligen Gewinn- und Verlustwahrscheinlichkeiten nicht zu durchschauen[1]. Die Werbung für Lotteriespiele schiebt zudem stets die Höhe der Gewinne in den Vordergrund, ohne die damit verbundene Absenkung ihrer Wahrscheinlichkeit zu erwähnen[2]. Hierdurch soll bei den möglichen Kunden eine asymmetrische Wahrnehmung von Gewinnhöhe und Verlustchancen der angebotenen Spiele und Lotterien erreicht werden[3]. Im Ergebnis werden viele Spieler zu Verträgen veranlasst, die sie bei Kenntnis der Sachlage nicht abgeschlossen hätten.

Zugleich wird durch die Intransparenz der Gewinn- und Verlustchancen auf dem Lotterie- und Spielmarkt der Wettbewerb der Anbieter gestört, da die möglichen Spieler mangels Kenntnis der angebotenen Gewinn- und Verlustchancen nicht die Qualität der Anbieter unterscheiden können. Die Bedeutung dieses Markt-

---

Erstveröffentlichung: *M. Adams*, „Fair Play", Zeitschrift für Rechtspolitik 1997, S. 314 f. Der Aufsatz wurde geringfügig gekürzt und sprachlich geglättet.

[1] Empirische Untersuchungen haben nachgewiesen, dass viele Lotteriespieler glauben, sie könnten ihre Gewinnchancen verbessern, indem sie auf Zahlen setzen, die in vorhergehenden Lotterien gewonnen haben, oder indem sie die Wahl ihrer Zahlen von ihren Träumen oder vom Stand der Sterne abhängig machen. Derartige falsche Verhaltensweisen bestätigen die in psychologischen Laborexperimenten herausgefundenen fehlerhaften Entscheidungsmuster der Menschen bei Entscheidungen unter Unsicherheit, vgl. hierzu *C. T. Clotfelter/P. J. Cook*, Lotteries in the Real World, Journal of Risk and Uncertainty, 4(3), 1991, S. 227 ff. Ein allgemeiner Überblick über staatliche Lotterien in den USA, ihre Produkte, die Gründe, warum und wie die Menschen spielen und die Struktur der staatlichen Lotterien, ihre Werbung und die Bedeutung der Lotterien für das Steueraufkommen findet sich in dem Buch von *C. T. Clotfelter/P. J. Cook*, Selling Hope: State Lotteries in America, Harvard University Press, 1989.

[2] Vgl. hierzu *L. DeBoer*, Lotto Sales Stagnation: Product Maturity or Small Jackpots, Growth and Change, 21(1), 1990, S. 73 ff.

[3] Vgl. *C. T. Clotfelter/P. J. Cook*, Lotteries in the Real World, Journal of Risk and Uncertainty, 4(3), 1991, S. 227 ff.

versagens wird noch durch die Tatsache gesteigert, dass Lotterien und die mit ihnen erzielten Steuern die Einkommensverteilung in der Gesellschaft deutlich verschlechtern, da sie eine besondere Belastung armer Bevölkerungsschichten darstellen, die sich überproportional an derartigen Spielen beteiligen[4].

Es ist daher erforderlich, dass die Veranstalter von Spielen und Lotterien zukünftig an der Ausbeutung und Förderung von Unbildung und Irrationalität ihrer Mitbürger gehindert werden und die wirtschaftliche Struktur ihrer Spiele in Form der Angabe des prozentualen durchschnittlichen Verlustes pro eingesetzter Mark offenbaren müssen. Durch die Angabe der Erwartungswerte wird die asymmetrische Informationsstruktur[5] bei den Vertragspartnern weitgehend beseitigt und auf der Grundlage der damit erreichten Verbesserung der Entscheidungsgrundlage der Teilnehmer ein unverfälschter Leistungswettbewerb der Veranstalter ermöglicht.

Zugleich wird durch die Beseitigung möglicher Gewinnillusionen dem Entstehen von Spielsucht vorgebeugt. Ohne eine derartige Regelung werden im geltenden Recht die Werbeanstrengungen der Spiel- und Lotterieunternehmen weiterhin in Richtung Wahrnehmungsverzerrung ihrer Kunden gelenkt und tragen damit zur Vergrößerung des Marktversagens bei.

§ 763 Satz 1 BGB sollte daher folgende neue Fassung erhalten: *„Ein Lotterievertrag oder ein Ausspielvertrag ist verbindlich, wenn die Lotterie oder die Ausspielung staatlich genehmigt ist und der Veranstalter die andere Partei über die Höhe seines durchschnittlich zu erwartenden Verlustes aus diesem Spiel aufgeklärt hat. Die Angabe des durchschnittlich zu erwartenden Verlustes hat in der Angabe des vom Hundertsatzes des vom Teilnehmer zu tätigenden Einsatzes zu erfolgen. Ist der anzugebende Durchschnitt nicht unerheblich veränderlich, ist ein statistisch aussagekräftiger Durchschnitt vorangegangener Spiele auszuweisen."*

---

[4] *C. T. Clotfelter/P. J. Cook*, Implicit Taxation in Lottery Finance, National Tax Journal, 40(4), 1987, S. 533 ff.; *C. T. Clotfelter*, The Economic Consequences of State Lotteries, Greenwood, 1991. Für die USA ist zudem bei einer Analyse von 50 Bundesstaaten für die Jahre 1974 bis 1984 ein kleiner, aber messbarer Anstieg der Kriminalität bei Einführung einer staatlichen Lotterie nachgewiesen worden, *J. Miksell/M. Pirog-Good*, State Lotteries and Crime: The Regressive Revenue Producer is linked with a Crime Rate higher by 3%, American Journal of Economics and Sociology, 49(1), 1990, S. 7 ff.

[5] Zur Bedeutung der asymmetrischen Informationsstruktur als gesetzlicher Eingriffsgrund in das Vertragssystem vgl. *M. Adams*, Ökonomische Begründung des AGB-Gesetzes - Verträge bei asymmetrischer Information, Betriebsberater, 1989, S. 781 ff.

In § 33 c Gewerbeordnung sollte in Absatz 1 nach Satz 2 folgender neuer Satz 3 eingefügt werden: „*Am Spielgerät muss für jede Spielmöglichkeit deutlich sichtbar der durchschnittlich zu erwartende Verlust als vom Hundertsatz des Spieleinsatzes angegeben werden. Ist der anzugebende Durchschnitt nicht unerheblich veränderlich, ist ein statistisch aussagekräftiger Durchschnitt vorangegangener Spiele auszuweisen.*“

Das staatliche Glücksspielunwesen

A. Einleitung

Das deutsche Glücksspielwesen[1] ist über die letzten 50 Jahre hinweg ständig gewachsen[2]. Im Jahre 1996 erreichte die Gesamtsumme der von den Spielern eingesetzten Gelder rund 43 Mrd. DM. Von diesem Betrag gingen den Spielern 31% oder eine Summe von knapp 13,5 Mrd. DM endgültig an die Glücksspielunternehmen und den Staat verloren[3]. Jeder bundesdeutsche Haushalt riskierte damit im Jahre 1996 durchschnittlich einen Betrag von 1.162 DM bei legalen Glücksspielen bei einem durchschnittlichen Nettoverlust von 360.- DM. Glücksspiel ist somit ein ernst zunehmender Ausgabenposten der privaten Haushalte. Die hierbei anfallenden Verluste konzentrieren sich zudem auf einen kleinen Teil der Bevölkerung, der damit entsprechend stärker belastet ist[4]. Untersuchungen für die USA haben gezeigt, dass es vor allem untere Einkommensschichten

---

Erstveröffentlichung: *M. Adams und T. Tolkemitt*, Das staatliche Glücksspielunwesen, Zeitschrift für Bank- und Börsenrecht, ZBB, 2001, S. 170-184.[1] Hierzu zählen Lotterien, Geldspielautomaten, Kasinospiele und Sportwetten. Zur Analyse eines Hybridproduktes von Sparen und Glücksspiel vgl. *M. Adams / T. Tolkemitt*, Verkauf von Hoffnung und Jagd auf die Armen. Eine ökonomische Analyse des Gewinnsparens, ZBB, 2000, S. 39 ff.

[2] Für eine genaue Darstellung der Entwicklung des Glücksspielmarktes in der Geschichte der Bundesrepublik Deutschland siehe *N. Albers*, Ökonomie des Glücksspielmarktes in der Bundesrepublik Deutschland, 1993, S. 131 ff. sowie *G. Meyer*, Glücksspiel - Zahlen und Fakten, in: Jahrbuch Sucht 1998. Im Zeitraum von 1992 bis 1996 erhöhte sich das in Einsätzen gerechnete preisbereinigte Marktvolumen als Folge der deutschen Wiedervereinigung um rund 50%.

[3] Vgl. *T. Tolkemitt*, Die deutsche Glücksspielindustrie. Eine wirtschaftswissenschaftliche Analyse mit rechtspolitischen Empfehlungen, 2002, Kapitel 2 und 5.

[4] So stellen *C. T. Clotfelter / P. J. Cook*, Implicit Taxation in Lottery Finance, National Tax Journal, 40, 1987, S. 533-546 für den US-amerikanischen Lotteriemarkt fest, dass nur etwa 50% der Bevölkerung Lotterielose kauft. Nur 0,8% der Bevölkerung erzeugen jedoch schon 18,2% der Lotterieumsätze und die 7,8%, die am meisten spielen, sind für 59,9% der gesamten Umsätze verantwortlich. Überträgt man diese Erkenntnis auf Deutschland und unterstellt, dass die Hälfte der bundesdeutschen Haushalte überhaupt nicht spielt, so bedeutet dies, dass die restlichen 50 Prozent im Jahre 1996 je 2.324 DM beim Glücksspiel riskierten. Bei einem durchschnittlichen ausgabefähigen Haushaltseinkommen von 61.500 DM pro Jahr entspricht dies einem Anteil von 3,8% des Jahreseinkommens dieser Haushalte.

sind, die am Glücksspiel teilnehmen und die damit verbundenen Verluste zu tragen haben[5].

Ungeachtet bemerkenswerter Skandale[6] auf dem Glücksspielmarkt nimmt dieser ständig an Bedeutung zu. Hierzu mag die Flut der Glücksspielfernsehshows[7] und der ungewöhnliche Werbeeinsatz der beiden deutschen Klassenlotterien SKL und NKL beigetragen haben, deren Postbriefsendungen mit verwirrend übertrieben dargestellten Gewinnaussichten[8] kaum ein Briefkasten zu entgehen vermag.

Marktführer bei Glücksspielen und nahezu einziger Anbieter von Lotterien in Deutschland ist der so genannte „Deutsche Toto-Lotto-Block". Dieser ist ein Zusammenschluss der 16 Lotterietreuhandgesellschaften der Bundesländer, die jeweils für das Gebiet ihres Bundeslandes über eine Monopolstellung verfügen. Der Block ist seit vielen Jahrzehnten das marktbeherrschende Kartell der deutschen Glücksspielindustrie. Er konnte 1996 rund 12 Milliarden Mark Bruttoumsätze und 43% der Netto-Umsätze[9] in Deutschland verbuchen und hierbei seinen Spielern einen Nettoverlust von 6,58 Milliarden Markbeibringen[10]. Das größte Einzelprodukt des Blocks ist das Lotto, mit dem er 1996 knapp 70% seiner Bruttoumsätze oder rund 8,4 Milliarden Mark der Einsätze erzielen konnte. Mit einem Anteil von rund 20% des Glücksspielmarktes ist Lotto das umsatzstärkste Produkt der gesamten deutschen Glücksspielindustrie.

Der vorliegende Aufsatz unternimmt eine wirtschaftswissenschaftliche und rechtspolitische Analyse des deutschen Toto-Lotto-Blocks und seines Marktes.

---

[5] Vgl. *C. T. Clotfelter / P. J. Cook*, Selling Hope, State Lotteries in America, 1989, S. 99 sowie 229 ff., die eine Anzahl von Untersuchungen für den Bereich der USA aufführen, die zeigen, dass Glücksspielsteuern regressiv sind, d.h. untere Einkommensschichten größere Teile ihres Einkommens für Glücksspiele ausgeben als höhere Einkommensschichten. Da Glücksspiele auch in Deutschland erheblich besteuert werden, muss davon ausgegangen werden, dass diese in ihrer jetzigen Form zu einer Umverteilung zu Lasten der Armen und Ungebildeten führen. Für Deutschland fehlen vergleichbare Untersuchungen. Die Inzidenz dieser Steuern ist zudem zu einem erheblichen Anteil von den Marketingstrategien der Glücksspielunternehmen abhängig, vgl. *T. Tolkemitt*, aaO., Kapitel 6.2.

[6] Vgl. hierzu *P. Köpf*, Die Lotto Mafia. Wer beim Glücksspiel wirklich gewinnt, 1999, S. 35f.

[7] Für eine Darstellung und Bewertung der Werbe- und Marketingtätigkeit der deutschen Glücksspielindustrie vgl. *T. Tolkemitt*, aaO., Kapitel 5.2.1.

[8] Die Angabe von Gewinnchancen von bis zu 99% muss in dieser Form als irreführend bezeichnet werden, vgl. *T. Tolkemitt*, aaO., Kapitel 3.4.

[9] Die Brutto-Umsätze sind die gesamten Einsätze der Spieler. Unter Netto-Umsätzen werden die gesamten Einnahmen der Glücksspielindustrie abzüglich der Summe verstanden, die in Form von Gewinnen an die Spieler wieder ausgeschüttet wird.

[10] Der Verlust der Spieler in Höhe von 6,58 Milliarden DM ergibt sich aus ihren Einsätzen in Höhe von insgesamt knapp 12 Milliarden Mark und einer durchschnittlichen Auszahlungsquote von 45% der Einsätze über alle Spiele des Blocks.

Wie darzulegen sein wird, ist die Unternehmensorganisation und der Glücksspielmarkt von vielfältigem Versagen erheblicher Natur gekennzeichnet, das seine rechtliche Neuordnung gebietet.

B. Die rechtliche und wirtschaftliche Organisation des Deutschen Toto-Lotto-Blocks

I. Das Verbot von Glücksspielen ohne behördliche Genehmigung

Nach § 284 StGB steht die öffentliche Veranstaltung eines Glücksspiels ohne behördliche Genehmigung unter Strafe. Das gleiche gilt gemäß § 287 StGB für Ausspielungen und Lotterien und die Bereitstellung einer Einrichtung zu diesem Zweck. Darüber hinaus ist nach § 285 StGB auch die Teilnahme an nicht behördlich genehmigten Glücksspielen strafbar. Für den Bereich des Zivilrechts legen die §§ 762, 763 BGB fest, dass eine Verbindlichkeit aus einer Lotterie nur dann entstehen kann, wenn diese staatlich genehmigt ist. Die Genehmigung zur Veranstaltung eines öffentlichen Glücksspiels wird von den Bundesländern jeweils für ihr Gebiet erteilt. Art. 70, 73 und 74 GG stellen das gesamte Glücksspielwesen bis auf die Geldspielautomaten unter die Gesetzgebungshoheit der Länder. Die Lotteriegesetze der einzelnen Bundesländer übernehmen wiederum - jeweils leicht abgewandelt - in weiten Teilen die Bestimmungen der Lotterieverordnung vom 6. März 1937. Nach § 2 Lotterieverordnung darf eine behördliche Genehmigung für eine Lotterie nur dann erteilt werden, wenn für „ihre Veranstaltung ein hinreichendes öffentliches Interesse besteht", der „Ertrag, der Gewinn und die Unkosten in einem angemessenen Verhältnis zueinander stehen" und zudem der Ertrag der Lotterie „Zwecken zugute kommt, die allgemeiner Billigung sicher sind". Dabei soll das Bedürfnis der Bevölkerung nach einer Lotterie vor dem Hintergrund des bereits bestehenden Glücksspielangebotes überprüft werden[11].

Das Verbot des Angebots von und der Nachfrage nach Glücksspielen aufgrund der §§ 284 bis 287 StGB, als dessen Folge sich alle weiteren Regelungen und Zuständigkeiten auf dem deutschen Glücksspielmarkt ergeben, wird zunächst mit der Sicherung des Spielervermögens vor der Ausuferung des eigenen Spieltriebs begründet[12]. Zudem dient das Glücksspielverbot nach herrschender juristi-

---

[11] Vgl. hierzu ausführlich *P.J. Tettinger/J. Ennuschat*, Grundstrukturen des deutschen Lotterierechts, 1999.

[12] Vgl. etwa *H. Tröndle / T. Fischer*, Strafgesetzbuch und Nebengesetze, 49. Aufl., 1999, § 284, Rz. 1, S. 1597 ff oder die Stellungnahme der Bundesregierung vom 30.9.1992 betreffend das vom High Court of Justice - Queen's Bench Division - dem Europäischen Gerichtshof vorgelegte Vorabentscheidungsersuchen, dargestellt bei *F. Ossenbühl*, Rechtsfragen der Genehmigung öffentlicher Lotterien, Verwaltungs-Archiv, 1995, S. 187 ff.

scher Meinung der „Begegnung der spezifischen Gefahren einer unkontrollierten Gewinnauslösung“[13], also dem Schutz der Spieler vor einer Manipulation der Spielmechanismen und vor Betrügereien bei der Weiterleitung und Verteilung der Lotteriegewinne. Zuletzt wird allerdings auch der Schutz der fiskalischen Interessen des Staates immer wieder als Begründung für die §§ 284 bis 287 StGB angeführt, sofern die „notwendigerweise“ eingenommenen Finanzmittel gemeinnützigen Zwecken zu Gute kommen[14].

II. Marktzutrittsverbot für neue Anbieter bei Zulassung neuer Angebote seitens der alten Anbieter

Das Zusammenspiel dieser Regelungen hat in der Vergangenheit bewirkt, dass aufgrund des bereits bestehenden Angebots des Deutschen Toto-Lotto-Blocks keine weiteren Lotterieanbieter in den Ländern mehr zugelassen wurden. Während somit auf der Unternehmensebene der Wettbewerb gegen den Toto-Lotto-Block ausgeschaltet blieb, wurde den Blockunternehmen immer wieder gestattet, ihre alten Produkte zu verändern, neue Produkte auf den Markt einzuführen und so ihr Angebot zu erweitern.

III. Die rechtliche Organisation des Toto-Lotto-Blocks

Der Deutsche Toto-Lotto-Block ist eine BGB-Gesellschaft. Gesellschafter sind die 16 Lotterietreuhandgesellschaften der Bundesländer. Die 16 Ländergesellschaften des Deutschen Toto-Lotto-Blocks stehen in unmittelbarem oder über eine Kette von Beteiligungen in mittelbarem staatlichen Eigentum. Sie sind jeweils Unternehmen des Bundeslandes, in dem sie sich befinden und dabei zumeist als GmbH, teilweise jedoch auch als öffentlich-rechtlicher Regiebetrieb (Bayern, Berlin) oder als Sondervermögen eines Bundeslandes (Schleswig-Holstein)[15] organisiert.

Im so genannten Blockvertrag ist der Zweck des Zusammenschlusses der Lotterietreuhandgesellschaften festgelegt: Der Block dient der Veranstaltung und Durchführung von Lotterien und Sportwetten nach einheitlichen Spielplänen.

---

[13] *G. Fruhmann*, Das Spiel im Spiel - Strafbarkeit gewerblicher Spielgemeinschaften, Monatsschrift für Deutsches Recht, 1993, S. 824.

[14] *G. Fruhmann* aaO., S. 826, spricht in diesem Zusammenhang von „zwangsläufig anfallenden Gewinnen aus diesen grundsätzlich unerwünschten Aktivitäten“.

[15] Einen Überblick über die Besitz- und Organisationsstrukturen der 16 deutschen Lotterietreuhandgesellschaften geben *T. Hohmann*, Öffentliche Toto- und Lottounternehmen in Deutschland, Zeitschrift für öffentliche und gemeinwirtschaftliche Unternehmen, 1995, S.225 ff. sowie *R.-P. Leonhardt*, Der deutsche Toto-Lotto-Block, 2. Aufl., 1994, in: *Dickertmann, D. und Lehmann, M.* (Hrsg.), Arbeitspapier Nr. 21 des Fachbereichs IV, Schwerpunkt Finanzwissenschaft / Betriebswirtschaftliche Steuerlehre der Universität Trier, S. 4 ff..

Dies bedeutet, dass die Gesellschaften die Produkte Lotto am Samstag, Lotto am Mittwoch, das Fußballtoto sowie die Lotterien „Glücksspirale“ und „Super 6“ gemeinsam durchführen, wobei jede Gesellschaft die Wetteinnahmen in ihrem Bundesland einnimmt, die Spielbedingungen jedoch in allen Ländern gleich sind und die Ausspielung der Gewinne, sowie sämtliche Werbemaßnahmen, gemeinsam und einheitlich vorgenommen werden[16].

Entscheidend für den Erfolg des Lottos und der anderen Produkte des Blocks ist seine Vertriebsstruktur. Die Glücksspielprodukte werden größtenteils über so genannte Lotto-Annahmestellen vertrieben. Diese sind selbständige Unternehmen, die in einem vertraglichen Verhältnis zu der Lotterietreuhandgesellschaft ihres Bundeslandes stehen. Zumeist handelt es sich um Kioske von Einzelhandelskaufleuten, die nebenbei Lotterielose verkaufen und Sportwetten entgegennehmen. 1993 gab es insgesamt rund 26.000 Lotterieannahmestellen, so dass auf etwa 3.000 Bundesbürger eine Annahmestelle kam.

Der rechtlichen Verpflichtung, die eingenommenen Mittel für Zwecke zu verwenden, die im öffentlichen Interesse sind, wird von den Lotterieanbietern dadurch nachgekommen, dass sie einen großen Teil der Einnahmen in Form von Steuern an den Staat abführen. Die pflichtgemäße Verwendung des anderen Teils kann nicht im Einzelnen überprüft werden, da nur teilweise veröffentlicht wird, wie die eingenommenen Mittel im Einzelnen für kulturelle oder sportpolitische Zwecke verwendet werden. Dabei geht nur ein kleinerer Teil der Glücksspielgelder an private Organisationen, die „gemeinnützige Zwecke“ verfolgen. Diese Mittel werden überwiegend ohne genaue Regelungen verteilt und ihre Verwendung üblicherweise nicht veröffentlicht[17]. Das bietet vielfältigen Spielraum für diejenigen, die über die Verwendung dieser Millionen zu entscheiden haben, persönliche Vorlieben zu verfolgen. So ist das deutsche Lotteriewesen beispielsweise die Hauptfinanzierungsquelle der Pferdezucht.

C. Die Spielstruktur des Lottos

I. Die Informationslage der Spieler

Unter Glücksspielen werden Produkte verstanden, bei denen der Käufer gegen Zahlung eines Entgeltes - des so genannten Einsatzes - das Recht erwirbt, an der Ausspielung eines oder mehrerer Preise (Geldsummen oder Wertgegenstände) teilnehmen zu können. Bei allen gängigen Glücksspielen besteht eine geringe

[16] Eine Darstellung des Toto-Lotto-Blocks aus der Sicht eines seiner Angestellten sowie eine genaue Beschreibung der angebotenen Produkte nebst eines Überblicks über die Geschichte dieser Gesellschaft findet sich bei *R.-P. Leonhardt*, aaO, S. 4 ff.

[17] Eine Analyse und Kritik der so genannten „gemeinnützigen“ Verwendung der Lotterieeinnahmen findet sich bei *T. Tolkemitt*, aaO., Kapitel 5.1.1.

Wahrscheinlichkeit, ein Mehrfaches des Einsatzes zu gewinnen. Auf der anderen Seite ist die Wahrscheinlichkeit, den Einsatz vollständig zu verlieren, um ein vielfaches höher. Die Auszahlungen der Glücksspiele unterliegen einem Zufallsmechanismus, der von den Spielern im Durchschnitt nicht zu beeinflussen ist[18]. Der den Glücksspielen zugrunde liegende Wahrscheinlichkeitsmechanismus sowie deren Auszahlungsstruktur ist üblicherweise höchst verwickelt. Dies gilt auch für das Lotto. Auch durch eine wiederholte Teilnahme kann es bei den Spielern nicht zu einem Verständnis des Spiels kommen, da die Gewinnchancen sich nicht durch die Ergebnisse einzelner Spielrunden offenbaren. Es bedarf vielmehr der theoriegestützten Auswertung einer langen Serie von Spielergebnissen oder der wahrscheinlichkeitstheoretischen Analyse der Spielstruktur, um Rückschlüsse auf das Glücksspiel ziehen zu können. Zudem ist eine solche Analyse, wenn sie denn einzelnen Spielern überhaupt möglich ist, mit hohen Kosten in Form von Arbeitseinsatz und Know-how-Erwerb verbunden. Glücksspiele sind daher im wirtschaftlichen Sinne so genannte *„Reputationsgüter“*[19], deren wesentlichen Eigenschaften ein Kunde aus eigener Kraft weder vor noch nach dem Kauf sinnvoll beurteilen kann.

II. Die Gewinn- und Verluststruktur des „Lotto am Samstag“

Im Folgenden soll das Glücksspiel „Lotto am Samstag“ im Einzelnen untersucht werden. Um die wirtschaftliche Struktur zu verstehen, soll der *Erwartungswert des Spiels*, also der vom Spieler pro Spiel zu erwartende durchschnittliche Verlust bestimmt werden. Der Erwartungswert ist das wirtschaftlich entscheidende Merkmal eines jeden Glücksspiels. Im langfristigen ***Durchschnitt*** kann er angenähert durch die ***Ausschüttungsquote*** eines Spiels ausgedrückt werden. Diese besagt, wie viel Prozent der Einsätze aller Spieler in Form von Gewinnen von den Lotteriebetreibern wieder an die Spielergemeinschaft zurückgegeben werden. Liegt die Ausschüttungsquote eines Spiels bei 70% des geforderten Einsat-

---

[18] Hierin unterscheiden sie sich von den Geschicklichkeitsspielen auf der einen und von unternehmerischen Vorhaben auf der anderen Seite, bei denen der Handelnde die Auszahlung beeinflussen kann.

[19] Die Einteilung von Gütern nach dem Informationsstand des Kunden sowie die Begriffe Erfahrungs-, Reputations- und Glaubensgut gehen auf *P. Nelson*, Information and Consumer Behavior, Journal of Political Economy, 78, 1970, S. 311 ff. zurück. Vgl. auch *C. G. Krouse*, Theory of Industrial Economics, 1990, S. 534 ff. Das mit den Informationsmängeln verbundene Marktversagen lässt sich durch Informationspflichten heilen. *M. Adams*, Ökonomische Begründung des AGB-Gesetzes. Verträge bei asymmetrischer Information, Betriebsberater, 1989, S. 781 ff. überprüft dies für die Allgemeinen Geschäftsbedingungen anhand einer ökonomischen Analyse des AGB-Gesetzes. Da die Kunden eines „Reputationsgutes“ das von ihnen gekaufte Produkt nicht richtig verstehen, verhalten sie sich falsch, so dass der Lotto-Toto-Markt durch Marktversagen gekennzeichnet ist. Vgl. hierzu die Analyse im Einzelnen und mögliche Reformen weiter unten im Text.

zes, gehen 30% der eingezahlten Einsätze der Spieler verloren. Liegt die durchschnittliche Ausschüttungsquote bei 50%, so erhalten die Spieler die Hälfte ihres Geldes als Gewinne wieder zurückgezahlt. Die Ausschüttungsquote entscheidet somit über die Höhe der Kapitalvernichtung für die Spieler. Der ***Erwartungswert*** stellt die zu erwartende Auszahlung in einer bestimmten ***einzelnen*** Spielrunde dar. Er kann von der langfristigen durchschnittlichen Auszahlungsquote abweichen und schwankt zum Teil beträchtlich. Der Erwartungswert stellt wirtschaftlich den tatsächlichen *Preis des jeweiligen Spiels* dar, da sich dieser als die erwartete Differenz von Spieleinsatz und Gewinn ergibt und nicht einfach dem vom Veranstalter verlangten Einsatz für das Spiel entspricht. Bei einer Ausschüttungsquote von 50% und einem Einsatz von 10 DM pro Spiel ist der Erwartungswert oder der Preis des Spiels damit: $10 - 10 \cdot 0{,}5 = 5$,- DM.

Die im Folgenden dargelegten Berechnungen des Erwartungswertes des „Lotto am Samstags" stellen diejenige Information dar, in deren Besitz ein Spieler sein muss, um eine sinnvolle Kaufentscheidung für ein Lottolos treffen zu können. Ohne Kenntnis des wirklichen Preises des Spieles weiß er nicht, was er bei einer Entscheidung über die Spielteilnahme wirtschaftlich tut und was er für sein Geld erhält. Insbesondere fehlt ihm auch jede Möglichkeit zwischen verschiedenen Glücksspielmöglichkeiten und ihren jeweiligen Chancen und Risiken zu unterscheiden.

Als weiteres Kriterium für die Bewertung des Glücksspiels „Lotto am Samstag" wird dessen ***Gewinnquote*** ermittelt. Die Gewinnquote sagt aus, wie viel Lottotipps in einer Spielrunde durchschnittlich ohne Totalverlust aus dem Spiel gehen. Die Gewinnquote ist somit ein einfaches Maß für die ***Ungleichheit*** der Auszahlungen der Lotterie[20], wenn auch vom wirtschaftlichen Standpunkt her ein relativ bedeutungsloses, da eine hohe Gewinnquote selbst bei schlechtestem Erwartungswert durch eine große Anzahl kleinerer Gewinne erzielt werden kann. Die Gewinnquote wird jedoch von einigen Lotterieanbietern in bedeutendem Umfang für Werbezwecke eingesetzt und soll aus diesem Grund hier in die Analyse einbezogen werden.

Das „Lotto am Samstag" ist ein Spiel, bei dem der Teilnehmer gegen einen Einsatz von DM 1,25 auf einem Wettschein sechs Zahlen zwischen 1 und 49 ankreuzt[21]. Bei der im öffentlich-rechtlichen Fernsehprogramm übertragenen wöchentlichen Ziehung der sechs Gewinnzahlen sowie einer Zusatzzahl, wird zusätzlich eine so genannte Superzahl bestimmt, die mit der Endnummer des

---

[20] Ein weiteres mögliches in der Finanztheorie häufig verwendetes Kriterium zur Beurteilung des Risikos von Glücksspielen ist die Varianz der vom Spiel ausgelösten Zahlungsströme, vgl. hierzu *T. Tolkemitt*, aaO., Kapitel 3.8.

[21] Die Analyse basiert auf den Spielregeln des Lottos am Samstag zum Zeitpunkt Mai 1999. Seit kurzem wurde der Einsatz pro Tipp auf DM 1,50 angehoben.

Spielscheines übereinstimmen muss, auf dem der Lotto-Spieler seinen Tipp abgegeben hat. Ein Spielschein bietet die Möglichkeit, bis zu 12 Tipps abzugeben, wobei pro Spielschein eine Bearbeitungsgebühr von 40 Pfennig erhoben wird.

Lotto wird nach dem so genannten ***Totalisatorprinzip*** gespielt. Das bedeutet, dass die Gewinne der verschiedenen Gewinnklassen nicht in fest vorgegebenen Geldbeträgen bestehen. Stattdessen wird vielmehr nur ein *fester Prozentsatz* der eingezahlten Einsätze, der ***Ausschüttungsanteil*** der Gewinnklassen, als Gewinn versprochen. Die vom Toto-Lotto-Block vorgenommene Festlegung der Gewinnklassen sowie die ***Wahrscheinlichkeit*** für einen Gewinn in einer bestimmten Klasse (der sog. Gewinnschlüssel) ergibt sich aus der nun folgenden Tabelle 1:

Gewinnklasse	Anzahl der Richtigen	Wahrscheinlichkeit	Ausschüttungs-anteil*
Klasse I	6 + Superzahl	1/139.838.160	3%
Klasse II	6	1/15.537.573	5%
Klasse III	5 + Zusatzzahl	1/2.330.636	3%
Klasse IV	5	1/55.491	10%
Klasse V	4	1/1.032	10%
Klasse VI	3 + Zusatzzahl	1/812	7%
Klasse VII	3	1/61	12%
Summe		0,0186	50%

* in Bezug auf den Bruttoeinsatz der Spieler einer Spielrunde.

Tabelle 1: Gewinnklassen, Gewinnwahrscheinlichkeiten und Ausschüttungsschlüssel Lotto am Samstag, Stand 5/99. Quelle: *www.lotto-toto.de*

Im „Lotto am Samstag" gibt es somit sieben Gewinnklassen. Dabei gilt zudem die so genannte *Jackpotregel*: Sind die oberen Gewinnklassen nicht besetzt, so wird der auf diese Klassen entfallende Gewinnanteil nicht in der gerade gespielten Spielrunde, sondern in der 1. Gewinnklasse des nächsten „Lotto am Samstag" ausgeschüttet. Auf diese Weise können über mehrere Wochen hinweg sehr hohe „Jackpots" entstehen. Gibt es in einer Gewinnklasse hingegen mehrere Gewinner, so teilen sich diese die Gewinnsumme der Klasse untereinander auf[22].

Tabelle 1 verdeutlicht, dass die *Wahrscheinlichkeit* für einen Gewinn in der 1. Gewinnklasse mit rund 1 zu 140 Millionen sehr gering ist. Auffällig bei der Spielstruktur des „Lotto am Samstag" ist zudem, dass ein relativ großer Anteil der ausgeschütteten Geldsumme, immerhin rund 78% der Gewinne, auf die letzten vier Gewinnklassen entfallen. Für die einzelnen Spieler sind die gewonnenen

[22] Auf diese Weise kommt es immer wieder zu Enttäuschungen im Kreis der Spieler, wenn etwa ein hoher Jackpot verspielt wird, der dann jedoch unter einer größeren Anzahl von Gewinnern aufgeteilt werden muss, so dass der individuelle Gewinnbetrag deutlich unter dem Jackpotbetrag liegt. In der Ziehung am 18. Juni 1997 erhielten beispielsweise die insgesamt 205 Gewinner der 1. Gewinnklasse lediglich einen Betrag von je 30.700 DM (Angaben abgerufen am 10.11.1999 unter *www.lotto-toto.de*).

Auszahlungen in diesen Klassen aufgrund der relativ großen Zahl der Gewinner jedoch vergleichsweise uninteressant.

Die einfache Kenntnis der Gewinnwahrscheinlichkeiten ist jedoch für die Spieler noch nicht hinreichend für die Abschätzung ihres zu erwartenden Verlustes pro eingesetzter Mark in einer Spielrunde des „Lotto am Samstag".

Im Folgenden soll aufgezeigt werden, wovon der ***Erwartungswert*** der Teilnahme an diesem Spiel ***in einer bestimmten Runde*** abhängt. Um dies anschaulich tun zu können, soll vereinfachend davon ausgegangen werden, dass es beim „Lotto am Samstag" eine Hauptgewinnklasse gibt, in die auch ein möglicherweise aus der Vorrunde übernommener Jackpot einfließt, und eine weitere Anzahl von weiteren Gewinnklassen, die zur Auszahlung von kleineren und unbedeutenderen Gewinnen führen und die in der Analyse zusammengefasst werden können. Unter dieser Annahme hängt die erwartete Auszahlung eines individuellen Tipps beim „Lotto am Samstag" teilweise vom Spieldesign, teilweise jedoch auch vom Verhalten der Spieler selbst ab[23]. Im einzelnen ergibt sich der Erwartungswert *EL* eines Lottospiels in Abhängigkeit von der Gewinnwahrscheinlichkeit, der auszuschüttenden Gewinnsumme sowie vom individuellen Anteil eines einzelnen Gewinners an dieser Gewinnsumme, die wiederum von der Wahrscheinlichkeit abhängt, dass *andere* Spieler ebenfalls gewonnen haben, zuzüglich der erwarteten Ausschüttung aus „kleineren" Gewinnklassen[24]:

(1) *EL = Gewinnwahrscheinlichkeit · Gewinnsumme · individueller Gewinnanteil + erwartete Auszahlungen aus kleineren Gewinnklassen.*

Die Gewinnwahrscheinlichkeit ist durch das Spieldesign des Lottos vorgegeben (vgl. Tabelle 1). Die Gewinnsumme ergibt sich aus der ebenfalls durch das Spieldesign bestimmten Ausschüttungsquote, d.h. dem Anteil der Einsätze, die die Lotteriebetreiber in Form von Gewinnen wieder an die Spieler zurückgeben, multipliziert mit der Einsatzsumme der Spieler zuzüglich eines eventuell aus der Vorrunde übernommenen Jackpots. Zunächst einmal gilt, dass bei fester Ge-

---

[23] Vgl. *C. T. Clotfelter / P. J. Cook*, The Peculiar Scale Economies of Lotto, American Economic Review, 83 (3), 1993, S. 634-643. (und in deren Folge *O. D. Gully / F. A. Scott,* The Demand for Wagering on State-Operated Lotto Games, National Tax Journal, 46, 1993, S. 13-22, *O. D. Gully / F. A. Scott* Testing for Efficiency in Lotto Markets, Economic Inquiry, 33 (2), 1995, S. 175-188 sowie *L. Farrell / I. Walker,* The Welfare Effects of Lotto: Evidence from the UK, Journal of Public Economics, 72, 1999, S. 99-120, sowie die dort genannten Veröffentlichungen.

[24] Man könnte in die Erwartungswertformel auch noch einen Ausdruck hinzufügen, der nichtmonetäre Faktoren, wie den Spaß am Spiel oder die Hoffnung auf Reichtum widerspiegelt. Da diese Faktoren jedoch von der individuellen Nutzenfunktion eines jeden Spielers abhängen und deshalb nicht „objektiv" zu bestimmen sind, wird er an dieser Stelle außer Acht gelassen. Das bedeutet jedoch nicht, dass diese Faktoren für die Beurteilung eines Lottotipps nebensächlich wären.

winnwahrscheinlichkeit der Erwartungswert des Lottos mit der Höhe der Gewinnsumme ansteigt. Da diese bei fixer Ausschüttungsquote eine lineare Funktion der Einsatzsumme der Spieler darstellt, steigt der Erwartungswert also auch mit der Anzahl der abgegebenen Lottotipps an: Der Einsatz von Spieler A erhöht die mögliche Gewinnsumme für Spieler B. Jeder zusätzliche Mitspieler übt eine positive Externalität auf die übrigen Spieler aus. Da die Spielregeln des Lottos besagen, dass sich die Gewinnsumme zwischen allen Gewinnern aufteilt steigt jedoch auch die Wahrscheinlichkeit, dass er sich im Gewinnfall die Gewinnsumme mit einem oder mehreren anderen Spielern teilen muss, je mehr Spieler an einer Lottoziehung teilnehmen. Deshalb übt jeder zusätzliche Mitspieler auch eine negative Externalität auf die restlichen Spieler aus

Wenn der Erwartungswert im Lotto jedoch nicht nur von der Gewinnsumme, sondern auch von der Anzahl der Mitgewinner und somit vom zu erwartenden Gewinnanteil abhängt, so muss zur Berechnung des Erwartungswertes auch eine Annahme über das Tippverhalten der Mitspieler gemacht werden. Lotto erweist sich bei genauerer Betrachtungsweise dann als ein Spiel, in dem man gegen seine Mitspieler spielt. Ein kleines Gedankenspiel soll diese Aussage verdeutlichen. Ein Spieler hat die Möglichkeit, bevor die Lottoziehung vorgenommen wird, alle Zahlentipps seiner Mitspieler einzusehen und erst dann seinen eigenen Tipp abzugeben. Was würde er vernünftigerweise tun? Er würde seinen Tipp auf eine noch nicht genutzte Zahlenkombination abgeben. Hierdurch würde er seinen erwarteten Gewinnanteil im Gewinnfall auf 100% der Gewinnsumme anheben und seinen Erwartungswert somit im Gegensatz zu einem Tipp, den schon andere abgegeben haben oder im Vergleich zu einer Situation, in der er die Tipps der anderen Spieler nicht kennt, verbessern. Was wäre auf der anderen Seite der schlechteste Fall für einen Spieler? Wenn er die Zahlentipps der anderen Spieler nicht vor dem Spiel einsehen könnte und alle Spieler auf ein und dieselbe Zahlenkombination getippt haben und er den gleichen Tipp wie die anderen auch abgibt. Dann wäre sein Erwartungswert - bei gegebener Gewinnsumme - minimal.

In der Realität ist es den Spielern nicht möglich, die Tipps der anderen Spieler vor der Ziehung einzusehen. Empirische Auswertungen der seit 1956 abgegebenen Zahlentipps zeigen, dass einige Zahlenkombinationen bei den Spielern beliebter sind als andere. Die Spieler setzen z.B. gerne Kombinationen, die ein bestimmtes geometrisches Bild auf dem Wettschein ergeben. Das bedeutet, dass die Zahlentipps in der Realität nicht vollkommen zufällig sind und dass vielmehr eine gewisse Häufung der Tip-Kombinationen vorliegt[25]. In verschiedenen

---

[25] Die ökonomische Theorie würde unter ihren Standardannahmen zu dem Schluss kommen, dass eine Häufung nicht langfristig stabil ist, sofern die Spieler wissen, dass ihr Erwartungswert geringer ist, wenn sie bestimmte, häufig gewählte Zahlenkombinationen tippen und diese

Publikationen zum Thema „Wie werde ich Lotto-Millionär" werden diese Kombinationen aufgedeckt. Dem Spieler wird geraten, andere als diese Kombinationen zu tippen, da seine erwartete Auszahlung im Gewinnfall dann höher ist, da er sich den Gewinn mit einer kleineren Menge von Mitspielern teilt[26].

Weiterhin unterstützen die Lotto-Anbieter die Zufallsauswahl von Zahlenkombinationen dadurch, dass sie den Spielern in den Lotto-Annahmestellen anbieten, ihren Spielschein durch einen Computer ausfüllen zu lassen, der eine Zufallsauswahl für sie vornimmt. Will man den Erwartungswert eines Lottotipps mathematisch darstellen, ist es sinnvoll, etwas vereinfachend anzunehmen, dass die Spieler ihre Tipps zufällig abgeben und keinem bestimmten Muster folgen[27]. Dann lässt sich die Verteilung der Gewinnkombinationen anhand der Binomialverteilung darstellen[28].

Beim Lotto muss also zwischen dem ***individuellen Erwartungswert*** eines in einer bestimmten Gewinnziehung abgegebenen Tipps und der ***durchschnittlichen Auszahlung über viele Spielrunden*** hinweg unterschieden werden. Letztere ist durch die Auszahlungsquote bestimmt, die beim Lotto 50% beträgt[29]. Pro Einsatz von DM 1,25 verliert man beim Lotto also durchschnittlich DM 0,625. Von Ziehung zu Ziehung schwanken die durchschnittliche Auszahlung und der Erwartungswert eines Zahlentipps jedoch. Dies hat vor allem mit der Übernahme von Jackpotbeträgen aus der Vorrunde eines Spiels zu tun, aber auch mit der Wahrscheinlichkeit, dass auch in dieser Spielrunde der Jackpot nicht „geknackt" wird und die erste oder die ersten zwei bis drei Gewinnklassen nicht besetzt sind. Besteht in einer Runde ein Jackpot, so stellt dieser eine Subvention dieses Spiels durch die Spieler der Vorrunde dar. Eine Auswertung aller 367 Ziehungen im Lotto am Samstag der Jahre 1992 bis 1998[30] zeigt, dass in diesem Zeit-

---

Zahlenkombinationen auch kennen. Dass sich bei der Auswertung von Lottospielen über Jahre hinweg dennoch gleiche Häufungsmuster zeigen, verdeutlicht, dass die Spieler entweder den Spielmechanismus des Lottos nicht verstehen oder dass sie nicht über die Information verfügen, welche Zahlenkombinationen in der Vergangenheit häufiger getippt wurden als andere.

[26] Vgl. z.B. *K. Bosch,* Lotto und andere Zufälle, 2. Aufl., 1999, S. 201 sowie *E. Ulrich,* Computer-Analyse: Lotto, 41 Jahre Lottoziehungen, Erich O. H. Ulrich Verlag, 1996, S. 25 ff.

[27] Siehe z.B. *C. T. Clotfelter / P. J. Cook* (Fn. 23), *O. D. Gully / F. A. Scott* (Fn. 23). Alle anderen Annahmen sind mathematisch nur schwierig darzustellen.

[28] *C. T. Clotfelter / P. J. Cook* (Fn. 23).

[29] Vgl. Tabelle 1.

[30] Die der Auswertung zugrunde liegenden Daten wurden von der Informationsstelle des Deutschen Toto-Lotto-Blocks, Münster auf Anfrage den Autoren in Form einer Excel-Datei zur Verfügung gestellt. Die Datei enthielt die Ergebnisse sämtlicher Wochenziehungen des angegebenen Zeitraums, d.h. sowohl die jeweilige Gesamthöhe der Einsätze der Spieler als auch Anzahl und genaue Höhe der Gewinne in den einzelnen Gewinnklassen. Auf dieser Basis konnte die durchschnittliche Auszahlung an die Spieler sowie die Gewinnwahrscheinlich-

raum wöchentlich durchschnittlich mehr als 100 Mio. Tipps abgegeben wurden (vgl. Tabelle 2).

	Durchschnitt	Maximum	Minimum
Erwartungswert je Tip (DM):	-0,63	-0,49	-0,73
Auszahlungsquote:	49,84%	60,65%	41,89%
Gewinneranteil:	1,86%	2,86%	1,30%
Einsätze (DM):	134.209.721	345.455.790	115.167.459
Tips / Lose:	107.367.777	276.364.632	92.133.967

Tabelle 2: Auswertung Lotto am Samstag, 1992 - 1998 (367 Ziehungen, zugrunde liegendes Datenmaterial: Archiv- und Informationsstelle des Deutschen Toto-Lotto-Blocks, Münster)

Tabelle 2 zeigt, dass Auszahlungsquote und Gewinneranteil in der Realität von Ziehung zu Ziehung schwanken. So werden nicht in jeder Woche 50% der eingezahlten Einsätze wieder ausgezahlt. Vielmehr schwankte der Verlust pro Mark im Analysezeitraum zwischen 61% und 42% der Einsätze. Gleiches gilt auch für den Gewinneranteil der Lotterie, der sich zwischen 1,3% und 2,86% bewegte.

Die Beurteilung einer bestimmten Ziehung im „Lotto am Samstag" wird also dadurch erschwert, dass die durchschnittlichen Auszahlungen pro Tipp beträchtlich schwanken. Die Chance überhaupt zu den Gewinner eines Tipps im „Lotto am Samstag" zu gehören, ist mit 1,86% über alle Gewinnklassen hinweg relativ gering. Weniger als zwei von 100 Losen gehen ohne Totalverlust aus einer Spielrunde.

Tolkemitt[31] hat in seiner Arbeit die Frage empirisch überprüft, ob die Lottoteilnahme auf Veränderungen der *durchschnittlichen Auszahlung* in einer Ziehung reagiert, d.h. ob die Spieler die Höhe des durchschnittlich zu erwartenden Verlustes einer Ziehung vorhersehen können. Die Untersuchung konnte keinen signifikanten Zusammenhang zwischen dem tatsächlichen Preis der Lotterie, d.h. ihrem Erwartungswert, und der Nachfrage feststellen. Dies bedeutet, dass eine Erhöhung des Preises in Form einer Senkung der Auszahlungsquote keinen Einfluss auf die Nachfrage nach Lottospielen ausübt. Die Spieler sind somit nicht

---

keit berechnet werden. Erwartungswerte lassen sich bei einer häufigen Wiederholung des gleichen Ereignisses anschaulich als dessen durchschnittliche Auszahlung auffassen. Dementsprechend verstehen sich die in Tabelle 2 angegebenen Erwartungswerte als durchschnittliche Auszahlungen an die Spieler. Die Einbeziehung von Ausspielungen in die Analyse, die vor 1992 vorgenommen wurden, ist aufgrund von Änderungen im Spieldesign im Jahre 1992 nicht sinnvoll.

[31] *T. Tolkemitt*, aaO., Kapitel 3.8.

im Besitz von Informationen, die es ihnen erlauben würden, ihre Nachfrage vom Preis einer Ziehung abhängig zu machen.

Hohe statistische Signifikanz auf dem 99%-Niveau weist nach *Tolkemitt*[32] dagegen die Abhängigkeit der Nachfrage von der Höhe des Jackpots auf, der in der jeweiligen Ziehung im Lotto am Samstag vergeben wird. Je höher der Jackpot, desto größer ist die Anzahl von Spielteilnehmern, obwohl die Auszahlung pro eingesetzter Mark aufgrund der zunehmenden Spielerzahlen von der Höhe des Jackpots statistisch unabhängig ist[33]. Diese Beobachtung wird auch durch das Verhalten des Toto-Lotto-Blocks gestützt, der in seiner Werbung die Jackpothöhe als zentrales Verkaufsargument einsetzt.

Die folgende Abbildung verdeutlicht diesen Zusammenhang durch die Gegenüberstellung der durchschnittlichen Höhe des Jackpots[34] in Abhängigkeit der Anzahl der Perioden, über die sich dieser gebildet hat, und der Höhe der Nachfrage[35]. Es wird deutlich, dass sowohl die Jackpothöhe als auch die Summe der von den Spielern getätigten Einsätze steigt, wenn sich ein Jackpot über mehrere Perioden gebildet hat. Der Anstieg beider Werte lässt sich für die vier ersten Wochen als ungefähr parallel zueinander beschreiben. Spätestens ab der fünften Woche, wenn der Jackpot einen durchschnittlichen Wert von DM 17 Mio. erreicht hat, beginnt die Nachfrage jedoch dramatisch zu steigen.

Die Lotteriespieler richten sich somit offensichtlich nach der Höhe des Jackpots statt nach dem - ihnen allerdings unbekannten - Erwartungswert des Spieles, obwohl die Höhe des Jackpots in keinem Zusammenhang mit der Höhe der zu erwartenden Auszahlung steht. Dies bedeutet, dass der Jackpot ein Kaufauslöser ist, der die deutschen Lottospieler in die Irre führt[36]. Die Werbung der Blockgesellschaften unterstützt sie redlich in dieser Fehlwahrnehmung.

---

[32] *T. Tolkemitt*, aaO., Kapitel 4.2.

[33] Man erinnere sich, dass auch ein sehr hoher Jackpot schnell an Wert verliert, wenn er zwischen einer größeren Anzahl von Gewinnern aufgeteilt werden muss. *T. Tolkemitt*, aaO., Kapitel 4.2. belegt diese Aussage anhand einer ökonometrischen Untersuchung des Zusammenhangs von Jackpot und Auszahlungsquote im Lotto am Samstag.

[34] Zur graphischen Verdeutlichung transponiert mit dem Faktor 10.

[35] Die Darstellung basiert auf der Auswertung von 30 Jackpotreihen, die sich beim Lotto am Samstag über drei oder mehr Wochen im Zeitraum zwischen 1996 und 1998 (insgesamt 157 Ziehungen) gebildet haben.

[36] Weiterhin könnte es sein, dass die Spieler einen besonderen Spaß bei einem Spiel um große Summen empfinden. Die Größe des Jackpots lässt sie dabei jedoch anscheinend vergessen, dass sie entscheidende Qualitätsparameter des Gutes, das sie kaufen, wie etwa dessen wahren Preis, gar nicht kennen.

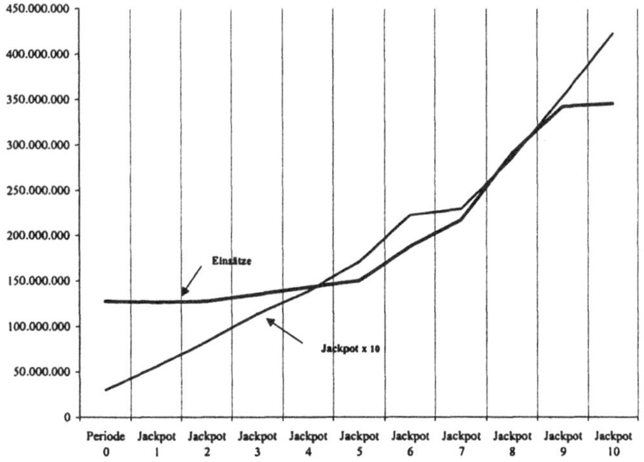

Abbildung 1: Durchschnittliche Entwicklung von Jackpot und Nachfrage, Lotto am Samstag, 1996 – 1998

Zusammenfassend ist für die Beurteilung des Glücksspielproduktes „Lotto am Samstag" festzuhalten, dass es sich für die Spieler um ein besonders unrentables Produkt handelt, bei dem im Durchschnitt mehr als 98% der Spieler verlieren und nur durchschnittlich 50% der von den Spielern eingezahlten Gelder an die Gewinner wieder ausgeschüttet werden.

III. Der Vergleich von Lotto-Toto mit anderen Lotterien

Der Vergleich mit anderen deutschen Lotterien (Tabelle 3)[37] zeigt, dass das „Lotto am Samstag" zu den besonders schlechten Glücksspielen unter den großen deutschen Lotterien zählt. Nur die Glücksspirale liegt mit 36% unter der Auszahlungsquote des Lottos von 50%. Zudem ist das Lotto die einzige Lotterie, die nach dem Totalisatorprinzip gespielt wird und bei der damit die Auszahlungen und der Gewinneranteil beträchtlich schwanken. Dies bedeutet, dass die Spieler den Wert eines Lottotipps in einer bestimmten Ziehung praktisch nicht abschätzen können.

[37] Die Berechnungen und Werte der Tabelle entstammen *T. Tolkemitt*, aaO., Kapitel 3, in dem auch noch weitere Glückspiele, wie Roulette und Geldspielautomaten, berechnet werden.

	Lotto am Sa	Lotto am Mi	Glücksspirale	105. SKL	Gewinnsparen
Auszahlungsquote	50%	50%	36%	54%	70%
Max	61%	78%			
Min	42%	39%			
Gewinneranteil	1,86%	3,70%	11,00%	74,02%	11,00%
Max	2,86%	4,85%			
Min	1,30%	2,81%			

Tabelle 3: Vergleich deutscher Lotterien (Quelle: T. Tolkemitt, aaO., Kap. 3.8)

D. Das Marktversagen auf dem Glücksspielmarkt

I. Die Nachfrage nach Lotto: Der Verkauf von Hoffnung

Ungeachtet seiner hohen Verlustquote ist Lotto das mit Abstand umsatzstärkste Lotterieprodukt auf dem deutschen Glücksspielmarkt. Es stellt sich damit die Frage, wieso die Spieler die Unterschiede in den Verlusten der einzelnen Glücksspiele nicht mit Abwanderung an bessere Anbieter oder mit einem völligen Verzicht auf Glücksspiele beantworten. Hierzu muss erst verstanden werden, warum Lotterien überhaupt nachgefragt werden, obwohl sie doch allesamt ihren Teilnehmern im Durchschnitt erhebliche Verluste zufügen.

Lotterien zeichnen sich durch die Möglichkeit des Gewinns hoher Geldbeträge aus, so klein die Chance dafür auch sein mag. Glücksspielveranstalter verkaufen damit den Spielern gegen einen geringen Preis die Hoffnung auf eine erhebliche Steigerung ihres Vermögens[38]. Ihr Kerngeschäft ist damit der Verkauf von Hoffnung. Diese Struktur teilen Glücksspiele mit vielen Märkten. Wie im folgenden zu zeigen sein wird, liegt das Marktversagen beim Hoffnungsverkauf durch Glücksspiele jedoch darin, dass die Kunden den wirklichen wirtschaftlichen Wert der verkauften Hoffnung nicht richtig einschätzen können und sie damit auch nicht die Höhe der verlangten Spielpreise zu beurteilen vermögen.

---

[38] Siehe die Analyse des amerikanischen Lotteriemarktes von *C. T. Clotfelter / P. J. Cook*, Selling Hope. State Lotteries in America, 1989, die treffenderweise den Titel „Selling Hope" trägt.

II. Die fehlerhaften Entscheidungsmuster auf Seiten der Spieler

Tversky und *Kahnemann*[39] haben im Entscheidungsverhalten von Individuen gängige Muster festgestellt, die zu falschen Verhaltensweisen beim Umgang mit Glücksspielen führen:

So weisen Individuen auch dann, wenn ihnen dies möglich wäre, die Tendenz auf, Wahrscheinlichkeiten für bestimmte Umweltzustände einfach in grobe Wahrscheinlichkeitsklassen einzuordnen, anstatt ihren Wert abzuschätzen, (*Repräsentativität*)[40]. Ein derartiges Verhalten zeigt auch ein Lotto-Spieler, den allein die Tatsache, dass er durch die Teilnahme am Spiel gewinnen *kann*, interessiert. Er teilt die Gewinnchancen dabei lediglich in zwei Klassen ein: „gewinnen ist möglich" und „gewinnen ist nicht möglich", ordnet diesen jedoch keine halbwegs vernünftigen Wahrscheinlichkeitswerte zu.

Der Fehler der *Verfügbarkeit* bezeichnet die Tendenz von Menschen, ein Ereignis für wahrscheinlicher zu halten, wenn es leicht vorstellbar ist oder wenn er eine Erinnerung an ein vergleichbares Ereignis hat. Für die Erwartungsbildung von Glücksspielern bedeutet dies, dass der Gewinner einer Spielrunde und jeder Beobachter eines Gewinnvorgangs im Anschluss an einen Gewinn die Gewinnchancen des Spiels überbewertet. Liegt der letzte „Gewinnfall" schon längere Zeit zurück, erscheint dieser dem Spieler weniger wahrscheinlich. Bei einer empirischen Untersuchung[41] zeigt sich, dass die Höhe des realisierten Hauptgewinns in der letzten Wochenziehung im Lotto am Samstag die Spielnachfrage der darauf folgenden Woche deutlich beeinflusst. Wurde ein hoher Gewinn im Samstags-Lotto erzielt, so wird dieser in der Presse besprochen und von den Lotto-Anbietern in der Werbung hervorgehoben. Lotto erhält dann wieder mehr Aufmerksamkeit in der Bevölkerung mit der Folge, dass die Nachfrage in der nächsten Woche ansteigt[42]. Wie Lottonachfrageanalysen[43] ergeben haben, richten sich die Spieler bei Lotterien in besonderem Maße nach der Höhe des Jackpots statt nach dem Erwartungswert des Spieles, der allerdings den Spielern nicht zur Verfügung steht. Da die Höhe des Jackpots nicht mit einer höheren

---

[39] Z.B. *D. Kahnemann / A. Tversky*, Prospect Theory: An Analysis of Decisions Under Risk, Econometrica, 47, 1979, S. 263 ff.

[40] Ein Beispiel hierfür wäre, wenn Menschen bei einer Autofahrt ihr Unfallrisiko mit null oder 100% ansetzen.

[41] *T. Tolkemitt*, aaO., Kapitel 3.

[42] Der Grund hierfür besteht darin, dass die mögliche Aufmerksamkeit eines Individuums „knapp" ist und es deshalb nicht alle Informationen, die die Welt zu bieten hat, wahrnehmen kann. Sämtliche Werbeanstrengungen buhlen daher zunächst um die Aufmerksamkeit möglicher Konsumenten. Dabei gilt heute als gängige Erkenntnis, dass der *Inhalt* der Werbung eine nur unbedeutende Rolle spielt. Für den Bekanntheitsgrad eines Produktes und damit für seinen Absatz förderlich können daher auch schlechte Nachrichten sein.

[43] *T. Tolkemitt*, aaO., Kapitel 3.

durchschnittlichen Auszahlung an die Spieler einhergeht, ist ein hoher Jackpot für die Kunden ein sie zumindest teilweise in die Irre führender Kaufanreiz, die Aufmerksamkeit der Kunden für den Jackpot somit ein Ausdruck für Marktversagen aufgrund fehlerhafter Wahrnehmung des Glücksspielpreises. Die Stärke der Fehlabschätzungen der Spieler wird dabei erheblich von den Werbeaktivitäten der Anbieter beeinflusst. So zielen die Inhalte der Werbung auf die Ausnutzung der typischen kognitiven Entscheidungsfehler der „Verfügbarkeit" und der „Repräsentativität" ab, indem sie sich auf die Darstellung von Gewinnfällen konzentrieren und die Gewinnchancen so darstellen, dass sie von den Spielern als höher assoziiert werden als sie in der Wirklichkeit sind[44]. Die Darstellung protzig-vulgärer Vergnügungen[45] anstelle der typischen, eher mickrigen Gewinne soll die Spieler dazu verleiten, besonders bei hohen Jackpots zu spielen.

Akerlof und *Dickens*[46] haben gezeigt, dass die Menschen auch über ihre eigenen Abschätzungen und Urteile Präferenzstrukturen bilden. Glücksspieler ziehen es vor zu glauben, dass sie eine relevante Chance auf den Gewinn des Jackpots haben, da es gegen ihr Selbstbild spricht, an einem Spiel teilzunehmen, bei dem sie mit praktisch 100prozentiger Wahrscheinlichkeit nicht gewinnen, sondern verlieren werden. Individuen beeinflussen ihre eigenen Einschätzungen dann dadurch, dass sie vorzüglich Informationsquellen nutzen, die ihre eigenen vorgefassten Einstellungen unterstützen. So verfolgen Glücksspieler in den Medien, wer in der Lotterie gewonnen hat und was dieser mit dem gewonnenen Geld vorhat. Getroffene Entscheidungen zu spielen, werden dabei verteidigt, bereits angenommene Einstellungen nicht geändert, „da es nicht sein kann", das man mit seiner Glücksspielteilnahme schlecht entschieden hat[47].

Dass die Spieler die von ihnen getätigten Spiele nicht übersehen, tritt besonders klar bei Gaunereien zu Tage, die teilweise über Jahre hinweg nicht entdeckt wurden[48]. Zudem haben die Spieler auch keine Anreize, sich die für die Beurtei-

---

[44] Vgl. hierzu die in der Werbung der SKL angegebenen Gewinnchancen von bis zu 99% sowie *T. Tolkemitt*, aaO., Kapitel 3.4.

[45] Dies geschieht durch die Darstellung von Luxusgütern wie Motoryachten oder Villen. Die Abbildung mehrerer leicht gewandeter schöner junger Frauen, die sich um einen eher fetten Lottogewinner scharen, gehört ebenfalls zum beliebten Werbeinhalt.

[46] *G. A. Akerlof / W. T. Dickens*, The Economic Consequences of Cognitive Dissonance, American Economic Review, 72, 1982, S. 307 ff.

[47] Es handelt sich hier um den von *Tversky* und *Kahnemann* beschriebenen Fehler des „Verankerns". Verankern beschreibt den Unwillen von Spielern, die ursprünglich getroffenen Wahrscheinlichkeitseinschätzungen und Urteile zu ändern, selbst wenn neue Informationen dies nahe legen.

[48] Ein Beispiel für die Unmöglichkeit der Spieler, Gewinn und Kosten eines Spieles zu bewerten, stellt der Fall der italienischen Regionallotterie dar. Wie 1999 bekannt wurde, haben die staatlichen Veranstalter über Jahre hinweg die Ziehungskugeln auf verschiedene Weise so präpariert, dass derjenige, der die Ziehung per Hand vornahm, die von den betrügerischen

lung der Spiele nötigen Information auf eigene Faust zu beschaffen, da der Aufwand an Zeit und geistiger Anstrengung für die meisten im Vergleich zu den von ihnen getätigten Einsätzen viel zu hoch ist[49]. Deshalb legen die Spieler ihrer Entscheidung, an einem Glücksspiel teilzunehmen, andere Kriterien als den Erwartungswert zugrunde und vertrauen irrationalen Mechanismen, die zu einer systematischen Überbewertung der Chancen und der zu erwartenden Gewinne im Vergleich zu den realen Gegebenheiten führen. So richten die Spieler ihre Zahlentipps im Lotto selbst nach dem Stand der Sterne[50].

III. Asymmetrische Information und fehlender Wettbewerb

Bei einer Betrachtung beider Parteien des Lotteriemarktes wird deutlich, dass ein Informationsgefälle zwischen Anbietern und Nachfragern vorliegt, da lediglich die anbietenden Blockunternehmen den wirklichen Preis der Glücksspiele und seine Schwankungen kennen: Die Information über Preis und Eigenschaften des Glücksspielproduktes ist somit auf dem Lotteriemarkt *asymmetrisch* verteilt. Dieser Umstand ist entscheidend für das Verständnis des Verhaltens der Unternehmen des Deutschen Toto-Lotto-Blocks. Die Uninformiertheit der Spieler eröffnet dem Toto-Lotto-Block die Möglichkeit, über Marketingstrategien Einfluss auf die Höhe der Nachfrage zu nehmen. Um aus den Informationsdefiziten der Spieler Gewinn zu ziehen, fluten die Anbieter den Markt mit irrelevantem Informationsmüll[51], um dafür zu sorgen, dass die Nachfrage nicht auf den wirklichen Preis der Glückspielteilnahme reagiert, sondern sich durch Werbung und andere Marketingmaßnahmen erhöhen lässt[52]. Kennzeichnend für die Werbe-

---

Veranstaltern erwünschten Kugeln „erfühlen" konnte. Die Veranstalter setzten auf die von ihnen präparierten Zahlenkugeln und strichen die Gewinne ein. Die Spieler dieser Lotterie hatten keine Chance, die auf diese Weise deutlich gesunkene Qualität zu überprüfen, da es in der Natur dieses Produktes liegt, dass sich seine Qualität dem Konsumenten selbst nach jahrelangen Wiederholungen nicht durch die zu beobachtenden Ergebnisse offenbart.

[49] Sie sind insofern „rational apathisch", vgl. hierzu für das Stimm- und Kontrollverhaltens in Gesellschaften mit großer Mitgliederzahl *M. Adams*, Höchststimmrechte, Mehrfachstimmrechte und sonstige wundersame Hindernisse auf dem Markt für Unternehmenskontrolle, Die Aktiengesellschaft, 1990, S. 63 ff..

[50] *M. Adams*, Fair Play! Zur Notwendigkeit einer Offenbarungspflicht des durchschnittlichen Verlustes bei Spiel-, Wett- und Lotterieverträgen, Zeitschrift für Rechtspolitik, 1997, S. 314 f. So bietet der Deutsche Toto-Lotto-Block in seiner Kundenzeitschrift und via Internet (http://journal.jaxx.de) ein tägliches Horoskop für Spieler an, in dem für jedes Sternzeichen eine „Glückszahl" genannt wird.

[51] Man denke etwa an die Erstellung von Sternhoroskopen mit Glückszahlen durch den Block.

[52] Grundlegend hierzu *M. Darby / E. Karni*, Free Competition and the Optimal Amount of Fraud, Journal of Law and Economics, 14, 1973, S. 67 ff. Sie zeigen, dass Anbieter von Reputationsgütern hohe Anreize haben, qualitätsrelevante Informationen nicht zu offenbaren und sogar ein gewisses Maß an Fehlinformation zu verbreiten.

kampagnen der Glücksspielveranstalter ist daher, dass sie den Informationsstand der Spieler verschlechtern. Zudem hat der Block die Spielstruktur des Lottos so aufgebaut, dass sie auf hohe Hauptgewinne und nicht etwa auf hohe Erwartungswerte ausgerichtet ist[53].

Der Schlüssel zum bisherigen Markterfolg der Glücksspielanbieter in Deutschland liegt damit in der Macht über die zurückgehaltenen Produktinformationen. Über diese verfügen nur die Monopolanbieter des Lotto-Toto-Blocks. Ein Vergleich mit den USA zeigt, wie sich zudem der fehlende Wettbewerb aufgrund des staatlichen Monopols in Deutschland auswirkt: So hat der freie Marktzutritt zum Geldspielautomatenmarkt in einigen US-amerikanischen Bundesstaaten zu einem Preiskampf geführt, bei dem die Produktinformationen über das jeweilige Glücksspiel durch deutliche Hinweise über die Ausschüttungsquoten auf den Automaten und auch durch Werbeplakate den Kunden klar vor Augen geführt werden. Der dortige Preiskampf hat zu Ausschüttungsquoten von bis zu 95% an einigen Gerätetypen geführt[54].

Das Marktversagen aufgrund asymmetrischer Informationsverteilung ist damit Folge des fehlenden Wettbewerbs in Deutschland, da neu in den Markt eintretende Wettbewerber einen Anreiz hätten, die von ihnen angebotene und aus Wettbewerbsgründen notgedrungen bessere Gewinnstruktur zu offenbaren, um durch das Angebot besserer Erwartungswerte Kunden von den alten Anbietern abzuwerben.

---

[53] Auch der Zusammenschluss der Lotteriegesellschaften zum Toto-Lotto-Block dient diesem Zweck. Im Lotteriebereich bestehen für die Anbieterunternehmen hohe Zusammenschlussanreize, die sich aus den Nachfragesteigerungen der Spieler bei hohen Jackpots ergeben. Dieser Zusammenhang muss als Hauptgrund für den Zusammenschluss der 16 ländereigenen Lotterietreuhandgesellschaften zum Deutschen Toto-Lotto-Block angesehen werden. Aufgrund des Totalisatorprinzips des Lottos ist es einer großen deutschlandweit tätigen Lotterie möglich, deutlich höhere Jackpots auszuschütten als einer kleinen, nur landesweit tätigen. Da die Nachfrage aber vor allem von der Jackpothöhe des Spiels abhängt, bedeutet dies, dass eine große Lotterie mehr Nachfrage auf sich ziehen kann als dies in der Summe mehreren kleinen möglich ist, vgl. hierzu *C. T. Clotfelter / P. J. Cook*, The Peculiar Scale Economies of Lotto, American Economic Review, 83 (3), 1993, S. 634 ff.

[54] Vgl. *W. R. Eadington*, The Economics of Casino Gambling, Journal of Economic Perspectives, 13 (3), 1999, S. 173 ff. Eine solche Ausschüttungsentwicklung ist auf dem deutschen Markt für Geldspielautomaten trotz des dort ausnahmsweise möglichen freien Marktzutritts aufgrund der höheren Steuerlast nicht möglich.

Ein sinnvoller Einsatz des zivilrechtlichen Vertragssystems[55] setzt voraus, daß die Vertragspartner das verkaufte Produkt und seinen Preis im Wesentlichen richtig verstehen. Auf dem deutschen Glücksspielmarkt ist dies nicht gegeben: Die Konsumenten kennen den Erwartungswert und damit den wirklichen Preis der Spiele nicht. Diese Tatsache begründet ein Versagen des Vertragssystems. Hinter der auf falscher Erwartungsbildung beruhenden Spielteilnahme ist zudem eine gesellschaftlich unerwünschte regressive Besteuerung zu vermuten[56].

Der deutsche Lotto-Toto-Block arbeitet zudem in einer wettbewerbswidrigen Marktstruktur, die mit weiteren erheblichen Nachteilen auch für den staatlichen Eigentümer verbunden ist. Hiervon handelt der nächste Abschnitt.

E. Fehlende Unternehmenskontrolle im Deutschen Toto-Lotto-Block

Das Geschehen innerhalb der Unternehmen des Toto-Lotto-Blocks ist maßgeblich durch ihre Monopolstellung und ihre Eigenschaft als Staatsunternehmen gekennzeichnet.

I. Ein „mehrstufiges Principal-Agent-Problem" bei fehlendem Wettbewerb

Die Unternehmen des Toto-Lotto-Blocks haben nicht nur die Steuern, die auf die Spielumsätze erhoben werden, sondern auch die erwirtschafteten Unternehmensgewinne an den Staat als ihren Eigentümer abzuführen. Bei der Beziehung zwischen staatlichem Eigentümer und Management liegt ein *Principal-Agent-Problem*[57] vor: Wenn das Einkommen einer Unternehmensverwaltung nicht an die Gewinne des Unternehmens gekoppelt wird, ist diese nur mäßig motiviert, möglichst große Überschüsse zu erwirtschaften. In der Unternehmenspraxis wurden verschiedene Lösungsmodelle entwickelt, anhand derer der Interessengegensatz zwischen Eigentümer und Unternehmensverwaltung gemildert werden kann. So werden häufig Anreize zur Gewinnerhöhung in die Geschäftsführerverträge eingearbeitet, etwa in Form von an den Unternehmensgewinn gekoppelten variablen Gehaltskomponenten[58].

Allerdings ist der Staat ein besonderer Eigentümergesellschafter, da er sich als abstrakte Organisation durch Politiker und ihre Verwaltungsmitarbeiter vertreten

---

[55] In juristischer, leicht verdunkelnder Ausdrucksweise wird dies mit „Richtigkeitsgewähr" bezeichnet. In der wirtschaftswissenschaftlicher Terminologie wird der Begriff „Effizienz von Verträgen" benutzt. Effizienz setzt weiterhin die Abwesenheit von Transaktionskosten und Externalitäten voraus, vgl. z.B. *J. Tirole*, The Theory of Industrial Organization, 1988, S. 113ff. oder *R. S. Pindyck / D. L. Rubinfeld*, Microeconomics, 2. Aufl., 1992, S. 603ff.

[56] Vgl. hierzu die Angaben oben in Fn. 4.

[57] Zum Begriff des Principal-Agent-Problems vgl. beispielsweise *R. Richter / E.G. Furubotn*, Neue Institutionenökonomie, 2. Aufl., 1999, S. 163ff.

[58] Vgl. *P. Milgrom / J. Roberts*, Economics, Organization & Management, 1992, S. 206ff.

lassen muss, die gleichfalls nicht am Gewinn des Unternehmens beteiligt sind. In den staatlichen Unternehmen des Toto-Lotto-Blocks tritt auf Gesellschafterseite somit keine Person auf, die ein unmittelbares eigenes Interesse an der Erwirtschaftung von Gewinnen durch die Manager der Treuhandunternehmen hat. Infolge dieses „mehrstufigen Agency-Problems“ [59], bei dem der Wahlbürger die Politiker und diese wiederum Glücksspielmanager beauftragen, erhält die Unternehmensverwaltung der Treuhandgesellschaften Spielraum, einen Teil der möglichen Gewinne in die eigenen Taschen zu leiten oder am Arbeitsplatz zu konsumieren oder in Unwirtschaftlichkeit untergehen zu lassen. Dieser verdeckte Gewinnverbrauch durch die Unternehmensverwaltungen drückt sich aus in marktwidrig überhöhten Gehältern, großzügigen Geschäftsausstattungen, luxuriösen Büros, angenehmen Arbeitszeiten und Ruhestandsregelungen, einem noblen Fuhrpark und in einer regen und global ausgerichteten „Dienstreisetätigkeit“. In der Bilanz und der Gewinn- und Verlustrechnung wird dann zu beobachten sein, daß die staatlichen Glücksspielunternehmen nur geringe Gewinne erzielen und hohe interne Kosten aufweisen. Daß sie trotz dieser hohen Kosten am Markt bestehen können, ist Folge ihrer vor Wettbewerb geschützten Marktposition.

Die im Folgenden beispielhaft an einem Einzelfall belegte Unwirtschaftlichkeit öffentlicher Unternehmen ist nicht nur das Ergebnis mangelnden Interesses der Vertreter der staatlichen Gesellschafterseite an der Erwirtschaftung von Unternehmensüberschüssen. Bei staatlichen Unternehmen entfällt auch die Kontrolle durch den Kapitalmarkt, da Außenstehende keine Unternehmensanteile halten können und damit die Drohung einer feindlichen Übernahme entfällt[60].

---

[59] Eine genauere Erläuterung der Anreizstruktur eines doppelten Principal-Agent-Problems der beschriebenen Art sowie eine empirische Untersuchung über dessen Relevanz liefern *S. S. Crane / L. R. Cohen*, Efficiency in Public Organizations: An Empirical Test of Public Choice Theories, Arbeitspapier, Western Economic Association Annual Meeting, San Diego, CA, 26.5.1999.

[60] Siehe *R. A. Brealey / S. C. Myers / S. C. Marcus*, Fundamentals of Corporate Finance, 2. Aufl., 1999, S. 595ff.; *M. Adams*, Höchststimmrechte, Mehrfachstimmrechte und sonstige wundersame Hindernisse auf dem Markt für Unternehmenskontrolle, Die Aktiengesellschaft, 1990, S. 63 ff.; *M. Adams*, Was spricht gegen eine unbehinderte Übertragbarkeit der in Unternehmen gebundenen Ressourcen durch ihre Eigentümer, Die Aktiengesellschaft, 1990, S. 243 ff. Sind Gesellschafteranteile ohne große Kosten übertragbar, wie etwa bei börsennotierten Aktiengesellschaften, so besteht für Investoren die Möglichkeit, ineffizient wirtschaftende Unternehmen zu übernehmen, deren Management durch ein neues, besser arbeitendes zu ersetzen und dadurch die Wirtschaftlichkeit des Unternehmens und damit seinen Wert zu steigern. Allein die Möglichkeit einer solchen feindlichen Übernahme wirkt disziplinierend auf das Management, da es bei einer Übernahme entlassen würde. Diese Form der Effizienzkontrolle entfällt bei den öffentlichen Unternehmen des Deutschen Toto-Lotto-Blocks zur Gänze.

II. Jahresabschlußanalyse der Lotterietreuhandgesellschaft mbH, Hessen und anderer Lotterietreuhandgesellschaften

Es soll nun anhand einer kurzen Jahresabschlußanalyse der Lotterietreuhandgesellschaft mbH, Hessen gezeigt werden, daß sich die theoretisch abgeleiteten Anreize zur Unwirtschaftlichkeit in den Bilanzen der öffentlichen Lotto-Unternehmen wiederfinden.

Die Lotterie-Treuhandgesellschaft mbH Hessen (LTG) ist im hessischen Landesgebiet für das Angebot und die Durchführung der Spiele des Deutschen Toto-Lotto-Blocks zuständig, also für das Zahlenlotto, Fußball-Toto, Rennquintett, Spiel 77, Super 6 und die Rubbellos-Lotterien. Diese Aufgabe erfüllt die Gesellschaft treuhänderisch für das Land Hessen, das Alleingesellschafter des Unternehmens ist. Hierfür hat die LTG einen Geschäftsbesorgungsvertrag mit dem Land abgeschlossen, der eine Entlohnung der Gesellschaft für die Durchführung der Lotterien in Höhe von 106 Prozent der in der folgenden Tabelle 4, Zeile 25 aufgeführten „anderen lotteriebezogenen Aufwendungen" vorsieht. Die LTG wird damit widersinniger-, aber im öffentlichen Bereich durchaus üblicherweise auf der Grundlage eines Prozentsatzes ihrer ***Kosten*** für ihre Leistungen vergütet. Es liegt damit der von *Averch / Johnson*[61] analysierte Fall einer zu Verschwendung und Kostenproduktion anreizenden Fehlregulierung vor. So braucht die LTG nur ihre Kosten zu erhöhen, um höhere Gewinne einstreichen zu dürfen[62]. Darüber hinaus gestattet das Land Hessen der LTG, die „Glücksspirale" auf eigene Rechnung durchzuführen, d.h. die Erträge dieser Lotterie - nach Abzug der Lotteriesteuern - einzubehalten.

Der gesamte Umsatz betrug in den Jahren 1995 bis 1997 durchschnittlich rund DM 100 Mio. (Zeile 11). Die Umsätze der Gesellschaft errechnen sich aus den Bruttowetteinsätzen der Glücksspirale (Zeile 5), den auf die Glücksspirale und jedes Los erhobenen „Bearbeitungsgebühren", (Zeile 6 und 7) der Geschäftsbesorgungsvergütung des Landes Hessen (Zeile 8), der Kostenbeteiligung der Annahmestellen (Zeile 9) sowie aus sonstigen Umsätzen (Zeile 10)[63]. Für die gesamten *Nettoeinnahmen des Landes Hessen* aus der Arbeit der LTG ergibt sich für 1997 damit folgende Rechnung:

---

[61] *H. Averch / L. Johnson*, Behaviour of the Firm under Regulatory Constraint, American Economic Review, 52, 1962, S. 1052 ff.

[62] Vgl. hierzu die Darstellung einer typischen Fehlregulierung bei *M. Adams*, Ökonomische Analyse der Verschuldens- und Gefährdungshaftung, 1985, Kapitel 6.

[63] In dieser Summe sind nicht die Bruttoeinsätze enthalten, die die Spieler in einem Jahr bei den Glücksspielen (außer der Glücksspirale) eingesetzt haben. 1997 konnte die Gesellschaft insgesamt DM 959 Mio. solcher Wetteinsätze für das Land verkaufen (Zeile 1).

Netto-Spieleinnahmen staatl. Lotterien (Zeile 3)	TDM 499.044
Lotteriesteuer Glücksspirale (Zeile 4)	TDM 18.747
Neutrales Ergebnis (Zeile 30)	TDM 6.114
	TDM 523.905
./. Geschäftsbesorgungsvergütung LTG	TDM 23.307
	TDM 500.598

Das Land hat mit Hilfe des Toto-Lotto-Blocks somit insgesamt rund eine halbe Milliarde DM eingenommen.

Die Anreize, die für die LTG und ihr Management aus dem Geschäftsbesorgungsvertrag mit dem Land entstehen, offenbaren die Zeilen 21 bis 25. Um ihre eigenen Einnahmen zu vergrößern, hebt die LTG die als Bemessungsgrundlage für ihre Entlohnung durch das Land zugrunde gelegten „anderen lotteriebezogenen Ausgaben“ (Zeile 25) auf ein beachtliches Niveau. Der Kostenblock setzt sich zu 29% aus den Provisionen für die Gebietsverkaufsleiter (Zeile 21), zu 31% aus den Online-Übertragungskosten (Zeile 22), zu 4% aus den Produktionskosten für die Rubbellose (Zeile 23) und zu 35% aus sonstigen Kosten (Zeile 24) zusammen. Vor allem die Provisionen für die 14 Gebietsleiter, die es allein in Hessen 1997 gab, erreichen erstaunliche Höhen. Sie betrugen 1997 6.458 000.- DM, d.h. 461 000.- DM pro Gebietsverkaufsleiter. Die „sonstigen Ausgaben“ (Zeile 24) in diesem Kostenblock betrugen 1997 immerhin DM 7,8 Mio. Hinter dieser nicht weiter aufgeschlüsselten Kostenstelle verbergen sich möglicherweise auch die Reiseausgaben der Angestellten oder besondere Zuwendungen an Verkaufsstellenleiter und sonstige Personen.

			1. Jahr	2. Jahr	Veränderung	3. Jahr	Veränderung
	Anzahl der Jahre	3	1997	1996	96 zu 97 in %	1995	95 zu 96 in %
1	Brutto-Wetteinsätze staatliche Lotterien	in TDM	959.700	979.800	-2,1%	993.000	-1,3%
2	Ausschüttung staatliche Lotterien (ca. 48%)	in TDM	460.656	470.304	-2,1%	476.640	-1,3%
3	Netto-Spielerträge staatliche Lotterien	in TDM	499.044	509.496	-2,1%	516.360	-1,3%
4	Lotteriesteuer Glücksspirale	in TDM	18.747	17.093	9,7%	17.393	-1,7%
5	Brutto-Wetteinsätze Glücksspirale	in TDM	31.245	28.489	9,7%	28.989	-1,7%
6	Bearbeitungsgebühr Glücksspirale	in TDM	2.348	2.119	10,8%	2.156	-1,7%
7	Bearbeitungsgebühren Lotterien	in TDM	36.170	36.600	-1,2%	37.093	-1,3%
8	Geschäftsbesorgungsvergütung Lotterien	in TDM	23.307	25.168	-7,4%	24.516	2,7%
9	"Kostenbeteiligung" der Annahmestellen	in TDM	7.085	7.173	-1,2%	7.270	-1,3%
10	sonst. Umsätze	in TDM	791	386	104,7%	3.450	-88,8%
11	gesamter Umsatz *(Summe 5 - 10)*	in TDM	100.946	99.935	1,0%	103.474	-3,4%
12	Umsatzrentabilität (32:11)	in %	3,43%	3,0%	12,3%	3,5%	-11,8%
13	Eigenkapital (inkl. Rückstellungen)	in TDM	35.581	33.883	5,0%	34.893	-2,9%
14	Fremdkapital	in TDM	53.457	65.756	-18,7%	65.952	-0,3%
15	davon treuhänderisch	in TDM	37.686	41.917	-10,1%	44.841	-6,5%
16	nachhaltiges Fremdkapital (14-15)	in TDM	15.771	23.839	-33,8%	21.111	12,9%
17	nachhaltige Eigenkapitalquote (13:19)	in %	68,2%	57,9%	17,8%	61,4%	-5,8%
18	Bilanzsumme	in TDM	89.878	100.468	-10,5%	101.664	-1,2%
19	nachhaltige Bilanzsumme (ohne Treuhand)	in TDM	52.192	58.551	-10,9%	56.823	3,0%
20	Gewinnauszahlung + Lotteriesteuer Glücksspirale	in TDM	26.950	24.569	9,7%	25.024	-1,8%
21	Provisionen für 14 bzw. 17 Provisionsleiter	in TDM	6.458	8.915	-27,6%	9.035	-1,3%
22	Übertragungskosten online	in TDM	6.873	6.866	0,1%	6.958	-1,3%
23	Produktionskosten Rubbellose	in TDM	885	1.006	-12,0%	1.020	-1,3%
24	sonstige Ausgaben in diesem Posten	in TDM	7.772	6.956	11,7%	6.114	13,8%
25	Andere lotteriebezogene Aufwendungen *(Summe 21 - 24)*	in TDM	21.988	23.743	-7,4%	23.127	2,7%
26	Personalaufwendungen	in TDM	19.107	17.395	9,8%	18.663	-6,8%
27	Aufwendungen für Werbung	in TDM	14.900	13.189	13,0%	16.048	-17,8%
28	übrige sonstige betr. Aufwendungen	in TDM	3.909	5.783	-32,4%	4.238	36,5%
29	Betriebsergebnis*	in TDM	5.738	5.865	-2,2%	5.751	2,0%
30	Neutrales Ergebnis**	in TDM	6.114	6.239	-2,0%	6.040	3,3%
31	Steuern	in TDM	2.656	3.191	-16,8%	2.460	29,7%
32	Gewinn nach Steuern***	in TDM	3.458	3.048	13,5%	3.580	-14,9%
33	Fremdkapitalzinsen	in TDM	5	3	66,7%	7	-57,1%
34	Cash Flow (32+36)	in TDM	11.812	12.439	-5,0%	14.203	-12,4%
35	(34:11)	in %	11,7%	12,4%	-6,0%	13,7%	-9,3%
36	Abschreibungen	in TDM	8.354	9.391	-11,0%	10.623	-11,6%
37	(36:11)	in %	8,3%	9,4%	-11,9%	10,3%	-8,5%
38	Anlagevermögen	in TDM	16.230	20.842	-22,1%	25.458	-18,1%
39	davon Grundstücke und Bauten	in TDM	10.636	10.591	0,4%	10.787	-1,8%
40	Eigenkapitaldeckung (13:38)	in %	219,2%	162,6%	34,9%	137,1%	18,6%
41	Mitarbeiter (131 feste)	Anzahl	163,5	163,5	0,0%	163,5	0,0%
42	Pro-Kopf-Umsatz (11:41)	in TDM	617,4	611,2	1,0%	632,9	-3,4%
43	Personalkosten	in TDM	19.107	17.395	9,8%	18.663	-6,8%
44	Anteil vom Umsatz (43:11)	in %	18,9%	17,4%	8,7%	18,0%	-3,5%
45	Verschuldungsgrad (16:34)	Jahre	1,34	1,92	-30,3%	1,49	28,9%

* (= Umsatz- Aufwendungen - Afa)

**(= Betriebsergebnis + sonst. Zinsen/Erträge - Zinsen/Aufwendungen)

***(= Neutrales Ergebnis - Steuern + außerordentliche Erträge = "Jahresüberschuß")

Tabelle 4: Auswertung des Jahresabschlusses der Lotterietreuhandgesellschaft mbH Hessen, Wiesbaden, 1995 - 1997, Quelle: *Lotterie-Treuhandgesellschaft mbH Hessen* , Lagebericht 1997, Bundesanzeiger, 7.10.1998, Köln.

Aufgrund der verfehlten Vergütungsanreize wird die LTG jedoch nicht nur die Kosten, die als Bemessungsgrundlage ihrer Bezahlung durch das Land dienen, ein möglichst hohes Niveau zu heben suchen, sondern auch alle sonst anfallenden Kosten. Da die Manager keinen Anreiz haben, Gewinne für die Gesellschaft zu erwirtschaften, werden sie versuchen, möglichst große Teile der Monopolgewinne in privatnützige Bahnen zu leiten und sie z.B. an diejenigen verteilen, die auf der Gehaltsliste der LTG stehen. So erreichen die Personalausgaben des Unternehmens (Zeile 26 und 43) bemerkenswerte Höhen. Die LTG hatte 1997 nach eigenen Angaben 193 Angestellte, von denen 131 Vollzeitkräfte waren. Der Rest waren Teilzeitkräfte, die vor allem die Lose auswerten. Insgesamt kann man also von 162 vollen Kräften ausgehen, wenn man die Teilzeitkräfte als „halbe" zählt. Die Personalaufwendungen betrugen 1997 DM 19 Mio., was ein Durchschnittsgehalt einschließlich Arbeitgeberbeiträge von DM 117 000 pro Angestelltem bedeutet. Dies ist ein deutlich überdurchschnittlicher Verdienst[64]. Auch die Aufwendungen für Werbung in Höhe von DM 14,9 Mio. im Jahre 1997 (Zeile 27) erscheinen nicht von Knauserigkeit gekennzeichnet zu sein, obwohl hier aussagekräftige Vergleichszahlen fehlen. Weitere Kosten sind im Posten „übrige sonstige betriebliche Aufwendungen" (Zeile 28) in Höhe von DM 3,9 Mio. (1997) enthalten. Diese beinhalten wohl auch die Zahlungen an den Aufsichtsrat, der 1997 sechs Mitglieder hatte, die jeweils eine Entlohnung von DM 23.200 für ihre Arbeit erhielten. Vier der sechs Mitglieder kamen aus dem Finanzministerium Hessens, darunter auch der Finanzminister, während zwei Mitglieder wiederum der Belegschaft der LTG entstammten.

Aufgrund der hohen Kosten ist der Gewinn der LTG nach Steuern (Zeile 32) und die Umsatzrentabilität (Zeile 12) mit 3,4 Prozent im Jahre 1997 sehr gering. Gerade bei einem Dienstleister wäre ein Wert um die 15 Prozent zu erwarten. Es liegt damit der Schluß nahe, dass die LTG keine Politik der Maximierung der an den staatlichen Eigentümer abzugebenden Gewinne betreibt[65].

Bei anderen Lotterietreuhandgesellschaften, wie etwa der Lotterietreuhandgesellschaft mbH *Thüringen*, zeigt sich ein ähnliches Bild, auch wenn in Thürin-

---

[64] Das durchschnittliche Bruttojahresgehalt deutscher Angestellter im früheren Bundesgebiet lag im Jahre 1999 laut Statistischem Bundesamt bei DM 81.264. Zusammen mit 20% Arbeitgeberanteil bedeutet dies durchschnittliche Personalkosten von DM 97.517 pro Arbeitnehmer.

[65] Dass privatwirtschaftliche Glücksspielunternehmen tatsächlich höhere Gewinne erzielen als öffentliche, zeigt der Fall Niedersachsen. Hier waren die Spielbanken bis Ende 1987 unter dem Namen Niedersächsische Spielbank Hannover / Bad Pyrmont GmbH & Co. KG in Privatbesitz und besaßen lediglich eine staatliche Konzession. Unter dieser Eigentümerkonstellation erzielte das Unternehmen noch hohe Gewinne, 1984 immerhin DM 1,9 Mio. und 1985 DM 2,09 Mio. Erst die Übernahme des Unternehmens durch den Staat und die damit einhergehenden Kontrolldefizite ließen die Gewinne gegen Null sinken. Vgl. Handelsblatt, 10.2.1988, S. 23, „Kontrollorgane haben versagt".

gen die Höhe der Lotterieumsätze und der Umfang der internen Abschöpfung der Monopolgewinne etwas zurückhaltender gehandhabt erscheinen[66]: In Thüringen werden sämtliche Lotterien treuhänderisch für das Land durchgeführt, d.h. auch die Glücksspirale wird nicht von der LTG auf eigene Rechnung betrieben. Die Bilanz der Gesellschaft ist sauberer gestaltet als diejenige der LTG Hessen. So geht das treuhänderisch verwaltete Vermögen des Landes nicht in die Bilanzsumme ein, sondern wird unterhalb dieser gesondert ausgewiesen. Die Brutto-Lotterieeinnahmen der LTG betrugen 1996 DM 165,5 Mio., das sind rund 16% der Einnahmen, die Hessen 1997 erwirtschaften konnte. Der Pro-Kopf-Einsatz der thüringischen Bürger lag bei DM 1,26 pro Veranstaltung im Vergleich zu DM 3,24 in Hessen. Ebenso wie in Hessen wird allerdings auch in Thüringen die „Geschäftsbesorgungsvergütung“ mit 106% der lotteriebezogenen Aufwendungen berechnet. Im Unterschied zu Hessen sind dies allerdings sämtliche Kosten, da auch die Glücksspirale für das Land durchgeführt wird. 1996 betrug diese Vergütung 15,5 Mio. DM. Wie in Hessen ist das Unternehmen nur mäßig profitabel: Die Umsatzrendite der Gesellschaft lag im Jahr 1996 nur bei 2,1%. Im Gegensatz zu Hessen gibt es in Thüringen keine hochprovisionierten Bezirksleiter und die Aufsichtsratsmitglieder, 1996 drei Angestellte des Finanzministeriums und drei Mitglieder des Landtags, erhielten für ihre Arbeit nur eine Aufwandsvergütung von DM 4.200.

Die Erkenntnisse über die Anreize der Unternehmensverwaltungen von Lotterietreuhandgesellschaften werden auch durch den Jahresabschluss 1997 der Lotto-Toto GmbH *Sachsen-Anhalt* bestätigt[67]. So verfügt dieses Unternehmen über ein in Wertpapieren gehaltenes Vermögen von DM 25 Mio. sowie ein Guthaben bei Kreditinstituten in Höhe von DM 9,5 Mio. Auf der anderen Seite schafft es die Gesellschaft, auf einen ausgewiesenen Gewinn nach Steuern von lediglich TDM 312 zu kommen, was einer Umsatzrendite von 8,4 Promille entspricht.

Die folgende Tabelle 5 fasst die Kontrolldefizite, die für die öffentlichen Monopolunternehmen des Deutschen Toto-Lotto-Blocks gelten, zusammen:

Kontrollmangel	**Grund**
Fehlende Kontrolle durch die Kunden	Unkenntnis von Preis und Qualität der Spiele
Fehlende Kontrolle durch den Wettbewerb	Monopol durch Marktzutrittsverbot
Fehlende Kontrolle durch den staatlichen Eigentümer	2-stufiges Agency-Problem: Wähler-Politiker-Glücksspielmanager
Fehlende Kontrolle durch den Kapitalmarkt	keine freien Aktionäre; keine feindliche Übernahme möglich

Tabelle 5: Kontrollmängel in deutschen Glücksspielunternehmen

66 Siehe Lotterie-Treuhandgesellschaft mbH Thüringen, Lagebericht 1996, Bundesanzeiger, 24.10.1997,

67 Vgl. Lotto-Toto GmbH Sachsen-Anhalt, Lagebericht für das Geschäftsjahr 1997, Bundesanzeiger, 30.9.1998,

Es konnte nicht ausbleiben, dass diese Häufung von Kontrollmängeln zu einer Fülle von Skandalen im deutschen Glücksspielwesen führte[68]. Die dargelegten Strukturmängel des deutschen Glücksspielmarktes rufen damit nach einer Reform des Glücksspielwesens an „Haupt und Gliedern“. Damit befasst sich der nun folgende Abschnitt.

F. Rechtspolitische Empfehlungen: Mehr Wettbewerb, mehr Transparenz und Privatisierung mit Regulierungsaufsicht

Im Rahmen der Analyse wurde deutlich, dass es vor allem drei Probleme sind, die den Reformbedarf des Deutschen Toto-Lotto-Blocks sowie des deutschen Lotteriewesens bestimmen: Das Marktversagen aufgrund der asymmetrischen Informationsverteilung, das Marktversagen aufgrund der Monopolisierung der Glücksspiele und die Praxis, das Glücksspielwesen durch Unternehmen im Staatseigentum zu betreiben.

---

[68] Die folgende kleine Auswahl von Beispielen ist der Arbeit von *P. Köpf,* aaO. zu verdanken: 1993 wurde im Keller der Staatlichen Lotto GmbH, Stuttgart, ein Versammlungssaal für TDM 500 ausgebaut. Dieser wurde jedoch fast nur von Gerhard Mayer-Vorfelder, damaliger Finanzminister des Landes Baden-Württemberg und Vorsitzender des Aufsichtsrats der Lotto-Gesellschaft, der den Bau angeregt hatte, für private Feierlichkeiten genutzt. Im Zuge der Aufdeckung dieses Zusammenhanges wurde dem Geschäftsführer der Gesellschaft, Peter Wetter (ehemaliges Mitglied des Landtags) Veruntreuung von Lotteriegeldern in fünf Fällen nachgewiesen. Daraufhin trat Mayer-Vorfelder als Aufsichtsratsvorsitzender zurück, Wetter und seine Stellvertreter mussten ihre Posten abgeben und wurden zu Geldstrafen verurteilt. Ähnliche Skandale der Selbstbedienung gab es auch in Rheinland-Pfalz und Hessen. Hier mussten Staatssekretär Otto Geske und Finanzministerin Fugmannn-Heesig ihre politischen Ämter niederlegen.

In der Lotto-Gesellschaft Baden-Württemberg wurde eine Kunstsammlung aufgebaut, in die jährlich TDM 150 investiert wurden. Der Rechnungshof des Landes stellt in seinem Bericht Nr. 11/4121 fest, dass „insbesondere im 3. Obergeschoß (das Gebäude der Gesellschaft) eher einem Museum für moderne Kunst als einem Betriebsgelände“ gleicht. Die Assistentin der Geschäftsführung, die für den Aufbau der Kunstsammlung verantwortlich war, war die Ex-Frau des Geschäftsführers Wetter, die für ihre Arbeit mit DM 1.200 pro Beratungssitzung entlohnt wurde. Zwischen 1989 und 1993 wurden von der gleichen Gesellschaft jährlich zwischen TDM 300 und 400 gespendet, meist an „befreundete“ Einrichtungen, z.B. an die Denkmalstiftung, in dessen Kuratorium Geschäftsführer Wetter saß, an den Förderverein Alt-Stuttgart, dessen Vorsitzender, oder an die Kunststiftung Baden-Württemberg, dessen Beiratsvorsitzender und Gründer er war.

Zwei weitere Beispiele dokumentieren die Höhe des Reisebudgets der Lotteriegesellschaften. So traf sich die Intertoto-Direktorenkonferenz (die Europäische Vereinigung der Lotto-Anbieter) 1995 zu ihrer Jahresversammlung nicht in Europa, sondern im australischen Perth, und im Juli 1993 lud der Geschäftsführer der Hessischen Lotto-Gesellschaft 25 Annahmestellenbesitzer zu einer Reise nach New York ein mit Gesamtkosten: TDM 415, d.h. ca. DM 16.000 pro Teilnehmer.

Diese drei Grundprobleme des deutschen Glücksspielmarktes bedürfen zu ihrer Heilung zunächst der Einführung von Wettbewerb. Wettbewerb verbessert die Informationslage der Spieler und verhindert die Ausbeutung der Kunden. Hierzu ist das Gesetz gegen Wettbewerbsbeschränkungen auf Glücksspielunternehmen uneingeschränkt anzuwenden. Die Einführung von mehr Wettbewerb auf Unternehmensebene hat über eine Beseitigung der Bedürfnisprüfung zu erfolgen, bei gleichzeitiger Einführung einer Glücksspielaufsichtsbehörde, die mit der Ermächtigung zur Auflagenerteilung und Informationsverbesserung des Marktes ausgestattet sein muss. Ihre Arbeitsweise sollte derjenigen des Bundesaufsichtsamtes[69] für das Kreditwesen nachgebildet sein. Die wirtschaftliche Schädigung des Staates durch das Halten der Glücksspielunternehmen in Staatseigentum ist mit einer Privatisierung zu begegnen.

Der genauen Beschreibung der notwendigen Reformmaßnahmen dienen die folgenden Abschnitte[70].

I. Liberalisierung des deutschen Lotteriemarktes

Eine Änderung der landesrechtlichen Lotterieverordnungen dahingehend, dass Glücksspiellizenzen nicht mehr auf der Grundlage einer Bedürfnisprüfung vergeben werden, beseitigt die Markteintrittsbarrieren für Lotterieunternehmen und ermöglicht auch neuen Anbietern den Marktzutritt. Der verstärkte Wettbewerb wird, wie bei jedem anderen Gut, auch über die Höhe der Preise geführt werden. Die zukünftig konkurrierenden Glücksspielanbieter werden Preise und Ausschüttungsquoten ihrer Spiele offenbaren, so dass der Konsument über seine Gewinnchancen und ihre Kosten informiert sein wird. Hierdurch kommt es im Wettbewerb zu einem Absenken der Glücksspielpreise und zu einer Erhöhung der Auszahlungsquoten. Das bisherige Marktversagen aufgrund von asymmetrischer Information würde durch den Wettbewerb behoben.

Durch den Preiswettbewerb entfällt innerhalb der öffentlichen Unternehmen des Toto-Lotto-Blocks auch der Spielraum für Ineffizienz und Selbstbedienung. Das Absinken der Spielpreise erzwingt in den Staatsunternehmen erhebliche Kosteneinsparungen, die vermeiden sollen, von den neuen Wettbewerbern vom Markt verdrängt zu werden. Hierdurch käme es zu einem Ende der in der Literatur beschriebenen globalen Reisetätigkeit des Managements, der überhöhten Gehälter,

---

[69] Der Aufsatz soll nicht auf die verfassungsrechtliche Kompetenzverteilung zwischen Bund und Ländern eingehen.

[70] Die hier vorgeschlagenen Reformen beziehen sich zwar nur auf den Lotteriemarkt, sie können allerdings ohne weiteres auf weite Teile des restlichen Glücksspielmarktes ausgedehnt werden. Einen Entwurf rechtspolitischer Reformen des gesamten deutschen Glücksspielwesens mit weiteren ergänzenden Regelungen für den Automaten- und Spielkasinosektor enthält *T. Tolkemitt*, aaO., Kapitel 7.

der Spenden an befreundete Institutionen und Clubs und vieles mehr. Aber auch die politische Besetzung der Managementpositionen mit Parteimitgliedern oder Staatsbeamten, würde durch die Liberalisierung des Marktes beseitigt[71].

II. Freier Marktzutritt bei Kontrolle der Anbieter durch ein Glücksspielaufsichtsamt

Da Glücksspielveranstalter Güter verkaufen, deren Eigenschaften die Spieler nicht durch einfache Beobachtung feststellen können, sind die Veranstalter der Versuchung zu betrügerischen Machenschaften ausgesetzt. Aus diesem Grunde müssen sowohl die Anbieter als auch ihre einzelnen Produkte überwacht werden.

Dies bedeutet, dass ungeachtet des angestrebten Wettbewerbs weiterhin jedermann, der eine Lotterie und andere Glücksspielprodukte anbieten möchte, eine staatliche Genehmigung besitzen muss. Auf diese Genehmigung sollte ein Rechtsanspruch bestehen, wenn der Antragsteller die subjektiven Voraussetzungen der persönlichen Geeignetheit und der notwendigen Fachkunde aufweist.

Bis zum jetzigen Zeitpunkt wurden Glücksspiellizenzen lediglich *Unternehmen* erteilt. Eine Genehmigungsbedürftigkeit für die einzelnen *Produkte* besteht nicht. Hierdurch gab es weder einen Schutz der Kunden vor zweifelhaften Glücksspielprodukten, noch Transparenz ihrer wesentlichen Eigenschaften. Stattdessen verband sich die staatliche Macht mit monopolistischem Anbieterverhalten. Um die Kunden und Bürger hiervor in Zukunft zu schützen, ist der Marktzutritt für neue Glücksspielanbieter zu eröffnen, jedoch auch für die einzelnen Glücksspielprodukte ein Genehmigungsverfahren mit Offenbarungspflichten vorzusehen. Hierzu bedarf es auf Länder- oder Bundesebene der Schaffung eines neu einzurichtenden Glückspielaufsichtsamtes, das diese Aufgaben dauerhaft wahrnimmt.

Da es zudem mittelfristig den staatlichen deutschen Glücksspielmonopolisten nicht gelingen wird, den von anderen europäischen Anbietern ausgehenden Wettbewerb zu verhindern, muss das Glücksspielaufsichtsamt auch die Integrität und Transparenz der vom Ausland oder per Internet in Deutschland angebotenen Glücksspielprodukte sicherstellen.

Die zugelassenen Veranstalter haben einen Anspruch auf eine Zulassung ihrer Produkte, wenn sie die vom Glücksspielaufsichtsamt durch Verordnung allgemein aufgestellten Voraussetzungen an Transparenz und Mindestauszahlungsquoten erfüllen. Das Glücksspielaufsichtsamt hat die Veranstalterangaben zu überprüfen. Mit der Genehmigung müssen alle Angaben der Unternehmen ins-

---

[71] Es dürfte diese Wirkung des Wettbewerbs sein, die in der Praxis unsere Vorschläge der Ablehnung verfallen lassen werden.

besondere im Internet veröffentlicht werden. Für eine Genehmigung ist als Mindesttransparenz von Glücksspielen vorzusehen, dass für jedes einzelne Spiel die Auszahlungsquoten und deren Schwankungen sowie die allgemeine Spielstruktur dem Publikum vor der Entscheidung über die Spielteilnahme klar vor Augen geführt wird.

III. Werbeauflagen und Informationspflichten

Der verbesserte Wettbewerb kann zu einer Steigerung der Werbemaßnahmen der Branche führen, da neue Unternehmen den Markt betreten werden und sich erst einen Namen bei den Spielern erarbeiten müssen. Auch wenn durch die vorgeschlagene Reform erstmals der Preis der Spiele bekannt und beworben werden wird, ist davon auszugehen, dass die Glücksspielunternehmen weiterhin mit den bekannten, die fehlerhafte Willensbildung der Spieler verstärkenden Inhalten werben werden. Auf Grund der Gefahr des „Verankerns" müssen den Anbietern daher bei jeder Werbung Informationspflichten auferlegt werden, die den möglichen Kunden zusammen mit der auf Vernebelung zielenden Werbebotschaften gleichzeitig auch die wirtschaftlich entscheidenden Produkteigenschaften zur Kenntnis bringen. Bei jeder Werbung und auf jedem Vertragsformular müssen daher für die einzelnen Produkte die durchschnittlichen Verlustquoten der Spiele deutlich erkennbar angegeben werden[72]. Das Glücksspielaufsichtsamt hat für alle Werbeträger durch Verordnung die Einzelheiten hierzu festzulegen und zu überwachen.

IV. Aufbruch der kartellähnlichen Struktur des Deutschen Toto-Lotto-Blocks

Obwohl bereits heute nicht erkennbar ist, wieso die Absprachen des Deutschen Toto-Lotto-Blocks keinen Verstoß gegen das Gesetz gegen Wettbewerbsbeschränkungen darstellen, sollte bei der Reform des Glücksspielmarktes klar ge-

---

[72] Von *M. Adams*, Fair Play! Zur Notwendigkeit einer Offenbarungspflicht des durchschnittlichen Verlustes bei Spiel-, Wett- und Lotterieverträgen, Zeitschrift für Rechtspolitik, 1997, S. 314 f. wurde hierzu bereits folgender Vorschlag unterbreitet: „§ 763 Satz 1 BGB sollte daher folgende neue Fassung erhalten: „*Ein Lotterievertrag oder ein Ausspielvertrag ist verbindlich, wenn die Lotterie oder die Ausspielung staatlich genehmigt ist und der Veranstalter die andere Partei über die Höhe seines durchschnittlich zu erwartenden Verlustes aus diesem Spiel aufgeklärt hat. Die Angabe des durchschnittlich zu erwartenden Verlustes hat in der Angabe des vom Hundertsatzes des vom Teilnehmer zu tätigenden Einsatzes zu erfolgen. Ist der anzugebende Durchschnitt nicht unerheblich veränderlich, ist ein statistisch aussagekräftiger Durchschnitt vorangegangener Spiele auszuweisen.*"".

stellt werden, dass das Gesetz gegen Wettbewerbsbeschränkungen uneingeschränkt auf alle Glücksspielunternehmen Anwendung findet[73].

V. Gesetzliche Beschränkung der Höhe von Jackpots und Höchstgewinne

Die Analyse der Nachfragemotive hat gezeigt, dass die Spieler vor allem von hohen Höchstgewinnen zum Spielen verlockt werden. Um die Menschen vor dieser Verhaltensweise zu schützen, empfiehlt es sich, die Höchstgewinne einschließlich eines möglichen Jackpot im Lotteriesektor auf einen Wert von DM 1 Mio. zu begrenzen.

Die Beschränkung der Höchstgewinne und Jackpots ist auch zur Aufrechterhaltung des Wettbewerbs notwendig. Im Falle unbegrenzter Auszahlungssummen entstehen Anreize für Lotterien, zu fusionieren und eine einzige große Lotterie - wie den jetzigen Toto-Lotto-Block - zu schaffen, da deren Nachfrage größer wäre als die aufsummierte Nachfrage vieler kleinerer Lotterien. Bei unbegrenzten Höchstgewinnen besteht die Gefahr der Bildung eines natürlichen Monopols und damit die Gefahr einer Wettbewerbsverminderung[74].

VI. Privatisierung der Treuhandgesellschaften

Der Verkauf der staatlichen Glücksspielunternehmen an private Unternehmen ist aus mehreren Gründen geboten. Zum einen stellen die staatlichen Unternehmen der Branche einen möglichen Hort für Günstlingswirtschaft, Korruption und Unwirtschaftlichkeit dar. Diese Nachteile werden zwar teilweise durch die Einführung von Wettbewerb beseitigt. Eine Privatisierung fügt jedoch der Kontrolle des Managements, die durch den Wettbewerb entsteht, die Kontrolle durch den Kapitalmarkt in Form von am Gewinn interessierten Eigentümern hinzu.

Für die einzelnen Bundesländer besteht kein Grund, am Besitz der Glücksspielunternehmen festzuhalten, da diese ohnehin niemals marktübliche Überschüsse

---

[73] Merkwürdigerweise wurde der Lotto-Block in der Vergangenheit vom Bundesaufsichtsamt nicht als Kartell im Sinne des Gesetzes gegen Wettbewerbsbeschränkungen (GWB) verfolgt, obwohl der Toto-Lotto-Block nicht über eine Ministererlaubnis nach § 8 GWB verfügt und im GWB auch keine Bereichsausnahme darstellt. Der Grund hierfür mag darin gesehen werden, dass die Unternehmen des Blocks sich als nicht im Wettbewerb zueinander stehend darstellen konnten, da sie regional voneinander abgegrenzt sind, und zudem auf dem Glücksspielmarkt aufgrund des generellen Glücksspielverbots ohnehin kein Wettbewerb mit freiem Marktzutritt besteht. Das Urteil des Bundesgerichtshofs zur Zulassung gewerblicher Spielgemeinschaften vom 9. März 1999, Zeitschrift für Wirtschaftsrecht, 24, 1999, S. 1021 ff. hat mit dieser Ansicht aufgeräumt. Es versteht sich zudem, dass die Veranstaltung von Glücksspielen weder gestern noch heute etwas mit staatlichen Hoheitsaufgaben zu tun hat.

[74] In diesem Zusammenhang sei darauf hingewiesen, dass es beim Lotto bis 1985 eine Beschränkung der so genannten Höchstquote gab, diese also keine neue Regelung für die Branche darstellt.

erwirtschaften werden, solange sie sich im Staatsbesitz befinden. Der Verkauf der Lotteriegesellschaften führt somit zu keinen staatlichen Mindereinnahmen, sondern beschert den Bundesländern sogar erhebliche Mehreinnahmen durch den Verkauf der Unternehmensanteile und zusätzliche Einnahmen aus der Körperschaftssteuer der in Zukunft mit höheren Gewinnen arbeitenden Glückspielunternehmen.

VII. Ausweitung des Geltungsbereiches des § 285 StGB auf Lotterien

Es besteht die Gefahr, dass die deutschen Regelungen des Lotteriewesens von ausländischen Glücksspielanbietern ohne deutsche Glücksspiellizenz im Internet umgangen werden. Bereits zum heutigen Zeitpunkt besteht die Möglichkeit, bei zum Teil in „off-shore"-Gebieten ansässigen Unternehmen Geld einzusetzen. Für die Spieler ist ein solches Vorgehen im Falle von Lotterien nicht strafbar, im Gegensatz zur Teilnahme an anderen Glücksspielen, die ohne Lizenz betrieben werden. Die Regelung des § 285 StGB, der die Teilnahme an nicht lizenzierten Glücksspielen unter Strafe stellt, sollte auch auf Lotterieprodukte ausgedehnt werden, um die deutschen Spieler von der Teilnahme abzuschrecken. Der Missstand, dass mit Hilfe des Internets nationale Regelungen oder auch multilaterale Abkommen zum Schutz der Konsumenten unterwandert werden können, betrifft nicht nur das Glücksspielwesen und kann aus diesem Grund nicht im Rahmen des hier vorgelegten Reformvorschlages gelöst werden. Allerdings sollten die deutschen Glücksspieler vor unseriösen Anbietern im Internet gewarnt und über ihre Strafbarkeit im Falle eines Mitspielens aufgeklärt werden.

G. Schlussbemerkungen

Marktführer bei Glücksspielen in Deutschland ist der so genannte „Deutsche Toto-Lotto-Block". Dieser ist ein Zusammenschluss der 16 Lotterietreuhandgesellschaften der Bundesländer, die für das Gebiet ihres Bundeslandes über eine Monopolstellung verfügen und 1996 rund 12 Milliarden Mark Bruttoumsätze erzielten mit einem Nettoverlust von 6,58 Milliarden Mark für die Spieler. Die vorliegende Untersuchung kam zu dem Ergebnis, dass das staatliche Glückspielwesen mit vielfältigen Missständen behaftet ist und einer grundlegenden Reform bedarf.

Das Lottospiel ist für die Spieler ein besonders unrentables Produkt, da im Durchschnitt mehr als 98% der Spieler verlieren und nur durchschnittlich 50% der von den Spielern eingezahlten Gelder wieder ausgeschüttet werden. Aufgrund der starken Schwankungen der Auszahlungsbeträge können die Lottokunden den wirtschaftlichen Wert der Spiele nicht richtig einschätzen. Die Informationen über Preis und Eigenschaften der Glücksspielprodukte sind auf dem Lotteriemarkt asymmetrisch zugunsten der Veranstalter verteilt. Aus den Informationsdefiziten der Spieler zieht der Lotto-Toto-Block durch verwirrende Werbung und Entscheidungsfehlleitende Spielstrukturen unberechtigten Gewinn.

Zudem ist der Glücksspielmarkt durch eine wettbewerbswidrige Marktstruktur gekennzeichnet, die mit erheblichen Nachteilen auch für den staatlichen Eigentümer verbunden ist. Da sich der Staat als Organisation durch Politiker und Verwaltungsmitarbeiter vertreten lassen muss, die gleichfalls nicht am Gewinn des Unternehmens beteiligt sind, tritt auf Unternehmensseite keine Person auf, die ein eigenes Interesse an der Erwirtschaftung von Gewinnen durch die Manager der Treuhandunternehmen hat. Infolge dieses „mehrstufigen Agency-Problems", besitzt die Unternehmensverwaltung Spielraum, einen Teil der Gewinne in die eigenen Taschen zu leiten oder am Arbeitsplatz zu konsumieren. Eine Analyse der Bilanz und Gewinn- und Verlustrechnung einzelner Treuhandgesellschaften zeigte, dass die staatlichen Glücksspielunternehmen unwirtschaftlich arbeiten und hohe interne Kosten aufweisen. Dass sie trotz dieser hohen Kosten am Markt bestehen können, ist Folge ihrer vor Wettbewerb geschützten Marktstellung. Aufgrund des Staatseigentums entfällt für die Unternehmensverwaltung auch die Kontrolle durch den Kapitalmarkt, da Außenstehende keine Anteile erwerben können und damit die Drohung einer feindlichen Übernahme entfällt.

Die drei Grundprobleme des deutschen Lotteriewesens, Marktversagen aufgrund der asymmetrischen Informationsverteilung, Marktversagen aufgrund der Monopolstellung der Anbieter und die Praxis, das Glücksspielwesen durch Unternehmen im Staatseigentum zu betreiben, bedürfen zu ihrer Lösung an erster Stelle der Einführung von Wettbewerb. Wettbewerb verbessert die Informationslage der Spieler und verhindert ihre Ausbeutung. Hierzu ist die bisherige, Marktzutritt verhindernde Bedürfnisprüfung zu beseitigen, jedoch gleichzeitig eine Glücksspielaufsichtsbehörde nach dem Muster des Bundesaufsichtsamtes für das Kreditwesen zu schaffen, die mit der Ermächtigung zur Auflagenerteilung und Informationsverbesserung des Marktes ausgestattet sein muss. Die wirtschaftliche Schädigung des Staates durch das Halten von Beteiligungen an Glücksspielunternehmen ist mit einer Privatisierung zu begegnen.

Wenn es denn über die reine Spielfreude hinaus im Wege von Glücksspielen einen Verkauf von Hoffnung geben muss, sollte dieser zu fairen Bedingungen auf transparenten Wettbewerbsmärkten stattfinden. Es sind die Armen und Beladenen, die der Hoffnung am meisten bedürfen. Deren Belieferung zu Wettbewerbspreisen und der Beendigung der Ausnutzung von Unwissenheit durch staatliche Monopole sollen die hier vorgeschlagenen Reformen den Weg bereiten.

Teil 9: Strafrecht

Zur Strafbarkeit des Versuchs

A. Einleitung

Mit Misstrauen wird ein Ökonom zur Kenntnis nehmen, dass derjenige Eifersüchtige wegen versuchten Mordes bestraft werden soll, der mit einer versehentlich ungeladenen Pistole auf ein leeres Bett schießt, um die sich dort vermeintlich lagernde ungetreue Freundin zu töten. Wird die Handlung des Eifersüchtigen doch erst durch seinen inneren Willen zur Straftat erhoben und beschwört damit die Gefahr der Bestrafung von Menschen aufgrund vager Annahmen. Um der „metaphysischen Sünde" an der Wissenschaft zu entgehen, trat in den Wirtschaftswissenschaften an die Stelle eines der Beobachtung unzugänglichen inneren „Willens" oder eines wenig greifbaren „Nutzens" die zunehmend mit Hilfe der Mathematik und Statistik betriebene Analyse empirisch feststellbarer Entscheidungshandlungen. So wurde die Richtung der Argumentation umgekehrt: Nicht die zu beobachtenden Handlungen der Menschen sind der mehr oder minder nebensächliche Ausdruck ihres inneren Wollens, sondern auf ein inneres Wollen soll nur insoweit geschlossen werden, als es sich in tatsächlichen Handlungen in der Wirklichkeit offenbart[1]. Der Verbrauch von Ressourcen wird nun üblicherweise nur dann mit Preisen belastet, wenn er auch tatsächlich stattfindet, der bloße Vorsatz, ein Gut verbrauchen zu wollen, ist frei. Es soll daher in diesem Aufsatz gezeigt werden, aus welchen Gründen auch bloß gewollte, aber nicht stattgefundene Eingriffe in die Rechtsgüterwelt aus Wohlfahrtsgesichtspunkten sanktionswürdig sein können.

Erstveröffentlichung *Michael Adams und Steven Shavell*, „Zur Strafbarkeit des Versuchs", Goltdammer's Archiv für Strafrecht 1990, S. 337-386. Der Aufsatz wurde sprachlich geglättet und geringfügig gekürzt.

[1] Damit von den beobachteten Taten auf einen entsprechenden inneren Willen geschlossen werden kann, sind allerdings bestimmte Verhaltenswidersprüche ausschließende Axiome vonnöten: Von wesentlicher Bedeutung sind das „Transitivitätsaxiom", das zirkuläre Entscheidungen verhindert, das „Reduktionsaxiom", das gewährleistet, dass zusammengesetzte, mit Unsicherheit verbundene Ereignisse nach den Gesetzen der Wahrscheinlichkeitstheorie vom Entscheidenden richtig miteinander verbunden werden, und das Axiom der „Verfahrensinvarianz", das ausschließt, dass der Entscheidende durch die bloße Art der Darstellung des Problems in seinen Entscheidungen beeinflusst wird. Vgl. hierzu *Luce/Raiffa*, Games and Decisions, 1967, S. 23 f. Auf die Geltung dieser Axiome für den Bereich des Strafrechts und eine sinnvolle rechtpolitische Antwort auf ein mit diesen Axiomen unvereinbares Verhalten wird weiter unten eingegangen werden.

B. Die Begründung der Versuchsstrafbarkeit in der juristischen Literatur und ihre Kritik

Vor einer wirtschaftswissenschaftlichen Begründung der Strafbarkeit des Versuchs sollen zunächst in aller Kürze die in der juristischen Literatur anzutreffenden Erklärungen gewürdigt werden.

Für die herrschende Meinung in der Strafrechtswissenschaft und Praxis ist „Strafgrund des Versuchs der betätigte rechtsfeindliche Wille“[2]. Nach der sog. Eindruckstheorie ist „zwar Strafgrund des Versuchs der einer Verhaltensnorm entgegengesetzte Wille, die Strafwürdigkeit der auf die Tat gerichteten Willensäußerung wird aber nur dann bejaht, wenn dadurch das Vertrauen der Allgemeinheit auf die Geltung der Rechtsordnung erschüttert und das Gefühl der Rechtssicherheit und damit der Rechtsfriede beeinträchtigt werden kann“[3]. Danach ist der Versuch nur strafwürdig, weil und soweit er durch den damit manifestierten rechtsfeindlichen Willen das Vertrauen der Allgemeinheit in die Geltung der Rechtsordnung zu erschüttern geeignet sei. Bei der Versuchstrafbarkeit gehe es (weiterhin) „nicht um Sanktionierung individualethischer Verwerflichkeit, sondern um Abwehr sozialschädlicher Angriffe“[4].

Im 18. und 19. Jahrhundert wurde die Strafwürdigkeit des Versuchs allein in der *Gefährdung* des durch den Tatbestand geschützten Gutes gesehen[5]. Da eine hinreichende Gefährdung erst mit dem Anfang der Ausführung und nur bei einer Tauglichkeit der Versuchshandlung vorliege, lehnte diese Theorie die Strafbarkeit des „untauglichen Versuchs“ ab und gelangte zudem zu einer obligatorischen Strafmilderung gegenüber dem vollendeten Delikt[6]. Um im Gegensatz zu dieser Ansicht eine Rechtfertigung für die Strafwürdigkeit auch des „untauglichen Versuchs“ zu erzielen, verlegte sich ein Teil der juristischen Literatur auf die heute noch von zahlreichen Strafrechtlern vertretene Ansicht, nach der nicht die tatsächliche Gefährdung des Rechtsgutes entscheidend sei, sondern „das im betätigten Verbrechensvorsatz verwirklichte *Handlungsunrecht*“. Die ältere, sog. objektive Theorie wird von *Jakobs*[7] daher wie folgt angegriffen: „Die objektive Theorie ist ein Ausfluss des überholten Kausaldogmas; die Gleichung

---

[2] *Jescheck*, Lehrbuch des Strafrechts, Allgemeiner Teil, 4. Aufl., § 49 II, S. 462 f. m.w.N.; RGSt 1, 441, 8, 203; 34, 21; BGHSt 11, S. 268.

[3] *Jescheck*, (Fn. 2) Ebenso *Eser*, in: *Schönke/Schröder*, Kommentar zum Strafgesetzbuch, 23. Auflage, Vorbem. zu § 22 , Rdnr. 17.

[4] *Eser*, (Fn. 3) Rdnr. 23.

[5] Vgl. hierzu *Jescheck*, (Fn. 2) § 49 II, S. 461 f. m.w.N.; *Jakobs*, Strafrecht, Allgemeiner Teil. Die Grundlagen und die Zurechnungslehre, 1983, 25. Abschnitt, S. 586, Rdnr. 13.

[6] Ob dieser Schluss zwingend ist, erscheint fraglich. Er könnte auf einem ex post Verständnis der „Gefahr“ beruhen. Eine zuweilen allerdings nur geringe „Gefahr“ geht jedoch für die Rechtsgüter von jedem Entschluss aus, sie zu verletzen.

[7] *Jakobs*, (Fn. 5) Rdnr. 15.

soll lauten: Wie ein vollendetes Verbrechen eine kausale Rechtsgutverletzung ist, so ist ein versuchtes Verbrechen eine Rechtsgutgefährdung. Wie aber das Verbrechen nicht primär Bewirken von Verletzungen an Gütern ist, sondern *Verletzung der Normgeltung*, so ist der Verbrechensversuch auch nicht primär über eine Gütergefährdung zu erfassen, sondern über die verletzte Normgeltung".

Mit Hilfe dieser Argumentation erscheint für viele juristische Autoren die angestrebte Strafwürdigkeit auch des untauglichen Versuchs hinreichend gerechtfertigt. Sie sehen infolge des bei Versuch und Vollendung stets gleichermaßen vorliegenden rechtsfeindlichen Willens zudem eine grundsätzliche Gleichbestrafung von Versuch und Vollendung als richtig an. Allerdings bleibt dunkel, was genau die als Zentralbegriff benutzte „objektiv verletzte Normgeltung"[8] sein soll, wie eine solche in der Wirklichkeit zu erkennen ist und aus welchem Grunde sie überhaupt als Rechtfertigung einer Strafe zu dienen vermag. Auch fehlt eine Begründung, wieso eine „Normgeltung" irgendeinen Sinn haben kann, es sei denn dazu, ein bestimmtes Ziel („Schutz eines Rechtsgutes") zu erreichen. Ausgerechnet dem Strafrecht den Schutz einer „platonischen Welt der Normen als solcher" aufzugeben, ohne dass dargelegt wird, wieso hierdurch der Nutzen der Bürger gesteigert werden kann, erscheint ein mehr philosophischer Gedanke.

Wenn *Jakobs* die von den Menschen gewünschten Ziele, ihre materiellen und immateriellen „Güter", als Grundlage für die Festlegung der Aufgaben der Rechtsordnung ablehnt und ihre teilweise Anerkennung als staatlich schützenswert in Form von „Rechtsgütern" als „museales Archiv"[9] ansieht, da *„soziales* Leben über sie nicht definiert" werden könne, verkennt er den sinnvollen Anwendungsbereich des Rechtsgutbegriffes[10]. In den Wirtschaftswissenschaften

---

[8] So die Formulierung bei *Jakobs*, (Fn. 5). Die Überschrift des 25. Abschnitts unter II B lautet: „Der Versuch als expressiver und tatbestandsnaher Normbruch". Im Text, S. 590, Rdnr. 23, heißt es dann weiter: „Da die Expressivität des Normbruchs auch schon bei Vorbereitungen gegeben sein kann, muss die Auszeichnung des Versuchs in seiner Stellung nach der Vorbereitung und vor der Vollendung liegen, also in seiner Tatbestandsnähe. Strafgrund ist die Verdeutlichung des Normbruchs in seinem tatbestandsnahen Verhalten." Warum gerade die „Verdeutlichung" anstelle einer „Verundeutlichung des Normbruchs in seinem tatbestandsnahen Verhalten" die Begründung für Eingriffe in die Freiheitsrechte des Bürgers darstellt, wird nicht gesagt. Die Worte „tatbestandsnahes Verhalten" scheinen keine zusätzlichen Informationen zu enthalten, die über die Formulierung des Gesetzes in § 23 StGB hinausgehen: „Eine Straftat versucht, wer nach seiner Vorstellung von der Tat zur Verwirklichung des Tatbestandes unmittelbar ansetzt."

[9] *Jakobs*, Kriminalisierung im Vorfeld einer Rechtsgutverletzung, 1985, ZStW, 97, S. 753.

[10] Die Kritik von *Jakobs*, (Fn. 9) an der Festlegung der Strafbarkeit mit Hilfe von Rechtsgütern, ein solches System lasse „den Rechtskreis des Täters nicht in den Blick geraten", übersieht, dass der Rechtskreis des Täters ebenfalls durch „Rechtsgüter" definiert ist.

erweist es sich vielmehr recht deutlich, dass mit Hilfe des Güterbegriffes das soziale Leben recht gut beschrieben werden kann.

Versucht man die Argumentationsweise der juristischen Literatur kritisch zu würdigen, fällt auf, dass diese weder von empirisch untermauerten Theorien und Vorstellungen über Aufgaben und Wirkungsmöglichkeiten des Strafrechts ausgeht noch die jeweiligen Einzelprobleme, wie etwa die Begründung der Versuchsstrafbarkeit, in die kraft axiomatischen Werturteils festgelegten Grundziele[11] widerspruchsfrei einzuordnen versucht. Statt dessen werden in erstaunlicher Beliebigkeit passende Begriffe erfunden, die lediglich dazu dienen, ein bestimmtes begrenztes strafpolitisches Ziel zu erreichen, wie etwa eine Strafwürdigkeitserklärung des untauglichen Versuchs. Die systematische Stellung dieser häufig unzureichend definierten[12] Begriffe für eine Theorie der Aufgabe und Wirkungsweise des Strafrechts wird eher beiläufig untersucht, so dass zuweilen der Eindruck einer allzu bunten, wenig strukturierten Argumentation aufkommt.

C. Grundlage einer Rechtfertigung des Strafrechts

Bei der Frage, welche Aufgabe das Strafrecht für die Bürger wahrnehmen kann und soll, sei daher festgehalten, dass der Staat und sein Rechtssystem ausschließlich dazu zu dienen haben, das Zusammenleben der Menschen nach deren jeweiligen individuellen Vorstellungen in Würde und Freiheit zu organisieren[13]. Die Basis aller Wertvorstellungen kann daher nur auf ihrem Beitrag zum „Glück" oder im ökonomisch-technischen Sprachgebrauch auf dem „Nutzen" der einzelnen Menschen aufgebaut werden[14]. Die Bewertung der Wirkungen bestimmter Rechtsregelungen ist somit von ihrem Einfluss auf den „Nutzen" der einzelnen Bürger abzuleiten. Der „Staat", die „Rechtsordnung", „die Normgel-

---

[11] Für das nachrangige Strafrecht enthält das Verfassungsrecht eine im Strafrecht nicht mehr abänderbare Festlegung von Werten und Verfahrensregeln.

[12] So wird etwa bei *Eser* (Fn. 4) vom Leser nicht nur verlangt, ihm solle ohne weiteres verständlich sein, was etwa unter einer „Sanktionierung individualethischer Verwerflichkeit" oder unter „Abwehr sozialschädlicher Angriffe" zu verstehen sei. Auch der wohl als gegensätzlich aufgefasste Zusammenhang zwischen diesen Begriffsgruppen wird als selbstverständlich vorausgesetzt, obwohl der Bewertungsmaßstab nicht offen gelegt wird, der für die Beurteilung einer „individualethischen Verwerflichkeit" - was immer das sein soll - und der „Sozialschädlichkeit" dienen soll.

[13] Vgl. hierzu für den Bereich der Wirtschaftswissenschaften die Ausführungen von *Friedman*, Kapitalismus und Freiheit, 1976, S. 19, sowie *Rawls*, A Theory of Justice, 1971.

[14] Dass dieser „Nutzen" nicht beliebig angenommen werden kann, sondern durch sorgfältig ausgedachte Verfahren ermittelt werden muss, wurde in der Einleitung deutlich gemacht und wird im Rahmen der von der kognitiven Psychologie ermittelten Wahrnehmungsverzerrungen nochmals erörtert.

tung", das „Rechtsgut", die „juristische Person"[15] können daher niemals selbständige Quelle eigener Werte sein, sondern stellen lediglich nützliche Gedankenkonstruktionen dar, die das Nachdenken über Aufgabe und Wirkung des Rechts für das „Glück" der einzelnen Menschen erleichtern sollen[16].

D. Ökonomische Theorie der Strafe: Abschreckung und Verunmöglichung

Dem Strafensystem können verschiedene Wirkungen zukommen. Auf der einen Seite kann es die Entscheidung der Menschen beeinflussen und sie von Straftaten abhalten, indem es die Begehung der Tat aufgrund der mit einer gewissen Wahrscheinlichkeit auferlegten Strafe unvorteilhafter erscheinen lässt. Eine solche Wirkung setzt beim Täter nicht nur die richtige Wahrnehmung der Strafdrohung voraus, sondern auch seine Fähigkeit, sich entsprechend seinen eigenen Nutzen-Kosten-Überlegungen zu verhalten. Soweit er hierzu imstande ist, entfaltet das Strafrecht eine „abschreckende Wirkung", die je nach der Höhe der wahrgenommenen Strafdrohung und dem Nutzen für den Täter aus der Tat diesen dazu bewegt, die Straftat nicht zu begehen. Unter dem Begriff der „*Abschreckungswirkung*" werden somit alle Umstände erfasst, die die Entscheidung des möglichen Täters für oder gegen die Tat beeinflussen. Für den Bereich des Strafrechts gehören hierzu nicht nur Veränderungen der Höhe der tatsächlich verhängten Strafen, sondern auch Veränderungen der die Strafdrohung zusammen mit der Höhe der verhängten Strafe mitbegründenden Aufklärungswahrscheinlichkeiten. Außerhalb des Strafrechts, aber dennoch dessen Abschreckungswirkung ebenso wie beispielsweise eine Straferhöhung beeinflussend, zählt hierzu etwa eine Erhöhung des legalen Einkommens durch Beseitigung

---

[15] Im Gesellschaftsrecht wurde weithin die Vorstellung vertreten, dass juristische Personen des Privatrechts, wie etwa die Aktiengesellschaft oder die Gesellschaft mit beschränkter Haftung, irgendeinen „Wert als solche" oder ein „eigenständiges Interesse" aufweisen könnten. Hierbei wurde zuweilen übersehen, dass es sich bei der „juristischen Person" ebenso wie bei der Vorstellung der „Existenz einer Rechtsordnung", oder von „Rechtsgütern", oder „Rechtsobjekten" nur um Denkfiguren handelt. Vgl. hierzu *Adams*, Was spricht gegen eine unbehinderte Übertragbarkeit der in Unternehmen gebundenen Ressourcen durch ihre Eigentümer?, AG, 1990, S. 243-252.

[16] Über den einzelnen Bürgern kann es somit keine irgendwie gearteten Institutionen geben, die in irgendeiner Weise einen Wert besitzen. Selbst so außergewöhnlich nützlichen Institutionen, wie etwa einem freiheitlichen Rechtsstaat, kann kein „Eigenwert" zukommen. Seine Berechtigung und seine Nützlichkeit sind vielmehr nur von seinem Beitrag zum Glück (Nutzen) der einzelnen Menschen abzuleiten. Auch wenn es etwa bei Umverteilungshandlungen des Staates zu zwangsweisen Schädigungen bestimmter einzelner Personen kommen muss, denen jedoch wiederum der Nutzen anderer Menschen gegenübersteht, ist niemals der Staat „aus sich selbst heraus" Träger der Werte. Es ist vielmehr ein schwieriger Bewertungsprozess ausschließlich auf der Basis der Nutzen und Kosten der von den Maßnahmen betroffenen Menschen zu lösen. Vgl. hierzu *Phelps*, Political Economy, 1985, Chapter 6, S. 130 ff.

von Arbeitslosigkeit, da eine solche Maßnahme für viele Delikte den Abstand zwischen erlaubten und verbotenen Tätigkeiten vergrößert und hierdurch die Begehung von Straftaten bei gleicher Strafdrohung weniger vorteilhaft werden lässt.

Neben der Fähigkeit der Abschreckung kann eine Strafe auch dazu dienen, dem Täter die Tat *tatsächlich unmöglich* zu machen. Der Freiheitsstrafe und den Maßnahmen der Freiheitsentziehung[17] kommt für viele Delikte eine solche Wirkung der tatsächlichen *Verunmöglichung* zu, da sie den Täter aus der Bevölkerung entfernt und diese insoweit und so lange vor der Begehung von Straftaten schützt[18], während Geldstrafen den Täter nicht aus dem Verkehr ziehen und daher nur zur Abschreckung dienen können. Zur klaren begrifflichen Trennung soll somit zwischen der Wirkung der „Abschreckung" und derjenigen der „tatsächlichen Verunmöglichung" (Sicherung) unterschieden werden.

Zunächst sei die Frage nach der Vernunft der Versuchsbestrafung unter der Annahme untersucht, dass die Menschen die auf sie einwirkende Strafdrohung in ihren Entscheidungen berücksichtigen, dass Strafrecht somit abschreckende Wirkung entfaltet. In einem kurzen Schlusskapitel soll dann gefragt werden, unter welchen Bedingungen eine Straftaten verunmöglichende Freiheitsentziehung verhängt werden soll, falls die Abschreckungswirkung des Strafrechts versagt und sich ein Täter nicht im geringsten durch Strafandrohungen in seinen Entscheidungen beeinflussen lässt[19].

E. Strafe als Abschreckung

Wie in der Literatur bereits ausführlich gezeigt worden ist, kann weder das Zivilrecht noch das Verwaltungsrecht allein ein Anreizsystem errichten, das die Einhaltung der von der Rechtsordnung verlangten Verhaltensweisen den Bür-

---

[17] Die grundsätzlich gleiche Wirkung wie die Freiheitsstrafe haben die mit Freiheitsentziehung verbundenen Maßregeln der Sicherung und Besserung, obwohl aufgrund der unterschiedlichen Ausgestaltungen der Verfahren gewisse Unterschiede zu beachten sind, auf die hier jedoch nicht eingegangen werden soll.

[18] Soweit auch aus dem Gefängnis heraus und in diesem Straftaten begangen werden können, hat auch die Freiheitsstrafe keine Verunmöglichungswirkung.

[19] Beispiele für nicht abschreckbare Taten können Verbrechen aus Leidenschaft sein. Häufig wird allerdings darüber hinaus die Ansicht vertreten, auch auf den üblichen Straftäter habe die Strafdrohung keine Wirkung, da dieser glaube, er werde Glück haben und nicht entdeckt. Diese Meinung verkennt den beim Täter stattfindenden Entscheidungsprozeß. Richtig ist, dass der Täter zwar darauf hofft, nicht gefasst zu werden, dennoch ist ihm das Risiko der Bestrafung bekannt. Er hat sich im Falle einer Straftat daher entschlossen, das Bestrafungsrisiko auf sich zu nehmen, ohne damit dieses notwendigerweise nicht beachtet zu haben. Mit anderen Worten: Ein Täter, der sich dazu entschlossen hat, eine Straftat zu begehen, ist nur bereit, die Strafe zu riskieren, nicht aber sie zu ignorieren.

gern auch privat rational erscheinen lässt[20]. Ohne ein Hinzutreten des Strafrechts verblieben Anreizlücken, die den Bürgern verschiedenste unerwünschte Handlungen als lohnend vorspiegelten. Diese privaten Nutzen - Kosten - Bilanzen der Bürger können nun durch eine angedrohte Auferlegung *zusätzlicher* (monetärer und nichtmonetärer) *Kosten* in Form verschiedener Strafen in Richtung des gewünschten Verhaltens beeinflusst werden. In der Beantwortung der Frage, wie das Strafensystem und seine Kosten in die Wohlfahrtstheorie und die allgemeine Theorie des Entscheidungsverhalten der Menschen eingefügt werden kann, ist der große Fortschritt der Arbeiten zu sehen, die in der Tradition von *Gary S. Becker*'s bahnbrechendem Aufsatz „Crime and Punishment" liegen[21].

I. Das ökonomische Modell der Strafe im Einzelnen: Strafe als zusätzliche erwartete Kosten für den Täter

Der Grundgedanke dieses Ansatzes sieht in einer Strafe die Auferlegung zusätzlicher privater Kosten, deren angedrohte Höhe den Entscheidenden bei der Frage, ob es sich für ihn lohnt, eine Straftat zu begehen, dazu zwingen soll, die mit seiner Tat für andere Personen verbundenen Nachteile in seine Überlegungen miteinzubeziehen und sie gegen seine Vorteile aus der Tat abzuwägen. Es ist dies die allgemeine ökonomische Theorie menschlichen Entscheidungsverhaltens unter Restriktionen, übertragen auf das Strafrecht. Ebenso wie ein erhöhter Preis nach dem „Gesetz der Nachfrage"[22] die Käufe des verteuerten Gutes zurückdrängt, wird der durch das Strafrecht erhobene zusätzliche Preis für die unerwünschte Handlung deren Rückgang, ihre „Abschreckung", erreichen. Dies besagt nicht, dass das Strafrecht jede Handlung abschrecken kann. Ebenso wie

---

[20] Vgl. hierzu *Shavell*, Liability for Harm versus the Regulation of Safety, Journal of Legal Studies, 1987, Vol. 13, S. 357 ff.; *Adams*, Zur Aufgabe des Haftungsrechts im Umweltschutz, ZZP, 1986, S. 129 ff. m.w.N.

[21] *Becker*, Crime and Punishment: An Economic Approach, Journal of Political Economy, 1968, Vol. 76, S. 169 ff.; *Ehrlich*, On the Usefulness of Controlling Individuals: An Economic Analysis of Rehabilitation, Incapacitation, and Deterrence, American Economic Review, 1981, Vol. 71, S. 307 ff.; *Posner*, An Economic Theory of the Criminal Law, Columbia Law Review, 1985, Vol. 85, S. 1193 ff.; *Polinsky/Shavell*, The Optimal Use of Fines and Imprisonment, Journal of Public Economics, 1984, Vol. 24, S. 89 ff.; *Shavell*, A Model of Optimal Incapacitation, American Economic Review, 1987, Vol. 77, S. 107 ff. *Shavell*, Criminal Law and the Optimal Use of Nonmonetary Sanctions as a Deterrent, Columbia Law Review, 1985, Vol. 85, S. 1232 ff. jeweils m.w.N. Eine Lehrbuchdarstellung zur Theorie der Strafe findet sich in *Cooter/Ulen*, Law and Economics, Scott, Foresman and Company (1988), S. 506 ff. Als die großen Vorgänger dieser Denkrichtung sind insbesondere *Montesquieu*, Esprit des Lois, 1748, *Beccaria*, Dei delitti e delle pene, 1776, und *Bentham*, An Introduction to the Principles of Morals and Legislation, 1780, zu nennen.

[22] Vgl. hierzu *Layard/Walters*, Microeconomic Theory, 1978, S. 123 ff.; *Hildenbrand*, On the Law of Demand, Econometrica, 1983, Vol. 51, S. 997 ff.

es auch bei einem sehr hohen Preis noch Käufer für ein Gut geben kann, gibt es auch bei außergewöhnlich hohen Kosten für den Täter noch Personen, die für die erhofften Vorteile aus der Tat bereit sind, das Risiko, bestraft zu werden, auf sich zu nehmen.

Im folgenden sollen nun das Modell der ökonomischen Theorie des Strafrechts in aller Kürze[23] dargestellt, seine Begriffe definiert und eine Begründung für die Strafwürdigkeit des Versuchs vorgelegt werden.

Ein Individuum sehe sich in der Lage, eine bestimmte Straftat zu begehen. Wenn es eine solche Handlung vorsätzlich vornimmt, tritt mit einer bestimmten Wahrscheinlichkeit ein Schaden („Rechtsgutverletzung") ein, während mit der komplementären Wahrscheinlichkeit ein Schaden nicht auftritt. Kommt es nicht zu einem Schaden, wird die Handlung als „*Versuch*" bezeichnet[24]. Der mit einer solchen Handlung verbundene „*erwartete Schaden*" ist definiert als die Wahrscheinlichkeit des Schadenseintrittes multipliziert mit seiner Höhe. Wenn beispielsweise eine vorsätzliche Handlung zu einem monetären oder nichtmonetären Schaden von 1000 mit der Wahrscheinlichkeit von 40 % führt, ist der „erwartete Schaden": 40 % · 1000 = 400. Der „erwartete Schaden" kann als derjenige Schaden angesehen werden, den eine Handlung im Durchschnitt hervorriefe, wenn sie mehrfach begangen würde.

Wenn eine Person eine strafbare Handlung begeht, will sie durch diese einen „*erwarteten Vorteil*" erreichen[25]. Diese individuellen Vorteile können in monetär bewerteten Gütern, wie etwa Automobilen oder Uhren, oder nichtmonetär bewerteten Gütern, wie Rache, Hass oder Freude an einer Demütigung bestehen. Verschiedene Personen erzielen durch die gleiche strafbare Handlung unterschiedlich hohe erwartete Vorteile. Die Vorteile für den Täter können sowohl auf dem hervorgerufenen Schaden beruhen als auch ohne diesen eintreten. Wenn eine Person aus Hass auf jemanden schießt, um diesen zu verletzen, kann sein vom ihm empfundener Vorteil sehr davon abhängen, ob er ihn auch tatsächlich trifft, während eine Person, die mit 80 Km/h durch die Stadt rast, um einen Termin zu erreichen, vom Eintritt des Unfalls keinen Vorteil erwartet.

---

[23] Für eine weitergehende mathematische Darstellung von Modell und Annahmen und eine Übersicht über die empirischen Überprüfungen der Modelle sei auf die zuvor angegebene allgemeine Literatur zur ökonomischen Theorie des Verbrechens verwiesen.

[24] Es wäre ohne weiteres möglich, den Versuch auch mit der Entstehung einer Teilverletzung des Rechtsgutes zu verknüpfen. Der gewählte völlige statt nur teilweise Ausschluss eines Schadens im Versuchsfalle dient nur einer vereinfachten Darstellung und hat auf die Schlussfolgerungen der vorgelegten Theorie keinen Einfluss.

[25] Da der mögliche Täter im Entscheidungszeitpunkt nur im Grenzfall sicher weiß, dass er durch seine Tat den gewünschten Vorteil auch erzielt, ist auch der Vorteil aus einer Straftat eine Erwartungsgröße.

Die Gesellschaft kann nun die vom Täter privat erzielten Vorteile bei ihrer Tatbewertung mit dem gleichen oder einem geringeren Betrag ansetzen. Die Zulassung einer Abweichung zwischen privater und sozialer Bewertung ermöglicht insbesondere die Analyse von Handlungen, die von der Gesellschaft unter keinen Umständen als von irgendeinem Wert angenommen werden, gleichgültig wie hoch der private Wert für den Täter ist. Hierzu mögen beispielsweise Handlungen zählen, bei dem der Nutzen des Täters gerade im Leid des Opfers besteht. Bei anderen Handlungen, wie etwa zeitnotbedingtem Rasen auf der Autobahn, scheint die Gesellschaft eher bereit, die privaten Vorteile aus der Handlung teilweise anzuerkennen[26].

Eine Handlung wird dann als *sozial unerwünscht* bezeichnet, wenn die von ihr hervorgerufenen sozial bewerteten erwarteten Vorteile kleiner sind als der erwartete Schaden. Wenn daher der soziale Vorteil aus einer Tat null ist, ist die Tat stets unerwünscht. Wenn die erwarteten Vorteile jedoch zumindest zum Teil anerkannt werden, hängt die Beurteilung der Tat als wünschbar oder nicht von dem Vergleich mit dem erwarteten Schaden ab[27].

Ob nun eine Person - unabhängig von ihrer sozialen Wünschbarkeit - eine für sie mit Vorteilen verbundene Straftat begeht oder nicht, hängt davon ab, ob sie nach ihrer höchstpersönlichen Wahrnehmung für diese eine hinreichend hohe monetäre oder nichtmonetäre[28] Sanktion zu fürchten hat. Wenn eine Person eine Straftat begeht, kann sie entdeckt und bestraft werden. Sowohl für das vollendete Delikt wie für den Versuch bestehe eine bestimmte *Wahrscheinlichkeit*, dass der Täter bestraft wird. Auch die Strafhöhe kann abhängig davon sein, ob es sich um einen Versuch oder um ein vollendetes Delikt gehandelt hat. Beispielsweise kann die Wahrscheinlichkeit, bestraft zu werden, bei einem Versuch 50 % betragen und die zu erwartende Sanktion einen vom Täter empfundenen subjektiven Wert von 200 aufweisen, während die Bestrafungswahrscheinlichkeit für das vollendete Delikt 20 % betragen kann und die Strafhöhe den (subjektiven) Wert von 500 annimmt. Das Individuum muss somit für seine Entscheidung, ob es eine Straftat begehen soll, nicht nur seinen „erwarteten Vorteil" aus der Tat abschätzen, sondern auch seine „erwartete Strafe"[29].

---

[26] Hierzu zählen auch die Fälle von Pflichtenkollisionen und übergesetzlichem entschuldigendem Notstand.

[27] So kann es durchaus wünschbar sein, dass eine Person die Geschwindigkeitsbegrenzung überschreitet, um in einem Notfall das Krankenhaus rasch zu erreichen, da der erwartete Nutzen größer als der erwartete Schaden ist.

[28] Eine typische nichtmonetäre Sanktion ist etwa die Freiheitsstrafe. Hierzu zählen aber auch der Verlust des guten Rufes oder soziale Stigmatisierung.

[29] Es versteht sich somit, dass eine bloße Aussage über die Strafhöhe nichts über deren abschreckende Kraft verrät, da eine Straftat, die niemals entdeckt wird, für den Entscheidenden

Die *„erwartete Strafe“* setzt sich nun aus der Summe zweier Größen zusammen: Erstens, der Wahrscheinlichkeit, nur einen Versuch begangen zu haben und dann bestraft zu werden multipliziert mit dem (subjektiv empfundenen) Wert der Höhe der Strafe, und zweitens, der Wahrscheinlichkeit ein vollendetes Delikt begangen zu haben und hierfür bestraft zu werden multipliziert mit der Strafhöhe bei Vollendung. Wenn die Wahrscheinlichkeiten für Versuch, Vollendung, Bestrafung und die Werte für die Strafhöhen wie in den Beispielen zuvor sind, ergibt sich die „erwartete Strafe“ als:

$60\,\% \cdot 50\,\% \cdot 200 + 40\,\% \cdot 20\,\% \cdot 500 = 60 + 40 = 100$

Der Wert $60\,\% \cdot 50\,\% = 30\,\%$ ist die Wahrscheinlichkeit, dass sich die Handlung als ein Versuch herausstellt und der Täter dann bestraft wird, während der Wert $40\,\% \cdot 20\,\% = 8\,\%$ die Wahrscheinlichkeit darstellt, dass der Täter ein vollendetes Delikt begangen hat und hierfür bestraft wird.

Eine Person wird nur dann eine *Straftat begehen*, wenn der von ihr aus der Tat erwartete Vorteil mindestens so groß ist wie die mit ihr verbundene erwartete Strafe.

Man betrachte nun zwei Arten der Bestrafung: *Geldstrafen* und *Freiheitsstrafen*. Wird eine Geldstrafe verhängt, kann diese höchstens das gesamte gegenwärtige und zukünftige Vermögen der bestraften Person umfassen. Auch im Falle einer Freiheitsstrafe ist diese dadurch in ihrer Höhe begrenzt, dass sie nicht länger als lebenslang dauern kann. Die Tatsache, dass es stets und unvermeidbar eine *Obergrenze für die Strafhöhe* gibt, hat zur Folge, dass von der Begehung bestimmter Straftaten *nicht abgeschreckt* werden kann: Nehmen wir beispielsweise an, dass die nicht übersteigbare *Obergrenze* in der *Strafhöhe* für die Betroffenen den (subjektiven) Wert von 1000 besitze. Nimmt man weiterhin die Wahrscheinlichkeiten und Werte des Beispiels, ist die *androhbare maximale erwartete Strafe* bei Strafbarkeit von Versuch und vollendetem Delikt: $60\,\% \cdot 50\,\% \cdot 1000 + 40\,\% \cdot 20\,\% \cdot 1000 = 380$. Dies bedeutet wiederum, dass jede Person, die aus ihrer Straftat einen größeren erwarteten privaten Vorteil als 380 zu erzielen vermag, nicht mehr abgeschreckt werden kann.

Die Möglichkeit von der Begehung einer Straftat abzuschrecken, sinkt mit kleineren Bestrafungswahrscheinlichkeiten, da diese die maximal mögliche *erwartete* Strafe absenken. Wären im obigen Beispiel die Bestrafungswahrscheinlichkeiten für Versuch und Vollendung anstelle von 50 % und 20 % nur 5 % und 2 %, betrüge die maximale erwartete Strafe nur noch 38, und jeder, der aus der Tatbegehung einen größeren erwarteten Vorteil als 38 aufweist, kann nicht mehr abgeschreckt werden.

---

nicht existiert. Erst das Produkt aus Strafhöhe und Bestrafungswahrscheinlichkeit stellt die vom Entscheidenden in seine Überlegungen einzustellende effektive „erwartete Strafe“ dar.

Bei Risikoneutralität[30] erfordert eine Halbierung der Aufklärungs- und Bestrafungswahrscheinlichkeiten bei gleicher gewünschter Abschreckung eine Verdoppelung der Strafhöhe. Darüber hinaus sinkt die Möglichkeit eine Person von einer Straftat abschrecken zu können, je höher der private Nutzen aus der Tat für den Täter ist.

Der Staat entscheidet - selbstverständlich unter Beachtung der Gewaltenteilung - über die Sanktionsarten und die Strafhöhen für versuchte und vollendete Delikte sowie über die Aufwendungen für die Strafverfolgungsmaßnahmen und damit die Bestrafungswahrscheinlichkeiten.

Ein *optimales Sanktionensystem* ist nun dasjenige, das von der Begehung unerwünschter[31] Straftaten abschreckt und gleichzeitig möglichst geringe Kosten bei der Verfolgung und Bestrafung hervorruft. Ein Sanktionensystem wird dann als „optimal" bezeichnet, wenn es das folgende *soziale Wohlfahrtsmaß* maximiert: Den sozial anerkannten Nutzen, den der Straftäter aus der strafbaren Handlung bezieht abzüglich des angerichteten Schadens und der Kosten der Strafverfolgung und Strafvollstreckung.

Bei der Frage nach den jeweiligen Kosten der einzelnen Strafarten ergibt sich, dass die Verhängung von *Geldstrafen* deutlich geringere[32] Kosten verursacht, da sie lediglich einen Übergang der Befehlsgewalt über Ressourcen von einer Person zu einer anderen beinhaltet und dabei selber fast keine Ressourcen verbraucht[33]. Obwohl zwar die mit einer Geldstrafe belegten Personen einen Nutzenverlust erleiden, sei dieser als genau aufgehoben angenommen durch denjenigen Nutzenzuwachs, den die Empfänger der Strafe (die Steuerzahler) erzielen. Auf der anderen Seite wird angenommen, dass *nichtmonetäre Strafen* soziale Kosten verursachen, da beispielsweise der Betrieb der Gefängnisse Ressourcen verbraucht und die eingesperrten Individuen einen Nutzenverlust erleiden, dem

---

[30] Eine Person ist dann risikoneutral, wenn der Grenznutzen einer Mark unabhängig von ihrem Vermögen ist. Vgl. zu diesem Begriff etwa *Mansfield*, Microeconomics - Theory and Applications, 6. Auflage, 1988, S. 562 ff.

[31] Wenn man nicht stets und ausnahmslos den Wert, den der Täter aus der Straftat für sich erzielt aufgrund einer sozialen Bewertung mit null ansetzt, können bestimmte Straftaten erwünscht sein. Ein Teil dieser Fälle „erwünschter Straftaten" wird von der juristischen Dogmatik im Recht des Notstandes erörtert.

[32] Die sozialen Kosten der Geldstrafe bestehen insbesondere in den Kosten der Vollstreckung in das Vermögen des Täters und in den mit Kosten verbundenen Abwehrmaßnahmen gegen eine Vollstreckung und anderen Verhaltensänderungen auf Seiten des Täters.

[33] Vgl. hierzu ausführlich *Shavell*, Criminal Law and the Optimal Use of Nonmonetary Sanctions as a Deterrent, Columbia Law Review, 1985, Vol. 85, S. 1232 ff.

anders als bei der Geldstrafe kein Nutzengewinn einer anderen Person gegenübersteht[34].

In einem optimalen Strafensystem entspricht die erwartete *Sanktionshöhe* dem erwarteten Schaden aus der Tat, da eine Person erst dann eine unerwünschte Straftat begehen wird, wenn der erwartete Nutzen für sie kleiner ist als der in der angedrohten Strafe widergespiegelte erwartete Schaden. Eine erwartete Strafe sollte daher für Taten mit nur kleinem Schaden gering sein und mit ansteigendem Schaden ebenfalls ansteigen[35].

In dem hier dargelegten ökonomischen Abschreckungsmodell[36] der Strafe ist die einzige Art und Weise, in der eine Strafe von Bedeutung ist, ihr Einfluss auf die Entscheidung des Täters, die Straftat zu begehen oder sie zu unterlassen. Eine solche Entscheidung wird nun durch die *erwartete* Strafe im Falle eines Versuchs oder einer Vollendung beeinflusst, da eine Person im Entscheidungszeitpunkt nicht weiß, ob sie ein vollendetes Delikt begehen wird oder nur einen Versuch. Eine spätere tatsächliche Bestrafung ist nur insofern von Bedeutung, als sie die Erwartungen desselben Täters oder anderer Personen beeinflusst[37]. Die *Höhe der Bestrafungswahrscheinlichkeit* ist nun das Ergebnis der aufgewendeten Ressourcen für Strafverfolgungsmaßnahmen. Auch diese sind nun nicht beliebig festzusetzen, sondern sollten das Ergebnis einer Optimierungsentscheidung sein. So wird der *optimale Strafverfolgungsaufwand* durch eine Abwägung seiner (Grenz-) Erträge und Kosten bestimmt. Die Kosten bestehen in den aufgewendeten Ressourcen, während die Erträge in Form eines Anstiegs der Bestrafungswahrscheinlichkeiten darin bestehen, dass nunmehr auch Personen abgeschreckt werden können, die ansonsten nicht abschreckbar wären. Hierzu gehören im obigen Beispiel Individuen, die die Begehung einer Straftat erwägen, deren Schaden über 380 hinausgeht, und die bereits der maximal möglichen Sanktion von 1000 ausgesetzt sind. Indem die Bestrafungswahrscheinlichkeit

[34] Mögliche Befriedigungsgefühle aus erfüllter Rache auf Seiten der geschädigten Opfer, die mit der Härte der Strafe für den Täter ansteigen, sollen hier nicht berücksichtigt werden. Der Übergang des Strafvollzuges auf den Staat sollte einer Humanisierung und Rationalisierung dienen. Die Berücksichtigung von Rachegefühlen in einem Wohlfahrtsmaß muss daher als sozial destruktiv abgelehnt werden. So werden auch die durch einen Einkommensanstieg ausgelösten Neidgefühle bestimmter Personen üblicherweise in den Wohlfahrtskriterien nicht berücksichtigt, obwohl sie in der Wirklichkeit durchaus vorhanden sind.

[35] Der Grund hierfür ist insbesondere das unvermeidlich unvollständige Wissen des Gerichts über das tatsächliche Geschehen, vgl. hierzu *Shavell*, The Optimal Use of Nonmonetary Sanctions as a Deterrent, American Economic Review, 1987, Vol. 77, S. 584 ff. mit einem mathematischen Beweis.

[36] Zur Aufgabe von Freiheitsstrafen in Form der tatsächlichen Verhinderung der Straftaten siehe die Darstellung weiter unten.

[37] Die Erwartungsbildung muss nicht fehlerfrei verlaufen. Es ist möglich, dass ein Täter die erwartete Strafe unzutreffend wahrnimmt.

durch einen größeren Strafverfolgungsaufwand angehoben werden, wird die maximale erwartete Strafe über 380 hinaus gesteigert und damit weitere Individuen von Straftaten abgehalten[38].

II. Versuchsstrafbarkeit zur Verkleinerung einer obergrenzenbedingten Abschreckungslücke

Nun besteht jedoch für die zur Abschreckung unerwünschter Straftaten erforderliche Steigerung der „erwarteten Strafe" eine Obergrenze, da die Höhe der Strafe eine bestimmte Obergrenze nicht übersteigen kann. Diese nicht übersteigbare Obergrenze kann auf humanitären Gründen beruhen, wie einem grundsätzlichen Verzicht auf barbarische Bestrafungsarten, wie sie etwa im Mittelalter üblich waren.

Eine für viele einzelne Straftatbestände spezifische Obergrenze kann auch darauf zurückzuführen sein, dass bereits für die schwerwiegendsten Verbrechen, wie etwa Mord, in Form der lebenslänglichen Freiheitsstrafe eine bestimmte Obergrenze besteht, die nicht mehr weiter zu steigern ist. Damit ein möglicher

[38] Die weitergehende Frage, warum die eine Person noch mit einer erwarteten Strafe von 380 abgeschreckt werden kann und eine andere nicht mehr, soll hier nicht beantwortet werden. Gründe für die unterschiedliche Wirksamkeit einer angedrohten Strafe liegen insbesondere in den persönlichen Charakterzügen, der durchgemachten Sozialisation und den dem jeweiligen Täter im Entscheidungszeitpunkt offen stehenden legalen Handlungsalternativen und deren Erträgen. Ebenso wie ein erhöhter Preis nach dem „Gesetz der Nachfrage" die Käufe des verteuerten Gutes zurückdrängt, wird zwar der durch das Strafrecht erhobene zusätzliche Preis für die unerwünschte Handlung deren Rückgang, „Abschreckung", erreichen. Der Umfang des Kriminalitätsrückgangs auf eine bestimmte Preiserhöhung in Form einer zusätzlich zu erwartenden Strafe kann wie bei anderen Gütern je nach Person allerdings sehr unterschiedlich sein. Nicht nur die Dringlichkeit des Wunsches nach dem Vorteil aus der unerlaubten Handlung, sondern auch die zur Verfügung stehenden legalen Alternativen sind hierfür von entscheidender Bedeutung, da deren Ertrag mit demjenigen aus dem Delikt konkurriert und mit diesem verglichen wird. So wird ein Rauschgiftsüchtiger infolge seines im Vergleich zu anderen Gütern äußerst dringenden Konsumwunsches auf eine Straferhöhung sein Nachfrageverhalten fast gar nicht ändern, während ein wieder Arbeit und Brot in einem legalen Beschäftigungsverhältnis findender Arbeitsloser durch die Verbesserung seiner Alternativen bei gleich bleibender Strafhöhe nun erheblich besser abgeschreckt wird, zur Finanzierung seines Lebensunterhalts beispielsweise Diebstähle zu begehen. Eine Strafdrohung vergrößert zunächst den Abstand zwischen dem Gewinn aus legaler und verbotener Tätigkeit. Anstelle der Hinzufügung höherer Kosten im Falle illegaler Tätigkeiten kann die gleiche „Abschreckung" von einer Erhöhung des Ertrages aus legaler Tätigkeit erzielt werden. Die Beseitigung von Arbeitslosigkeit oder großer Armut ist in ihrer Wirkung auf die Abschreckung bestimmter strafbarer Handlungen somit völlig gleichwertig der Erhöhung der Aufklärungswahrscheinlichkeiten oder des Strafmaßes. Durch ihren Einfluss auf den Abstand zwischen legalen und strafbaren Handlungsalternativen und deren Struktur besitzen somit Konjunkturschwankungen erheblichen Einfluss auf Höhe und Art der Kriminalität.

Täter bei Begehung einer bestimmten Tat nicht ohne zusätzliche Kosten noch weitere Verbrechen begehen kann, muss eine *Strafenstruktur* aufrechterhalten werden, die dem Entscheidenden für jedes zusätzliche Übel bei seiner Tat auch eine zusätzliche Strafe androht. Es ist dies das System der „*Grenzabschreckung*“[39]. Dies bedeutet jedoch, dass für weniger schwerwiegende Delikte eine unter der Obergrenze des schwersten Verbrechens liegende Höchststrafe vorgesehen werden muss. Eine unterschiedslos maximale „Einheitsstrafe“ ist mit effizienten Abschreckungsanreizen nicht vereinbar[40]. Dies besagt, dass es nicht immer möglich ist, die erwartete Strafe auf die Höhe des aus der Straftat zu erwartenden Schadens anzuheben. Im Beispiel mit 50 % beziehungsweise 20 % Bestrafungswahrscheinlichkeit für Versuch beziehungsweise Vollendung war die höchstmögliche erwartete Strafe 380. Wenn etwa in unserem Beispiel der Versuch nicht bestraft werden würde, wäre bei einer unübersteigbaren Strafobergrenze von 1000 damit die höchste zu erzeugende erwartete Strafe nur noch 40 % · 20 % · 1000 = 80. Daraus ergibt sich die Schlussfolgerung, dass dann, wenn der erwartete Schaden einen bestimmten Wert, im Beispiel zuvor 80, überschreitet auch der Versuch bestraft werden muss, um die zu geringe Abschreckung zu erhöhen. Wenn daher bei den gegebenen Wahrscheinlichkeiten mit einer bestimmten Straftat ein höherer Schaden als 80 verbunden ist, sollte der Versuch bestraft werden, um eine erwartete Strafe zu erzielen, die dem erwarteten Schaden entspricht.

Die Strafpraxis kann nun für vielerlei Delikte keine hinreichende, die Vorteile der Straftat für den Täter aufhebende Abschreckungswirkung ausschließlich durch die Bestrafung vollendeter Delikte erzielen, da die erwartete Strafe im Falle eines vollendeten Delikts infolge der Strafhöhenbegrenzung nicht die Höhe des erwarteten Schadens zu erreichen vermag. Eine Strafbarkeit des Versuchs kann dem möglichen Täter wesentliche zusätzliche Kosten bei seiner geplanten Tat auferlegen. Je nach dem Umfang der ansonsten bestehenden obergrenzenbedingten Abschreckungslücke kann damit die Strafbarkeit des Versuchs entscheidend dazu beitragen, einen möglichen Täter von der Tat abzuhalten.

---

[39] Vgl. hierzu *Stigler*, The Optimum Enforcement of Laws, Journal of Political Economy, 1970, Vol. 78, S. 526 ff.

[40] Wären beispielsweise die Aufklärungswahrscheinlichkeiten für Raub und Mord beide sehr niedrig, müsste die Strafe auch für Raub in der Nähe der lebenslangen Freiheitsstrafe liegen, um eine hinreichende Abschreckung zu erzielen. Hierdurch würde jedoch der Strafabstand zwischen Raub und Mord so klein, dass Räuber keinen Grund haben, ihre Opfer nicht auch gleich noch zu ermorden.

III. Eine Erklärung des in der Realität zu beobachtenden Umfanges der Versuchsstrafbarkeit

Die Vorstellung, dass der Sinn der Strafbarkeit des Versuchs auf der Notwendigkeit beruht, die von einer Obergrenze verursachte Abschreckungslücke mit Hilfe einer zusätzlichen Abschreckungsgrundlage zu verkleinern, vermag auch den in der Wirklichkeit zu beobachtenden Umfang der Strafbarkeit des Versuchs zu erklären. So sieht das Strafgesetzbuch in § 23 vor, dass nur der Versuch eines Verbrechens stets strafbar ist, der Versuch eines Vergehens jedoch nur bei ausdrücklicher gesetzlicher Bestimmung. Gegen die Begründung von *Jescheck*[41] bei Verbrechen sei „das unmittelbare Ansetzen zur Tat geeignet", „das Gefühl der Rechtssicherheit in der Allgemeinheit zu erschüttern", während „aus generalpräventiven Gründen" „Delikte(n) der mittleren Kriminalität mit Strafe bedroht werden, bei denen der Tatanreiz besonders groß ist", kann unmittelbar der Einwand erhoben werden, dass die angestrebten Ziele bei Fehlen einer Obergrenze auch durch eine Strafverschärfung des vollendeten Delikts erreicht werden könnten. Hierdurch wäre man zudem auch in der Lage, der aus rechtsstaatlicher Sicht mit unerfreulich großen Fehlermöglichkeiten behafteten Feststellung eines Versuchs aus dem Weg zu gehen. Die gesamte Abschreckungslast würde dann statt auch vom Versuch nur von der vollendeten Tat getragen.

Auf eine Bestrafung des Versuchs kann allerdings dann verzichtet werden, wenn die für die Abschreckung erforderliche Höhe der Strafe für ein bestimmtes Delikt bereits vollständig durch die Bestrafung des vollendeten Delikts erreicht werden kann. Dies ist etwa der Fall, wenn eine Straftat nur mit einem geringen Schaden verbunden ist und die Strafhöhe daher ebenfalls niedrig festgesetzt werden kann. In einem solchen Fall ist die von der unvermeidbaren Obergrenze erzeugte Abschreckungslücke nicht mehr gegeben, der Bedarf nach einer zusätzlichen Abschreckungswirkung durch die Versuchsstrafbarkeit damit entfallen. Vergehen sind im deutschen Strafgesetzbuch nun Straftaten, die das Gesetz als weniger schwerwiegend ansieht. Mit absinkendem Schaden wird ab einem bestimmten Punkt ein Delikt auch ohne die Bestrafung des Versuchs abschreckbar. Die unvermeidbare Strafobergrenze ist aufgrund des Absinkens der gewünschten Abschreckungsdrohung keine bindende Restriktion mehr. Wenn eine hinreichende Abschreckung daher bereits voll auf der Grundlage der Bestrafung vollendeter Delikte geleistet werden kann, kann auch die Strafbarkeit des Versuchs entfallen. Nur für den Fall, dass eine Versuchsbestrafung keine zusätzlichen Strafverfolgungskosten verursacht, erhält die Gesellschaft eine besonders kostengünstige[42] Gelegenheit, über die Versuchsbestrafung die obergrenzenbedingt

---

[41] *Jescheck*, (Fn. 2) § 49 V, S. 470.

[42] Wenn bereits Polizei vorhanden ist, deren Aufgabe darin besteht, vollendete Straftaten zu verfolgen, ist es nicht sonderlich kostenaufwendig, zusätzlich auch diejenigen zu ergreifen,

drohende Abschreckungslücke zumindest teilweise zu schließen. Eine Versuchsbestrafung ist jedoch dann nicht mehr sinnvoll, wenn die Versuchsbestrafung erhebliche zusätzliche Kosten hervorruft und nicht mehr nur als kostengünstiges Beiprodukt der Verfolgung des vollendeten Delikts anfällt. Die Feststellung eines Versuchs kann nun gerade aufgrund der besonderen, häufig das Delikt erst konstituierenden Bedeutung des „Vorsatzes“ nur unter verschiedensten, teils erheblichen Kosten festgestellt werden[43]. So ist die Feststellung des Vorsatzes mit erheblichen Fehlermöglichkeiten belastet, die auch durch gesteigerten Aufwand im Strafverfahren nicht gänzlich beseitigt werden können. Dies besagt, dass das Merkmal des „Vorsatzes“ infolge des mit ihm im Strafverfahren verbundenen Kostenaufwandes zu einer wichtigen Einschränkung der Versuchsstrafbarkeit führen muss. Eine Strafbarkeit des Versuchs ist somit nur noch bei einer andernfalls erheblichen Unterabschreckung sinnvoll. Die gesetzliche Begrenzung der Versuchsstrafbarkeit auf besonders schwerwiegende Delikte in § 23 Abs. 1 StGB erklärt sich somit nicht nur aus dem Wegfall der obergrenzenbedingten Unterabschreckung, sondern auch aus den relativ hohen zusätzlichen Kosten der Vorsatzermittlung.

Darüber hinaus spricht für eine Entlastung des vollendeten Delikts von der gesamten Abschreckungsaufgabe auch, dass die Anreize, in legaler[44] Weise *nach* einer Entdeckung der strafbaren Handlung zur Abwehr einer Verurteilung Ressourcen für Verteidigungsmaßnahmen aufzuwenden, eine steigende Funktion der Strafhöhe sind: Je höher die drohende Strafe, um so höher auch die Aufwendungen zu deren Abwehr. Wenn diese Kosten vom Täter getragen werden, sind diese bei fehlerfreier Wahrnehmung vor seiner Tat bereits Teil seiner Abschreckung.

Muss jedoch die Strafverfolgungsbehörde und damit der Steuerzahler zumindest zum Teil diese Kosten tragen oder zwingt sie eine von der hohen Strafdrohung hervorgerufene besonders aufwendige Verteidigung zu erheblichen zusätzlichen Ermittlungen, werden diese Kosten vom möglichen Täter bei seiner Tatentscheidung nicht berücksichtigt. Wenn diese Anreize zu extern finanzierten Abwehrinvestitionen des Beschuldigten zudem progressiv mit der möglichen Strafhöhe anwachsen, wird durch eine Bestrafung des Versuchs und der dadurch ermöglichten Absenkung der Strafhöhe des vollendeten Delikts ein verringerter

die nur einen erfolglosen Versuch unternommen haben. Zumindest dürfte es deutlich teurer sein, denselben Abschreckungseffekt über eine entsprechende Erhöhung der Aufklärungswahrscheinlichkeiten der vollendeten Delikte zu erzielen.

[43] Wenn jemand dicht an einer Person vorbeischießt, kann dieser äußerlich zu beobachtende Vorgang ein Mordversuch, eine versuchte Körperverletzung oder unzulässiger Lärm sein. Erst durch die Ermittlung des Willens lässt sich feststellen, um was für eine Tat es sich handelte.

[44] Die illegalen Investitionsanreize sollten durch das Prinzip der Grenzabschreckung verhindert sein. Sind sie es nicht, gilt das Gesagte auch für illegale Investitionen.

Ressourcenverbrauch im Strafverfolgungsverfahren ermöglicht. Eine Strafbarkeit des Versuchs kann somit erhebliche soziale Kosten dadurch einsparen, dass sie eine Senkung der im Anschluss an eine Entdeckung entstehenden Kosten durch die Möglichkeit verringerter Strafen für das vollendete Delikt ermöglicht[45].

IV. Versuchsstrafbarkeit und kostengünstige Strafartenwahl

Bereits *G. S. Becker* hat in seinem grundlegenden Artikel „Crime and Punishment" bereits darauf hingewiesen, dass die einzelnen zur Verfügung stehenden Strafarten mit unterschiedlich hohen sozialen Kosten verbunden sind[46]. Wie bereits dargelegt, sind insbesondere Geldstrafen ein sozial besonders kostengünstiges Bestrafungssystem, da sie weitgehend einen reinen Vermögenstransfer ohne Ressourcenverbrauch darstellen. Dem Verlust beim Täter steht der gleich hohe Gewinn des Staates gegenüber. Vor der Verhängung ressourcenfressender Freiheitsstrafen sollte daher die Abschreckung durch das Geldstrafensystem ausgeschöpft werden[47]. Der Abschreckung mit Hilfe des Systems der Geldstrafen sind durch das beschränkte Vermögen des Täters jedoch häufig enge Grenzen gesteckt. Wird durch eine zusätzliche Bestrafung des Versuchs die Abschreckungsdrohung auf mehrere Tatbestände verteilt, kann die pro Tatbestand niedrigere Strafdrohung nun in höherem Maße durch die Geldstrafe geleistet werden. Die Strafbarkeit des Versuchs trägt über die durch sie ermöglichte Absenkung der Strafhöhe für das vollendete Delikt damit auch zu einer relativ stärkeren Verwendung der sozial besonders vorteilhaften Geldstrafe bei, da das Vermögen der Täter infolge der entsprechend abgesenkten Bestrafung mehrerer Handlungen häufiger hinreichend groß ist. Die sozial kostspieligeren Bestrafungsarten gelangen daher entsprechend seltener zur Anwendung. Geht man zudem noch davon aus, dass die Gesamtzahl der bestraften Täter größer ist, wenn nicht nur das vollendete Delikt, sondern auch der Versuch bestraft wird, steigt durch die größere Zahl der Täter auch das insgesamt bei diesen durch Geldstrafen einziehbare Vermögen und erhöht somit bei gleich hoher Abschreckung die Möglichkeit der Verlagerung der Abschreckungsdrohung auf das kostengünstigere Geldstrafensystem um ein weiteres. Auch hier gilt, dass diese Vorteile auch mit der Verwendung der abstrakten und konkreten Gefährdungsdelikte verbunden sind.

---

[45] Es versteht sich, dass diese Vorteile auch mit der Verwendung der abstrakten und konkreten Gefährdungsdelikte verbunden sind. Der vorliegende Aufsatz vermag somit auch den steigenden Umfang des Einsatzes von Gefährdungsdelikten verständlich zu machen.

[46] S. Fn. 21.

[47] *Shavell*, Criminal Law and the Optimal Use of Nonmonetary Sanctions as a Deterrent, (Fn. 21).

V. Gesinnungsstrafrecht

Will man somit nicht nur vollendete Delikte bestrafen, ergibt sich die Frage, wann die Strafbarkeit des Versuchs beginnen sollte. Zunächst könnte man auf die Idee verfallen, einen strafbaren Versuch bereits mit dem bloßen inneren Entschluss, die Tat begehen zu wollen, beginnen zu lassen. Gegen eine solche Bestrafung „krimineller Ideen" als Versuch spricht zunächst die Hoffnung, dass bei der üblichen Natur der Menschen gnädigerweise die Wahrscheinlichkeit, dass ein krimineller Gedanke auch zu einer vollendeten Tat führt, so klein ist, dass auch der von einem solchen Gedanken zu erwartende Schaden vernachlässigbar gering ist und daher von einer Bestrafung abgesehen werden kann. Wäre es allerdings möglich, mit Sicherheit festzustellen, wer von den vielen Personen mit verbrecherischen Gedanken seine Tat dann auch in die Wirklichkeit umsetzt, könnte man auch eine Strafbarkeit solcher verbrecherischer Gedanken für sinnvoll halten.

In der Jurisprudenz wird die Ablehnung eines Gesinnungsstrafrechts vornehmlich damit begründet, dass Gedanken keine Störung des Soziallebens darstellten und ihre Bestrafung schwerlich mit der Idee des Rechtsstaates zu vereinbaren wäre[48]. Die Betonung des Willens in Form der Interpretation des Versuchs als „betätigter rechtsfeindlicher Wille" auf der einen Seite und seine Unbeachtlichkeitserklärung auf der anderen in der herkömmlichen juristischen Argumentation ist nicht widerspruchsfrei und verlangt daher eine etwas eingehendere Untersuchung der Idee eines Gedankenstrafrechts.

Besonders tiefe Erkenntnisse verheißt das Studium altehrwürdiger Institutionen, haben diese doch den vielfältigsten Herausforderungen überlebend standgehalten: in der Biologie ist es etwa der Hai, der seit Hunderten von Millionen von Jahren allen konkurrierenden evolutorischen Erfindungen zu trotzen wusste, in der Institutionenlehre sind es die Großunternehmen der „Salvation Industry", wie etwa die katholische Kirche, die so vielen anderen menschlichen Ideen und politischen Organisationsformen ohne grundlegende Gefährdung ihres Systems standzuhalten vermochten. Zentral für die Macht dieser Organisation über ihre Gläubigen ist das diesen vermittelte Anreizsystem, das bei den angekündigten Belohnungen und Strafen nicht nur mit unendlichen Größen („Hölle", „Himmel") arbeitet, sondern auch mit einer Strafdrohung für Gedankenverbrechen. So ist für die Strenge der Sanktion grundsätzlich nicht von Bedeutung, ob eine „Sünde" nur in Gedanken begangen wurde. Das religiöse Strafensystem ist somit für viele Delikte Gesinnungsstrafrecht. Im Gegensatz hierzu wird auch ein noch so totalitärer Staat auf Strafsanktionen für Gedankenverbrechen verzichten müssen. Dies nicht deshalb, weil er die Natur des Menschen und seiner Gedan-

---

[48] *Eser*, (Fn. 3) Rdnr. 21; *Sax*, „Tatbestand" und Rechtsgutverletzung (II), JZ, 1976, S. 429 ff. (432) m.w.N.

ken nicht ernst nimmt oder, wie die Formel in der Strafrechtswissenschaft lautet, diese „kein Ereignis von sozialer Bedeutung seien“[49]. Der Zugriff derartiger Diktaturen auf alle Institutionen, die die Gedanken der Bürger beeinflussen, wie etwa Schulen, Universitäten, Presse, Film, Funk und Fernsehen, sowie die erzwungene öffentliche Heuchelei zeigen vielmehr sehr deutlich, dass Gedankenbeeinflussung als entscheidendes Herrschaftsmittel angesehen wird. Der Grund, dass selbst totalitäre Staaten nicht auf ein Gedankenstrafrecht verfallen, besteht vielmehr darin, dass seine Herrscher keine Möglichkeiten sehen, in irgendeiner Form verlässlich den Inhalt von Gedanken feststellen zu können. Erhebliche Fehler bei der Feststellung der strafbaren Gedanken würden jedoch wiederum erhebliche Fehler in Form der Bestrafung Unschuldiger bedeuten, die auf Dauer auch keinem noch so totalitären Staat gleichgültig sein können. Darüber hinaus würde bei einem Gesinnungsstrafrecht infolge seiner großen Fehlermöglichkeiten das mit seiner Hilfe aufgerichtete Anreizsystem selbst erheblich geschädigt, da eine Bestrafung Unschuldiger den Abstand zwischen rechtstreuem und rechtswidrigen Verhalten verkleinert und damit die erwarteten Kosten für eine tatsächlich begangene Straftat senkt[50]. Für einen freiheitlichen Rechtsstaat ist ein solches Verfahren ohnehin nicht vorstellbar, da hierdurch dem Staat und seiner Bürokratie einschließlich der Richter eine unkontrollierte Macht über die Freiheitsrechte seiner Bürger eingeräumt würde. Gesinnungsstrafrecht im Bereich des Staates wäre mit dem Verlust der Freiheit, Sicherheit und Würde der Menschen verbunden. Für menschlich begründete Institutionen kann daher eine Strafbarkeit von Gedankenverbrechen nicht in Frage kommen.

Religiöse Unternehmen verlassen sich jedoch bei der Schaffung ihrer Sanktionssysteme nicht nur auf mit menschlichen Methoden feststellbare Delikte, sondern führen über „Gott“ zusätzlich noch eine alles wissende Gedankenpolizei ein. Der Täter weiß damit, dass er aufgrund der „Allwissenheit“ des „Etre Suprême“ bei der Beurteilung seiner Gedankenverbrechen einerseits keinem Fehlurteil in Form einer Verurteilung trotz seiner Unschuld unterliegen wird, er andererseits auch einer Bestrafung im Falle seiner Schuld nicht entkommen kann[51]. Die Feh-

---

[49] *Eser*, (Fn. 3) Rdnr. 21 m.w.N.

[50] Der Täter mag sich dann sagen, dass er die Tat deshalb begehen kann, weil er ohnehin und dann auch noch als Unschuldiger, das heißt ohne den mit der Straftat für ihn erzielbaren Nutzen erlangt zu haben, bestraft werden wird. Eine tatsächliche Begehung der Straftat erzeugt dann für ihn keine zusätzlichen Kosten mehr, wohl aber erlangt er die mit ihr erreichbaren Vorteile.

[51] Das Merkmal „Allmächtigkeit“ stellt den Strafvollzug sicher. In den mathematischen Modellen des Strafrechts sind somit für die klerikalen Strafsysteme die Ergreifens-, Verurteilungs- und Vollstreckungswahrscheinlichkeiten mit dem Extremwert von 100 Prozent anzusetzen. Infolge der „Ewigkeit“ der Sanktion ohne Rehabilitationsmöglichkeit für bestimmte Delikte wäre - wie schon *Pascal* bemerkt hat - die Abschreckungswirkung infolge der unend-

lerquellen, die die stets mit lediglich unvollkommen informierten Menschen betriebenen Strafsysteme aufweisen, treten bei dem in vielen Religionssystemen verwendeten „allwissenden Richter“ nicht auf. Es versteht sich, dass die religiösen Unternehmen auf die große Wirksamkeit der Straferstreckung auf Gedanken nicht verzichten wollen. Das Gesinnungsstrafrecht ist daher ein wichtiger Teil einer gedanklich lückenlosen und beeindruckenden Abschreckungsstrategie verschiedenster Religionssysteme.

VI. Die Rechtfertigung einer höheren Bestrafung von Vorsatztaten im Vergleich zu Fahrlässigkeitsdelikten

Gesetz und juristische Literatur[52] legen auf den Unterschied zwischen fahrlässig und vorsätzlich begangenen Taten entscheidenden Wert. So bestimmt das Gesetz in § 15 StGB: „Strafbar ist nur vorsätzliches Handeln, wenn nicht das Gesetz fahrlässiges Handeln ausdrücklich mit Strafe bedroht.“ Während es beispielsweise für das jeweilige im Straßenverkehr getötete Opfer nicht von Interesse zu sein scheint, ob es Opfer fahrlässigen Rasens oder vorsätzlichen Tötens geworden ist, gibt es dennoch gute Gründe, eine mit Vorsatz begangene Tat härter zu bestrafen, als eine auf Fahrlässigkeit beruhende Handlung[53]. Zwar ist es richtig, dass es auch einer finanziell geschädigten Person ziemlich gleichgültig sein kann, ob sie aufgrund der Inkompetenz ihres Geschäftspartners oder aufgrund vorsätzlichen Betruges ihr Geld verloren hat. Die Höhe ihres Schadens wird hierdurch nicht berührt. Dennoch sieht die Rechnung für Täter und Gesellschaft recht unterschiedlich aus, wenn die Schädigung auf einer von Täter vorgenommenen Täuschungshandlung oder auf dessen fahrlässiger Unfähigkeit beruht. So ist eine zur Schadensvermeidung notwendige Verbesserung der Kompetenz des Täters mit erheblichen Kosten für ihn und die Gesellschaft verbunden, während die Schadensverhinderung durch eine Täuschung lediglich den einfachen Willensentschluss des Entscheidenden erfordert, diese nicht zu begehen. Besondere Kosten, von vorsätzlichen Betrügereien abzulassen, fallen für den

---

lichen Strafhöhe ebenfalls unendlich, falls es eine von null verschiedene Wahrscheinlichkeit für die Existenz der androhten Strafe gäbe. Das kirchliche Verbot von „Mischehen“ (Ehepartner mit unterschiedlicher Religionszugehörigkeit) und die ausgeprägte Einflussnahme auf das Erziehungssystem haben daher das Ziel, über den Gebrauch der menschlichen Sozialisation bei den möglichen „Gläubigen“ eine kleine positive subjektive Wahrscheinlichkeit für die Welterklärung des klerikalen Systems zu erwecken, die nach dem verwendeten Anreizsystem dann jedoch hinreichend ist, den gewünschten Gehorsam und eine von der Logik der Anreize her unentrinnbare Mitgliedschaft zu begründen.

[52] Zur Literatur vgl. statt vieler *Jescheck*, (Fn. 2) § 29, S. 260 ff. mit ausführlichen Literaturhinweisen.

[53] Grundlegend *Darby/Karni*, Free Competition and the Optimal Amount of Fraud, Journal of Law and Economics, 1973, Vol. 16, S. 67 ff.

Täter nicht an[54]. Es genügt sein einfacher Entschluss. Die Gesellschaft insgesamt hat daher im Falle einer Aufgabe des Betrugsvorsatzes auf Seiten des möglichen Täters den andernfalls mit dem Betrug verbunden Verlust beim Opfer als Ersparnis zu verzeichnen. Im Gegensatz hierzu erfordert die Vermeidung desselben Schadens, der nun auf die Unfähigkeit des Täters zurückzuführen sein soll, erhebliche Investitionen in sein Wissen. Die Gesellschaft würde durch die Vermeidung dieser Schäden daher nur so lange einen Vorteil erzielen, als die hierdurch vermiedenen Schäden größer als die Ressourcenaufwendungen für die Humankapitalinvestitionen sind[55]. Dies bedeutet jedoch, dass es sich durchaus lohnen kann, die Risiken und Kosten der aufwendigen Unterscheidung zwischen vorsätzlichen und fahrlässigen Handlungen auf sich zu nehmen. Es ist nicht nur die Gefährlichkeit der Handlung, sondern auch der besonders geringe Aufwand beim Täter, ihre Gefährlichkeit zu senken, die die Bedeutung des Vorsatzes bei einer schädigenden Handlung ausmacht und seine erhöhte Abschreckung rechtfertigt.

Diese Ansicht von der besonderen Strafwürdigkeit *vorsätzlich* begangener Straftaten ermöglicht es auch zu begründen, aus welchem Grunde die Vorstandsmitglieder eines Automobilherstellers nicht bei jedem Wagen wegen Totschlags belangt werden können, obwohl sie genau wissen, dass beispielsweise pro 5 Millionen Kilometer mit ihrem sportlich motorisiertem Auto ein Mensch getötet werden wird. Für das Vorliegen eines strafrechtlich relevanten Vorsatzes ist nicht das einfache Wissen entscheidend, sondern, ob das Management des Automobilherstellers die erkennbar kostengerechtfertigten Vorbeugemaßnahmen[56] in das Auto eingebaut haben, um diese Tötungen zu verhindern. Sind sie diesen Sorgfaltspflichten nachgekommen, haben sie im juristischen Sinne auch keinen Tötungswillen, selbst wenn dieser tatsächlich vorhanden ist[57].

---

[54] Dem Täter entgeht bei einem Absehen von der Tat der mit ihr erwartete Vorteil. Hat man sich darauf geeinigt, den Vorteil des Täters aus der Tat in der Wohlfahrtsbeurteilung der Straftat nicht zu berücksichtigen, sondern stattdessen mit null anzusetzen, hat der Täter beim Abstandnehmen von seiner Tat trotz entgangenen Gewinns keine wohlfahrtstheoretisch begründeten Kosten.

[55] *Darby/Karni*, (Fn. 53). Zum Begriff des Humankapitals vgl. bereits *Becker*, Human Capital, 1962.

[56] Vgl. zur Erörterung dieses Begriffes *Adams*, Ökonomische Analyse der Verschuldens- und Gefährdungshaftung, 1985, S. 36 ff.; *Shavell*, Economic Analysis of Accident Law, 1987.

[57] In der juristischen Literatur wird vornehmlich die Ansicht vertreten, auch bei der Fahrlässigkeit sei Gegenstand des Schuldvorwurfs die „tadelnswerte Rechtsgesinnung des Täters“, *Jescheck*, (Fn. 2) S. 511; § 54 I 4 b. Eine Begründung, wieso bei gleichem Ergebnis („Erfolg“) das innere Geschehen des Täters so entscheidend für seine Strafwürdigkeit beiträgt, während auf der anderen Seite ein Gesinnungsstrafrecht zu Recht als verfassungswidrig abgelehnt wird, *Sax*, (Fn. 48) wird nicht gegeben.

VII. Die Strafbarkeit des Versuchs und die Theorie rationalen Verhaltens unter Unsicherheit

Wenn Menschen einem unsicheren, aus mehreren möglichen Ausgängen zusammengesetzten Ereignis ausgesetzt sind, bestehen aufgrund zahlreicher empirischer Untersuchungen in der kognitiven Psychologie Zweifel daran, dass stets alle bisher verwandten klassischen Axiome des rationalen Entscheidungsverhaltens unter Unsicherheit eingehalten werden.

So wurde in verschiedenen empirischen Untersuchungen eine sog. „Präferenzumkehr" beobachtet[58]: bei völlig gleichem Erwartungswert ziehen die Testpersonen diejenigen Spiele vor, bei denen sie mit hoher Wahrscheinlichkeit gewinnen, obwohl damit notwendigerweise eine niedrigere Gewinnauszahlung verbunden ist. Auf der anderen Seite sind sie nicht bereit, für das von ihnen vorgezogene Spiel auch eine höhere Teilnahmegebühr zu zahlen. Die Teilnehmer wagen zudem entgegen ihren in ihren Entscheidungen offenbarten Wünschen („Präferenzen") bei gleichem Erwartungswert einen höheren Spieleinsatz bei Spielen, in denen die Auszahlung sehr hoch ist, die Gewinnwahrscheinlichkeit daher entsprechend niedrig sein muss. Empirische Arbeiten legen nahe, dass diese Präferenzumkehrungen im wesentlichen nicht auf einer Verletzung der jeder Theorie rationaler Entscheidung zugrunde liegenden Axiome der Unabhängigkeit und der Transitivität beruhen, sondern darauf, dass die Menschen nicht in der Lage sind, durch die jeweils verwendeten Verfahren hindurchzuschauen auf die mit ihnen erzeugten Ergebnisse, sondern sich von den äußeren Ausgestaltungen der verwendeten Verfahren blenden lassen[59].

Tversky, Slovic und *Kahneman*[60] vertreten nun die Ansicht, dass diese Verletzung der sog. „Verfahrensinvarianz" auf ein allgemeines Prinzip, die sog. „Skalenkompatibilität" zurückgeführt werden kann. Danach wird irgendein Aspekt, etwa die Gewinnwahrscheinlichkeit oder die Auszahlung, dann in seiner Bewertung durch den Entscheidenden subjektiv verstärkt, wenn das Bewertungskriterium in derselben Skala ausgedrückt wird. So wird nach dieser Theorie der Verkaufspreis einer bestimmten Wette lediglich aufgrund der Messung in Geld dann steigen, wenn die Auszahlung ebenfalls in Geld erfolgt (Skalenkompatibilität). Wäre im Gegensatz hierzu dieselbe Person gefragt worden, welches Spiel sie bei gleichem Erwartungswert vorziehen würde, wäre die ihrer eigenen Ansicht wi-

---

[58] *Tversky/Slovic/Kahneman*, The Causes of Preference Reversal, American Economic Review, 1990, Vol. 80, S. 204 ff.

[59] Vgl. *Tversky/Shmuel/Slovic*, Contingent Weighting in Judgement and Choice, Psychological Review, 1988, Vol. 95, S. 371 ff.; *Tversky/Kahneman*, Rational Choice and the Framing of Decisions, Journal of Business, 1986, Vol. 59, S. 251 ff.

[60] S. Fn. 59.

dersprechende skalenbedingte Überhöhung des Verkaufspreises vermieden worden.

Da das Strafensystem auf den Täter mit monetären und nichtmonetären Kosten einwirkt, sollte diese Verfahrensvarianz der Menschen zur Senkung der Gesamtkosten des Strafensystems berücksichtigt werden. Darüber hinaus verlangt eine durch das Strafrecht vermittelte Drohung die richtige Wahrnehmung verschiedener kompliziert zusammengesetzter ungewisser Ereignisse. Zur Verdichtung der Erwartungswerte sind intuitiv vom Täter bedingte Wahrscheinlichkeiten zu berechnen und mehrstufige jeweils ungewisse Ereignisse (sog. „Lotterien") in eine einzige Größe, „den tatsächlichen Preis für seine Straftat", zu verdichten. Hierzu sind die Wahrscheinlichkeits- und die Strafhöhenverteilungen auf der Grundlage einer kleinen Zahl von Beobachtungen zu ermitteln, die zudem infolge der Berücksichtigung aller Umstände des Einzelfalles und der jeweiligen Täterpersönlichkeit mit einem großen Maß an zufallsbedingtem informationslosen „Rauschen" belastet sind.

Ob einem möglichen Täter dies stets gelingt, und welche Bedeutung hierbei systematisch auftretende Fehler für die Strafbarkeit des Versuchs besitzen, soll nun kurz erörtert werden.

Die axiomatische Entscheidungstheorie nimmt nun unter der Bezeichnung „Reduktionsaxiom"[61] üblicherweise an, dass der Entscheidende intuitiv aus mehreren ungewissen Ereignissen nach den Regeln der Wahrscheinlichkeitstheorie gedanklich ein einziges zusammengesetztes Ereignis bildet, das von dem Entscheidenden bei Risikoneutralität im Falle eines gleichen Erwartungswertes auch gleich bewertet wird. Nach dieser Regel ist es einer Person somit gleichgültig, ob sie bei einem ersten Glücksspiel 100 DM in bar gewinnt oder ein Los zu einer weiteren Lotterie mit einem Erwartungswert von 100 DM, beispielsweise mit der Wahrscheinlichkeit von 10 Prozent 1000 DM zu gewinnen. Die durch das Strafrecht und seine Durchsetzung vermittelten Anreize sind nun seitens der möglichen Täter aus mehreren komplexen unsicheren Ereignissen und ihren Eintrittswahrscheinlichkeiten, insbesondere den Entdeckungs-, Verurteilungs- und Strafhöhenwahrscheinlichkeitsverteilungen, zu ermitteln. Die Vorstellung, den betroffenen Personen gelänge stets ohne größere gedankliche Fehler diese Überführung in eine einfache zusammengesetzte Größe, erscheint nach den experimentellen Ergebnissen, die insbesondere Psychologen aus der kognitiven Psychologie unternommen haben, eine mehr oder minder fragliche Annahme[62]. So wird von Strafpraktikern aus ihrer Lebenserfahrung heraus - in nicht genau definierter oder empirisch untermauerter Weise - behauptet, dass die vom Täter wahrgenommene Entdeckungswahrscheinlichkeit eine erheblich grö-

---

[61] *Luce/Raiffa*, Games and Decisions, 1967, S. 26 f.

[62] *Tversky/Slovic/Kahneman*, (Fn. 58).

ßere Abschreckungswirkung entfalte als ein mathematisch entsprechender Anstieg der Strafhöhe. Wenn diese Ansicht richtig sein sollte, könnte sie auf einer Verletzung des Reduktionsaxioms beruhen, indem an irgendeiner Stelle die Wahrnehmung der Strafhöhe einer systematischen Unterbewertung verfällt[63].

Ist dies der Fall, würde dies ausgleichende, zusätzliche, kostspielige Erhöhungen der Aufklärungswahrscheinlichkeiten erforderlich machen.

Eine Bestrafung des Versuchs kann - ebenso wie die Einführung von Gefährdungsdelikten - nun eine mögliche Verletzung des Reduktionsaxioms dadurch heilen helfen, dass sie die von dem möglichen Straftäter zu leistende Reduktion bei der Abschätzung der erwarteten Strafe dadurch vermindert, dass die geistige Zusammenfassung der mehrstufigen Lotterie der Abschreckungsdrohung im Falle einer ausschließlichen Bestrafung des vollendeten Delikts durch eine mehrfache *tatsächliche* Bestrafungen verringert. Anstelle der einen großen Strafe im Falle der Vollendung, die jedoch infolge der verschiedenen Unsicherheiten nur vergleichsweise selten einem Täter auferlegt wird, treten für dasselbe Delikt eine größere Anzahl kleinerer Strafen, die das Lern- und Reduktionsproblem des Täters und seine möglichen Irrtümer entschärfen und dem Täter eine zutreffendere Abschätzung der ihm drohenden Sanktion erlauben. Die Aufspaltung der Abschreckung in die Bestrafung des Versuchs, der Vollendung und zuweilen noch zusätzlicher Gefährdungsdelikte vermeidet somit die Kosten, die mit Wahrnehmungsfehlern der Täter verbunden wären, und stellt somit ein weitere Begründung für eine Versuchsbestrafung unabhängig von einer obergrenzenbedingten Abschreckungslücke dar.

Die Verwendung des allgemeinen ökonomischen Modells der rationalen Entscheidung ist nicht nur durch das Reduktionsproblem belastet, sondern auch von den Fehlermöglichkeiten der sog. „Verfahrensvarianz". Dies bedeutet, dass die Entscheidenden sich von den Darstellungs- und Verfahrensweisen beeinflussen lassen, obwohl das Ergebnis der Verfahren dies nicht rechtfertigt. So werden unterschiedliche Verhaltensweisen beobachtet, wenn das völlig unveränderte Ergebnis einer Entscheidung mal als „Gewinn", mal als „vermiedener Verlust" in einer Darstellung erscheint. Ebenso vertreten die Entscheidenden andere Lösungen bei der Frage, ob ein Medikament eingesetzt werden soll, wenn die völlig gleiche Wirkung mal als „Überlebenswahrscheinlichkeit" oder mal als „To-

---

[63] Eine andere Möglichkeit für die Begründung dieser Ansicht der Strafrechtspraktiker könnte darin liegen, dass die möglichen Täter die Straferhöhung in ihren Präferenzen nicht-linear verarbeiten. Eine Verdoppelung der Strafdauer würde dann von den möglichen Tätern beispielsweise nur mit einem 50prozentigen Aufschlag bewertet und hätte daher dann nur eine um diesen Betrag verminderte Abschreckungswirkung. Aus welchem Grund ein Täter eine solch nicht-lineare Verarbeitung der Strafdrohung aufweisen könnte, erscheint schwierig zu beantworten und bedürfte gründlicher empirischer Erforschung.

desrate" ausgedrückt wird, obwohl beide leicht als ihre jeweiligen Komplemente erkennbar sind[64]. Bei einer genauen Einzeluntersuchung von Straftatbeständen sollte daher die Problematik der von Tversky und anderen[65] nachgewiesenen Skalenkompatibilitätsproblematik Eingang in die Modellierung ihrer Abschreckungswirkung finden. So erzielt der Täter bei bestimmten Straftaten ausschließlich monetäre Vorteile, während die Strafe aus monetären und nichtmonetären Nachteilen zusammengesetzt ist. Will man die Wirkung der einzelnen Strafsanktionen auf die Abschreckungswirkung richtig erfassen, muss sichergestellt werden, dass die vom Täter zu leistende Umrechnung der monetären und nichtmonetären Sanktionen einschließlich seiner verfahrensvarianzbedingten Fehler verstanden wurde. Ein solches Verständnis eröffnet dann vielleicht die Möglichkeit, eine übertreibende Empfänglichkeit des Täters aufgrund der „Verfahrensvarianz" zur Erhöhung der Abschreckungswirkung auszunutzen. Hierdurch könnte dieselbe Abschreckungswirkung bei einer gleichzeitigen Absenkung der tatsächlich auferlegten und mit Ressourcenverbrauch verbundenen Straftaten ermöglicht werden[66]. Insbesondere die Dauer eines Führerscheinentzuges könnte bei der Berechnung der ihm drohenden Sanktionshöhe vom möglichen Täter fehlerhaft als besonders hohe Strafe wahrgenommen werden, während die tatsächlichen (sozialen) Kosten eines Führerscheinentzuges, insbesondere im Vergleich zur Freiheitsstrafe, als recht niedrig anzusehen wären. So kann *Wahrnehmung* kostspielige *Wirklichkeit* ersetzen.

F. Strafen und Maßregeln als Verunmöglichung von strafbaren Handlungen

Neben der Fähigkeit der Abschreckung kann eine Strafe oder Maßregel[67] auch dazu dienen, dem Täter die Tat *tatsächlich unmöglich* zu machen. Der Freiheitsstrafe[68] kommt für viele Delikte eine solche Wirkung der tatsächlichen Verunmöglichung zu, da sie den Täter aus der Bevölkerung entfernt und diese in die-

---

[64] *Tversky/Kahneman*, (Fn. 59).

[65] *Tversky/Slovic/Kahneman*, (Fn. 58).

[66] Obwohl die ökonomische Theorie eine Ausschöpfung der Geldstrafe vor einer Freiheitsentziehung verlangt, ist die völlige Vermögenseinziehung unter Verzicht auf eine Freiheitsstrafe bei schwereren Delikten selten. Ein Grund für diese Praxis könnte die Ausnutzung von Verfahrensvarianzen des Täters sein, der eine Freiheitsstrafe als übertrieben bedrohlich wahrnimmt.

[67] Auch wenn die Maßregeln der Besserung und Sicherung nicht als Abschreckung gedacht sind, haben sie eine solche Wirkung, wenn sie von den betroffenen Personen in ihren Entscheidungen berücksichtigt werden.

[68] Ihm Hinblick auf die tatsächliche Verunmöglichung haben die Freiheitsstrafe und die Maßregeln mit Freiheitsentziehung weitgehend die gleiche Wirkung und sollen daher hier synonym verwendet werden, vgl. zu den Maßregeln mit Freiheitsentziehung im einzelnen *Jescheck*, (Fn. 2) § 77 S. 724 ff.

ser Zeit vor der Begehung von Straftaten schützt, die nur in Freiheit begangen werden können, während Geldstrafen den Täter nicht aus dem Verkehr ziehen und daher nur der Abschreckung zu dienen vermögen. Da unter Strafrechtspraktikern vielfach Skepsis über die Abschreckungswirkung des Strafensystems herrscht, sei hier in aller Kürze und sehr vereinfacht auf die grundsätzliche Logik und die optimalen Kriterien eines *ausschließlich* auf tatsächliche *Verunmöglichung* zielenden Freiheitsentziehungssystems eingegangen[69].

Zur Abgrenzung von der Abschreckungswirkung der Gefängnisstrafe sei nun angenommen, dass sich eine Person nicht im Geringsten von der Strafdrohung beeinflussen lässt. Anders als im Falle der Abschreckungsanalyse wird der Täter somit die Tat völlig unabhängig von einer möglichen Strafdrohung begehen oder sie unterlassen. Darüber hinaus sei zunächst angenommen, dass seine Gefährlichkeit, d.h. der von ihm im Falle seiner Freiheit angerichtete Schaden, in jeder Periode seines Lebens gleich hoch sei. Es kann nun gezeigt werden, dass es in einem solchen Fall optimal ist, eine Person dann einzusperren, wenn der von ihr pro Periode angerichtete Schaden eine bestimmte Höhe überschreitet, die den sozialen Kosten der Gefängnisstrafe entspricht[70]. Unter dem Gesichtspunkt der Schadensverunmöglichung sollte die Freiheitsentziehung, wenn sie denn verhängt wird, lebenslang sein, da angenommen wurde, dass die Gefährlichkeit im Laufe des Lebens nicht absinkt. Nimmt die Gefährlichkeit der annahmegemäß nicht abschreckbaren Täter mit zunehmendem Alter ab, sollten sie ebenso wie zuvor bei Überschreiten einer bestimmten Schadenshöhe ihrer Taten mit Freiheitsentzug behandelt werden, jedoch nur so lange, bis ihre Gefährlichkeit im Laufe der Zeit unter die sozialen Kosten des Freiheitsentzuges abgesunken ist. Nimmt man an, dass ihre Gefährlichkeit im Verlauf der im Gefängnis verbrachten Zeit aufgrund von Rehabilitationsmaßnahmen abnimmt, ist es optimal, diese Personen bei einem geringeren Schwellenwert ihrer Gefährlichkeit einzusperren, da nun das Gefängnis sozial einen höheren Wert aufweist, und sie dann zu entlassen, wenn ihre Gefährlichkeit hinreichend abgesunken ist[71].

Diese wenigen Bemerkungen zur Verunmöglichung von Delikten durch Freiheitsentziehung sollen auf mehrere wichtige Unterschiede für Einsatz und optimale Größe von Sanktionen und Maßnahmen hinweisen, die sich ergeben, wenn einmal Verunmöglichung ein anderes Mal Abschreckung das Ziel ist.

---

[69] Vgl. hierzu *Shavell*, A Model of Optimal Incapacitation, American Economic Review, 1987, Vol. 77, Papers and Proceedings, S. 107 ff. Mancher, der der Abschreckungswirkung des Strafensystems skeptisch gegenübersteht, wird aus der zum Teil zu harschen Ergebnissen führenden Logik eines nicht auf Abschreckung ausgerichteten Systems von Strafen und Maßregeln lernen, dass er implizit doch mehr an Abschreckung glaubt, als ihm bewusst war.

[70] Die sozialen Kosten der Freiheitsentziehung bestehen in dem Unglück (Nutzenverlust) der eingesperrten Person und dem zum Betrieb der Anstalten notwendigen Ressourcenverbrauch.

[71] Für die Darstellung des Modells und die Beweise im Einzelnen vgl. *Shavell*, (Fn. 69).

Wenn Abschreckung das Ziel ist, ist die optimale Sanktion im Allgemeinen umso höher je geringer die Wahrscheinlichkeit ist, den Täter zu ergreifen. Wenn jedoch die Verunmöglichung das Ziel ist, ist die optimale Sanktion unabhängig von der Aufklärungswahrscheinlichkeit. Wenn Abschreckung gewollt ist, steigt die optimale Strafhöhe kontinuierlich mit der Größe des erwarteten Schadens, während bei dem Ziel der Verunmöglichung die Sanktion diskontinuierlich von null auf einem festen Wert springt, wenn ein bestimmter Schwellenwert überschritten wird. Ist Abschreckung beabsichtigt, hängt die optimale Größe der Sanktion von der Abschreckbarkeit ab. Wenn etwa die Abschreckbarkeit einer Person sehr gering ist, wie vielleicht bei Verbrechen aus religiöser Leidenschaft, ist eine geringe Gefängnisstrafe sinnvoll, da hierdurch die Kosten dieser Strafe eingespart werden können, deren Ertrag infolge der verminderten Abschreckbarkeit des Täters ohnehin gering ist. Ist die Verunmöglichung solcher Taten das Ziel, kann bei einer Neigung zu Verbrechen aus religiöser Leidenschaft eine lebenslange Freiheitsentziehung sinnvoll sein.

Auch vom Standpunkt der Verunmöglichung gibt es einen Grund, den Versuch einer Straftat mit einer Freiheitsentziehung zu beantworten. Wenn eine Person einen Versuch begeht, enthüllt sie damit auch etwas über ihre Neigung, auch in Zukunft solche Taten zu begehen, und damit über die Notwendigkeit, ihr im Falle des Überschreitens des kritischen Schwellenwertes die Freiheit zu entziehen. Die Theorie der optimalen Verunmöglichung besagt nun nicht, dass ein solcher Versuch geringer geahndet werden sollte als ein vollendetes Delikt, wenn die zukünftige Gefährlichkeit einer Person, die lediglich einen Versuch unternommen hat, höher ist als diejenige einer Person, die ein vollendetes Delikt begangen hat. Der Grund hierfür besteht darin, dass die optimale Sanktion bei fehlender Abschreckbarkeit und angestrebter Verunmöglichung diskontinuierlich mit der zukünftigen Gefährlichkeit einer Person ansteigt. Die richtige Länge der Freiheitsentziehung ergibt sich in einem solchen Fall als Antwort auf die Frage, wann eine Person in Freiheit keine hinreichend große Gefahr mehr für die Gesellschaft darstellt[72]. Diese Gefährlichkeit ist nicht notwendigerweise mit der tatsächlichen Schadenshöhe des versuchten oder vollendeten Delikts verknüpft. Obwohl somit das Ziel der Verunmöglichung ebenso wie das der Abschreckung einen Grund für die Sanktionswürdigkeit von Versuchen abgibt, liefert sie keinen Grund für eine geringere Sanktion von Versuchen gegenüber vollendeten Delikten.

Von *Kaiser*[73] wird die zuvor dargelegte ökonomische Theorie mit folgenden Worten kritisiert:

---

[72] Vgl. für die Bedeutung der zukünftigen Gefährlichkeit des Täters für die Dauer der Maßregeln mit Freiheitsentziehung im einzelnen *Jescheck*, (Fn. 2) § 77 VII, S. 739 ff.

[73] *Kaiser*, Kriminologie: eine Einführung in die Grundlagen, 1989, S. 87.

„Die ökonomische Abschreckungshypothese scheint auf der hedonistischen Vermutung zu beruhen, wonach die Menschen ihr Verhalten durch die Kalkulation nach Lust und Schmerz bestimmen. Danach sind alle Menschen Geschäftsleute. Auch der potentielle Kriminelle beurteilt seine Möglichkeiten innerhalb der Grenzen der ihm verfügbaren Informationen und wählt jene Handlung, die seinen Nutzen am stärksten vergrößert. Die Grundaussage der Allgemeinabschreckung wird denn auch ökonomisch formuliert wie z.B. „den Preis für das Verbrechen bezahlen". Dies mag der Grund dafür sein, dass heutzutage hauptsächlich Ökonomen eine Strömung unterstützen, die zeigen soll, dass die hohe Verbrechensrate einer Politik entstammt, die Verbrechen zu „billig" macht".

Kaiser übersieht hierbei, dass die ökonomische Theorie nicht nur aus einer Theorie der Anreize besteht, die, um Sinn zu machen, als Grundlage ihrer Analyse annehmen muss, dass die Menschen in einem bestimmten Umfang Anreize wahrnehmen und auf sie antworten. Der vorangegangene Abschnitt und seine Literaturangaben zeigen vielmehr, dass sich die ökonomische Theorie auch mit denjenigen Fällen befasst, in denen die Menschen die vom Strafrecht ausgehenden Anreize nicht oder nur verzerrt wahrnehmen oder auf diese überhaupt nicht reagieren. Dass die Menschen ihre Entscheidungen von ihren frei gewählten oder ihnen beispielsweise im Wege der Sozialisation vermittelten Wünschen und Abneigungen abhängig machen, ist eine in ihren Vorzügen und Schwächen in den Wirtschaftswissenschaften breit erörterte Theorie, die sich in der Erklärung und Steuerung menschlichen Verhaltens außergewöhnlich gut bewährt hat und konkurrierende Hypothesen auch in anderen Wissenschaftsgebieten aus dem Felde geschlagen hat[74].

---

[74] Vgl. hierzu grundlegend *Luce/Raiffa*, (Fn. 61); *Becker*, Irrational Behavior and Economic Theory, Journal of Political Economy, 1962, Vol. 70, S. 1 ff. Viele der von *Kaiser* in seinem Lehrbuch erörterten soziologischen Kriminalitätstheorien sind lediglich Spezialfälle bekannter ökonomischer Theorien, vgl. hierzu *Opp*, The Economics of Crime and the Sociology of Deviant Behaviour - A Theoretical Confrontation of Basic Propositions, Kyklos, 1989, S. 405 ff.

Es versteht sich, dass die ökonomische Theorie eine Theorie des Entscheidungsverhaltens aller Menschen ist und keine Theorie der „Geschäftsleute" - was immer das heißen soll[75]. Insoweit kritisiert *Kaiser* ein selbst entworfenes Zerrbild dieser Theorie.

---

[75] Wenn *Kaiser* mit dem Satz „danach sind alle Menschen Geschäftsleute" andeuten will, dass Geschäftsleute etwa aufgrund ihrer Erfahrung und des auf sie ausgeübten Wettbewerbsdruckes besonders gut Anreize wahrnehmen und auf sie besonders stark oder widerspruchsfrei antworten, mag dies zutreffen. Damit ist jedoch nicht dargetan, dass andere Menschen gegenüber diesen Anreizen blind sind. Lediglich ihre Antwort auf die auf sie ausgeübten Anreize ist zuweilen schwächer. Es handelt sich insoweit nicht um ein grundsätzliches qualitatives Problem, sondern um eine quantitative Frage. Wenn *Kaiser* mit seinen Ausführungen sagen will, Geschäftsleute seien Menschen, die sich im wesentlichen durch monetäre Anreize steuern ließen, übersieht er, die großen Fehlentscheidungen, die beispielsweise ein von Kontrolle befreites Management gerade aus den nichtmonetären Gründen des Status, der Macht und des allgemeinen Wichtigtuns unternimmt. Eine ökonomische Theorie, die ein solches auf nichtmonetäre Ziele ausgerichtetes Verhalten nicht in ihren Analysen berücksichtigte, wäre wenig wirklichkeitsgetreu und existiert daher nur in den Augen eher unbelesener Kritiker.

Wie zerstört man den Markt für Rauschgifte?

Anbau, Herstellung und Verbrauch illegaler Rauschmittel und der Aufstieg der diesen Markt kontrollierenden internationalen Verbrecherorganisationen und ihre zunehmende Durchdringung des gesamten Wirtschaftslebens beginnt zur Gefahr für ganze Nationen zu werden. Der Versuch, vornehmlich mit Hilfe des Strafrechts dieser Bedrohung Herr zu werden, scheint angesichts der steigenden Zahl von Drogentoten und des Aufkommens öffentlicher Drogenmärkte in den Augen vieler Verantwortlicher nicht mehr hinreichend erfolgreich zu sein. So hat der Bürgermeister der Freien und Hansestadt Hamburg *H. Voscherau* angesichts des ungebrochenen Anstiegs der Rauschgiftkriminalität in seiner Stadt der Öffentlichkeit im Oktober 1990 nochmals den Vorschlag unterbreitet, Süchtigen von staatlicher Seite Rauschmittel zur Verfügung zu stellen und notfalls sogar Rauschmittel insgesamt oder teilweise zu legalisieren[1]. Dieser Vorschlag wurde rasch von allen zuständigen Stellen des Bundes und von zahlreichen anderen Bundesländern mit dem Argument verworfen, dass bei einer allgemeinen Freigabe von Rauschmitteln der Rauschgiftkonsum und damit die Zahl der Süchtigen unannehmbar stark ansteigen werde.

Das Problem bei beiden in der Öffentlichkeit vertretenen Ansichten zur Bekämpfung des Rauschgiftmarktes besteht darin, dass jeweils nur das Falsche in der Gegenposition gesehen wird und nicht erkannt wird, dass erst die Mischung aus beiden Konzepten zum Erfolg führt: Völlig richtig ist bei der Ansicht von *H. Voscherau,* dass eine kostenlose, streng unter ärztlicher Aufsicht stehende Verabreichung von Rauschgift *ausschließlich* an bereits Süchtige und unter Ausschluss der Möglichkeit, dass diese das Rauschgift mitnehmen und damit handeln können, auf Dauer das Wirtschaftsunternehmen Rauschgiftkriminalität in den Konkurs treiben muss. Die Verabreichung von Rauschgift an bereits Süchtige nimmt den Rauschgift anbietenden kriminellen Unternehmen die entscheidenden gewinnbringenden Kunden weg, da die Süchtigen viele gute Gründe haben, sich dem billigeren und besseren staatlichen Anbieter zuzuwenden[2]. Da sich kein Unternehmen auf Dauer gegen einen erheblich billigeren und besseren Konkurrenten durchsetzen kann, muss diese Unterbietungspolitik die kriminel-

---

Erstveröffentlichung: *M. Adams*, Wie zerstört man den Markt für Rauschgifte?, Zeitschrift für Rechtspolitik (ZRP), 1991, S. 202-204. Der Text wurde sprachlich geglättet.

[1] SPIEGEL Nr. 41, 1990, Spiegelgespräch, S. 198 ff.

[2] Eine Herausnahme der das Rauschgiftverbrechertum finanzierenden Süchtigen aus dem Markt kann nur gelingen, wenn das vom Staat angebotene Mittel *von den Süchtigen* bei Berücksichtigung des Preises, der Finanzierungsschwierigkeiten, der gesundheitlichen Risiken und der Wirkung des Mittels insgesamt als besseres Angebot angesehen wird. Da Methadon keinen Ersatz für die berauschende Wirkung etwa von Heroin bietet, kann eine Methadonstütztherapie das Rauschgiftproblem nur mildern, nicht jedoch überwinden.

len Organisationen vom Markt vertreiben[3]. Während der finanzielle Zusammenbruch der Rauschgiftanbieter aufgrund ihrer wirtschaftlichen Reserven eine gewisse Zeit braucht, würde eine Politik der kontrollierten Verabreichung von Rauschmitteln die erhebliche Anschlusskriminalität rasch und entscheidend vermindern. Die hierdurch freigesetzten Fahndungskapazitäten könnten dann zudem wieder für eine verstärkte Verfolgung der Vergehen nach dem Betäubungsmittelgesetz eingesetzt werden und hierdurch den Rückgang dieser Kriminalität weiter beschleunigen[4].

Entscheidend ist bei diesem Ansatz jedoch, dass die Süchtigen die Rauschmittel niemals zur freien Verfügung erhalten. Hierdurch wird die Gefahr, dass durch diese weitere Personen mit Rauschmitteln versorgt werden oder Geschäfte und Einkommen auf dem Schwarzmarkt erzielt werden können, ausgeschlossen. Es ist der Fehler in der Ansicht von *Voscherau*, dass er annimmt, eine teilweise oder vollständige Freigabe von Rauschmitteln sei mit irgendeinem nützlichen Ergebnis verbunden. Für eine Legalisierung von Rauschmitteln besteht keinerlei Notwendigkeit oder innere Logik. Die gegenwärtigen Strafdrohungen nach dem

---

[3] Vgl. hierzu bereits grundlegend und ausführlich *W.W. Pommerehne/H.C. Hartmann*, Ein ökonomischer Ansatz zur Rauschgiftkontrolle, Jahrbuch für Sozialwissenschaft, Bd. 31, 1980, S. 102 ff. Vgl. allgemein zur Theorie der Verhaltensbeeinflussung mit Hilfe des Strafrechts *M. Adams/S. Shavell*, Zur Strafbarkeit des Versuchs, Goltdammer's Archiv für Strafrecht, August 1990, S. 337 ff.; *G.S. Becker*, Crime and Punishment: An Economic Approach, Journal of Political Economy, 76, 1968, S. 169 ff.; *I. Ehrlich*, On the Usefulness of Controlling Individuals: An Economic Analysis of Rehabilitation, Incapacitation, and Deterrence, American Economic Review, 71, 1981, S. 307 ff.; *R.A. Posner*, An Economic Theory of the Criminal Law, Columbia Law Review, 85, 1985, S. 1193 ff.; *A.M. Polinsky/S. Shavell*, The Optimal Use of Fines and Imprisonment, Journal of Public Economics, 24, 1984, S. 89 ff.; *S. Shavell*, A Model of Optimal Incapacitation, American Economic Review, 77, 1987, S. 107 ff.; *S Shavell*, Criminal Law and the Optimal Use of Nonmonetary Sanctions as a Deterrent, Columbia Law Review, 85, 1985, S. 1232 ff. jeweils mit weiteren Nachweisen. Eine Lehrbuchdarstellung zur Theorie der Strafe findet sich in *R. Cooter/T. Ulen*, Law and Economics, Scott, Foresman and Company, 1988, S. 506 ff.

[4] Bisher ließ die ansteigende Zahl der Vergehen nach dem Betäubungsmittelgesetz durch die damit verbundene zusätzliche Belastung der Kapazitäten von Fahndung und Justiz die vom möglichen Täter zu *erwartende* Strafe ständig sinken. Hierdurch verschob sich das Risiko-Gewinnverhältnis unentwegt zugunsten der Täter mit der Folge, dass der Marktzutritt weiterer Personen in dieses Geschäft lohnend wurde. Der vorliegende Vorschlag kehrt die bisher täterschützende Lawinenwirkung überlasteter Fahndungskapazitäten nunmehr zugunsten der Strafverfolgung um: mit steigendem Bestrafungsrisiko aufgrund einer geringeren Zahl zu fassender Personen infolge verminderter Anschlusskriminalität verlässt zunächst eine gewisse Zahl von Tätern den Markt für Rauschgifte. Dies wiederum erhöht den Fahndungsdruck auf die noch im Markt verbliebenen Personen, so dass auch diese schließlich im Marktverlassen die bessere Alternative sehen werden. Vgl. zum Begriff der erwarteten Strafe ausführlich *M. Adams/S. Shavell*, Zur Strafbarkeit des Versuchs, Goltdammer's Archiv für Strafrecht, August 1990, S. 337 ff.

Betäubungsmittelgesetz müssen vielmehr uneingeschränkt beibehalten werden, damit nicht die Legalisierung die vom bisherigen Strafverfolgungsdruck erzeugten hohen Kosten der Rauschgiftanbieter entfallen lässt und diese hierdurch in die Lage versetzt würden, Drogen billiger anzubieten.

So bedeutet das gegenwärtige Bestrafungsrisiko, dass sich die Anbieter von Rauschgift persönlich unter hohen Kosten gegen eine Strafverfolgung schützen müssen und insbesondere ihren Lieferanten und ihrem höheren Vertriebspersonal erhebliche Risikozuschläge zu zahlen haben. Auch die Erzwingung von Disziplin ist kostenintensiv. Die Abgrenzung zu anderen kriminellen Anbietern und Wettbewerbern ist schwierig und mit Kosten verbunden und verlangt häufig brutale Gewalt, die wiederum zu hohen Personalkosten führt. Bei einer Legalisierung des Rauschgifthandels wäre daher mit einer erheblich effizienteren Herstellung, besserem Vertrieb und allgemeiner Einflussnahme auf den Staat[5] zu rechnen. Die Folge hiervon wäre ein erheblich geringerer Preis für Rauschgifte und damit ein gesteigerter, möglicherweise sogar extrem zunehmender, sozial gänzlich unannehmbarer Verbrauch von Rauschmitteln. Es ist die mit der Legalisierung zu Recht verbundene Befürchtung der Zunahme des Rauschgiftverbrauchs, die diesem Teil des Vorschlags von *Voscherau* aus gutem Grund der allgemeinen Ablehnung verfallen lässt.

Das *richtige Rezept* lautet daher: Kostenlose, streng kontrollierte Verabreichung von Rauschmitteln *ausschließlich* an Süchtige, bei im übrigen weiter fortbestehender Bestrafung aller anderen nach dem Betäubungsmittelgesetz. Dieses Verfahren sorgt zunächst durch den weiter fortbestehenden Strafdruck für erhebliche Kosten und Organisationsschwierigkeiten bei den illegalen Anbietern. Zusätzlich werden durch die kostenlose und kontrollierte Abgabe die Rauschgifthändler am Markt unterboten, so dass diesen kriminellen Organisationen bei der gewinnbringenden Gruppe der Süchtigen die entscheidenden, zum Verbleiben im Markt erforderlichen Einnahmen entzogen werden. Strafdruck *und* gezielte Unterbietung gleichzeitig eröffnet erst die hinreichend große Schere zwischen den Kosten von Herstellung und Vertrieb der Rauschmittel und den aufgrund der staatlichen Verabreichung an Süchtige entscheidend verminderten Einnahmen der Rauschgiftanbieter. Erst diese Diskrepanz zwischen Einnahmen und Kosten erzwingt auf Dauer den Marktaustritt der Rauschgiftanbieter, den wir alle wünschen.

---

[5] Ein Anhalt kann etwa die gegenwärtige Macht der Tabaklobby geben, die es durch Einflussnahme beim Gesetzgeber schafft, Werbe- und Vertriebsbeschränkungen insbesondere zum Schutz von Jugendlichen mit Erfolg entgegenzutreten, obwohl der Tabakkonsum ursächlich für Sucht, Krankheit und Millionen von Toten jährlich weltweit verantwortlich ist. Der Einfluss einer legalen Rauschgiftindustrie dürfte nochmals um eine Größenordnung stärker sein.

Auswahl und Definition der „Süchtigen“ ist kein triviales Problem dieses Vorschlags. Ein Vorteil besteht jedoch darin, dass lediglich zu Beginn einer solchen Strategie die Zahl der zu behandelnden „Süchtigen“ weit gefasst werden müsste, um hierdurch den Drogenabsatzmarkt rascher zu reduzieren. Sind die kriminellen Vertriebssysteme jedoch erst einmal geschädigt und fehlt es den Konsumenten an günstigen Anbietern, kann man zu einer engeren Zulassung der Definition der „Sucht“ übergehen. Für die fortdauernde Zerstörung des Marktes reicht es aus, dass die möglichen Anbieter erwarten, dass sie wieder unterboten werden, falls sie wieder in den Markt eintreten sollten. Die Erzeugung dieser ökonomischen *Verlusterwartung* ist hinreichend als zukünftiger Schutz vor Marktzutritt.

Erst nachdem die ökonomische Vorteilhaftigkeit des Drogengeschäfts wesentlich gesenkt wurde, kann auch das von vielen als Heilmittel angesehene „Sozialklima der Nichtakzeptanz von Drogen“ in Form zusätzlicher Kosten und verminderter Nachfrage für mögliche Anbieter diese vom Versuch einer Markterschließung abhalten. Soziale Einstellungen sind gegenüber sehr hohen pekuniären Verlockungen nicht hinreichend stark genug, eine merkliche Verhaltensbeeinflussung zu bewirken.

Auch die Betreuung und Einzelheiten der Verabreichung der Rauschmittel werden im wesentlichen lediglich zu Beginn recht hohe Kosten verursachen, da gerade in dieser Zeit eine Beratung, Betreuung und Aufklärung einer größeren Zahl von Personen erforderlich ist. Nach Marktverlassen der kriminellen Anbieter gewinnt dieses System auch gegenüber den Süchtigen höhere Freiheitsgrade, da diese dann nur unter erheblich größeren Problemen an illegale Drogen gelangen können. Hat man im Rauschgiftgeschäft jedoch einmal diese Erwartungen einer sofort einsetzenden staatlichen Unterbietungspolitik erzeugt, werden sich nur wenige vorwagen, diese Politik auch auf die Probe zu stellen, da ein solcher Versuch aufgrund der gegenüber dem heutigen Zustand erhöhten tatsächlich wirksamen Strafdrohungen durchaus wieder mit hohen Kosten verbunden wäre, denen aufgrund der staatlichen Unterbietungspolitik keine ausgleichenden Gewinne mehr gegenüber stünden. Damit ist der hier unterbreitete Vorschlag auf Dauer nicht nur wirksam, sondern auch kostengünstig, da er im Ergebnis nur noch für wenige Personen tatsächlich durchgeführt werden muss. Bedauerlicherweise ist die Erzeugung der Erwartung einer solchen Politik eine Investition, die gerade am Anfang ihre Hauptkosten verursacht.

Die Verteilung der Rauschmittel muss vom Staat genau organisiert und überwacht werden. Die verabreichten Mittel dürfen keinesfalls zu einem zusätzlichen unkontrollierten Angebotskanal werden, etwa aufgrund undichter Stellen bei Personal und Herstellung. Ein durchdachter Einsatz von Computern dürfte jedoch eine relativ lückenlose Überwachung ermöglichen.

Die zivilrechtliche und sonstige strafrechtliche Verantwortlichkeit der vom vorgeschlagenen Programm Betroffenen wird nicht privilegiert. Es gibt jedoch Grund zu hoffen, dass eine medizinisch fachgerechte Drogenmedikation die ansonsten ebenfalls vorhandene Gewalt- und Straßenverkehrskriminalität (zusätzlich) vermindert.

Die Frage, inwieweit die Abgabe von Rauschmitteln Therapieinterventionen zerstört, da teilweise oder vollständig Leidensdruck entfällt, ist bedeutsam. Hierbei ist jedoch zu beachten, dass dieses Problem nur die *bereits* Süchtigen betrifft. Der hier vorgelegte Vorschlag zielt jedoch darauf ab, diese Zahl auf Dauer deutlich zu senken. Es handelt sich hierbei somit um ein Übergangsproblem.

Die Gefahr, dass die kostenlose Abgabe von Drogen durch den Staat diese insbesondere bei Jugendlichen akzeptabler erscheinen lässt, besteht. Der Gefahr einer „Imageverbesserung" kann jedoch durch Aufklärung und sozialen Druck entgegengewirkt werden.

Der hier unterbreitete Vorschlag kann auch nicht mit Hinweis auf Art. 3 GG und die durchaus riesigen Probleme beim Missbrauch von Alkohol oder von Schmerz- und Schlafmitteln sowie von Stimmungsaufhellern abgelehnt werden. Schmerz- und Schlafmittel sowie Stimmungsaufheller unterliegen auch weiter einer Rezeptpflicht. Hier haben wir es weder mit einer gewaltigen kriminellen Infrastruktur zu tun, noch mit vergleichbaren sozialen Schäden. Ein so extremer Schritt, wie der Versuch einer vollständigen wirtschaftlichen Vernichtung der Anbieter, wie dies hier für Drogenanbieter vorgeschlagen wird, ist daher nicht erforderlich. Auch für den Bereich des Alkoholmissbrauchs und der damit verbundenen hohen sozialen Schäden kann davon ausgegangen werden, dass die Bürger die negativen Wirkungen des Alkohols für nicht so groß halten, dass die gesamte Branche durch kostenlosen Bezug von Alkohol ruiniert werden sollte. Eine erhebliche Besteuerung von Alkohol erscheint zur Eindämmung der Missbräuche ausreichend. Aus diesem Grund besteht kein Problem der Rechtsgleichheit.

Heroin an Süchtige?
- Die Ergebnisse des schweizerischen Versuchs einer kontrollierten Opiatabgabe an Süchtige und deren Vergleich mit den Einwänden der Versuchsgegner in Deutschland -

A. Der schweizerische Versuch[1]

Im Rahmen eines Maßnahmenpaketes des schweizerischen Bundesrates zur Verminderung der Drogenprobleme wurde in der Schweiz die ärztliche Verordnung von Opiaten, darunter auch von Heroin, zur Behandlung von Süchtigen im Rahmen eines wissenschaftlich breit angelegten Versuchs möglich. Überraschend für die Schweizer Wissenschaftler waren zunächst die pharmazeutischen Erkenntnisse über die im Versuch zum Einsatz gelangenden Betäubungsmittel.

I. Die pharmazeutischen Grundlagen und die pharmazeutischen Versuchserkenntnisse[2]

Das in den Heroinverabreichungsprojekten verabreichte Diacetylmorphin (Heroin) wird synthetisch aus Morphin hergestellt, das wiederum aus der Schlafmohnpflanze gewonnen wird.

1. Die Erfahrungen aus dem englischen Beispiel und die Verabreichungsformen der im Versuch verwendeten Opiate

Ursprünglich war für den schweizerischen Versuch geplant worden, die Methoden des sog. Liverpooler Modells mit spritz- und rauchbaren Heroinformen zu übernehmen[3]. So sollte die Heroinverabreichung mit Hilfe von Heroinzigaretten stattfinden. In England brachten die Versuchsteilnehmer in die jeweiligen Apotheken ihre eigenen Zigaretten mit, in die der Apotheker dann das in Chloroform gelöste Heroin spritzte. Da Chloroform kanzerogen wirkt und in die höchste Giftklasse eingeteilt ist und eine Überlagerung der Wirkung des Nikotins mit derjenigen des Heroins vermieden werden sollte, werden statt dessen in der

---

Erstveröffentlichung: *M. Adams*, „Heroin an Süchtige? - Die Ergebnisse des schweizerischen Versuchs einer kontrollierten Opiatabgabe an Süchtige und ihr Vergleich mit den Einwänden der Versuchsgegner in Deutschland-", Zeitschrift für Rechtspolitik (ZRP), Februar 1997, S. 52-60.

[1] *Uchtenhagen/Gutzwiler/Dobler-Mikola/Blättler*, Versuche für eine ärztliche Verschreibung von Betäubungsmitteln: Zwischenbericht der Forschungsbeauftragten v. 31.12.1995, Institut für Sozial- und Präventivmedizin der Universität Zürich/Institut für Suchtforschung in Verbindung mit der Universität Zürich. Im folgenden abgekürzt zitiert als „Bericht".

[2] Bericht, Anhang, Pharmazeutische Aspekte, (Autor: Leiter der Abteilung Pharmazie des Bundesamtes für Gesundheitswesens), S. 1 ff.

[3] Bericht, Anhang, Pharmazeutische Aspekte, S. 3 ff.

Schweiz nikotinfreie Waldmeisterzigaretten eingesetzt. In England wurden 10 Zigaretten pro Tag mit 60-100 mg Heroinsalz pro Zigarette verwandt. Bei einer 75-prozentigen Körperaufnahme hätte die tägliche Dosierung dann rund 500 mg Heroin betragen. Bei einem Test dieses Verfahrens mit Hilfe einer Rauchmaschine stellten die Schweizer Wissenschaftler jedoch erstaunt fest, dass hinter dem Zigarettenfilter nur 11% der ursprünglichen Menge an Gesamtopiaten (Heroin oder wirksame Abbauprodukte) ankamen. Damit standen den englischen Rauchern bei 10 Zigaretten pro Tag nur 50 mg aktive Substanz zur Verfügung. Dies stellt jedoch nach den Dosierungserfahrungen, die im schweizerischen Versuch gemacht wurden, nur 10% der von einem Süchtigen durchschnittlich benötigten täglichen Menge dar[4]. Bei einer Erhöhung der in die Zigaretten eingebrachten Heroinmenge auf 100 mg fand man als Höchstwert der hinter dem Zigarettenfilter ankommenden Gesamtopiatmenge 14 mg, bei Einbringung von 200 mg aufgrund des schlechteren Abbrandes nur noch 10 mg. Die Versuchsteilnehmer mussten daher erheblich mehr Zigaretten rauchen als vorgesehen, so dass Heroinzigaretten nicht als eine geeignete Konsumform angesehen werden können.

In England war spritzbares Heroin nie verboten. Es wird in niedrigen Dosierungen (10, 30, 50 100 mg) für die Behandlung schwerer Schmerzzustände verwendet. Da für die Behandlung Abhängiger im Durchschnitt zwischen 500 und 700 mg täglich erforderlich sind, wurden in der Schweiz daher 500 mg Ampullen abgefüllt und sterilisiert[5]. Da neben Heroin auch spritzbares Morphin und spritzbares Methadon getestet werden sollte, mussten für diese Opiate erst hoch dosierte Lösungen entwickelt werden, da bisher für normale Schmerzpatienten nur niedrig dosierte Lösungen bekannt waren, Süchtige jedoch eine 10fach höhere Menge als Schmerzpatienten benötigen[6]. Bei Morphin und bei Methadon traten häufigere und stärkere Nebenwirkungen als erwartet auf. Es wird vermutet, dass dies auf die hochkonzentrierte Lösung zurückzuführen ist.

Viele Schwerstabhängige hätten nicht an dem Versuch und seinen Einschränkungen teilgenommen, hätte man ihnen nicht in der Anfangsphase eine Heroinform angeboten, die einen „flash“ erzeugt. Dies ist heute praktisch nur mit Injektionslösungen und sehr abgeschwächt mit Zigaretten möglich.

---

[4] Allein aufgrund dieser erheblichen Unterdosierung ist das zuweilen von deutschen Versuchsgegnern zitierte englische Beispiel daher für eine Ablehnung eines Heroinabgabeversuchs nicht mehr brauchbar.

[5] Bericht, Anhang, Pharmazeutische Aspekte, S. 2 f.

[6] Bericht, Anhang, Pharmazeutische Aspekte, S. 5 ff.

2. Verschreibung und Dosierung der verwendeten Betäubungsmittel[7]

Opiate greifen in das Belohnungssystem des Körpers ein. Sie lösen positive Gefühle aus oder simulieren sie. Die Abhängigkeit von Dosis und Wirkung folgt dabei einer *S*-Kurve. Während geringe Dosen keine Wirkung zeitigen, und hohe Dosen keine Steigerung mehr bewirken, sind im Mittelbereich kleine Veränderungen mit großen Wirkungsunterschieden verbunden. Dieser Zusammenhang wird von der Entwicklung einer Toleranz und der Menge des vorangegangenen Konsums beeinflusst. Bei gewohnheitsmäßigem Konsum tritt Toleranz auf und die Dosis muss zur Erzielung der gleichen Wirkung erhöht werden. Die Toleranzentwicklung führt zu einer Verlagerung der Wirkungskurve. Dennoch geht die Toleranzentwicklung und damit die Verlagerung der Wirkungskurve *nicht* über bestimmte Grenzwerte hinaus. Um Entzugserscheinungen zu vermeiden, muss Heroin intravenös dreimal täglich gespritzt werden. Bei Methadon ist eine einmalige tägliche orale Aufnahme ausreichend.

Die durchschnittlich abgegebenen Mengen **Heroin** i.V. pro Person und Monat begannen im Februar 1994 mit etwas unter 300 mg täglich und stiegen nach einer rund 2-monatigen Einstellungsphase auf eine Menge in der Nähe von 500 mg. Eine weitere Steigerung fand bis zum Ende des Berichtszeitraums Juni 1995 nicht mehr statt. Der Median des täglichen pro Kopf Konsums lag bei 400 mg. Die Zahl der Personen, die Heroin intravenös verabreicht erhielten, stieg kontinuierlich von rund 50 auf rund 200 Personen[8]. Die Zahl der Personen, die Heroin rauchbar erhielten, betrug rund 40. Die abgegebene Menge stieg von der Einstellungsphase mit rund 100 mg täglich auf 400 mg. Der Median stieg auf 200 mg. Das rauchbare Heroin wurde also vergleichsweise niedrig dosiert verschrieben[9].

Die Menge des intravenös verabreichten **Morphins** pro Monat schwankte aufgrund von Zufallseinflüssen sehr stark. Nach dem Auftreten von erheblichen Nebenerscheinungen wurden die Versuche mit intravenösem Morphin im April 1994 unterbrochen und erst im August wieder aufgenommen. Bei Morphin waren keine Einstellungsphasen zu beobachten.

Auch beim **Methadon** wurde die intravenöse Verabreichung wegen der auftretenden Nebenwirkungen bis September 1994 unterbrochen. Die Dosierungen von Methadon i.V. bewegten sich um 100 mg pro Tag. Methadon oral wurde während der Beobachtungszeit im Durchschnitt um 50 mg pro Tag als Basismedikation verschrieben, meist kombiniert mit anderen Substanzen. Hierdurch wird der Opiathunger für 24 Stunden abgesättigt. Hohe Dosen beeinträchtigen allerdings die euphorisierende Wirkung des injizierten Heroins.

---

[7] Bericht, Anhang, Pharmazeutische Aspekte, S. 9.
[8] Bericht, Anhang, Pharmazeutische Aspekte, S. 14.
[9] Bericht, Anhang, Pharmazeutische Aspekte, S. 15.

Um bei einer gemischten Verschreibung einen Überblick über die Gesamtmenge der verabreichten Opiate zu erhalten, wurden alle abgegebenen Substanzen zum Zwecke der Dokumentation in **Heroinäquivalenzwerte** umgerechnet. Als der Vergleichswert, auf den die anderen Opiate umgerechnet wurden, wird die Menge an intravenös gespritztem Heroin genommen. Die Angaben über die Tagesäquivalenzdosen dienen somit der Beschreibung des verschriebenen Betäubungsmittelkonsums im Verhältnis zu intravenös gespritztem Heroin. Gebräuchliche Tagesdosen Methadon liegen zwischen 20 mg bis maximal 150 mg. Methadon wirkt 3 bis 5-mal länger als eine gleich hohe Dosis Heroin. Der Umrechnungsfaktor von Methadon zu Heroin beträgt also 4. Morphium intravenös muss 1,5-mal so hoch dosiert werden wie Heroin, hat also einen Umrechnungsfaktor von 0,67. Bei gerauchtem Heroin wird ein Umrechnungsfaktor von 0,33 im Verhältnis zu Heroin i.V angesetzt[10]. Nach einer vorsichtigen Einstellungsphase von rund 2 Monaten und einem anschließenden Absinken sind die durchschnittlichen Verbrauchswerte von April 1994 bis Juni 1995 bemerkenswert konstant bei 600 mg Tagesäquivalenzen zu Heroin i.V. Einer leichten Abnahme des Heroinverbrauchs stand eine entsprechende leichte Zunahme an oralem Methadonkonsum gegenüber[11]. Mit aller Deutlichkeit zeigte sich jedoch, dass die Befürchtung, der Betäubungsmittelkonsum der Versuchsteilnehmer werde ständig weiter ansteigen und schließlich ein nicht mehr verantwortbares Niveau erreichen, sich nicht bewahrheitet hat. Es wurden weder immer höhere Dosierungen verlangt noch abgegeben[12].

3. Bilanz der Morphinverschreibung[13]

Im Rahmen des Versuchs begann das erste Projekt im Januar 1994 mit der Verschreibung von Morphin intravenös. Schon nach kurzer Zeit musste aufgrund massiver Histaminreaktionen die Verschreibung bis Juni 1994 unterbrochen werden. Die im Rahmen des Versuchs geschaffene „Safety Assurance Group" kam zum Schluss, dass die Nebenwirkungen zwar tatsächlich bestehen, aber nicht als schwerwiegend anzusehen seien. Zudem schienen sie von den Venenverhältnissen und von der Injektionstechnik abhängig zu sein. Bei den Ver-

---

[10] Bericht, Anhang, Pharmazeutische Aspekte, S. 12 f. und 25 f.

[11] Bericht, Anhang, Pharmazeutische Aspekte, S. 25 f.

[12] Der Leiter der Abteilung Pharmazie des schweizerischen Bundesamtes für Gesundheitswesens stellt daher in: Bericht, Anhang, Pharmazeutische Aspekte, S. 27. wörtlich folgendes fest: *„Zusammenfassend lässt sich feststellen, dass die Dosisverläufe bezüglich einzelner Substanzen einige Schwankungen aufweisen, dass sich aber nach der Einstellungsphase insbesondere eine weitgehende konstante Kombination von intravenösem Heroin und oralem Methadon einpendelt, sich als befriedigend herausstellt. Eine erhebliche Toleranzsteigerung mit kontinuierlichem Anstieg des Opiatbedarfs findet nicht statt."*

[13] Bericht, Anhang, Pharmazeutische Aspekte, S. 29.

suchsteilnehmern stieß Morphin auf eine deutlich geringere Akzeptanz. Dennoch kam die „Safety Assurance Group" zu dem Schluss, dass es zwar keine verbindliche wissenschaftliche Erklärung für die Unterschiede im (subjektiven) Wirkungsprofil gebe, es jedoch dennoch nicht sinnvoll sei, an dem ursprünglichen Versuchsplan von 1992 festzuhalten, da es aus ethischen Gründen nicht vertretbar sei, die schlechter verträgliche und schlechter akzeptierte Substanz in größerem Ausmaß weiter zu verabreichen. Da es jedoch möglich sei, dass ein kleiner Kreis von Patienten Morphin besser verträgt als Heroin, wurden die Versuche mit Morphin in verkleinertem Umfang weitergeführt.[14]

II. Der Hintergrund und die Planung der Opiatabgabeversuche im einzelnen

Der schweizerische Versuch sollte überprüfen, inwieweit durch Opiatverschreibung Heroinabhängige einer Behandlung zuführbar sind, die anders nicht mehr erreicht werden können, und inwieweit sich durch die Opiatverschreibung die gesundheitliche und soziale Lage der Abhängigen verbessert, insbesondere ob sie einen möglichen Ausstieg aus der Sucht darstellt. Weiterhin sollte der Versuch das geringe Wissen über die verwendeten Betäubungsmittel verbessern und ihre Eignung zu Substitutionszwecken überprüfen. Zielgruppe des schweizerischen Versuchs waren daher Drogenabhängige, die mit den bisherigen Behandlungsmethoden nicht mehr erreicht werden konnten und sozial und körperlich verwahrlost waren. Viele dieser Personen finanzierten ihren illegalen Drogenkonsum durch kriminelles Verhalten oder Prostitution.

Für die wissenschaftliche Aufarbeitung des Versuchs wurde ein umfangreicher Forschungsfragenkatalog entwickelt. Es gab drei Hauptfragengruppen: Die personenbezogenen Fragen, die sich auf die medizinisch-psychiatrischen Folgen beziehen und das Sucht- und Sozialverhalten der Betroffenen erfassen; die substanzbezogenen Fragen, die die pharmakologischen und toxikologischen Wirkungen sowie die therapeutische Verwendbarkeit der einzelnen Substanzen behandeln; die versuchsbezogenen Fragen, die sich mit der Realisierbarkeit, Effektivität und Wirtschaftlichkeit der einzelnen Versuche beschäftigen. Das Gesamtprojekt wurde durch die Überregionale Ethikkommission der Schweizerischen Akademie der Medizinischen Wissenschaften überprüft und gutgeheißen. Zudem wurden die Versuche durch die regionalen Ethikkommissionen geprüft und genehmigt.

Nicht alle Forschungsgegenstände wurden in allen Pilotversuchen bearbeitet. Dementsprechend waren die Verschreibungsverfahren für die einzelnen Opiate unterschiedlich: die Doppelblindversuche in Thun und Olten dienen der Aufklä-

---

[14] Bericht, Anhang, Pharmazeutische Aspekte, S. 30 f.

rung objektiver Wirkungsunterschiede von Betäubungsmitteln, die Verschreibungen an Personen in Basel, die nach dem Zufallsprinzip ausgesucht wurden, erlauben einen Vergleich der therapeutischen Eigenschaften der Mittel, eine Verschreibung nach individueller Indikation („mit dem Teilnehmer vereinbart") wie in Zürich, Schaffhausen, Zug, Fribourg und Bern vermittelt Erkenntnisse zur Wirkung und Eignung bei Berücksichtigung subjektiver Erfahrungen und Erwartungen.

Der Versuchsplan wurde zweimal geändert: Aufgrund der Erfahrung mit der schlechten Akzeptanz und den deutlichen Nebenwirkungen von intravenös verabreichtem Morphin und Methadon wurde die höchstmögliche Zahl der Heroinverschreibungen durch Beschluss des schweizerischen Bundesrates im Januar 1995 von 250 auf 500 heraufgesetzt. Das Forschungsprotokoll wurde durch einen Fragebogen zur Erfassung des delinquenten Verhaltens ergänzt. Im Mai beschloss der Bundesrat eine Ausweitung der Versuche und eine Erhöhung der Zahl der Heroinverschreibungen auf höchstens 800 und die Gesamtzahl der Verschreibungsplätze auf höchstens 1000.

Alle Pilotversuche kamen mit Unterstützung der zuständigen kantonalen Behörden zustande. In Basel-Stadt war dazu eine Volksabstimmung erforderlich, die eine deutliche Ja-Mehrheit erbrachte. Die teilnehmenden Städte waren 2-mal Zürich mit 77 und 68 Teilnehmern, Bern mit 66, Olten mit 27, Fribourg mit 14, Thun mit 32 und Basel mit 82 Personen. Im Hinblick auf die Gefahr von Diebstählen, Einbruch und Gewalt wurden zusammen mit der Polizei Sicherheitsmaßnahmen ergriffen, die sich als nützlich erwiesen. In zwei Versuchen kam es zu Einbrüchen, bei denen jedoch keine Betäubungsmittel gestohlen werden konnten. Im Durchschnitt konnten etwas mehr als die Hälfte der Angemeldeten aufgenommen werden. Teilweise wurden die Plätze innerhalb von Stunden besetzt. Die Abgabestellen sind zwei- bis viermal täglich während festgesetzter Tageszeiten geöffnet. Gespritzt wird durch die Teilnehmenden vor Ort. Die Mitgabe von injizierbaren Betäubungsmitteln ist ausgeschlossen. Es steht den Teilnehmern frei, ob sie ein- oder mehrmals am Tag für eine Injektion vorbeikommen. Bei ausreichend verlässlichen und stabilisierten Teilnehmern werden Heroinzigaretten z.T. mitgegeben.

Es wurden in den Versuchen Hausordnungen mit klaren Sanktionsdrohungen erstellt, die von Verwarnungen, zeitlich begrenzter Abgabesperre und völligem Ausschluss aus dem Versuch reichten. Bei keinem der Pilotversuche wurden nennenswerte Probleme mit der Nachbarschaft bekannt. Die Teilnehmer mussten sich damit einverstanden erklären, während des Versuchs ihren Führerschein am Versuchsort zu hinterlegen und während des Versuchs auf das Führen eines Kraftfahrzeuges zu verzichten.

III. Die Eintrittscharakteristika der Versuchsteilnehmer

Da die Versuche auf besonders heruntergekommene Drogenabhängige zielten, die bereits über längere Zeit Heroin genommen haben und ansonsten nicht mehr erreicht werden können, wurden nur Abhängige in den Versuch übernommen, die nachweisbar seit mindestens zwei Jahren täglich Heroin konsumiert haben und mindestens zwei erfolglose Behandlungen wegen Heroinabhängigkeit hinter sich haben. Das Aufnahmeverfahren beginnt mit einer medizinischen Untersuchung, einer umfassenden Befragung der Bewerber und einem vertiefenden persönlichen Interview durch einen unabhängigen Interviewer.

1. Die Ergebnisse der Eintrittsanalysen der Versuchsteilnehmer

Das Durchschnittsalter der Teilnehmer betrug 30 Jahre. Der jüngste war 19, der älteste 50 Jahre alt. Ein Drittel davon sind Frauen, zwei Drittel Männer. Dies entspricht der üblichen Geschlechtsverteilung bei Drogenabhängigen. Da insbesondere sozial am Rande stehende Personen erfasst werden sollten, wurden auch die wichtigsten Indikatoren für soziale Desintegration untersucht: schlechte Wohnbedingungen, Arbeitslosigkeit und Fehlen finanzieller Ressourcen. Bei Aufnahme waren 14% der Teilnehmer obdachlos, 37% verfügten nur über eine provisorische oder gefährdete Bleibe. 82% der Teilnehmer waren arbeitslos, 62% seit mehr als einem Jahr. Als Einkommensquelle wurde von den Versuchsteilnehmern bei Möglichkeit von Mehrfachnennungen benannt: 31% aus Berufstätigkeit, 77% aus Hilfen sozialer Institutionen, 36% aus Hilfen durch Bezugspersonen, 20% aus Kreditaufnahme und 53% aus illegalen Aktivitäten jeglicher Art. Der Hauptausgabeposten der Teilnehmer ist der Drogenkonsum: ein Drittel der Teilnehmer hat in den letzten 30 Tagen vor dem Aufnahmeinterview mindestens 3000 Schweizer Franken für Drogen ausgegeben. Ein Viertel kam mit Drogenausgaben bis zu 1000 sFr. aus. Für die Städte Zürich und Bern ergab sich, dass die Hälfte aller Teilnehmer ihre Drogenausgaben mit mindestens 3000 sFr. bezifferten.

Die Höhe des *illegalen* Einkommens betrug für 22% mehr als 3000 sFr., für 31% der Teilnehmer weniger als 3000 sFr. und 48% hatten kein illegales Einkommen. Hierbei trat ein deutlicher Zusammenhang zwischen hohen Drogenkosten und hohen illegalen Einkünften zu Tage: von den Teilnehmern, die illegale Einkünfte von mehr als 3000 sFr. angaben, hatten 96% mehr als 3000 sFr. für Drogen ausgegeben, 33% hatten illegale Einkünfte von weniger als 3000 sFr., 26% hatten kein illegales Einkommen. Bei denjenigen, die zwischen 2000 und 3000 sFr. für Drogen ausgaben, hatten nur 3% illegale Einkünfte von mehr als 3000 sFr., 29% illegale Einkünfte von weniger als 3000 sFr. und 15% kein illegales Einkommen. Bei den Teilnehmern, die Drogenausgaben zwischen 1000 und 2000 sFr. angaben, hatten nur 1% illegale Einkünfte von mehr als 3000 sFr.,

19% illegale Einkünfte von weniger als 3000 sFr. und 21% kein illegales Einkommen. Bei den Teilnehmern, die monatlich bis maximal 1000 sFr. für Drogen ausgaben, hatte 0% illegale Einkünfte von mehr als 3000 sFr., 19% illegale Einkünfte von weniger als 3000 sFr. und 38% kein illegales Einkommen. Diese Zahlen belegen den vom Drogenverbrauch erzeugten Druck auf die Teilnehmer, sich zu dessen Finanzierung in immer größere kriminelle Verwicklungen einzulassen.

Das soziale Netzwerk von Drogenabhängigen ist üblicherweise stark gestört. So haben die Teilnehmer nur noch wenige soziale Kontakte außerhalb der Drogenszene. 26% der Versuchsteilnehmer gaben an, überhaupt keine Vertrauensperson mehr zu besitzen, 37% gaben 1-2 Personen an, 38% mehr als 2 Vertrauenspersonen. Allerdings gaben nur 37% an, die meisten Kontakte außerhalb der Drogenszene zu haben, während 18% gar keine, 21% fast keine und 23% allenfalls wenige Kontakte außerhalb der Szene aufwiesen. Betrachtet man den Zusammenhang zwischen der Anzahl der sozialen Kontakte außerhalb der Drogenszene und der Zahl der Vertrauenspersonen, zeigt sich, dass die Szenenkontakte von den Abhängigen nicht als vertrauensvolle oder unterstützende Beziehungen gewertet werden. So berichten 41% der befragten Teilnehmer, die angegeben hatten, soziale Kontakte nur innerhalb der Drogenszene zu haben, sie hätten keine einzige Vertrauensperson.

37% aller Teilnehmer wurden, noch bevor sie Drogen nahmen, mindestens einmal gerichtlich verurteilt, 86% seit sie Drogen nahmen. Ein Drittel der Teilnehmer wurde mehr als 3-mal verurteilt. Gefängnisstrafen oder Untersuchungshaft hatten 15% der Teilnehmer vor ihrer Drogensucht absolviert, 69% seit sie regelmäßig Drogen nahmen.

33% aller Befragten hatten in ihrem bisherigen Leben mit Prostitution Erfahrungen, bei den weiblichen Teilnehmern betrug der Anteil 58%, davon 41% in den letzten 6 Monaten.

Da es ein wichtiges Ziel der Opiatabgabe ist, dass die Versuchsteilnehmer auf Distanz zur Drogenszene gehen, war das Kontaktverhalten zur Drogenszene von großer Bedeutung. Zu Beginn des Versuchs besuchten 26% der Abhängigen die Drogenszene täglich, 31% an 8-20 Tagen und 48% an 1-7 Tagen. Als Grund für die Besuche der Szene gaben - bei Möglichkeit von Mehrfachnennungen - 90% Drogenbeschaffung, 43% Kontakte und 27% „Geschäfte machen" an.

2. Die Suchtgeschichte der Versuchsteilnehmer

a) Polytoxikomanie der Versuchsteilnehmer: Die Mehrheit der Versuchsteilnehmer weist Erfahrungen mit einer Vielzahl von verschiedenen Drogen auf. Sie berichten über den täglichen Konsum von durchschnittlich 4 verschiedenen Suchtmitteln: insbesondere Alkohol, Benzodiazepine, Cannabis und Kokain werden täglich zusätzlich neben Heroin konsumiert. Bei der Möglichkeit von Mehrfachnennungen gaben die Teilnehmer als täglichen Konsum folgende Substanzen an: Alkohol 56%; Amphetamine, Ecstasy 17%; Analgetika 12%; Barbiturate 10%; Benzodiazepine 42%; Cannabis, Marihuana 84%; Kodein 20%; Halluzinogene 13%; Kokain 68%; illegale Opiatersatzmittel 19%; Opiate (außer Heroin) 11%; Schnüffelstoffe 3%.

Der regelmäßige Suchtmittelkonsum wurde mit Rauchen begonnen. Alkohol-, Cannabis- und Benzodiazepinkonsum folgten vor dem ersten Heroinkonsum. Die ersten Erfahrungen mit Heroin wurden durchschnittlich mit 18 Jahren gemacht, der tägliche Konsum begann mit 19 Jahren. Die durchschnittliche Dauer der Heroinabhängigkeit bei Eintritt in den Versuch betrug 10 Jahre, 19% nahmen bereits seit 15 Jahren oder länger Heroin. Bei 11% lag die Konsumdauer unter 5 Jahren.

b) Frühere Behandlungen: Für den Versuch wurden ausschließlich Drogenabhängige zugelassen, die schon einen oder mehrere Entzüge oder andere Behandlungen hinter sich hatten. So hatten 36% der Teilnehmer fünf oder mehr Entzüge hinter sich, 50% waren in mindestens einem stationären Therapieprogramm und 91% mindestens einmal in einer Methadonbehandlung.

c) Behandlungsmotivation: Auf die Frage im Erstinterview „Warum haben Sie sich für dieses Projekt angemeldet?“ kamen bei Möglichkeit von Mehrfachnennungen die Antworten über den Wunsch nach Abbau von Szenestress und nach Szenedistanz mit 57% am häufigsten vor. Der Wunsch nach einer Verbesserung der Lebensqualität mit 40%, kontrollierter Konsum mit 32%, wobei die Verminderung der Risiken durch unsauberen Straßenstoff im Vordergrund stand, Verminderung der Illegalität mit 27%, Probleme mit Methadon 18% und spätere Abstinenz mit 14%.

d) Die medizinischen Eintrittsdaten der Versuchsteilnehmer: Die medizinischen Eintrittsuntersuchungen führten zu dem Ergebnis, dass die Teilnehmer verglichen mit der Gesamtbevölkerung gehäuft mit Untergewicht, dermatologischen Problemen, Hepatitis und HIV-Infektionen belastet waren. Die von den Teilnehmern jeweils subjektiv berichteten Beschwerden entsprachen den von den Projektärzten erhobenen. So stehen Probleme mit den Atemorganen, vegetative Beschwerden wie Übelkeit oder Erbrechen und injektionsbezogene Beschwerden im Vordergrund. Auch behandlungsbedürftige psychische Störungen waren unter den Teilnehmern im Vergleich zum Bevölkerungsdurchschnitt gehäuft anzutreffen. Insbesondere Persönlichkeitsstörungen, Depressionen und schizophrene Erkrankungen sind hierbei zu nennen. Bei 48% hatte eine vorherige stationäre psychiatrische Behandlung stattgefunden. Einer ambulanten psychiatrischen Behandlung hatten sich 50% der Teilnehmer unterzogen. Klare Aussagen über die zeitliche Abfolge von psychischer Störung und Suchtgeschehen lassen sich jedoch nicht machen[15].

IV. Die Lebenssituation und die Gesundheit der Teilnehmer im Verlauf des Versuchs

Es wurden hierzu die Daten von 259 Versuchspersonen nach jeweils 6 Monaten Versuchsdauer analysiert.

1. Die Lebenssituation der Teilnehmer nach 6 Monaten Versuchsteilnahme

a) Wohnungssituation: Die Zahl der Teilnehmer ohne festen Wohnsitz sank von ursprünglich 15% auf 3% im Verlauf der 6 Monate dauernden Versuchszeit. 66% der Teilnehmer betrachten nunmehr ihre Wohnsituation als gesichert.

b) Teilnahme am Arbeitsleben: Die Teilnahme am Arbeitsleben (Teilzeitarbeit) stieg von 29% auf 50%.

c) Verminderung der kriminellen Einkünfte: Während 53% zur Zeit des Eintritts Einkommen aus illegalen Quellen angaben, sank dieser Anteil auf 13%. Eine Überprüfung der obigen Selbstangaben im Zürcher Versuch durch den dortigen Versuchsleiter durch einen Vergleich mit den Eintragungen ins Züricher Polizeiregister ergab, dass bei 55 Teilnehmern des Versuchs während der Behandlung 5,6-mal weniger polizeiliche Feststellungen registriert wurden als in der Zeit unmittelbar vor der Behandlung. Insbesondere sind über illegalen Drogenkonsum und Aufenthalt in der Drogenszene seit Behandlungsbeginn keinerlei Feststellungen mehr registriert worden[16].

d) Verminderung der Szenekontakte: Da der Versuch den Grund für eine Heroinbeschaffung in der Szene überflüssig macht, fiel auch der Szenenkontakt dramatisch ab: während 26% zu Beginn des Versuchs einen täglichen Szenenbesuch angaben, waren dies nach 6 Monaten Versuchsdauer nur noch 4%. Der Anteil der Teilnehmer mit Szenenkontakt an 8-20 Tagen sank von 31% auf 10%, derjenigen mit Szenenkontakt an 1-7 Tagen sank von 48% auf 42%, keinen Szenekontakt gaben 44% statt zuvor 16% an[17].

---

[15] Bei psychischen Störungen, die der Suchterkrankung vorhergehen, ist es möglich, dass die Suchtentwicklung einen missglückten Selbstheilungsversuch darstellt. Aus Selbstzeugnissen Betroffener ist bekannt, dass Heroin Erregungszustände und wahnbedingte Ängste zu beruhigen vermag. Morphium-Scopolamin wurde früher in der Psychiatrie häufig als Beruhigungsmittel, Opiumtinktur als Antidepressivum benutzt, siehe Bericht, S. 90.

[16] Bericht, S. 26.

[17] Bericht, S. 55 und 105 f.

e) Verminderung der Prostitution: Bei Eintritt gaben 43 Frauen und 3 Männer an, sich in den letzten 6 Monaten prostituiert zu haben (13%). Im Verlaufsinterview nach 6 Monaten sind es noch 12 Frauen und 3 Männer (6%). Als Gründe für die anhaltende Prostitution werden Drogenkonsum und Lebensunterhalt als die wichtigsten Gründe angegeben. Beim Drogenkonsum als Prostitutionsgrund war auffällig, dass alle Betroffenen Kokain bei Eintritt in den Versuch konsumierten.

f) Verminderung der Polytoxikomanie: Da Heroin als wirksames Substitut für andere Drogen vermutet wurde, sollte mit der Heroinverabreichung ein Abbau des Verlangens nach anderen Substanzen einhergehen. Dies wird durch die Untersuchung auch deutlich bestätigt. Bei Heroin betrug der tägliche Beikonsum von Heroin 5%, der gelegentliche Beikonsum 33%. Bei Kokain betrug der tägliche Beikonsum bei Eintritt in den Versuch 31% und sank dann auf 9%, der gelegentliche Konsum stieg von 54% auf 58%. Bei Cannabis betrug der tägliche Beikonsum bei Eintritt in den Versuch 34% und sank dann auf 32%, der gelegentliche Konsum sank von 47% auf 43%. Bei Benzodiazepinen betrug der tägliche Beikonsum bei Eintritt in den Versuch 20% und sank dann auf 13%, der gelegentliche Beikonsum sank von 39% auf 29%. Bei Alkohol betrug der tägliche Beikonsum vor dem Versuch 18%, der gelegentliche 27%. Nach 6 Monaten war der tägliche Beikonsum 21%, der gelegentliche 36%. Zusammenfassend kann festgehalten werden, dass der Konsum von Kokain und Benzodiazepinen nach 6 Monaten abgenommen hat, während Cannabis und Alkoholkonsum kaum Veränderungen aufweisen[18]. Eine Analyse von Urinproben der Teilnehmer ergab ein ähnliches Bild über den Kokainkonsum wie die zuvor dargestellten Selbstangaben der Teilnehmer[19]. Teilnehmer mit erhöhtem Kokainkonsum sind häufiger aus dem Versuch ausgeschieden.

2. Der Gesundheitszustand der Teilnehmer nach 6 Monaten Versuchsteilnahme

Bereits nach 6 Monaten zeigten sich deutliche Verbesserungen insbesondere bei injektionsbezogenen und vegetativen Beschwerden[20]. Die bronchiale Problematik blieb jedoch bestehen. Nach der Einschätzung der Teilnehmer hat sich ihre geistige Gesundheit ebenfalls deutlich gebessert. Insbesondere Depressionen, Angst und Wahn haben erheblich abgenommen. Aggressives Verhalten blieb dagegen weitgehend unverändert[21].

---

[18] Bericht, S. 111 ff.
[19] Bericht, S. 117 ff.
[20] Bericht, S. 122 f.
[21] Bericht, S. 123 ff.

3. Die Austritte aus den Versuchen[22]

Von den 366 Personen, die Anfang 1994 mit den Opiatabgabeversuchen begonnen hatten, nahmen Ende Juni 1995 noch 266 an den Versuchen teil. Der Anteil der Personen, die innerhalb eines Jahres den Versuch abbrachen, beträgt 25%. Dies ist verglichen mit anderen Behandlungen, die eine Drop-out Quote von 50% aufweisen, eine hohe Fortführungsrate. Ein typisches Drop-out Muster existiert nicht.

Die Hauptgründe für ein Ausscheiden der insgesamt 89 Personen sind bei Möglichkeit von Mehrfachnennungen: Aufnahme einer anderen Behandlungen 49%, Tod, Einweisung oder Wegzug 11%, Unzufriedenheit mit der Substanz oder Verstoß gegen die Vergaberegeln 26%, Fehlende Motivation oder Überforderung 49%.Von denjenigen 49%, die aufgrund einer anderen Behandlung den Versuch beendigten, befinden sich 90% in einem Methadonprogramm, während 4 Personen sich für einen stationären Entzug entschieden. Tod, Einweisung oder Wegzug sind mit 11% für eine Beendigung des Versuchs verantwortlich. Von den 366 Teilnehmern sind 12 gestorben, hiervon 5 nach ihrem Austritt. Die Todesursachen waren bei 2 Personen Selbstmord, bei 2 anderen Aids, 6 Personen starben aufgrund anderer Krankheiten, 1 Person durch einen septischen Schock, bei 1 Person ist die Ursache noch nicht bekannt. Infolge Hospitalisierung schieden 3 Personen aus. 1 Person trat eine Gefängnisstrafe an, 3 Personen zogen weg. 1 Person ist spurlos verschwunden. Unzufriedenheit mit der Substanz oder ein Verstoß gegen die Vergaberegeln war für 26% der Versuchsabbrüche ursächlich. Knapp die Hälfte dieser Gruppe hat eine andere Behandlung begonnen. Ein Viertel der Ausgeschiedenen musste ausgeschlossen werden, da sie die Versuchsvorschriften nicht einhielten. In elf Fällen haben Teilnehmer versucht, die abgegebene Substanz herauszuschmuggeln oder mit illegal mitgebrachten Zusatzstoffen, wie etwa Kokain, zu mischen. Gewaltanwendung ist nie vorgekommen, in drei Fällen wurde jedoch Gewaltandrohung als Ausschlussgrund genannt. Fehlende Motivation oder Überforderung gaben 49% der ausgeschiedenen Personen an. Die Personen blieben einfach ohne Begründung weg. 17 Personen aus dieser Gruppe haben eine andere Behandlung begonnen.

---

[22] Bericht, S. 126 ff.

B. Der Vergleich der in Deutschland vorgebrachten Einwände gegen eine staatliche Verabreichung von Heroin an Süchtige mit den schweizerischen Versuchsergebnissen

I. Die Einwände der Ärzte

1. Löhrer *und* Erkwoh

In einem Aufsatz aus dem Jahr 1995 heben die beiden Ärzte *Löhrer* und *Erkwoh*[23] hervor, dass eine besondere Gefahr bei der Verabreichung von Heroin darin bestehe, dass es keine Reinheitskriterien im Sinne einer Arzneimittelnorm gebe. Wie das Schweizer Beispiel zeigt, ist es den Schweizer Pharmazeuten gelungen, dieses Problem in wenigen Wochen zu lösen und den Versuchsärzten brauchbare galenische Formen der gewünschten Opiate zur Verfügung zu stellen. Ein deutscher Folgeversuch kann sich daher auf die Schweizer Vorarbeiten stützen, sollte jedoch - wie vom schweizerischen BAG betont - auch andere viel versprechende zusätzliche Substanzen umfassen.

Wenn *Löhrer* und *Erkwoh* in ihrem Aufsatz[24] des weiteren ausführen „*Adams* nimmt die sprachübliche Unterscheidung von „harten" und „weichen" Drogen auf. So liefert ihm die Verbreitung der als „weich" eingestuften Suchtmittel Argumente für die begrenzte Liberalisierung der Heroinverbote." handelt es sich hierbei um eine Verdrehung der Tatsachen. Richtig ist, dass von mir stets hervorgehoben wurde, dass es keinen Grund für eine Liberalisierung von „weichen" Drogen gebe, dass diese vielmehr endlich wirksam bekämpft werden müssten[25].

---

[23] *Löhrer/Erkwoh*, ZRP, 1995, S. 324 f.

[24] *Löhrer/Erkwoh*, ZRP, 1995, S. 324.

[25] Vgl. hierzu die folgenden Textauszüge aus *Adams*, ZRP 1994, S. 106 ff.: *„Für eine allgemeine Freigabe sog. ‚weicher' oder ‚harter' Drogen gibt es keinerlei Notwendigkeit oder innere Logik".* S. 106: Unter der Unterüberschrift *„Keinerlei Legalisierung von Drogen"* war folgendes zu lesen: *„Der entscheidende Fehler in der Ansicht der Legalisierungsanhänger von Drogenkonsum besteht darin, dass sie annehmen, eine teilweise oder vollständige Freigabe von Rauschmitteln sei mit irgendeinem nützlichen Ergebnis verbunden. Für eine Legalisierung von Rauschmitteln besteht jedoch keinerlei Notwendigkeit oder sonstige Rechtfertigung. ... Auch die in der Öffentlichkeit und sogar von unteren Gerichten in Vorlagebeschlüssen zum Bundesverfassungsgericht vertretene Ansicht, der Genuss sog. ‚weicher Drogen', wie Marihuana, Haschisch und anderer die psychoaktive Substanz Tetrahydrocannabinol (THC) enthaltender Drogen stelle keine größere Gefahr als Alkohohl dar und sei daher im Konsum und sogar Handel als Freiheitsrecht verfassungsrechtlich geschützt und damit von Strafe freizustellen, ist juristisch und toxikologisch unrichtig. Der häufig veranstaltete Vergleich zwischen den gesundheitlichen Schäden von Alkohol und Zigaretten auf der einen Seite und sog. ‚weichen Drogen' auf der anderen ist irreführend. Tatsache ist, dass die Suchtmittel Alkohol und Zigaretten bereits seit Jahrhunderten in der Gesellschaft eingeführt sind und von Millio-*

Wenn *Löhrer* und *Erkwoh* ausführen, ich hätte Heroin ein „gesundheitlich unbedenkliches, den verlangten Kick verschaffendes Rauschmittel" genannt, haben sie völlig sinnentstellend den im Wort „unbedenklichste" enthaltenen Vergleich weggelassen[26]. Da es bestimmte Süchtige gibt, die sich nicht durch Methadonprogramme, Strafrecht, Therapie etc. von der Einnahme eines „Kick" verschaffenden Rauschmittels abhalten lassen, sollte angesichts des Versagens aller Alternativen diesen Süchtigen das gesundheitlich relativ unbedenklichste Rauschmittel verabreicht werden. Hieraus eine Unbedenklichkeitsbescheinigung von Heroin herauszulesen, verlangt bei den ärztlichen Autoren eine bemerkenswerte Schlampigkeit.

Weiterhin führen *Löhrer* und *Erkwoh* aus, dass der Versuch von *Eylmann/Kusch* und *Adams*, keine weiteren neuen Drogen, wie Heroin, Kokain, Marihuana in der Gesellschaft zuzulassen, deshalb am Problem vorbeiführe, weil dieses nicht zum Ende der Sucht, sondern allenfalls zu einem neuen Markt mit einer neuen Substanz führe. Dieser Einwand der beiden Ärzte verkennt, dass Sucht nicht gleich Sucht ist. Bestimmte Substanzen, wie beispielsweise Kokain sind mit schweren geistigen Störungen verbunden, während etwa Nikotin nicht zu krankhaften Persönlichkeitsveränderungen führt. Es macht daher durchaus Sinn, den Gebrauch der gefährlichsten Substanzen mit Strafrecht und staatlichen Unterbietungsprogrammen zu verhindern, während man sich bei Nikotin auf Besteuerung und Jugendschutzprogramme beschränkt.

Des weiteren behaupten *Löhrer* und *Erkwoh*, der Auftrag des Staates, den Abhängigen zu helfen, werde weder durch Permissivkultur noch durch eine Absti-

---

nen teils süchtiger Menschen benutzt werden. Der Versuch, Alkohol oder Zigaretten zugunsten angeblich unschädlicherer ‚weicher Drogen' aus der Gesellschaft zu verdrängen, ist angesichts der großen Zahl der bereits Süchtigen völlig wirklichkeitsfern. Damit geht es bei dem Vergleich verschiedener Rauschmittel nur noch um die Frage, ob noch ein weiteres Rauschmittel zusätzlich in die Gesellschaft eingeführt werden sollte." In einem Abschnitt über die Wirkung „weicher Drogen" wurden die Gesundheitsrisiken im einzelnen aufgelistet und ausgeführt: *„Des weiteren zeigen zahlreiche Studien, dass die zuweilen in der Öffentlichkeit vertretene Ansicht der relativen Unschädlichkeit von Marihuana unrichtig ist. Neueste Untersuchungen haben nachgewiesen, dass Marihuana im Dauerkonsum körperliche und psychische Schädigungen verursacht, die selbst über diejenigen von Zigaretten weit hinausgehen, obwohl bereits regelmäßiger Zigarettenkonsum die Lebenserwartung ihrer Konsumenten dramatisch vermindert. Für eine Zulassung von Marihuana oder anderer zusätzlicher Rauschmittel besteht somit weder rechtlicher noch gesundheitlicher Anlass. Ihre Verhinderung ist vielmehr geboten."*

[26] Der unmissverständliche Text in *Adams*, ZRP, 1994, S. 421 lautete: *„Dies macht es für den Erfolg einer ökonomischen Bekämpfungsstrategie unvermeidlich, den Süchtigen das - relativ zur ansonsten bestehenden Situation - gesundheitlich unbedenklichste, den verlangten ‚Kick' verschaffende Rauschmittel zu verschaffen, da ansonsten der Drogenmarkt nicht seine Funktion verlieren würde."*

nenzillusion erfüllt. Diese Aufgabe bedürfe der frühen, effizienten Prävention und eines niederschwelligen, der einzelnen Person angepassten Therapieangebots in jeder Phase der Abhängigkeit. Die Autoren verkennen hier, dass es zunächst darum geht, Abhängigkeit durch Bekämpfung der Verfügbarkeit der gefährlichsten Suchtmitteln gar nicht erst entstehen zu lassen. Wieso dies illusionär sein soll, bleibt Geheimnis der Autoren. Die Erfahrungen der USA mit der Zurückdrängung der Nikotinsucht zeigen, dass der Umfang des Suchtmittelgebrauchs in erheblichem Maße durch staatliche Maßnahmen beeinflusst werden kann. Wenn die Autoren Therapieangebote als die Lösung vorschlagen, scheinen sie mehr vom Wunsch nach Arbeitsplatzsicherheit von Therapeuten und Medizinern als von einer Lösung des Drogenproblems beseelt zu sein. Es ist bekannt, dass Therapieangebote aufgrund ihrer weitgehenden Wirkungslosigkeit den Anstieg des Drogenkonsums nicht zu verhindern vermochten und daher aus Sicht des Steuerzahlers eine bemerkenswerte Verschwendung von Sozialabgaben und Steuern darstellen. Ein viel versprechendes Ergebnis des schweizerischen Opiatvergabeversuchs besteht gerade darin, dass er seine dramatische Wirksamkeit an Personen erwiesen hat, die als Schwerstsüchtige im Durchschnitt bereits mindestens zweimal erfolglos teure Therapien hinter sich gebracht haben.

Löhrer und *Erkwoh*[27] behaupten des weiteren in ihrer Kritik, es sei aus psychiatrischer Sicht zu erwarten, dass die kostenlose Abgabe von Heroin an Süchtige jeder Form einer therapeutischen Intervention entgegenläuft. Wie sich im schweizerischen Versuch gezeigt hat, ist diese Ansicht einfach falsch. *Löhrer* und *Erkwoh*[28] führen des weiteren aus: *„Die von Adams erhoffte Sicherheit, dass Heroinabhängige, denen Heroin verabreicht würde, nicht durch Überdosis oder Verunreinigung getötet würden, ist trügerisch. Durch nichts ist diese Sicherheit im Drogenmilieu gewährleistet. Alle Erfahrung mit Heroinsüchtigen spricht für polyvalente Abhängigkeit, gleichgültig ob sie ihre Substanz vom Dealer oder vom Arzt erhalten."* Wie sich im schweizerischen Versuch gezeigt hat, ist auch hier jede dieser Ansichten unrichtig. Wie dargelegt, gelang es den schweizerischen Pharmazeuten in kürzester Zeit anwendungssichere Verabreichungsformen zu entwickeln. Ebenso nahm die Polytoxikomanie der Süchtigen innerhalb der kurzen Versuchszeit erheblich ab. Eine unbeschränkte Toleranzentwicklung, d.h. die Notwendigkeit einer dauernd steigenden Dosis, trat nicht auf. Der Gesundheitszustand der Beteiligten besserte sich ebenfalls deutlich. Todesfälle im Zusammenhang mit der Opiatvergabe traten nicht auf. Wenn die Autoren abschließend ausführen, es sei ärztliche Aufgabe, den Kontakt zum Süchtigen zu suchen, seine suchtfördernde Lebenssituation zu beseitigen und ihn durch Maß-

---

[27] ZRP, 1995, S. 324 f.
[28] ZRP, 1995, S. 324 f.

nahmen therapeutischer Art zu suchtfreiem Leben zu befähigen, ist dies angesichts der weitgehenden Erfolglosigkeit der von ihnen empfohlenen Maßnahmen wohltönendes, jedoch leeres Wortgeklingel. Wenn die Autoren dann noch fortfahren, die von ihnen geschilderte Aufgabe sei durch Freigabe des Suchtstoffes erschwert und es handele sich um eine vorschnelle Kapitulation vor dem Suchtmittel, übersehen sie, dass es nicht um Freigabe oder Kapitulation geht, sondern um die rationale Zerstörung des Rauschgiftmarktes, die Verhinderung seiner Reproduktion durch Neusüchtige und um eine humane und zugleich wirksame lebensverlängernde Hilfe für Süchtige. Wie der schweizerische Versuch gezeigt hat, hat die Opiatverschreibung den Kontakt der Süchtigen zur Szene, ihre Obdachlosigkeit, ihre Kriminalität, ihre Arbeitslosigkeit und ihre Krankheiten schon nach kurzer Zeit dramatisch zum Besseren gewandt, wie dies vorhergesagt worden ist. So ist trotz ihres „Betroffenheitssprech" letztlich die Untauglichkeit der von den Autoren als Lösung vorgeschlagenen Maßnahmen, den Drogenkonsum wesentlich zu senken und das Süchtigwerden junger Menschen zu verhindern, die wirkliche Kapitulation vor dem Drogenverbrechertum, deren einziger Charme aus der Sicht von ärztlichen Interessenvertretern allerdings darin besteht, dass er ihnen ein dauerhaftes Einkommen verschafft, gerade weil er weder den jetzt noch den zukünftig Betroffenen wirksame Hilfe zu bieten vermag.

2. Schreiber

Schreiber vertritt in seinem Aufsatz[29] die Ansicht, die medizinische Wirklichkeit lasse den Weg der kontrollierten Heroinverabreichung nicht zu. *Schreiber* wiederholt dann die zahlreichen erheblichen gesundheitlichen Gefahren, die von Heroin ausgehen, insbesondere die Gefahr von Atemlähmungen und Lungenödemen mit Todesfolge. Richtig an der Ansicht von *Schreiber* ist, dass Heroin keinesfalls eine wünschenswerte, sondern eine unter verschiedenen Gesichtspunkten äußerst gefährliche, mit allen geeigneten Mitteln aus der Gesellschaft zu vertreibende Substanz ist. Genau darauf zielt das von mir vorgeschlagene Programm der ökonomischen Marktzerstörung durch eine Verabreichung von Heroin an die süchtigen, anders nicht mehr beeinflussbaren Menschen, während *Schreiber* nach der bloßen Schilderung der Gefahren von Heroin einen Vorschlag schuldig bleibt, wie die bisherige, nur beschränkt erfolgreiche Drogenpolitik zu verbessern sei.

Im Widerspruch zu den auf ältere Literaturquellen gestützten Ausführungen von *Schreiber* haben zudem die medizinisch-empirischen Untersuchungen im Schweizer Versuch *keine* unbegrenzte Toleranzentwicklung ergeben, so dass wesentliche Teile der Aussagen und Schlussfolgerungen von *Schreiber* selber an

[29] ZRP, 1996, S. 425 f.

der medizinischen Wirklichkeit vorbeigehen und kein Argument gegen die kontrollierte Heroinverabreichung an Süchtige darstellen. Insbesondere traten bei der fachgerechten Heroinmedikation im Schweizer Versuch nicht die von *Schreiber* beschriebenen Gesundheitsschädigungen auf, vielmehr verbesserte sich der Gesundheitszustand der Beteiligten erheblich.

II. Die Einwände von *Eylmann/Kusch* im Lichte des schweizerischen Versuchs

Eylmann/Kusch haben in ihren Aufsätzen[30] kritisiert, dass in meinem Vorschlag eines staatlichen Heroinverabreichungsprogrammes vorgesehen sei, dass alle diejenigen von der staatlichen Heroinverabreichung ausgeschlossen werden sollten, die nebenher illegal erworbene Drogen zu sich nähmen oder mit ihnen handelten. Das sei jedoch der weitaus überwiegende Teil, da fast alle Drogenabhängigen polytoxikoman seien. Der Schweizer Versuch hat nun ergeben, dass zwar die Polytoxikomanie der Versuchsteilnehmer zurückgeht, aber dennoch ein gewisser Beikonsum anderer Betäubungsmittel weiterhin stattfindet. Während meine Vorstellung und Hoffnung auf eine völlige Substitution des illegalen Rauschgiftkonsums abzielte, zeigte es sich, dass die gewünschte Zerstörung des Drogenmarktes zwar in erheblichem Umfang, aber letztlich nur teilweise stattfindet. Die Prognose von *Eylmann/Kusch*[31], der Heroinabgabeversuch sei bereits aufgrund der Polytoxikomanie der Süchtigen zur Wirkungslosigkeit verurteilt, und die Gegenprognose von mir, er sei in seiner Wirkung überhaupt nicht beeinträchtigt, erweisen sich nach den Erfahrungen des schweizerischen Experiments somit als von beiden Seiten übertriebene Prognosen. Der Versuch hat die gewünschten und vom Verfasser vorhergesagten schädigenden Wirkungen auf den Drogenmarkt, allerdings nicht in vollem Umfang. Es erscheint daher vernünftiger, sich zumindest die erste Zeit mit einem Teilerfolg zufrieden zu geben, statt die Versuchsteilnehmer zu rasch aufgrund eines illegalen Beikonsumverbotes aus dem Heroinverschreibungsprogramm zu entfernen und damit den Drogenmarkt wieder kostengünstige Vertriebsleute und zwanghafte Konsumenten zuzuführen. Das Argument von *Eylmann/Kusch* erweist sich jedoch nicht - wie von ihnen angenommen - als ein Argument gegen den Opiatversuch im Ganzen, wurden die wichtigsten Ziele des Versuchs doch weitestgehend erreicht, wohl aber stellen sie ein gutes Argument gegen eine zu rigide Regelung des illegalen Beikonsums dar. Die Regelung des illegalen Beikonsums sollte daher der schweizerischen Regelung entsprechen. Damit ist nicht gemeint, den Versuchsteilnehmern stehe eine straflose Beteiligung am Drogenmarkt offen. Sollten sie somit bei Kauf oder Vertrieb von der Polizei aufgegriffen werden, wer-

---

[30] *Eylmann/Kusch,* ZRP, 1994, S. 209 und *Eylmann/Kusch,* ZRP, 1994, S. 427.
[31] *Eylmann/Kusch*, ZRP, 1994, S. 209.

den die üblichen Strafen fällig. Eine Strafverfolgung sollte somit nur dann nicht statt finden, wenn der illegale Beikonsum in den medizinischen Begleituntersuchungen entdeckt oder den staatlichen Betreuern im Rahmen des Programms offenbart wird.

Eylmann/Kusch[32] haben weiterhin ausgeführt, dass manche Süchtige sich nicht als Süchtige ansehen und daher sich nicht an das staatliche Programm wenden werden. Wie der schweizerische Versuch gezeigt hat, waren die Heroinbehandlungsplätze innerhalb von Stunden besetzt. Eine Ablehnung des staatlichen Opiatprogrammes hat somit bei der entscheidenden Zielgruppe nicht stattgefunden. Die Befürchtungen von *Eylmann/Kusch* haben sich daher als weitgehend gegenstandslos erwiesen.

Des weiteren haben *Eylmann/Kusch*[33] als Einwand vorgebracht, *„ob er (d.h. der Süchtige, Anm. vom Verfasser) aber auf Dauer die Disziplin aufbringt, sich mehrmals täglich jeden Schuss auf dem Gesundheitsamt oder einer anderen staatlichen Dienststelle setzen zu lassen, ist schon deshalb ungewiss, ja unwahrscheinlich, weil er ständig unter der Rauschgiftwirkung eines der gefährlichsten Opiate steht, das kurzfristig ein euphorisches Glücksgefühl mit einem entsprechenden Verlust der Selbstkontrolle auslöst und langfristig zu einer psychischen Verelendung führt."* Richtig ist an dieser Aussage, dass der Genuss von Opiaten keinesfalls empfehlenswert ist und daher der Markt für Rauschgifte entschieden bekämpft werden muss. Falsch ist es jedoch, wenn die Autoren behaupten, die staatliche Vergabe führe zu einer psychischen Verelendung. Das schweizerische Programm hat gezeigt, dass sich die psychische Gesundheit der Teilnehmer bereits nach kurzer Zeit erheblich verbessert hat[34]. Weiterhin hat das Programm eine sehr hohe Retentionsrate im Vergleich zu den bisherigen Programmen. Auch bei der ganz überwiegenden Zahl der aus dem schweizerischen Versuch ausgeschiedenen Personen liegt nicht die von *Eylmann/Kusch* befürchtete Disziplinlosigkeit zugrunde, sondern die hoffnungsvoll stimmende Aufnahme eines Methadonprogrammes.

Als weiteres Argument haben *Eylmann/Kusch* gegen das Heroinverabreichungsprogramm vorgebracht, es sei von *Adams* nicht dargelegt worden, wieso sich die staatlich versorgten Süchtigen aus dem lukrativen Vertrieb illegaler Drogen jeder Art zurückziehen sollten. Der Schweizer Versuch zeigte deutlich, dass die Drogenszene von den Süchtigen nicht als ein Vertrauen erweckender Ort emp-

---

[32] *Eylmann/Kusch*, ZRP, 1994, S. 209.

[33] *Eylmann/Kusch*, ZRP, 1994, 427.

[34] Nicht vergessen sollte man auch nicht die Hypothese, dass ein Teil der bereits vorher psychisch Kranken durch die Einnahme von Opiaten den mißglückten Versuch einer Selbstheilung von Depressionen, Erregungszuständen und wahnbedingten Ängsten unternommen haben, siehe Bericht, S. 90.

funden wurde und ein erheblicher Wunsch nach mehr Distanz zu ihm bestand und sofort auch wahrgenommen wurde, als sich über den Heroinbezug des Programms die Gelegenheit dazu bot. Der zuvor dargelegte dramatische Rückgang des illegalen Einkommens und die erhebliche Zunahme der Versuchsteilnehmer ohne jedes illegales Einkommen, zeigt, dass für die Süchtigen die Aufnahme illegaler Drogengeschäfte ein aus der Geldnot des Drogenkonsums geborenes Verhalten darstellt, das bei Wegfall dieser Motivation von vielen aufgegeben wird. Die Befürchtung von *Eylmann/Kusch*, es ändere sich aufgrund der unverdrossenen Fortsetzung des kriminellen Verhaltens der behandelten Süchtigen an der Drogenvertriebsstruktur nichts, hat sich somit nicht bewahrheitet. Da der Versuch aufgrund seiner kleinen Teilnehmerzahl zudem die Gesamtprofitabilität des schweizerischen Drogenmarktes noch nicht nennenswert beschädigen konnte, kann zudem der damit verbundene Schrumpfungseffekt für den Drogenmarkt noch nicht in größerem Umfang wirksam geworden sein. Das gleiche gilt für den verbesserten Abschreckungseffekt aufgrund des Kapazitätsentlastungseffektes bei Polizei und Drogenfahndung. Es sind daher bei einer größeren Zahl von Teilnehmern an einem staatlichen Heroinverabreichungsprogramm weitere erhebliche Verbesserungen bei der Verminderung des illegalen Verhaltens der Süchtigen zu erwarten.

Für den Bereich des Drogenausstiegs haben *Eylmann/Kusch*[35] dem Verfasser Zynismus vorgeworfen, da jedes Gramm Heroin sowohl für den Drogensüchtigen, wie auch die Gesellschaft insgesamt verheerend sei. Wer Heroin nehme, so *Eylmann/Kusch*, mache sich zum Pflegefall und entferne sich von seinen Mitmenschen. Wie das Schweizer Programm nachgewiesen hat, verbesserte sich der körperliche und geistige Gesundheitszustand der Teilnehmer ganz erheblich, die Entwicklung der Süchtigen in Richtung Pflegefall wurde sogar umgekehrt. Wie oben dargelegt, haben die in das Programm aufgenommenen Süchtigen die Kontakte zum verbrecherischen Drogenmarkt („Szene") deutlich vermindert und sogar wieder in erheblichem Umfang Arbeit aufgenommen, haben sich also von ihren Mitmenschen nicht entfernt, sondern sind ihnen wieder deutlich näher gekommen.

Auch betonen *Eylmann/Kusch*, dass der Staat Hilfe auch bei selbstverschuldeter Not schulde. Dies könne für Süchtige nur bedeuten, dass ihnen geholfen wird, sich von ihrer Sucht zu befreien. Dies erfolge am besten in den allerdings sehr teuren geschlossenen Therapieeinrichtungen. Würden *Eylmann/Kusch* zur Kenntnis nehmen, dass bestimmte Menschen auch durch noch so häufige und teure Therapieeinrichtungen - wären sie überhaupt verfügbar - nicht von ihrer Sucht abgebracht werden können, würde sich ihnen erschließen, dass - zumindest für eine bestimmte Lebensphase - die einzig wirksame Überlebenshilfe in

---

[35] *Eylmann/Kusch*, ZRP, 1994, S. 209.

der staatlichen Verabreichung von Heroin bestünde. So aber lassen sie den sinnlosen Tod zahlreicher Menschen zu, ohne dass diese Menschenopfer im Wege der Abschreckung wenigstens die Zahl der zukünftigen Süchtigen mehr zu senken vermöchten als ein staatliches Heroinverabreichungsprogramm.

Des weiteren sehen *Eylmann/Kusch*[36] den Haupteinwand gegen das von mir vorgeschlagene Heroinverabreichungsprogramm darin, dass das Problem der Abgrenzung von aufzunehmenden Süchtigen und abzulehnenden Nichtsüchtigen nicht gelöst sei. Sie betonen, ich hätte die Auswahl der Teilnehmer zunächst als „nicht trivial" bezeichnet und empfohlen, in der Anfangsphase des Programms den Kreis der Süchtigen weit zu fassen, während ich später ohne weitere Erklärungen das Problem mit dem Hinweis auf Drogentestverfahren heruntergespielt hätte. Richtig ist, dass mir in meinen ersten Aufsätzen aus Gründen des schnellstmöglichen Schutzes der noch nicht süchtigen Jugendlichen eine möglichst rasche Zerstörung des Rauschgiftmarktes durch die schlagartige Entziehung der wichtigsten Vertriebspersonen und der wichtigsten Kunden vor Augen stand. Eine zu diesem Zweck daher möglichst weit gefasste Definition von Heroinsucht ist in der Tat mit der Gefahr verbunden, auch einige nicht süchtige Heroinbenutzer in das Programm aufzunehmen. Daher meine Einschätzung der Auswahlverfahren als „nicht triviales Problem". Inzwischen hatten mich jedoch Aufsätze wie diejenigen von *Eylmann/Kusch*, Äußerungen der Bundesregierung und ihres Drogenbeauftragten davon überzeugt, dass der schnelle Weg zur Zerstörung der Drogenmärkte - wenn auch nicht aus sonderlich überzeugenden Gründen - keine politische Zustimmung finden wird und daher bei einem zurück gestutzten Programm auf eine enge Definition der Sucht übergegangen werden kann, die bei der Abgrenzung der Süchtigen und Nichtsüchtigen mittels einen längeren und sehr viel einfacher festzustellenden Kriterienkatalog keine sonderlichen Probleme mehr aufweist. *Eylmann/Kusch* führen indes weiter aus: *„Die Gefahr, dass zur Erreichung der angestrebten Nachfrageverringerung Drogenkonsumenten voreilig in das staatliche Versuchsprogramm aufgenommen und so erst durch die staatliche Verabreichung abhängig von einem der härtesten Rauschgifte werden, ist jedenfalls nicht ernsthaft zu leugnen. Ein wirtschaftstheoretisches Modell, das solche Risiken für den einzelnen Drogenkonsumenten in sich birgt und dessen Erfolg zudem äußerst zweifelhaft ist, erscheint uns für eine Wende in der Drogenpolitik nicht geeignet."* Zunächst gilt es festzuhalten, dass es nicht um eine Wende in der Drogenpolitik geht, sondern um deren effiziente Ergänzung. Auch ist nicht der Erfolg des von mir vorgeschlagenen Programmes äußerst zweifelhaft, sondern - wie der schweizerische Versuch gezeigt hat - vielmehr im großem Umfang sicher. Wenn *Eylmann/Kusch* als stets wiederkehrenden „cantus firmus" die nicht völlig ausschließbare Gefahr an die Wand ma-

---

[36] *Eylmann/Kusch*, ZRP, 1994, S. 209 und ZRP, 1994, S. 427.

len, ein Nichtsüchtiger werde voreilig in das Programm übernommen, werden sie zudem Opfer einer recht einseitigen Sichtweise des Entscheidungsproblems. Zunächst muss sich die nicht süchtige, jedoch aufgrund von Tests nachweisbar Heroin konsumierende Person erheblicher krimineller Energie zur Täuschung der Aufnahmekommission befleißigen. So muss sie auch das in die Versuchsaufnahme beratend einzuschaltende polizeiliche Drogendezernat täuschen, das üblicherweise einen gewissen Überblick über die Konsumenten und Teilnehmer der Drogenszene besitzt. Jahrelang süchtige Personen bleiben dort selten unbekannt. Ist ein Konsument dennoch dort nicht als süchtig bekannt, könnte man ihm die Aufnahme verweigern oder besondere zusätzliche Kontrollen durchführen. Sollte es aber trotz der mehrfachen Kontrollen dann doch in Einzelfällen vorkommen, dass derartige Nichtsüchtige aufgenommen werden, muss dies als ein von der täuschenden Person selbst zu verantwortendes Risiko angesehen werden. Es kann nicht sein, dass die Möglichkeit einiger weniger derartiger krimineller Personen, denen es gelingen könnte, sich in das für sie nicht gedachte Programm zu schleichen, Tausenden von anderen Menschen die lebensrettende Hilfe durch Ablehnung des ganzen Programms entziehen soll. Da zudem das im staatlichen Versuch vergebene reine Heroin keinesfalls lebenszerstörend wirkt, auf der anderen Seite ohne dieses Programm jedoch Tausende von Menschen zu Elend und Tode verurteilt sind, haben *Eylmann/Kusch* eine merkwürdige Güterabwägung vorgenommen, die selbst bei Berücksichtigung der Schädigung des staatlichen Ansehens[37] bei unbedarften Menschen völlig einseitig eine sehr unwahrscheinliche und deutlich geringere Gefahr für wenige, vorsätzlich handelnde Personen höher bewertet als das sichere Elend und den vermeidbaren Tod Tausender, anders nicht mehr erreichbarer süchtiger Menschen. Im schweizerischen Versuch trat das Auswahlproblem nicht auf, da Voraussetzung der Aufnahme in den Versuch war, 1. eine nachgewiesene Opiatabhängigkeit von mindestens 2 Jahren sowie 2. mindestens zwei gescheiterte Suchtbehandlungsversuche oder die Begründung, warum eine Behandlung im Rahmen des bestehenden Therapieangebots zur Zeit wenig Aussicht auf Erfolg verspricht, sowie 3. drogenbedingte Defizite im medizinischen, psychologischen oder sozialen Bereich[38]. Wenn man für die Zerstörung des Drogenmarktes zunächst lediglich eine Teillösung anstrebt, ist man nicht gehindert, die sehr strengen schweizerischen Versuchsbedingungen zu übernehmen. Angesichts der großen Vorteile für die Süchtigen und die Gesellschaft insgesamt, die das schweizerische Programm bereits jetzt erwiesen hat, sollte man jedoch die Teilnahme an einer Therapie oder sonstigen Suchtbehandlung sowie zusätzlich eine nachge-

---

[37] Der von *Eylmann/Kusch* und anderen häufig benutzte Einwand einer staatlichen Ansehensschädigung hat sich in der Schweiz nicht beobachten lassen. Die in Basel-Stadt erforderliche Volksabstimmung über das Programm hat eine deutliche Ja-Mehrheit erbracht.

[38] Bericht, S. 20.

wiesene Opiatabhängigkeit von mindestens 1 Jahr für eine Aufnahme in das Programm genügen lassen.

III. Erörterung der vom Bundeskabinett geltend gemachten Ablehnungsgründe

Mitte 1993 hatte der Bundesrat den wirtschaftswissenschaftlichen Vorschlag einer kontrollierten Opiatverabreichungsmöglichkeit in einer Gesetzesinitiative übernommen, die jedoch im Bundeskabinett im September 1993 politisch scheiterte. Die Gründe, die das Bundeskabinett zur Ablehnung des hier vertretenen Vorschlages bewegt haben, wurden damals durch den Bundesgesundheitsminister der Öffentlichkeit dargelegt[39]. Hiernach stehe die Initiative des Bundesrates im völligen Gegensatz zur Drogenpolitik der Bundesregierung, Rauschgiftsüchtige von ihrer Sucht zu befreien und Drogengefährdete bestmöglich zu schützen. Diese Behauptung des Bundesgesundheitsministers wurde sofort als unrichtig kritisiert[40], da der Vorschlag des Bundesrates durch die ärztliche Betreuung und die bessere Qualität des Heroins im Vergleich zu den anderenfalls illegal eingenommenen Drogen zu einer deutlichen Erhöhung der gegenwärtigen Lebenserwartung der Süchtigen von rund 30 Jahren führt. Der schweizerische Versuch weist nun nach, dass diese Kritik berechtigt war.

Weiterhin führte der Bundesgesundheitsministers aus, die negativen Folgen der Abhängigkeit wie Beikonsum anderer Drogen, Beschaffungskriminalität sowie die Gefahr der tödlichen Dosierung bestehe bei dem vorgeschlagenen Heroinverabreichungsprogramm weiterhin. Das schweizerische Versuchsprogramm hat nun gezeigt, dass der Beikonsum anderer Drogen und die Beschaffungskriminalität erheblich absinken. Die Gefahr einer tödlicher Dosierung ist im Rahmen der Versuchsverabreichung aufgrund der vorsichtigen Einstellungsmedikation nicht aufgetreten. Die Gefahr einer tödlichen Dosierung kann daher nur bei illegalem Beikonsum von Drogen mit unbekanntem Reinheitsgrad auftreten. Ein solcher Beikonsum tritt im Rahmen des Opiatversuchs der Schweiz deutlich weniger auf als im Fall der vom Minister den Süchtigen als einzige Alternative offen gelassenen Weiterversorgung auf dem illegalen Drogenmarkt. Weiterhin vertrat der Bundesgesundheitsminister die Ansicht, dass es bei einer Heroinverabreichung nicht möglich sei, dass der Abhängige einer Ausbildung oder Arbeit nachgehen könne oder kontinuierliche Kontakte aufbaue. Der schweizerische Versuch hat gezeigt, dass diese Aussagen falsch sind. So hat der schweizerische Versuch ergeben, dass - wie prognostiziert[41] - unter den Versuchsteilnehmern die Teilnahme am Arbeitsleben schon nach kurzer Zeit erheblich angestiegen ist und auch

[39] *Süddeutsche Zeitung* v. 16.9.1993, S. 2.
[40] *Adams*, ZRP, 1994, 106.
[41] *Adams*, ZRP, 1994, S. 111.

ein Rückzug aus der Drogenszene einschließlich der weitgehenden Aufgabe illegaler Einkommensbeschaffung zu beobachten war.

C. Schlussfolgerungen

Der schweizerische Opiatabgabeversuch hat die von seinen Befürwortern vorhergesagten Wirkungen weitestgehend bestätigt. Es hat sich gezeigt, dass insbesondere eine kontrollierte Heroinabgabe praktisch durchführbar und nicht mit unbegrenzter Toleranzentwicklung oder erheblichen Nebenwirkungen für die Süchtigen verbunden ist. Selbst bei den besonders heruntergekommenen Süchtigen des schweizerischen Versuchs konnten nach kurzer Zeit erhebliche gesundheitliche und soziale Verbesserungen ihrer Lebenslage festgestellt werden. Der vorhergesagte Rückgang der Kriminalität hat sich bewahrheitet und bedeutet auf Dauer eine erhebliche Entlastung und Effektivitätssteigerung von Polizei und Justiz. Keine der Befürchtungen der Versuchsgegner ist im Schweizer Versuch eingetroffen, alle Argumente konnten vielmehr entkräftet werden. Es ist daher an der Zeit, nach Schweizer Vorbild in Deutschland einen ähnlich vorurteilsfreien, vorzüglich vorbereiteten Versuch mit der Abgabe von Heroin an Süchtige zu unternehmen. Längeres Zuwarten wäre eine sinnlose Verlängerung von Elend und Tod Tausender deutscher Drogensüchtiger und ein weiteres Gewährenlassen des Drogenverbrechertums in Deutschland.

Schriftenreihe Ökonomische Analyse des Rechts
Law and Economics

Herausgegeben von Michael Adams

Band 1 Michael Adams: Ökonomische Theorie des Rechts. Konzepte und Anwendungen. 2., korrigierte und ergänzte Auflage. 2004.

Band 2 Till Tolkemitt: Die deutsche Glücksspielindustrie. Eine wirtschaftswissenschaftliche Analyse mit rechtspolitischen Schlussfolgerungen. 2002.

Band 3 Jens Maßmann: Nonproftis. Analyse, Entwicklung und Rechtspolitik. 2003.

Band 4 Claus C. Roggatz: Informationspflichten von Investmentgesellschaften. Analyse der gesetzlichen Publizitätsvorschriften zur Verbesserung der investmentrechtlichen Transparenz und des Anlegerschutzes. 2003.

Band 5 Maja Kraas: Produkthaftung und Warnhinweise. Eine rechtsökonomische Analyse am Beispiel von Coca-Cola. 2004.

www.peterlang.de

FSC
www.fsc.org
MIX
Papier | Fördert gute Waldnutzung
FSC® C083411

Kolibri 360 GmbH
Ferdinand-Jühlke-Straße 7
99095 Erfurt, Deutschland
produktsicherheit@kolibri360.de

Druck:
CPI Druckdienstleistungen GmbH
im Auftrag der
Kolibri 360 GmbH
Ferdinand-Jühlke-Str. 7
99095 Erfurt